戴鞍钢

晚清史

复旦大学出版社

戴鞍钢，1955年生，上海青浦人。复旦大学历史学系教授，中国近现代史博士生导师，国务院政府特殊津贴专家。主要从事中国近现代史、晚清史、社会经济史的教学和研究。著有《港口·城市·腹地：上海与长江流域经济关系的历史考察（1843—1937）》《大变局下的民生》《发展与落差：近代中国东西部经济发展进程比较研究》等，合著《中华文明史》《中国历史人文地理》《中国政治通史》《两岸新编中国近代史》等，主编《中国地方志经济资料汇编》等。

复旦
———————
专 门 史

前　言

从事教学研究多年,一直觉得晚清史可以尝试新的写法,争取读来让人有兴趣,耐回味。其中尤应努力打破以往将清代前后期分属中国古代史、近代史范畴的格局,揭示其内在的密切联系。

本书的"引言",即从1793年乾隆帝见英国使臣说起。此前清朝统治下的中国,基本上是一个自成一体的世界,因其与周边一些国家传统的藩属(即保护国与被保护国)的关系,更自视强大,对其余的外部世界尤其是日益强盛的欧美国家漠视、无知。而另一方面,15世纪末大航海时代的到来,实际上已经开启了影响至为深远的世界一体化的历史进程,此后面对西方殖民主义势力向全球的持续扩张,除非有足够的力量抵御,任何一个国家、民族都很难置身事外,继续在自己原来的"世界"里生活。

落伍于世界发展潮流的专制统治,在各方面窒息了中国的生机,作为这种世界格局变化征兆的英国使臣的接连到访,并没有能触动中国自身的些微改革以作应对,这种令人扼腕叹息的前奏,预示着多灾多难的晚清史的开场。

此后的中国,沉沦与奋起、屈辱与抗争并存,形势转换之快,新旧人物、思潮等兴替之速,前所未有。努力跟上世界发展潮流的现代中国,正是在这样的历史氛围中孕育成长。为了再现壮阔的历史走向,本书尝试:

一、避免教科书式的沉闷写法,不动辄罗列背景、原因、经过、结局、特点、局限、影响和历史意义等过分主观的诠释。

二、要有生动的有史料依据的事件、人物和其他历史场景的描写。

三、要有新的视角,尽可能反映丰富多彩的历史画面。

四、要及时体现中外学术界新近的研究成果,包括新的史料和见解;并开列相关的论著和资料书目,略作推荐,供读者参考。

五、详略得当。以往论著叙述较详细的可简写,留出篇幅揭示那些尚被忽略的纷繁史实,并辅以一些背景知识的介绍,如人物传略、史事回眸、典章制度、宫苑陵寝、史实考辨等。

当然,说说容易,做起来难。但有想法并努力去做,总是好的。本书就是基于上述想法的一种尝试,成败得失,尚待读者诸君教正。

本书于2009年首次出版后,得各方鼓励,谨致谢意。此次承复旦大学出版社扶持问世的增订版,主旨不变,增订的内容主要是在有限的篇幅内,尽可能纳入自己新的研究心得,并吸收近年来海内外学术界的前沿成果,包括资料和论著,以期为各位读者进一步了解和思考晚清史的相关问题拓宽视野,并提供线索和方便。不周之处,仍请诸君教正。

目 录

引言 山雨欲来风满楼………1

  一、承德来了英国人………3
  二、多事之秋的嘉道年间………13

第一章 国门坍塌………23

  一、行商、关税、鸦片………25
  二、五口通商的波折………33
  三、惊雷过后的沉寂………39

第二章 "天京"对峙………45

  一、客家人与太平天国………47
  二、定都天京………52
  三、征战与享乐………55
  四、内讧与败亡………61

第三章　督抚崛起………71

一、士绅与团练………73
二、湘军与淮军………77
三、督抚与幕府………85

第四章　慈禧当政………91

一、北京沦陷………93
二、沙俄打劫………103
三、辛酉政变………106
四、同治与皇太后………112

第五章　"中外和好"………119

一、"借师助剿"………121
二、自强"洋务"………126
三、遣使与留学………136
四、对日外交………143

第六章　狼烟又起………149

一、西北边陲………151
二、中法战争………157
三、东北亚战火………164

四、马关议和………172

　　五、日本染指江南………176

　　六、亡国的边缘………185

第七章　戊戌风云………195

　　一、光绪的作为………197

　　二、变法的夭折………207

　　三、海外流亡者………213

第八章　世纪之交………229

　　一、教民与民教冲突………231

　　二、义和团的斗争………237

　　三、各方博弈与"东南互保"………247

　　四、世纪之初的重创………265

　　五、国民意识的呼唤………271

第九章　清末新政………279

　　一、新政的启动和外部环境………281

　　二、废科举，办学堂………289

　　三、编练新式军警………307

　　四、鼓励发展实业………314

　　五、中外修订商约交涉………318

六、司法和陋俗改革………328

七、"预备立宪"………333

第十章 社会变动………341

一、经济的变革………343

二、文化的演进………352

三、科技的传播………356

四、城市的近代化………365

五、边远地区的起色………376

第十一章 革命力量的集结………385

一、中国同盟会成立………387

二、"君宪"与"共和"之争………394

三、前赴后继的起义………399

第十二章 风暴前夜………407

一、民众的行动………409

二、载沣父子的登台………418

三、国会请愿运动………433

第十三章　辛亥起义………449

　　一、新政困局………451
　　二、革命风潮………460
　　三、袁世凯出山………463

第十四章　帝制终结………471

　　一、南北议和………473
　　二、孙中山归国………479
　　三、南京临时政府成立………480
　　四、清帝退位………486

余音　覆水难收………501

　　一、溥仪出宫………503
　　二、遗老遗少………510

附录一　清代官制简述………516

附录二　清代年号与公元纪年对照表………518

引言

山雨欲来风满楼

马戛尔尼使团成员、画家威廉·亚历山大绘制的北京城门

一、承德来了英国人

1793年（乾隆五十八年），清朝乾隆皇帝已是83岁高龄，当政也有58年。这年夏天，他正在距北京数百里外的承德避暑山庄消夏，手下人前来禀报，远道而来的由英国国王派遣的马戛尔尼使团已从北京启程，前来承德觐见。乾隆闻听，当即吩咐身边的宠臣、时任军机大臣和珅负责接洽，好生招待。

远隔重洋的英国，为什么要专门派使团水陆兼程，辗转前来觐见？乾隆的兴致又为什么这样高？原来英国人自称是奉命来向乾隆帝补行恭祝80寿辰的，得知来自远方陌生国度的使者如此谦恭有礼，向来注重威仪天下的乾隆自然不无得意。殊不知，真应了一句俗语"善者不来，来者不善"，风尘仆仆前来求见的英国人名为祝寿，其实是另有打算的，这要从当时的中英贸易说起。

自15世纪大航海时代开始后，幅员辽阔的东方便成为欧洲觊觎的目标。汤因比曾描述，在西方基督教世界，大西洋沿岸民族在15世纪发明新型远洋帆船，这是一种三桅横帆装帆船，船首装有三角帆，后帆是纵帆，能够连续在海上航行数月而无须进港。1420年前后，葡萄牙航海家驾驶这种帆船发现了马德拉斯群岛，1432年又发现亚速尔群岛，完成这种船舶的远洋试航之后，他们成功地迂回绕过阿拉伯人控制的大西洋海岸：1445年绕过佛得角，1471年到达赤道，1487—1488年绕过好望角，1498年登陆印度西海岸的卡利卡特，1511年控制马六甲海峡，并向西太平洋推进，分别于1516年、1542—1543年抵达广州和日本。与此同时，俄国也向东扩张，他们翻越乌拉尔山脉，1638年抵达太平洋海岸，1652年抵达中国的东北边境①。在海上继葡萄牙人后东来的则有

---

① ［英］阿诺德·汤因比著，郭小凌等译：《历史研究》，上海人民出版社2016年版，第755页。

西班牙人、荷兰人和英国人等。

清朝初年,为了对付东南沿海特别是据守台湾的郑成功集团的反清斗争,清政府曾先后颁布严厉的"海禁"和"迁海令",逼迫闽、广、江、浙等省沿海居民内迁50里,有越界者斩。1685年(康熙二十四年),清朝统一台湾。次年即下令开放海禁,允许商民出洋贸易,并指定广州、漳州、宁波、云台山四地为通商口岸,中外贸易又趋活跃,广州尤为突出。美国历史学家彭慕兰忆述,他曾在大英博物馆的非洲馆看到一件"来自埃塞俄比亚一个基督教堂的圣坛服装,年代大约为1700年。这件衣服的料子是中国的丝绸,但是由来自也门的犹太织工织造的"[①]。

广州很早以来就是华南地区重要的商港。"海禁"取消后,外国商人又纷至沓来,其中不少是英国人。1716年(康熙五十五年),在广州的英国商人根据英国东印度公司的指令,在广州正式开设商馆,负责对华贸易的拓展。它最初由随船来华的英国商人临时组建,设有主席、司库、出口货物和入口货物主管。1770年后,由英国东印度公司专门派来的代表取代。

英国东印度公司成立于1600年,此后通过武力先后强占了印度、新加坡和缅甸的部分地区,并垄断了英国的对华贸易,从中获取了巨额利润。其商机,很大一部分来自当时欧洲人品味中国茶的风尚。这种"中国风尚"的流行,起因于明末以来在中国与西方的交往中,通过传教士及欧洲知识界对中国文明的阐释,以及中国的文物在欧洲广受青睐,而使欧洲人产生了对中国人生活方式的向往。喝茶是体现这种向往的方式之一。当时世界上只有中国产茶和出口茶叶,且价廉物美,很快在欧洲传播开来。喝茶要用茶具,中国的瓷器随之畅销。18世纪中叶时,不单是上流社会喜好品茶,一般平民也都喝茶,有专门的茶店,也有人沿街叫卖泡好的茶水。1784年英国首相庇特估计,约有三分之二的英国人每年人均消费3磅茶叶[②]。

18世纪50年代以后,英国已经把对华贸易作为其东方贸易的主体。不但船只的数量激增,由最初的几艘增至20余艘,最多达34艘;船的吨位也不断加

[①] [美]彭慕兰、史蒂文·托皮克著,黄中宪等译:《贸易打造的世界:1400年至今的社会、文化与世界经济》,上海人民出版社2018年版,第1页。

[②] 陈国栋:《东亚海域一千年——历史上的海洋中国与对外贸易》,山东画报出版社2006年版,第15、227页。

大,由500吨位以下,增至700吨位以上,最大者达922吨位。当时驶往中国的船只,堪称是英国最大型的商船,而同期航行大西洋的商船只有三四百吨位。

除了茶叶,中国的瓷器体现了使用价值和艺术价值的完美结合。对于远洋商船来说,瓷器还具有压舱货的重要作用。由于它重量大,不怕受潮,装载在船的底舱,既可防止茶叶、丝绸受损,又保证了商船的平稳航行。可以说,瓷器、丝绸和茶叶,是当时中英间海运货物的最佳组合。这也是东印度公司对华贸易经久不衰的原因之一。

对华贸易为英国提供了巨额的商业利润。东印度公司仅从茶叶贸易中就赚取了惊人的利润。18世纪初,东印度公司进口每磅茶叶的费用为2.4先令,运抵伦敦市场上的销售价则高达14.8先令。18世纪40年代,前者降至1先令,利润空间更大①。

当时来华的英国商船,经马六甲海峡大多驶抵广州交易。据统计,从1685年"禁海令"解除到1753年,英国东印度公司来华船只共计189艘,其中广州157艘,占总数的83%;厦门17艘,占9%;舟山15艘,占8%。其中1737年至1753年的16年间,英国商船全在广州锚泊②。1837年,来到广州的外国商船有213艘。这些商船将大量的外国物品输入到中国,其中有印度的棉花、胡椒、檀香木等,英国的棉、毛制成品等,以及来自美洲的皮货、人参等③。

随着中英贸易的推进和对中国了解的增多,英国人的眼光不再局限于广州,而是向北延伸,并聚焦于更靠近茶、丝产地的浙江宁波。1755年6月,英国东印度公司派人乘船直驶宁波,为首的英国人的汉语名字叫洪任辉,能说汉语,人称中国通。英国人的这种举动,引起清政府的警觉。闽浙总督杨应琚奏称,浙江洋面的天险和防务均不如广东,江南财富重地,不能听任洋船自由出入,对外通商应限于广州一口。乾隆帝也认为:"浙民习俗易嚣,洋商错处,必致滋事,若不立法堵绝,恐将来到浙者众,宁波又成一洋船市集之所,内地海疆,关系紧要。"④遂于1757年(乾隆二十二年)宣布,对欧美国家的贸易只准在广州进行,史称"一口通商"禁令。有学者认为,此举原因之一是,珠江漫长而

---

① 郭成康等:《康乾盛世历史报告》,中国言实出版社2002年版,第372、373、386、387页。
② 李国荣主编:《帝国商行:广州十三行》,九州出版社2007年版,第32页。
③ 滕德永:《粤海关与晚清宫廷的购金》,《中国经济史研究》2019年第1期,第150页。
④ 《清高宗圣训》卷281,第5页。

低浅的河道,对船只出入是很大的限制,吃水深的外国商船只能随着潮水涨落来安排航行,这确保了清朝官员能有效控制这些外来客商①。

清政府的举措,使旨在拓展中国市场的英国人大为扫兴,也很不甘心。1759年,洪任辉受命乘船北上天津,要求清政府允许在宁波通商,并控告粤海关贪污勒索等弊端。英船竟然未经许可,径直驶抵距北京不远的天津海口,令清政府很震惊。为平息事态,清政府一面派人押解洪任辉从陆路返回广州,一面着手调查洪任辉的控告。不久,查证粤海关监督李永标贪污属实,将其革职处分,洪任辉则以违例别通海关罪,遣送澳门圈禁三年,期满驱逐回国。

针对英国人增开通商口岸的要求,清政府坚持广州一口通商的禁令,并加强了对广州外国商人的管束。1759年即洪任辉北上天津事发当年,两广总督李侍尧颁布《防范外夷规条》,规定禁止外国商人在广州过冬;外国商人在广州必须住在政府指定的行商的商馆中,由行商负责管束稽查;中国人不得向外国商人借款或受雇于外商;中国人不得代外商打听商业行情;外国商船停泊处,派兵弹压稽查。事态的演变,与英国人的期望大相径庭,失望之余,他们决意寻找机会,再作努力。

1787年,英国政府曾派遣喀塞卡特出使中国,但他在途中病死,没能到达中国。1792年,由东印度公司资助,英国国王乔治三世以向乾隆帝补祝80寿辰为名,派遣马戛尔尼勋爵率团赴华。马戛尔尼是一位资深外交官,曾先后出任英国驻俄公使、爱尔兰事务大臣、西印度石榴岛和托贝哥岛总督、印度马德拉斯总督和孟加拉总督。

使团的组成煞费苦心,最后挑选了包括军事、测量、绘图、航海等各方面的专家及卫士、仆役等在内的百余人。在寻找中文翻译时,碰到了难题。当时在英国找不到一个懂中文的人,到广州后再找,也不合适,因为即使少数广州本地人懂得一些英文,但他们的外文知识只能为外国商人翻译一些商业买卖的对话,况且他们讲的粤语在北京也很少有人能听懂。几经周折,总算打听到在欧洲大陆意大利的神学院里,有几个来自中国的学生。这座神学院是由意大利天主教传教士马国贤创办的,他早年曾来华传教,并一度担任康熙帝的宫廷

---

① [美]范岱克著,江滢河等译:《广州贸易:中国沿海的生活与事业(1700—1845)》,社会科学文献出版社2018年版,第13页。

画师。后因清廷限制外国在华传教士的活动,返回意大利,并于1732年在那不勒斯创办了"中国学院",旨在培养中国籍的神甫,继续在华传教。

受马戛尔尼指派的使团秘书,顶风冒险,翻越阿尔卑斯山脉,直接来到那不勒斯的中国学院。总算如愿以偿,找到了两位合适的中文翻译。他们是跟随外国传教士悄悄从中国来到意大利学神学的,已经学成正准备回国。有趣的是,他们能讲意大利语和拉丁语,却不懂英语,好在马戛尔尼和使团的不少人粗通意大利语和拉丁语,彼此能够沟通。既然再无合适的人选,使团秘书就带了这两位中国人返回英国,与使团会合。

使团的船队,引人注目。马戛尔尼及使团主要成员乘坐的"狮子"号,是当时英国海军的主力战舰,配备有64门大炮,以此来华,其用意无非是要借此炫耀英国的军力。随行的还有"印度斯坦"号和"豺狼"号,分别装载使团随员、礼品和给养。其中的礼品,有天体运行仪、望远镜、地球仪、座钟、八音匣、玻璃镶金彩灯、羊毛挂毯和地毯、金色马鞍和马车,还有毛瑟枪、连珠枪、利剑、铜炮、榴弹炮及装备有110门大炮的英国军舰模型。置办这些礼品的详细账目,现仍保存在大英图书馆。查阅这些账目,可知所有礼品都是向实力雄厚的厂商定做,共花费了15 610英镑。乾隆帝以"赏赐"的名义回赠的礼品也相当丰厚,共计有130多种、3 000余件,包括珐琅器、玉器、瓷器、丝织品、漆器、御笔书画、葫芦器、竹器、纸张、墨、扇子、香袋、香饼、食品等。其中食品有普洱茶、六安茶、武夷茶、茶膏、柿霜、哈密瓜干、香瓜干、藕粉、莲子等,这些回赠的礼品,作为英国皇室的收藏,有的保存至今[①]。

使团动身前,为避免误会,英国政府特意派人在广州向两广总督正式递交文书,申明向乾隆帝补祝寿辰的来意,表示"贵国皇帝庆祝八十万寿的时候,本来准备着英国住广州的臣民推派代表前往北京奉申祝敬,但据说该代表等未能如期派出,(英王)陛下感到十分遗憾",并说此次派出的"特使将携带英王陛下赠送贵国皇帝的一些礼物,这些物品体积过大,机器灵巧,从广州长途跋涉至北京,恐怕路上招致损伤,因此他将乘坐英王陛下特派的船只,直接航至距离皇帝所在地最近的天津港口上岸",请求准许并提供帮助[②]。

---

① 果海英、郭福祥:《清前期中西宫廷交往中的礼品考察》,《故宫博物院院刊》2018年第4期。
② [英]斯当东著,叶笃义译:《英使谒见乾隆纪实》,上海书店出版社2005年版,第22页。

1792年9月26日，马戛尔尼使团从英国朴次茅斯港启航。经过9个多月的航行，于1793年6月到达中国的澳门。稍作休整，于6月20日驶离澳门前往天津。8月4日，驶抵天津。清政府事先已得到使团来华的禀告，乾隆帝对英国人谦敬有礼十分高兴，吩咐沿途官员"妥为照料，不可过于简略，致为外人所轻"①。有此圣旨，这些官员自然不敢怠慢。当使团刚在塘沽海口锚泊，当地官员就带领7艘大号驳船送来丰盛的各类食品，其中包括20头牛、120头猪、100只鸡、100只鸭、160袋面粉、160袋大米、14箱馒头、10箱茶叶、1箱小米、10箱白米、10箱蜡烛、1 000个西瓜、3 000个甜瓜、22箱桃干、32箱蜜饯、22箱干果、22箱酱瓜、22箱咸菜、40篮冬瓜、1 000个南瓜、40捆新鲜蔬菜、20担豌豆、3篓陶器。面对如此丰盛的馈赠，马戛尔尼惊呼："供给之周至如此，而礼貌又优渥异常，恐世界各国之优待他国使臣者，多不能与此东方帝国比也。"②他们也没有想到，此后根本不用开口，大量免费供应的物资便源源不断地送来。马戛尔尼记述："插在我们船上的旗帜，上面书写着'英吉利贡使'字样，我没有抱怨，只是等着适当时机的来临。"③

　　从天津到北京，"一路供给之物，如酒肴蔬果之属，无不穷极奢侈，伺候之人亦能殷勤逾恒。"④途中，使团成员有一次偶然表示要买一件物品，负责接待的官员立刻就去买来奉上，并无论如何不肯收钱，说是一切费用都记在皇帝的账上了。如此慷慨殷勤，连马戛尔尼也觉察到其背后有花样，认为这些官员欺上瞒下，从中大饱了私囊。使团成员巴罗记述：

> 在北京时，一个传教士告诉过我，《京报》登过一篇文章，宣扬皇帝对英国使团是如何的慷慨大方。他下旨说，使团驻扎北京和热河期间，每天开支不得少于1 500两银子。这位传教士同时断言，朝廷的高官，以及那些有幸被指派了接待外国使节的其他官员，认为这是皇帝赐给他们的最上等的美差。朝廷的拨款扣除实际开支，等于一笔不小的横财。⑤

---

① ［英］马戛尔尼原著，刘半农原译，林延清解读：《1793乾隆英使觐见记》，天津人民出版社2006年版，第260页。
② 同上书，第16页。
③ ［英］马戛尔尼：《出使中国》，［英］约·罗伯茨编著，蒋重跃等译：《十九世纪西方人眼中的中国》，中华书局2006年版，第4页。
④ ［英］马戛尔尼原著，刘半农原译，林延清解读：《1793乾隆英使觐见记》，第44页。
⑤ ［英］约翰·巴罗著，李国庆等译：《我看乾隆盛世》，北京图书馆出版社2007年版，第451页。

到了北京后,马戛尔尼率使团的一些主要成员,又赶往数百里外的承德避暑山庄觐见乾隆帝。

避暑山庄,又名热河行宫,俗称离宫,是清朝康熙、乾隆、嘉庆皇帝避暑和从事政治活动的场所。其规模宏大,依地势起伏蜿蜒而建的宫墙,周长近10千米。山庄总面积5.64平方千米,约为北京颐和园的2倍、北海的8倍,稍大于圆明园(包括万春园、长春园)的面积。山庄外面还有附属的寺庙群,共占地0.44平方千米。山庄内按照使用功能的不同,总体布局可分为宫殿区和苑景区(包括湖区、平原区、山区)两大部分。其中建有殿、阁、楼、台、轩、斋、亭、榭、寺、观、庵、庙等建筑多达100余组处。它的兴建,经历了自康熙四十一年(1702)至乾隆五十七年(1792)长达90年的岁月。山庄外特色各异的九座寺庙,都面向山庄,并以山庄为轴心,在东面和北面整齐排列,形成一种类似百川归海、众星拱月的态势,象征边疆少数民族对清中央政府的向心力,也象征着清代统一多民族国家的强盛。

9月8日,使团抵达承德,由乾隆帝指定的和珅出面接待。他给马戛尔尼的印象是,年龄约在40岁至45岁之间,"容貌端重,长于语言,谈吐隽快纯熟"[①]。围绕着觐见时的礼仪,双方产生分歧和争执。

清代礼仪继承的是儒家文化传统,维持纲常伦理的等级关系。"天子"是至高无上的,中国为世界中央之国。其他各国,包括已经知道的远隔重洋的西方国家,均被视为"蛮夷"或"边裔之国"。自然认为行三跪九叩之礼理所当然。据当时的记述,1657年荷兰东印度公司的使臣在北京觐见顺治帝时,遵照"中国礼仪"行了三跪九叩之礼。与他同时在北京的俄国使团,则"连皇宫都未能进去,就必须离开北京了。有人说他不愿按照这个国家的律令,在皇帝的圣旨前下跪、叩头,所以他不得不离开这个国家"。1670年,葡萄牙国王派出的使臣拜见康熙帝时,也是采用中国礼仪,并于同年7月30日"率全体随员前往礼部习礼,常常教来使磕头礼,需下跪三次,将嘴贴近地面,以帽沿触地"[②]。

马戛尔尼则要求行单膝跪地礼。彼此争执不下,原定9月10日的觐见取消。乾隆帝甚至命令将英国人送回北京,由王大臣接见颁赏后,打发回国。马

---

① [英]马戛尔尼原著,刘半农原译,林延清解读:《1793乾隆英使觐见记》,第94页。
② 汤开建等:《顺治时期荷兰东印度公司与清王朝的正式交往》,《文史》2007年第1辑。

戛尔尼见势不妙,害怕一事无成,空手而归,赶忙求见和珅,表示愿遵清朝礼仪,行跪拜礼,事情方有转机。后经磋商,双方互有让步。据清宫档案记载,9月14日,为庆贺即将到来的乾隆帝的83岁寿辰,在避暑山庄草木葱郁的万树园举行了盛大的宴会,招待各方来宾。马戛尔尼也应邀出席,并有机会与乾隆帝交谈。在马戛尔尼的笔下,当时气氛友好:

> 皇帝与吾闲谈。问:你们英吉利国国王今年几岁了?余据实告之。皇帝曰:朕今年八十三岁了,望你们国王同我一样长寿。言时,意颇自得,气概尊严若有神圣不可侵犯之状,然眉宇间仍流露其蔼然可亲之本色。余静观其人,实一老成长者,形状与吾英老年绅士相若,精神亦颇壮健,八十老翁望之犹如六十许人也。

马戛尔尼注意到:"此御前宴会自始至终,秩序异常整肃,执事官按序进馔,既恭谨万状,与宴者亦都沉默不喧,全幄上下人等不下数十,而侧耳听之,竟寂无声息,是可见东方人对于帝王所具之敬礼,直与吾西人对于宗教上所具敬礼相若也。"盛宴持续了约5个多小时,一旁还有武术、杂技和戏剧表演,"时时变换其节目,颇能令观者不倦"[1]。

9月17日,是乾隆帝83岁生日。他在避暑山庄澹泊敬诚殿接受了王公大臣及英、缅使臣的祝贺,马戛尔尼依仪行了三跪九叩礼。可能是怕政府怪罪,他回国后对此讳莫如深,只说自己行了单膝跪地礼。以致长期以来,众说纷纭。但在清宫档案和当时的私人著述以及英国使团成员的回忆录中,都反映马戛尔尼行了三跪九叩礼[2]。

9月26日,马戛尔尼回到北京,清政府以为祝寿已毕,英国人可以打道回府了。马戛尔尼却不这样认为,因为他此行的真正目的还没有达到。他不敢再耽搁,赶紧向清政府提出了六项要求:

    一、请中国允许英国商船在舟山、宁波、天津等处登岸贸易。

    二、请中国按照从前俄罗斯商人在中国通商之例,允许英国商人在北京设一货栈,买卖货物。

---

[1] [英]马戛尔尼原著,刘半农原译,林延清解读:《1793乾隆英使觐见记》,第103—104、105、107页。

[2] 李国荣主编:《清宫档案揭秘》,中国青年出版社2004年版,第132—133页。

三、请于舟山附近划一未经设防之小岛给英国人使用,以便英国商船到彼停泊,存放货物,且可居住商人。

四、请于广州附近得到上述同样的权利,且任英国人自由往来,不再禁止。

五、凡英国货物,经由澳门运往广州者,请优待免税或从宽减税。

六、英国船货按照中国所定之税率交税,不额外加征,并将所定税率公布,以便遵行。①

乾隆帝闻讯,对英国公然提出在中国占地通商等一系列要求大为震怒,严词回复,一概拒绝,并命令侍郎松筠等人于10月7日护送英国使团出京,沿京杭大运河南下。历时两个多月,马戛尔尼一行途经直隶、山东、江苏、浙江、江西和广东,于1794年1月10日从广州乘船回国,9月5日返抵伦敦。

英国人此行虽未如愿,但也并非一无所得。在华期间,他们仔细观察了各地驻防的清军及其武器装备,很是蔑视,暗嘲"此辈宽衣大袖之兵,既未受过军事教育,而所用军器又不过刀、枪、弓、矢之属,一旦不幸,洋兵长驱而来,此辈果能抵抗与否?"②约半个世纪后,清军在鸦片战争中的表现被他不幸而言中。途经浙江时,他们设法获得了一些优质茶树苗,后来交由东印度公司在印度试种。数十年后,这些在印度出产的茶叶已运销英国,并逐渐在国际市场上成为中国茶叶的有力竞销者。

反观中国,并没有从这次交往中引起警觉,依然沉湎于"天朝上国"的自我陶醉中。在承德时,马戛尔尼曾遇见清军重要将领福康安,为套近乎,主动介绍自己带来的卫士能演练欧洲新式武器,如有兴趣,可让他们当场演示。未料福康安反应十分冷淡,称:"看亦可,不看亦可。"末了还补上一句:"这火器操法,谅来没有什么希罕。"③在参观英国礼品时,乾隆帝曾对一个有110门炮位的名为"君王"号的战舰模型有兴趣,并询问了有关战舰制造等问题,又观看了火炮的试射表演,但最后对英国武器的杀伤力表示反感,认为它与仁慈的原则不能调和。此后,这些作为礼品的英国兵器被弃置一旁。1860年英法联军闯

---

① [英]马戛尔尼原著,刘半农原译,林延清解读:《1793乾隆英使觐见记》,第155—156页。
② 同上书,第259页。
③ 同上书,第113页。

进圆明园,在一间马车房,"劫掠的士兵在那里无意中发现"有2门12磅英国榴弹炮和数箱弹药,"全是马戛尔尼代英王乔治三世送给咸丰帝的曾祖父乾隆的礼物,这些礼物原封不动"①。目击者感叹:"说也奇怪,他们拥有这些大炮,却从未做出任何努力改进他们自己的野战炮车。"②

乾隆帝对英国占地通商等要求的拒绝,固然有维护国家主权的考虑,也与他昧于世界形势,对中外之间的力量对比盲目乐观不无关系。自康熙平定三藩之乱和统一台湾始,清朝的统治进入鼎盛期,历经康雍乾三代,前后持续百余年,史称"康乾盛世"。其间,外无强敌入侵,内无大的战乱,经济增长,国库充盈,虽在乾隆后期渐显颓势,但乾隆帝仍视而不见,沾沾自喜。他交马戛尔尼带给英国国王回信中的一段话,颇能反映其志满意得的虚骄心态:"天朝物产丰盈,无所不有,原不藉外夷货物以通有无。特因天朝所产茶叶、瓷器、丝斤为西洋各国及尔国必需之物,是以加恩体恤,在澳门开设洋行,俾得日用有资,并沾余润。"③

殊不知,当中国渐走下坡路时,英、法、美等国家正在迅速崛起。英国从18世纪60年代起开始进行工业革命,用机器工业逐渐代替工场手工业。在18世纪末,已经有了使用蒸汽机的新式纺织工厂。随后蒸汽机又应用到其他工业生产部门。进入19世纪后,英国的工业发展更快,开辟新的商品市场也就成了英国资本家的强烈欲望。紧随英国的是法国。1789年的资产阶级革命,为法国资本主义的发展扫清了道路。从19世纪20年代起,以机械代替人力、畜力的工业革命在国内全面展开。美国资产阶级是在1776年独立战争后掌握政权的。1814年,美国出现第一家机器棉纺织厂。此后,蒸汽机被广泛应用。美国的工业产量,在世界上仅次于英法,位居第三。

随着资本主义的发展,寻求更大的海外市场,成为欧美资产阶级的急切要求。幅员辽阔、人口众多而又处于相对封闭状态的中国,成为它们觊觎的主要目标。18世纪中叶,英国对华贸易的总值,已超过欧洲其他国家对华贸易值的总和,占63.3%。以后又持续上升,18世纪末,攀升至约90%。18世纪末和19世纪初,每年抵达广州的英国商船常有数十艘。面对广袤的中国

---

① [美]裴士锋著,黄中宪译,谭伯牛校:《天国之秋》,社会科学文献出版社2014年版,第120页。
② 刘海岩主编:《近代外国人记述的天津》,天津人民出版社2018年版,第138页。
③ [英]斯当东著,叶笃义译:《英使谒见乾隆纪实》,第545页。

市场，英国人极欲打破广州一口通商的限制，一有机会就蠢蠢欲动，正可谓"树欲静而风不止"。

二、多事之秋的嘉道年间

乾隆帝在位共60年，1795年85岁高龄时，才恋恋不舍地把权柄交给他的儿子嘉庆执掌。虽说已经退位，但他并未迁入宁寿宫去颐养天年，还是一直住在养心殿训政，直到1799年病逝，时年89岁。

乾隆当政期间，步雍正的后尘，仍大行文字狱，残酷镇压他认为的潜在反对者。其结果是从读书人到官员，人人自危，噤若寒蝉，畏谈国事，或埋首古籍读经，或一味阿谀奉承。龚自珍《咏史》曰："避席畏闻文字狱，著书都为稻粱谋。"一言道尽当时读书人的无奈和可悲。即使是乾隆帝身边的文臣，也被视为玩偶。乾隆曾多次大肆铺张地下江南巡视，侍读学士纪昀曾面陈东南财力竭矣，皇上当深思之。乾隆大怒，破口大骂："朕以汝文学尚优，故使领四库书馆，实不过以倡优蓄之，汝何敢妄谈国事！"①放眼官场，则多是唯唯诺诺之辈。有人曾向在乾隆、嘉庆、道光三朝官越做越大，最后当上军机大臣的曹振镛打听为官的秘诀，曹一时得意，不禁说漏了嘴："无他，但多磕头，少说话耳。"②其实他自以为得意的为官之道并非秘密，有人形容他"性模棱，终身无所启沃，人对但颂扬而已，又最忌士之有能者，稍出己上，必排挤之使去"③。

乾隆身边的人，一面溜须拍马，一面大肆贪污，全不管民间的疾苦。就在与避暑山庄一墙之隔的承德街头，就有这样的民谣："山庄皇帝真避暑，热河地方民受苦。"④深受乾隆宠信的和珅，就是一个大贪官。乾隆死后的第五天，和珅即被捕入狱。十天后，嘉庆帝就令其在狱中自尽，权倾一时的和珅轰然倒台。以往有人说和珅抄没家产估计值银2.2亿两，《清稗类钞》则称有8亿两，

---

① 李国荣主编：《清宫档案揭秘》，第42页。
② 万依等：《清代宫廷史》，百花文艺出版社2004年版，第371页。
③ 赵烈文：《能静居日记》，《太平天国》第7册，中国近代史资料丛刊续编，广西师范大学出版社2004年版，第143页。
④ 清代宫史研究会编：《清代宫史论丛》，紫禁城出版社2001年版，第276页。

民间亦有"和珅跌倒,嘉庆吃饱"之说。据现存档案统计,和珅倒台时,除被充公的各处花园住宅外,共查抄出银 300 余万两,黄金 3.2 万余两,各处田地 10 余万亩,各处收租房屋 1 000 余间,当铺、银号多处,以及各色珍宝、衣物等,其家产总值近 1 000 万银两①。乾隆朝官场的腐败,曾令 1761 年来华朝贡的越南使者黎贵惇记忆深刻。当时他乘坐清政府提供的外交使团专用的船经运河、长江等回国,在船上陪伴他的官员完全不顾外国使者在场,趁机一路贩卖私盐牟取暴利,行程一再被耽搁,以致比他们从北京晚出发三个月的一个熟人,竟然在长江上追上了他们的船,与他们重逢了②。

嘉庆接手的朝政,已非所谓"康乾盛世"时可比,各种社会问题更令他深感棘手。在农业社会,耕地是人们的谋生之本,全国总人口与可耕地之间的失衡,直接关系到国计民生。清代的人口问题,从康雍之际已经显露端倪。但真正因人口问题而造成社会压力,是在乾隆以后。1741 年(乾隆六年),全国在册人数 1.434 1 亿,这是中国人口统计史上首次突破 1 亿的数字。到 1794 年(乾隆五十九年),达 3.132 8 亿。总计从 1741 年至 1794 年约半个世纪,净增人口 1.698 7 亿,年均增加约 315 万人,这是以往各个朝代所没有的③。而可耕地面积的增加,则远远跟不上人口急剧增长的幅度。

人多地少的矛盾,加剧了民众的生存压力。1793 年,乾隆帝也称:"民户既日益繁多,则庐舍所占田土不啻倍蓰。生之者寡,食之者众,于闾阎生计诚有关系。"④如即使中国盛产茶叶,但对很多下层民众来说茶叶仍是稀罕物,1793 年 8 月 9 日,随同马戛尔尼来华的英国人爱尼斯·安德逊记述:"看来在下级居民中茶叶还是一种很稀有的商品,在我们船上的这些人(指协助航行的中国船夫——引者),每逢我们早餐以后,从不放过机会向我们索取泡饮过的茶叶。他们把茶叶除去水分在日光下晒干,经过沸煮以后把茶液灌入茶壶以供饮用。当壶内茶水近乎喝干时再加些沸水,似此加水再煮的茶叶可以用几个星期。"⑤

其间,玉米、番薯种植的推广,使人地关系的紧张多少得到一些缓和。玉

---

① 李国荣主编:《清宫档案揭秘》,第 106 页。
② 复旦大学古籍整理研究所等编:《域外文献里的中国》,上海文艺出版社 2014 年版,第 84、86 页。
③ 孙毓棠等:《清代的垦田与丁口记录》,《清史论丛》第 1 辑,中华书局 1979 年版。
④ 《清高宗实录》卷 1441,乾隆五十八年十一月戊午。
⑤ [英]爱尼斯·安德逊著,费振东译:《在大清帝国的航行:英国人眼中的乾隆盛世》,电子工业出版社 2015 年版,第 67—68 页。

米、番薯原产于美洲。15世纪末的大航海时代,欧洲人到达美洲,把它们带到了欧洲和亚洲,辗转传入中国①。它们都属高产作物,耐旱耐涝,性喜沙土,适宜在以往不宜农耕的山区、丘陵、坡地等处种植,因而各地纷纷引种。到康熙后期,已见诸南北各省。但大规模地推广和种植,是在乾隆年间。玉米和番薯的传入,使原先未被利用的土地大片得到开发,在一定程度上缓解了紧张的人地关系,此后其重要性日渐提高②。与此同时,它们的广泛种植也往往造成林木植被遭破坏,水土流失严重。长江中上游山区的大规模垦殖,甚至影响到下游河道的通畅。道光初年,江苏巡抚陶澍奏称:"江省地处下游,兼以湖河并涨,宣泄不及,非由江洲壅遏,且江洲之生,亦实因上游川、陕、滇、黔等省开垦太多,无业游民到处伐山砍木,种植杂粮,一遇暴雨,土石随流而下,以致停淤接涨。"③

> **知识框**
>
> ### 玉米和番薯在中国的传播
>
> 　　玉米和番薯都原产于中南美洲,玉米产于墨西哥和秘鲁,番薯产于墨西哥和哥伦比亚。这两种重要的粮食作物,在1492年哥伦布到达美洲后陆续传播到美洲以外的世界各国,也辗转传入中国。玉米传入的时间缺乏明确记载。从它最初在中国传播的情形考察,大约是在明嘉靖年间通过三条渠道传入的:一是由海路传到东南沿海各省然后传入内地;一是由西北陆路传入陕甘地区;一是由西南陆路传入云南。之后的传播可以分为两个时期:明中叶至明后期是开始发展时期,到明后期已传播到中国近半数省区;清代前期则进一步发展,全国各省州县多已种植。
>
> 　　番薯传入中国,途径大致有二:一是由海路传入东南沿海的福建和广

---

① 除了玉米和番薯,美洲作物当时相继传入中国的还有花生、烟草、辣椒、番茄、南瓜等。详可参阅王思明等主编:《中国近现代经济与社会转型研究》,中国农业科学技术出版社2016年版,第110、121页。
② 李昕升、王思明:《清至民国美洲作物生产指标估计》,《清史研究》2017年第3期。
③ 陶澍:《陶文毅公全集》卷十。

> 东;一是由陆路传入西南边疆的云南。之后传播很快,在明后期数十年间,闽广就广为种植,江浙也开始发展。从清初到乾隆年间,除甘肃、青海、新疆、西藏、内蒙古及东北未见有关番薯的记载外,其他各省都已种植。嘉庆至道光年间,番薯的种植在各省区向纵深发展,逐渐成为中国主要的粮食作物之一。(详可参阅陈树平:《玉米和番薯在中国传播情况研究》,《中国社会科学》1980年第3期)

玉米和番薯的扩种,毕竟只能解决部分人口的食粮。迫于生计,很多人背井离乡,去寻找新的谋生地。据统计,从17、18世纪之交到19世纪上半叶,大约有1 000万的内地人口迁往边疆各地。其中迁往新疆等西北地区约为50万,云南、贵州和四川西部约在三四百万,台湾约在120万至150万,广西、蒙古地区略高于台湾,关外东北地区约在150万至200万人[1]。在原先人迹罕至的川陕楚三省交界,俗称"老林"即原始森林地带,也聚集了众多受雇于人的男性青壮年,他们开山伐木、垦殖、造纸、冶铁,往往就地取材,搭茅棚栖身,人称"棚民"。他们披星戴月,劳作艰辛,所得薪资却勉强糊口,还要不时受到来自官府的敲诈勒索,当地官员往往"无风生浪;遇棚民有事,敲骨吸髓,弁兵亦附和为奸。如今日檄令查某案,明日差令禁某事。地方遥远,山民受其凌辱,无可告诉,无为申理"[2]。饱受欺凌又无处申诉的那些贫民,只能寄望于彼此互助共济的形式艰难度日。在他们中间,白莲教等民间秘密结社十分活跃。它们是下层群众自发结成的社会团体,有秘密的组织、活动方式和联络暗号,有神秘而独特的礼仪和严格的规约,为官府所禁止,在民间秘密流传和活动[3]。

1796年(嘉庆元年),就在嘉庆登基的那一年,在川陕楚三省交界地带,爆发了震惊全国的白莲教起义。起义前后持续9年多,参加者有数十万之众,波及四川、陕西、湖北、河南、甘肃五省,攻占州县204个,击毙清军副将以下将弁

---

[1] 马大正等:《清代边疆开发研究》,中国社会科学出版社1990年版,第40页。
[2] 光绪《洋县志》卷4,风俗。
[3] 以往中外学者多认为有白莲教,但荷兰学者田海认为所谓的白莲教,只是当时官方与文人逐步建构的概念,事实上并不存在有统一组织的教派,只是一个"假名"。详可参阅田海著,刘平译:《中国历史上的白莲教》,商务印书馆2017年版。

400余名,提镇等武职大员20余名。清政府征调了来自全国16个省的兵力,耗费白银2亿两,相当于当时4年的全国财政收入,才将起义镇压下去①。

一波刚平,一波又起。1813年,在京城竟发生了由林清策划的攻打紫禁城的天理教起事。林清祖籍浙江绍兴,寄住于京师大兴县黄村。其父在董村巡检司当书吏。林清曾在药铺当学徒,做伙计,因嫖娼被逐。此后当过更夫、书吏、纤夫,开过茶馆,皆因吃喝嫖赌,或被逐,或亏本,生计困窘。1806年,经人介绍加入八卦教。此后通过收徒敛财,手头逐渐宽裕,并密谋起事,最后以天理教名义,利用教徒中的宫中太监,策划并发动了进攻紫禁城的惊人举动②。

每年农历七月至九月,清朝皇帝通常要赴承德避暑,其间还要去木兰围场行"秋狝礼",只留皇子及一些大臣在北京皇宫处理一些日常事务。林清正是利用嘉庆帝去承德和木兰围场,紫禁城防卫松弛之机,发动起事的。1813年4月,他在紫禁城西华门外一家小饭铺约见了已是天理教教徒的太监刘得财、刘金等5人,让他们充当内应。过了几天,他又来到京城,在菜市口酒铺内约见刘得财等4人,告诉他们将于10月8日起事,让他们届时在宫内负责引路,并许诺事成之后,封刘得财为大总管。以后,林清又派人约见刘得财,交给他一些白布,作为入宫引路之用。

与此同时,林清等人在大兴、通县及邻近的固安、新城、雄县等地,动员了140多人。10月6日和7日,这些人陆续来到大兴县黄村宋家庄会合。林清从中挑选了70余人,分别由陈爽、陈文魁二人率领。10月7日晚饭后,每人发给白布2块、刀1把,然后连夜进京。计划由陈爽率领约20人由东华门攻入,由陈文魁率领约50人由西华门攻入。为了便于行动,不被官府察觉,决定将队伍化整为零,分散进城,并且扮作小贩,暗藏武器,在菜市口等处会合。

10月8日,按照约定的时间,众人分别来到东华门、西华门附近。中午时分,如约发起进攻,有五六人冲进了东华门,但很快被擒拿或击毙。西华门一路则较为顺利,在入教太监的引导下,40多人由西华门闯入紫禁城,直奔隆宗门,打算由此攻入皇帝、后妃们居住的"大内"。皇宫卫兵赶忙将大门关闭,起事者被挡在门外,其中有人翻身上墙,准备越墙而入。正在宫内的皇子旻宁即

---

① 王宏斌:《清代价值尺度:货币比价研究》,生活·读书·新知三联书店2015年版,第178页。
② 张莉:《秘密教门组织在清代的嬗变》,《明清论丛》第5辑,紫禁城出版社2004年版。

后来的道光帝闻讯一时慌了神,身边的太监赶忙提醒他"用鸟枪拦打"。旻宁遂在养心殿门外,用鸟枪将爬上墙的二人击毙。这时,接报的禁卫军赶来增援。混战中,起事者的一个箭头射中隆宗门的匾额,至今犹存。结果,起事者寡不敌众,有72人被擒被杀,充当内应的太监也全被捉拿处死。10月10日清晨,正在宋家庄家中等候消息的林清被抓,6天后被凌迟处死。与起事有牵连者均被追查,约有400人被捕,或被处死,或被判刑①。

此时,正由承德返京的嘉庆帝于10月9日途中得知此事,大惊失色,连呼此乃"汉唐宋明未有之事"②。此后,嘉庆帝下令加强京师特别是紫禁城的防卫措施,其中包括严密保甲法;严格管束太监,未经许可不得走出紫禁城;在京城内及紫禁城、圆明园增设哨卡,整修、添置防御工事和军械;严格紫禁城内值班王公大臣的交接班制度等。偌大的一座紫禁城,如临大敌,仿佛成了一座兵营。深居宫中的嘉庆帝仍是心事重重,哀叹:

> 承平日久,生齿日繁,物价腾贵,游手之民不遑谋食,加之以官多疲玩,兵尽怠惰,文不能办事,武不能操戈,顽钝无耻,名节有亏,朕遇斯时,大不幸也!③

嘉庆帝惊魂未定,英国人又来敲门。1816年,英国政府派遣阿美士德率使团来华。阿美士德是英国贵族,国王的侍从官。有趣的是,副使斯当东正是当年马戛尔尼使团副使的儿子,当时十二三岁的他曾跟随父亲一起到承德,因会说几句简单的中国话,得到乾隆的夸奖,并送给他一个槟榔荷包。长大后,他在英国东印度公司任职。1800年到了广州,1804年晋升为管货人,1816年又升为年薪约1万英镑的大班。在这期间,他一面从事贸易和外交活动,一面研究汉语,堪称中国问题专家。

阿美士德使团的任务,是旧话重提,再次要求在中国占地通商,并取消广州一口通商的限制。1816年2月9日,他们从朴次茅斯启航,7月9日驶抵珠江口。7月13日,继续北上,于7月28日抵达天津大沽口。此后的经历,一波三折,颇具戏剧性。据当时担任使团翻译的英国传教士马礼逊记述,8月29日

---

① 秦宝琦:《中国地下社会》第1卷,学苑出版社2004年版,第708—712页。
② 《清仁宗实录》卷274,第9页。
③ 《清仁宗实录》卷281,第20页。

晨,使团经一夜奔波,从通州赶到圆明园的正大光明殿,负责接待使团的理藩院尚书和世泰要求阿美士德马上去觐见嘉庆帝。阿美士德毫无准备,事先不知道要马上觐见,也没有答应要行三跪九叩大礼。而嘉庆帝则听信和世泰等人的报告,以为英国人已答应三跪九叩,决定于此时召见。阿美士德以身体不适为由,要求推迟觐见。和世泰则劝说:"你可以行你们自己的礼节。"努力打消阿美士德的顾虑,答应前去觐见,届时自己也可推托是英国人自作主张,以此交差。

不料,阿美士德坚持不肯马上去见嘉庆帝。这让和世泰无法向嘉庆交代,非常着急。万般无奈,只得去向嘉庆帝报告,谎称阿美士德腿脚不便,"不能行走",请嘉庆稍等。然后再次来见阿美士德,想强架着他前去觐见。阿美士德奋力挣脱,并又请在场的马礼逊翻译,明确表示要求推迟觐见。此番折腾,引来一些清朝官员围观,他们面有怒色,瞪着这个不知好歹的英国人。

这边在闹腾,那边的嘉庆帝早已等得不耐烦,派来一个太监,大声叫出正与阿美士德拉扯的和世泰询问究竟。和世泰只得再次撒谎,说阿美士德"病泄",仍请嘉庆稍候。之后几经反复,始终没能说服阿美士德马上前去觐见,最后惹得嘉庆大怒,下令将英国使团驱逐,才结束了这场闹剧。次日,使团被命令立即离开北京回国。阿美士德访华,草草收场①。他动身来华时,曾携带英王乔治四世身穿王服、头戴王冠的画像,"和真人一般大小",此时也"被拒绝接受,由陆路带回广州",后悬挂在英国东印度公司在广州的宴会厅里②。

无独有偶,嘉庆年间俄国政府也曾任命戈洛夫金为全权大臣,率团来华要求商议中俄贸易往来等事宜。清政府将其视为朝贡使团,因此引发礼仪之争。俄国政府为了达到自己的目的,告诫戈洛夫金要尽量忍让,但双方还是在俄国使团是否应在库伦(今蒙古国乌兰巴托)演练行三跪九叩的问题上,争执不下。最后清政府以戈洛夫金傲慢无礼,拒绝他前往北京,将其遣送出境③。

英国人接二连三地前来敲门,俄国人也步其后尘,却仍未引起清政府的足

---

① 吴义雄:《在宗教与世俗之间——基督教新教传教士在华南沿海的早期活动研究》,广东教育出版社 2000 年版,第 214、215 页。
② 查时杰:《马礼逊与广州十三夷馆》,广西师范大学出版社 2010 年版,第 18 页。
③ 陈维新:《一个无法进入北京的俄国使节团——嘉庆时期中俄外交礼仪交涉始末》,《清史论丛》第 2 辑,社会科学文献出版社 2017 年版,第 81、110 页。

够警觉。在与英国人直接打交道的广州,也无必要的军事防范。1836年8月,在广州出版的英文《中国丛报》以"中国人的军事技术和实力"为题,描述在两广总督衙门见到的清军:

> 不过是一个个像苦力的样子,穿着短裤,手执纸扇或藤鞭的人。外国人到官署呈递禀帖时,就是他们集合兵马的信号。这时候,兵士鱼贯而入,不穿军服,不带武器,没有准备,半睡半醒,同时把一堆一堆的棕色毡帽和红色、黄色褴褛的衫——前后缝有一个"勇"字的长号衫,从闸门送进来给这些英雄们打扮。稍后,又慢吞吞地走进一个大概是当时可能找得到的个子最大的军官来。这出武戏的行头,是一些弓箭和几把生了锈的刀剑,显然都是临时找来惊动和威吓"番鬼"的。不过我们总觉得当这些卫兵还未从睡梦中醒过来,穿上有"勇"字的号衣壮胆时,"番鬼佬"如果有意的话,已经进入总督夫人的深闺里了。①

此时,清朝已是道光帝当政。他是在1820年嘉庆病逝后登基的。身为最高统治者,他对外部世界的变化懵懂无知,就在鸦片战争临近结束的1842年,他还是搞不清楚英国:

> 究竟该国地方周围(指国土面积——引者)几许?……
> 英吉利至回疆各部有无旱路可通?平素有无来往?俄罗斯是否接壤?②

面对虎视眈眈的欧美列强,中国处境的危险可想而知。

扩展阅读书目

1. 戴逸主编:《18世纪的中国与世界》,辽海出版社,1999年。多卷本专著,有宏观比较研究,也有微观史实阐述。

2. 王建朗、黄克武主编:《两岸新编中国近代史·晚清卷》,社会科学文献出版社,2016年。体现海峡两岸学者新见解的精心之作。

3. 孟森:《清史讲义》,上海人民出版社,2014年。名家侧重清前期历史的讲述,

---

① 广东省文史研究馆:《鸦片战争史料选译》,中华书局1983年版,第66页。
② 魏源:《海国图志》,岳麓书社1998年版,第1466、1467页。

深入浅出,言简意赅。

4. 曹天忠:《中国近现代史史料学》,高等教育出版社,2016年;严昌洪:《中国近代史史料学》(增订本),北京大学出版社,2018年。在门类繁多的史料中,清晰导引晚清史研究入门的路径。

5. 翦伯赞主编:《中外历史年表(校订本):公元前4500年—公元1918年》,中华书局,2008年。按时序对照排列中外历史重大事件,有助于拓展研究视野。

6. 朱金甫等主编:《清代典章制度辞典》,中国人民大学出版社,2011年。条目和释文精当、清晰、扼要。

7. [美]费正清主编,中国社会科学院历史研究所译:《剑桥中国晚清史(1800—1911年)》,中国社会科学出版社,2007年。海外学者合力而成的佳作。另有[加]卜正民主编,潘玮琳等译:《哈佛中国史》,中信出版社,2016年。自秦汉至清朝终结,共6卷,清史卷由罗威廉撰写。

8. [美]何伟亚著,邓常春译:《怀柔远人:马戛尔尼使华的中英礼仪冲突》,社会科学文献出版社,2002年。侧重文化层面中外差异的分析。

9. [美]彭慕兰著,史建云译:《大分流:欧洲、中国及现代世界经济的发展》,江苏人民出版社,2003年。着力揭示清中叶中国经济为何落伍于欧洲。另有[美]王国斌等著,周琳译:《大分流之外:中国和欧洲经济变迁的政治》,江苏人民出版社,2018年。侧重于政治层面的论析。

10. [美]白彬菊著,董建中译:《君主与大臣:清中期的军机处(1723—1820)》,中国人民大学出版社,2018年。海外名家名作。另有宋希斌:《清代军机处职权的来源及其演变》,中国社会科学出版社,2018年。涉及晚清时段。

▷ 相关资料选读 ◁

1. 《清实录》,中华书局,1987年。清代官方史料的原始汇编。

2. 赵尔巽等:《清史稿》,中华书局,1977年。民国初年对清代史事的初步总结。

3. 王钟翰点校:《清史列传》,中华书局,1987年。清代文武百官生平经历的原始记述。

4. 中国第一历史档案馆编:《英使马戛尔尼访华档案史料汇编》,国际文化出版公司,1996年。围绕英使访华的清宫档案翔实记载。

5. 刘潞、[英]吴芳思编译:《帝国掠影——英国访华使团画笔下的清代中国》,中国人民大学出版社,2006年。诸多原始画作,再现当时英国人亲眼所见的中国。

6. [英]乔治·马戛尔尼等著,何高济等译:《马戛尔尼使团使华观感》,商务印书馆,2013年。初次来华者的直接感受,对乾隆朝的观察生动具体。

7.［英］亨利·埃利斯著,刘天路等译,刘海岩审校:《阿美士德使团出使中国日志》,商务印书馆,2013年。嘉庆朝来华英国人的记述,折射鸦片战争前夕中国的状况。

8.［美］马士著,区宗华译,林树惠校,章文钦校注:《东印度公司对华贸易编年史(1635—1834)》,广东人民出版社,2016年。清代前期中外贸易的实录。

第一章

国门坍塌

林则徐(1785—1850)油画,原由兰官所绘,约作于1840年,曾于1851年在波士顿展览馆展出,这是惠特尼按兰官之作所画

一、行商、关税、鸦片

广州一口通商时期,广州的商贸交易颇为兴盛,1793年12月21日,从北京返回英国途经广州的马戛尔尼使团成员爱尼斯·安德逊记述:

> 这是中国唯一容许外国人进行贸易的城市,各种买卖是在离广州城一英里的郊区进行。这地区甚为广阔,但并不宏伟华丽;街道大都很狭窄,且人群拥挤。房屋是木房,只有一层。街上都有商店,店内布置像英国形式;由此可知,居民有所偏爱。依照英国书法用英国字母写上他们名字的招牌并不少见。我们在此所见的瓷器商店,据说在规模、品相和货量方面都超过世界其他各国的这类商号。茶商的栈房也堆满了成箱的茶叶。这商品在我国几乎成为日常生活的必需品了,在欧洲其他部分的需要也正在日益增长之中。
>
> 几个欧洲公司的商馆经营东方的贸易,依照这地方色彩建立起来;建筑物是在非常牢靠的设计图上用砖石筑成,但建筑设计则依照本地样式的。我想这是最好的办法。它们有几个大院子,里面的房间可供买办、书记以及船长、船员等当他们作商务准备期内之用。沿江有一行列的这些商馆,它们相互之间并无交通;它们之间的一般区别,在于各自代表的国家的旗帜。在白天,在它们显目的地点,可以看见飘扬着的旗。
>
> 这些国家的公司在这里建立商馆的有英国、荷兰、法国、瑞典、丹麦、葡萄牙、西班牙和美利坚。但英国的建筑物和它的船只,在与中国的贸易中,比其他各国所经营的总数都多。①

---

① [英]爱尼斯·安德逊著,费振东译:《在大清帝国的航行:英国人眼中的乾隆盛世》,电子工业出版社2015年版,第226—227页。

清政府实行的是行商制度。广州的对外贸易,由清政府特许的"十三行"商人专营。外国商人来到广州,实际接触的只限于这些行商。享有特权的行商,一方面是垄断性的商业机构,凡是外国进口货物,均由其承销,内地出口商品,也由其代购,并负责规定进出口货物的价格;另一方面,行商又受政府委托,执行外交上的职能,在广州的外商不能和当地官府直接交往,由行商代政府办理中外交涉,传递文书。

在政府的授权下,"十三行"商人总揽了广州的对外贸易,从中获利巨大,并因此与粤海关监督及广东地方官员结成盘根错节的既得利益集团。同文行潘氏,鼎盛时总资产超过约 2 000 万银元,在广州的外商视受邀往潘家"去游宴是一种宠遇",其院内有能容纳百名演员演出的剧场,有供做佛事的九层高的宝塔,有欧洲人从未见过的各种珍禽异木,房屋家具陈设的富丽堂皇使人有来到"罗马庞贝宫殿的感觉"。潘氏有妻妾 50 人、婢女 80 人、园丁仆役 30 人①。

行商的外贸特许权是用重金换得,为维持其特权,又要不断向官府行贿、"报效"。在官府方面,则把行商视为摇钱树,动辄巧立名目,伸手索取。十三行每年上缴税银超过百万,据档案记载,皇帝把十三行作为固定的财源,常常亲自审查税费的解交,如有出入,便拿粤海关监督是问。十三行每年为宫廷输送洋货,当时称为"采办官物",其中多为紫檀、象牙、珐琅、鼻烟、钟表、玻璃和金银器皿、毛织品等。根据皇室的要求和出具的样式,行商从洋商手中逐件采买,再交两广总督、广东巡抚和粤海关监督进献。查阅清宫《进单》《贡档》便可发现,一口通商后,宫廷享用的洋货几乎全由广州行商输送。乾隆帝曾有"不必惜费"为内廷采购奇异洋货的上谕。嘉庆帝偏爱南洋热带水果,曾特为批示"槟榔一项朕时常服用,每次随贡呈进无误"②。

广州的行商,并非全是广东人,有的来自毗邻的福建。其中同文行的潘启官,祖籍福建漳州龙溪,后迁同安县,从事海外贸易多年,积有余资后到广州发展;义丰行的蔡氏,祖籍也是福建;义成行的叶仁官,原籍福建韶安县;丽泉行的潘氏,原籍同安县;怡和行的伍浩官,祖籍福建莆田,后迁晋江,康熙初年又

---

① 郭卫东:《转折——以早期中英关系和〈南京条约〉为考察中心》,河北人民出版社 2003 年版,第 356 页。
② 中国第一历史档案馆:《明清宫藏中西商贸档案》第 1 册,中国档案出版社 2010 年版,前言,第 2 页;李国荣主编:《清宫档案揭秘》,第 338、339、346 页。

迁广东南海①。这与明清时期福建沿海私人海外贸易相当活跃有关，他们从中积累了经验和资金，并得以到广州继续发展。

当时坐镇广东的粤海关监督，由皇帝钦定，多是由来自京城的宫廷内务府官员出任，负责监督关税征收，"不必听督抚节制"，可见其权势显赫②。根据清宫关税档案记载，粤海关每年的税银有3％移交广东布政司藩库，3％留作海关之用，70％解交户部，24％划归宫廷内务府。粤海关有自己独立的系统为宫廷服务，这一官职被视为美差和利薮，非皇帝亲信之人是难以上任的。当时两广总督的年薪为2万银两，而粤海关监督的年收入可达40万银两③。后者几乎一上任都贪得无厌，因为这个肥缺是要经常换人的，凡上任者都想在短暂的任内捞足吃饱。

1793年马戛尔尼使团在北京下榻的海淀宏雅园，就是被查抄的一名前粤海关监督的园林式私宅。据随团的画家威廉·亚历山大记述：

> 里边有一座像带篷的驳船样的房子，船体用石块造成，建在一个蓄满水的池子里，必要时用水桶从邻近的水井里向池子蓄水。这个古怪建筑的上层用作使团的餐厅。石块和种着矮树的花盆，错落有致地排列着，某种程度上从小处表现了中国园林装饰的品味。从石舫的屋顶和这座巨大庭院的院墙上边远望，可以看到北京城的几座塔顶、牌坊和其他一些建筑。这座巨大的官邸，是由广东的税官建造的。他后来被提升为天津的盐税官，但他的欺骗和勒索行为被发现，全部巨额财产被皇帝没收。④

使团副使斯当东也描述说："（宏雅园）馆舍宽阔华美，厅房甚多。据说这个产业属于前任粤海关监督，他从对英贸易中贪污大宗款项修建这所住宅，以后调任北京附近，继续贪污，最后被处分抄家，产业没收归公。"⑤

上行下效，海关税则没有一定之规。核税方法通常分为正税、比例、估值三种。正税是按货品从量课税，计分五大类：衣物类26项，食物类55项，用物

---

① 郭卫东：《转折——以早期中英关系和〈南京条约〉为考察中心》，第346页。
② 中国海关博物馆广州分馆：《粤海关史话》，中国海关出版社2013年版，第18页。
③ 李国荣主编：《帝国商行》，九州出版社2007年版，第41、242页。
④ 刘潞、[英]吴芳思编译：《帝国掠影——英国访华使团画笔下的清代中国》，中国人民大学出版社2006年版，第107页。
⑤ 同上书，第108页。

类210项,杂货类143项,另加船料类18项。所谓比例,是指定出一货品的征税标准,其他货以比例从量课税,未分类,共计470项。估值,是定出货物价值,从价课税,亦未分类,共401项。米谷、珠宝、贡舶,则免税①。上述税项并非一成不变,常常因人而异。曾有一艘英国商船进港,海关丈量人员先是从船头量到船尾,一经贿赂,马上就改为从前桅量到后桅。丈量后,要缴船钞,先是开价2 000银两,经讨价还价并送上320银两后,结果以500银两了事②。1784年8月,美国"中国皇后号"首航驶抵广州。其船长记述,负责征税的粤海关官员"在测量我们船的过程中,那位海关监督向我们打听我们是否有一些手信——这个名词是他们对上述这类钟表及奇珍异品的称呼——面对我们否定的回答,海关监督看起来有点儿不高兴。不过当我们告诉他,我们是从一个新的国家第一次来到这里,不懂要带这些东西的惯例,他的脸上露出满意的神色,但不忘嘱咐我们,当我们再次来的时候要带上这些东西"③。

当时的中英贸易,中国居于出超地位。中国的丝绸、茶叶、瓷器等源源销往海外。如清中叶江西景德镇大量生产的出口瓷器,主要是销往欧洲及北美市场,迎合其消费者对"中国风"的喜好。许多这类瓷器直接由欧美买主委托制作,饰以欧洲家庭饰章和取自西方古典时期或《圣经》中的场景。英国伦敦玛丽勒本板球俱乐部博物馆就收藏有当时景德镇的外销瓷碗,上面画有板球比赛的图案④。相对而言,中国对国外商品的需求却很少。1805年,首航广州的俄国"涅瓦号"商船的船员记述:

> 从广州运出的商品大多是茶叶,然后依次是中国棉布、丝、瓷器、大黄等。所有的船只都装载着茶叶,尤其是英国船,其他货物包括大黄,他们一般买得很少。运进来的有毛皮、薄呢、毛料、锡、白铁和西班牙塔勒。西班牙塔勒最好,用它可以毫无障碍地以便宜价格买到好商品。毛皮却相反,价格很不稳定,尤其是现在每年从美国有很多船只带着这一商品前

---

① 郭卫东:《转折——以早期中英关系和〈南京条约〉为考察中心》,第361页。
② 李国荣主编:《帝国商行》,第244页。
③ [美]乔西亚·昆西编,常征译:《帝国的相遇:美国驻广州首任领事山茂召实录》,人民出版社2015年版,第193页。
④ [加]卜正民主编,[美]罗威廉著,李仁渊等译:《最后的中华帝国大清》,中信出版社2016年版,第76,77页。

来,往后谁也无法知道它们能卖多少钱。①

在这种背景下,英国商船来华时,往往是携带的银两多于装载的货物。这当然是那些急于打开中国市场,并从中谋利的英国人不愿看到的。他们终于找到了一种能打破这种局面的物品——鸦片。

鸦片是用罂粟汁液熬制成的麻醉品,原产于南欧、中亚,后传于阿拉伯、印度和东南亚等地。17世纪,吸食鸦片的陋习,从南洋传入中国。此后,中国流行用烟枪灼火吸食。鸦片是一种摧残身心和使人堕落的毒品,一旦沾染,很难摆脱。输入中国的鸦片,主要来自英国控制的印度。据一位在印度的游历者记述:

> 当人们沿着两岸有丰饶耕地的河流溯河而上时,会发现罂粟遍地都是。我们就在罂粟丛中穿越了数百英里。在罂粟地里,我们打到了很多只野鸭子,这些动作迟缓的野鸭子早已因为吞食过这些罂粟而变得神情恍惚了。②

自18世纪80年代后,由英国东印度公司一手操纵的鸦片走私愈加猖獗。其经营方式,是由驻孟加拉的公司总督发货给英国散商,由他们贩运至中国销售,货款交给广州的公司代表用于对华贸易,而那些散商可以得到公司在广州签发的伦敦票据。通过这样的办法,东印度公司把鸦片走私与对华贸易联为一体,鸦片逐渐成为他们对华贸易的主要资金来源。"从加尔各答和孟买装运鸦片的是小型快速帆船,又被称作鸦片飞剪船。他们在强烈的季风时节前往中国海(指南海,下同——引者),从孟加拉出发的航程,少则6周,多则8周,那一季节中国海中刮着大风,很少迷途。他们武装到牙齿。"③

19世纪始,输入中国的鸦片持续增长。1834年,英国政府取消了东印度公司的对华贸易垄断权,由英国外交部直接向广州派遣驻华商务监督,英国对华贸易进入"散商"阶段,参与鸦片贩运者也更多。1800年(嘉庆五年)为4 570箱,1838年(道光十八年)达40 200箱,猛增近8倍。在这39年里,约有427 620箱鸦片通过各种途径,包括武装走私输入中国④。其中常用的手段,是贿赂中

---

① 伍宇星编译:《19世纪俄国人笔下的广州》,大象出版社2011年版,第54页。
② 郑曦原编:《帝国的回忆——〈纽约日记〉晚清观察记》,生活·读书·新知三联书店2001年版,第58页。
③ [英]乔斯林勋爵著,吴文浩译:《随军六月记》,中国文史出版社2018年版,第6页。
④ [美]马士著,张汇文等译:《中华帝国对外关系史》,生活·读书·新知三联书店1957年版,第1卷,第238—239页。

国官员。英国鸦片贩子声称:"的确,在中国很少有花钱做不到的事情","老实说,广州政府的官吏没有一个人是干净的"①。

罪恶的鸦片贸易,给中华民族带来巨大灾难。鸦片是一种昂贵的毒品。它的大量输入,转而使中国白银滚滚外流,中国的对外贸易由出超变为入超。据统计,鸦片战争前夕,中国每年至少有1 000万两白银外流②。白银大量外流,直接导致银贵钱贱。当时民众日常开支和劳动所得都是铜钱,而清政府规定交纳的各种赋税,却必须折成白银。换算之间,他们的实际负担随着银价的升高而加重。鸦片泛滥,也使清政府财政拮据,吏治更腐败,军纪更败坏。就在天子脚下的京津地区,"俱有食鸦片烟之人,而各衙门为尤甚,约计督抚以下文武衙门上下人等,绝无食鸦片烟者甚属寥寥"③。面对此种状况,道光帝也有点坐立不安。几经考虑,他决定任命湖广总督林则徐为钦差大臣,赶赴广州禁烟。

林则徐为官清廉,勇于任事。他在湖广总督任上,就在两湖地区实行禁烟,下令收缴烟枪,缉拿烟贩,并曾上书道光帝,直陈如再不禁烟,"数十年后,中原几无可以御敌之兵,且无可以充饷之银,兴思及此,能无股栗!"④此次受命,深知任务艰险,在京亲友也颇为他担忧,但他义无反顾,决然南下。

1839年3月,林则徐风尘仆仆赶抵广州,随即通过明察暗访,掌握了鸦片走私的情况,决定将禁烟的重点放在杜绝鸦片来源上,得到时任两广总督邓廷桢的全力支持。林则徐召集行商,责令他们转告外国商贩,限期缴出所藏鸦片,并具结保证今后再不夹带鸦片来华,如有发现,货尽没收,人即正法。为表示他的禁烟决心,林则徐掷地有声地宣布:"若鸦片一日未绝,本大臣一日不回,誓与此事相始终,断无中止之理!"⑤

在英国驻华商务监督义律的唆使下,英美等国鸦片商贩敷衍、拖延,抵制缴烟。林则徐见状,断然下令将停泊于黄埔的外国商船封舱、撤出广州商馆的中国员役,迫使义律等不得不同意缴烟。

6月3日,林则徐亲赴虎门,主持中外瞩目的销烟壮举。销烟的办法,是在

---

① [英]格林堡著,康成译:《鸦片战争前中英通商史》,商务印书馆1961年版,第66页。
② 严中平等:《中国近代经济史统计资料选辑》,科学出版社1957年版,第28、29页。
③ 中国第一历史档案馆:《鸦片战争档案史料》第1册,天津古籍出版社1992年版,第80页。
④ 《林则徐集·奏稿》,中华书局1965年版,第601页。
⑤ 《林则徐集·公牍》,中华书局1965年版,第60页。

海滩高处挑挖两个纵横各 15 丈的大池,池底平铺石板,以便交替使用。销烟时,先由沟道灌水入池,抛入鸦片沉浸,再抛下大块石灰,顷刻间池水沸腾,鸦片不燃自焚。等到海水退潮时,启放涵洞,池水连同被焚的鸦片随浪冲入大海,再用清水洗刷池底,不让涓滴残留。截至 6 月 25 日,历时 23 天,当众销毁收缴到的鸦片 19 179 箱、2 119 袋,总计 2 376 254 斤①。

当时到虎门观看销烟的,有美国商船"罗礼逊"号船长弁逊及美国传教士裨治文等 10 名外国人。他们起初以为"中国人不会焚毁一两鸦片的,即使烧烟,大部分鸦片一定会被偷去"。到场观看后,他们不得不佩服林则徐。裨治文称:"我们反复考察烧烟的每一个过程,他们在整个工作进行时的细心和忠实的程度,远出于我们的臆想,我不能想像再有任何事情会比执行这个工作更加忠实的了。"②

面对中国的禁烟,英国反应强烈。伦敦、曼彻斯特、利物浦、利兹、格拉斯哥等地商会,纷纷主张采取武力行动,逼迫中国开放口岸、协定关税、赔偿烟款、割让岛屿等。曾出任阿美士德使团副使的斯当东,在英国议会公然宣称:"我们进行鸦片贸易,是否违背了国际法呢? 没有!"扬言"尽管令人遗憾,但我还是认为这场战争是正义的,而且也是必要的。"③

1840 年 4 月 10 日,英国议会通过发动侵华战争的决议案。之后,所谓的"东方远征军"相继从印度出发,驶往中国。其中包括兵船 16 艘、武装汽船 4 艘、运输船 28 艘、士兵约 4 千人,由曾任印度总督、英国好望角舰队司令官的乔治·懿律总指挥。华南海面,顿时战云密布。

面对英军来犯,在林则徐的部署下,广州军民严阵以待。英军无隙可乘,北犯福建厦门,被已调任闽浙总督的邓廷桢率军击退,也未得逞。又进犯并攻陷浙江定海,继而又派人前往天津海口,将英国外交大臣巴麦尊的照会送交直隶总督琦善,要求中国割地、赔款。

在英军的进逼下,道光帝害怕了,退缩了。他下令将林则徐、邓廷桢革职查办,任命琦善为钦差大臣,前往广东负责中英交涉。

琦善抵粤后,处处妥协退让,英军气焰更嚣张,悍然攻占虎门要塞的沙角、

---

① 牟安世:《鸦片战争》,上海人民出版社 1982 年版,第 125 页。
② 丁名楠等:《帝国主义侵华史》第 1 卷,人民出版社 1973 年版,第 32 页。
③ [英]马戛尔尼原著,刘半农原译,林延清解读:《1793 乾隆英使觐见记》,第 262 页。

大角炮台。琦善数度照会义律,要求交还所占炮台。义律趁机提出以割让香港作为交换,并单方面宣称已与琦善达成协议即所谓"穿鼻草约",内容包括割让香港、赔偿烟款等。1841年1月26日,英军强行占领香港。次日,琦善赶赴狮子洋莲花城,与义律交涉,却空手而归。广东巡抚怡良闻讯,密报朝廷,弹劾琦善丢失香港。

> **知识框**
>
> ## 英国占据香港的三步骤
>
> 　　晚清时期,英国占据中国香港地区,前后经历了三个阶段。先是第一次鸦片战争期间,英军侵占了香港岛,随即在岛上驻兵布防,构筑各种军事设施,其中选定港岛西北部一处港湾作为军港,着手建立海军仓库;并马上组建英国在香港的殖民政府。英国鸦片贩子也在岛上建造了永久性的仓库,更猖獗地对华输出鸦片。中英《南京条约》订立前,港英当局已初步建成警察、法院、监狱等殖民统治机构。随后,英国通过《南京条约》逼迫中国承认了英国对香港岛的割占。
>
> 　　第二次鸦片战争期间,英国又夺占了与香港岛一水之隔的九龙。九龙半岛以北狮子山、笔架山等横开列嶂,是高山地带的外缘,境内一些孤立的小丘散落在洼地之间,沿岸平地较多,半岛的岬角尖沙咀,隔着宽约1500米的海面,与香港岛的中环、湾仔相望。九龙与港岛之间是天然深水良港,后称维多利亚海港,最深处有14.5米,可供巨轮进出。英国对九龙半岛早就觊觎。1857年末,英法联军攻占广州,英军将领随后要求割占九龙。1860年3月,英军强行侵占了尖沙咀一带。同年10月,北京沦陷,圆明园被毁,《北京条约》订立,中国被迫承认英国割占九龙,维多利亚海港被英国完全控制。
>
> 　　甲午中日战争后,列强争相在中国瓜分势力范围,英国乘机于1898年迫使中国订立《展拓香港界址专条》,强行租借新界99年。新界租借地陆地面积376平方英里,其中陆地286平方英里,岛屿90平方英里(包括今香港国际机场所在的大屿山等大小岛屿235个),较原来英国占据的港岛和九龙陆地面积扩大约11倍,水域较前扩大四五十倍。至此,英国占据

> 了包括香港岛、九龙和新界在内的中国香港地区。直到 1997 年,香港地区才回归祖国。(详可参阅余绳武等主编:《十九世纪的香港》,中华书局,1994 年)

2月26日,英军向虎门炮台发起总攻。年已花甲的广东水师提督关天培率军抵抗,血染战袍,壮烈殉国。占领虎门要塞后,英军向广州挺进。此时,琦善已被贬斥,道光帝任命皇侄奕山为靖逆将军,辅以户部尚书隆文和湖南提督杨芳,前往广东设法扭转战局。这些被委以重任的官员,都是昏庸无能之辈。面对英军的炮口,他们一筹莫展,杨芳竟异想天开,希冀用妇女便器的"秽气"破除英军的"邪术",奕山则试图乘夜色用小船对英舰实施火攻,均惨遭失败。5月27日,奕山等被迫与英军签订《广州停战协定》,支付600万银元"赎城费"并将清军撤至远郊,换得英军暂不进驻广州城。

但英军并不罢手。8月21日再次北犯,先后攻陷厦门、定海、镇海、乍浦等地,侵入长江口。镇守吴淞要塞迎战英军的,是年近七旬的江南水师提督陈化成。吴淞位于黄浦江和长江汇合处,是长江防御的重要屏障。陈化成指挥部下,在东西炮台加固工事,积极备战。6月26日凌晨,英军的炮火划破夜空。陈化成身先士卒,率部奋战,不幸中弹倒地,壮烈捐躯,吴淞失陷。英军一度侵占宝山、上海,又溯长江而上,攻陷镇江,兵临南京城下。

英军连连得手,清廷一片慌乱,道光帝赶紧密令求和。历时两年多的鸦片战争,接近尾声。这时,早被革职流放的林则徐,正在被押往新疆"效力赎罪"的漫漫西行途中①。

二、五口通商的波折

1842年8月29日,耆英代表清政府,在英军炮口下,签订了丧权辱国的

---

① 1845年10月,流放新疆的林则徐被召回北京,受命出任署理陕甘总督。次年,接任陕甘总督。1847年,转任云贵总督。后告老还乡,居住于福州。1850年10月,受命出任钦差大臣,前往广西镇压太平军,途中病逝。

《南京条约》。这是晚清第一份不平等条约。次年,耆英又在广州与英方先后订立《五口通商章程》和《五口通商附善后条款》,作为对《南京条约》的补充。

通过《南京条约》及其附约,英国侵略者从中国攫取了一系列特权。其中规定:

(1) 中国割让香港,"任便立法治理"。从此,英国在香港建立起殖民统治,成为侵略中国的重要基地。

(2) 中国赔款 2 100 万银元,分四年付清。这笔巨款,相当于当时清政府全年财政收入的约三分之一。

(3) 开放广州、福州、厦门、宁波、上海为通商口岸。英国在五口有权派驻领事等官员,商人可以自由通商,不再受只准与清政府指定的"行商"交易的限制。从此,中国东南沿海门户大开。以后,英国等列强还在各通商口岸强行设立由其直接管理的租界,成为践踏中国主权的"国中之国"。

(4) 协定关税,即中国丧失关税自主权,须与英国协商议定海关税率。

(5) 领事裁判权,规定如英国人在中国犯罪,中国官员无权依据中国法律判决,而要交由英国领事处理。

(6) 片面最惠国待遇,即以后不管中国给予其他国家任何特权,英国都应该同样享受。这一条款后来被美国、法国等援用,列强结成侵略中国的"利益均沾"的伙伴关系。

鸦片问题在条约中虽然没有提及,但实际上达成了允许免税输入的默契。1845 年,英国人施美夫在上海的吴淞口目睹了鸦片交易的过程:

> 我们搭乘的船,虽然并不从事鸦片运输,也在货物中捎带了 750 箱鸦片,卸交给停泊在吴淞口的一艘接收船只。……我们上了接收船,观看在买卖前测试浓缩鸦片汁的准备过程。鸦片箱被打开,清除掉一些干枯的罂粟叶,一条重四五磅、呈长方形的棕褐色干饼被取了出来。东印度公司在装箱时格外谨慎,鸦片球粒粒浑圆,相互隔开,每盒 40 粒,用牛皮盒盛装。买卖很快就成交了。
>
> 中国捎客承担为上海及邻近地区的鸦片富商购买鸦片的风险。从 3 粒鸦片球中各取了些鸦片作为样品,在 3 个不同的锅中炼烤后试吸,看看是否掺假。这一过程耗时几乎一个小时。在这期间,鸦片与水调和,用文

火慢煮过滤,保持沸腾,通过蒸发,缩成类似糖浆的粘稠液。每盒鸦片售价近200英镑。我们看到大约1500两大如鞋状的银锭过秤后,付入我们船上的铁制钱柜。广东省来的钱币鉴定人仔细地检验了每一块银锭。钱币鉴定人、鸦片商、译员、当地会计师在甲板上各处站成几堆,显得忙碌激动的样子。①

1855年来华游历途经香港的哥伦比亚人描述:"香港的码头十分漂亮,云集着世界各地的货船。它们运来外国商品,载回醇香的茶、妙不可言的丝织品或是中华帝国美不胜收的新奇玩意儿。但是最大的买卖是鸦片贸易,它是英国投机商人敛财的渠道。巨大的蒸汽船在好几条航线上川流不息地把加尔各答的鸦片贩到香港……心满意足的商人卸下毒品,足不旋踵便又把货物装上快船,从而把毒品贩运到中国整个海岸。"②位于长江入海口的吴淞口,是主要的集散地之一。1861年11月9日,法国《世界画报》载:"吴淞是清朝主要的鸦片输入地之一,每月都会输入1000到1200箱鸦片。鸦片这种慢性毒药给我们带来了丰厚的利润,但也让清朝人走向衰败、愚钝和死亡。"③

步英国的后尘,美国、法国也接踵而至。1844年初,美国专使顾盛率炮舰2艘,驶抵中国澳门,以面见皇帝相要挟,又以武力相威胁,逼迫钦差大臣、两广总督耆英于7月3日签订了中美《望厦条约》。在这个条约中,美国不仅获得了英国在《南京条约》中攫取的全部特权,而且还允许美国在五口建立教堂、医院等,还规定12年后修约,为日后向中国勒索新的特权埋下了伏笔。《望厦条约》订立后,顾盛得意地报告美国政府,认为美国和其他国家必须感谢英国,因为它订立了《南京条约》,打开了中国的大门;现在则是英国和其他国家也应感谢美国,因为它把这扇门户开得更大了。

接着,法国也派专使拉萼尼来华交涉,并于同年10月24日逼迫清政府订立中法《黄埔条约》,在取得中英、中美各约规定的所有特权外,又胁迫清政府取消了对天主教的禁令,规定在通商口岸可自由传教,中国人不得触犯毁坏教

---

① [英]施美夫著,温时幸译:《五口通商城市游记》,北京图书馆出版社2007年版,第104、105页。
② [哥伦比亚]唐可·阿尔梅洛著,郑柯军译:《穿过鸦片的硝烟》,北京图书馆出版社2006年版,第117—118页。
③ 赵省伟主编,张霞等译:《西洋镜:法国画报记录的晚清(1846—1885)》(下),广东人民出版社2018年版,第288页。

堂,违反则严拘重惩。

五口通商和一系列特权的获得,为欧美列强打开中国市场提供了便利。鸦片战争后,中外经济关系发生深刻变化,清政府通过广州行商制度限制对外贸易的状况被打破,中外经济交往逐渐形成新的格局。其中引人注目的,是中国对外贸易重心由广州向上海的转移。

上海地处中国海岸线的中段,居于维系中国沿海各地航运贸易的枢纽地位,与沿海各省商业联系密切。同时,它又位于长江入海口,背倚广袤的长江流域腹地,沿长江航路上达南京、芜湖、九江、汉口等地,假运河水道沟通苏州、杭州、扬州诸城。作为贸易口岸,上海拥有的这种经济、地理优势,在同期开放的各埠中是独特的。

广州虽然对外贸易历史悠久,但它偏处华南一隅,远离大宗出口商品丝、茶的主要产地江浙皖等省,四周丘陵起伏,交通不畅。五口通商前,内地省份出口货物,以及经由广州输往内地省份的进口商品,多须长途跋涉,方能抵达销售地,徒增成本,耗时费力。当时广州在中国对外贸易中长期占据首要地位,乃是清政府一口通商规定所致。五口通商后,"非粤货不到广州"[1],其对外贸易顿显衰落。

福州、厦门和宁波的地理位置、运输条件以及所在地区经济发展程度和市场潜力,都不及上海。福建地狭多山,除茶叶外,可供出口的商品有限;就进口而言,福建相对贫瘠,人口少,市场容量小,且省内外交通受周围地形限制,运输不便。宁波位于杭州湾南岸,与浙江经济富庶的杭嘉湖地区联系不密,所在地区相对闭塞,"杭嘉湖三府,树桑之多独多。金、衢、严、宁、绍、台六府,山田相半;温、处二府,山多田少"[2]。地理环境、物产状况制约了这些口岸的发展。

上海因其独特的口岸优势,成为欧美列强注目的焦点。在他们看来,把上海辟为商埠,最符合其扩大对华贸易的需要,使他们能够将推销商品和收购农副土特产品的范围,扩大并延伸到整个东南沿海和广大的长江流域。而这些,都是其他四个通商口岸无法提供的。因此,上海开埠后,很快成为欧美列强在华经济活动的主要场所。统计显示,1843年上海开埠后,广州对英进出口贸易

---

[1] 民国《佛山忠义乡志》卷14,人物。
[2] 《清高宗实录》卷313,第44页。

总值明显下降，其间有的年份偶有回升，隔年大都又跌至原有水平之下；上海对英贸易总值，则几乎总是逐年上升，并在1853年超过了广州，一直雄居各港之首。英国是当时欧美各国对华贸易的主要国家，时至19世纪60年代初，对英贸易仍占中国对外贸易总值的80%以上①。上述统计，清晰显示了五口通商后中国对外贸易重心由广州向上海的转移。

五口通商的波折，也加速了这种转移。中国国门被打开后，外国人在一些通商口岸的活动，并没有像他们原先预想的那么顺利，其中尤以广州、福州两地最为突出。广州一口通商时，来到广州的外国商人不能进入广州城，只能住在城外珠江边的一块被指定的区域内，东西宽约700米，南北长约1 100米，除了行商及少数受雇佣的华人外，其他广州人不能进入，而外商也不能随意出入，只能在这块区域内与外商进行交易，这个区域称作商馆。五口通商后，英方提出这个地块不敷使用，中方便扩大了区域并修建了新的房屋。但英方又进一步提出要进入广州城自设码头。《南京条约》及其附约，关于外国人进入五个通商口岸的规定并不清晰，只是称英国人可以进入"五处港口"，英国领事可以"住该五处城邑"，没有明确说城邑是否包括城内。

1842年11月，广东地方乡团"升平社学"得知英国人的入城要求后，出面邀约附近80余乡的民众加以抵制。一时间，广州城内"民情汹汹"，英国人不敢轻举妄动。1845年，港英总督德庇时以动武相威胁，再次要求入城。两广总督耆英和广东巡抚黄恩彤不敢拒绝，联名布告将允许英国人进城，民众则大哗，官府布告被撕，还相约"夷人入城之日，闭城起事"，迫使官府撤回原议。

1849年4月1日，英国借口有英国人被打，出兵强占虎门炮台，次日又向中方要求"自由入城"。4月6日，耆英表示同意两年后英国人可以自由进入广州城。两年期满，新任两广总督徐广缙和广东巡抚叶名琛态度强硬，拒绝英国人入城。英国军舰强行驶入珠江，广州民众奋起抵制，英方权衡得失，暂时搁置入城要求，军舰退回香港②。围绕着广州的反入城斗争，一直持续到1856年第二次鸦片战争时英军占领广州。

英国人在福州也碰了壁。福州被定为商埠后，当地官员暗中布置，鼓动省

---

① 姚贤镐：《中国近代对外贸易史资料》，中华书局1962年版，第624页。
② 郭卫东：《转折——以早期中英关系和〈南京条约〉为考察中心》，第729—734页。

城内外商贾联手抵制,"劝令各该商等勿得即与互市,俾免该夷在此勾留。各该商亦尚知轻重,均称不愿与该夷交易,故以后李太郭(指英国首任驻福州领事——引者)屡将所带作样之洋布等物给人阅看,欲图销卖,民间绝无顾问之人"①。当时,李太郭居住于福州城西南荒僻的乌石山神光寺两间空置的房屋,侯官知县也在租契上盖了印。福州士绅闻讯后,效仿广州绅民书写公启、公呈,要求将英国人驱逐出城。

闽浙总督刘韵珂、福建巡抚徐继畬一面申斥侯官县令,一面授意地方官以"士民会议"的形式,不准为英国人修缮房屋,不准当地人与英国人来往,又令神光寺僧不准收房租;另一方面,也不赞成直接与英国人对抗。后因连日阴雨,英国人居住的房屋漏雨不止,被迫迁走,事态逐渐平息②。

相比之下,上海开埠后的局势较平静。1845年11月,上海开埠不到三年,英国领事巴富尔就以欺诈手段与上海道台签订了《上海租地章程》。以此为开端,英、法、美等国相继在上海强行开辟了后演变成租界的外国人居留地。它们都设置在上海县城附近水路交通最便利、地理位置最重要的地点,英租界即位于黄浦江与吴淞江的交汇处,扼上海航运交通的咽喉所在。据英国外交部档案记载,至1846年底,上海已有24家外国商号开张(其中3家是美国的),还有5家零售店,25所私人住宅,若干货栈,一座教堂,一家旅馆,一个门诊部,一个俱乐部和一个基督徒墓地,地皮和建筑支出(保守的估算)至少也有636 820美元③。

1848年3月,英国三名传教士擅自前往上海远郊青浦活动,与当地船民发生冲突。事后,英国驻沪领事阿礼国在法、美等国领事支持下,公然封锁海口,不许漕船出海,胁迫中国方面"拿人惩治"。在列强的威逼下,清政府最后枷责船民10人,并将其中2人投入监狱④。此后,在上海的外国人更加趾高气扬,与其他口岸相比,他们的经济活动也有更多的便利。

一些原在广州的中国人,也追随外商来到上海。他们中有的是原先的行商。行商制度结束后,行商各奔前程,结果不一,有的破败,有的随外商北上,

---

① 中国第一历史档案馆:《鸦片战争档案史料》第7册,第565页。
② 茅海建:《苦命天子:咸丰皇帝奕詝》,生活·读书·新知三联书店2006年版,第51页。
③ 《阿礼国致戴维斯的港口情况汇报》(1847年1月12日),转见[美]张琳德:《上海的英国会馆(1843—1854)》,载《国外中国近代史研究》第24辑,中国社会科学出版社1994年版,第16页。
④ 《青浦事件信稿》,《近代史资料》1957年第2期。

在新辟的通商口岸上海寻找商机。1856年,美国旗昌轮船公司在上海的50万元资本中,有30万元来自原十三行商人伍氏家族,成为较早附股外资企业的中国商人。有的在上海充当受雇于外商的买办,原广州同顺行商人吴健彰是上海滩较早的买办,1853年又跻身官场,出任上海道台。天宝行梁氏的后人则从政从学,后有人曾出任湖南学政、江宁布政使、顺天府府尹等官职,也有的成为著名学者,其中有历史学家梁方仲和梁嘉彬,梁嘉彬的成名作就是《广东十三行考》[①]。

五口通商对下层民众的生计也有波及。广州一口通商时期,从广东通往内地的运输要道上,聚集着为数众多的搬运工人。如从湖南湘潭至广州之间,货物运输繁忙,在地处湘粤交界处的南风岭,从事搬运货物翻越山岭的挑夫约有10万人。闽广之间靠运送武夷茶叶谋生的劳动者,也有10余万人之多。上海开埠后,随着对外贸易重心由广州向上海的转移,以广州为中心的旧有商路失去了原来的重要地位,商业活动明显衰落。湘潭过去曾是广州进出口货物的重要集散地,当时凡外国运来货物至广州上岸后,多先运至湘潭,再分运至各地,而中国出口丝、茶等商品,也多先运至湘潭装箱,再运广州出口,商业活动很兴盛。此时却由于传统商路改道而顿显衰落,由此带来的则是这些地区许多下层民众陷于失业和半失业状态。

五口通商也使东南沿海航船业水手的生计受到威胁。上海开埠前,沿海各地南北货物交流,均由这些海船承运,上海十六铺港区内帆樯如林,大小船只穿梭往来。上海开埠后,进入上海港的外国商船越来越多,以上海为中心的中国沿海各地的航运贸易,逐渐落入外商之手,中国原有航船业陷于困境,众多水手纷纷失业,无可谋生。大批劳动者失去谋生途径,势必加剧社会动荡和社会矛盾的激化。

三、惊雷过后的沉寂

鸦片战争的一连串惨败,如五雷轰顶,令一直沉湎于"天朝上国"梦幻中的

---

① 李国荣主编:《帝国商行》,第117、297、123页。

道光帝及文武百官极为震惊。此前,他们对外部世界特别是欧美国家的真实情况几乎一无所知。但也有例外,1817年在马六甲出版发行的英文季刊《印中搜闻》,1820年刊载一封来信,说两广总督阮元在主持纂修《广东通志》时曾向在广州的外商问询:"为了尽量搜罗完备,他很明智地想要加进一些关于广州口岸对外贸易的叙述,以及他可以收集到的关于那些贸易国的说明,特别是欧洲国家。他请求本地商人为他作调查,他们已经在很多方面这样做了。我被问及关于盛名远播的拿破仑以及波旁王朝复辟的情况。随后又被要求提供关于欧洲国家的起源、政府体制、官员诠选和施行刑罚等方面的介绍。"①但这样的举动,毕竟凤毛麟角,即使如林则徐,也曾听信一些无稽之谈。他到广州之初,曾以为英军只能在海上逞凶,"一至岸上,则该夷无他技能,且其浑身裹缠,腰腿僵硬,一仆不能复起,不独一兵可手刃数夷,即乡井平民亦足以制其死命"②。1841年,徐继畬在给友人的信中也这样写道:

> 查逆夷船坚炮利,海中断不能与之角逐,即在海岸安炮与之对击,亦是下下之策。至于登岸步战,则非彼之所长,其人两腿僵直,跳走不灵,所用者自来火之小枪,不能过四十步,此外则短刀而已。我兵之排枪、弓箭、长矛等器,彼皆无之,彼又地利不熟,何至不能抵御?③

严峻的现实,很快使他们清醒。

为了切实了解敌情,林则徐十分重视掌握有关资料。有一位四川人袁德辉早年曾在马六甲英华书院求学,熟悉英文。林则徐到任广东后,他被聘为译员④。在广州的林则徐,"指挥他的幕僚、随员和许多聪明的人搜集英国的情报,将英方商业政策、各部门的详情,特别是他所执行的政策可能的后果,如何赔偿鸦片所有者的损失,都一一记录。他们尤其关心英俄是否正在作战,等到他们被告知英俄之间极和平时,他们好像深为诧异。这些情报,每日都先交钦差阅览,当他离去广州时,已搜集了一厚帙了"⑤。

---

① [英]马礼逊、米怜主编:《印中搜闻》,国家图书馆出版社2009年版,前言,第13页。
② 《林则徐集·奏稿》,第861页。
③ 《退密斋文集》,《鸦片战争》(中国近代史资料丛刊)第2册,第597页。
④ [美]亨特著,冯树铁等译:《广州番鬼录 旧中国杂记》,广东人民出版社2009年版,第186、187页。
⑤ 《鸦片战争》(中国近代史资料丛刊)第4册,第36页。

在广东期间,林则徐组织人手摘译外国书报,陆续将有关欧美军事、政治、经济等方面的资料,编译成《澳门新闻纸》和《澳门月报》;将外国人有关中国的报道和评论编译成《华事夷言》;将英国人慕瑞的《世界地理大全》编译成《四洲志》,简要叙述了世界各大洲30多个国家的历史、地理、政治和经济等状况①。其中,《华事夷言》后经魏源收入《海国图志》而流传至今②。他还利用各种机会直接向外国传教士、医生、商人了解世界知识,被后人誉为晚清"开眼看世界"的先驱。但不久他就遭贬,一腔热诚无以报国。

1843年,徐继畬赴厦门与英国领事会谈,结识担任翻译的美国传教士雅裨理,从他那儿得到一本世界地图册。此后,他细心琢磨,并向雅裨理询问有关知识,又参阅《海国闻见录》等著述,于1848年完成《瀛寰志略》一书,共10卷,前3卷记述亚洲地理,基本上按照东亚、东南亚、南亚次大陆、中亚和西亚的地理区划,记述亚洲各国;第4卷至第7卷记述欧洲地理及各国概况,由北至南,由东到西,分国别介绍;第8卷记述非洲各国;最后2卷介绍美洲概况,并附有地图42幅,为人们了解陌生的域外世界打开了一扇窗户③。

此外,又有魏源编成《海国图志》。它的编纂始于1841年夏,当时林则徐被流放新疆,途经江苏,魏源闻知,专程从扬州赶赴镇江迎送。分手时,林则徐把在广东时编译的《四洲志》以及其他有关资料交给魏源,嘱其进一步扩充、整理成书。一年半后,魏源编竣并刊行了《海国图志》50卷本,他在书首便明言"是书何以作?""为师夷长技以制夷而作!"④书中按各大洲分别介绍了主要国家包括军事、政治、经济、习俗等在内的基本概况。后又不断增补,先后扩充为60卷本和100卷本。在介绍各国的同时,魏源还在《海国图志》中阐发了自己对于时政和海防的见解,提出了一系列具体建议,包括在广东等地设立翻译馆,以了解外情;开办造船厂和火器局,聘用外国技工,仿造西洋船械,装备中国军队;模仿西洋训练方法,组建并训练新式水师等。他认为通过上述措施,

---

① 林则徐著,张曼评注:《四洲志》,华夏出版社2002年版,前言,第1页。
② 苏精辑著:《林则徐看见的世界:〈澳门新闻纸〉的原文与译文》,广西师范大学出版社2017年版,第491页。苏精指出,由于时代环境和译者的个人条件,林则徐聘用的四名译者的局限不足与错误,甚至有意地操弄译文,难以苛责,"只是这些局限不足、错误与操弄,导致林则徐虽然睁开了眼,看到的却是笼罩着一层薄雾也有些扭曲变形的世界"(同上书,第50页)。
③ 徐继畬著,宋大川校注:《瀛寰志略校注》,文物出版社2007年版,前言,第6页。
④ 魏源:《海国图志原叙》,《海国图志》,岳麓出版社1998年版,第1页。

中国有望转弱为强，与外敌抗衡。令人叹息的是，他的这些主张根本没有引起清政府的重视，中国的局面未有些许改善。在沉寂十多年，直到英法联军攻占北京城后，魏源的主张才被清政府拾起，并被洋务派付诸实践。

形成鲜明对照的是，魏源的《海国图志》在1851年就由来往于中日间的商船传入日本，在当时同样面临列强入侵威胁的日本，立刻引起广泛关注；1852年增补刊行的百卷本，1854年就能在日本读到。仅在1854年至1856年的三年间，日本刊印的《海国图志》的各种选本就有20多种。可以说，它影响了日本幕府末期的知识分子，尤其是给予那些要求抵御外敌、革新内政的维新志士以很多启迪，推动了日本的开国与维新。而在中国，它却备受冷遇，以致有日本人也为之叹息。盐谷宕阴在《翻刻〈海国图志〉序》中这样写道："呜呼，忠智之士忧国著书，不为其君所用，而反被琛于他邦。吾不独为默深（魏源，字默深——引者）悲矣，而并为清帝悲之。"①

有资料显示，在道光后继位的咸丰帝也见过《海国图志》。据档案记载，1853年武英殿修书处奉旨将此书修缮贴锦进呈。但咸丰帝有没有细读、读过后又有什么感受，今人亦无从得知②。严酷的现实是，在鸦片战争后的十余年间，中国的局面未见改善。据当时人描述："国家承平二百余年，海防既弛，操江亦废。自英夷就抚后，始请以捐输之余作为船炮经费，而官吏侵渔，工匠草率偷减，不及十年，皆为竹头木屑。"③最直观的是清军装备依旧，"咸丰时用兵尚系弓箭刀矛，杂用土炮"。而这十余年，又恰是英、法等国武器迅速更新的年代。蒸汽铁舰逐步替代了木制帆舰，线膛炮更替了滑膛炮，新式的米涅式步枪和恩菲尔德式步枪也是此时试制成功并分发给部队的④。中外之间的差距，不是在缩小而是在扩大。在不久来临的第二次鸦片战争中，清军再遭重创在所难免。

可以说，除林则徐、徐继畲、魏源等少数忧国忧民的志士外，清廷上下绝大部分人并没有从鸦片战争的惨败中醒悟，依旧不思振作，自欺欺人，得过且过，时人称："和议之后，都门仍复恬嬉，大有雨过忘雷之意。海疆之事，转喉触讳，

---

① 王晓秋：《近代中国与世界》，紫禁城出版社2003年版，第336、345、350页。
② 茅海建：《苦命天子：咸丰皇帝奕詝》，第54页。
③ 夏燮：《粤氛纪事》卷3，第1页。
④ 茅海建：《第二次鸦片战争时期清军的装备与训练》，《近代史研究》1986年第4期。

绝口不提,即茶房酒肆之中,亦大书'免谈实事'四字,俨有诗书偶语之禁。"①这种鸵鸟政策无济于事。除了虎视眈眈的欧美列强,国内的社会矛盾也在激化,天地会、白莲教等形式的民众起义及少数民族的反清斗争风起云涌,搅得道光帝心绪烦躁。1850年2月,他在北京西郊的圆明园病逝。

这时在华南地区,一场更大规模的以客家人为主体的农民起义狂飙正在生成之中。

扩展阅读书目

1. 李国荣等主编:《清代广州十三行纪略》,广东人民出版社,2006年。史论结合的生动描述。

2. 陈国栋:《清代前期的粤海关与十三行》,广东人民出版社,2014年。多年研究的力作,史实明晰,论析精审。

3. 吴义雄:《条约口岸体制的酝酿:19世纪30年代中英关系研究》,中华书局,2009年。中外文资料扎实,论题和论述有新意。

4. 茅海建:《天朝的崩溃——鸦片战争再研究》,生活·读书·新知三联书店,1995年。依据清宫档案,对鸦片战争前因后果细密剖析。

5. 郭卫东:《转折——以早期中英关系和〈南京条约〉为考察中心》,河北人民出版社,2003年。对鸦片战争前后中外关系演变的研究扎实。

6. 王尔敏:《五口通商变局》,广西师范大学出版社,2006年。专题论文结集,对各口岸开埠史实有细致阐述。

7. 侯中军:《近代中国的不平等条约:关于评判标准的讨论》,上海书店出版社,2012年。视角和论析有新意。

8. [美]马士著,张汇文等译:《中华帝国对外关系史》,上海书店出版社,1999年。视野开阔,涉及内容广泛。

9. [英]蓝诗玲著,刘悦斌译:《鸦片战争》,新星出版社,2015年。从全球史角度的论述。

10. [美]范岱克著,江滢河等译:《广州贸易:中国沿海的生活与事业(1700—1845)》,社会科学文献出版社,2018年。是对鸦片战争前后中外贸易、商人和相关制

---

① 中国史学会主编:《鸦片战争》(中国近代史资料丛刊)第5册,神州国光社1954年版,第529页。

度的重新审视。

相关资料选读

1. 苏精辑著：《林则徐看见的世界：〈澳门新闻纸〉的原文与释文》，广西师范大学出版社，2017年。史料和考释，均可见林则徐开眼看世界的所得和局限。

2. 中国第一历史档案馆等编：《清宫林则徐档案汇编》，海峡文艺出版社，2017年。专题档案大结集，稀见珍贵。

3. 中国第一历史档案馆编：《鸦片战争档案史料》，天津古籍出版社，1992年。尘封已久的有关鸦片战争清宫档案的大揭秘。

4. 王铁崖编：《中外旧约章汇编》，生活·读书·新知三联书店，1957年。晚清中外条约大全。

5. 郭卫东编：《中外旧约章补编（清朝）》，中华书局，2018年。补录王铁崖书未载约章。

6. 胡滨译：《英国档案有关鸦片战争资料选译》，中华书局，1993年。有关鸦片战争英方档案的择要披露。

7.［英］施美夫著，温时幸译：《五口通商城市游记》，北京图书馆出版社，2007年。英国传教士1844年在通商五口的所见所闻所记。

8.［法］加略利著，谢海涛译：《1844年法国使华团外交活动日记》，广西师范大学出版社，2013年。鸦片战争后，中法交涉发端的法方记载。

第二章

「天京」对峙

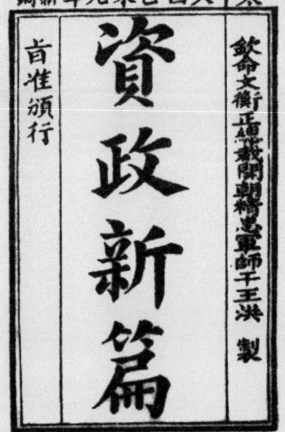

《资政新篇》书影

一、客家人与太平天国

客家人,是汉族中一个极具特色的支系。它是中原汉族人民南迁的产物。西晋至唐宋年间,中原时有大规模的战乱,当地民众为躲避战火,纷纷举家举族南迁。他们历经艰险,辗转来到山高林密、人口稀少的赣闽粤三省交界地区栖身。

客家人最主要的特征,是客家方言。作为汉族的一个支系,这些说客家方言的人群形成于何时,至今尚无定论,已有的研究表明,客家方言的源头,是唐朝中叶安史之乱后来到江西北部和中部地区的北方移民带来的。当时,这些地区接纳了数量颇大的北方移民,估计赣北的移民可能超过当地户口总数的三分之一,赣中则稍低于一成。这些移民必然带来他们固有的方言。而后,他们又经历了一度或数度再移民过程,最后集中于赣南、闽西与粤东北交界连绵的山区,使得他们的方言与北方方言隔离开来,走上独特的发展道路。经过数百年的变迁,终于产生了客家方言①,形成了客家人族群。

坎坷的经历、艰险的生存环境,造就了客家人的鲜明特色。他们的认同性即自我意识强烈,强调自己的根是在中原大地,虽不断迁徙,仍一直保留着聚族而居的形态②。客家话不仅是他们交流的工具,也是他们认同的主要标志。客家人的自我意识,还表现为强烈的内聚性。由于客家人是在战乱中逃生迁

---

① 周振鹤:《客家源流异说》,《学术月刊》1996年第3期。
② 原籍福建连城的当代学者童庆炳忆述:"我的家乡在福建西部一个不算小的村庄里。小时候我们头上戴的斗笠每每写着'雁门童氏'四个字,我当时不解其意。长大后读了家谱,才知道我们的三十四代以前的老祖宗是从山西雁门迁移来的,因为是'客家',为了不忘老本,父亲总是在一些器物上写上'雁门童氏'。"(童庆炳:《旧梦与远山》,北京大学出版社2015年版,第25页)

徙的,没有贫贱富贵之分,一路上历尽艰难险阻,只有互相帮助,才能共渡难关;即使迁徙到一个新的地方后,面对荒僻之地和原住民的排斥,仍然需要团结互助,方能站稳脚跟。这种内聚的向心力,使得客家人以数世同堂的大家庭为传统①。久而久之,形成了客家人特有的"大屋",又称"围屋"。

在客家人聚居地,广泛分布着一种体型巨大的客家民居,类似坞堡。其形式多样,名称各异,赣南称土围子;闽西称土楼,分圆楼、方楼和五凤楼等;粤东北称围屋、围龙屋、四点金、走马楼和五凤楼等;在广西,则笼统地称为"客家大屋"。迄至今日,"有村必有围,无围不成村",仍是不少客家村寨的常见景观。

这种建筑样式与古代中原人南迁后,不时发生与当地原住民的冲突即习称"土客之争"有关。客家人为适应当时当地的生存环境,建造了能集群聚居的房屋,以抵御来犯者。其特点是,集防盗、防火、取水、饲养、加工、贮藏、晾晒等各种生活设施为一体。其中的居民,同属一个血缘系统。整个聚落以祖先神龛所在的正堂为核心,居室组成具有明显的秩序和统一的规划。尔后繁衍的子孙,则紧靠祖屋另建新居,形成以祖居为中心,新居为"卫星"屋的村落结构②。

明中叶后,赣闽粤地区人多地少的矛盾也日趋尖锐,土客之争频发,甚至发生械斗③。一部分客家人,又转而迁往相对地旷人稀的广西。他们又被称为"来人",意即从外地迁来广西定居者。入桂的客家人,主要是在18世纪中叶来自粤东北和闽西,也有一些来自江西和湖南。他们的迁徙动因有别于前人,主要不是为躲避战乱,而是为了寻找新的生存空间,因此只要是相对地旷人少之地,他们就前去垦殖,如日后情况有变,就又迁徙别处,所以类似赣闽粤等地城堡式的大围屋,在广西并不多见。广西境内河流众多,由西向东流经广西的几条大河均属珠江水系。入桂的客家先民,大多溯西江而上,再扩散到广西各地。广西客家人相对聚居于桂东南、桂东、桂南、桂中和

---

① 钟文典总主编:《广西客家研究综论》第1辑,广西师范大学出版社2005年版,第5—6页。
② 刘佐泉:《太平天国与客家》,河南大学出版社2005年版,第131—133页。
③ 清咸丰同治年间,广东甚至发生长达14年的土客大械斗,详可参阅刘平《被遗忘的战争——咸丰同治年间广东土客大械斗研究》,商务印书馆2003年版。1928年,毛泽东曾在《井冈山的斗争》中记述:"土籍的本地人和数百年前从北方移来的客籍人之间存在着很大的界限,历史上的仇怨非常深,有时发生很激烈的斗争。这种客籍人从闽粤边起,沿湘赣两省边界,直至鄂南,大概有几百万人。客籍占领山地,为占领平地的土籍所压迫,素无政治权利。"(《毛泽东选集》第1卷,人民出版社1991年版,第74页)

桂北这五大片①。金田村所在的桂东南紫荆山区,就是客家人的聚居地。道光帝死后不到一年,这里就爆发了由洪秀全领导的农民起义。

洪秀全也是客家人,1814年生于广东花县。1827年,他第一次赴广州参加科举考试。落败回乡,因家贫无法再埋头读书,便在家助父兄务农,不久受聘为本村塾师。1836年,他再赴广州应试,又名落孙山。当他心情沮丧徘徊广州街头时,得到一本宣传基督教教义的小册子《劝世良言》②。因情绪低落,顾不上去读它。次年,又赴广州应试,再遭挫败,一下子就病倒了。被人送回家后,一连40多天神志恍惚,举止癫狂。1843年,他四赴广州应试,又告败。心高气傲的他再也忍受不了,就在这时他读了搁置已久的《劝世良言》,很快被书中宣传的上帝面前人人平等的观念所吸引,决意另闯一条人生之路。他把自己的想法告诉了表弟冯云山和族弟洪仁玕,得到赞同。他们一起仿照《劝世良言》介绍的仪式自行洗礼,又先后将家中供奉的神像和村塾中的孔子牌位除去,并劝说村民和他们一起敬拜上帝,但应者寥寥。

1844年,洪秀全和冯云山离开家乡,去外地争取信众。他们先去了广州,又去了顺德、南海、番禺、增城、从化、清远、英德、阳山等地,但收效甚微。于是他们去了广西,在贵县赐谷村洪秀全的表兄家暂住,白天在村塾教书,晚上向村民宣讲要摆脱苦难就要拜上帝。终于有了进展,先后有百余人愿意追随和拜上帝。

不久,洪秀全返回家乡,仍在村塾执教,并将基督教教义和儒家的大同思想糅合起来,相继写了《原道救世歌》《原道醒世训》和《原道觉世训》等篇章,激烈抨击社会现实的黑暗,鼓动人们一起拜上帝,去追求人人平等幸福的理想天国。当洪秀全在家乡埋头著述时,冯云山则去了地处广西桂平县的紫荆山区。这里山岭起伏,聚集着众多贫苦民众,他们或是垦荒种田,或是伐木烧炭,或在小矿窑中当苦力,其中尤以客家人为多。冯云山的到来和宣讲拜上帝,打破了当地人沉闷闭塞的生活状态,他们顿感新鲜和兴奋,信从者踊跃。冯云山也大受鼓舞,自书一副对联抒发心志:

---

① 钟文典总主编:《广西客家研究综论》第1辑,第27页。
② 有关《劝世良言》的相关史事,可参阅司佳:《从〈日记言行〉手稿看梁发的宗教观念》,《近代史研究》2017年第6期。

> 暂借荆山栖彩凤，
> 聊将紫水活蛟龙。①

1847年8月，洪秀全也来到紫荆山区，与冯云山会合。这时，这里已聚集了2 000多名拜上帝的信徒。他们对冯云山渲染的洪秀全梦游天堂、承受天命下凡诛妖等神话深信不疑，洪秀全自然也被奉为首领。为严明纪律、统领众人，洪秀全撰写了《天条书》，明确规定了拜上帝的种种仪式，以及信徒们必须遵守的戒律，包括不奸邪淫乱、不偷窃劫抢、不讲谎话、不起贪心等。

洪秀全和冯云山等人的活动引起当地封建势力的警觉。1848年1月，紫荆山石人村的团练头目王作新以"阳为拜会，阴图谋叛"②为由，抓捕了冯云山并押送桂平县狱。洪秀全匆忙返回广东设法营救，已集聚的信徒暂由已崭露头角的杨秀清统领。杨秀清也是客家人，原籍广东嘉应州，大约在雍正年间，其曾祖父因生计艰难外迁，辗转来到紫荆山东旺冲垦荒谋生。杨秀清自小多难，幼时父母病故，由伯父抚养成人，长大后以伐木烧炭为生。他长于深山，识字不多，但喜交游，有胆识也有计谋，在山民中有号召力。在结识冯云山后，他很快信了拜上帝，信徒中还有他的亲戚萧朝贵。

冯云山被捕，洪秀全暂离，拜上帝的信徒们一时群龙无首，流言四起。在这关键时刻，杨秀清出奇招稳定了人心。他以当地民间流行的"降僮"即假托鬼神降附人身的方式，在一连好多天沉默不语、神态肃穆后，突然开口自称天父即上帝附身，并以天父的口吻声称天父已派天王下凡为天下万国真主，拯救百姓，号召众人坚定信仰，拥戴天王，成就大业。他的这番装神弄鬼的举动和传话，镇住了众人，安抚了人心，杨秀清也因此在拜上帝的信徒中，拥有了代天父传言的特殊身份，当他一旦自称天父附体时，包括洪秀全在内的所有人都得听命于他。

1848年10月，冯云山因查无所谓谋反的实据出狱，洪秀全随即也返回紫荆山区。面对众人已认可的杨秀清的特殊身份，洪秀全处于两难境地，如认同则一旦杨秀清故伎重演，他也必须恭敬从命；如不承认，势必会有冒犯众人虔诚敬畏之心，自毁拜上帝的号召力。权衡得失，洪秀全选择了前者，不得不承

---

① 简又文：《太平军广西首义史》，商务印书馆1946年版，第110页。
② 民国《武宣县志》第五编，第23页。

认了杨秀清的特殊身份,这成为日后两人反目乃至相互残杀的远因。

此后,洪秀全加紧了反清起义的准备。在他的周围,逐渐形成了由冯云山、杨秀清、萧朝贵、韦昌辉、石达开等人组成的领导层。引人注目的是,他们都是客家人,但各人的经历和家境不尽相同。其中萧朝贵出身贫苦;韦昌辉和石达开虽家境宽裕,但因其客家人的身份,仍常常受到当地豪绅的欺压。韦昌辉的父亲痛感家无有功名者,有钱也受人欺,一心栽培儿子走科举道路,为韦家出口气。但韦昌辉的科场遭遇与洪秀全相似,失望之余,"大发牢骚,痛骂官府黑暗,大叹倒霉"[①]。洪秀全和冯云山的鼓动,得到他们的共鸣和鼎力支持。

起义前,韦昌辉倾家出资打造兵器,准备起事。为筹备起义,大约在1850年5月,洪秀全入住桂平县金田村韦昌辉家。相传当时在韦家院子里设置了12个打铁炉,打造长矛大刀。为掩人耳目,又在院内水池里养了一群鹅,让鹅的叫声掩盖打造兵器的声音。造好的兵器,悄悄放入村外的犀牛潭里,以待起义时取用。1974年,文物部门在韦昌辉故居遗址出土了一批铁渣和炉底烧土等,在故居附近出土了铁质兵器如长矛尖头等。20世纪50年代初,又曾在遗址旁挖出几百只瓷碗,碗底都錾有"太平"字样,可见是团营起义时的用具[②]。

经过众人的努力,举事的条件逐渐成熟。1850年6月,洪秀全号召拜上帝的信徒赶往金田村"团营"。很快集结了近万人的队伍,其中有贫苦农民包括在贵县土客大械斗中"败走无归"的客家村民3 000多人;还有一些是小矿窑的矿工,来自贵县的客家人矿工有两支,一支是秦日纲率领的千余人,一支是石达开为首的千余人,加上桂平白沙的客家人矿工,总共约3 000人,约占金田起义太平军实战将士的三分之一[③]。这些矿工在后来的攻坚战中大显身手。

这么多人在金田村一带的集结,自然惊动了清政府,先是撤换了未能事先防范的广西巡抚和提督。9月,调湖南提督向荣继任广西提督,带兵入桂镇压。10月,又起用在福建老家养病的林则徐为钦差大臣,赶往广西督阵。在赴任途中,林则徐在广东潮州病逝。12月,改由前两江总督李星沅为钦差大臣,驰赴广西弹压。1851年元旦,双方在金田村附近交战,清军败退。1月11日,时值洪秀全的38岁生日。就在这一天,他在金田村宣布起义,"正号太

---

① 广西壮族自治区通志馆:《太平天国在广西调查资料汇编》,第58—59页。
② 刘佐泉:《太平天国与客家》,第61页。
③ 同上书,第60、134页。

平天国元年"①。

与历代农民起义相比较,以客家人为主体的太平天国别具特色。一是圣库制度,凡参加起义者不论多少,均将私产变卖交公,建立圣库,全体起义者日用所需均由圣库供给,力求平均。二是男女别营,凡参加起义者包括夫妇在内,均按男女分别编入男营、女营集体行动,"虽夫妇不许相见"②。这些都带有客家人的印记。在客家人历史上不断集体迁徙的过程中,为克服各种艰难险阻,寻找到新的生存地,需要同舟共济,暂时抛弃私有观念,搁置家庭生活,齐心协力,勇往直前。金田起义前后,更需要如此。

在太平天国后来颁布的纲领性文件《天朝田亩制度》中,同样反映了客家人渴求有一份立足之地和生存空间的鲜明色彩。它明确宣布废除一切土地私有制,实行土地平均使用制,根据"凡天下田,天下人同耕"的原则,把全国的土地平均分配给每个人耕种,实现"有田同耕,有饭同食,有衣同穿,有钱同使,无处不均匀,无人不饱暖"的理想天国③。

当然,不能因此认为太平天国是单纯的客家人的反抗,即使在起义的发源地紫荆山区,也有一些客家大户敌视和反对起义。确切地说,它在发端之初,是以客家人为主体的农民起义,激发这场起义并促使其不断发展的主要原因,是包括客家人在内的广大贫苦民众,不堪清政府的黑暗统治而奋起反抗。时任广西巡抚周天爵在一封私人书信中承认,太平军起事,"其始激于州县不为理其曲直,而下民怨嗟"④。正是在这种背景下,他们在洪秀全的鼓动下,同仇敌忾去追寻共同向往的天国。

二、定都天京

金田起义后,太平军势如破竹,连败清军,北上攻克广西平乐府永安州城,稍作休整,便封王建制。洪秀全颁令,封中军主将杨秀清为东王,前军主将萧

---

① 《洪仁玕自述》,《太平天国》(中国近代史资料丛刊)第2册,第850页。
② 同上书,第850页。
③ 《天朝田亩制度》,《太平天国》(中国近代史资料丛刊)第1册,第321页。
④ 周天爵:《致周二南书》,《太平天国》(中国近代史资料丛刊续编)第8册,第315页。

朝贵为西王,后军主将冯云山为南王,右军主将韦昌辉为北王,左军主将石达开为翼王,并宣布"以上所封各王,俱受东王节制"①。在稍后攻打广西全州时,冯云山不幸中炮身亡。

组织严密、目标明确的太平军,很快攻入湖南,连克江华、永明、嘉禾、桂阳、郴州,队伍扩至10万多人。其间领导层齐心协力,清方资料载:"夫首逆数人起自草莽结盟,寝食必俱,情同骨肉,且有事聚商于一室,得计便行,机警迅速,故能成燎原之势。"②上下士气高昂,奋勇向前。进军途中,洪秀全颁布诏书,许诺"上到小天堂,凡一概同打江山功勋等臣,大则封丞相、检点、指挥、侍卫,至小亦军帅职,累代世袭",并下令每次战斗后,记下每人的战绩上报,"俟到小天堂以定官职高低,小功有小赏,大功有大封"③。此处的小天堂,是指成功后的都城。后定都天京,即称其为小天堂。

打下郴州后,萧朝贵率林凤祥、李开芳等1000多人,从小路直奔长沙,打算一举拿下。当时在湖南的外国传教士记述:"最近帝国发生的叛乱(指太平军——引者)已波及数省。叛乱者正在攻打长沙,该城距我所在的地区仅有两百多千米。此地的一些官员已被民众杀死。帝国的皇帝及其大臣万分恐惧,但他们派出的军队不仅装备落后,而且到处抢劫老百姓的财物,造反者则很少抢劫民众财物,军纪严明。"④但在攻城时,萧朝贵中炮身亡,太平军进攻受阻。洪秀全闻讯后,即率大军赶到长沙,合力攻城。清军急调各路兵马增援长沙,太平军遂及时撤围,转走宁乡、益阳,乘船过洞庭湖,直指岳州。这里是从湖南进入长江的门户,战略位置重要。防守的清军心惊胆战,不战而弃城出逃。太平军顺利进驻岳州,当地渔民、船夫纷纷加入,被组编成"水营",从此太平军有了一支水师,大大增强了向长江中下游地区进军的能力。

接着,太平军乘胜前进,攻入湖北,连克汉阳、汉口。然后以铁索系船,横江架设浮桥,于1853年1月12日攻克长江重镇——武昌,击毙湖北巡抚常大淳,军威大振。这是金田起义后,太平军首次打下省城,震惊中外。1853年1

---

① 《永安封五王诏》,太平天国历史博物馆:《太平天国文书汇编》,中华书局1979年版,第36页。
② 张德坚:《贼情汇纂》,《太平天国》(中国近代史资料丛刊)第3册,第172页。
③ 《太平天国文书汇编》,第35、34页。
④ 何岩巍译:《传教士信件内容辑要》,《清史译丛》第7辑,中国人民大学出版社2008年版,第182页。

月28日,意大利传教士里佐拉蒂写于香港的一封信称:

> 反叛者看来纪律严明,其战术远远胜过清军。他们到处自称是把国家从满人的枷锁下解放出来的救星,并在布告中一一列举满人的罪行和暴政。那些希望看到汉族王朝建立的人,为这些辱骂异族的小册子而欢呼。这使叛军获得大量捐款,从而得以逐日增加兵员。相反,清军的情况逐渐恶化,面对叛军的高昂士气和优势兵力,他们惊惶不安,无意与叛军交战,自动放弃阵地而不是应战,直至将叛军引入业已弃守的城市。事实上,他们只在无法避免与敌遭遇或认为有把握获胜时才开火,而后一种情况十分罕见。①

紧接着,太平军于2月9日分水陆两路,顺江东下,直取南京。由于太平军进兵迅猛,清军在长江中下游还没有来得及建立有力的防御体系。驻扎在九江上游的钦差大臣、两江总督陆建瀛,听说太平军扬帆东下,慌忙令总兵恩长领兵2000迎战。两军在湖北境内江中相遇,太平军一战而毙恩长。陆建瀛闻讯,仓皇逃回南京,江西巡抚张芾也不战而撤出九江。太平军乘势克九江,再克安庆,杀安徽巡抚蒋文庆。3月8日,兵锋直抵南京城下。

3月19日,太平军攻破南京城,杀陆建瀛。次日,又攻克内城,杀江宁将军祥厚,完全占领了南京。3月29日,洪秀全宣布将南京改称天京,定为太平天国都城,形成与清政府南北对峙的局面。这时距金田起义才两年又两个月,可谓所向披靡。

自金田起义后,太平军的节节胜利,令清廷上下大为沮丧。为泄愤,他们对起义者及其家属,不分老幼,一概血腥镇压。1852年10月6日,美国传教士罗孝全写于广州的一封信称:"几天前,我曾和此地的一位中国男子进行交谈,他与洪秀全有过私交,似乎对洪的运动也十分了解。但据他说,倘若官府知道某人哪怕与洪秀全只不过是私交,也会十分不妙;与他通信或者有任何来往,一旦被查获,就会被处死。"②气急败坏的咸丰帝,甚至下令地方官把洪秀全、杨秀清、冯云山、韦昌辉等人三代祖坟捣毁,强调要将坟后"坐山后脉概行凿断"③,

---

① 夏春涛选译:《西方关于太平天国的报道》,《近代史资料》总98号,中国社会科学出版社1999年版,第121页。
② 同上书,第118页。
③ 中国第一历史档案馆:《清政府镇压太平天国档案史料》第5册,第178页。

以坏其风水，挫其锐气。

但这些都未能挡住太平军前进的步伐。南京是六朝古都，江南名城，邻近的长江三角洲又是中国最富庶的地区，是清政府的财源地。太平天国定都天京，令清政府如坐针毡，急调各地清军围剿，并在长江两岸分设江南、江北大营。前者统帅是向荣，他从广西一路尾随太平军而来，驻扎在孝陵卫一带，约有绿营兵17 000人；后者由重被起用的琦善统领，驻扎在扬州附近邵伯埭一带，约有八旗兵20 000多人，与向荣隔江南北呼应，以威胁天京。

太平军针锋相对，继定都天京后，又占领了天京外围的重要城市，作为天京的屏障。李开芳、林凤祥、罗大纲奉命攻克镇江，随后又进占扬州。同时在天京城内和城外高岗建造起瞭望楼，在城门外和其他要地设立军营，保卫天京。水师则游弋江面，把天京、镇江和扬州在军事上连成一片，互相策应。为了进一步巩固和发展胜利成果，太平天国又发动了北伐和西征。

三、征战与享乐

北伐和西征，开始于1853年5月。

北伐的目标，是直捣清朝统治中心——北京。计划先攻占天津，然后等待援军，合力再攻北京。北伐的太平军约20 000多人，由林凤祥、李开芳等率领。他们自扬州经仪征攻入安徽，连克滁州、临淮关、凤阳、亳州等地，进兵神速。接着挺进河南，攻占豫东重镇归德府，打算从附近的刘家口渡过黄河，取道山东北上。但因清军在黄河两岸处处设防，并将船只撤到北岸，无船可渡，于是转而西向开封，驻扎于朱仙镇。稍事停留后，针对敌情，避实就虚，撤围开封，自朱仙镇继续西进，经中牟、郑州、荥阳到达巩县。在当地挖煤工人帮助下，他们终于在巩县洛河口找到几艘运煤船，越过了黄河天险，然后乘势进逼豫北重镇怀庆。

咸丰帝闻讯，大为惊恐，急令直隶总督讷尔经额为钦差大臣，调集清军6万多人，从四面驰援怀庆。知府余炳焘等率1万多名清军和地方武装，在城内顽抗。多次进攻，仍未得手，太平军主动撤围，经济源，入山西，连克垣曲、绛县、平阳、洪洞、潞城等地，然后突然折回河南，从武安进入直隶。咸丰帝大怒，下令将山西巡抚哈芬革职拿问,以胜保取代讷尔经额为钦差大臣。

北伐军攻入直隶后,一路北上,连克任县、柏乡、赵州、藁城,前锋一度逼近保定。京城内外,人心惶惶,咸丰帝急令僧格林沁等带兵会同胜保拼死抵抗。北伐军出其不意,从藁城东进,经深州、献县、沧州等地,逼近天津城郊。清军尾随而至,又调重兵竭力阻击,并掘开运河堤岸,使津南一片大水,以切断北伐军与后方的联系。

自北伐开始,太平军势头迅猛,仅半年时间就转战五省,兵锋直逼津京。一些侦察人员曾潜入北京,虽被清政府抓获,仍令京城百官惊惧不安,当时有些到北京做生意的南方人,也因其乡音被怀疑是太平军的"奸细"而遭捕杀①。

但这时冬季来临,北伐军将士多为南方人,不习惯北方的严寒,同时粮食供应也很困难;而胜保、僧格林沁等率领的清军又纷纷聚集于天津,因此北伐军开始转为守势,在静海、独流构筑工事过冬待援。但清军不让北伐军喘息,调集10万多兵马围攻。困于饥寒之中的北伐军,面对强敌,力战三月之久,终因寡不敌众,后撤到阜城待援。

这时,天京派出的援军正在北上途中。这支7500人的援军于1854年2月从安庆出发北上,经皖北、河南、苏北,进入山东,沿途有不少民众加入。4月,攻克临清,离北伐军固守待援的阜城只有200余里。但由于这支援军新招之人多属游民,面对大战在即,不愿继续前进,鼓噪着要求南返,领军的曾立昌、许宗扬等人无法驾驭,遂带兵从临清南撤。至徐州附近的丰县,全队溃败,只有少数人渡河南归。曾立昌在南撤中战死,许宗扬回到天京后被革职惩处。

随即,太平天国再组援军,封秦日纲为燕王,令其率师北援,但进至安徽舒城受挫,不再北援。这时,西征战场也很吃紧,太平天国再也派不出援兵救助陷入困境的北伐军将士。

在阜城固守待援的北伐军,为接应援军,曾于1854年5月突围南下,退至东光县连镇,并由李开芳先率马队2000人前行,林凤祥留守连镇。但当李开芳带兵赶到高唐时,却得知援军早已南撤,结果陷于进退失据的困境,只得就地抗敌。北伐军本已势单力孤,现又分隔两地,处境更加危急。

林凤祥部坚守连镇,同多于自己十倍之敌相持近一年。僧格林沁围绕连

---

① 李惠民:《太平天国北方战场》,中国社会科学出版社2015年版,第33页。

镇修筑短墙40里,外掘深壕,并引运河水淹灌连镇。城中弹尽粮绝,饥寒疲惫的将士们宁死不屈,浴血奋战。最后,林凤祥率众拼死突围,不幸右臂左腿受伤被俘,后押至北京惨遭杀害。太平天国后追封他为求王,表彰他的英勇义烈。

连镇失陷后,清军全力进攻高唐。李开芳见状率部突围南下,退守茌平县冯官屯。僧格林沁故伎重演,筑围墙,掘长壕,引运河水灌,屯里水深数尺。1855年6月,屯破兵败,李开芳被押至北京凌迟处死。至此,征战5000余里、历时两年多的太平军北伐,由于孤军深入,外无援兵,内缺给养,最终失败了。

几乎与北伐军出发的同时,西征也开始了,目标是控制长江中上游各省,以确保天京的安全。

赖汉英、曾天养等率领战船1000余艘,浩浩荡荡,溯长江西上,先后攻克天京上游的战略屏障安庆、九江。这时,翼王石达开受命出任西征主帅,他将西征军兵分两路,一路由胡以晃和曾天养率领,北上经略皖北;一路由石祥祯、韦俊率领,西去经略湖北。

在皖北战场上,西征军接连取胜,迫使督办安徽团练在籍工部侍郎吕贤基投水自尽,震惊全省。当时,清政府设临时省会于庐州,于是庐州成了争夺的焦点。经过血战,1854年1月,太平军攻破庐州城,安徽巡抚江忠源投水自尽。

紧接着,皖北战场上的胜利之师会合石祥祯、韦俊部再征湖北。湖广总督吴文镕领兵万人在堵城顽抗,遭西征军痛击,兵败自杀。太平军乘势再占汉口、汉阳,然后兵分三路:韦俊包围武昌;曾天养率军挺进荆州、襄阳;石祥祯率军进攻湖南。

石祥祯部进入湖南后,连克岳州、湘阴、靖港,遭到曾国藩统领的湘军的凶狠阻击,战场形势开始逆转。太平军首败于湘潭,复败于武昌,再败于田家镇,西线战场顿时吃紧。1854年11月,石达开赶抵前线主持军务。当他率军进抵江西湖口时,湘军水师已越过九江来犯。石达开沉着应战,亲率一军驻守湖口,另以两军分驻九江和小池口,与湘军正面相持却不与其战,夜晚则出动小股部队袭扰敌军,使其彻夜戒备,心烦气躁。相持了一个多月后,石达开见敌军锐气已失、求战心切,突然撤出湖口守军。敌军果然中计,120多艘小船急不可待地驶入鄱阳湖中,而笨重的大船仍留在外江。石达开见敌落入圈套,突然挥师堵住湖口水卡,将湘军水师拦腰切成内湖和外江两段,然后乘夜派小划子火攻敌船,取得湖口大捷。又乘胜从九江、小池口进入长江,猛攻敌军大船。

曾国藩慌乱中投水自尽,被部下救起,落荒逃往南昌。湘军水师溃不成军,太平军一举扭转了自湘潭战后连续败退的局面。此后,石达开乘胜领军西进,重新克复武昌,控制了天京上游。

太平军将士在前线厮杀,一些滞留在清军控制区的家属惨遭毒手。1860年一位在广州的美国人写道:"我们在监狱内看到一位84岁的妇人,是一位太平天国起义军将领的母亲。她是四年前被抓来并投入这暗无天日之地的。……这位老妇人看上去形容憔悴,一定是受尽了折磨,而且能感觉到她在监狱内没有获得足够的食物,饥饿令她神志恍惚。"①

令人叹息的是,这时在天京城内,洪秀全和杨秀清等人却在恣意享受。其征兆在金田起义后不久就已显露,在一路征战中,太平军实行严格的男女别营和圣库制度,洪秀全和杨秀清等人却不受约束。与男女别营、夫妇分居形成鲜明对照的是,洪秀全等人从起义之初就实行多妻制。早在1851年春,洪秀全就有15名后妃。按照太平天国礼制,天王的后妃总称"娘娘",东、西、南、北、翼五王的妃子通称"王娘";各王女眷的人数依次递减,除原配妻子外,先是在两广随军女子中选妃,后改为在征伐途中就地从民女中遴选。定都天京后,这种选妃方式被固定化,每逢诸王寿诞之日,照例事先在城内女馆中层层选美:先由各女军挑出12—15岁的处女,汇齐后再经筛选,最终选定15人左右,每次天王、东王各6人,北王2人,翼王1人,"谓天父怜各人劳心过甚,赐来美女也"。1856年天京事变前夕,杨秀清的王娘有54人,洪秀全的后妃有88人之多②。

尽管洪秀全等人妻妾成群,但他们在定都天京后,仍继续推行男女别营、夫妇分居的政策,并大言不惭地在《天情道理书》中声称"但当创业之初,必先有国而后有家,先公而后及私"。天京城内的原有居民,也按男女分馆居住,实际上废除了家庭和个人的财产③。违者要遭惩处,"令男女分居,有同室者斩以徇。于是有室不能保,有家不敢归"④。众人自然不服,胆大违禁者不乏其人。1854年2月,有人揭发太平天国官员陈宗扬、卢贤拔夫妇私下同宿,杨秀清下

---

① 郑曦原编译:《帝国的回忆——〈纽约时报〉晚清观察记》,生活·读书·新知三联书店2001年版,第18页。
② 夏春涛:《天国的陨落——太平天国宗教再研究》,中国人民大学出版社2006年版,第357页。
③ 王庆成:《稀见清世史料并考释》,武汉出版社1998年版,第367页。
④ 南京市地方志编纂委员会办公室编:《南京愚园文献十 种》(南京稀见文献丛刊),南京出版社2015年版,第262页。

令捉拿,陈宗扬夫妇被斩首示众,卢贤拔被革职、戴罪立功。此事在天京城内反响很大,私下不服和抱怨者众,也有因此偷偷逃跑者。同年9月,不准夫妻同居的规定乃告结束①。

1855年初,为平息怨言,笼络人心,太平天国在废止男女别营、准许夫妇团聚后,又允许那些征战多年的单身汉成家,并为其举行类似集体婚礼的仪式。当时在天京附近的法国神父葛必达记述:

> 今年年初,这座京城发生了一件极不寻常的事情。一连几天,人们总是听到一种奇怪的声响,仿佛所有的炸药包、鼓和土炮都已为此运到了南京。原来这是为了庆祝集体婚礼。据说,叛军首领们为了使部下更加紧密地同他们的事业维系在一起,想用结婚和拥有财产的方式将他们拴在这个地方。他们将城里的主要住宅按照功劳大小分配给来自广西和湖广的军人,让他们同所控制的无数年轻姑娘中的一人结婚。②

为管束众多后妃的言行,在宫中深居简出的洪秀全专门订立了极为严苛的十条戒令:

> 服事不虔诚,一该打;
> 硬颈不听教,二该打;
> 起眼看丈夫,三该打;
> 问王不虔诚,四该打;
> 躁气不纯静,五该打;
> 讲话极大声,六该打;
> 有喙不应声,七该打;
> 面情不欢喜,八该打;
> 眼左望右望,九该打;
> 讲话不悠然,十该打。③

定都天京不久,洪秀全、杨秀清就在城内大兴土木,兴建天王府和东王府。

---

① 王庆成:《太平天国的文献和历史——海外新文献刊布和文献史事研究》,社会科学文献出版社1993年版,第226页。
② 夏春涛:《天国的陨落——太平天国宗教再研究》,第358—359页。
③ 《天父诗》,太平天国历史博物馆:《太平天国印书》,江苏人民出版社1979年版,第574—575页。

针对一些人的不满,负责兴建的官员竟声称"今日之事皆是天事,我等同为上帝之子女,以子女而趋父事,自是份所当然,理所宜然"。竣工后的天王府富丽堂皇,洪秀全自夸:"京都钟阜,殿陛辉鲜。林苑芳菲,兰桂叠妍。宫禁焕灿,楼阁百层。延阙琼瑶,钟磬铿锵。"①

定都前,洪秀全多次通令全军,宣布凡金银财宝等战利品一律上交圣库,不得私藏。但这些财物除用作军需外,都被诸王拥有。定都后,城内设有金匠营专门为洪秀全和杨秀清等人打制金碗筷,甚至金便壶等。洪秀全及其家人的宫中生活,他的儿子洪天贵福被俘后曾有披露:他一天要四次向洪秀全写本章请安,每食饭要感谢卜帝,七日礼拜赞美;他9岁就有4个妻子,就不准与母亲、姐妹见面;只允许他读天主教的书,不准看古书;直到16岁继位,从来没有出过城门。洪秀全的身边有一只鹦鹉能说"亚父山河,永永崀坐,永永阔阔扶崀坐"。亚父就是上帝,崀就是洪秀全和他的子孙,这是一名清朝的降官特意训练进贡的,洪秀全视为"瑞鸟",还写入了诏旨。洪天贵福还说,洪秀全称古书为"妖书",不准别人读,而他自己曾下令从杭州取来大量古书,看完一本就烧掉一本②。

主持朝政的杨秀清居功自傲,骄横跋扈。凡出东王府,随行的仪仗队多达千余人,走在前面开道的是大锣数十对,龙凤虎鹤旗数十对,绒彩鸟兽数十对;紧随其后的是洋绉五色龙,长约数十丈,高丈余,并有鼓乐尾随,号称"东龙";东王坐轿为五彩黄呢轿,共有56名轿夫,轿内还有2名童子站立左右拂蝇捧茶,轿后则是东王府属官近百人,再以一条长龙收尾,堪称浩浩荡荡,招摇过市。

更为糟糕的是,杨秀清连洪秀全也不放在眼里了。1853年12月,杨秀清借口洪秀全放松对幼主的教育并随意杖责侍从女官,假托天父附身,当众斥责洪秀全,还要打四十大板。韦昌辉等人在旁跪求开恩赦宥,并表示愿意代受杖罚,杨仍不允。直到洪秀全伏地等候挨打,杨才将其赦免。1856年6月清军江南大营被攻破,杨秀清以为大敌已除,江山已坐稳,便威逼洪秀全将他从九千岁加封为万岁。一天,他假托天父下凡,将洪秀全召至东王府,毫不掩饰地说:"你与东王都是我的儿子,东王立下这么大的功劳,何止称九千岁?"洪只得回

---

① 太平天国历史博物馆:《太平天国印书》,第529、549页。
② 王庆成:《稀见清世史料并考释》,第527、515—516页。

答:"东王打江山,亦当是万岁。"杨又进逼:"东世子(指杨的儿子——引者)岂止是千岁?"洪答:"东王既万岁,世子亦便是万岁,且世代皆万岁。"杨这才满意地说:"我回天矣!"①洪秀全受此逼迫,再也不能容忍,急忙密召在前线的韦昌辉和石达开带兵回京诛杨。

四、内讧与败亡

定都天京后,太平天国的军政事务由杨秀清主持,韦昌辉和石达开协助。石达开侧重军务,经常在外领兵作战;韦昌辉则侧重政务,较多时间留在天京协助杨秀清处理政务。韦昌辉为人圆滑,工于心计,面对权倾一时的杨秀清,他表现得十分恭敬,甚至忍气吞声,含辱受屈,暗中则心怀积怨,图谋报复。当他接到洪秀全的密诏时,正在江西督战。他见机会来了,立即领兵三千,日夜兼程,于9月1日深夜赶回天京。又马不停蹄,指挥部下封锁所有通往东王府的要道,并严密包围东王府。临近拂晓时,韦昌辉带领亲兵闯入东王府,大开杀戒。杨秀清猝不及防,连同他54个王娘在内的家人和护卫瞬间成刀下鬼。天明时分,杨秀清的首级被悬挂示众。城内贴出告示,宣布杨秀清"窃据神器,妄称万岁,已遭天殛"②。

这时,天京城内杨秀清的人马仍然很多,洪秀全在杨秀清被杀后已下令赦免所有杨的余党,韦昌辉为了斩草除根,防止东王的势力东山再起,布下圈套,假借天王旨意,宣布因为自己在攻进东王府时滥杀无辜,须接受杖罚四百的惩罚,召集东王部下前往天王府前观看行刑。当这些人匆匆来到时,他早已伏下重兵,将东王余部一概诛杀。在韦昌辉的屠刀下,先后有太平军将士2万余人丧命。

目睹这种惨景,刚从湖北前线赶回天京的石达开极为震惊,当面斥责韦昌辉不该肆行乱杀。韦昌辉不以为然,并准备趁机除掉石达开。石达开接到密报后连夜出逃,家人则被韦昌辉惨杀。石达开逃至安庆后领精兵4万回京靖

---

① 《太平天国》(中国近代史资料丛刊)第4册,第703页。
② 夏春涛:《天国的陨落——太平天国宗教再研究》,第386页。

难,并先行派人进京要求天王下诏诛杀韦昌辉以正国法。11月2日,韦昌辉在天京被杀。洪秀全派人将韦的首级送到石达开的军营,请石达开领兵入京。

石达开重回天京,受到众人的拥戴。面对天京内乱后清军的攻势,他及时调整了天京的防务,分派各部在东线坚守句容、溧水,西线坚守九江以下的长江水道,西南坚守江西,北线则在皖鄂边境适时发动攻势,很快稳住了阵脚。但是,这时的洪秀全对外姓疑忌日重,加封其长兄洪仁发为安王,二兄洪仁达为福王,让他们主持朝政。这二人自身平庸,又忌恨石达开的人望和才干,彼此很难相处。不久,又有安、福二王欲加害石达开的传言。有亲信劝他干脆废天王于深宫,取而代之,但石达开不愿这样做。思前想后,走为上计,遂于1857年6月带着亲兵随从离开了天京这个是非之地。

几经波折的天京事变后,太平天国元气大伤,士气低落。清朝一方的文人乘机推波助澜,抛出顺口溜:"天父杀天兄,江山打不通,长毛(指太平天国——引者)非正主,依旧让咸丰。"①太平天国从此由盛转衰,再难挽回颓势。而离京出走的石达开,踏上的也是一条不归路。1857年10月,石达开自安庆率所部十余万人经建德进入江西,转战于赣闽浙三省。其间,洪秀全曾削去安、福二王王号,希望石达开回京。但石达开去意已决,不为所动。

1859年初,他从江西进军湖南,兵抵湘西宝庆府,拟从这里进入四川,因受阻于湖南巡抚骆秉章部,被迫南返广西。同年10月,石达开率部攻占庆远府城,该城地处桂北要冲,东可出桂林,南可下柳州,北可入川、黔,西可去百色及云南,石达开改城名为龙兴,改旧府署为翼王府,试图在这里建立起政权。然而,此时的广西在太平军远去天京后反清斗争已陷入低潮,当地的地主武装和清军合击石达开,而当初随石达开出走的许多江浙和两淮籍将士,在屡遭挫折后也思乡心切。在这种情况下,石达开不得不于1860年5月放弃庆远城,继续流动作战。两个月后,彭大顺、朱衣点等将领率部踏上回归天京之路。石达开一度返回家乡贵县,想退隐山林,但清政府正到处悬赏缉拿他,只得打消此念。

1861年,石达开又举兵从贵县北上,出广西,入两湖。次年初,从湖北利川进入四川。1863年5月,石达开部3万余人在大渡河南岸的紫打地被清军包围,在老鸦漩战败。曾三次拼死抢渡大渡河,都告败。血战多日,眼见突围无

---

① 太平天国历史博物馆:《太平天国史料丛编简辑》第2册,第163页。

望,石达开致信四川总督骆秉章,表示愿意舍命以全三军,即以牺牲自己来保全部下。6月13日,石达开带着五岁幼子石定忠自赴清营,骆秉章食言,将滞留大渡河畔的石达开部下尽行杀戮,石达开父子也被惨杀。

这时的天京,也是举步维艰。天京事变后,为重整旗鼓,洪秀全起用李秀成、陈玉成等一些年轻将领征战沙场。1859年4月,又封刚从香港来到天京的族弟洪仁玕为干王,让他总理朝政。金田起义后,尚在家乡广东花县的洪仁玕为躲避清政府的搜捕,流亡到了香港。此后数年间,他一边教外国人学中文,一边自学西学。这段特殊的经历,使他对欧美国家的政治、经济和文化有了较多的了解,也迫切希望能将其用于太平天国事业。1858年6月,他从香港经广东、江西、湖北等地,辗转来到天京,立刻受到洪秀全的重用。洪仁玕也想尽其所能,帮助太平天国走出低谷,遂向天王条陈《资政新篇》,详细阐述了他的一系列变革主张,目标是效仿西方,实行政治、经济和文化等方面的改革,为太平天国开辟一个新局面。但在处处吃紧的战争环境下,在以农民为主体的太平天国政权中,《资政新篇》虽经洪秀全的首肯,事实上没有也不可能付诸实施。况且身为起义阵营的迟来者,洪仁玕的号召力有限。1860年11月,他与到访天京的容闳会见时,曾无奈地表示他深知改革的重要性,但其他各王均在外征战,在他们没有返京之前,一切都无从谈起,因为任何举措在付诸实施之前,必须得到大多数人的首肯。容闳因此意识到"他是孤单的,没有人在倡导这些改革方面向他伸出援手"[①]。

由于战场形势紧迫,洪仁玕很快也将主要精力用于军事斗争,他和忠王李秀成、英王陈玉成一起成为支撑太平天国后期危局的栋梁。李秀成是广西藤县人,出生于贫苦农家,参加太平军后作战勇敢,又有计谋,逐渐成长为一名年轻将领。天京事变后,与陈玉成同为洪秀全所倚重。在他们的奋力拼杀下,战局稍有转机。1860年5月太平军二破清军江南大营后,李秀成挥师东征,进兵苏南和浙江,先后攻克丹阳、常州、无锡、苏州等地;次年12月攻占杭州,以后又连克金华、绍兴、宁波等地。其间,太平军曾于1860年8月、1862年1月和5月,三次逼近上海,兵锋直抵上海城下,在华列强大为震惊,反应强烈。

---

① 夏春涛:《太平天国后期的朝内纷争》,《中国社会科学院近代史研究所青年学术论坛(1999年卷)》,社会科学文献出版社2000年版,第5页。

上海自 1843 年开埠后,很快成为中国第一贸易大港。作为列强在华经济活动的中心,上海的重要性无可替代,因此当太平军逼近,他们就破门而出,直接与太平军兵戈相见,"借以弭平一切叛乱活动,进而保卫上海,抵抗任何攻击"①。此前,他们就有部署。1859 年增兵上海的法军军官瓦兰·保罗记述:"为了在以后更好地保卫上海以应对各种意想不到的情况,我们将上海郊外的一段街区全部烧毁,这段街区位于设有防御工事的城市和欧洲国家的租界之间。"②不久,这种暴行再次上演。1860 年 8 月 29 日,在沪的法国人描述:

> 出于对新一轮攻击的担忧,同时考虑到我们军队寡不敌众,最高指挥官下令开炮并纵火焚烧东大门附近的房屋。这个十分必要的措施,而且马上就得到了实施。大火持续了整整四天,上海最富裕繁华的街区就这样被付之一炬。东部城郊因为靠近欧洲租界地,曾是中国顶级富商们的首选住宅区。东郊商店里陈列着琳琅满目的货品,价格不菲,但可惜所有这一切都成了大火的牺牲品。这的确是不可挽回的损失,可为了确保城市安全,又不得不急切地采取这权宜之计。由于实施了这个措施,法租界未遭遇突然袭击。此外,我们从牢牢控制在手中的东门起,掌控着整个黄浦江。在黄浦江上,我们可以向任何胆敢冒险进犯的中国船只进行射击。英国人同我们一样,在西门和南门用大炮和烈火扩大了他们的射击范围,巩固了他们的阵地。③

上海为中国最大的商港,这也是吸引太平军前往的一个重要原因。这里繁盛的口岸贸易和众多的商行,意味着大宗税源以及与外国交往的可能。1860 年 9 月 20 日,英国驻华公使普鲁斯在上海致信英国罗塞尔勋爵:"不容置疑,他们之所以进攻上海,其主要目标之一,是要力图取得上海海关的关税收入。"④一位美国学者认为:"太平军领袖们坚决要占有上海,这倒不是为了他们从这富饶的海口可以得到劫掠的机会,而是为了通过这个口岸,他们可以跟欧

---

① 上海社会科学院历史研究所:《太平军在上海——〈北华捷报〉选译》,上海人民出版社 1983 年版,第 86 页。
② [法]瓦兰·保罗著,孙一先等译,许钧校:《远征中国》,中西书局 2011 年版,第 106 页。
③ [法]查理·德·穆特雷西著,魏清巍译:《远征中国日记(下卷)》,中西书局 2013 年版,第 95 页。
④ 《英国议会文书中有关太平天国的史料》,《太平天国》(中国近代史资料丛刊续编)第 10 册,第 135 页。

美各国通商。他们相信,假若他们能够进口外国制造的武器和军火,他们在这持久的内战中获得最后胜利的机会将大大地增进。"①前些年披露的《洪仁玕供词》,亦反映了洪秀全、洪仁玕等人通过上海与欧美列强妥议通商和好章程的意向②。但这种意向因列强的武力对抗而碰壁。

1860年8月16日,《英国驻沪陆海军提督通告》声称:"上海县城及外人居留地,已由英法两国联军实行军事占领,因此警告一切人等,倘有武装队伍攻击或趋近联军防地者,当视为敌对联军行动之开始,将遭受断然之对付。"③两天后,李秀成致书英、美、法驻华公使,声明兵到上海,不扰外人,请悬挂黄旗,以便识别。当太平军逼近上海时,曾致书英国驻沪领事:"我们需要上海,因为我们尚没有能够置备日用品和军需品的港口,这些物资将确保我们成功实行对我们国家的敌人的打击";强调"我们并不请求你们为我们而战,我们只是恳求你们站在一边保持中立"④。结果却并非如他们所想,试图进入上海的太平军遭到英法军枪炮射击,伤亡300余人。8月21日,因浙江嘉兴被清军围困,李秀成自上海撤兵,驰援嘉兴。1862年1月,太平军再次进逼上海,避居上海的江浙地主士绅大为惊恐,纷纷提出请求英法军防守上海,时任江苏巡抚薛焕以此为由,转奏清廷。上海道吴煦又出面与英、法驻沪领事多次会商,于1月13日成立了"中外会防局",并制定了分区防守计划,挖掘护界壕沟,赶造吊桥、炮台,太平军再次受挫。1864年3月12日,《伦敦新闻画报》载:

> 在以往好多年里,中国扬子江以南和以东,甚至就连上海港的附近地区,都被太平军所占领。倘若没有欧洲军队的保护,上海肯定也被他们给一口吞并了。白布朗少将所率领的英国军队最近已在上海附近布下防线,以防止中国内战的炮火过于靠近这块英国商人的重要殖民地。⑤

围绕着上海,太平天国与列强之间的矛盾冲突表明,后者基于维护其在华权益的考虑,选择了与清政府一起与太平军为敌的立场,太平天国的处境因此

---

① [美]亚朋德:《华尔传》,《太平天国史译丛》第3辑,中华书局1985年版,第47—48页。
② 王庆成:《稀见清世史料并考释》,第472页。
③ 《英国议会文书中有关太平天国的史料》,《太平天国》(中国近代史资料丛刊续编)第10册,第111页。
④ [英]麦高温著,朱涛等译:《中国人生活的明与暗》,中华书局2006年版,第313页。
⑤ 沈弘编译:《遗失在西方的中国史——〈伦敦新闻画报〉记录的晚清(1842—1873)》,北京时代华文书局2014年版,第499页。

更加困难。

不久,战场形势也发生逆转。李秀成率军占领苏南等地后,这里成了太平天国后期的主要军事基地和经济支柱。但是,由于李秀成在江南得手后,本位思想抬头,对进取天京上游地区持消极态度,天京上游的最后一道屏障安庆很快陷入湘军重围之中。为了解救安庆,洪仁玕重新部署兵力,发动了由陈玉成、李秀成、李世贤、杨辅清分统四路会攻武昌的西征战役。这是一次事关大局的战役,但各路将领拥兵自重,行动迟缓。当陈玉成领兵到达武昌外围后,李秀成却迟迟未至,而当李秀成来到后,陈玉成又已回师去救安庆,从而导致了这次西征的失败。此后,洪仁玕从天京亲自领军北上,力图和陈玉成等协力解除安庆之围,也未成功。

安庆失守后,陈玉成一度打算率部赴鄂北另谋发展,因部将反对又折回庐州。这时,天王连下两道诏书,指责他在安庆的军事失败,并要求他进兵取粮回援天京。陈玉成对此很是气恼,并未立刻从命。稍后,他收到暗中已被清钦差大臣胜保招抚的苗沛霖的密信,请他北去寿州从长计议。陈玉成轻信前往,被苗扣押,随即被送往胜保大营。陈玉成断然拒绝胜保的劝降,被杀,年仅26岁。

自安庆失守,湘军顺江而下直指天京,李鸿章的淮军和左宗棠所部湘军也从苏南、浙江进击,战场形势对太平天国极为不利。1863年12月,苏州失守,李秀成退回天京,建议天王让城别走、另作他图,即放弃岌岌可危的天京,集中兵力去江西、湖北发展,但遭洪秀全拒绝。李秀成不得不奉命死守天京。这时的天京城内,很多人已是斗志涣散。天京事变后,太平天国内部追逐名利的现象未见消退,"起初是有大功的人才封王,到后来就乱了,由广西跟出来的都封王,本家亲戚也都封王,捐钱粮的也都封王,竟有二千七百多王了"[1]。天京失守前夕,城内人口不超过3万,其中太平军有万余人,而王一级的官员就占约十分之一,有1000多人[2]。更可悲的是,大难当头,仍互相倾轧,"人心不齐"[3]。

1864年6月1日,洪秀全病逝。6月6日,洪天贵福继位。7月19日午

---

[1] 《黄文英在江西巡抚衙门供词》,王庆成:《稀见清世史料并考释》,第543页。
[2] 《洪天贵福亲书自述之二》,王庆成:《稀见清世史料并考释》,第519页。
[3] 罗尔纲、王庆成主编:《太平天国》(中国近代史资料丛刊续编)第7册,广西师范大学出版社2004年版,第279页。

后,湘军轰塌太平门城墙,从20余丈宽的缺口处一拥而入。李秀成拍马赶去天王府救护幼天王,并将自己的战马让给幼天王,一行人左冲右突,都遭湘军阻击,只得暂时退回清凉山,等天黑再作打算。当天深夜,他们假扮湘军,拼死护卫幼天王从太平门缺口处冲出城外。混战中,众人打散。幼天王逃往皖南广德。晨曦中,血染战袍的李秀成人困马乏,孤身一人躲入城郊方山一座废弃的破庙暂避,两天后被当地乡民发现,缚送湘军兵营领赏。

李秀成被囚后,写下了数万字的"自供",追述了自己的经历和太平天国的历史及其失败的原因,同时也向曾国藩乞求活命,并表示自己可出面招降太平军余部。但曾国藩并没有放过他,8月7日,李秀成在南京被杀,时年42岁。他被囚后写下的供词,曾国藩是否做了手脚,尚是一个谜。关于其字数,曾国藩前后说法就不一,李秀成被杀的次日即1864年8月8日,他致信儿子曾纪泽言及:"伪忠王自写亲供,多至五万余字。"仅隔了一天即8月9日,他在写给京官钱应溥等人的信中则说:"近又定李秀成亲供,遂少暇晷。李酋八日之内,在囚笼中共写三万余字,删其重复谀言,尚近三万字。"①前后所言字数差别之大,被其删去的所谓"谀言"又究竟是什么,都令人生疑。这些疑点暂且不论,其删节了最后呈递军机处的李秀成供词是他自己所说的。同年12月13日,翁同龢读到从军机处章京朱学勤处借到的"李秀成供词"②。可见这份被曾国藩删节的供词,已在京城高官中传阅。

> **知识框**
>
> ### 李秀成"自述"的真伪
>
> 　　1864年,太平天国"天京"城破,李秀成被俘,曾国藩将他处死后,把删改过的李秀成供词在安庆印成《李秀成供》公布,而李秀成供词的手迹一直秘不示人。1944年,广西通志馆的吕集义在曾国藩家乡湖南湘乡的曾富厚堂得见李秀成供词的原件,经与已刊的《李秀成供》比对,补抄了5 600余字,另拍摄照片15帧。史学家罗尔纲遂以吕氏补抄本和照片4帧

---

① 董丛林编著:《曾国藩年谱长编》,上海交通大学出版社2017年版,第827页。
② 谢俊美编著:《翁同龢年谱长编》,上海交通大学出版社2018年版,第209页。

> 为依据,考订注释,1951年成书《忠王李秀成自传原稿笺证》出版,认为李秀成是诈降。
>
> 1956年有学者质疑,认为从内容上考察,李秀成不应向曾国藩乞降,同时经鉴定"自传笔迹"与李秀成的其他手迹相异,因此断言"自述"系曾国藩伪造。史学界于是展开争论。罗尔纲根据"书家八法"理论,认定"自述"确系李秀成真迹。1963年,台北世界书局影印出版了曾国藩后人秘藏的"自述"原稿,取名《李秀成亲供手迹》,罗尔纲的观点得到印证。
>
> 李秀成的"自述",明显流露出乞降求抚之意,其动机和原因是什么,众说纷纭。如罗尔纲认为是诈降,旨在保存革命力量;也有一些学者认为是变节、投降。1964年,戚本禹强调忠王不忠,扬言揪叛徒,猛批李秀成,并演化为学术界的政治风波,成为"文化大革命"十年浩劫的先导。
>
> 1995年,罗尔纲生前最后的注释本《增补本李秀成自述原稿注》出版。有学者认为李秀成"自述"确有一些自污的话语,也有若干吹捧曾国藩、曾国荃兄弟之句,但那都是有所为或有所求而发;"自述"有对太平天国事业的回忆和思考,同时从字里行间也不难看出,他确是想借曾氏兄弟之手而有所为,或许这是曾国藩将其秘藏而不示人的原因所在。有兴趣者不妨可找来李秀成"自述"读读。(有关学界争议,可参阅曾业英主编:《五十年来的中国近代史研究》,上海书店出版社,2000年)

幼天王之所以逃往广德,是因为洪仁玕在那里。在安庆失守后,洪仁玕受到天王斥责,并被剥夺总理朝政之权,后又奉命出京催兵解围,先后到了丹阳、常州、湖州等地,但各路将领借口缺粮,多不应命。天京城破后,幼天王与他在广德会合,又同赴湖州与堵王黄文金会合。经商议,决定弃守湖州,转往江西。途中,黄文金病逝。行至江西石城,兵败被俘。洪天贵福为活命,在狱中阿谀奉承清朝皇帝,表白"那打江山的事都是老天王做的,与我无干。就是我登极后,也都是干王、忠王他们做的",表示愿在清朝统治下读书"进秀才"[①]。但清政府依然没有放过他,11月18日在南昌将他凌迟处死,时年16岁。同在狱中

---

① 《洪天贵福在江西巡抚衙门供词》,王庆成:《稀见清世史料并考释》,第533页。

的洪仁玕则坚贞不屈,视死如归,11月23日在南昌被杀。

攻破天京后,曾国藩得清廷重赏,受封一等毅勇侯,加太子太保,赏双眼花翎。一向不苟言笑的曾国藩乐不可支,近乎失态。幕僚赵烈文打趣道:"此后当称中堂,抑称侯爷?"曾笑答:"君勿称猴子可矣。"①

天京陷落,标志着太平天国的失败,但南方的太平军余部、北方的捻军,以及西南、西北地区少数民族的反清斗争,还在继续进行,其中捻军一度声势很大,驰骋转战中原、华北各省,但最后也都归于失败。

扩展阅读书目

1. 罗尔纲:《罗尔纲全集》,社会科学文献出版社,2013年。毕生研究太平天国的论著汇编。

2. 茅家琦主编:《太平天国通史》,南京大学出版社,1991年。展现了太平天国兴亡成败的全过程。

3. 崔之清主编:《太平天国战争全史》,南京大学出版社,2002年。再现太平天国战争的起伏。

4. 夏春涛:《天国的陨落——太平天国宗教再研究(增订版)》,中国人民大学出版社,2016年。侧重宗教学角度的审视。

5. 吴义雄:《在宗教与世俗之间——基督教新教传教士在华南沿海的早期活动研究》,广东教育出版社,2000年。作者的博士学位论文,研究有深度。

6. 李惠民:《太平天国北方战场》,中国社会科学出版社,2015年。充实以往研究的薄弱环节。

7. 王庆成:《稀见清世史料并考释》,武汉出版社,1998年。收录并辨析"幼天王供词""洪仁玕供词"等原始资料,多有创见。

8. 吴善中等:《太平天国史学述论》,社会科学文献出版社,2013年。学术史角度的专题论述,涉及广泛。

9. [美]裴士锋著,黄中宪译,谭伯牛校:《天国之秋》,社会科学文献出版社,2014年。从国际关系角度切入,论述中外关系演变与太平天国失败的关系。

10. [日]小岛晋治著,徐曼译:《太平天国运动与现代中国》,社会科学文献出版

---

① 罗尔纲、王庆成主编:《太平天国》(中国近代史资料丛刊续编)第7册,第279页。

社,2017年。视野开阔,论析周详。

相关资料选读

1. 罗尔纲等主编:《太平天国》(中国近代史资料丛刊续编),广西师范大学出版社,2004年。新见中外文资料的多卷本选粹。

2. 中国第一历史档案馆编:《清政府镇压太平天国档案史料》,光明日报出版社等,1990—2002年。清宫档案专题大汇编,共约1 400万字。

3. 王庆成主编:《影印太平天国文献十二种》,中华书局,2004年。罕见原件分藏英、法、澳等地,现影印存真面世。

4. 赵德馨编:《太平天国财政经济资料汇编》,上海古籍出版社,2017年。包含其财政经济政策和辖区内社会经济变化,及其对19世纪50年代后中国财政经济影响的相关史料。

5. 赵烈文:《能静居日记》,岳麓书社,2013年。曾国藩得力幕僚的日记,史料价值高。

6. 澳大利亚国家图书馆编:《澳大利亚藏太平天国原刻官书丛刊》,国家图书馆出版社,2014年。得睹海内外稀见史料,其中两件是世间仅存之孤本。

7. 容闳著,王志通等译注:《容闳自传:耶鲁中国人》,江苏凤凰文艺出版社,2018年。其中忆述了与太平天国领导层接触的史事。

8. 郑曦原编:《帝国的回忆:〈纽约时报〉晚清观察记(1854—1911)》,当代中国出版社,2018年。其中有对太平天国的观察和评述。

第三章

督抚崛起

淮军,虽然仍是"布帕包头",但他们手中所持的武器已是新式洋枪

一、士绅与团练

中国传统社会中,中央政府权力的下达,一般只到州县一级,国家对州县以下基层社会的控制,主要是由州县官与当地士绅和宗族势力携手完成的。1895年生于湖南邵阳乡间的蒋廷黻忆述:

> 就以我的四邻论,我们从未看到过县府人员,甚至连一个警察都没见到过。地方事务都是由亲族组织、邻里组织来处理。在乡间,每族都有他们自己的祠堂和族长,族长在家族中具有无上权威。大多数的祠堂都有祠堂公产,公产收入用于修缮、祭祀、救济族人、补助同族子弟,特别是聪明而贫苦的学生学费。族人间的争执,大都由族长们出面排解。①

清代州县政府的所有职能,都由州县官一人负责。冯友兰的父亲曾任晚清湖北崇阳县令,他忆述跟着父亲在衙门里住的时候,对衙门的建筑也作了一些观察,认为故宫和一座县衙门在格局、体制上是一致的,"可以说县衙门是一个具体而微的皇宫,皇宫是一个放大了千百倍的县衙门"②。在法律上,州县官是地方一切事务的唯一受托人和责任人,税收、司法、治安、教育、福利、公共工程等都由他负责,瞿同祖形象地将它称之为"一人政府"。如税收完不成、官库有亏空、盗匪未抓获、水利工程破损、司法有错案、户口有逃漏、驿站死了马、科考有舞弊,理论上都由州县官一人负责并受罚,轻则罚俸、包赔、降级,重则革职、受笞杖,甚至判刑流放③。显然,州县官纵有多大的能耐,也难以以一人应

---

① 蒋廷黻:《国士无双:蒋廷黻回忆录》,新星出版社2016年版,第13页。
② 冯友兰:《三松堂自序》,东方出版中心2016年版,第15、17页。
③ 瞿同祖著,范忠信等译:《清代地方政府》,法律出版社2003年版,序,第7—8页。

对这些头绪纷繁的事务。解决的办法,一是聘请一些助手俗称"师爷"帮忙,如瞿同祖所说,"州县官不谙吏治,职责繁重,主要依赖幕友执行各项任务。这些人是刑名、税收、公文及行政事务的专家,以'佐治'为职业"①。胡适曾以资深"师爷"汪辉祖为例,谈及清代官员与幕友的关系:

> 汪辉祖这个人了不起,在他的年谱中,知道他14岁就跟人学幕,后来替人家做幕僚,到了40岁才中进士,自己做知事了。他在乾隆、嘉庆年间替人做幕僚的经过,在《病榻梦痕录》里写得很清楚。那时做官的都是读书人,读书人学的是八股文,怎么会懂法律?光是看了法律条文,还是不懂法律的精意。所以出来做官,必须要请一位有名的幕府,所谓"西席",也叫"师爷"。因为这位师爷关系他一生的前途,什么事都要靠他帮忙处理的。作官的先托人去请,他答应之后,还要穿起朝衣朝服到师爷的家里,下跪去请的。当师爷的,当然也下跪还礼,嘴里说"不敢当,不敢当"。②

师爷之外,则必须借重当地有声望、有势力者。士绅及其所依托的宗族势力,就是他们求助的主要对象。当时人称:"官与民疏,士与民近,民之信官,不若信士,朝廷之法纪不能尽谕于民,而士易解析,谕之于士,使转谕于民,则道易明,而教易行。"③瞿同祖指出:"作为地方领袖,绅士不仅参与地方事务,并运用其势力,施加影响于地方官,左右政策之决定,甚至操纵并干涉地方官吏。劣绅则往往与贪官污吏互相勾结,狼狈为奸。绅士与地方官吏之间的关系错综复杂:既有合作,又有矛盾;既互相依赖,又互相制约。"④

士绅,又称绅士,一般是指经科举考试获得功名或入仕者,大致包括入仕前为士、入仕后为官、致仕后为绅这三种人(见下页图)。他们大多家境殷实,阅历丰富,又有其所属的宗族势力支撑,在地方上颇有号召力,所谓"绅为一邑之望,士为四民之首"⑤。其人数众多,据估计,19世纪后期总数约有一百四五十万人⑥。他们享有免徭役及在诉讼等方面的特权,成为有别于普通百

---

① 瞿同祖、赵利栋:《瞿同祖先生访谈录》,《近代史研究》2007年第4期。
② 胡颂平编著:《胡适之先生晚年谈话录》,新星出版社2006年版,第91页。
③ 汪辉祖:《学治臆说》卷上,礼士。
④ 瞿同祖、赵利栋:《瞿同祖先生访谈录》,《近代史研究》2007年第4期。
⑤ 张仲礼:《中国绅士:关于其在19世纪中国社会中作用的研究》,上海社会科学院出版社1991年版,第30页。
⑥ 张仲礼:《张仲礼文集》,上海人民出版社2001年版,第211页。

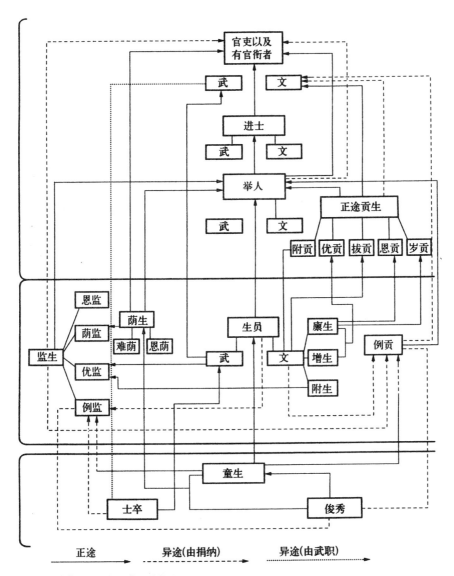

绅士身份的获得以及绅士集团的构成

姓包括庶民地主在内的一个特殊阶层,有人因此仗势欺人,刘大鹏《退想斋日记》记述了他亲眼所见:"一大车与一轿车(指轿子——引者)争路,大车所载者重货,轿车只坐二人,一人儒冠儒服,喝令其车夫将大车车夫痛打,大车车夫始犹支架不让,旁一人告之曰:此某孝廉车……若不退,定将汝送县,再吃大亏。

车夫闻之,鼠窜而退。"①

太平天国兴起后,清政府眼见单靠八旗、绿营难以招架,于是便命令各地官府动员士绅就地编练地方武装,习称"团练",抵挡太平军和维持各地的封建统治。而太平天国起义直接打击了各地的封建势力,危及士绅的切身利益,于是他们响应政府的号召,纷纷登场组建团练,并充当其首领。他们与宗族之间密不可分的血缘宗法伦理关系,使其能够在较短时间内以宗族为基础组建成团练武装。其间,一些乡村大户也乘时而起,捐资兴办团练,开始跻身于士绅阶层。地处江南的常州也办有团练,1860年王韬记述:"闻常州民自为守,各村皆办团练,所作濠沟、炮台皆如法。凡城中游手废人,悉募为勇,日给资粮,恐其为乱作内应也。"②

团练的费用,或由首领自筹,或劝捐或摊派。其特点是寓兵于农,平时训练,有警上阵,大小规模不一,以血缘和地缘关系为纽带抱成团,有较强的凝聚力。办团起家的王鑫称:"我团上人尽是同乡共井,天生的兄弟父子兵。"③湖南的情形颇为典型。湖南自北宋周敦颐讲学濂溪,理学兴起。清嘉道年间,这里成了经世派人士荟萃之地,陶澍、胡林翼、魏源、江忠源、曾国藩、左宗棠、郭嵩焘、罗泽南等人都是其中的佼佼者。他们或通过科举入仕,或在乡里经营田产,面对农民起义的风暴,他们乘势而起,大展身手。

金田起义发生时,自号"湘上农人"的左宗棠正在湖南湘阴过着田园生活,同时也不忘关心时局,颇想有所作为,曾自撰对联:"身无半亩,心忧天下;读破万卷,神交古人。"次年,太平军由桂入湘,新任湖南巡抚张亮基为应付危局,经胡林翼推荐,礼请左宗棠入幕辅佐,声名大振。继任湘抚骆秉章亦恭请左襄助。左宗棠力主依靠地方士绅举办团练,强化保甲制度。他会同曾国藩在湖南各地办团练,选取有实力、有声望的士绅充当首领。左宗棠自述,他在湘幕七年,始终以练乡兵、办团练为急务。

各地团练的兴起,对太平军的推进造成很大困难,进军途中经常发生遭遇战,团练凭借身为当地人熟知地形等的独特优势,常常还占上风。太平军的主要对手——湘军和淮军,也都是在团练的基础上扩编而成的。据统计,1861年至1890年清政府任命的44位总督中,办团练起家的有22人,占一半;同期任

---

① 刘大鹏:《退想斋日记》,山西人民出版社1990年版,第10页。
② 中华书局编辑部编,汤志钧等校订:《王韬日记(增订本)》,中华书局2015年版,第339页。
③ 梁碧兰:《太平天国时期广西的土客团练》,《太平天国学刊》第4辑,中华书局1987年版。

命的117位巡抚中,半数以上也是办团练发迹的①。

定都天京后,太平军在北伐途中也不时遭遇团练阻击。当太平军进入直隶境内,兵锋直指正定并打算在野河铺渡过滹沱河时,当地沿河十余里有团练万余人摇旗呐喊,持械对峙,太平军被迫退兵。占据深州后,太平军曾试图进军饶阳,遭遇当地团练万余人堵截,只得滞留深州并改走献县、交河。当时直隶各地乡绅纷纷捐资募勇,置备器械,举办团练,抵御太平军。各地团练如丛丛荆棘,使太平军处处遇阻。

各地团练纷起时,也有一些士绅或大户乘机扩张自己的地盘和势力,并游走于清政府和太平天国之间。皖北的苗沛霖是其中颇为显眼的一个人。苗是凤台苗家寨人,原是乡村落魄文人,太平天国和捻军兴起后,他认为"此丈夫得志之秋也",遂投奔捻军。不久归乡,谋办团练,强调"必筑寨、积粟、治兵,可自保",得到当地士绅的支持,被推为首领。在抗拒捻军的围攻中,逐渐扩大了自己的势力,"连圩数十,拥众数千,沛霖之名震两淮"。后被清军将领胜保所笼络,授以五品官衔,历保至四川川北道,督办安徽团练。1860年英法联军进犯北京,咸丰帝逃往承德,苗沛霖认为时机已到,"先清淮北,次清淮南,不患大事不成",打出反清旗号,并派人与捻军和太平军联系,接受了太平天国"奏王"的封号。但当太平军安庆失守,战局逆转时,苗沛霖又投靠清朝,与清军夹击捻军,并谎骗陈玉成至寿州,绑送清军邀功请赏。

但清政府并不允许苗沛霖这种地方割据势力坐大。1863年春,僧格林沁镇压皖北捻军后,转而对付苗沛霖,命令他解除武装,"散练归农,夷寨填濠,缴旗帜火器"。苗不服,再度叛清,攻占怀远、凤台、颖上、寿州,进逼蒙城,遭僧格林沁围歼,苗被杀②。

二、湘军与淮军

太平天国金田起义后,遭遇的最强劲对手是由曾国藩统领的湘军。

---

① 熊志勇:《从边缘走向中心——晚清社会变迁中的军人集团》,天津人民出版社1998年版,第45页。
② 郭豫明:《捻军斗争性质问题的探讨》,《太平天国学刊》第4辑。

曾国藩,湖南湘乡人。少时熟读四书五经,1838年28岁科举入仕。据统计,清朝从顺治初年至光绪九年(1883)的近240年间,湖南全省共中进士650多人,每县平均不到9人,也就是说每县平均二十六七年才出一个进士,相对偏僻的湘乡则更少,曾家的喜悦可想而知,原名曾子城的这个年轻人也因此更名为曾国藩①。志在建功立业的他,在京城历任兵、工、刑、吏各部侍郎,官至二品。1852年,因母亲病逝回籍守孝。时太平军已兵出广西,攻入湖南。次年初,清廷命他帮同湖南巡抚张亮基办理湖南团练乡民。随后他坐镇长沙,以"湘乡练勇"为基干,抽调各县"壮健而朴实"的勇丁成一大团,后又招募兵员,扩编成为湘军。咸丰四年春,湘军水陆两军练成,计有各式船只430余艘,各式炮570余门,陆营、水营各5000余人,外加水手人等,全军总计约17000余人,于长沙会齐后,曾国藩发布《讨粤匪檄》,破门而出,向太平天国宣战。

与八旗、绿营相比较,曾国藩编练的湘军自有其鲜明的特点,诚如有学者所归纳的以下各点:

军官。曾国藩十分痛恨八旗、绿营各级军官的腐败,在私信中称他们"丧尽天良"。他由此以理学精神为号召,寻找那些具有"忠义血性"的儒生来带兵。一时间,众多有志有才的湘籍士子围聚在他的身旁。湘军军官中,儒生过半,成为其主要特色之一。

士兵。为了防止溃兵滑勇把种种恶习带入湘军,曾国藩强调募集偏僻地区的山民。他还让带兵官自行回乡募兵,以一地之兵集中于一营,用乡谊故交维系部队内部的情感,以求在作战中互助互力。此种方法使湘军兵源很长时间内集中于湖南,尤其是曾国藩的家乡湘乡为最多。

编制。鉴于清朝国家军队平日兼负大量的警察职能,战时只能抽调,临时命将率领,结果兵将不习,兵兵不习,胜则相妒,败不互救;曾国藩建立了自己的指挥体系,由大帅到统领到营官,不越级指挥,职权归一;又因湘军的任务单一,作战时一营一营地成建制调出,兵将相习,又可收指臂之效。

火器。由于清朝国家军队战时临时抽调编组,各部携带的火器往往不一,且因远程调派运输困难而缺乏重火器。曾国藩在营制中注重轻重火器与冷兵器的恰当比例,并为解决运输问题而专门设立了"长夫",类似于今日的运输部

---

① 董丛林编著:《曾国藩年谱长编》,上海交通大学出版社2017年版,第26—27页。

队,这使得湘军的火力比各处清军皆强。

水军。清朝水师多设于沿海,长江各省绿营所编战船甚少。为对付太平天国的水营,曾国藩亦相应成立了水军,以"水"制"水"。这使得在镇压太平天国的战场上,湘军是唯一一支可以水陆协同作战的力量。而且水军的建立也为湘军陆师的快速机动提供了便捷的运输条件。

训练。清朝国家军队训练废弛已久,以致对付揭竿而起的农民皆纷纷败北,而曾国藩先前派所编练勇增援江西失败的教训,使之格外重视战术训练。衡州的营地,实际上就是一个训练基地。也因为如此,湘军后来出战时,对付因作战频繁而训练欠足的太平军时,往往能以少击多。

饷俸。清朝国家军队饷俸低下,兼之士兵多有家小,难以维持生计,需作别项经营。因为当时清军的兵役制度十分落后,当兵是终生的职业,无合理的退役、补兵的明细规定,所以在军营里士兵从15岁至60岁皆有,很多士兵上有老,下有小,均需有供养,因而在上操之余,兼做其他小生意,甚至做帮工。而湘军实行的是厚饷制度,所招募的士兵多为青壮年,无家小之累。在当时农村凋敝的湖南,厚饷吸引了众多苦于生计的山民,使湘军有了充足的兵源[①]。

湘军的饷源主要靠厘金的挹注。厘金的征收,始于咸丰三年。当时,清军正与太平军在江苏扬州附近交战,为筹措军费,由在江北大营帮办军务的刑部侍郎雷以诚筹划,开始在仙女庙等镇开征厘金,不久便被推广到其他地区,进而遍及全国,成为晚清一项重要税收。厘金依其课税物品的不同,主要分为百货厘、盐厘、洋药(指进口鸦片)厘和土药(指本国所产鸦片)厘四大类。其中以百货厘举办最早,范围最广,它的课税对象,多为日常生活必需品,诸如粮、棉产品乃至针头线脑等小百货,都在课征之列。厘金的征收形式主要分为两种,一是坐厘,又名板厘,具体内容是对置买外地货物到店发售的坐商征收厘金,具有落地税的性质;一是行厘,又称活厘,是指对经过当地的行商征收货物通过税。至于具体的课税环节,则有在货物的出产地课征的,也有在通过地或销售地课征的,并不划一。而且在实际课税时,各地名称也各不相同,名目甚多。

清政府依靠厘金制,每年搜括到数以千万两的银子,在解决其极感紧迫的筹饷问题上,起了重要的作用。湘军也靠厘金的挹注而得以维持和扩编。各

---

① 茅海建:《苦命天子:咸丰皇帝奕詝》,第87—88页。

地商人则大受其苦,有人描述:"厘捐一日不停,则商贾一日受累。"①太平天国被镇压后,厘金依旧推行,且课征关卡越设越多,商人饱受盘剥,1898年在福州游历的英国人描述:"本埠商务本以茶叶为大宗,因厘金太重之故,遂致年年减色。印度、锡兰之茶商,所以能争胜于福州之茶商者,实由中国之厘金默为助之也。"②次年,恽毓鼎奏称:"由无锡至江南,应过厘卡有十三道之多,米一石每卡抽五十文,统计便须六百余文。豆麦杂粮所收类是。如此巨款,实骇听闻。又况司事巡丁弊端百出,留难船只讹索银钱,给票不遂所求,任意以多填少,种种患害不可胜言。"③

曾国藩统领湘军出山后的战功,使咸丰帝甚慰。当曾国藩在西线告捷时,咸丰帝曾喜出望外地说:"不意曾国藩一书生,乃能建如此奇功!"并准备让其署理湖北巡抚。可是在旁的军机大臣却提醒他:"曾国藩以侍郎在籍,不过是匹夫一个,登高一呼,从之者万余,恐怕很难说是国家之福。"咸丰帝听了,沉默良久,迟迟没有向曾国藩等汉族官员委以地方军政大权④。

因此,湘军在战场上的推进,并没有给曾国藩带来太多的喜悦,相反却引来了不少烦恼。这一时期,曾国藩不仅为清廷所猜忌,还始终受到江西大吏的排挤和刁难。这是因为曾国藩以团练大臣创办湘军,又以乡绅带兵打仗,都被当时一些官员视为越轨举动。后虽已补授兵部右侍郎,但没有钦差头衔,仍为地方官所轻视,调度不灵。他所统带的湘军,亦因不是国家经制之兵,政治地位远不如绿营,虽负"能战"之名,仍处处受到歧视。同时,由于曾国藩没有地方大权,其所带湘军处于客军之位,军饷物资主要仰求于江西。江西官吏往往视之为额外负担,事急则用,事过即弃,战胜不予奖励,战败则讥笑百端,且不时以停止供饷相要挟。这就不能不使曾国藩时时有寄人篱下之感。曾国藩不仅在经济上要依赖江西,政治方面也处处离不开江西。譬如,曾国藩要抽厘筹饷,就不能不聘用江西绅士,不能不与江西地方官打交道。这在江西地方大吏看来,无疑是侵越其权。因而就来个针锋相对、寸权必争。曾国藩要办厘金

---

① 邓华熙著,马莎整理:《邓华熙日记》,凤凰出版社2014年版,第71页。
② 国家清史编纂委员会编:《晚清文献七种》,齐鲁书社2014年版,第379页。
③ 恽毓鼎著,史晓风整理:《恽毓鼎澄斋奏稿》,浙江古籍出版社2007年版,第34页。按:厘金直至1931年起始裁撤。
④ 丁凤麟等编:《薛福成选集》,上海人民出版社1987年版,第252—253页。

局,江西也办厘金局,或分润钱财,或行政干预;曾国藩要起用某一位地方绅士,地方官就扣住不给,甚而对那些接近曾国藩的地方绅士进行打击。这样,久而久之,司、道、府、县官员皆知江西大吏与曾国藩互为水火,很少有人敢同曾国藩接近,甚至有人故意起而刁难,谩骂攻击,以取悦上司,致使曾国藩数年之间步步荆棘,处处碰壁①。

曾国藩一气之下,曾于1857年借其父去世之机,离军回乡奔丧,后又奏请在家守三年之制,原想以此要挟咸丰帝委以地方实权。殊不料咸丰帝顺水推舟,批准了曾国藩的守制请求,使得曾国藩弄假成真,有苦难言。好在由他一手编练起来的湘军,从上到下对他仍忠心耿耿,他在湘军中的统帅地位,谁也无法取代。所以1858年当战场再次告急时,咸丰帝只得谕令曾国藩再度出统湘军,带兵赴援浙江清军。

此后,在曾国藩的率领下,湘军在浙江、江苏、安徽、江西等省战场上与太平军激烈交战,互有进退,仍是太平军最凶悍的敌手。1860年,清廷终于委派曾国藩任两江总督、钦差大臣,督办江南军务。次年,又奉命统辖苏、皖、赣、浙四省军务,巡抚、提镇以下官员悉归他节制,后又为协办大学士,权势显赫,成为晚清政坛上的一位重要人物。

继曾国藩的湘军之后,又有李鸿章统领的淮军迅速崛起。李鸿章,安徽合肥人。少年饱读四书五经,1847年,24岁的李鸿章进京赶考,有机会在京城拜见曾国藩等达官贵人,中式后任翰林院编修。1851年太平天国起义爆发后,李鸿章奉旨回乡督办团练,抵挡太平军。他本想借此机会大展身手,无奈自身阅历和能力尚浅,不足以驾驭安徽复杂的官场和战局,处境很不如意②。于是在1858年底赴江西投入曾国藩的麾下,充当类似参谋的幕僚。

李鸿章投靠曾国藩,有着历史的渊源。早在李鸿章于京城求见曾国藩时,曾国藩就认为此人"才可大用"。后来,曾国藩因患肺病居城南报国寺静养,李鸿章时来探望,"执弟子礼甚恭"。李鸿章得中进士,曾国藩十分高兴,对他很器重。太平天国起义爆发后,曾国藩和李鸿章各自回乡办团练,相隔千里,曾国藩仍不忘关照这位后生。1853年,太平军进攻庐州时,他的另一个门生、湘

---

① 朱东安:《曾国藩传》,四川人民出版社1985年版,第112、113页。
② 伏冲:《李鸿章〈回埠札〉及其早年仕途补正》,《故宫博物院院刊》2017年第6期。

军大将江忠源接任安徽巡抚。曾国藩曾写信向其推荐李鸿章,希望李鸿章能得到重用。这时见李鸿章前来,极为高兴,师生二人连日作长夜谈。此后,李鸿章成为曾国藩的得力助手。

1861年秋,为了增强镇压太平天国的兵力,曾国藩将酝酿已久的编练淮勇的计划付诸实施,而组建这支军队的重任,就交给了李鸿章。在李鸿章正式招募淮勇前,湘军系统大约已有了三营"淮勇"。一是马复震的震字营。马复震是桐城团练头目马三俊之子,其父1854年为太平军所杀。他于1860年到宿松投奔曾国藩,曾国藩令其招募一营,号为淮勇。移师祁门后,该营驻守桦根岭,不久即拨归左宗棠部入浙作战。二是张遇春的春字营。张是李鸿章旧部,1860年应李鸿章之召来到祁门,曾经驻防羊栈岭要隘。三是李济元的济字营。李济元是1858年投降的皖南太平军将领,其部先作为团练在建德一带作战。1860年由曾国藩选取500人,编为济字营。李鸿章募勇开始后,曾国藩即将春、济两营拨归他统领。

从1861年12月至次年3月,李鸿章开始招募庐州团练筹建淮军的活动。淮军的招募办法完全效法湘军,即由大帅选拔统领,统领选拔营官,以下哨官、队长依次选拔。作为未来的统帅,李鸿章的主要任务就是选将。由于当时安庆大营军务缠身,劝募工作主要是通过信件往返进行的。

一是通过张树声联络西乡民团。张树声推荐了刘铭传和周盛波兄弟等。当时刘、周属于天安团练头目、道员李元华部下。因此李鸿章又亲自致函,请负责安徽军务的李续宜出面向李元华说情得允。

二是招募驻在三河的潘鼎新部团练。潘鼎新和刘秉璋是同村同学,二人同为李鸿章的门生。刘秉璋曾于1861年冬由皖南途经安庆回合肥,拜见过李鸿章。于是,李鸿章又通过刘秉璋招募了吴长庆部团练。

三是命三弟李鹤章回乡联络旧部,自招新军。先后联系加入的有张桂芳、吴毓芳、张志邦、李胜等部。

尽管李鸿章本人没有回乡,招募工作却进行得很顺利。1862年初,第一批树、铭、鼎、庆四营,就赶到安庆集中了。

曾国藩对于这批新招的淮勇极为关注。第一批四营到安庆不久,他就亲自召见了张树声、刘铭传、潘鼎新、吴长庆以及准备充当营官的周盛波、周盛传、吴毓芳等十余人。为了观察这些人是否"将才",曾国藩故意让他们在走廊上等了两个小时,其中张树声最为沉着耐心,而刘铭传则十分恼火,怒形于色。结果这两人尤得曾国藩赏识,对李鸿章大加称赞。

不仅如此,曾国藩还亲手为淮军各营制定营制。考虑到新编淮军力量单薄,他示意李鸿章可向曾国荃、李续宜、鲍超等部求兵借将,并当即调拨太平军降将程学启统带的二营和新从湖南招募的四营湘军归李鸿章统率,还把两江督标亲兵二营,也送给李鸿章。于是,这支东挪西移、由李鸿章统领的淮军初具规模。1862年3月4日,李鸿章偕同曾国藩一起到安庆校场检阅各营,淮军正式宣告成立。

淮军组建时,曾国藩的意图一是以这支军队接替江北防务,使曾国荃部能够全力进攻天京;二是以陆营配合淮扬水师,进驻扬州、镇江,确保湘军后方及饷源安全。但这时出现了一个新情况,就是上海绅商派代表前来安庆,请求曾国藩发兵增援。

上海是当时中国最大的通商口岸,1860年太平军第二次打垮清军江南大营后,江浙地区的地主豪绅纷纷逃至上海避难。太平军的兵锋也曾直逼上海,形成合围之势。只是凭借西方列强的庇护,上海才得暂时"保全"。面对这种困境,以江苏巡抚薛焕、买办杨坊、士绅潘曾玮为代表的上海官绅,一方面积极鼓动租界内的外国军队"会防",另一方面急切盼望得到湘军的支援。1861年11月6日,金匮知县华翼纶赶到安庆游说,特别指出上海繁华,每月可筹饷60万银两。曾国藩听了颇为心动。紧接着,户部主事钱鼎铭、候补知县厉学潮、候选训导张瑛等三名代表,奉江南团练大臣庞钟璐之命,也赶抵安庆求援,终于促使曾国藩决定派兵增援上海。

起初,曾国藩打算派其弟曾国荃率兵援沪。不料,曾国荃一意要攻下天京,立个头功,没有兴趣赴援上海。而时年38岁,早就不想长期寄人篱下的李鸿章,正想有机会独掌权柄,出去闯荡一番,便抓住这个机遇,"坚请赴申",终得曾国藩允诺。久有腾云大志的李鸿章心中大喜,但为不露心迹,以免遭人猜忌,又特意致函曾国荃,语气谦恭,故作姿态,称自己是代为出征云云。1862年4月5日,首批淮军搭乘英国轮船从安庆开赴上海。次日,李鸿章也登轮启程,两天后抵达上海。至6月13日,淮军全部抵沪。从此,李鸿章有了一个新的活动天地。

李鸿章率领淮军刚到上海,清廷就任命他署理江苏巡抚,从中可以看出清廷对这支武装的重视,当然其中也包含着扶持淮军以遏制湘军的意图。这就更给了李鸿章施展身手的机会。

与湘军相比较,淮军最大的特色在于其武器和训练的近代化,以此对付太平军。因此时的太平军也有洋枪洋炮,如1862年4月间,上海一家洋行就卖给太平军步枪3 046支、野炮795尊、火药484桶、子弹18 000发①。

淮军初到上海时,芒鞋短衣,布帕包头,遭到在沪外国军队的讪笑。但不到一年,在李鸿章的操办下,这支军队面目一新,"尽改旧制,更仿夷军"。除留劈山炮队作为进攻掩护外,所有刀矛、小枪、抬枪各队均改为洋枪队。改制后的淮军一营,人数依旧,但火力配备大为增强。按湘军旧制计,每营小枪百余杆、抬枪24杆,均为前膛装药,药线燃放的旧式枪械,易潮难燃,缺点甚多。新建的淮军洋枪队,一营约有洋枪三四百杆,其洋枪虽仍系前膛装弹,但已改为铜帽底火,射程和火力都数倍于旧式小枪。每营所携的劈山炮也由原先的二队增为十队,因此这时的实际火力,一营至少可抵以前的两营。

在洋枪队之外,李鸿章还建立了独立的洋炮队。1863年2月,张遇春所部春字营已有炮队200名士兵参战。同年六七月间,淮军进攻苏州时,铭字营、开字营都已有了炮队的设置,主要配备12磅重的开花炮。

随着淮军普遍使用洋枪洋炮,军械的供应成为一大问题。作为统帅的李鸿章,深知购买只是一时之策,设局制造才是根本大计,于是在1863年和1864年先后兴办了隶属淮军系统的上海炸弹三局和苏州洋炮局等近代军事工业。

营制和装备的变更,使得原来的营伍阵法显然无法适应新式武器作战的要求。于是,李鸿章先后雇用一批洋教练,在各营中训练"洋操"②。

可以说,淮军是中国第一支较为系统地接受西方先进武器装备和训练的军队。后起的淮军,在军队的近代化步伐上,远远超过湘军,其原因是多方面的,单就各自的主帅而言,差异也是明显的。曾国藩为人守拙持重,其思想深处更多地受到封建正统儒学的影响,而李鸿章的性格则落拓不羁,对人对事均采取注重实际的态度。曾国藩作为统领全局的主帅,主要职责在于运筹帷幄,自然不及独当一面的李鸿章对洋枪洋炮的深刻体验。再加上李鸿章驻军沪

---

① 冯天瑜:《"千岁丸"上海行:日本人1862年的中国观察》,湖北人民出版社2017年版,第138页。
② 翁飞等:《安徽近代史》,安徽人民出版社1990年版,第186、187、195—197页。

上,中西交汇,五方杂处,地理上的便利也促使他能得风气之先。而对于军队的发展来说,主帅的态度与抉择所起的作用,无疑是不言而喻的。

配备了西式武器的淮军,在与太平军的交战中,异军突起,骁勇凶悍。李鸿章因此声名大振,并在他的周围,以淮军将领为骨干,逐渐形成一个庞大的淮系集团,在晚清政坛上颇具实力和影响。

三、督抚与幕府

总督和巡抚,合称督抚,是清朝地方大员。巡抚为从二品官,总揽一省大政;总督为正二品或从一品官,地位高于巡抚,权力也大于巡抚,大多管两三个省。在督抚的选任上,清初顺治朝出于笼络人心、稳固新建政权的需要,各省督抚多用汉军八旗。至康雍两朝,有以满人为督抚,但不占多数。乾隆以后,督抚多为满人。咸丰、同治年间,太平天国沉重地打击了清朝的统治,以满人为主的各地官府面对太平军的狂飙,难以招架。为渡过难关,清廷不得不起用曾国藩、李鸿章、左宗棠等一批汉人出任督抚,挽回败局。

汉人督抚的崛起,得到幕府的鼎力辅佐。幕府制度源远流长,春秋战国时期,诸侯争霸,私养门客之风很盛,出现了一批用自己的智慧或一技之长为主人服务的"游士"或"食客"。尔后历经秦汉至明清,幕府制度几经嬗变。清代是繁盛期,上自督抚,下至县令,多拥有人数不等的幕府,以至当时人称"无幕不成衙"。

时至晚清,随着政治、军事的变局和社会、经济、文化的变迁,幕主在衙署内外设立了一些机构,办理练军队、办实业、兴学堂等事务,延聘、奏调和札委一批幕僚在其中任职,这些人也就成了幕府成员。晚清幕府继承了清前期幕府的一些特色,如幕主延聘幕客,彼此两相情愿,合则来,不合则去;幕府中人不纳入国家行政系列,有很强的私家色彩。幕客的主要任务,是协助幕主出谋划策及办理文书、奏折、刑名、钱谷、教读等事务,其酬金从幕主的养廉费中支出。入幕之人,一般是来自参加科举考试取得功名但尚未入仕者,致仕者或有特殊才能者。当时官缺有限,而科举考试有功名者人满为患,《清史稿》载:"乾隆间,举人知县铨补,有迟至三十年者。廷臣屡言举班壅滞,然每科中额千二百余人,综十年计之,且五千余人,铨官不过十之一。"①时至晚清尤甚,投身幕府便成为一些怀才不遇或科场失意者发挥才干并指望由此跻身官场的一条捷径。

另一方面,曾国藩、李鸿章、左宗棠等人军政要务繁忙,也急需用人。1854年初,曾国藩率湘军出山,疾呼:"倘有血性男子,号召义旅助我征剿者,本部堂引为心腹,酌给口粮;倘有抱道君子,痛天主教之横行中原,赫然奋怒以卫吾道者,本部堂礼之幕府,待以宾师。"②很快得到众多人的响应,纷纷奔集于曾国藩的门下。容闳曾目睹曾国藩幕府的盛景:"当时各处军官聚于曾文正之大营中者不下二百人,大半皆怀其目而来。总督幕府中亦有百人左右。幕府外,更有候补之官员、怀才之士子,凡法律、算学、天文、机器等等专门家,无不毕集,几于举全国人才之精华汇集于此。"③其中知其姓名者前后约有400多人,确知其经历的103人中,有翰林17人、进士18人、举人29人、秀才15人、文童4人、贡生13人、监生6人、留美学生1人④。曾国藩对他们的要求,可见诸他的一副对联:

虽贤哲难免过差,愿诸君谠论忠言,常攻吾短;
凡堂属略同师弟,使寮友行修名立,方尽我心。⑤

现由中国国家博物馆收藏的《曾幕文牍》显示,虽然政事、军务繁忙,但是对于幕僚所拟信稿,曾国藩均认真阅读并且修正定稿,大到具体内容的增删修改,小到单个文字的考订校正,都一一修订⑥。同一时期的太平天国,则对士子即读书人依旧排斥。定都天京后,焚书举动虽不再见,但孔孟之书仍是禁书。有封建文人评述:"贼(诬指太平天国,下同——引者)中无读书练达之人,故所见诸笔墨者,非怪诞不经,即粗鄙俚俗,此贼一大缺陷。"⑦但也有例外,夏衍曾回忆:"我的祖父沈文远,在十七八岁的时候,确曾被太平军'俘走',因为他读过书,所以后来就当了陈玉成的记室(秘书),直到陈玉成在

---

① 赵尔巽:《清史稿》,中华书局1977年版,第3212页。
② 曾国藩:《讨粤匪檄》,《曾文正公全书·文集》卷3。
③ 容闳:《西学东渐记》,中州古籍出版社1998年版,第135页。
④ 朱东安:《曾国藩集团与晚清政局》,华文出版社2003年版,第97、187页。
⑤ 同上书,第276页。
⑥ 李静:《〈曾幕文牍〉考述》,《中国国家博物馆馆刊》2018年第1期,第152页。
⑦ 《太平天国》(中国近代史资料丛刊)第4册,第600页。

安徽寿州战败，陈才派一个'小把戏'（小鬼）陪送他回到杭州。……这个人在我祖父家当过长工，人很能干，后来就渐渐'发迹'了，成了家，买了田地。"①李秀成被俘后总结太平天国败因时，曾感叹："官兵多用读书人，贼中无读书人。"②有趣的是，有人查考，除洪秀全外，南王冯云山、北王韦昌辉、翼王石达开、豫王胡以晃，文臣卢贤拔、曾剑扬、何震川，以及后期的干王洪仁玕，也都是科场失意者③。

在众多幕府中人的鼎力辅佐下，随着对太平军的战争渐占上风，以曾国藩、李鸿章、左宗棠为代表的新崛起的地方督抚的权力逐渐扩张。在军事上，继八旗和绿营之后，湘军和淮军成为清廷新的依靠力量，但后者不同于前者，湘淮军的将领是自募兵勇，自筹军饷，如同私家军队，后有人抨击"淮军之弊，止知李（鸿章）而不知朝廷"④。在财政上，原来各省田赋归中央，地方无权留用。但咸丰以后，各省以军务为由，自行截留田赋，中央对各省财政的管理权限相应削弱；同期新开征的厘金，其管理权也在地方，给地方督抚带来了新的财源。在用人方面，清朝定制，三品以上文武官员由军机处开列名单，呈请皇帝选定，三品以下则由皇帝、吏部和督抚分掌，缺额各有定数。至咸丰年间，朝廷倚重湘淮军，每于胜仗后，许督抚择优保举将士，此外文职如巡抚一职也可举荐，用人大权实际上部分已落到地方督抚手中。据统计，镇压太平天国期间，各省军营保至武职三品以上者多达数万人⑤。

攻陷天京后，曾国藩怕树大招风带来不测，即着手裁撤湘军。1866年2月17日他在致友人的信中言及："昔年所部十余万人多系湘军，近日裁撤殆尽，存者不及二万。"⑥即使那些被遣散回乡的湘军人员也多有"收获"，1866年11月4日，时任湖南盐运使翁同爵记述："此间从前人情俭朴，故金珠等皆不贵重。今则逐渐奢华。衣服首饰等类，事事欲效苏杭。于是，绸缎金珠日增其价矣。虽式样制作，迥不如他处，然衣服则用旗边，首饰皆用金宝，亦颇讲究也。"⑦湘

---

① 夏衍：《懒寻旧梦录（增补本）》，生活·读书·新知三联书店2006年版，第1、6页。
② 罗尔纲：《增补本李秀成自述原稿注》，中国社会科学出版社1995年版，第400页。
③ 李世愉：《科举落第：一个被忽视的研究领域》，《探索与争鸣》2007年第3期。
④ 《翁同龢〈随手记〉》（下），《近代史资料》总98号，中国社会科学出版社1999年版，第158页。
⑤ 王雪华：《督抚与清代政治》，《武汉大学学报》1992年第1期。
⑥ 董丛林编著：《曾国藩年谱长编》，上海交通大学出版社2017年版，第917页。
⑦ 翁同爵著，李红英辑考：《翁同爵家书系年考》，凤凰出版社2015年版，第313页。

西人沈从文描述:"我生于1902年,去太平天国革命还不多远,同乡刘军门从南京抢回的一个某王妃做姨太太还健在。"①有的人在家乡耀武扬威、横行不法,湖南湘潭人齐白石忆述:

> 湘勇(指湘军——引者)抢了南京的天王府,发财回家,置地买屋,美得了不得。这些杀人的刽子手们,自以为有过汗马功劳,都有戴上红蓝顶子的资格,他们都说"跟着曾中堂(指曾国藩——引者)打过长毛(指太平军——引者)",自鸣得意,在家乡好像京城里的黄带子(指清皇亲贵族——引者)一样,要比普通老百姓高出一头,什么事都得他们占便宜,老百姓要吃一些亏。那时候的官,没有一个不和他们一鼻孔出气的,老百姓得罪了他们,苦头就吃得大了。不论官了私了,他们总是从没理中找出理来,任凭你生着多少张嘴,也搞不过他们的强词夺理来。甚至在风平浪静、各不相扰的时候,他们看见谁家老百姓光景过得去,也想没事找事,弄些油水。②

文人方面,经曾国藩、李鸿章、左宗棠等地方督抚提携,如愿跻身官场者也不少。据统计,晚清士人由幕到官的流动,有两大源头:一为曾国藩幕府,一为李鸿章幕府。在咸丰、同治、光绪三朝通过游幕获取高级官位者中,有56人出自湘、淮军幕府,占总数的84.8%,其中24人出自曾国藩的幕府,13人出自李鸿章的幕府,11人曾游走于曾、李幕府,其他8人出自胡林翼、左宗棠、丁日昌、李瀚章等湘淮系官员的幕府。至于出自湘淮军幕府的中下级官员,则为数更多③。在短短数十年内,大批士人经由曾国藩和李鸿章这两大幕府的历练,源源不断地步入仕途,占据了从中央到地方的许多重要官位,大大增强了湘淮系官僚集团的势力。以曾国藩为例,自1860年担任钦差大臣、两江总督后,直接间接保荐了很多幕僚为官。到他1872年去世时,其幕僚官至三品者已达22人,其中总督4人、巡抚7人,至于道府州县官员则难以数计④。通过幕府,以曾国藩、李鸿章、左宗棠等为代表的地方督抚大大扩展了自己的势力,并对晚清政局产生了深远的影响。

---

① 沈从文:《从文自传》,江苏人民出版社2015年版,第140页。
② 齐白石:《齐白石回忆录》,东方出版社2012年版,第4—5页。
③ 尚小明:《清代士人游幕表》,中华书局2005年版,第39页。
④ 朱东安:《曾国藩幕府研究》,四川人民出版社1994年版,第149页。

扩展阅读书目

1. 张仲礼：《中国绅士研究》，上海人民出版社，2008年。晚清士绅研究的精细之作。

2. 瞿同祖著，范忠信等译：《清代地方政府（修订译本）》，法律出版社，2011年。名家名著，洞见清代地方政府运作诸奥秘。

3. 刘伟：《晚清督抚政治——中央与地方关系研究》，湖北教育出版社，2003年。侧重政治制度史层面的专题研究。

4. 朱东安：《曾国藩与晚清政治》，社会科学文献出版社，2018年。论述了曾国藩和湘系官僚群的崛起及其对晚清政局的影响。

5. 马昌华主编：《淮系人物列传》，黄山书社，1995年。收录李鸿章家族成员、武职、文职、北洋海军、洋员等196人的传略，列表1 300余人，呈现晚清淮系集团盘根错节的人脉关系。

6. 冯尔康等：《中国宗族史》，上海人民出版社，2009年。论述精当的佳作。

7. 倪玉平：《清代财政史四种》，科学出版社，2017年。专题研究太平天国兴起后清朝财政体制与财政结构的转变。

8. 贾小叶：《晚清大变局中督抚的历史角色：以中东部若干督抚为中心的研究》，上海书店出版社，2008年。对晚清部分督抚的细致考察。

9. 王尔敏：《淮军志》，广西师范大学出版社，2008年。淮军建构的史实梳理。

10. 科大卫著，卜永坚译：《皇帝和祖宗：华南的国家与宗族》，江苏人民出版社，2010年。对明清华南社会历史的跨学科研究。

相关资料选读

1. 岳麓书社编：《曾国藩全集（修订版）》，岳麓书社，2011年。曾国藩遗著的全面整理，共约1 500万字。

2. 董丛林编著：《曾国藩年谱长编》，上海交通大学出版社，2017年。曾国藩生平史事的精细梳理。

3. 朱汉民等主编：《湘军》（清史资料丛刊），社会科学文献出版社，2013年。约800万字的资料汇编。

4. 梅英杰等撰:《湘军人物年谱》(湘军史料丛刊),岳麓书社,1985年。湘军悍将罗泽南、王鑫、李续宾、胡林翼、刘长佑、曾国荃年谱的合集,是群体研究的好素材。

5. 梁小进编:《郭嵩焘全集》,岳麓书社,2012年。研究郭嵩焘的必读书。

6. 尚小明:《清代士人游幕表》,中华书局,2005年。清代游走于各幕府士人经历的全面检阅。另可参阅其专著《学术游幕与清代学术(增订本)》(东方出版社,2018年)。

7. 江庆柏:《清朝进士题名录》,中华书局,2007年。清朝进士名录汇编,可资查阅。

8. 上海图书馆编:《中国家谱资料选编》,上海古籍出版社,2013年。浩瀚家谱资料的精心选编。

第四章 慈禧当政

恭亲王奕䜣(1833—1898)

一、北京沦陷

正当清政府为对付太平天国焦头烂额之际,广州又起战火。

鸦片战争以后,外国对华贸易的增长并没有如列强预想的那么迅猛,他们把这一切归罪于中国的大门没有开得更大,决定借口修约问题挑起新的侵华战争,从中国夺取更多的权益,并做了各方面的准备,如法国侵华军队司令蒙托邦特别要求配备一支医术精湛的医疗队,英军也有军医随行①。

1854年4月,继文翰出任英国驻华公使的包令,依据中美《望厦条约》有关12年后修约的内容,援引最惠国条款,联合美、法两国驻华公使,照会清朝政府,要求修改已订的《南京条约》等有关条款。接受这份照会的是两广总督叶名琛。对此,叶采取了敷衍回避的态度。列强遂决意挑起事端,重开战火。他们很快找到了发难的借口:亚罗号事件和马神甫事件。

1856年10月8日,清军广东水师在黄埔江面搜查有海盗嫌疑的中国商船亚罗号,捕去水手12名。英国方面趁机以该船曾在香港登记并领有执照为由,照会叶名琛,诬陷水师兵勇侮辱英国国旗,要求送回被捕人员并公开道歉。叶名琛复照说,该船是中国商船,船中确有海盗,而且船上当时并未悬挂英国国旗,一口拒绝英方挑衅性要求。英方蓄意扩大事端,向叶名琛发出最后通牒,限于24小时内作出满意答复,否则将付诸行动。叶名琛为了平息争端,被迫派员送回12名人犯给英国领事馆,但坚持中方无法道歉。英方借口中方所派官员职位不高,又没有道歉,决意挑起战火。

---

① [英]查尔斯·亚历山大·戈登著,孙庆祥等译:《一个英国军医的中国观察实录》,学林出版社2018年版,高晞"序",第7页。

10月23日,英国军舰强行闯入虎门,攻陷猎德、海珠等沿江炮台,直逼广州,打响了第二次鸦片战争。叶名琛无以应对,下令关闭粤海关,停止对外贸易,以为这样就可以逼退英军。10月29日,英军攻破广州外城,一度攻入内城。时值印度发生起义,英方暂缓在华战事,先去对付印度的起义,英军退出广州。叶名琛却以为他的"以静制动"方略奏效。

而当印度的局势刚趋缓和,英国政府便一面调兵遣将,一面鼓动法、俄等国联合出兵侵华。法国以马神甫事件为借口,首先响应。马神甫是指法国传教士马赖,1854年他到广西西林县传教,因包庇作案的教徒,引起公愤,1856年被当地官府逮捕后死去。法国政府以此为由,伙同英国一起扑向中国。

1857年12月,英法联军集结广州城外,并分别照会叶名琛。英国要求让英军入广州城,赔偿损失,并让英军占领广州河南和其他炮台,以及谈判修约。法国的要求基本相同,外加要求处理马神甫死亡之事。他们限叶名琛10天内给出满意的答复,否则将进攻广州。

叶名琛故作镇静,仍以不变应万变,岂料这次并不奏效,英法联军很快攻占了广州,叶名琛束手就擒。当时在广州的英国《泰晤士报》特派记者柯克记述:"叶名琛绝不是群众所认为的英雄。他被俘时浑身发抖,拒不承认自己的身份。巴夏礼先生几次令人满意地和成功地使他的宿敌相信自己的人身安全,他这才镇静下来。"①叶名琛后被押送到印度加尔各答囚禁,客死他乡。有人讥讽他面对英法联军炮火时的可笑举动是:"不战不和不守,不死不降不走。相臣度量,疆臣抱负。古之所无,今亦罕有。"②可谓辛辣、传神。

广州城沦陷后,英法联军大肆抢掠,布政使衙门库银22万余两被洗劫一空。英法联军还组成了由英国人巴夏礼、哈罗威和法国人修莱组成的所谓"联军委员会",对广州实行"军事管制"。卑躬屈膝的广东巡抚柏贵,在这个委员会的严密控制下,仍旧担任原职,但未经该委员会准许,柏贵不得发布任何命令,英法侵略者从此在广州开始了将近四年的军事统治。

攻占广州,只是这次侵华战争的第一步。随着广州的失陷,外国侵略者决

---

① [英]詹姆斯·奥朗奇著,何高济译:《中国通商圈:17—19世纪西方人眼中的中国》,北京理工大学出版社2008年版,第148页。
② 薛福成:《书汉阳叶相广州之变》,《第二次鸦片战争》第1册(中国近代史资料丛刊),上海人民出版社1978年版,第233页。

定联合北上,对清朝中央政府进行直接的威逼勒索,第二次鸦片战争的炮火向北方蔓延。

英法联军占领广州后,英国公使额尔金与法国公使葛罗纠合美国公使列卫廉、俄国公使普提雅廷一起北上,并先由四国公使分别照会清朝政府,提出各项侵略要求。英法的要求大致相同,包括公使驻京、增辟通商口岸、赔偿军费等项,要求清朝政府派员到上海就此举行谈判,并声称如清朝政府接受其要求,他们马上撤退广州占领军,否则将扩大战争。美俄两国的照会,除附和英法外,又各有侧重,美国要求修改中美《望厦条约》,俄国则提出以黑龙江为中俄新边界的要求。

随后,四国公使离开广州前往上海。当时咸丰帝并没有意识到事态的严重,以为这只是列强的"虚声恫吓",拒绝了派员在上海会谈的要求。英法遂决定北犯天津,威逼清廷就范。美俄公使也狼狈为奸,随同前往。

当时清政府正全力镇压太平军,它决定与侵略者实行妥协,于是派仓场侍郎崇纶到白河口办理交涉。但列强认为崇纶职位太低,没有全权,拒绝会见。清廷无奈,于1858年4月28日加派直隶总督谭廷襄为钦差大臣,负责交涉,仍为英法公使所拒绝。5月18日,英法联军调度停当,决定进攻天津的屏障——大沽炮台。5月20日上午8时,英法联军给谭廷襄送去招降书,限两小时内撤退守军,交出大沽炮台。谭不应,10时英法侵略军发动进攻。中国守军立刻予以还击,但由于武器陈旧和防御工事简陋,不久炮台失陷。英法舰队接着逆白河上驶,直抵天津城下。

大沽失陷后,谭廷襄等率先逃走,后来又借口"天津郡城残破,内无一日之水,又无隔宿之粮,城外廛肆毗连,河路错杂"①,干脆自动弃守天津,退驻在天津远郊。英法侵略者为了向清廷诱和,只占据城外望海楼一带,没有进占天津城。5月26日,英、法公使通知清朝政府"另派头品可以主持之大臣二员,迅速前来共议",声称"否则仍欲进京,并即攻击郡城。两日以内,听候回信"②。5月29日,清廷赶忙委派大学士桂良、吏部尚书花沙纳为全权大臣,驰往天津,向英、法求和。

---

① 《筹办夷务始末》(咸丰朝)卷23,第33页。
② 同上书,第6页。

在谈判过程中,实际上是英、法提出要求,桂良、花沙纳表示接受而已,根本没有回旋的余地,一名目击者记叙说:面对英、法公使的蛮横威逼,桂良已经完全沮丧,而花沙纳显然从烈酒中寻找安慰。6月26日、27日,中英、中法《天津条约》先后订立,主要条款有:英法公使驻北京;中国开放牛庄(后改营口)、登州(后改烟台)、台湾(后选定台南)、淡水、潮州(后改汕头)、琼州、汉口、九江、南京、镇江等十处为通商口岸;耶稣教士、天主教士可以到内地自由传教;外国人可以进入内地游历、通商;外国军舰、商船有权驶入长江和各通商口岸;修改税则,减轻商船吨税;对英赔款四百万两,对法赔款二百万两,赔款交清后英、法退还广州。

此前,俄、美公使以调停人的名义,已抢先于6月13日和18日与桂良、花沙纳分别签订了中俄、中美《天津条约》,狐假虎威,不费一兵一卒攫取了除赔款以外几乎与英、法一样的侵华特权。其中,中俄《天津条约》还特别规定:"中国与俄国将从前未经定明边界,由两国派出信任大员秉公查勘。务将边界清理补入此次和约之内",为以后在"勘界"的名义下割占中国领土埋下了伏笔。

中英、中法《天津条约》订立后,英法联军陆续退出大沽海口。7月14日,桂良、花沙纳依照原先的约定,前往上海,会同两江总督何桂清,与英、法会谈通商税则。但是咸丰帝派桂良、花沙纳去上海,主要目的不在商订税则,而是企图通过上海会谈阻止公使驻京和在北京互换条约批准书。此外,为防止英法联军再度闯入白河,又命令钦差大臣僧格林沁统领京营旗兵以及黑龙江、吉林和蒙古马队,前往天津海口督办军务,在大沽口一带布防。僧格林沁查勘地形后,在距天津30余里的双港东西两岸择要扎营,修建炮台13座,安设重炮;又重新修复已被英法联军拆毁的大沽海口南北岸炮台,并将原设1 600名守军扩充为3 000名,准备应付不测事件。

1859年初,新任英、法驻华公使普鲁斯和布尔布隆奉命决意进京换约,以对清朝政府施加更大的压力。清廷接到英、法公使坚持北上进京换约的报告后,一面令桂良等兼程赶回北京,以便由他们操办换约事宜;一面命令直隶总督恒福照会普鲁斯、布尔布隆,指定他们在北塘登岸,经天津去北京,并要求随行人员不超过20人,不要携带武器。清廷还命令恒福前去北塘接待英、法等公使,又令沿途地方官备办供应,并在北京准备了公使的住处,表明它为避免再起战火,已同意在北京换约。

但是英、法公使却拒绝接受清廷从北塘登岸的要求,坚持要从大沽口溯白河进京换约。6月21日,他们气势汹汹地要求大沽守军在三天内拆除拦河障碍物,扬言否则"定行接仗"。这种无理要求,被中国方面拒绝。6月25日下午,英法联军突然向大沽炮台发动攻势,僧格林沁命令大沽守军开炮还击,激战一昼夜,击沉击伤敌舰多艘,迫使英法舰队退出大沽口外。

此仗获胜后,御史陈鸿翙等建议加强北塘防务,僧格林沁却不以为然。为了让英、法公使能放心地从北塘进京换约,他竟下令撤去北塘防务,并且武断地认为,英法联军即使从海上登陆,也不可能多带马队,在其登陆后我方再出动马队迎击,可确保胜券在握。这种虚幻的想法,日后祸害不浅。

另一方面,大沽口之战受挫的消息,令英、法两国政府大为恼怒,随即便增派援兵来华,蓄意进一步扩大战火。1860年8月1日,英法联军果然进抵北塘海面,在未受到任何阻击的情况下,用小轮船拔除海口所设数百巨桩,顺利登陆。僧格林沁仅派马队遥为屯扎,未予反击。8月12日,英法联军分兵两路进犯新河和军粮城,僧格林沁派出马队3 000人迎战。敌军先以700人出战,僧格林沁见其兵少正准备加以聚歼,面前的700名英法联军忽然散为一字阵,每人相隔数十步,阵长数里,反将僧格林沁的部队包围,然后一齐开枪射击,僧部马队纷纷中弹落马,几乎全军覆没。这时,英法联军又从北塘进逼大沽之后,军舰则从海口威胁大沽之前,形成夹击之势。在这一危急形势下,咸丰帝唯恐僧格林沁鲁莽从事,急忙指示:"天下根本,不在海口,实在京师。"①要求他一旦海口难守,即带兵回撤,切不可因死守大沽而置京师于不顾。

8月21日,英法联军从后路抄袭并攻占大沽北炮台。英军首次在实战中使用阿姆斯特朗炮,它是英国最早的大型后膛装填线膛炮,1855年由英国火炮专家威廉·阿姆斯特朗设计,1858年装备于英军②。僧格林沁随即从南炮台撤军,敌军长驱直入,僧格林沁再率部从天津退至通州以南的张家湾,天津沦陷。之后,英法联军又进逼通州。清朝政府赶派怡亲王载垣、兵部尚书穆荫为钦差大臣前往通州议和,意在直接占领北京的英法侵略者又提出新的条件,要求中国立即撤除北京周围的防御设施,遭到拒绝,谈判破裂。僧格林沁见势不

---

① 《筹办夷务始末》(咸丰朝)卷55,第35页。
② 刘海岩主编:《近代外国人记述的天津》,天津人民出版社2018年版,译者前言,第4、5页。

妙,上密折建议咸丰帝"巡幸木兰",即去热河避难。9月21日,僧格林沁所部与英法联军在进入京城的咽喉之地——八里桥展开激战,未能抵挡住敌军,京城以东防线遂告瓦解,北京危在旦夕。

9月21日清军大败于八里桥,咸丰帝闻讯大惊失色,匆忙任命他的弟弟、恭亲王奕䜣为钦差大臣,留京督办和局,自己则于次日清晨带着后妃、皇子和一批王公大臣,仓皇逃往热河(即现在的承德避暑山庄)。

咸丰帝出逃后,北京一片混乱,京城内外的十多万清军,"溃散十之八九"①。10月5日,听说中国皇帝正在西北郊圆明园里的英法联军占领了海淀,次日就闯进了圆明园。"他们发现圆明园中有300名太监在负责,另外只有40名男人在掌管着花园,其中只有20人有武器。皇家园林方面只进行了微弱的抵抗,两名太监被杀。"②管理圆明园大臣文丰投池自尽。遐迩闻名的一代名园,就此遭到一场浩劫。

圆明园是清朝皇帝的一座别宫。康熙四十八年(1709),康熙帝把明朝贵族的废园赐给皇四子胤禛即后来的雍正帝动工修建,并赐名圆明园。后历经雍正、乾隆、嘉庆、道光四朝百余年的营建,成为一座景色秀丽的别宫。

圆明园是由圆明园、长春园和绮春园三园组成的,这三座园林,从东到西连成一片,总面积达5 200余亩,有风景建筑组群100余处,论占地面积,它仅次于承德的避暑山庄;从建筑和园林的成就而言,它则远在避暑山庄之上。它是一座大型皇家园林,兼有御苑和宫廷两种功能。园内建筑数量多,类型复杂。殿、堂、轩、馆、廊、榭、亭、桥、楼、阁、厅、室,应有尽有。建筑布局采取大分散、小集中的方式,把绝大部分的建筑物集中为许多小的群组,再分散配置于全园之内。这些建筑群组之中,一部分具有特定的使用功能,如宫殿、住宅、庙宇、戏楼、藏书楼、陈列馆、船坞、码头和辅助设施等,大量的则是供清皇室饮宴、游憩的园林建筑。

圆明园的园林建筑,个体形象小巧玲珑、千姿百态,而且能突破官式规范的束缚,广征博采大江南北的民居建筑样式,出现了许多平面形式如眉月形、工字形、书卷形、口字形、田字形,乃至套环、方胜等。除少数殿堂外,建筑的外

---

① 《筹办夷务始末》(咸丰朝)卷65,第27页。
② 1860年10月9日《纽约时报》,《帝国的回忆》,第191页。

观朴素雅致,少施彩绘,与周围的自然环境十分谐调。建筑群体的组合,更是极具匠心,全园一百多组建筑无一雷同,但又万变不离其宗,都以院落的格局作为基调,把中国传统院落布局的多变性发挥到了极致。它们分别与那些自然空间的局部山水地貌和树木花卉的栽植相结合,创造出一系列丰富多彩、特征各异的园林景观。

可以说,圆明园集中国古代建筑和园林艺术的大成,是中国古代建筑和园林艺术的瑰宝。法国传教士王致诚在观赏后赞叹道:"此地各物,无论在设计和施工方面都极浑伟和美丽。因为我的眼睛从来不曾看到过任何与它相类的东西,因此也就令我特别惊讶……中国人在建筑方面所表现的千变万化,复杂多端,我唯有钦佩他们的天才弘富。"

在圆明园中,还有一些外国样式的建筑。其中,供奉佛像的舍卫城,就是仿效印度古代桥萨罗国的国都兴建的。长春园北部的西洋楼,更是表现了对欧洲建筑和园林艺术的吸收与融合。一名曾亲眼看到圆明园美景的英国人写道:"必须有一位身兼诗人、画家、历史学家、美术品鉴定家、中国学家和其他别种天才的人物,才能图写园景,形容尽致。"[①]1860年侵华法国海军上尉帕吕感叹:

> 无论受教育程度、年龄以及思想差异多么巨大,圆明园给盟军所有成员留下的印象都是一样的,所有人都被彻底震撼了。我们再也找不到能与之媲美的存在。甚至可以说,法国所有的皇家城堡加在一起都比不上一座圆明园![②]

圆明园内还收藏着大量的珍宝、艺术品和图书,它又是一个大型的皇家博物馆。每到夏季,清帝常到这里避暑消夏,处理要务。

英法联军在闯入圆明园的第二天就开始了疯狂的抢劫,每个人都是腰囊累累,满载而归。《纽约时报》载:"最近这两天发生在那里的景象,却是任何笔杆子都无法恰当描述的。不分青红皂白的抢掠被认可,贵宾接待厅、国宾客房和私人卧室、招待室、女人化妆室,以及其他庭园的每个房间都被洗劫一空。

---

① 王道成:《蜚声中外的圆明园》,《近代京华史迹》,中国人民大学出版社1985年版。
② 赵省伟主编,张霞等译:《西洋镜:法国画报记录的晚清(1846—1885)》(下),广东人民出版社2018年版,第336页。

清国制或外国制的艺术品有的被带走,有的体积太大无法搬走,就把它们砸毁掉。还有装饰用的墙格、屏风、玉饰、瓷器、钟表、窗帘和家具,没有哪件东西能逃过劫难。"①当时法军的一名翻译官记述:"一些士兵头顶着皇后的红漆箱,一些士兵半身缠满织锦、丝绸,还有一些士兵把红宝石、蓝宝石、珍珠和一块块水晶放在自己的口袋里、衬衣里、帽子里,甚至胸口还挂着珍珠项链;再有一群人,他们手里拿着各式各样的座钟和挂钟,匆忙地离去。工兵们带来了他们的大斧,把家具统统砸碎,然后取下镶在上面的宝石。"②随同英军闯入圆明园的英国人斯温霍描述:

> 右边丝绸储藏库的门被敲开,人们蜂拥而入,争抢那一堆堆的丝绸卷和刺绣旗袍。这些东西很快被大家抱出来。一堆堆的丝绸,尽管被抢劫者用马车一车车运走,而且地上扔得到处都是,但仓库里还有更多。霍普·格兰特爵士组建了一个战利品代理委员会,目的是把劫掠而来的古玩收集起来处理,得来的资金归军队所有。委员会的军官们整天都忙着挑选那些还没有损坏的古玩,但是其他几百名军官则忙于为自己而劫掠。随着掠夺者展开搜索,不断发现新的房间,还有许多没被碰过的房间里满是古老的青铜器、钟表、釉瓷花瓶以及数不清的玉石古玩,掠夺者们贪婪地冲向这些东西,获得的战利品非常丰富。③

抢劫过后,便是焚烧。"所有庙宇、宫殿、古远建筑,轮奂辉煌,举国仰为神圣庄严之物,和其中历代收藏,富有皇家风味,精美华丽,足资纪念的物品,都一齐付之一炬,化为劫灰了。"这场大火整整持续了两天两夜,"这些遭劫的避暑行宫,火光熊熊地烧着,仿佛一张幔子,罩着当日的行幸处所,并且随着大风,烟雾吹过联军驻扎的营盘,蜿蜿蜒蜒,到了北京。黑云压城,日光掩没,看起来,仿佛像一个长期的日蚀"④。这种暴行,令人发指,也遭到世界正义舆论的谴责。法国文学家雨果斥责道:"有一次,两个强盗闯入了夏宫(指圆明园——引

---

① 1860年10月9日《纽约时报》,《帝国的回忆》,第191页。
② 《翻译官手记》,《第二次鸦片战争》(中国近代史资料丛刊)第6册,第359页。
③ [英]斯温霍著,邹文华译:《1860年华北战役纪要》(圆明园劫难记忆译丛),中西书局2011年版,第174—175页。
④ 《西书中关于焚毁圆明园纪事》,《第二次鸦片战争》(中国近代史资料丛刊)第2册,第418、404页。

者),一个动手抢劫,一个把它付之一炬。原来胜利就是进行一场掠夺,胜利者盗窃了夏宫的全部财富,然后彼此分赃。"他强调:"在将来交付历史审判的时候,有一个强盗就会被人们叫做法兰西,另一个叫做英吉利。"[1]

1861年,在法国巴黎卢浮宫公然展出了从圆明园抢夺的各类珍宝,其中有"各种大于一般尺寸的景泰蓝工艺品、中国各个历史时期的不同形态的瓷器、雕刻精美的超大尺寸的玉石",还有"清朝皇帝的两柄如意和两把匕首。其中一柄如意是金质的,镶着三块绿色的玉石。另一柄是用深色的木材做的,上面刻有汉字,镶有三块白色的玉石,玉石上还雕着圆花饰。两把匕首摆放在两柄如意中间。其中一柄镶嵌的钻石和宝石构成了叶子和花朵的形状,尤为珍贵"[2]。

英国侵略者焚毁圆明园以后,声称如果清朝政府不接受他们提出的全部条件,将要用同样方式焚毁北京城内的皇宫。咸丰帝逃走时,把留在北京与外国人议和的难题丢给了奕䜣。奕䜣是道光帝第六子,他自幼聪明伶俐,六岁后进上书房,先后师从翁心存、贾桢、卓秉恬等人治经研史,且粗习声律,工于书法;学文以外也精于骑射,熟稔刀枪,被人视为文武兼备,因而也最受道光帝钟爱。据说,道光帝在密定储位时,曾经在四子奕詝和六子奕䜣之间犹豫了很长时间,兄弟俩为争夺嗣君也暗中较劲,可最终当道光帝病入膏肓、命人当众开启锦匣时,其一为满汉合书"皇四子奕詝著立为皇太子",其二为汉文书"皇六子奕䜣为亲王"[3]。

道光帝死后,奕詝继承了皇位,随即遵照道光帝遗诏,正式封奕䜣为恭亲王,特意挑选一个"恭"字,不无告诫他要恭慎行事之意。1853年10月太平天国北伐军逼近京城时,咸丰帝令奕䜣署理领侍卫内大臣,会同定郡王载铨等办理京城巡防事务。11月18日,又破除亲王及皇子不得入军机的祖制,特命奕䜣在军机大臣上行走。两个月后,又指定奕䜣为领班军机大臣,以皇弟的特殊身份赞襄枢务。在这个位置上,奕䜣兢兢业业地协助咸丰帝歼灭了太平军北伐部队,镇压了上海小刀会起义,起用曾国藩统率湘军来抗击太平军,采取征收厘金、发行宝钞官票、铸造铁钱等措施来开拓财源,并抵制了西方列强的第一次修约要求。可是好景不长,1855年8月,奕䜣生母孝静皇太妃病逝,奕䜣

---

[1] 《雨果关于圆明园的一封信》,《名家眼中的圆明园》,文化艺术出版社2007年版,第209页。
[2] 赵省伟主编,张霞等译:《西洋镜:法国画报记录的晚清(1846—1885)》(下),第257页。
[3] 李国荣主编:《清宫档案揭秘》,第144页。

极力请求晋封其母为皇太后,违逆了咸丰帝的意旨,受到咸丰帝的猜疑和忌恨。葬礼举行后第二天,咸丰帝便以奕䜣在办理皇太后丧仪时"多有疏略之处"为由,将他逐出军机处,并革去一切差事,罚回上书房读书。直到咸丰帝匆忙逃往热河时,奕䜣才临危受命,留京办理和局。

面对杀气腾腾的英法联军,奕䜣无计可施,被迫于10月24日和25日分别与英、法两国代表交换《天津条约》批准书,同时又订立了中英、中法《北京条约》,主要内容有:开天津为商埠;准许华工出国;割让九龙司给英国;交还教产给天主教堂;赔偿英、法兵费各800万两,恤金英国50万两,法国20万两。英、法侵略者的目的达到,次月英法联军撤出北京,历时四年的第二次鸦片战争结束。1860年10月24日,中英《北京条约》签订时,恭亲王奕䜣还受到羞辱和惊吓。在场的法国军官瓦兰·保罗描述,作为清朝政府代表的奕䜣在约定好的时间到达,英方代表额尔金却"让人们等了两个半小时,为的就是显示英国人胜利者的身份。对于恭亲王,他表现得高高在上且十分冷淡,甚至是过分得放肆无礼,而恭亲王也好几次表现出惧怕的情绪。英军的一名随军摄影师负责给仪式拍照,以便再现所发生的场景。在拍照的过程中,额尔金勋爵丝毫没有顾忌到有中国亲王在场,就命令众人不要走动。在场的中国人听到这句话后却不明白意思,于是他们个个都被吓着了,这一情景被英国摄影师用相机全部记下"①。在场的英军将领克灵顿也记述:

> 在签订条约的过程中,比托先生不知疲倦地忙碌着,试图拍摄一张好照片作为"北京条约的签订"这一新闻的配图。他把照相机搬进来,放在大门正中,偌大的镜头对准了脸色阴沉的恭亲王胸口。皇帝的这个兄弟惊恐地抬起头来,脸色顿时变得惨白……以为他对面的这门样式怪异的大炮会随时把他的头给轰掉——那架相机的模样确实有点像一门上了膛的迫击炮,准备将炮弹射入这个可怜人的身体。人们急忙向他解释这并没有什么恶意。当他明白这是在拍肖像照时,他脸上惊恐的表情顿时转阴为晴。②

---

① [法]瓦兰·保罗著,孙一先等译:《远征中国》,中西书局2011年版,第166页。
② [英]菲利斯·比托摄,赵省伟编译:《西洋镜:一个英国战地摄影师镜头下的第二次鸦片战争》,台海出版社2017年版,封底。

西方列强通过这场战争,迫使中国增开了11个通商口岸,长江沿岸和南北沿海门户洞开,大大方便了外国侵略势力的扩张。1863年10月5日,法国《世界画报》称:"根据条约,清朝已经敞开了大门。如今,我们可以在沿海地区自由地进行商贸活动了,至于在那些没有被太平天国或者其他叛乱分子占据的地方是完全可行的。"[1]中国的内河和领海主权、海关和司法等主权进一步丧失,而各国公使常驻北京,又明显加强了各国对清朝政府的威慑和控制。沙皇俄国虽然没有直接出兵参与这场侵华战争,但却通过大施诡计,扮演了一个趁火打劫的罪恶角色。

二、沙俄打劫

沙皇俄国原是一个欧洲国家,和中国并不接壤。明嘉靖三十一年和三十五年,俄国人先后征服了从钦察汗国分裂出来的喀山汗国和阿斯特拉罕汗国,控制了整个伏尔加河流域,打开了通向东方的门户。紧接着,俄国人便越过欧亚两洲的天然分界线——乌拉尔山脉,将矛头指向西伯利亚地区。到明崇祯十二年,俄国人的先锋队已出现在太平洋西海岸,清顺治六年在鄂霍次克海口建立了鄂霍次克城堡,西伯利亚广袤的土地被纳入了俄国的版图。

俄国人占领了整个西伯利亚之后,向北方和东方的扩张便达到了天然边界——北冰洋和太平洋的沿岸。紧接着,沙皇俄国的魔掌便开始伸向东南,中国和俄国这两个原本并不毗邻的国家在黑龙江上首次直接碰面了。

黑龙江为亚洲北部的第四大河,以额尔古纳河和石勒喀河为南北源头,沿途接纳精奇里江、牛满河、松花江、乌苏里江等支流,蜿蜒曲折流入北太平洋,全长2900多千米,流域面积184万余平方千米。巍峨的外兴安岭绵亘数千里,构成江北沃野的天然屏障。

黑龙江是满族的龙兴发祥之地,清朝统治者自然不能容忍俄国人染指。可是,由于立国之初致力于统一全国和镇压各地反清势力的战争,无暇对俄国人实行全面反击,在黑龙江上,清朝政府只能采取一些防御性的措施,诸如将

---

[1] 赵省伟主编,张霞等译:《西洋镜:法国画报记录的晚清(1846—1885)》(下),第312页。

边民迁往东北腹地,在边境实行坚壁清野;发动小规模的自卫反击战,打击侵略者的气焰;不断派员前往被俄国侵占的雅克萨和尼布楚交涉,要求俄国人退回自己的国土。然而,俄国人在黑龙江上的活动不仅没有收敛,反而更加咄咄逼人。

康熙二十年,清朝政府平定了"三藩之乱"。两年后,清军进驻台湾,统一全国。此前,康熙帝已于康熙二十一年春出巡东北,就抗击沙俄侵略事宜做出一系列部署。康熙二十四年,清军击败俄军,收复了雅克萨。不料,当清军摧毁了沙俄在雅克萨强行建立的城堡,回驻瑷珲后,俄军又卷土重来,占领了雅克萨。于是,清军再度出征,将雅克萨的俄军团团围困。几经交涉,中俄双方于康熙二十八年签订了《尼布楚条约》,明确而又具体地规定了中俄两国的东部边界:西南沿黑龙江的南源额尔古纳河和北源石勒喀河的支流格尔必齐河为界;北面以黑龙江和勒拿河两大水系的分水岭外兴安岭为界。中国方面虽然做出了重大让步,同意将贝加尔湖以东的尼布楚等地划归俄国版图,但也由此收回了被沙俄强占的雅克萨地区,制止了沙俄在黑龙江上的扩张活动,并奠定了两国间长达一个半世纪的睦邻关系的基础。

鸦片战争后,中国屡遭欧美列强的欺凌,沙皇俄国侵占中国领土的野心重新暴露,俄军屡屡进犯黑龙江,并于1858年5月28日用武力胁迫黑龙江将军奕山签订了中俄《瑷珲条约》。这是中俄关系史上第一个不平等条约,根据这个条约,先前《尼布楚条约》规定属于中国的外兴安岭以南、黑龙江以北地区,以及兴安岭以北、乌第河以南两国待议之地,共60多万平方千米的土地全部纳入了俄国的版图,黑龙江也由中国的内河变成中俄两国的界河。

与此同时,沙皇俄国趁英法联军进逼津、京地区之际,以所谓调停人的身份出现,居间斡旋,从中渔利。1858年6月,俄国公使普提雅廷在天津会晤钦差大臣桂良和花沙纳,利用清朝政府对英法联军有可能攻打津、京的恐惧心理,要挟只要按照俄方条件尽先缔结中俄条约,即可代向英法两国说和。为了不致因过度威胁清廷而使谈判破裂,普提雅廷转而联合美国公使,劝说英法两国采用较为温和的手段对待中国钦差大臣。6月13日,普提雅廷如愿以偿,抢在美、英、法三国之前,与清朝政府签订了中俄《天津条约》。

中俄《天津条约》的主要内容包括:增开上海、宁波、福州、厦门、广州、台湾、琼州等七处口岸对俄国通商;在原定的陆路通商口岸,取消对俄商人数及携带货物的限制;在各通商口岸,俄国享有派驻领事,停泊兵船,购买土地,建造教堂、住房、仓栈以及领事裁判权等特权;准许俄国教士由通商处所进入内地传教;今后凡中国让与外国的通商等一切权利,俄国均能享受。但沙俄并不以此为满足,在他们看来,这个条约对于俄国在华特殊利益,即北方领土和陆路通商特权,还没有给予更多的重视。条约签订伊始,沙皇政府便采用外交讹诈和武装占领双管齐下的手法,向乌苏里江以东地区伸出了魔爪。

1860年6月,俄国舰队悍然开进位于果尔涅特角与图们江口之间的大彼得湾,7月2日侵占了海参崴(俄名符拉迪沃斯托克,意为"控制东方")等海口要塞,从而切断了吉林通向日本海的出海口。至此,北起黑龙江口、南至图们江口附近、西沿乌苏里江、东沿日本海西岸及库页岛这一广阔地区,事实上已置于俄国的军事占领之下。

同年10月,北京被英法联军攻陷。沙皇俄国又以调停人的身份坐收渔利,声称俄国已尽力促成英法与中国和解并从北京撤军,如果中国仍不接受俄国的全部要求,重新将英法联军召回北京,对俄国来说不过是易如反掌之事,由此于11月14日迫使奕䜣签订了中俄《北京条约》,除批准《瑷珲条约》,肯定将黑龙江以北划归俄国外,俄国还鲸吞了乌苏里江以东直至海岸一带的中国领土,而且将乌苏里江以南的整个滨海地区以及库页岛都划入了俄国的版图。1861年3月16日,法国《世界画报》特别报道:"俄国从清朝政府那里攫取的,是一片辽阔富饶的土地,跨越11个纬度、拥有绵延600英里的海岸线和诸多良港;大江大河极利于通航,自然资源亦数不胜数。"[1]此外,条约还强行规定中俄西段边界的走向,并准许两国边民在交界各处免税自由贸易,准许俄国商人在库伦、张家口零星贸易,准许俄国在库伦、喀什噶尔等处增设领事。

沙皇俄国对中国领土的侵占是贪得无厌的。在中国东北得逞的同时,它对中国西北地区的武力进犯也在步步加紧。从1856年到1858年,它先后组织了各种所谓"考察队",到伊塞克湖、伊犁和南疆的喀什噶尔等地收集情报、绘制地图,为下一步的侵占暗做准备。1864年10月7日,它又迫使清朝政府签订了《中俄勘分西北界约记》,割占了巴尔喀什湖以东以南的44万多平方千米的中国领土。

---

[1] 赵省伟主编,张霞等译:《西洋镜:法国画报记录的晚清(1846—1885)》(下),第266页。

沙皇俄国借英法联军大举侵华之机,趁火打劫的伎俩既毒辣又诡秘。其间,俄国东正教在北京的传教团领班巴拉第与俄国政府代表来往密切,暗中献计献策,其获取情报的途径,一是通过在理藩院的翻译活动,得以接触清朝政府与英、法接触的外交机密;二是通过在清廷的人脉如耆英等人的关系,把握清廷的决策意图;三是通过打探北京的街谈巷议,观察动静,从中刺探有价值的情报①。自以为聪明的奕䜣却一直误以为英法联军撤出北京真是沙俄公使伊格纳切夫居间调停的结果。第二次鸦片战争结束一年后的一天,奕䜣与一名西方外交官闲谈,当他听到英法联军在中英、中法《北京条约》签订后"丝毫没有意思在中国留下一兵一卒"时,完全惊呆了,马上联想起伊格纳切夫当时的讹诈。他追问道:"你是不是说我们被欺骗了。"对方告诉他:"完完全全被欺骗了。"②一直以为英法退兵有沙皇俄国调停之功的奕䜣,一下子显露出垂头丧气的神态,半晌回不过神来。

三、辛酉政变

第二次鸦片战争的硝烟刚刚平息,清廷内部又生事变。

英法联军从北京撤走后,奕䜣等一再奏请咸丰帝回京,咸丰帝仍心有余悸,迟迟不愿返京,与此同时越来越消极颓废,倦怠于政事,沉湎于酒色,不久于1861年8月22日在热河行宫病逝。临终前遗命以载淳为皇太子,以载垣、肃顺等八人赞襄政务,将一个残破的江山丢给了6岁的儿子。

这个6岁幼子的母亲,就是日后赫赫有名的慈禧太后。她是满族旗人,那拉氏因祖居叶赫,故又称叶赫那拉氏。慈禧家隶籍满洲镶蓝旗,在她成为皇太后后抬入镶黄旗。她的曾祖父吉郎阿先后担任过户部和刑部的员外郎,祖父景瑞官至刑部郎中。父亲惠征,早年入国子监学习,后来当了吏部的笔帖式——一种在部院衙门主要从事文书事务的小官,再后来逐级升任主事、员外郎和郎中,1849年出任山西归绥道,1852年慈禧入宫前夕调任安徽宁池太广道,次年

---

① 欧阳哲生:《俄国东正教传教团在京活动述评(1716—1859)》,《安徽史学》2016年第1期,第132—133页。
② 茅海建:《苦命天子:咸丰皇帝奕詝》,第263页。

太平军进逼芜湖，他携带饷银印信出逃江苏镇江，被开缺查办，不久病死于镇江府。她的母亲也出身大家闺秀，外祖父惠显官至归化城副都统，是位居二品的封疆大吏。

慈禧生于北京，长于北京，从未到过南方。1851年16岁时应选秀女，次年6月入宫，封为兰贵人。1854年进封懿嫔。1856年生皇长子载淳，当日晋为懿妃。次年又晋封为懿贵妃，在宫中的地位仅次于皇后钮祜禄氏。她聪明伶俐，容貌出众，据称也曾诵读经史，粗通文墨。时咸丰帝为内忧外患所困扰，身心疲倦，疏于朝政，常让她代笔批答章奏，她趁机预闻政事，表现出很强的权力欲望。

> **知识框**
>
> ### 清宫秀女的选拔
>
> 清制规定，每三年在八旗内部选一次秀女，被选中者，除了作为皇帝的后妃，有的还被配给皇帝的近支宗室。
>
> 清宫挑选秀女的制度很严格，其中挑选秀女的范围，各朝都有许多规定。清入关之初，八旗人口较少，顺治朝规定：凡满、蒙、汉八旗官员的女儿，年至13岁，都要参加每三年一届的秀女挑选，17岁以后为"逾岁"，不再参加挑选。康熙时又规定：后族近支或母族系宗室觉罗之女者，均可免选秀女。乾隆初年规定：选秀女时，外任旗员之女，若一律都送京阅看，路途遥远，不免往返跋涉之劳，嗣后外任文官同知以下、武官游击以下之女，停其选送。这样就使一些下级官员的女儿不再参加秀女挑选。
>
> 嘉庆朝又有一些新的规定。先是皇帝觉得自己后妃的亲姐妹和其他人一起参加备选秀女，选中后有的还可能被指给皇子、皇孙或赐给近支宗室做福晋，不合辈分。于是嘉庆五年规定：嗣后自嫔以上后妃的亲姐妹可免选秀女。但这条规定实行后，嫔以上后妃家族与皇族新的亲缘关系断裂，使这些家族的利益受到损害，另外皇帝也不愿有一些美貌女子被排斥在秀女之外。所以事隔7年后又规定：皇后、妃、嫔的亲姐妹及亲弟兄、

> 亲姐妹之女,此后不仅要参加挑选秀女,而且还要优先挑选。
>
> 　　以往挑选秀女时,连皇帝自己的外孙女,即皇帝女儿的女儿,也一样被挑选,选中后入宫再做皇帝的后妃或配给近支宗室,这从人伦和血缘关系上都不合情理,为此嘉庆六年规定:嗣后挑选秀女,公主之女着加恩毋庸入选。
>
> 　　在报名阅选秀女时,如果确实是残疾不堪入选者,需要由族长、领催、骁骑校、佐领等层层具结,呈报到各旗都统,声明原因,由都统咨行户部,再由户部奏报皇帝,经皇帝批准后,方可免选。
>
> 　　选送的秀女都备有骡车,每车一人,每人由宫中付给车费银一两。被选看的秀女在皇宫的神武门外下车,按次序由太监从神武门领入,在神武门内的小广场上齐集,再按事先排好的挑单顺序,进顺贞门由帝后们选看。选看秀女的具体地点,各朝不尽相同,静怡轩、延晖阁、体元殿在晚清同治、光绪朝都是选阅秀女之处。(详可参阅万依等著:《清代宫廷史》,百花文艺出版社,2004年)

　　1860年9月,慈禧随咸丰帝出逃热河。次年8月咸丰帝死后,6岁的载淳即位,定年号为祺祥,尊钮祜禄氏为母后皇太后,那拉氏为圣母皇太后,不久又分别上徽号为慈安皇太后和慈禧皇太后。避暑山庄烟波致爽殿两侧,各有一座两进的花园式小园,慈安和慈禧分住东西两院,俗称东太后和西太后,合称两宫皇太后。当时,清朝统治集团中除了两宫太后以外,还存在着另外两股对立的势力:一股以奕䜣为首,另一股以怡亲王载垣为首而以肃顺为主心骨。奕䜣集团在咸丰帝出逃时被留在北京主持对外议和事务,咸丰帝死后被排斥在顾命大臣之外,但却时时觊觎着最高权力。肃顺集团随咸丰帝出逃热河后,"挟天子以令诸侯",地位日渐显赫,咸丰帝死后又以顾命大臣身份赞襄政务,实际上掌握了清廷的最高权力。

　　肃顺,字雨亭,爱新觉罗氏,满洲镶蓝旗人。他是郑亲王乌尔恭阿的第六个儿子,清朝皇帝的远房宗室,1836年考封三等辅国将军,先后授散秩大臣、前引大臣、銮仪卫銮仪使、奉宸苑卿,都是一些闲散差事。咸丰帝继位后,他的哥哥郑亲王瑞华出任领侍卫内大臣,遂与怡亲王载垣举荐他入内廷供奉,并很快得到咸丰帝的赏识,由内阁学士累迁御前侍卫,工部、礼部、户部侍郎,理藩院、礼部、户部尚书,御前大臣,协办大学士,领侍卫内大臣,成为咸丰帝最宠信的智囊和清廷统治中枢的核心人物。

肃顺虽出身于八旗贵胄,但他对那些庸庸碌碌的满族亲贵却十分看不起,认为这些人除了捞钱以外一无所能,曾直言"咱们旗人浑蛋多,懂得什么"[①];"常谓满人胡涂不通,不能为国家出力,惟知要钱耳"[②]。相反,他认为汉人中不乏才识出众者,因而刻意加以结纳和延揽。郭嵩焘、龙湛霖、王闿运、邓辅纶、尹耕云、高心夔、李篁仙等文士名流,先后被他聘入幕府,时人称作"肃门七子"。在朝廷,他极力举荐陈孚恩、匡源、焦祐瀛、黄宗汉等汉族官员参与政要,并培植为亲信。当清廷倚重的八旗和绿营在太平军打击下不堪一击时,他又竭力主张破除满汉畛域,重用汉人武装抗击太平军。曾国藩创建湘军,得到了他的全力支持。太平军攻克苏、常后,他又极力打消咸丰帝的疑虑,让曾国藩出任两江总督,督办军务。左宗棠为湖南巡抚骆秉章幕僚时,参赞军务,屡有建树,受到湖广总督官文忌恨。1859年,永州镇总兵樊燮因劣迹昭彰被骆秉章参劾,革职后上京反控左宗棠,咸丰帝密令官文予以查办,并指示如左宗棠果有不法情事,即就地加以正法。肃顺素慕左宗棠才干,获悉后有意透露消息,授意左宗棠的同乡好友郭嵩焘托人先上疏为左辩诬,到咸丰帝听取他意见时,他乘机进言人才难得,自当爱惜。左宗棠不仅得免杀身之祸,而且很快受到重用。

1860年9月22日,肃顺等人随咸丰帝逃往热河,此后一直陪伴左右,深得倚重。咸丰帝病逝后,肃顺等人遂以顾命大臣身份实际执掌清廷最高权力,恭亲王奕䜣等近支亲王反被排斥于权力中心之外,两宫皇太后也仅有"钤印"的权力,清廷内部权力斗争很快白热化。

慈禧与肃顺集团之间早有嫌隙,出逃热河途中因饮食车马等细故又屡生怨恨。据载,咸丰帝从北京逃往热河时,仓皇而无准备。只有咸丰帝一人得宫中一车而行,后妃嫔御皆是雇民间车马。分给那拉氏的是辆老骡旧车,沿途山路颠簸。那拉氏不胜其苦,在车中饮泣。忽见肃顺经过,便要求换一辆车。肃

---

① 黄濬:《花随人圣庵摭忆》,上海古籍出版社1983年影印本,第497页。
② 张祖翼:《清代野记》(近代史料笔记丛刊),中华书局2007年版,第240页。

顺敷衍道:"中途到哪里去找车? 到了前面再想办法。"等到了某镇市少憩,那拉氏又提此事。肃顺正在咸丰帝面前奏事,太监等到其退下时告诉他。肃顺不耐烦地说:"都已经是什么时候了,我还哪有空闲来办理这种事!"过了一会儿,车驾启行,肃顺骑马又经过那拉氏的骡车。那拉氏涕泣又请,肃顺正言答道:"危难不能与平时相比,此地又从哪儿去弄新车,有辆旧车就已经不错了。你也不看看皇后坐的也是街上雇来的旧车。你是什么人? 想凌驾皇后之上吗?"①那拉氏正欲分辩,肃顺已策马扬长而去。此外,咸丰帝病危之际,肃顺为防止慈禧日后以母后擅权,曾建议咸丰帝仿效汉武帝赐死太子生母钩弋夫人的做法,及早除掉那拉氏,以免后患。咸丰帝心有不忍,没有采纳肃顺的建议,事后又在无意中透露了风声,从而使慈禧对肃顺等人更加恨之入骨。咸丰帝临终前,在指定肃顺等八人为顾命大臣的同时,又赐给皇后和皇太子载淳各一枚随身私章"御赏"和"同道堂"(实际上由慈禧掌管),作为皇朝权力的象征以及日后颁发诏谕的信符,试图通过垂帘与辅政既相辅相成又相互牵制的格局,确保清朝皇权牢牢地掌握在爱新觉罗家族手中。

咸丰帝死后,慈禧与肃顺集团之间围绕最高权力的争斗愈演愈烈。肃顺等人仗恃顾命大臣的地位力图大权独揽,慈禧则拉拢慈安太后,凭借手中掌握的"御赏"和"同道堂"两枚印章,以拒绝在顾命八大臣发给内阁和地方官员的咨文上钤印相要挟,迫使肃顺等同意将官员的疏章送两太后披览,谕旨呈两太后钤印,任用高级官员由枢臣拟名交两太后裁定,任用一般官员在御前掣签由两太后批准。接着,慈禧又通过醇郡王奕谭夫妇以及亲信太监、侍卫,设法与留守北京的奕䜣取得联系。据知情者透露,当时慈禧和慈安在热河密商时,为防止被人窃听,事先做了防范,"以大缸置室中,相与倚缸而语,盖人声在缸中,则弥响而余音不漏于外也"②。

9月5日,奕䜣以"奔丧"名义来到热河,两宫皇太后立即传旨召见,为肃顺等阻止。奕䜣灵机一动,请端华同时进见,端华眼睛看着肃顺,肃顺只得无奈地说:"老六(指奕䜣),你与两宫是叔嫂关系,何必我辈陪同?"③奕䜣随即进宫,与慈禧密商发动政变以夺取最高权力的计划。肃顺等虽然对奕䜣和慈禧有所

---

① 茅海建:《苦命天子:咸丰皇帝奕詝》,第290页。
② 薛福成著,蔡少卿整理:《薛福成日记》,吉林文史出版社2004年版,第98页。
③ 薛福成:《庸盦笔记》,凤凰出版社2000年版,第19页。

顾忌,但认为大局已定,不至于另生枝节,因而没有加意防范。9月10日,董元醇上疏,奏请由两宫皇太后垂帘听政,并另行简派近支亲王辅政。

次日,两宫太后召见八大臣,表示接受董元醇"垂帘听政"的请求,并让他们拟写谕旨。肃顺等人"勃然抗论,以为不可"①,声称"本朝无太后垂帘听政故事",他们是奉咸丰帝所托"赞襄皇上,不能听命于皇太后。请皇太后看折,亦系多余"②。双方在大殿上激烈争吵,吓得小皇帝尿湿了太后的衣服,慈禧"气得发颤"③,说不出话来。第二天,肃顺等人亲自拟就了谕旨,严厉驳斥董元醇,并逼着皇太后钤印。慈禧故意扣留下谕旨。肃顺等气愤地以"搁车"即停止办公相要挟。慈禧被迫发下奏折及拟旨,肃顺等益发骄狂,笑着走出宫外。10月初,肃顺等以事务太繁为由,请求削减兼差,试探两宫太后的动静。慈禧机警地顺水推舟,让肃顺等人弄巧成拙,拱手交出了禁军兵权。与此同时,慈禧、奕訢等人暗中加紧了政变的部署,而目空一切、过分自信的肃顺等人则完全被蒙在鼓里。

10月26日,咸丰帝的灵柩从热河启运回京。慈禧设计让载垣、端华等扈从两宫皇太后及载淳,间道先行回京迎候,而由肃顺护送咸丰帝灵柩随后启程,按清典制规定,皇帝的灵柩要由128人组成的大杠抬着,行进缓慢,这样就把政敌的主谋与协从分隔开来,便于各个击破。即便如此,回京途中,慈禧仍不无危险。其间,"载垣等人欲加害慈禧,荣禄率军随侍在侧,致使阴谋无法得逞"④。

从承德到北京500多里,当时行程约需10天,而慈禧一行急着赶路,只走了6天,于11月1日到达北京⑤。次日,大学士贾桢等疏请皇太后垂帘听政,两宫太后随即发布谕旨,要求王大臣妥议所奏各事,同时下令将载垣、端华、肃顺三人革去爵位,景寿、穆荫、匡源、杜翰、焦祐瀛等五人退出军机处议罪。载垣、端华起而抗命,被囚于宗人府。这时,肃顺护送咸丰帝的灵柩还刚刚走到密云县境,亦被京城派出的禁军连夜拘捕。几天后肃顺被押赴菜市口斩首示众,载垣、端华赐令自尽,其余五名大臣或被革职,或被革职并充军。发生在辛

---

① 薛福成:《庸庵笔记》,第19页。
② 故宫博物院明清档案部编:《清代档案史料丛编》第1辑,中华书局1978年版,第114页。
③ 《热河密札》,《近代史资料》1978年第1期,第3页。
④ 谢俊美:《翁同龢人际交往与晚清政局》,上海书店出版社2018年版,第262页。
⑤ 万依等:《清代宫廷史》,百花文艺出版社2004年版,第414页。

酉年的这场政变,以慈禧、奕䜣一方大获全胜告终,时慈禧27岁。

其间,她曾亲自起草代幼帝斥革肃顺等顾命八大臣谕旨,其中怒言:"该大臣看朕年幼,皇太后不明国是,所至该王大臣如此大胆……该王大臣诳驾垒垒,抗旨之罪不可近(尽)数。"①后奕䜣受命为议政王,掌管军机处。有学者认为,肃顺、载垣、端华等人之所以在此次政变中失败,原因是多方面的。其中,咸丰帝未能留下命其赞襄辅政的亲笔谕旨,当是一个极其重要而直接的原因。如果咸丰帝留有亲笔谕旨,无论是两宫太后,还是恭亲王奕䜣,或是其他王公大臣,都无所借口,绝不敢挑战,更不能动摇肃顺、载垣、端华等八大臣的政治地位。在当时封建专制制度下,只要八大臣没有篡位逆迹,或极其明显的失政劣行,挑战赞襄政务八大臣,就是挑战咸丰帝的亲笔谕旨;反对咸丰帝的亲笔谕旨,就是反对清帝,其罪可谓大矣②。

政变的结果得到列强的赞许。11月12日,英国驻华公使普鲁斯向英国外交大臣罗素报告:"总之,大家认为其表现最可能和外国维持友好关系的那些政治家掌握政权了。"③12月1日《北华捷报》称:"北京的政治态势已经有了好转,恭亲王在10月24日条约批准文件的互换签字仪式上,面部阴沉,心事重重。现在他已容光焕发,并表现出与我们保持友好关系的渴望。"

四、同治与皇太后

1861年11月11日,年仅六岁的载淳在太和殿登基正式即皇帝位,奉两宫皇太后在养心殿实行垂帘听政,取消年号"祺祥",改为"同治",意谓两宫太后共同治政④。慈安太后是满洲镶黄旗人,小慈禧2岁。父亲穆扬阿曾任广西右江道,后因女儿入宫侍君,封为三等承恩公。1852年被立为皇后,时年16岁。

---

① 高换婷:《慈禧太后的亲笔谕旨》,《历史档案》2016年第1期,封一"珍档撷英"。慈禧太后所拟的这份谕旨原稿,有多处错字,字迹与文笔凸显青涩(原件影印件及说明,见同上)。
② 王开玺:《辛酉政变前后两道谕旨考论》,《历史研究》2012年第4期。
③ 严中平:《1861年北京政变前后中英反革命的勾结》,《历史教学》1952年4月号。
④ 听政要用"垂帘"的形式,也是当时社会内外有别、男女有别风尚的反映。所谓垂帘,在明殿是用黄纱屏八扇;在东暖阁因为东大墙有一槽栏杆罩,罩上有一幅黄幔。屏和幔都不是帘,只不过有个象征性的分隔而已。详可参阅朱家溍:《说故宫》,故宫出版社2013年版,第58—59页。

她生性懦弱,不擅言词,又识字不多,臣下的奏报多由慈禧念给她听,费时费力,结果披阅奏章、裁决政务,多由慈禧操办①。初掌权柄时,慈禧还有所收敛,1862年5月翰林院庶吉士结业考试,有个叫严辰的人在文章中称颂慈禧为"女中尧舜",慈禧得知,认为"过事颂扬……于人品学术颇有关系,此风断不可长",下令将严辰从一等一名改为一等末名②。后则越来越跋扈,所谓两宫共同治政实际上很快成了慈禧一人的统治。48年间,清朝的最高权力始终被牢牢地握在她的手中。

同治即位后,每天还得用半天时间读书习字,老师有慈禧委派的礼部尚书前大学士祁寯藻、管理工部事务前大学士翁心存、工部尚书倭仁、翰林院编修李鸿藻等人。除了读汉文书籍外,还要从醇郡王奕譞等人学满文、蒙古文。按清制,还须练骑射。但他好动贪玩,学业欠长进。

年满16岁后,同治在挑选皇后时,与生母慈禧太后意见不合。慈禧看中的是富察氏,慈安则看好阿鲁特氏,两人意见相左,最后由同治自己决定。结果同治和慈安一样,选择了阿鲁特氏,这令慈禧大为恼火,但又无可奈何。

1872年,同治举行大婚典礼,立阿鲁特氏为皇后,富察氏为慧妃。因为官方禁止洋人观看大婚典礼,当时在北京的《伦敦新闻画报》特别记者威廉·辛普森只能躲在街道旁的店铺里"偷窥"。他发回伦敦的报道描述:"那惊鸿一瞥也足以撼人心魄,婚礼行列并不算太长,然而那些服装和家具堪称精美绝伦……三十二面旌旗和四十八面扇子、两顶黑色的华盖、两个白色的假人、两个用刺绣做成的黄色人和一百九十二盏灯笼,骑在马上的恭亲王显得英俊潇洒,他身旁有一个四杠大轿,这个轿子呈金色和黄色,由十六个身穿猩红色长袍的轿夫抬在肩上,在这个轿子里显然坐着皇后。"③

此后,慈禧对阿鲁特氏仍看不顺眼,结果使同治帝也不敢亲近皇后,时常独宿乾清宫。时间一长,在一些贴身太监的导引下,不时溜出宫外踏足风月场所。

1873年2月,18岁的同治帝按清制得以亲政。同年6月29日,"上午七点钟,日本、俄国、美国、英国、法国、荷兰的使节在紫光阁受到了同治皇帝的接见。皇室的亲王站在龙椅的左右两旁,佩带武器的皇家侍卫在觐见的大殿里

---

① 万依等:《清代宫廷史》,第418页。
② 陈捷先:《慈禧写真》,商务印书馆2011年版,第67—68页。
③ 北京日报社编著:《旧京图说》,北京日报出版社2016年版,第78—80页。

排成左右两列。使团觐见只需在入殿的时候三鞠躬,离开的时候再次三鞠躬,每次会见时间大约10分钟"①。同治帝亲政后,不愿再让慈禧太后动辄干预政事,就想了个办法,那就是尽快修复西郊的圆明园,请母后搬去那里颐养天年。所以他刚亲政,就下令加紧复园工程。奕䜣则认为国家百废待举,国库尤其短绌,对此举并不赞同,并联合奕譞等十大臣共同上书,向同治帝提出了停园工、戒微行、远宦寺、绝小人、警宴朝、开言路、惩夷患、去玩好等八条尖锐的谏议,并在同治帝召见时当廷苦谏,惹得同治帝大怒,亲笔书写诏书,声称恭亲王无人臣礼,当重处,宣布取消其包括亲王爵位在内的一切职位,交宗人府严议。慈禧在叔侄俩闹得不可开交之际,强行出面干预,重新恢复奕䜣一切职位,但又特意告诫他今后要谨言慎行。

  在位期间,同治帝参与处理了一些外交内政事务。1873年,法军侵犯越南,越南国王求援,清廷决定由两广总督瑞麟派兵由钦州出关,援助越南抗法。1874年,日军进犯台湾,福建船政大臣沈葆桢被委任为钦差大臣、办理台湾等处海防兼理各国事务大臣,与日方交涉;后同治帝又批准沈葆桢的奏请,在台湾各海口添设炮台,加强台湾的防务。沈葆桢受命后,即积极部署。他建议清朝政府将日本侵台事件照会各国,澄清被日本蓄意歪曲的事实,同时加强东南沿海海防和台湾的防务,并敷设闽台通讯电缆,加强两地间的联系。6月17日,沈葆桢率舰船驶抵台湾。同月21日,他命人携带由他起草的照会前去与侵台的日军交涉。他在照会中明确宣布中国版图,尺寸不敢与人。与此同时,沈葆桢大力加强战备,一是在安平海口修筑炮台,安放西式大炮;二是从大陆调派罗大春等将领镇守淡水、宜兰、基隆;三是借调淮军防守台北;四是调拨福州船政局和江南制造局的轮船,加强台湾海峡的巡防和闽台之间的联系。这些措施,遏制了日军的侵略气焰。后在清朝政府做出支付白银50万两的承诺后,日军撤出了台湾。

  以后,沈葆桢又为开发和建设台湾做了很多部署。时人评述:"台湾地极殷富,后山利孔阜多。互市以来,各国垂涎,势同耽逐。沈葆桢因日本之役,奏增郡县,调营屯垦,措置具有深心。"②1875年,他奏请开办台湾基隆煤矿获准,

---

① 赵省伟主编,张霞等译:《西洋镜:法国画报记录的晚清(1846—1885)》(下),广东人民出版社2018年版,第386页。
② 姜鸣整理:《李鸿章张佩纶往来信札》,上海人民出版社2018年版,第35页。

这是中国第一座投产的近代煤矿。在奏请开办的同时,沈葆桢就派人前去实地勘查,然后择定在老蔡坑一带兴建煤矿,并派人去英国选购机器和聘请技师。基隆煤矿后于1878年正式投产,日产煤炭约100吨,最多时工人约有1 000名。他调任后,继任者丁日昌也主张发展台湾经济,开发台湾的矿业①。他又奏请开垦台东高山族聚居地,提出定壤则、招垦户、给牛种、立村堡、设隘碉、致工商、设官吏、建城廓、设邮驿、选土目、通语言、禁仇杀、教耕稼、给茶盐、易冠服、变风俗等一系列措施,推动台东地区的经济开发。他还奏准在台湾设一府三县,加强了对台湾的治理。

内政方面,同治帝主要是部署镇压人民的反抗斗争,曾命人先后扑灭云南、西北等地区的回民起义。

同治帝亲政后,仍时常暗中微服出游,恣意寻欢作乐,有时竟通宵达旦,以致耽误次日上朝,虽有身边大臣劝谏,他却置若罔闻,依然如故,毫无节制。文武百官对他也无足够的敬意,1869年越南来华朝贡使者的《燕轺笔录》记述,清晨他到太和殿朝拜同治帝时,"见观者亦有拥挤行间,文员亦有混列右班(照例应文官左班,武官右班——引者)",堪称杂乱无序。他大为惊讶,感叹"朝会大礼如此不整,无人举劾,亦一异也"。意谓这么混乱的场合,居然没有人出来弹劾,真是不可思议,可见当时中国官员已是习以为常、见怪不怪了②。

1874年11月,同治帝病倒,且病情日趋加重。初期为天花,慈禧太后和文武百官寄希望于神灵保佑、化险为夷,依照祖传的规矩,在宫内外"供送痘神",敬请"痘神娘娘"入养心殿供奉。宫内张挂驱邪红联,两宫皇太后还亲自去景山寿皇殿行礼,祈求祖先神灵赐福。内务府还特地行文礼部,诸天众圣皆加封赏③。但这些折腾并未奏效,同治帝的病情没有起色,后痘疹余毒导致毒热内陷,御医束手,无法救治,于1875年1月12日病死于养心殿东暖阁,时年未满20岁,无子女④。

---

① 中国第一历史档案馆:《清末台湾兴办矿务档案(下)》,《历史档案》2018年第3期。
② 复旦大学古籍整理研究所等编:《域外文献里的中国》,上海文艺出版社2014年版,第90页。
③ 屈春海:《清宫档案解读》,华文出版社2007年版,第47页。
④ 同治帝的死因,历来说法不一。官方记载死于天花,民间却传说死于梅毒。满族入主中原后,天花病毒的感染率非常高,很多皇室成员因此身亡。据清宫太医档记载,太医院诊断同治帝病因是感染天花病毒。因其种种病状与感染梅毒相似,故坊间有死于梅毒之说。详可参阅朱琼臻:《珍档撷英·同治皇帝感染天花的进药用药底簿》,《历史档案》2018年第3期,封二。

对于同治帝死后的皇位继承问题,慈禧决定不为他立嗣。因为如果立嗣,阿鲁特氏就是皇太后,慈禧成了太皇太后,依清制,"垂帘听政"的将是阿鲁特氏,慈禧当然不会愿意。所以同治病死后,慈禧即宣布由奕𫍽的儿子也就是她自己的外甥、年仅5岁的载湉承嗣咸丰,是为光绪帝,她则继续垂帘听政,牢牢把持着最高权力。阿鲁特氏见慈禧不为同治立嗣,觉得以寡嫂身份留居宫中不合体统,终日闷闷不乐,于同年3月27日即在同治死后的两个多月后,在储秀宫死去,年仅22岁。

同治帝病危时,相传曾有意将帝位传给奕䜣之子载澂,慈安太后也有让载澂承袭大统之意,慈禧则坚持由其妹夫奕𫍽之子载湉为嗣君,并如愿以偿。1881年4月8日,45岁的慈安太后突然病故。当时外间就对慈安的死因有疑问,"或曰慈禧命太医院以不对症之药致死之"。对她葬礼的安排也颇反常,"丧仪甚草草,二十七日后一律除孝,慈禧竟不持服,大臣进御者仍常服。国母之丧如此,诚亘古未有也"①。尽管人们认为慈安系慈禧毒死之说尚无实据,但此后慈禧大权独揽的地位无疑更加稳固。

奕䜣的身份虽然依旧,但权力却更多地受到了奕𫍽等人的牵制,加之经历慈禧的多次打击,锋芒已经大受挫折,进取心也远不如以往了。此时,西方列强从中国的东部海疆到西北边陲不断挑起事端,中国的边疆危机四起,但奕䜣既缺乏应变的勇气,又拿不出应变的方略,不惜一次次以妥协退让来换取所谓的和局。当洋务运动向纵深发展,洋务派和守旧派围绕兴办铁路、创建海军、撤回留美学生等问题展开一系列争论时,他不但难以有所作为,甚至企图通过保持超然态度来明哲保身。1884年,法国借口越南问题挑起侵华战争。以奕䜣为首的军机处却态度暧昧,举棋不定,既不愿言战,又不敢言和,导致中国军队在前线节节败退,朝野为之哗然。慈禧趁机下令解散军机处,罢免奕䜣一切差使,让他居家养疾。

奕䜣被罢黜后,心灰意冷,他把恭王府标志王府地位的青红色堂帘子全部换成蓝色,以示返璞归真,远离官场。为躲避政坛是非,他甚至迁居北京西山戒台寺,一住就是十年②。其间以赏古玩、习碑帖、游山玩水、吟诗作词消磨岁

---

① 张祖翼:《清代野记》(近代史料笔记丛刊),中华书局2007年版,第6页。
② 刘小萌:《正说清朝十二王》,中华书局2006年版,第154页。

月。1894年中日甲午战争爆发后他一度复出,但已锐气全失,不复有所作为。1898年病逝。这时,清朝政府的外交事务早已由李鸿章主持。

扩展阅读书目

1. 夏笠:《第二次鸦片战争史》,上海书店出版社,2007年。目前较详尽的专史研究。
2. 茅海建:《近代的尺度:两次鸦片战争军事与外交(增订本)》,生活·读书·新知三联书店,2018年。专题论文结集,直面史实,论述精辟。
3. 余绳武等著:《沙俄侵华史》,人民出版社,1978—1990年。多卷本专著,上溯中俄早期接触,有大量外文资料佐证。
4. 高中华:《肃顺与咸丰政局》,齐鲁书社,2005年。资料和内容扎实。
5. 万依等著:《清代宫廷史》,百花文艺出版社,2004年。作者供职于故宫博物院,熟稔清宫史。
6. 沈渭滨:《晚清女主——细说慈禧》,上海人民出版社,2007年。史论结合的通俗写法。
7. 陈捷先:《慈禧写真》,商务印书馆,2011年。与沈渭滨书有异曲同工之妙。
8. 王开玺:《圆明园三百年祭》,东方出版社,2017年。仔细梳理辨析圆明园兴亡史。
9. 刘玮等:《避暑山庄与辛酉政变》,故宫出版社,2017年。依据清宫档案等揭示政变始末。
10. [日]田原祯次郎著,董丹译:《日本人眼中的慈禧》,故宫出版社,2013年。他者笔下的慈禧,可资比照。

相关资料选读

1. 齐思和等编:《第二次鸦片战争》(中国近代史资料丛刊),上海人民出版社,1978年。中外文资料多卷本专题汇编,其中不乏英、法两国的原始记载。
2. 故宫博物院明清档案部编:《清代中俄关系档案史料选编》,中华书局,1979年。多卷本专题档案汇编,内容涉及广泛。
3. 薛福成著,蔡少卿整理:《薛福成日记》,吉林文史出版社,2004年。当时人记当时事,可信度较高。

4. 上海中西书局、圆明园管理处:"圆明园劫难记忆译丛",第一辑14种,中西书局,2011年;第二辑14种,中西书局,2013年。均译自英、法文资料,包括英法联军首领的回忆录。

5. 刘志伟等主编:《叶名琛档案——清代两广总督衙门残牍》,广东人民出版社,2012年。流失海外资料的回归。

6. 大连图书馆编:《大连图书馆藏清代内务府档案(顺治—光绪朝)》,国家图书馆出版社,2011年。稀见的清代宫廷档案汇编。

7. [英]菲利斯·比托摄,赵省伟编译:《西洋镜:一个英国战地摄影师镜头下的第二次鸦片战争》,台海出版社,2017年。罕见的图像资料集,再现历史场景。

8. 刘海岩主编:《近代外国人记述的天津》(天津通史编译丛书),天津人民出版社,2018年。其中有入侵者记述的第二次鸦片战争时天津所遭受的创伤。

第五章

「中外和好」

第一批留美幼童

一、"借师助剿"

辛酉政变后,慈禧因初握权柄,势孤力单,且不熟悉政事,曾不得不暂时更多地借重于奕䜣维系内外,支撑危局。奕䜣则以议政王和领班军机大臣的身份,改组了军机处,将原先的军机大臣除文祥外全部罢黜,代之以自己的亲信桂良、沈兆霖、宝鋆等人,从而控制了中枢机关。曾应召赴京的曾国藩告诉亲信幕僚他在京城所见:"两宫(皇太后)才地平常,见面无一要语。皇上冲默,亦无从测之。时局尽在军机,恭邸、文、宝数人权过人主。"①奕䜣还以宗人府宗令和总管内务府大臣的身份,掌握了皇族事务和宫廷内部事务的管理大权。以管理总理各国事务衙门王大臣的身份,主持着清朝政府的对外交涉事务,进而将一切需要同外国发生联系的事务,诸如购买军火、船舰、机器,管理对外通商和关税事务,创办近代军事工业和近代海军,兴办近代教育事业和向西方派遣留学生,开办近代机器制造、航运、铁路、电报、矿业等,都纳入总理衙门的管理范围,使总理衙门成了清朝政府的外交以及一切涉外事务的总汇机构,人称洋务衙门。

面对内忧外患,奕䜣首先致力于镇压以太平天国为中心的各地反清起义。他沿袭先前文庆、肃顺等人重用曾国藩、胡林翼等汉族地方实力派官员的做法,在辛酉政变后18天即请两宫皇太后正式任命曾国藩为两江总督节制江南四省军务,又陆续任命左宗棠、李续宜、沈葆桢、骆秉章、刘长佑、李鸿章等一大批汉族官员执掌与太平军交战地区的军政大权,利用他们手中的武装力量镇

---

① 赵烈文:《能静居日记》,罗尔纲等主编:《太平天国》(中国近代史资料丛刊续编)第7册,广西师范大学出版社2004年版,第302页。

压太平天国。此外,他又将先前已经提出但受到各方面阻挠的"借师助剿"的方针付诸实施,通过种种方式,借助于西方列强间接和直接的武装干涉,打击太平军。最先被清朝政府所用的,是华尔的洋枪队。

华尔出生于美国马萨诸塞州的海港城市塞勒姆,父亲是当地一艘商船的船主,后来赴纽约充当航船的掮客和商人。和其他新英格兰的港口一样,塞勒姆城的历史与海外贸易、海盗劫掠紧密相连,著名的克劳宁希尔德码头常年停泊着东印度公司的大商船和远航归来的快艇,附近的仓库里堆满了来自中国的丝和茶、来自加尔各答的棉纱和来自爪哇的香料,年轻的塞勒姆人都以能够去中国或是印度旅行为自豪。

15岁那年,华尔曾试图进入西点军事学校当一名士官候补生,但未能如愿。1847年,他和一个名叫法恩汉的同窗好友一起逃离学校,准备沿铁路线步行前往对墨西哥作战的前线,当一名普通士兵,可是中途被人发现后又送回了塞勒姆城。四个月后,他的父亲将这名未满16岁的少年送上了"汉弥尔顿号"飞剪船,开始了他的第一次海上冒险历程。

"汉弥尔顿号"的船长是华尔的姑夫,此行的目的地是香港和广州,华尔作为船上的二副,第一次踏上了中国的土地。同年秋返航后,华尔一度进入佛蒙特州的挪利支大学学习军事,一年后因家庭经济拮据又退学回到了海上。此后,他在他父亲任船长的"罗素·格洛弗号"船上担任过大副,从纽约绕过合恩角运送淘金者前往加利福尼亚。1851年从旧金山第一次来到上海,一度在停泊于黄浦江上的鸦片趸船上干过活。次年作为"探金号"快船的大副,又从上海载运被诱拐的中国劳工航行到图胡安特皮克。此后,传闻他曾在南美追随加里波第参加过军事活动,在尼加拉瓜参与过威廉·瓦克尔的武装殖民活动,作为法国陆军中尉参加过克里米亚战争。

1859年秋,华尔再度流浪到上海,此时他已经一贫如洗,但是他一心幻想能在这个被西方人称作冒险家的乐园里改变自己的命运。他一开始为往来于黄浦江上的外国汽轮担任引水员,继而成了一群外国浪人的头目,不久又受雇担任"孔夫子号"炮舰上的大副。此时,中国大地上太平天国的反清斗争正在进行。1860年6月,太平军在二破清军江南大营后乘胜东进,很快占领了江南大部城镇,兵锋直指上海。清朝政府的地方官吏一筹莫展,麇集沪上的士绅商贾惶恐万分,纷纷要求雇佣洋兵以阻挡太平军。华尔认准这是实现飞黄腾达梦想的绝好时机,通过"孔夫子号"舰长谷夫的引见,他和泰记银号的老板杨坊以及清朝政府苏松太道吴煦拉上了关系。他自称熟悉军事,建议由杨坊出钱,由他负责招募一支外国洋枪队,对太平军作战。他的这一建议很快为杨坊所接受。在优厚饷银和攻城略地的诱惑下,他很快从外国军舰上的逃兵和商船上解雇的水手中招募了一支300人的洋枪队。

此后,华尔率领洋枪队上阵与太平军交战,互有胜负。事隔不久,清朝内部发生了辛酉政变,进而确立了"借师助剿"的方针,西方列强也放弃了所谓的"中立"政策,决定与清朝政府携手共同镇压太平天国。中外反动势力不仅很快认可了华尔的行为,而且协助他重新改组并扩充了洋枪队。这一次,华尔放弃了专门招募外籍士兵的方针,改为招募中国士兵,由外国军官指挥,装备新式枪炮,并接受西洋操典和战术训练。

1862年2月,太平军第二次进军上海,英、法海军舰队司令贺伯和卜罗德公开组成联军抗击太平军,华尔的洋枪队也被清朝政府正式命名为"常胜军",充当对太平军作战的急先锋。在对上海外围的太平军发动的春季攻势中,华尔率领他的那批亡命之徒,先后在王家寺、七宝、南翔、嘉定、青浦、南桥、柘林等地对太平军作战,频频得手。清朝政府为此授予华尔副将职衔,并颁给三品顶戴,华尔也受宠若惊,正式申请加入了中国籍,并娶杨坊的女儿为妻,死心塌地地充当了清朝政府的鹰犬。

同年9月,华尔奉江苏巡抚李鸿章之命,率领常胜军开赴宁波对太平军作战,在慈溪城外,华尔腹部中弹,随即毙命①。清朝政府下令在宁波、松江两地为他建立了专祠。他所建立的常胜军先后在白齐文、戈登的统领下,继续充当镇压太平天国的打手。

清朝政府"借师助剿"的目的,是借助洋兵洋枪尽快扑灭太平天国起义,与此同时,它也不得不提防这些骄横跋扈的洋兵可能会带来的某些不利因素。李鸿章对洋枪队和阿思本舰队的处置,就反映了清朝政府的这种心态。

当李鸿章率淮军刚到上海时,因号称"常胜军"而趾高气扬的华尔并不把他放在眼里,拒不来见。李鸿章虽心中恼火,但鉴于华尔的背后是西方列强,不与他计较,而是全力笼络,以借助洋人之力剿灭太平军。但在私下里,李鸿

---

① [美]亚朋德著,雍家源等译校:《华尔传》,《太平天国史译丛》第3辑,中华书局1985年版。

章对华尔的骄横跋扈和洋枪队4 000余人的武装实力深怀戒心,认为其已成尾大不掉之势,对清朝政府并非幸事。因此,他一直想有机会稍加裁抑,但又顾虑事关中外交涉之端,不便发难,一再隐忍不发。

不久机会来了。华尔毙命后,洋枪队领队一职由美国人白齐文继任。同年底,白齐文强索饷银40 000余元,为此还动手殴打清朝政府主事官员。李鸿章以此为契机,将白齐文革职,并着手整顿洋枪队。经和英国驻华陆军司令士迪佛立等磋商,订立《统带常胜军协议》,决定由中英双方各派人会同接管洋枪队,兵员限制在3 000人,由英国人戈登统带,饷银从78 000两减至40 000余两。李鸿章更为看重的是,先前洋枪队如同一匹失去管束的野马,而今他对这支军队则有了节制调遣权。

在阿思本舰队事件中,李鸿章的态度也很明确,拒绝了洋人把持中国海军的企图。

1862年春,清朝政府在英国驻华公使普鲁斯等人的鼓动下,决定向英国购买舰只,组建新式海军,购船事宜由回英国休假的英籍总税务司李泰国负责。李泰国秉承英国政府控制中国海军的图谋,买下舰船8艘,其中炮舰6艘,供应船和炮艇各1艘,招募英国海军官兵600余人,聘请英军上校阿思本为舰队司令,并擅自订立授予阿思本全权统领舰队的合同十三条。消息传到国内,李鸿章警觉地意识到中国海军尚未编竣,就有大权旁落的危险,碍于此事由总理衙门主管,又不便多言。次年5月,李泰国先期返抵中国,在上海面见李鸿章,要求从海关提取白银12万两供舰队来华等开支,遭李鸿章断然拒绝。李泰国喋喋不休,纠缠不放,仍一无所获,情急之下竟抬出奕䜣来压李鸿章,见李鸿章不为所动,又用阿思本舰队相恫吓,不料李鸿章仍不让步,并表示自己重兵在握,如有必要,不怕与别人刀戈相见。李泰国无计可施,只得悻悻离去。

事后李鸿章致函奕䜣,直陈利害关系,指出"李泰国心术险诈,目前不愿中国人专权,即将来不愿中国人接手"[①],此事不能等闲视之。李鸿章的提醒不无作用,同年夏,阿思本率舰队来到中国,要求总理衙门接受原订合同十三条,未能得逞后竟以遣散舰队要挟。总理衙门权衡再三,最后决定顺势将这支舰队解散,舰船仍由阿思本带领驶回英国变卖,价款归还中国。经过这番周折,清

---

① 《李鸿章致总署函》,《海防档》甲,购买船炮(一),第189页。

朝政府白白耗费约67万银两,但英国把持中国海军的图谋也遭挫败。李鸿章闻知,大为高兴,将它视为一大快事。

虽然清朝政府与西方列强之间钩心斗角,但它们携手扑向太平天国,对太平天国的威胁是致命的。第二次鸦片战争时,英国政府对华交涉全权代表额尔金的秘书奥利芬记述:

> 经过与帝国政府的一番周旋,最终我们先是获得了两点权利,即公使驻跸北京和允许在指定帝国各地游历通商。随后,除了山东登州外,还通过其他条约,在海南和台湾两岛开放通商口岸,我们又要求将满洲的牛庄开放为通商口岸……牛庄也是满洲首府奉天的口岸。除了这些口岸之外,我们还增加了镇江为通商口岸,以保证镇江与位于帝国中心的著名商贸中心汉口之间扬子江沿线通商口岸的安全。这一特许权有一个前提条件,即必须将叛乱者(指太平天国——引者)赶出扬子江沿线后才能生效。①

有学者认为,英国帮助镇压太平天国,与1861年美国南北战争的爆发不无关联。中国和美国是当时英国最大的两个经济市场,它面临着同时失去这两大市场的风险。英国得想办法恢复其中一个的秩序,于是选择了帮助清朝政府镇压太平天国②。在华传教士也持同样立场,如1847年瑞士新教差会巴色会派遣韩山明和黎力基来华传教,时值太平天国运动时期。当时太平天国与多个来华新教团体保持着联系,其中巴色会因专注于向香港和广东省东北部的客家人传教而与太平天国的联系更引人注目。此后,包括巴色会在内的西方传教士对太平天国宗教理念施加影响的种种努力都告失败,两者间的关系逐渐疏离③。1861年1月27日,美国《纽约先驱报》以"基督教与中华帝国革命"为题刊文称,那些"熟悉中国事务的人"认为,"革命者(指太平天国——引者)所狂热信从的基督教,实际上却只是一群天真的中国人制造的大杂烩"④。

---

① [英]劳伦斯·奥利芬著,成淑君译:《跟随额尔金出使中国》,刘海岩主编:《近代外国人记述的天津》,天津人民出版社2018年版,第59页。
② [美]裴士锋著,黄中宪译,谭伯牛校:《天国之秋》,社会科学文献出版社2014年版,英文版自序,第2页。
③ 罗颖男:《巴色会与太平天国》,李雪涛等主编:《全球史与中国》第1辑,大象出版社2017年版,第70、87—89页。
④ 朱庆葆主编:《太平天国及晚清社会研究》2018年第1辑,南京大学出版社2018年版,第164页。

第二次鸦片战争后,太平天国在西方传教团体看来已经变得无关紧要,因为已经订立的《天津条约》《北京条约》确保了其在中国内地自由传教的特权。但太平天国失败后,许多成员远走海外,巴色会仍起了媒介作用①。

二、自强"洋务"

咸丰、同治年间,在镇压太平天国的过程中,在中央以奕䜣为首,在地方以曾国藩、李鸿章等人为代表的一批官僚,开始引进西方的科学技术,兴办军事工业和民用企业,旨在以此支撑日趋衰弱的封建王朝,史称洋务运动。其主旨前有冯桂芬所说的"以中国之伦常名教为原本,辅以诸国富强之术"②;后有张之洞《劝学篇》所概括的"中学为体,西学为用"。首批创办的近代企业是军事工业。1861年,曾国藩在安徽安庆创办内军械所。次年,李鸿章在江苏苏州设立制炮局。太平天国被镇压后,清朝政府继续举办军事工业。1865年,李鸿章在上海设立江南制造局,制造轮船、枪炮、水雷、火药等,这是清朝政府所办的规模最大的军事工业。同年,李鸿章将苏州制炮局移至南京,设立金陵制造局。次年,曾国藩与李鸿章谈及他对江南制造局的规划:"枪炮固属目前急需之物,而轮船亦不可不赶紧试造。造成此物,则显以定中国之人心,即隐以折彼族之异谋。"③

1866年,左宗棠在福州开办福州船政局。以后,在天津、西安、兰州、昆明、广州、济南、成都、吉林、北京、杭州、汉阳等地,陆续有十几家军事工业创办,制造枪炮军械。据统计,1862年至1894年间,清朝政府在各地共创办了19家军事工业,雇用工人10 000余人④。其中,1868年江南制造局附设翻译馆,聘用中西方人士采用口译与笔述相结合的方式翻译西学书籍。与此同时,该局还开设印书处,自1871年始出版译书。据统计,1868年至1912年前后,江南制造局翻译出版的以自然科学和工艺技术为主的译书有近200种,代表了洋务

---

① 罗颖男:《巴色会与太平天国》,李雪涛等主编:《全球史与中国》第1辑,第89页。
② 冯桂芬:《校邠庐抗议》,上海书店出版社2002年版,第51页。
③ 董丛林:《曾国藩年谱长编》,上海交通大学出版社2017年版,第913页。
④ 许涤新等主编:《中国资本主义发展史》第2卷,人民出版社1990年版,第340页。

近代基础工业,钢、铁、铜等金属器材,各种部件和仪表,油料甚至某些木料,以及蒸汽机所需的煤炭,都要依赖进口。这一切又都是在中国沦为半殖民地的过程中出现的,中外的经济往来不是在平等互利的基础上,一些洋务派官僚又不思振作,甘愿听任外国人摆布。因而,这些军事工业对外国资本主义具有浓厚的依赖性,甚至出现一些企业的大权由外国人执掌的状况。尽管如此,由于这些企业毕竟采用了机器生产和雇佣劳动,因此它不同于历代封建政府所设制造军械的官办手工业,不再完全属于封建经济的范畴,而多少带有一些资本主义的性质。

自同治末年起,洋务派官僚在经营军事工业的同时,陆续举办了轮船、煤矿、冶铁、纺织等民用企业。这些企业的开办,一方面是为了适应军事工业对燃料和原材料的需求,一方面是为了获取利润,即所谓"求富",以补充军事工业的经费不足。因为,洋务派官僚在开办军事工业后,逐渐面临一系列新的问题。首先是军事工业的开办需要大量的燃料和原材料供应,长期依赖进口终非长久之计,也不是清朝政府的财力所能维持的。其次是这些企业的生产和经营,需要有近代运输工具相配合,传统的牛马车船已不能适应。再次是经费问题,举办和维持军事工业,需要大量的经费,财政已十分困难的清朝政府日感捉襟见肘、短绌不支。因此,洋务派官僚逐渐感到,要想继续举办和维持军事工业,实现所谓的"自强",必须同时发展民用工业以"求富",即李鸿章所归纳的"必先富而后能强"①。当时外商在华企业的高额利润和买办的暴富,又给他们以很大的刺激,"分洋商之利"也是他们举办民用工业的动机之一。于是他们便着手行动。据统计,1872年至1894年间,洋务派官僚共创办民用工业27家,雇用工人近30 000人②。其中有中国人创办的最早的轮船公司、近代煤矿和机器棉纺织厂,如轮船招商局、开平矿务局和上海机器织布局等。英国人李提摩太忆述,1881年他在山西太原附近曾拜访左宗棠:

> 当我们到达他过夜的旅馆后,他安排中国官员一起集体会面。打发他们走后,他单独会见了我。我们一起谈到很晚。一开始,他对我送的世界历史图集表示了兴趣,评论了一番。接着,他谈到了刚刚在甘肃启动

---

① 《李文忠公全书·奏稿》卷43,第43页。
② 许涤新等主编:《中国资本主义发展史》第2卷,第379页。

人所能了解的西方科技知识的前沿水准①。1883年,来华朝贡述等人途经广州,参观了当地的机器局和所制造的枪炮;抵达天军新式兵器的操演:

> 演凡四营,每日二次,兵数二千余。每营五百,每百人有哨什长,皆操来复洋枪,衣帽鞋袜纯用黑衣,望之与洋人无别。营,寻又变为方阵,合为直阵,演以放射之法(只把枪试放,戈向前或转后,或立放或坐放,或前坐后立并放,挥麾号令,人(其传示均用洋话)。演枪既毕,又习手足跳转、俯仰转建捷娴熟,盖合千人而如一焉。其该各营统领为黄丽川人),闻余等来,急使人邀接至该员处同坐看操。总教查且言前往法国学习兵法,四年方回,始充此职,故训练一

的这些近代军事工业,除了采用机器生产和雇佣劳动少,基本上是属于封建性的官办工业。它们的企业经来的产品如枪炮、弹药、轮船等,由政府调拨军队使入市场;企业经营的目的也不是着眼于赚取利润,而统治。在经营管理方面,仍沿用封建衙门的那套方被照旧移用到企业内部。1876年,在上海的英国人赖无知的官员管理所有涉及兵工厂的事务,而不众,或以任何方式加以约束;只要这些官员怀有私设施是否能成功运转,而只对能迅速增加自己私利国的相当一部分兵器、弹药,还有战舰,就必须不断

和技术上非常落后,兴办这样的企业,势必要依乃至技术人员和信贷资金。又因当时中国并无

丛编·政史类》第1册,上海科学技术文献出版社2012年
己》,香港中文大学出版社1980年版,第38页。
游——中国事务系列》,南京出版社2006年版,第39页。

的、引进毛纺织机器的改革。他给我看了毛纺织厂的样品,对此他自然显得很自豪,因为将机器运往内地是一件很艰难的工作。①

1872年在上海开办的轮船招商局,是中国第一家资本主义性质的近代航运企业。它的出现,打破了鸦片战争后外国资本主义把持中国沿海轮运业的一统天下的局面,挽回了一部分民族利权。1876年筹办、1881年投产的开平矿务局,是中国当时规模最大的近代煤矿。它的创办,标志着中国采煤业开始从手工作业阶段向机器生产过渡,劳动生产率明显提高。该矿自1881年从国外引进机械采煤,每人每日可采煤4.5吨,比之手工劳动时每人每日至多生产四五百公斤,有天壤之别。抽水机的使用,克服了长期无法解决的排水问题,改变了土法开采时各煤窑只能挖取头层煤、头层采完,窑即放弃的状况。上海机器织布局,是中国第一家近代棉纺织厂,1878年筹办,1890年投产,占地300余亩,机器设备有美国制纺纱锭35 000锭,英国制织布机530台等,约有工人2 000多名,日产五六百匹平纹、斜纹布,行销上海、天津、宁波等地②。但投产不到三年,突发火灾,全厂顿成废墟。

洋务派官僚创办的民用企业,大多是从事商品生产的工矿业和对外营业的交通运输业,采用雇佣劳动,以盈利为主要目的,属于资本主义性质的近代企业。其经营管理方式,除"官办"外,还采取了"官督商办"和"官商合办"的形式。三者之中,尤以"官督商办"为多,如轮船招商局、开平矿务局和上海机器织布局等,都是采用官督商办的方式。所谓官督商办,就是民间集资设立企业,由政府委派官员经营管理。之所以会出现这种情况,有其深刻的社会历史原因。以煤矿为例,在中国传统社会,采煤业历来遭到"重农抑商"政策的压抑。鸦片战争后,民间资本要想涉足采矿业,仍要遭遇重重阻力。举其大者,有官府的压制、守旧势力的阻挠和各级官吏的勒索等。如1868年,商人何某在江苏句容购买山地一处,准备开矿采煤,被当地士绅视为异端,遭到驱逐。1873年,上海商人魏镛等人向李鸿章申请在句容开矿,正在南京、镇江参加科举考试的儒生,"闻此消息,讹言日起,人心惶惶",纷起反对。当地官府也立碑

---

① [英]李提摩太著,李宪堂等译:《亲历晚清四十五年——李提摩太在华回忆录》,天津人民出版社2005年版,第145页。
② 同上书,第416页。

严禁,宣称"如有不法棍徒再敢煽惑开矿,一经告发,或被访闻,定即提案照例严办,决不姑宽"①。即使由洋务派官员主持的矿山,也难免受到守旧派的干扰。1881年,开平煤矿建成投产。次年便有礼部右侍郎祁世长出来参奏,扬言遵化为"皇陵重地",在附近采煤,会"泄坤舆磅礴之气",几乎使开平煤矿夭折。后经矿务局派人绘图说明陵寝位置并山川形势,保证无碍于"龙脉来源,明堂去水"②,方使煤矿得以继续开办。

显然,在这样的社会环境里,不依仗一定的政治权势,民间资本要想开矿采煤,是十分困难的。洋务派官员的参与,恰在这方面给民间资本提供了必要的帮助。如李鸿章在指定原英商怡和洋行买办唐廷枢主持开平煤矿的同时,增派前天津道丁寿昌和现任海关道黎兆棠前去会同督办,以防地方守旧势力的阻挠。正因为如此,19世纪70年代和80年代初创办的安徽池州煤矿、山东峄县煤矿和江苏徐州利国驿煤铁矿等企业,虽然都是由私人资本集股设立的,却都拉上"官督商办"的关系,以期得到洋务派官员的支持,为企业提供政治保护。而洋务派官员之所以推行"官督商办",乃是为了吸引和利用民间资本,以缓和官府在举办民用企业时的资金困难。如1878年开平煤矿80万两创办资本中,原英商怡和洋行买办徐润一人的股份就达15万两,约占总数的19%③。

洋务派官员的参与,既给中国第一批资本主义近代企业的产生以一定的助力,也给这些企业日后的发展埋下了隐患。那些由政府委派的官员全面把持企业的经营大权,推行封建管理体制,并乘机任用私人、贪污中饱、营私舞弊,严重侵害商股利益。一名曾参观湖北纱厂的英国人记述:"这个纱厂最大的困难是派来大批无用的人做监督,这些人都管叫坐办公桌的人,因为他们坐在桌旁无所事事。他们为了一点私利,把训练好的工人开除了,雇用一些生手。"④仍以近代煤矿为例,时仅20年,到1894年中日甲午战争前夕,它们中间的绝大部分都已失败停产,唯开平煤矿和另外一二家中小煤矿勉强维持着经营,但境况也都很糟。如江苏徐州利国驿煤铁矿在亏蚀停顿中拖延岁月;开平煤矿开始举借外债,并在1900年最终沦落于外国资本主义之手。

---

① 《洋务运动》(中国近代史资料丛刊)第7册,上海人民出版社1961年版,第421、415、422页。
② 吴杰:《中国近代国民经济史》,人民出版社1958年版,第366页。
③ 徐润:《徐愚斋自叙年谱》,1927年刊印本,第76页。
④ 汪敬虞:《中国近代工业史资料》第2辑上册,科学出版社1957年版,第578页。

洋务运动推进过程中，督抚的作用格外突出。就清朝政府而言，开始认识到实业建设的重要，是在经历了第二次鸦片战争后。随即开展的洋务运动，重点之一是引进西方的技术和设备，兴办近代企业。但诚如有学者指出的，总的说来，当时的清皇朝并没有明确的近代化意向，清朝中央政府更没有对近代化予以制度创新和制度供给。事实上，甲午战争前洋务企业的开办、新式军队的建立以及绝大多数新式学校的创办，多由地方政府促成。甲午战争后的鼓励工商乃至新政，一方面是由于清中央财政的无奈，另一方面也仍是寄望于地方政府。中国早期现代化中至关重要的政府作用的发挥，可以说基本上是由地方政府承担。在近代中国这种相当长的时间内，在施行现代化方面没有制度供给的状态下，地方现代化能否启动和发展，一个主导因素就是地方当政者的主体认识如何。要实现地方督抚们认识的提高和政府职能的转变，首先需要让地方督抚从思想上突破传统的阻力。一些沿海地区由于较早受到外来因素的影响，使置身其中的地方督抚有了较为便利的认知条件，而在此之外的广大地域，传统仍维系着自身的历史连续性和不可侵犯性。中国早期现代化是在一个幅员辽阔、人口众多、经济发展落后的农业大国中进行的，而社会变革的效应，与疆域、人口和原有的经济发展程度有相当的联系[①]。李国祁也指出："19世纪后期至20世纪初期，我国现代化的推动多在于地方督抚与士绅阶级，更增强其区域间的差异性。"[②]这在曾国藩与江南制造总局，李鸿章与沪、津等地区洋务事业，丁宝桢与山东机器局，左宗棠和沈葆桢与福州船政局等创办关系的史实中，已有清晰的体现。

容闳曾回忆，1867年曾国藩在回任两江总督之前，"巡视了其管辖区域，上海是他视察的重要地方之一，而江南制造局——他自己创办的，则成为他在上海视察的重点。他兴致极高地参观了整个工厂，始终没有倦意。我给他介绍那些从美国采购回来的机器，他站在机器旁，非常愉快地观赏机器的自动运转，因为这是他第一次见到这些机器以及它们的运转情形"。[③] 1879年5月，

[①] 崔运武：《中国早期现代化中的地方督抚——刘坤一个案研究》，中国社会科学出版社1998年版，第2、5、6页。
[②] 李国祁：《中国现代化的区域研究——闽浙台地区(1860—1916)》，台北"中研院"近代史研究所1982年版，绪言，第3页。
[③] 石霓译注：《容闳自传》，百家出版社2003年版，第153页。

左宗棠在肃州宴请到访的匈牙利探险家塞切尼,"当我听到左宗棠问我是不是愿意喝点欧洲家乡的葡萄酒时,我感到惊异,当即给予肯定的表示。他派人拿来小小一瓶匈牙利的多卡伊葡萄酒"①。

海关报告也有生动记载。1883年5月直隶总督李鸿章经过上海去天津,他在上海停留期间,"像是很热心要看看此地的一切值得看的东西和值得访问的人。他对于雇用中国工人的各种外国工业特别感兴趣,尤其是纱厂与缫丝厂。他参加了上海自来水公司的开工典礼,亲自动手开动机关把水放进滤水池里,从此公司的机器便开始转动了。他对这个企业甚感兴趣,似乎很懂得它对人们的好处,因为他表示希望不久在天津也要建立一个类似的企业"②。据统计,在直隶总督任上,李鸿章对天津近代企事业先后投资约800万银两③。

这在后起的洋务派官员张之洞身上,也有鲜明的体现。人们往往以为张之洞从清流到洋务的转变,是在中法战争后的两广总督任上。其实,1882年在山西巡抚任上,当他在官府旧档里读到英国传教士李提摩太给前任巡抚曾国荃关于修筑铁路、开挖矿藏、兴办工业等建议时,大感兴趣,曾要求李提摩太帮助其将这些建议付诸实践。不久,他调任两广总督,在山西的这些设想未果。李提摩太忆述:

> 上任山西巡抚一开始,张之洞就大力采取富民措施,预防灾荒。在太原府的衙门旧档里,他发现了我给前任巡抚曾国荃提的一些关于修筑铁路、开挖矿藏、开办工业和制造厂等方面的建议,便派一个由三人组成的代表团到我这里来,问我能不能放弃传教工作,参与中国政务,将自己的观点付诸实施。我的回答是,尽管我理解改革的价值,但我不是个专家。中国的改革要想顺利进行,引进大量各个领域的外国专家,是十分必要的。
>
> 代表们说,对此巡抚很清楚,但既然我在内心里知道怎样做对中国最

---

① [匈牙利]塞切尼著,符志良选译:《塞切尼眼中的李鸿章、左宗棠》,《近代史资料》总109号,中国社会科学出版社2004年版,第54页。
② 徐雪筠等:《上海近代社会经济发展概况(1882—1931):〈海关十年报告〉译编》,上海社会科学院出版社1985年版,第28页。
③ 何一民主编:《近代中国城市发展与社会变迁(1840—1949年)》,科学出版社2004年版,第181页。

为有利,巡抚大人还是希望找到一些合适的人才,在我的指导下实施各种各样的改革措施。对此,我回答说,不论物质上的进步多么急迫,传教士所从事的工作仍然是更重要的,我不能完全离开崇高的传教职位去从事低级世俗工作。因此,我谢绝了巡抚的好意和报酬。……正当巡抚下定决心进行他的改革计划时,他被任命为两广总督,处理与法国之间的争端。法国人那时正在安南(今越南——引者)边境制造麻烦。①

而在张之洞履任前,虽然广东地处东部沿海,对外交往较早,接受西学便利,"但事实上广东的近代化自19世纪60年代前期开始有所启动后,一直到80年代前期,可以说基本上处于半停滞状态"。主要原因在于,"从1861年至1884年24年中,任两广总督者共九人,任广东巡抚者也是九人,他们中不无热心洋务者如郭嵩焘、蒋益澧、刘坤一、张树声,但任期较长,受到朝廷信赖的基本是一些思想较保守、缺乏开拓精神的满员,故此对于地方的近代化始终未能提出一个像样的规划和采取有力的措施。因此,当具有一定近代化意识,同时又勇于任事、颇为朝廷所倚重的张之洞担任粤督时,广东的近代化随即有了一番新的气象"②。

张之洞就任后,博采西学,大力兴办洋务。1886年,张之洞在广州将广州机器局与增埗军火厂合并,设立制造东局。1887年,又在广州城北石井圩创办石井枪弹厂,称制造西局。西局购买德国克虏伯炮厂制造枪弹的机器设备,使生产能力不断提高,规模不断发展,后来成为广东省最有影响的兵工厂。与此同时,张之洞又在广州兴办民用企业,如1886年在广州设立广东矿务局,颁布《矿务条例》,鼓励开矿和开炉冶炼。1887年,又在广州创办广东钱局,购置英国造币机器,开中国铸银币之始。1889年,还在广州设立广东缫丝局。民办企业,如轮渡公司、造纸厂、电灯公司也在广州兴建。并设立了电报学堂、水陆师学堂、海图馆与洋务处等,聘请洋教习教学,显示了其远见卓识和务实通达③,推动了广东的近代化进程。1889年调任湖广总督后,"他建铁路、办工厂、兴学

---

① [英]李提摩太著,李宪堂等译:《亲历晚清四十五年——李提摩太在华回忆录》,天津人民出版社2005年版,第150、151页。
② 赵春晨:《张之洞与广东的近代化》,河北省社会科学院等编:《张之洞与中国近代化》,中华书局1999年版,第221、223页。
③ 杨万秀等主编:《广州简史》,广东人民出版社1996年版,第271—274页。

第五章 "中外和好"

堂、练新军、理财税、创市政，可以说是全方位振鄂兴汉，使湖北从经济不很发达的内陆省份经历了一次近代崛起"①。

而就士绅层面而言，张謇与大生纱厂及南通近代化历程的关系，也是一个例证。应该指出的是，如果没有先后得到张之洞和刘坤一的支持，张謇很难成就其事业。甲午战后，清廷主张"以筹饷练兵为急务，以恤商惠工为本源"②，即要体恤扶持和鼓励民间办实业，以达筹饷练兵和自强的目的。1895年，总理衙门奏请谕令各省设立商务局。同年，张之洞在江苏筹办商务局，先定三地——上海、南京、苏州，年底扩大到通州。张之洞称："通州海门为产棉最盛之区，西人考查植物，推为中国之冠，各处纱厂无不资之……近日洋纱内灌，通海乡人利其匀细，转相购买，参织土布，每年销耗四十余万金，若不亟就该处兴办纱厂，则民间此项漏卮无从而塞。"他认为张謇是办厂的合适人选："查通州在籍绅士、前翰林院编撰张謇向来讲求时务，情形较熟，当经函商，力筹护扶小民生计，杜塞外洋漏卮之策，属其邀集绅商，剀切劝导，厚集股本，就地设立纱丝厂，以副朝廷自保利权之至计。"③

对张之洞的推荐，张謇后来述称："先是南皮以中日马关约，有许日人内地设工厂语，谋自设厂，江南北苏州、通州各一，苏任陆凤石润庠，通任余，各设公司，集资提倡，此殆南皮于学会，求实地进行之法。"④1896年刘坤一继任两江总督后，亦支持张謇筹办大生纱厂，表示"官为调护，以图厥成"⑤。经商议，大生纱厂为商办，资金来源为在通州、上海两地各招股30万两，总计为60万两。但到了1896年10月，在通州由于当地风气未开和商人财力有限，入股者寥寥；在上海，因纱业已连年不景气及以往官督商办的恶劣影响，也难以招股。整个招股几无进展，纯粹商资商办已不可能，张謇即向刘坤一求援。此时，原先由张之洞为湖北南纱局订购的"官机"40 800枚纱锭，已估价97万余两转到南洋经费下，而这批"官机"堆放于江边码头已三年，朽坏者十之三四，刘坤一正拟贱价出让。双方一拍即合，于11月达成协议，把"官机"作价50万两作为大生

---

① 皮明庥：《一位总督·一座城市·一场革命：张之洞与武汉》，武汉出版社2001年版，引言，第2页。
② 朱寿朋：《光绪朝东华录》，中华书局1958年版，第3631页。
③ 张之洞：《通海设立纱厂请免税厘片》，《张文襄公全集》卷42，第12页。
④ 张謇：《啬翁自订年谱》，光绪二十二年三月条。
⑤ 《刘坤一遗集》第2册，中华书局1959年版，第934页。

纱厂的股金,另招商款50万两,共100万两开办纱厂。张謇的筹办因获得了官股而解决了部分急需的资金,并因有了现成的设备而使办厂进程大为加快,终于在1899年4月23日正式投产,为南通开一新局面①。

曾国藩、李鸿章、左宗棠、沈葆桢、丁宝桢、张之洞、刘坤一等督抚致力于推动其辖区内的近代企业,除了他们较之同时代的其他官员对当时中国的处境认识较为清醒,学习西方的态度较为积极外,与他们手中握有较为丰实的财源也不无关联。清朝的财政体制,原先是以解款协款制度规定各款项,由中央政府统一管理收支,户部拥有"制天下之经费"的权力,各省并无财政权,只是奉中央命令征收各项赋税,存入公库,然后奏准开销各项经费,如有节余均须解运中央或收支不敷的邻省。经太平天国之后,解款协款制度渐趋废弛。各地督抚军权在握,原来掌管地方财政并直接听命于中央政府户部的藩司,转而受制于督抚,中央政府已无法通过藩司控制地方财政。厘金制的实行与就地筹饷,使地方督抚的财权进一步扩大。因数额可观的厘金均由地方征收和控制,上缴仅为其中的一部分,大部分被地方督抚截留。

由于各省财政独立的趋势日见明显,户部无法了解各省财政的实况,只得改变解款协款制,推行摊派制。实际执行时,"户部历次筹款,终有一二策或数策不能通行于各省,甚或有一案请行数次,历时数年而各省终未遵办"②。传统的中央集权财政体制趋于瓦解。相对富庶的东部地区的督抚在这个过程中崛起。1889年,熟悉内情的薛福成记述:"江苏一省,丁、漕、盐、税、厘五者俱赢,岁入白金一千万两以外。曾文正公用之以削平大难,旋乾转坤。今伯相合肥李公亦用之以招练淮军,四出征剿。曾公所用,在江扬淮徐通海者为多,以盐务为最饶,而地丁、厘金辅之。李公所用,在苏松常镇太者为多,以洋税、厘金为最沃,而地丁、漕政辅之。浙江一省,亦五者兼备,岁入可得江苏之半。""福建一省,地丁、盐课、厘金、茶税等项,约逾三百四十万金,加以闽关洋税三百余万金,岁入尚在浙江之上。""广东一省,综地丁、盐课、税、厘四项,岁入几与浙江相埒。""此外如直隶、陕西、安徽、广西四省,其力皆足以自顾,如有非常措注,则必赖他省之转输。""又如山东、河南、山西三省,财赋以地丁为大宗,而他

---

① 崔运武:《中国早期现代化中的地方督抚》,第180—181页。
② 彭雨新:《清末中央与各省财政关系》,《社会科学杂志》第9卷第1期,1947年6月。

项稍辅之,岁入各逾三百万金。""四川一省,地博物阜,赋额素轻,今于地丁之外加津贴,津贴之外加捐输,虽三倍旧额,尚仅得江南田赋之半。"此外,"如甘肃、云南、贵州三省,向赖他省之协助。云南岁入六十余万金,甘肃岁入三十余万金,贵州岁入二十余万金,皆断断不能自立"①。

偏重于东部地区的一批洋务企业的兴办,与上述财政背景有着密切的关系,因为总的说来,当时"中央财政对于洋务企业的支持并不是十分积极、有力的。除了天津机器局、江南制造局、金陵机器局、汉阳铁厂等少数大型企业得到中央财政的补助或拨款外,大多数洋务企业都是依靠地方财政的调剂而兴办起来的。这从一个侧面说明,洋务派经济活动的主要动力是来自地方。太平天国时期财政权的下移,为各地督抚经营洋务企业提供了一定的有利条件"②。而财政本来拮据甚至须靠外省协款挹注的西部省份,可以腾挪筹措的渠道狭窄,洋务企业寥若晨星,一些已经开办的企业也经营乏力,或因左宗棠、丁宝桢等人离去而陷于停产或半停产的境地。可见,地方官员的地位、政见和财力,往往对所在辖区的经济变迁影响甚大。

三、遣使与留学

清代前期,中央政府没有办理外交事务的专门机构,外国使节来华,俄国使臣循例由理藩院接待,其他国家则由礼部迎送。鸦片战争后,清廷设五口通商大臣,办理对外通商和交涉事务,先后由两广总督和两江总督兼任。1861年,总理各国事务衙门在北京设立,它实际上是清中央政府一个重要的决策机构,权限不止于对外事务。其职官设置大体仿照军机处的体制,主要分大臣和章京两级。大臣无定额,均由皇帝从内阁和各部院大臣中选任,内设首领1人,由亲王等皇族和军机大臣兼领,首批大臣共3名,后有增加,系由各部院保送。

总理各国事务衙门各大臣、章京,仍兼任原有职务。其中章京负责办理具

---

① 薛福成:《叙疆臣建树之基》,丁凤麟等编:《薛福成选集》,上海人民出版社1987年版,第291—292页。
② 周育民:《晚清财政与社会变迁》,上海人民出版社2000年版,第307页。

体事务,分英、法、俄、美、海防等五股。通商、海关事务属英国股,传教事务属法国股,陆路通商、边防、边界属俄国股,华工等事务属美国股。其他各国交涉往来,分属以上四股。海防股系于1885年添设,南北海防、长江水师、船厂、炮台,购买枪、炮、军舰,开矿、修路等事务由其办理。特别需要指出的是,由清朝政府聘请的英国人赫德1863年至1908年任海关总税务司,长达近半个世纪。1901年他直言:"这些年来,海关如何为列强服务,已是有目共睹的事实,海关的关税收入帮助列强各国支付了借贷的大笔本金与利息。因此,海关服务已经完全成为一种国际性的服务,甚至在当前的乱局开始时,它也仍然一直在支付着借贷的利息。"①其间,各地海关洋员充斥,"这些外国人进入中国海关工作之前,大多有船员和海军等海洋性跨国职业经历,也有大学毕业生、知识分子、传教士、商人和外交官背景,最终作为海关洋员"②。

20世纪初,海关各部门在职洋员人数约1 500人,50年累计洋员人数近万人。职业涉及估税、统计、会计、文秘、翻译、绘图、印刷、验货、医学、检疫、教育、船只驾驶、水手、航道勘测、水文测量、工程建筑、设备营造、灯塔值事和邮件递送等多个领域。③

摈弃理藩院,改设总理各国事务衙门,是清朝政府对外关系的一大变革,以后又有驻外公使派遣之举。晚清首任驻外公使是郭嵩焘。

郭嵩焘,字伯琛,号筠仙,晚年自号玉池老人,湖南湘阴人。他自幼随父亲诵读诗书,17岁考取秀才,18岁就读于长沙岳麓书院,与刘蓉、曾国藩换帖订交,过往甚密。后又结识左宗棠、江忠源、罗泽南等人,交游很广,亦小有文名。20岁以后,家境中落,曾去辰州(今湖南沅陵)任塾师。第一次鸦片战争期间,他以幕僚身份在浙江学政罗文俊处,参与海防事宜的筹划。战争的失败,促动他思索"洋患"的问题,注意了解外国的情况。1847年得中进士,选翰林院庶吉士。1849年、1850年,母亲和父亲相继去世,他守制在家。

1852年,太平军出广西,过湖南。曾国藩奉旨办团练,组湘军,与太平军

---

① 《泰晤士报》著,方激编译:《帝国的回忆:〈泰晤士报〉晚清改革观察记》,重庆出版社2014年版,第15页。
② [英]玛丽·蒂芬著,戴宁等译:《中国岁月——赫德爵士和他的红颜知己》,广西师范大学出版社2017年版,第1页。
③ 同上书,滨下武志"总序",第3页。

交战,郭嵩焘作为曾国藩的密友和幕僚,鼎力相助。1853年11月,得授翰林院编修。以后三年,他曾先后在湖南、浙江等地办理捐务、盐务,为湘军筹措军饷。其间,郭嵩焘曾游历上海,会见英、法等国领事,参观利名、泰兴等洋行和火轮船,访问外国传教士主办的墨海书馆,亲身接触到一些西方资本主义的近代文明,思想颇受触动。翁同龢曾记述,郭嵩焘与他面谈时,"其意欲遍天下皆开煤铁,又欲中国皆铁路"①。后曾任署理广东巡抚、福建按察使等职。

1875年英国驻华使馆翻译官马嘉理在云南被杀,引起中英交涉,中国被迫应允派大员赴英"谢罪"。清廷遂于同年8月命郭嵩焘为"出使英国钦差大臣",赴英国赔礼道歉,旋又被任命为驻英公使,是为晚清首任驻外公使。消息传出,郭嵩焘顿遭众人奚落,有一首对联嘲讽他道:"岑毓英出乎其类,拔乎其萃,不容于尧舜之世;郭嵩焘未能事人,焉能事鬼,何必去父母之邦。"②一些守旧的官僚,甚至视他为"汉奸"③。

郭嵩焘一度有些犹豫,于是便有慈禧太后亲自召见,为他鼓劲打气:"国家艰难,须是一力任之。我原知汝平生公忠体国,此事实亦无人任得,汝须为国家任此艰苦。"又劝慰说:"旁人说汝闲话,你不要管他。他们局外人,随便瞎说,全不顾事理。你看此时兵饷两绌,何能复开边衅,你只一味替国家办事,不要顾别人闲说。"④有她撑腰,郭嵩焘不顾旁人的诟骂,于1876年12月由上海启航赴英。途中历经香港、新加坡、锡兰(今斯里兰卡)等地,游览了各地名胜古迹,参观了学校、官署,对当地的社会现状有了真切的了解。他逐日详记所见所闻,写成《英轺纪程》(亦作《使西纪程》)一书。他在书中称赞西洋"政教修明,具有本末",批评中国士大夫不明时势,只知一味负气自矜,虚骄自大,无补于世。此书寄回国内后,遭守旧派群起攻之,被毁版停印。

次年1月,郭嵩焘抵达伦敦,开始了他的外交生涯。不久,他又奉命兼任出使法国大臣,常往来于伦敦、巴黎之间,但以驻英时间为多。他以浓厚的兴

---

① 翁万戈编,翁以钧校订:《翁同龢日记》,中西书局2012年版,第1219页。
② 汪康年:《汪穰卿笔记》(近代史料笔记丛刊),中华书局2007年版,第141页。按:岑毓英为处理1875年马嘉理案的清朝官员。
③ 孟森等:《清代野史》,中国人民大学出版社2006年版,第318页。
④ 郭嵩焘:《郭嵩焘日记》第3卷,湖南人民出版社1983年版,第49、50页。

趣,走访英国的学校、图书馆、博物馆和各种学会等,结识了不少数学、化学、天文、地理、海洋、测量、植物、医学等方面的科学家。他因自己不懂英语,译员亦不能胜任而深为抱憾,虽年已六旬仍孜孜学习英语。作为晚清首任驻外公使,郭嵩焘出使英、法期间,尽其所能维护中国的权益。他目睹海外华侨备受欺凌,得不到祖国的保护,上疏清廷要求在海外设立领事,保护侨民。这项建议被清廷采纳,1878年中国第一个驻外领事馆在新加坡设立,以后旧金山、横滨、神户等地又相继设了领事馆。在太古洋行趸船移泊案、厦门渔民被英商残害案、英轮撞沉华船赔偿案、英商虐待华工案等项交涉中,郭嵩焘都能据理力争,维护或挽回了一些民族权利。

郭嵩焘在北京受命出使时,总理各国事务衙门就不顾他的反对,硬是委派一个反对西学的刘锡鸿担任副使,随同赴英,以致日后郭嵩焘时时受制,甚至连他在英国学外语、穿西服、起立迎客等举动,都被刘锡鸿视为有辱天朝威仪,报告总理各国事务衙门。国内守旧官员也继续攻击他,要求将他撤职。在这种情形下,郭嵩焘势单力孤,只得自行引退,奏请因病卸任。1878年8月,清廷诏命撤回郭嵩焘,以曾纪泽继任出使英、法大臣。次年1月,郭嵩焘出使未满三年,就被迫卸职东归。回到国内后,他不愿赴京,托病辞官,径回故乡。时湖南守旧风气很盛,上至巡抚,下至地方士绅,皆视他勾通洋人,对他持有敌意。郭嵩焘就在这种压抑的氛围中,走完了人生的最后旅程,于1891年7月病逝。此后的清朝驻外使馆,仍是一派守旧礼仪。1893年,杨儒奉命赴任"出使美日秘国大臣",16岁的施肇基"随任为翻译学生"。他忆述,每逢国内要员出访抵达美国首都华盛顿时:

> 钦差(指杨儒——引者)率领全体馆员穿中国袍套礼服迎于车站,并在站台设立香案。见面之时,即须行跪拜礼,为皇太后及皇上恭请圣安,由来美大员代受代转。行礼之时,杨钦差率领全体馆员跪于香案之前。杨一人跪于前排,馆员列为一行,跪于后排。由杨钦差口唱:"奴才(杨系满人,故称'奴才'而不称'臣')杨儒率全体馆员恭请皇太后及皇上圣安。"大员立于香案之旁,面对香案,大声应道:"安"。礼成,跪者起立而去。此项仪节必须于初次见面时行之,不得延迟,故每次行礼之前必须向车站站长说明原委。而行之时,车站左右之人皆来围观,啧啧称奇。直至民国改

元之后,此项仪节始行废止。①

洋务运动期间,对外交往方面曾有一些引人注目的举措。中国最早派代表出席的国际博览会,是1873年奥地利维也纳博览会,但当时派去的是一名洋人,他是时任粤海关副税务司英国人包腊。1876年美国费城万国博览会,中国派人前往,这次除了洋人,还有一位是中国人即浙海关文案李圭,受命"将会内情形并举行所见所闻者,详细记载,带回中国,以资印证"。李圭一行1876年5月13日从上海出发,途经日本抵美,先后去了旧金山、费城、华盛顿、纽约等地。接着横渡大西洋,游历伦敦、巴黎,最后经地中海、红海、印度洋、太平洋回到上海。前后历时7个月,行程8万里,李圭将所见所闻写成《环游地球新录》,记载了费城博览会的盛况,介绍了蒸汽机等欧美国家的工业成就,认为"机器正当讲求",中国应该效仿,得到李鸿章的赞许,特为之作序推荐②。美国费城万国博览会的中国展厅,颇为引人注目。1876年6月3日,美国《弗兰克·莱斯利新闻画报》的封面插图,描绘了美国人在仔细观赏中国展厅:中国展厅有一大牌楼,上书"大清国"三字,横额曰"物华天宝",两侧有对联:

集十八省大观,天工可夺;
庆一百年盛会,友谊斯敦。

展厅陈列了许多古色古香的橱柜,放置着绸缎、象牙雕刻、银器、景泰蓝、漆器、镜屏、瓷器、字画等。当时的美国媒体称赞:"这是一个各种精美事物的集大成的展室。那些展品超乎寻常地优雅精致,许多东西对于这里的人们来说他们从未见过。这是迄今为止在美国展出的最丰富多彩的中国展品。"③1887年,清政府又同时派遣12名官员前往亚洲、欧洲、南北美洲的几十个国家,进行为期两年的游历考察,最远到达南美智利,其出使规模是空前的④。

洋务运动的开展,需要培养一批懂得近代科学文化和技术的人才。1860

---

① 施肇基、金问泗:《施肇基早年回忆录·外交工作的回忆》,中华书局2016年版,第17—20页。
② 王晓秋等:《晚清中国人走向世界的一次盛举——1887年海外游使研究》,辽宁师范大学出版社2004年版,第2、16页。
③ [美]张文献编:《美国画报上的中国(1840—1911)》,北京大学出版社2017年版,第256—257页。
④ 王晓秋等:《晚清中国人走向世界的一次盛举——1887年海外游使研究》,第17页。

年,美国在华传教士卫三畏曾建议美国政府在中国设立一所美中学校,以培养中方的翻译、通商和外交人才。这个建议得到新上任的林肯总统的同意,但因未获国会批准而搁浅①。1862年,奕䜣在北京设立同文馆,挑选八旗十三四岁以下的儿童学习英、法、俄三国语言文字,延请外国教师分馆教习。1863年,李鸿章在上海设广方言馆,由江浙一带考选幼童和年轻官吏入馆学习外国语言文字。同年,广东也开设类似学馆。1865年,李鸿章在江南制造局附设翻译馆,翻译外国科学书籍。次年,京师同文馆添设天文算学馆,招收年轻的满、汉举人以及翰林和正途出身五品以下京外各官入学。以后,又相继开设化学、医学等课程。有学者认为,洋务派兴办的洋务学堂如同文馆、船政学堂等,"是19世纪晚期科技教育的大本营"②。但亦有清朝官员不以为然,在京师同文馆任教的美国传教士丁韪良记述,他曾向总理各国事务衙门派来观看的四位官员演示电报的使用与操作:

> 在演示过程中,他们不声不响,兴味索然,其中一位翰林轻蔑地说"中国四千年来没有电报照样是一个大帝国"。③

中国学生留美并非始于洋务运动时期。1847年就有黄亚胜(又名黄胜)跟随传教士布朗赴美留学,一年后因病中断学业回国。之后参与编辑出版《遐迩贯珍》,又于1864年至1867年担任上海广方言馆的教员④。但那尚是零星的个人行为。1871年,时任两江总督曾国藩接受留美学成归国的容闳的建议,上奏清廷要求派遣留学生赴美"学习军政、船政、步算、制造诸学,约计十余年业成而归,使西人擅长之技中国皆能谙悉,然后可以渐图自强"⑤。具体办法是,每年选派幼童30名,四年共计120名,先入美国中小学,毕业后再入军政、船政学院学习,一切费用由清政府提供,15年后学成回国。1872年2月17日,容闳在上海致信美国耶鲁大学校长诺亚·波特:

---

① 陶德民:《卫三畏在东亚——美日所藏资料选编》(卷上),大象出版社2016年版,主编序言,第4页。
② [美]范发迪著,袁剑译:《知识帝国:清代在华的英国博物学家》,中国人民大学出版社2018年版,第217页。
③ 丁韪良:《花甲记忆》,[英]约·罗伯茨编著,蒋重跃等译:《十九世纪西方人眼中的中国》,中华书局2006年版,第96页。
④ 松浦章等编著:《遐迩贯珍》,上海辞书出版社2005年版,第95页。
⑤ 《洋务运动》(中国近代史资料丛刊)第2册,第153页。

我非常高兴地告诉您,中国政府未让我们久等,于1871年10月1日批准了派遣学童前往美国接受全面教育,以便将来服务于中国各公共部门的计划……中国政府最希望他们学习之专业为陆军、海军、医学、法律和土木工程学。在科学方面,他们应深入学习化学、自然哲学、地质学及天文学知识。①

有趣的是,即使全由公费支出,当时愿意出洋留学者并不多,甚至还将其视作畏途,所以凡入选学生的家长都要签署一份自愿书,以证明他们是心甘情愿地送子出洋留学15年,其间若学生发生意外伤害或死亡,政府皆不负责②。最后选定的120名幼童中,主要来自广东,共有83人,约占总数的69%,其余依次为江苏(包括上海)22人、浙江8人、安徽4人、福建2人、山东1人。在83名广东幼童中,有近一半共39人来自毗邻澳门的香山县,约占总人数的三分之一,格外引人注目③。次年秋,首批30名幼童在容闳的带领下抵美,至1875年先后派遣了四批共120名。其中有4名来自上海浦东,在首批赴美留学的30名幼童中,就有一位是浦东川沙县人④。

1875年以后,又有派赴欧洲留学者。1875年,福建船政大臣沈葆桢派福州船政学堂魏瀚、陈兆翱、陈季同、刘步蟾、林泰曾五位学生去英、法留学。其中陈季同后来成为驻法外交官,以其出色的法文造诣向世人介绍中国及其文化。1884年7月,他用法文写的《中国人自画像》在巴黎出版,时值中法战争,法国人因对中国缺乏了解,偏见很深。这本书展示了一个文化悠久、风景秀丽、飘溢着沁人茶香的东方古国,为以往大多法国人所不知,引起轰动,年内再版5次,两年内加印11次。在他之前,欧洲还没有出版过中国人用西文写的书,陈季同前后用法文写了8本书,主要是向西方介绍中国文化和社会风俗,其中有的被译成英、德、意、西班牙等多种文字,一定程度上破除了欧洲人对中国的偏见⑤。在他之后,则有留学英国的严复通过译作《天演论》等,向中国人

---

① 吴义雄等编译:《美国所藏容闳文献初编》,社会科学文献出版社2015年版,第4、5页。1876年,美国耶鲁大学授予容闳荣誉法学博士学位(详可参阅该书第6页)。
② 石霓译注:《容闳自传》,第180页。
③ 珠海容闳与留美幼童研究会主编:《容闳与科教兴国》,珠海出版社2006年版,序,第2页。
④ 景亚南主编:《浦东早期留学人员选录(1872—1949)》,上海大学出版社2016年版,前言,第1页。
⑤ 李华川:《一个晚清外交官在欧洲》,《中华读书报》2001年8月15日。

介绍了西方的自然和社会科学,促进了晚清中国人的思想启蒙。

1876年,又有李鸿章派卞长胜等7人跟随德国人李励协赴德国学习军事,成为中国派遣军事留学生的开端。次年,福州船政学堂又从毕业生中选派制造、驾驶门类21人留学英、法,日后大多成为晚清海军的骨干①。1879年,广东佛山人黎晋贤受福建船政大臣派遣,赴德国鱼雷厂学习制造鱼雷炮,在德六年。1884年中法战争爆发,受李鸿章电召回国创办旅顺鱼雷营,出任旅顺鱼雷营总管,统理各鱼雷舰船,配置大沽口各炮机,以及旅顺东西南北四岸的炮台机器事务。1890年,著有《鱼雷图说》上下两卷,由李鸿章题签并刊印后,供鱼雷厂各兵轮暨海军学堂学习鱼雷的构造和操作使用②。

正当留美学生学业渐有长进时,有一些官员却顾虑他们年幼出国,未曾受过较多的中国传统文化教育,担心其在西学有成之后,能否回国成为有用之才③。于是清政府于1881年下令提前分批撤回留美学生。除先前因故回国和在美国病逝的共26人外,其余94人均在1882年分三批回国。首批21人都进入电报局任职,其余两批分别进入上海、福州、天津等地洋务企业及机构④。在这些未完成学业中途被撤回国内的留学生中,日后仍出现了如铁路工程师詹天佑这样的杰出人才。

四、对日外交

对付欧美列强,李鸿章主张"外须和戎",在处理对日外交时,他也取同样方针,持息事宁人的态度,结果事与愿违,野心勃勃的日本扩张势力得寸进尺,不断进逼。

日本是中国的近邻,原先国力尚不强盛,自1868年明治维新后逐步走上资本主义发展道路,对外扩张的野心也随之膨胀,并暗中制定了分三步征服中国、统治亚洲、争霸世界的所谓"大陆政策"。1870年9月,日本政府正式提出

---

① 石霓译注:《容闳自传》,第255页。
② 黎晋贤编著:《鱼雷图说》,广西师范大学出版社2018年版,评价,第1、4、15、16页。
③ 潘向明:《留美幼童撤回原因考略》,《清史研究》2007年第2期。
④ 珠海容闳与留美幼童研究会主编:《容闳与科教兴国》,第227页。

与中国订约通商。对于是否答应日本的要求,清朝政府内部意见分歧,有人以为日本狡诈诡秘,应予拒绝。李鸿章则认为尽管日本政府居心叵测,但权衡利害得失,同意中日立约通商乃为上策。他指出日本自明治维新后,国力大增,不可小视,笼络之或为我用,拒绝之则必为我仇,如果答应立约通商,则能与日本结好,不致反目成仇。实际上,这只是李鸿章的一厢情愿。但他的意见被总理衙门采纳,并决定由李鸿章负责对日谈判。

李鸿章虽主张中日立约通商,但对日本政府的真实意图仍有所警惕,告诫手下人要认真研究谈判对策,强调稍有不慎,易滋后患。要求他们仔细推敲日本与欧美列强已经订立的各项条约,总结中国以往对外交涉的经验教训,拟好条约章程的文稿。1871年7月,中日双方在天津举行谈判。开始,双方分歧很大,争论的焦点是日本能否依照中国与欧美列强订立的条约,在中国内地通商和享受片面最惠国待遇。李鸿章指出,这两项内容是中国正拟挽回的权利,拒绝了日方的要求。日本方面虽心不甘,但毕竟羽毛未丰,尚无足够的实力迫使清朝政府就范。经过多次谈判,双方终于在9月13日签订了中日《修好条规》和《通商章程》,规定双方同样享有领事裁判权,互相承认协定关税,可在对方指定的通商口岸贸易,但不得进入内地等,摒弃了日方的无理要求,体现了平等交往的原则。

日本政府自然不会就此罢休,他们加紧了对外扩张的步伐,先是在1874年5月悍然武装进犯台湾,结果被中国军民击退;继而又着手吞并琉球。琉球地处日本与中国台湾之间,是一岛国,共由36个岛屿组成,面积不大,但战略位置重要。它与中国早就有着友好往来。洪武五年,明太祖朱元璋曾派人出使琉球,琉球国王遣其弟回访,上表称臣,从此按时向中国朝贡,成为中国的藩属。日本早有吞并琉球的野心,万历三十四年就曾派兵入侵琉球,将国王绑赴日本,逼其与中国断绝关系,遭到拒绝,因顾虑中国的反应,才未进一步强逼。这时则再也按捺不住,公开提出要琉球归附日本。琉球国王既不愿听命于日本,又无力抗拒日本的压力,遂派人向清朝政府求助。

当清朝政府内部商议对策时,李鸿章认为不能为了小小的琉球而冒与日本开战的风险,因为与日本相比,中国实力并不占上风,"兵船未备,饷源尤绌,刚尚难用,只有以柔制之"[①]。具体说来,就是通过外交途径劝说日本改弦易

---

① 《李文忠公全书·朋僚函稿》卷19,第1—2页。

面最惠国待遇、领事裁判权等。对《朝美条约》的最终签订,李鸿章暗自松了一口气,以为朝鲜国门既已向欧美列强开放,便可借此遏制日本的扩张势头,可保朝鲜半岛无事。但日后局势的演变,却与这种估计大相径庭。

《朝美条约》订立不久,英、德等国紧随而至,效仿美国相继与朝鲜签约通商,日本也加紧了与欧美列强的争夺,朝鲜被更深地卷入列强扩张角逐的漩涡。李鸿章的"以夷制夷"并不能帮助朝鲜免除外侵祸害,朝鲜半岛的局势反而更加动荡,中国的国土安全也受到更直接的威胁。

扩展阅读书目

1. 樊百川:《清季的洋务新政》,上海书店出版社,2003年。以百万字的篇幅,论述洋务运动的多个侧面。
2. 夏东元:《洋务运动史(修订本)》,华东师范大学出版社,2010年。多年专题研究成果的整体呈现。
3. 朱荫贵:《国家干预经济与中日近代化》,东方出版社,1994年。从国家政权与民间资本关系的角度,对中日早期近代化的比较研究。
4. 李喜所:《中国留学史论稿》,中华书局,2007年。细致考察了中国人的海外求学历程。
5. 李文杰:《中国近代外交官群体的形成(1861—1911)》,生活·读书·新知三联书店,2016年。一个群体映照了中国与世界接轨的一个侧面。
6. 苏精:《清季同文馆及其师生》,福建教育出版社,2018年。专题研究了培养洋务人才的京师同文馆、上海广方言馆和广东同文馆。
7. 赵岳:《德纳罗密档:1877年中国海关筹印邮票之秘辛》,中华书局,2018年。揭示了一段以往少为人知的史实。
8. 汪荣祖:《走向世界的挫折——郭嵩焘与道咸同光时代》,岳麓书社,2000年。细致刻画了中国最早驻外公使想有所为,而又难以有所为的诸般无奈。
9. [美]芮玛丽著,房德邻等译:《同治中兴》,中国社会科学出版社,2002年。海外学者眼中的洋务运动历史进程。
10. [美]徐中约著,屈文生译:《中国进入国际大家庭:1858—1880年间的外交》,商务印书馆,2018年。论析了中国如何被强行纳入近代世界体系。

相关资料选读

1. 戴逸等主编：《李鸿章全集》，安徽教育出版社，2007年。首次披露原藏上海图书馆、中国第一历史档案馆等处的大量未刊文稿，复原被旧版《李文忠公全书》隐匿、删改的众多史料，有助于重新审视李鸿章乃至晚清史。

2. 钟叔河等主编："走向世界丛书一百种"，岳麓书社，2017年。汇集晚清朝野人士海外见闻录，折射其惊羡交加等复杂心态。

3. 齐思和等整理：《三朝筹办夷务始末》，中华书局，2014年。系统整理道光、咸丰、同治朝涉外事务史料，并编有人名、篇名索引以助查阅利用。

4. 吴义雄等编译：《美国所藏容闳文献初编》，社会科学文献出版社，2015年。选译耶鲁大学藏容闳日记、书信等稀见资料。

5. 夏东元编：《郑观应集》，中华书局，2014年。洋务运动重要参与者的文字汇编。

6. 赵春晨编：《丁日昌集》，上海古籍出版社，2010年。洋务官员的个人文集。

7. 陈旭麓等主编：《盛宣怀档案资料》，上海人民出版社，2016年。按企业或事件分专题编排的原始档案集。

8. 上海图书馆整理：《万国公报》，上海书店出版社，2014年。早期来华传教士重要刊物的原貌呈现。

第六章 狼烟又起

"致远"舰官兵合影(中为管带邓世昌)

一、西北边陲

19世纪70年代后,中国的西北、西南边疆和东南沿海,都遭遇列强的武力侵犯。

在新疆地区,1871年,沙俄出兵侵占伊犁,并由中亚浩罕汗国阿古柏军队扩大对天山南北地区的武装侵占。1875年,左宗棠受命任钦差大臣,督办新疆军务,率军西征,以武力收复新疆。

此前,左宗棠于1867年以钦差大臣、督办陕甘军务率部入陕镇压西捻军。次年西捻军告败,左宗棠又率军镇压西北回民起义,1873年攻占肃州(今甘肃酒泉),剿灭了回民起义,次年晋升东阁大学士,并留督陕甘。这时,新疆的局势已相当危急。1864年,新疆库车、伊犁等地相继发生反清起事,中亚浩罕汗国军官阿古柏乘机入侵新疆南部。1871年,沙俄悍然出兵强占伊犁地区。面对危局,左宗棠力主收复新疆,驱逐阿古柏,抵抗沙俄的入侵。1875年,左宗棠受命率军西征。他在兰州制定西征战略,筹办粮饷,整编军队,为进兵新疆做准备。次年春,左宗棠移驻肃州,采取"先北后南"的战略,在新疆军民的配合下,至同年秋率军相继收复乌鲁木齐、玛纳斯等地,底定天山北路。到1877年底,左宗棠率部收复了除沙俄侵占的伊犁地区以外的新疆全部,重创阿古柏军队,阿古柏身亡,残部逃往境外,清军取得粉碎阿古柏入侵的胜利,维护了祖国的统一和领土完整。

阿古柏政权被肃清后,左宗棠即筹划收复被沙俄侵占的伊犁。

地处西北边陲的伊犁是中国通往中亚的主要通道。野心勃勃的沙皇俄国深知它的重要性,处心积虑地企图永久占有。因为在他们看来,这是通往中国首都和中原腹地的最便捷的通道。自17世纪以来,沙俄的使臣和商人往往先要经过路途艰险的蒙古高原,才能到达北京。但不久他们发现,最便捷的线路是从西伯利亚通过中国新疆准噶尔盆地和甘肃,进入中国的中原地区,其间除大约160英里只能依靠骆驼之外,其余2600英里的路途都可以行驶车辆,全程约140天就可走完,比经蒙古高原去北京可节省约60天。此外,伊犁西南的穆扎尔山口,又是通往准噶尔盆地和塔里木盆地的纽带,由此可以直达喀什噶尔和叶城,无须再翻越天山绕道前往。伊犁地区战略地位重要,自然资源也很丰富。它有伊犁河和特克斯河的灌溉,土地肥沃,水草丰美,而且拥有石油、煤炭、金、铜、铁等矿藏,一直被人们视为新疆最富饶的地区之一,在经济上是新疆的"粮仓",国防上是新疆的边塞要地。因此,继割占中国东北、西北大片领土后,伊犁地区成为它觊觎的又一个目标。

1864年,新疆地区一些少数民族地方势力起兵反清,占领了新疆南部东四城、乌鲁木齐汉城和满城,接着又攻陷了叶尔羌、英吉沙尔、喀什噶尔等城。次年春,伊犁和塔尔巴哈台也先后被占领,清朝政府对新疆的大部分地区都暂时失去了控制。一直在寻找机会的沙俄暗自高兴,加紧部署对伊犁的侵占。1870年8月,沙俄军队占领穆扎尔山口,遏制了伊犁与新疆南部的交通往来;接着又在次年5月以防御俄国边界被侵扰为名,出兵侵入伊犁地区,占领了绥定,又悍然宣布"永远"归并伊犁。

清朝政府闻讯,派多人与沙俄交涉,要求归还伊犁,都遭到沙俄的蛮横拒绝。延至1878年,清朝政府又委派总理各国事务大臣、吏部左侍郎崇厚为出使俄国全权大臣,动身赴彼得堡谈判伊犁问题。身负重任的崇厚,是一个贵族出身的纨绔子弟,并无多少才学,对外交事务更是知之甚少,只知一味逢迎洋人,却因此在清朝官员中博得洞悉洋务的"声誉",并被委以重任,赴俄交涉。

居心叵测的沙俄政府对崇厚百般笼络,并特别提高接待规格,沙皇亲自出面接见,并设盛宴款待。崇厚一时陶醉在这种罕见的"礼遇"中,完全忘记了自己肩负的使命,陷入了沙俄精心设计的圈套中,对沙俄提出的各项要求均"不审察利害轻重,贸然许之",正如随行的头等参赞邵友濂当时记述的,"他们要什么,(崇厚)就答应什么"[①],最后于1879年10月在俄国克里米亚半岛的里瓦吉亚,未经清朝政府同意,就擅自签订了《里瓦吉亚条约》,规定中国偿付俄国

---

① 《邵友濂使俄文稿和家书中的沙俄侵华史料》,《文物》1976年第10期。

"代守"伊犁的兵费500万卢布;俄国商人在蒙古、新疆贸易一律免税;新开两条直达天津和汉口的商路,税率较海关减少三分之一;俄国可在新疆各地设立领事;中俄国界按俄方的要求作出修改,将伊犁西境霍尔果斯河以西地区和南境特克斯河流域全部割让给俄国。根据这项条约,中国损失了这么多的民族利权,得到的只是一个险要尽失、无法据守的伊犁孤城。

消息传到国内,举国哗然,纷纷要求改约和惩办崇厚。清朝政府也拒绝承认这项条约,并将崇厚"先行革职拿问,交刑部治罪",随后又于1880年2月委派出使英、法的公使曾纪泽兼充出使俄国大臣,"将崇厚所定约章再行商议"。同时命左宗棠统筹办事,部署备战。1880年,年近七旬的左宗棠率军离开肃州,出嘉峪关向哈密进发。为表示自己的抗俄决心,左宗棠命人替他带上棺材随行,情景壮烈。同年6月,左宗棠开抵哈密。沙俄也增兵伊犁,并派舰队东来武力恫吓。清廷为避免冲突,于8月召左宗棠回京。

派往俄国重议条约的曾纪泽,其父亲就是大名鼎鼎的曾国藩。在家教很严的曾家长大的曾纪泽身上,很少当时官宦子弟常见的那种游手好闲、无所事事的纨绔习气。他能够抓紧时间,认真读书习文,对有用于世的各种知识都抱有浓厚的兴趣。他国学底子深厚,同时因曾国藩倡导洋务运动之便,对传入中国不久的西学也有涉猎,并兴趣日浓。在当时绝大多数士大夫还不知西学为何物的时候,他就已经有机会触摸"(江南)制造局所作径约六尺之大地球仪",粗知世界地理等知识,眼界大开。

为了进一步了解和研究西学,曾纪泽在三十岁以后发愤学习英文,埋头苦读数年,进步不小,用他自己的话来说,"亦稍稍能解英国语言文字"。在他的日记中,不乏连日攻读英文的记载。初通英文,为曾纪泽日后涉足外交舞台并崭露头角,提供了很大帮助。1878年他在出任驻英、法公使时,不仅能用英语简单交谈,还能以英文写作,甚至起草外交文件,在晚清外交官员中实属凤毛麟角。以致慈禧太后闻知,一时还半信半疑,在他出使前夕召见时曾特地问及:"你能懂外国语言文字?"曾纪泽恭敬地回答:"臣略识英文,略通英语,系从书上看的,所以看文字较易,听语言较难,因口耳不熟之故。"慈禧听了大喜,夸奖他:"你既能通语言文字,自然便当多了,可不倚仗通事翻译了。"曾纪泽实话实说,告诉慈禧,他虽初通英文,但在正式的外交场合仍不能省却译员,因为"通洋文洋语洋学与办洋务,系截然两事。办洋务,以熟于公事为要,不必侵占翻译之职。臣将来与外国人谈论公事之际,即使语言已懂,亦候翻译传述。一则朝廷体制应该如此,一则翻译传述之间,亦可借以停顿时候,想算应答之语言"。并举例说:"英国(驻华)公使威妥玛能通中华语言文字,其谈论公事之时,必用翻译官传话,即是此意。"①

曾纪泽驻节英、法之际,在万里之遥的新疆,沙皇俄国对中国领土的武力侵占正步步加紧。崇厚的昏聩,使沙俄在伊犁轻易得手。尽管前途艰险,但以国家利益为重的曾纪泽,已将自己的荣辱置之度外,毅然接受了出使俄国交涉的艰巨使命,决意迎难而上,尽自己所能,力争挽回一些民族利权。行前,他抓紧时间做了大量的准备工作。他仔细分析了当时的国际形势,认为尽管俄国气势汹汹,但它亦面临着许多难题,因此也不敢轻易开战。一是不久前俄国对土耳其的战争,导致它财政极端困难;二是对中亚也抱有野心的英国不愿看到沙俄在这一地区的过分扩张,英俄之间潜伏着矛盾,对俄国有所牵制。而在中国方面,虽然处于十分不利的境地,但仍有争取和挽回的余地,一是《里瓦吉亚条约》从未得到过清朝政府的承认;二是出兵西征、剿灭阿古柏政权后,左宗棠统帅的清军仍留驻新疆,对俄交涉仍有一定的实力可依凭。因此曾纪泽认为尽管局面十分严峻,但仍有一定的回旋空间。综合各方面的因素,经过深思熟虑,他向清朝政府陈述了自己的看法,认为维护国家的领土完整是无可退让的原则问题,"自宜持以定力,百折不回";在此前提下,可以考虑对有关通商和赔款等项做些让步,这一方案得到清朝政府的许可。

1880年7月30日,曾纪泽一行抵达彼得堡;8月4日前往会见俄国代理外交大臣吉尔斯,商谈谈判事宜。刚一见面,双方就唇枪舌剑,激烈交锋。吉尔斯脸色阴沉,出言不逊地发问曾纪泽到彼得堡来有何公干,曾纪泽明确回答"来谈判"。吉尔斯态度粗暴地故意追问:"谈什么?"曾纪泽答道:"谈崇厚在里瓦吉亚搞糟了的事。"吉尔斯口气蛮横地声称他"怎么可能和一个杀自己使节的国家谈判呢?我今天可以和你谈判达成协议,但明天你回到北京很可能又被判处死罪。在这种情况下办事是根本不可能的"②。

为了推动在彼得堡的谈判,8月12日清朝政府宣布赦免崇厚,"即行开

---

① 《曾纪泽遗集》,岳麓书社1983年版,第333—334页。
② 《国外中国近代史研究》第10辑,中国社会科学出版社1988年版,第177页。

释"。8月23日,曾纪泽与俄方谈判代表在彼得堡开始首次正式谈判。在以后的半年中,两国代表分别在沙俄外交部和中国驻俄使馆,先后举行会谈50多次。这是一次异常艰难的外交谈判,双方各不相让。面对曾纪泽立场坚定的据理力争,会谈开始后不久,俄国外交部、陆军部和海军部的高级官员会同磋商,讨论对策,最后决定绕开曾纪泽,直接派人去北京谈判。

8月28日,吉尔斯通知曾纪泽,由于中国拒绝批准条约,他已派俄国驻华公使布策赴北京解决两国之间的分歧。同时,俄国海军司令奉命在远东调动舰只,进一步向中国施加军事压力。曾纪泽一眼看穿了俄国人这些举动的真实含义,知道他们企图以此来压他妥协,他不为所动,坚持原先提出的改约要求。但清廷却很恐慌,生怕谈判破裂会招致如第二次鸦片战争那样的又一场战祸,遂急电曾纪泽,指责他没能将谈判维持在俄国进行,同时指示他在修改条约的问题上态度要更为灵活,即可以考虑做出更多的让步。面对来自国内的压力,曾纪泽不得不对原定的谈判策略做些调整。

10月2日,中俄恢复在彼得堡的谈判。狡诈的俄方代表一面不断指责中方"举动失当",一面不愿讨论具体问题,坐观中方的动向,寻找机会。鉴于清廷早日达成协议的指示,曾纪泽不得不设法打破僵局,决定适当让步,提出在俄国交还特克斯河流域的前提下,中国可不再坚持收回伊犁全境,可以考虑"将伊犁西边之地于修约之时酌让若干归与俄国,以便安置迁民";此外还表示中国可以同意嘉峪关通商并设领事;天山南北贸易暂不纳税;茶税分别酌减;增开科布多、尼布楚两条商路;偿还"代守"兵费并给补恤银两等。

但是俄方仍没有松口,坚持要中国增加赔款、割让相抵之地,否则就不交还特克斯河流域。这些赤裸裸的威逼勒索,理所当然地遭到曾纪泽的拒绝。俄方于是故伎重演,怒气冲冲地告诉曾纪泽:"贵爵不能任此事,惟有到北京商办",并声称"若再迟延,不如打仗"[①]。曾纪泽不得不按照清廷先前的指示,做出最大限度的让步,表示伊犁地区可暂不索取,不料俄方却得寸进尺,竟然要求曾纪泽以书面形式保证中国将伊犁永远交与俄国管辖。曾纪泽忍无可忍,断然予以拒绝。但为了不使谈判彻底破裂,他又表示通商问题仍可进一步磋商。

曾纪泽面对沙俄的威逼,之所以能立场坚定,不轻易让步,除了赤诚的爱

---

① 曾纪泽:《金轺筹笔》卷1,第24、40页。

国之心外，还在于他在谈判期间始终重视研究和分析俄方的动向，洞悉尽管沙俄出言不逊，动辄以重开战端相要挟，但实际上并无多少实质性的举措，更多的是一种虚声恫吓，企图以此来榨取尽可能多的侵略权益。

此后，中俄双方多次会商，未有实质性的进展。12月12日，吉尔斯、布策等人密谋，决定向中方最后摊牌。14日，布策来到中国驻俄公使馆，态度倨傲地告诉曾纪泽："我今先来晤谈一次，然后吉大人再与贵爵面商一切，以后即无话矣。"以后的半个月，是中俄谈判阶段。俄方不再坚持批准《里瓦吉亚条约》，但向中方提出苛刻的要求，诸如坚持割占伊犁西境和特克斯河流域西南隅落。仅这三个村落，面积就达1 000多平方千米。此外，在通商和赔款等方面，俄方也提出了许多蛮横的要求。曾纪泽尽其所能，据理力争，力求将损失缩小至最低限度。

12月23日，布策来到中国使馆，手持《里瓦吉亚条约》法文原稿，逐条列举了俄方可以接受的修改内容，然后宣称这是俄国的最后意见，不能再作改动，并要曾纪泽报告北京。事已至此，很难再有回旋的余地，特别是清廷曾再三指令曾纪泽不得再冒谈判破裂的风险，曾纪泽同意将俄方的意见作为改约的基础，谈判接近尾声。

1881年2月24日，中俄双方在彼得堡签订了《改订条约》，同时还签订了关于赔款交纳办法的《专条》、中俄《改订陆路通商章程》和附件《俄商前往中国贸易过单卡伦单》。中俄《改订条约》有法、汉、俄三种文本，全约共二十条，主要内容有俄国归还中国伊犁地区，但仍割去霍尔果斯河以西、伊犁河南北两岸原属中国的一部分领土；中国偿付俄国"兵费"等900万卢布约合500余万两白银，限期两年内付清；俄国商人在中国新疆各城贸易，暂不纳税；在中国蒙古地方贸易，照旧免税；准许俄国在肃州（今甘肃嘉峪关）和吐鲁番两地增设领事。

与先前的《里瓦吉亚条约》相比，中俄《改订条约》除赔款增加了400万卢布外，在领土和通商方面，中国都相当成功地收回了一些主权。在领土方面，收回了伊犁河南面特克斯河流域的2万多平方千米的土地。在通商方面，俄国设领地点由原先的7处改为2处；中俄陆路通商，原先规定的新疆至汉口一线，现删除了由嘉峪关至汉口区段；水路通商则废除了关于俄国轮船沿松花江航行至伯都讷的条款。即便如此，这份条约仍是中国被迫签订的不平等条约，中国的主权仍受到损害，但与崇厚擅自订立的《里瓦吉亚条约》相比，毕竟挽回了一部分已经丧失的主权,这在晚清对外交涉史上几乎是绝无仅有的一次成功交涉。在历时半年的谈判进程中,曾纪泽所显露的勇气、意志和外交才干,一扫崇厚等晚清官僚给人留下的无能的印象,受到各方的瞩目,甚至还赢得了素来态度倨傲的谈判对手的钦佩。用"虎口夺食"来形容曾纪泽这次赴俄交涉的艰难和最后成果的来之不易,是毫不为过的。

消息传到国内,赢得朝野人士的称赞。清廷决定补授曾纪泽为都察院左副都御史,一年以后又破格把他的薪金提至头等侍郎即大使级,虽然他当时的正式官衔仍是公使级的二等少卿。这是曾纪泽外交生涯中最为闪耀的一段时光。

1884年,根据左宗棠的多次建议,新疆正式建省,首任巡抚是跟随左宗棠西征的原湘军将领刘锦棠。新疆建省,进一步加强了新疆与内地的联系。1889年10月,在新疆游历的俄国人别夫佐夫记述:"清朝政府在于阗设有为当地富户子弟提供教育的学校,这个学校的学生被培养成为当地低级行政官员和翻译人才。"同年11月,他在乌鲁木齐感觉到"民众对他(指刘锦棠——引者)普遍有好感"。他目睹了以下情形:

> 乌鲁木齐地区的工业尚处于萌芽阶段,在这里利用吐鲁番的棉花可以生产数量不多的棉布,有两个只能生产大铁锅的小型铸造厂。乌鲁木齐的商业发达,主要由回族人经营,大型商行只有三个,其他的规模都不大。中方主要销售的是茶叶和棉布,其次是绸缎、瓷器、烟草、铁制品、小商品,再就是少量的英国纺织品和金属制品。大批内地货物,多是新年时才运到乌鲁木齐。①

二、中法战争

中俄交涉结束不久,中法之间又起争端。

19世纪60年代,法国就已侵入越南,首先是占领了越南南部,继而又进军

---

① [俄]米哈伊尔·瓦西里耶维奇·别夫佐夫著,佟玉泉等译:《别夫佐夫探险记》,新疆人民出版社2013年版,第67、251、252页。

北部，目的除了侵占整个越南，矛头还指向中国。中越两国山水相连，彼此也有传统的宗藩关系，清朝政府对越南负有保护的责任。1882年4月，已经侵占越南南部和中部的法国军队，又向北推进，攻占了北部重镇河内。法国的意图很明显，即在占领越南全境后，侵入中国。应越南国王的要求，同年6月清朝政府派兵赴越增援，抵御法军的进一步推进。同时委派李鸿章在天津与法国驻华公使宝海谈判，寻求和平解决的途径。至同年12月达成初步协议，规定：外国商人可到中越边境从事对华贸易；法国表示无侵占越南国土的意图；中国军队从北越适当后撤等，可见双方都有所让步。这项初步协议，原是为双方的进一步谈判奠定基础，但由于法国内阁更迭竟被废弃。

1883年初，好战狂妄的茹费理出任法国总理，上台伊始就指责前任政府的对越政策软弱，宣布否决原订协议，并撤销了宝海的公使职务。接着，法军便攻占了当时的越南首都——顺化，强迫越南签订了《顺化条约》，接受法国的所谓"保护"。法国的下一个侵略目标，就是中国。次年初，法军向驻越清军发动进攻，中法战争爆发。

对于法国的侵华图谋，中国驻法公使曾纪泽早有清醒的认识。1882年2月7日他就向清廷报告说："法人觊觎越南，蓄意已久。缘该国初据西贡、柬埔寨等处之时，满意澜沧江、湄南河可以直通云南，其后见该二水浅涸，多处不能通舟，遂欲占据越南东京，由富良江入口以通云南，添开商埠。"但当时实际主持清朝政府外交事务的李鸿章，认为中国国力单薄，"未可与欧洲强国轻言战事"，坚持对法妥协，致使法国对越南的侵略和对中国的进逼，步步得逞，愈演愈烈。面对危局，远在欧洲的曾纪泽忧心如焚，1883年7月2日他在给左宗棠的信中这样写道："此案每下愈况，始终误于三字：曰柔，曰忍，曰让。"自己是"一腔愤血，何处可洒！"现在所能做的只有指望通过社会舆论施加影响，阻止法国政府在战争的道路上越走越远。他很清楚，这样做实在已是下策，但"刻下无他技能，惟向英、法绅民及新报馆以口舌表我之情理，张我之声威，冀以摇惑法绅，倾其执政"①。

曾纪泽对法国舆论界的游说努力，遭到法国殖民主义者的忌恨，对他发动人身攻击，甚至在法国议会里也对他百般诋毁，语言刻薄。法国政府也借口曾

---

① 《曾纪泽遗集》，第71、201页。

纪泽在谈到中国军队在越南遭遇法军被挫败时,曾提及普法战争时法军在色当大败,法国皇帝拿破仑三世被俘一事,认为有损法国的"尊严",要求中国政府撤换驻法公使。曾纪泽内忧李鸿章等人的妥协主张,同时又要对付来自法国方面的各种攻击和压力,心力交瘁,竟自病倒。面对法国的步步进逼,曾纪泽确实是主张备战,主张坚决抵抗的。1884年初,法国军队已在越南北部挑起战火,李鸿章等人却依旧指望妥协。曾纪泽愤慨地指出:"法越之事,虽强邻蓄意已久,然实由吾华示弱太甚,酝酿而成。"他认为,法军尽管气势汹汹,但它远离法国本土,一旦开战,问题很多,实际上是色厉内荏,中国能够用持久战的方式与之对抗。他最担心的是,由于中国的退让,一旦法国得手,"各国之垂涎于他处者势将接踵而起",后患无穷①。

  曾纪泽对局势的判断是正确的。事实上,极力主张对华作战的法国茹费理内阁的地位并不稳固,法国可以投入远东的兵力也很有限,在国际舞台上,各国对法国的扩张举动也各有戒心,如果中国态度坚决,准备打持久战,法国未必敢扩大战火。但此时的清朝政府却一味怯战,一意妥协,对曾纪泽的正确分析和建议根本不予置理。与此同时,法国由福禄诺出面与清朝政府的议和活动正在加紧进行。身为海军军官的福禄诺时任侵华法国海军旗舰"富尔达号"舰长,1884年3月,他在香港与中国粤海关税务司德国人德璀琳相遇。福禄诺以前曾到过天津,知道德璀琳与李鸿章的亲密关系,便抓住机会,通过德璀琳试探李鸿章的态度。随后,德璀琳带着福禄诺致李鸿章的密函到了天津。4月18日,李鸿章致电总理各国事务衙门:"粤税司德璀琳到津,密称晤法水师提督,拟调兵船入华,将夺踞一大口岸为质,若早讲解,可电请本国止兵等语。"②妥协求和的意向跃然纸上,并很快得到清廷的认同。

  鉴于曾纪泽在对法交涉中的严正立场,福禄诺在给李鸿章的密函中,提出议和的一个先决条件,这就是必须先撤销曾纪泽的驻法公使职务。为了尽快达成和约,对法国的这种无理要求,清廷竟然允诺,并即于1884年4月28日下令免去曾纪泽出使法国大臣的兼职,改任许景澄为出使法国、德国并意、荷、奥三国大臣,未到任前,使法大臣由使德大臣李凤苞兼署,从而将曾纪泽排除在

---

① 《曾纪泽遗集》,第201页。
② 《李文忠公全书·电稿》卷2,第5页。

中法交涉的圈子外。

同年5月5日,福禄诺来到天津。5月11日,李鸿章代表清朝政府签订了《中法会议简明条款》,宣布承认法国在越南的各项特权,中国军队从北越撤回至中越边界,企图以此换取法国的停战。此时曾纪泽已被免去驻法公使的职务,但以维护国家主权为己任的他,并不以个人的进退为念,而是仍以忧愤的心情关注着事态的演变,"一腔愤血,寝馈难安"①。他明确批评这项条约,认为它并不能带来和平,相反却会进一步刺激法国的侵略野心。

局势的发展,被曾纪泽不幸而言中。《中法会议简明条款》墨迹未干,法军即进逼中越边界,攻占谅山,接着又将战舰驶入台湾海峡,将战火扩大至闽、台地区。同年8月法军先是进攻台湾基隆港,被中国军民击退,后又突袭福州闽江口的马尾军港,猝不及防的福建水师损失惨重,清朝政府大为震惊,匆忙于8月26日对法宣战。1884年12月8日,法国海军及殖民地部长曾谋划封锁渤海湾,认为"只要封锁海峡的进口,就可以把整个海湾封起来"②。次年3月,"法轮又游驶于崇明,以截南漕"③。

在爱国将领冯子材等人的奋力抗击下,清军在广西镇南关挫败法军,逐渐扭转了战局,清朝政府未乘胜追击,扩大战果,而是本着妥协求和的方针,于1885年6月9日由李鸿章在天津签订了《中法合订越南条约》,规定中国承认法国对越南的保护权,法国取得在中国西南地区通商的特权和日后修筑铁路的优先权,法国则同意从台湾海峡撤军,酿成一幕"中国不败而败,法国不胜而胜"的结局。其中,靠近中越边境的蒙自被迫开埠,意味着云南南部国门洞开。1895年到蒙自游历的法国人描述:"蒙自有11 000人左右,城市宁静安谧,平淡无奇,居民对来来往往的白种人早已司空见惯。"④中法战争中带兵抗敌的唐景崧曾描述:

> 由越南红江(即红河——引者)船行,经保胜直达蛮耗,再陆行百数十里即蒙自。将来滇如有警,寇必专趋蒙自。保胜以上河道虽浅,不能行

---

① 《曾纪泽遗集》,第206页。
② 张振鹍主编:《中法战争》(中国近代史资料丛刊续编)第6册下编,中华书局2017年版,第1073—1074页。
③ 姜鸣整理:《李鸿章张佩纶往来信札》,上海人民出版社2018年版,第617页。
④ [法]亨利·奥尔良著,龙云译,《云南游记——从东京湾到印度》,云南人民出版社2016年版,第12—13页。

船,而彼由南岸陆行,乃北坼也,我难阻之。寇趋蒙自,则已入我腹地矣,所有河口汛及马白关沿边一带之防营皆落后,无所用之。蒙自距省仅十站,故今日滇防以重扼蒙自为要著。①

中法战争期间,列强各有盘算。新披露的相关史料显示,19世纪70年代末至80年代初欧洲列强对巴尔干半岛的争夺,逐渐催生以法俄同盟和德奥同盟为代表的不同阵营,列强间的合作与竞争延伸到了东亚地区。德国政府极力鼓动法国的海外殖民扩张,以期转移普法战争后法国国内的复仇情绪,但未料想中法战争会很快结束。中法开战后,法国委托俄国驻华领事代管各地的法国商人和传教士。俄国驻烟台副领事法格圣不断向法军提供旅顺港的地形、炮位、兵力、德国教官、舰船吨位等情报②。

中法战争平息不久,清朝政府就于1885年7月改派江西布政使刘瑞芬出任出使英国、俄国大臣,令曾纪泽"回京供职"。次年8月,曾纪泽离开英国,踏上回国的航程,并于同年12月返抵阔别多年的北京。回到京城后,曾纪泽先后出任兵部左侍郎兼海军衙门帮办大臣、户部右侍郎兼管钱法堂事务等职,一度曾任总理各国事务衙门大臣。曾纪泽履任时,该衙门大臣已另有庆亲王奕劻、军机大臣孙毓汶、侍郎徐用仪、廖寿恒等八人,均非外交行家。依照成例,九名大臣之间没有分工负责制,遇事必须合议办公,联名奏事,请旨定夺,结果往往互有掣肘,拖延误事。

令曾纪泽苦恼的是,他虽供职总理各国事务衙门,但受忌才妒能的同僚倾轧,亦因清廷的故意冷落,始终没能在他熟悉和擅长的外交舞台上再展身手,施展他的爱国抱负。时任德国驻华公使巴兰德记述:"回到北京以后,曾侯(指曾纪泽——引者)经常带着夫人一起受邀出席外国使节的下午茶会,完全按照外国的方式:向客人伸出她的手。她的女儿担任翻译,她英文说得非常好。她们还带着女伴参加使团的舞会和晚会,但是这种无拘无束的交往没有维持很久,渐渐地,她们就放弃了下午茶。曾夫人和她的女儿以及其女伴最后一次参加德国公使馆的舞会,就设立了一个前提条件,她和她的随员不跟任何人握

---

① 唐景崧著,李寅生等校注:《请缨日记校注》,上海古籍出版社2016年版,第467页。
② 侯庆斌:《中法战争:新史料,新探索——〈中国近代史资料丛刊续编·中法战争〉(第六册)的史料价值》,《中华读书报》2018年5月2日,第9版。按:此书2017年已由中华书局出版。

手,也不让其他人过于接近。此后,她就从外国人圈子里消失了。"①据时任德国驻华公使馆翻译福兰阁的观察,在守旧风气依然浓厚的京城,与外国人的经常交往,影响到了曾纪泽的仕途:

> 他回到北京后任总理衙门的大臣,因为他能说些英语,很受外交官的尊敬,把他当作沟通的桥梁。他还有令人钦佩的勇气,带着夫人来公使馆参加庆典活动,曾夫人甚至还邀请外国女士和先生到她家里喝茶。不可否认的是,曾纪泽极为大胆地打破"规矩"的行为,损害了他的官场地位,招致了对他的不信任,尽管有深厚的家族关系网络,他的影响力还是降低了。后来他与外国人的交往越来越少,直到完全终止。②

在曾纪泽生命岁月的最后几年里,他的处境颇不如意,心情郁闷,1890年4月未满51周岁就黯然病逝了。

中法战争期间,法军进犯台湾,淮军将领刘铭传奉命督办台湾军务,抗击法军对台湾的侵袭。戴逸指出,选择刘铭传,并非偶然。自19世纪70年代始,李鸿章系统的淮军已经逐渐在东南沿海一带层层布防,成为国防军的主力。当时,直隶有周盛波、周盛传的盛军,山东有吴长庆的庆军,浙江有刘秉璋的良军,广东有张树声的树军,广西有潘鼎新的鼎军,长江口的吴淞口和江阴炮台也都有淮军的开花炮队驻守。至于台湾,早在1874年日本政府以台湾高山族人与琉球渔民的冲突为借口,悍然出兵进犯台湾时,就有刘铭传旧部将领唐定奎率领6 500名铭军将士前往驰防。因而就全局的战略态势来说,由刘铭传负责台湾防区,是理想的人选,以他的资历勋望,足可以与负责沿海各省防务的淮系大员相互援应御敌③。1884年7月14日,刘铭传自上海秘密搭乘轮船招商局"海晏"号海轮突破法军舰队封锁赶赴台湾上任,法国军舰自后追杀,幸而海上起了大风雨而未能得逞④。

在刘铭传的主持下,台湾军民英勇奋战,挫败了法军占领台湾的图谋。战争结束后,为了加强台湾的防务和建设,清朝政府决定将原来隶属福建省的台

---

① 王维江等辑译:《德语文献中晚清的北京》,福建教育出版社2012年版,第182页。
② 同上书,第300页。
③ 程必定主编:《刘铭传与台湾建省》,黄山书社2007年版,第5页。
④ 胡政主编:《招商局船谱》,社会科学文献出版社2015年版,第27页。

湾府改设行省,由刘铭传出任首任台湾巡抚。战事甫定,建省伊始,头绪繁多。刘铭传上任后,立即着手台湾的治理和建设,锐意进取,把自己多年来谋划的改革措施努力付诸实施,重点之一是发展和振兴台湾的经济。

台湾的矿产十分丰富,基隆一带煤炭资源的蕴藏尤为著名。由洋务派举办的中国第一座近代煤矿,就是在基隆出现的。但基隆煤矿自光绪四年(1878)投产后,在封建官办体制束缚下,经营管理不佳,生产发展迟缓。中法战争期间,为防矿山落入敌手,该矿被迫自毁。战争结束后,刘铭传便筹组重建矿山,恢复生产。其间,虽遭遇各种困难和波折,他始终坚持不懈,为维持基隆煤矿的生产积极努力。

赴台前,刘铭传就很重视铁路在经济发展中的重要作用。他就任台湾巡抚后,又审时度势,于光绪十三年上奏清廷,要求在台湾建造铁路,并强调兴办铁路是振兴台湾经济的关键所在。是年在得到允准后,即开始在台湾兴建铁路。同年夏,台北至基隆段铁路铺设正式动工,光绪十七年竣工通车。这是继光绪六年开建并于次年完工的唐胥铁路之后,中国较早投入营运的一条铁路。它的建成和通车,促进了台湾的经济开发。刘铭传原打算将这条铁路延筑至台南,后因其离职而未能如愿。

针对台湾四面环海的地理特点,刘铭传又在台湾积极兴办近代航运业。光绪十二年,他主持设立了招商局(后改称台湾商务局),招股购置轮船,最多时拥有大小轮船五艘,航行上海、香港及东南沿海,远至新加坡、西贡等地,大大便利了台湾与外界的经济联系和交往。为进一步开拓近代航运业和沟通铁路运输,刘铭传曾着手疏浚和建设基隆港,惜因去职而未果。

台湾土地肥沃,物产丰富,但长期以来,因地处万顷碧波之中,远离大陆,交通闭塞,农业生产技术相当落后。刘铭传上任后,通过介绍和引进大陆人民较为先进的耕作技术,鼓励植桑栽棉,推动了台湾农业的发展。以往台湾虽物产丰富,但商品流通渠道不畅,贸易发展相当迟缓。为了改变这种状况,刘铭传亲自筹划在台北城郊大稻埕兴建一个新的市镇,以促进商品交换,同时邀集商股修桥筑路建房,改善台北的市政设施,为促进台湾的贸易发展提供了有利条件。

刘铭传就任台湾巡抚后,为配合经济的发展和加强与外界的联络,在台湾积极从事近代通讯业的建设。光绪十三年,他经过选择,委托英商怡和洋行承办铺设台北沪尾至福州川石海底通讯电缆的业务,同时又在台湾架设陆上电报线一千二百余里,便利了岛内外的通讯联络,改善了台湾原先"孤悬海外,来往文报,风涛阻滞,每至匝月兼旬,音信不通"的状况。他还改革旧的邮传制度,于光绪十四年仿效欧美的方式在台北设立了邮政局,并在台湾各地设置分局,初步建立起近代邮政系统。

为适应经济发展的需要,刘铭传在台湾积极倡导西式教育,培养了一批掌握一定程度的西方近代科学技术知识的人才。由于刘铭传的积极努力和大力经营,短短几年中,台湾经济有了明显发展,开始逐步改变原先落后、闭塞的状态,向近代化方向过渡。这是台湾社会发展史上一个十分重要和引人注目的阶段。然而刘铭传的各项革新举措,遭遇清廷的诸多掣肘,"士论又讥其过激",这些沉重的压力,使他心力交瘁,难以承受,终于在1890年冬"以病奏请辞职",并于次年离任返回故乡。

1894年中日甲午战争爆发,清廷拟重新起用这员猛将,无奈刘铭传这时病体缠身,无法从命。次年《马关条约》订立,刘铭传闻知台湾被日本割占,痛心疾首,病情加重。1896年1月,刘铭传在故乡病逝,时年60岁。

三、东北亚战火

1882年《朝美条约》订立后,日本在朝鲜半岛的势力扩张,并未像李鸿章预期的那样受到制约,反而变本加厉。1884年12月,日本乘中国忙于中法战争,在朝鲜策动亲日势力发动"甲申政变",攻入皇宫,挟持国王,建立了亲日政权。但很快被朝鲜军民和驻朝清军平定。次年初,伊藤博文代表日本政府来华与李鸿章就此事举行谈判,途经上海时,曾与法国驻华公使秘密接触,引起李鸿章的警觉,生怕出现日法勾结、夹击中国的局面,因而加快了中法议和的进程。

伊藤博文是日本政界的一位实力人物,早年留学英国学习海军,又曾赴德国研究法律,回国后历任要职。从各自在国内的地位而言,与李鸿章可谓旗鼓相当。但若从各自代表的国家去衡量,李鸿章则明显居于下风。一个是正处于上升时期的资本主义国家,一个则是依然萎靡不振的封建王朝。在对世界形势的体察上,伊藤博文也高出一筹,曾广泛涉猎过西方的政治、经济、军事、外交、法律等学说,对近代国际关系的认识远比还以为能够"以夷制夷"的李鸿章高明。更大的差别还在于,一个是野心勃勃、志在必得,一个则还是抱着委曲求全、息事宁人的态度。结果在会谈中,中国被对方掌握了主动权。

谈判的中心议题,是中日两国在朝鲜的撤军问题。伊藤博文先发制人,提出要中国单方面撤军,继而又声称如中国同意,日本也可考虑撤军。实际意图是借此否定中朝间存在的传统的宗藩关系。李鸿章不察,一方面同意中日同时撤军,一方面又想让日本承认中国对朝鲜的派兵权,但在强调这一点时,又自乱阵脚,疏忽中承认了日本享有同等的派兵权,说是"若中国有侵占朝鲜之事,日本亦可派兵争战;若他国有侵占朝鲜之事,中日两国皆当派兵救护"①。伊藤博文闻听,心中狂喜,立即声称正合其意。此后,李鸿章虽极想挽回,但都遭到拒绝,只得向清廷请示,清廷授权万不得已时可以接受。于是在4月18日双方签订了《天津条约》,规定中日同时撤军,若朝鲜发生事端,日本则与中国同样享有派兵权。伊藤博文得意而归,因为该条约为日本以后向中朝两国发难提供了借口,埋下了伏笔。

> **知识框**
>
> ### 晚清日本在华间谍
>
> 日本军方从19世纪70年代就开始了对中国的谍报活动。1873年日本外务大臣副岛种臣访华时,海军少尉曾根俊虎就奉命以随从身份来华搜集情报。同年9月,他再被派到上海,为日军入侵台湾购买军需品并输送给侵台日军。此后他便常驻上海,成为日本海军派驻中国的首批谍报人员之一。1879年,他到华南各港游历,回国后升任海军大尉。以后又多次到上海、福州、广东等地刺探情报。
>
> 中法战争爆发后,曾根俊虎奉命到上海负责搜集中国的战时情报。1885年,他又去烟台、黄县、龙口、三山口、海庙、河法、潍县、唐官屯等地侦察,并去天津和在那里与李鸿章会谈的伊藤博文会合。此后,他又历时半

---

① 《李文忠公全书·译署函稿》卷16,第37页。

年对北洋陆路军事要地进行暗中调查。1886年4月返回日本,任参谋本部海军部编纂课长,撰有《法越交兵记》。

曾根俊虎对华谍报活动长达13年,基本反映了日本军方早期在华谍报的重点,即着力搜集、掌握中国军事地理方面的情报。早期清朝海军有南洋、福建、广东、北洋四支舰队,三支在南方,日本间谍的活动也多见于长江以南。中法战争后,北洋海军成为日本间谍注目的焦点,他们的活动范围集中在华北、山东和辽东地区,主要任务是秘密调查渤海湾及黄海沿岸地区,寻找适合日军登陆的地点,同时密切观察北洋海军的动向。1894年7月中日开战前夕,日本军方派遣已在华活动十余年、号称"中国通"的宗方小太郎冒充中国人,潜赴北洋海军司令部所在的威海及烟台四处窥视,探知许多军事机密。

对日本间谍的活动,中国方面疏于防范,吃了大亏。其中1894年7月,日本在天津的间谍事先探知"高升"号等运兵船离津赴朝的准确时间。结果,"高升"号中途被偷袭击沉,871名清军官兵遇难。此外,清朝政府的电报密码编制原始,规律简单,又不经常变换,在中日开战前的6月22日就被日方破译,而中方仍毫无察觉,在整个战争期间继续使用。这样,中方的战时密电,以及李鸿章在马关谈判时与国内的往返密电,均被日方洞悉,无秘密可言。(详可参阅关捷等总主编:《中日甲午战争全史》,吉林人民出版社,2005年)

对这种潜伏着的危险,李鸿章却无足够的认识,以为只要中国随时提防,不致有太大损害。经过这场交锋,他对伊藤博文其人以及日本的扩张势头,则印象深刻,认为"该使久历欧美各洲,极力摹仿,实有治国之才",断言十年内外,"日本富强必有可观",并将成为中国的大患①。于是,北洋海军的编练被提上议事日程。

中法战争期间,福建水师损失惨重。1885年,清朝政府设立海军衙门,由奕劻任总理海军大臣,奕劻和李鸿章为会办,并由李鸿章具体主持。李鸿章遂

---

① 《李文忠公全书·译署函稿》卷17,第8、9页。

着手组建北洋海军。次年,北洋海军正式成军,共拥有新旧舰船20余艘。与此同时,李鸿章还下令在旅顺口、大连湾、威海卫等地修筑海岸炮台,并于旅顺建设船坞,以旅顺、威海卫两地军港为北洋海军的基地,由淮系将领丁汝昌出任海军提督。

在北洋海军的创建过程中,丁汝昌作为实际主持人堪称尽心尽力。可是,他本人虽为行伍出身且屡经大敌,但却缺乏海战经历和经验;北洋海军将领多为闽人,他却以皖人领军,不但颇难驾驭,而且动辄反受其制。因此,北洋海军自成军后军纪废弛的现象便很严重,将领自左右翼总兵以下争相携带眷属居住陆上,军士也以离船嬉戏为常事,有些舰只平日不但不事操练,而且忙于为人运送货物。加以经费支绌,北洋舰队自成军后便未能再添置舰只,更新船炮。这些因素导致北洋海军表面上虽然声势壮大,实际上早已潜伏着危机。

1894年(时为甲午年)春,朝鲜爆发东学党农民起义。6月初,清廷应朝鲜国王请求,派遣叶志超和太原镇总兵聂士成率芦榆防军2 000余人东渡朝鲜,驻扎牙山。与此同时,日本政府也以保护使馆和侨民为借口,络绎派兵侵入朝鲜。朝鲜局势顿形紧张。

7月11日,叶志超和聂士成联名致电李鸿章,强调日本日益猖獗,朝鲜急望救援,各国调处难有成就,就目前而言,赴朝清军的战守事宜有上、中、下三策可供选择。上策为迅速调派水陆大军入朝,而由叶志超率驻牙山清军以护商名义,先行进军占领军事要隘,这样一旦日军发动战争,也不至于陷入被动。中策为派商船赴牙山撤回赴朝清军,然后照会日本及各国,敦促日方遵守共同撤军之约,撤出在朝日军,如被拒绝,初秋再图大举。下策为坐守牙山,这样下去不但朝鲜在受制于日本后,对清廷将产生绝望情绪,而且清军长期露宿,暴雨易病,一旦发生战事,战斗力必受影响。李鸿章依赖于英、俄等国出面调停,接电后认为现正与日展开外交协商,派遣大军入朝,势将引起日方疑虑;突然从朝撤军,又有示弱于日之嫌,因而上策和中策均不可行,要求叶志超仍然静守勿动。

7月14日,李鸿章电奏清廷,请求撤回在朝军队,被拒绝。16日,在光绪帝等主战派君臣坚持下,清廷作出了分兵南北两路增援朝鲜的决定。然而,在援朝清军抵达朝鲜之前,日本已采取先发制人的举措,于7月23日策动宫廷政变,劫掳朝鲜国王,组成以大院君李昰应为首的亲日政权。25日,日军胁迫李昆应宣布废除与清廷的一切条约,并授权日军驱逐在朝清军。同一天,日军海陆并进,一面在丰岛海面对运送练军赴朝的商船以及护航的中国北洋海军发动突然袭击,一面由汉城的龙山驻地出发,南下进攻驻防牙山的清军,甲午战争爆发。

在日军到达牙山前夕,叶志超与聂士成鉴于牙山绝地难以守御,商定由聂士成率部移防成欢驿正面抗击日军,叶志超统军进驻公州以为后援。7月29日,日军进抵成欢驿,聂士成所部奋勇抗击,因寡不敌众被迫突围南撤。时叶志超也已弃守公州。两军会合后,叶志超认为日军已云集仁川、汉城,清军牙山败后已不宜再战,遂率部间道疾行1 000余里,历时一月,一路北撤直至平壤。

8月下旬,叶志超率部抵达平壤。在此之前,清廷调派的卫汝贵、马玉昆、左宝贵、丰升阿四军也已集结平壤。由于叶志超在给清廷的奏报中隐瞒了牙山战败的事实,并将绕道溃退说成是沿途屡败日军,清廷非但没有追究他牙山战败的责任,反而传令嘉奖,并委派他担任驻平壤诸军总统。叶志超受命后,继续奉行李鸿章"先定守局,再图进取"的消极避战方针,既不南下主动出击侵朝日军,又不择险分兵防范日军,而以大部兵力聚守平壤,并日夜与诸将置酒聚会,不但使日军获得了厚集兵力的时间,而且使清军陷入了消极防御、被动挨打的境地。

9月初,日军集中17 000余人的兵力,分进合击向平壤进犯。叶志超否定了左宝贵等主动出击的请求,分派各军作固守之计。9月11日,各路日军兵临平壤城下,对清军形成包围之势。13日晚,叶志超召集诸将会议,提出日军乘胜而至锋芒正锐,平壤兵力单薄难以抵御,不如弃城北退,再图后举。与会诸将依违参半,奉军统领左宝贵则极力反对不战而退,叶志超的提议因而未得实施。14日凌晨,日军分兵从南、西南、北、东北四个方向对平壤清军发动总攻,叶志超也调派各军分路迎击,自己则居城中指挥调度。日军以北门及牡丹台为主攻方向,清军方面则由左宝贵坐镇北门、玄武门督战抵御。激战中,左宝贵不幸中炮阵亡,日军乘势攻占北门。此时,马玉昆在大同江岸,卫汝贵在西南门,均已击退东、西两路日军的进攻。战事尤有可为,但叶志超已无斗志,于当夜九时许冒雨率部弃城溃逃,平壤战役遂告失败。败退途中,清军又陷入日军伏击圈,伤亡惨重,叶志超率残部狂奔500余里,一直退至鸭绿江对岸中国境内。

平壤溃败后,叶志超仍向清廷掩饰败绩,虚报战功,为部下所揭发。清廷查明真相后大为震怒,下令将叶志超革职查办。次年2月押送北京,经刑部审讯后,被判处斩监候,后于1900年获赦。

自甲午战争爆发,以淮军为主的清军节节败退,日军攻入辽东半岛,全国上下震惊,很多人抨击淮军无能,要求调用湘军挽回败局。清廷遂委任湘军将领刘坤一为钦差大臣,驻节山海关,指挥关内外清军对日作战。时曾国藩、左宗棠均已去世,刘坤一成为湘系官僚势力的首领,颇具声望。当受命挽回甲午败局时,他以自己年已衰老为由推辞,未得允准。延至次年2月,刘坤一才从天津动身抵达山海关,然亦未能挽回战局。辽河一战,以湘军为主的清军惨败,辽东半岛尽入敌手。1896年2月,刘坤一仍回任两江总督。

在陆上交战的同时,中日两国海军也在黄海海面交火。1894年7月25日,北洋舰队济远、广乙两舰在护送中国军队抵朝鲜牙山后返航,在丰岛附近海面受到日本海军的突然袭击,甲午中日战争的前哨战打响。8月1日,中日两国政府同时正式宣战。此后,日本海军采取战略进攻的方针,积极寻求与中国北洋海军进行主力决战,以夺取制海权。光绪帝和主战派官员也一再要求丁汝昌积极备战,相机迎击日本海军,李鸿章却消极避战一味求和,要求北洋海军"严防威、旅门户,为保船制敌之机"。于是,日本陆军得以在海军配合下从容地在朝鲜境内击败赴朝清军。

9月16日,丁汝昌率北洋舰队主力由大连护送清军在鸭绿江口大东沟登陆,增援平壤。17日上午,舰队正拟起锚返航旅顺,与有备而来的日本海军联合舰队遭遇,在黄海海面展开激烈海战。时参战的日本舰队有大小舰只12艘,总排水量为40 800余吨,总兵力3 500余人,拥有各种炮火272门,其中包括速射炮192门、鱼雷发射管36门;北洋海军参战舰只为10艘,总排水量31 000余吨,总兵力2 000余人,拥有各种炮火180门,其中有速射炮27门、鱼雷发射管26门。就吨位、兵员、炮火、速度而言,北洋舰队均处于下风。

在发现日舰后,丁汝昌以自己乘坐的定远号为旗舰,分所部为五队作"犄角鱼贯"阵迎战;日方则以吉野等4艘快速舰只为前锋,以旗舰松岛号等组成本队,成"鱼贯纵阵"前进。当双方舰队接近时,丁汝昌发现日方有攻击中国舰队正中的企图,遂下令改变阵形,以定远、镇远两艘铁甲舰居中,其他各舰左右呼应，作"犄角雁行"阵。日方随即也令吉野等前锋四舰向左变换攻击线路，直扑北洋舰队右翼作战能力较弱的超勇、扬威两艘军舰。午后12时50分，海战打响。日方吉野等舰凭借速度优势绕行到北洋舰阵之外，驶作环形，既避开了北洋铁甲巨舰的炮火，又得以集中火力猛攻北洋定远旗舰。在日舰排炮轰击下，定远号桅楼被击毁，信号旗也无法发出，北洋各舰因指挥失灵，联络不便，很快陷入被动。丁汝昌身受重伤，裹创后仍坐在甲板上督战。其他各舰也顽强搏斗。其中致远舰在弹药耗尽之际与日舰吉野号相遇，管带邓世昌抱定与敌同归于尽的决心，下令全速向吉野奋力冲击，不幸被鱼雷击沉。经远舰多处中弹起火，在管带林永升率领下仍以一舰敌四舰，最终被击沉。激战持续了五个多小时，日方西京丸号被击毁，比睿、吉野、赤城、松岛诸舰也丧失了战斗力；北洋舰队损失更大，致远、经远、超勇、扬威四舰在战斗中被击沉，广甲号退至大连湾外触礁搁浅，次日也被日舰击沉。

　　黄海之役后，丁汝昌率北洋舰队驶回威海基地，日本海军则协同陆路军队向旅顺口发动攻势。丁汝昌深知一旦旅顺失守，则北洋门户洞开，大局不可收拾，便立即由威海率舰至大沽口，并亲赴天津请以海军全力援助旅顺。但李鸿章为了保存北洋舰队，拒绝了他的请求。丁汝昌只得率舰返航，旅顺很快失守。日军占领旅顺后大肆屠杀，英国战地记者弗雷德里克·维利尔斯记述："直到大约剩下36个中国人，他们成为这个城市中存活下来的仅有的天朝居民。这些人被日军征来埋葬同胞尸体，或为部队运水。他们的生命由插在其帽子上的一张白纸片得到保护，上面用日文写道：'此人不可杀。'"[①]1894年12月28日，上海英文《字林西报》评述："这是一场充满展示效应的战争，短短几个月的时间，东方两个巨人彻底交换了位置。中国一直以来被视为东方世界的霸主，却被发现是头披着狼皮的绵羊；而日本，仿佛从来没被我们仔细地注意过，却一跃成为我们这些列强中的一员，无论我们是否愿意看到它的加入。如果日本已经在我们西方世界的不知不觉中获得了令人敬佩的地位，清政府及其官员的腐败也正在我们的熟视无睹下葬送着中国。"[②]

　　旅顺陷落后，丁汝昌作为替罪羊受到各方面的责难，并被革职留任。1895

---

① 刘文明编：《西方人亲历和讲述的甲午战争》，浙江大学出版社2015年版，第193页。
② 万国报馆编著：《甲午，120年前的西方媒体观察》，生活·读书·新知三联书店2014年版，第269页。

年1月20日,日本海军掩护陆军在荣成湾登陆,准备进犯威海卫。丁汝昌认为与其坐守待敌,不如主动迎击,请求率舰阻击日军。李鸿章仍然下令不许出战。北洋舰队只能坐待日军来犯,丁汝昌见形势危急,先行派员将水师文卷送至烟台,并表示一旦遇有不测,唯有誓死拼战,船沉人尽而已,同时建议山东巡抚李秉衡厚集威海后路兵力,加强两岸炮台防御力量,便于海陆协同作战,固守待援,但李秉衡未能认真对待。

  1895年初,日本陆军果然乘虚而入,从威海后路抄袭威海南岸炮台,海军则严密封锁港口,对北洋舰队形成海陆合围之势。丁汝昌也将北洋舰队分为两组,亲率靖远等炮舰支援南岸守军,令其他各舰专力守御南北两海口。2月2日,威海南北两岸各炮台相继失陷,清军被围困于刘公岛和威海港内。此前的威海炮台守军曾盲目乐观乃至轻敌,1894年10月20日,《伦敦新闻画报》以"中国的军港"为题载:"清军水师军官们宣称,威海卫固若金汤,根本无法从海上攻破。所有炮台不久前都进行了重新装备,除了一般的海防设施之外,周边地区每一个可以登陆的地方均修筑了坚固的防御工事,以应对日军的侵犯。在海边炮台上部署的大炮中,有24门口径为28厘米的后膛填弹火炮。"①在发动总攻前,日本海军联合舰队司令伊东祐亨专程派人致函丁汝昌,威胁他率舰归降,丁汝昌严词拒绝,并将劝降书呈交李鸿章,以明心迹。

  2月3日,伊东率日舰依次轮番向坚守刘公岛、日岛的清军以及港内的北洋舰只发起正面进攻,日本陆军则利用夺取的海岸各炮台配合海军猛烈轰击清军。丁汝昌仍率部奋力抵抗,坚守待援,使日舰终日未能接近港口。此后,日军改派鱼雷艇夜袭清军,北洋定远、来远、威远等舰先后受损;丁汝昌也拟派北洋鱼雷艇夜袭日舰,但管带王平却临阵脱逃,致使北洋鱼雷艇全部受损。2月7日,日军发动总攻。值此危急关头,北洋舰队洋员泰莱与威海卫水陆营务处提调牛炳昶等人却密谋投降。11日,丁汝昌获悉李秉衡已由烟台移军莱州,待援无望,召集部将拟率领残余舰只奋力向烟台方向突围,竟无人响应,他令人将镇远等舰用水雷自行击沉以免资敌,也无人执行。在绝望之中,丁汝昌命人将提督大印截角作废,以防有人盗印降敌,然后退入舱中,自尽殉国。

  至此,清军在陆地和海上两个战场均遭惨败。1895年3月31日,京官黄

---

① 赵省伟主编,沈弘等编译:《海外史料看甲午》,中国画报出版社2015年版,第131页。

绍箕致书友人时感叹:

> 东事(指甲午战争——引者)外误于北洋(指李鸿章——引者),内误于政府,败坏决裂,遂致不可收拾。现在议战无方略,议和无界限,议迁无章程。当轴处置军事,料惴敌情无一不极昏谬!①

甲午战争结束后,为了炫耀"战绩",日军先是将"镇远"舰作为战利品驶抵日本,并专门举行公众开放日展示。1911年4月,该舰从日本海军退役,一年后被拆解出售,其中的铁锚、锚链等竟公然陈列在东京上野公园。直到1945年抗日战争胜利后,原"镇远"舰的遗物才被中国政府索回②。

四、马关议和

1895年2月17日,日军攻占威海,北洋海军全军覆灭。2月22日,李鸿章被紧急召见入京,委以赴日议和的使命。这时,中国败局已定,李鸿章深知此次东瀛之行,于国于己都将蒙受羞辱,本不想从命,但又知道中国已被逼上绝境,众大臣又畏缩不前,自己若不应允,局面将更加不可收拾,硬着头皮接下了这宗注定被人唾骂的使命。3月14日晨,李鸿章在天津乘上德国轮船悄然开赴日本。随行者有他的儿子李经方,曾任中国驻日公使,通晓日语;还有美籍顾问科士达,中国官员马建忠、伍廷芳等人。

3月19日,李鸿章一行抵达日本马关。这里濒临对马海峡,与朝鲜半岛一水相隔,其间波光粼粼,船帆穿梭,风景秀丽,初出国门的李鸿章无心顾及,于次日即与日方代表在春帆楼开始会谈。端坐李鸿章对面的正是十年前的老对手伊藤博文,在他的右边是日本外相陆奥宗光。此时的伊藤博文,全无先前的虚伪客套,态度傲慢,几近无礼,不容李鸿章多说,就蛮横地提出中国若想求得日本停战,必须交出大沽、天津和山海关,听由日军进驻。目的是将北京直接置于日军的炮口下,以进一步逼迫清廷就范。

---

① 谢作拳点校:《黄绍箕集》,中华书局2018年版,第338—339页。
② 罗永明:《甲午战争期间日本的摄影报道活动》,《中国国家博物馆馆刊》2016年第1期,第126页。

面对如此苛刻的停战条件,不管日方如何强逼,李鸿章坚持表示不能答应。这时,日本国内一部分战争狂热分子按捺不住,认为李鸿章妨碍了日本的在华战略意图,决定行刺将他杀死。3月24日下午四时许,李鸿章结束仍无结果的第三次会谈,坐轿返回下榻的住处。当行至街道拐角处时,突然从路旁围观的人群中蹿出一名青年男子,猛地扑向李鸿章的坐轿,只见他一把抓住轿杠,一手掏枪射击。事出突然,左右随从都没能反应过来,李鸿章也未及躲闪,枪弹正中其左面颊,血溅轿帘,顿时晕眩过去。凶手见状以为得手,趁枪响大乱之机,复蹿入人群逃遁,被路边的日本警察当场擒获。李鸿章则被随从赶紧护送回住处,经救治方才苏醒。

经审讯,凶手名小山丰太郎,年26岁。在问及为何行刺时,他在法庭公开宣称日军放弃占领北京意味着日本的耻辱,目前同中国签订和约为时尚早,刺杀李鸿章旨在强使谈判中止,实现日军进占北京的目标。有学者指出,甲午战争前,"慎重派在日本占据了支配地位,他们将清朝与日本的国力进行了比较,认为日本毫无胜算。开战前的反对观点大多认为:'日本无法战胜巨大的大清'。但是,在战争爆发之后,日本不断取得胜利,舆论便转而开始蔑视中国"①。当时日本国内弥漫着好战侵略的论调,公然声称"在皇军攻陷北京城之前,绝不与中国人议和"②。此前的1894年12月,就有所谓的学界名人宣称:

> 如今绝不是讲和的时期,换句话说,如今应该倾全国之兵力,锐意猛进,一面占领台湾,将此永久归入帝国的版图,一面扼住其咽喉之地,给予其神经一大痛击……倘若能北占旅顺口,南据台湾,清国再怎么庞大,也犹如一头被揪住了鼻子和尾巴的大象,大则大矣,却已失去了运动其庞大身躯的自由。到了这一步,不仅是一个清国,还北可控制俄国,南可应对英国,这样我们才可发挥出东亚的霸权。③

陆奥宗光亦描述:

> 在平壤、黄海战胜以前,私下为胜败而担忧的国民,如今则对将来的

---

① [日]野岛刚:《被误解的日本人》,上海三联书店2016年版,第145页。
② [日]陆奥宗光著,徐静波译:《蹇蹇录:甲午战争外交秘录》,上海人民出版社2018年版,第240页。
③ 同上书,附录,第260—261页。

胜利毫不怀疑,觉得问题只是日本的太阳旗何时进入北京的城门。于是乎,整个社会气象是狂跃于壮心快意,沉溺于骄肆高慢,国民到处沉醉于喊声凯歌之中,对将来的欲望与日俱增。①

行刺事件不仅使国际舆论哗然,也使日本政府大为不安,马上设法"来弥补这个可耻行为所造成的后果,当地的政府官员和警察局长因失职而被解职"②。李鸿章身为中国使臣,竟在日本遇刺,实为国际外交史上罕见之事,国际舆论纷纷指责日本负有不可推卸的责任。相比之下,日本更担心李鸿章因此中断谈判,欧美列强有机会借题发挥,插手中日谈判,妨碍日本对华索取的部署。所以事件发生的当天晚上,伊藤博文和陆奥宗光均前往李鸿章住处探视伤势,日本天皇也派医师前来协同治疗,以示关注;日本法院则以杀人未遂罪判处凶手无期徒刑。目的都是为了平息国际舆论的谴责,并稳住李鸿章,不使谈判中止。陆奥宗光记述:"李鸿章遇袭的消息飞速报告了广岛大本营,令圣上大为惊讶,陛下立即派遣医生赶到马关,命其专门给中国使臣治疗创伤。此外,皇后也御赐了御制的绷带,同时还派遣了护士过来,给予了相当隆重的对待。"原因如其所说,日本非常担心:

> 倘若李鸿章以伤痛为借口中断双方的谈判而中途回国,对日本国民的行为痛加贬斥,并巧妙地招引欧美各国再度居中调停的话,要博得两三个欧洲强国的同情亦非难事。在这样的时刻,一旦招致欧洲强国的干涉,我国对中国的要求恐怕也不得不要做大幅度的让步。③

李鸿章深知这次出使日本,不管在谈判桌上怎样百般努力,也难避免割地赔款的结局。遇刺后,若从自身考虑,本可以因伤退出谈判,免得落下历史的罪名。但看到此事发生后,日本的态度有所松动,估计"此后和款必易商办"④,决定抓住这个机会,尽量减轻战败的损失,因此他拒绝了医生立即动手术探取子弹的建议,"决定至少目前不去动伤口"⑤,暂以绷带包扎止血,改由其子李经

---

① [日]陆奥宗光著,徐静波译:《蹇蹇录:甲午战争外交秘录》,附录,第262页。
② [意]弗拉基米尔著,孔祥文译,孔祥茹校订:《甲午战争:一个意大利人的记述》,商务印书馆2018年版,第223页。
③ [日]陆奥宗光著,徐静波译:《蹇蹇录:甲午战争外交秘录》,第170、171页。
④ 《李文忠公全书·电稿》卷20,第26页。
⑤ 《科士达日记》,《中日战争》(中国近代史资料丛刊续编)第6册,中华书局1995年版,第622页。

方代为出场继续和谈。3月20日,日本不再坚持进占大沽、天津、山海关的要求,双方签订了《中日停战协定》,规定除台湾外就地停战。4月1日起,谈判进入最后议和阶段。日本提出的条件依然十分苛刻,包括中国割让辽南、台湾和澎湖列岛,赔款白银3亿两等。4月10日下午,李鸿章带伤参加会谈。伊藤博文指着日本起草的条约文稿,盛气凌人地提醒李鸿章,再无磋商、辩解的余地,只有一种选择:是接受,还是拒绝。李鸿章见事无转机,要求暂缓几日再作答复。回到住处,即致电国内请示。清廷唯恐日军重新开战,京城不保,复电授权李鸿章即可订约,说是"原冀争得一分有一分之益,如竟无可商改,即遵前旨,与之定约"①。

4月15日下午,举行最后一次谈判。李鸿章虽有授权签约的谕旨在身,仍想最后抓住一些机会,力求日本有所让步。尽管他唇焦舌干,从下午2时半谈到晚上7时半,历时5个小时,再三陈述,进而恳求,日方只答应个别细节稍作更动,其余均照原议。事后陆奥宗光这样描述,李鸿章自到马关以来,从来没有像今天会晤这样不惜费尽唇舌进行辩论的。他也许已经知道我方决议的主要部分不能变动,所以在本日的会谈中,只是在枝节问题上斤斤计较而已:

> 他力争将两亿赔款再减少五千万,见这一目的无法达成,便要求减少两千万,最后竟向伊藤全权大臣哀求说,这两千万就权当给我回国的临别赠礼。这样的举动,从他的地位来说,也真有些玷污自己的脸面,也许他是在执行朝廷的"争得一分有一分之益"的指示吧。②

弱国无外交,这时的李鸿章比旁人更能痛切地感受其中的含义。4月17日上午10时,《马关条约》正式签订,除辽南割地的范围和赔款数额稍缩减外,其余均照日本出具的条文拟定,其中规定承认日本对朝鲜的控制,中国将辽东半岛、台湾岛及其附属岛屿和澎湖列岛割让给日本,赔偿日本军费2亿两白银,增开沙市、重庆、苏州、杭州为通商口岸,允许日本在中国各通商口岸投资设厂,中国的主权和领土完整受到空前的肢解。其中赔偿日本军费则是对中国的公然勒索,据统计,日本在甲午战争中实际支出的军费总数不超过1.25亿日元,而战后清政府陆续支付的赔款折算总额为3.5836亿日元,扣除上述1.25

---

① 《李文忠公全书·电稿》卷20,第39页。
② [日]陆奥宗光著,徐静波译:《蹇蹇录:甲午战争外交秘录》,第191页。

亿日元,日本从中国强行掠夺了2.333 6亿日元,是当时日本全国年度财政总收入的3倍①。

马关议和的近30天,令李鸿章不堪重负、心力交瘁,虽说他是奉命而行,并已竭尽所能,但仍觉愧对国人,回到天津后,让别人回京复命,自己告病请假,居家不出。但他担心的事情还是发生了。《马关条约》的内容传到国内,人们异常激愤,囿于君臣之义或惧于专制淫威,又多不敢公开指责朝廷,李鸿章便成千夫所指的罪人,人人皆曰可杀。倾注很多心血的北洋海军的覆灭,也使李鸿章痛心疾首。他对身边人吐露心曲说,中日交涉的经历最不堪回首,"至一生事业,扫地无余"②。言语之间,充满了愤懑和无奈。他忆及伊藤博文等人的狂妄和威逼,心绪难平,表示有生之年再不愿踏上日本的国土。1896年他出访欧美归国途中,曾路过日本横滨,有人劝他上岸稍事休息,被他一口拒绝,足见马关议约在他心中留下的创痛。

《马关条约》对台湾的割让,遭到台湾军民的强烈抵制。他们致电清朝政府反对割地,并拿起武器,开展反割台斗争,先后在新竹、彰化、云林等地英勇阻击入侵的日军,在彰化保卫战中,刘永福所部几乎全部战死。1895年10月,台南失守,台湾全省沦陷。

五、日本染指江南

中日甲午战争和《马关条约》后,日本的侵华野心更为膨胀。中国经济重心所在的江南,是其觊觎的目标。

中日甲午战争和《马关条约》后,起意"振兴商务"的清政府,设想通过自开商埠挽回一些利权。此前,已有广东在与澳门接壤的拱北自开商埠。1898年7月,光绪帝颁布上谕称:"欧洲通例,凡通商口岸,各国均不得侵占。现当海禁洞开,强邻环伺,欲图商务流通,隐杜觊觎,惟有广开口岸之一法。……著沿江沿边各将军督抚迅就各省地方悉心筹度,如有形势扼要、商贾辐辏之区,可以

---

① 蒋立文.《甲午战争赔款数额问题再探讨》,《历史研究》2010年第3期,第149页。
② 吴永:《庚子西狩丛谈》卷4,第107页。

推广口岸展拓商埠者,即行咨商总理衙门办理,惟须详定节目,不准划作租界,以均利益而保事权。"①朝野人士也多有动议,端方认为时下中国"不独门户洞辟,即堂奥腹地亦无不流通,贸易日盛月新,居交通之时代而为闭塞抵制之谋,诚非策矣"②。有人指出:"时至今日既不能闭关绝市,而各国藉端要挟又复日出不穷,然则于千万不得已之中而思一两全之计,惟有于江海要区自行辟作商埠",以求"利权不至外溢,而于富强之道亦得焉"③。1898年,两江总督刘坤一奏请吴淞自开商埠获准。

吴淞自开商埠的动议始自晚清。位于黄浦江入长江口要冲的吴淞,是中外船只进出近代中国第一大港上海的必经之地,经内河也可通往苏杭。1859年,王韬记述:"吴淞江口温草浜(今称蕰藻浜——引者),港面辽阔,内则达苏杭,外则达各海口。"④19世纪60年代后,进出上海港的外国商船日多,而面对吴淞口外的淤沙,大吨位远洋船只常受滞阻,往往要候潮进港,因而曾有开辟吴淞港区的动议。海关报告载,"在上海开埠以后的年代里,进口船只的体积大大增加,而长江进口水道一直没有疏浚修治,浅水时江口拦沙水位比黄浦江还要浅。所有巨轮都只能停留在口外,航商对这种情况啧有烦言"⑤。吴淞口内沙的淤积也很严重,在吴淞附近的黄浦江有一处水上沙洲叫江心沙或高桥沙,将水道一分为二。靠左岸的水道较宽但较浅,只有中式帆船会航行;吃水较深的轮船行驶的是较窄的右岸水道。内沙就位于这个右岸水道的入口处,比位于黄浦江入长江口的外沙更浅,对吃水较深的轮船造成更大威胁⑥。1870年,德国人李希霍芬就向德国政府提议占据舟山,"他盛赞舟山拥有一个易守及易于设防守的港口",认为"如果采用适当的措施,如设立自由商埠,该岛(指舟山——引者)不难发展成为商业大都市,不但能吸取邻地宁波之商业,并能在该方面的交通上起而代替上海之地位,因为上海海港不易容纳大船进出"⑦。

清政府则出于防务考虑,拒绝疏浚黄浦江,列强便起意开辟吴淞港区,先

---

① 朱寿朋:《光绪朝东华录》,中华书局1958年版,第4158页。
② 《湘抚端方自开商埠筹办情形折》,《湖南历史资料》1980年第1期。
③ 佚名:《与客谈通商口岸》,《皇朝新政文编》,台北文海出版社1985年影印本,第2568页。
④ 中华书局编辑部编,汤志钧等校订:《王韬日记(增订本)》,中华书局2015年版,第267页。
⑤ 《海关十年报告译编》,第287页。
⑥ 朱玛珑:《"港际工程":1875年来自日本的两位荷兰水利工程师对上海吴淞内沙的调查》,台北"中研院"《近代史研究所集刊》第90期(2015年12月)。
⑦ 清华大学历史系编:《戊戌变法文献资料系日》,上海书店出版社1998年版,第7页。

是提议修筑淞沪铁路,1866年英国驻华公使阿礼国致书清廷:"上海黄浦江地方,洋商起货不便,请由海口至该处于各商业经租就之地,创修铁路一道。"强调"浦江淤浅挑挖不易,铁路修成,水路挑挖无关紧要"。经清廷议复,认为"开筑铁路妨碍多端,作为罢论"①。1873年10月13日,上海公共租界工部局董事会商议所谓"吴淞的沙洲以及对黄浦江的保护",会上有人"建议工部局应和商会共同采取有力措施来搬掉吴淞的沙洲,以维护黄浦江的畅通。由于水道淤泥堵塞,新的沙洲和淤泥的沉积不断形成,情况日趋严重,并且他认为如果不采取措施加以控制,则所有在上海拥有产业或经营各种行业的人,他们的利益将受到威胁"②。此前的1872年,美国驻沪领事布拉德福背着清政府组织吴淞道路公司,并于1874年兴筑淞沪铁路,1876年2月铺轨,企图在吴淞开辟水陆转运泊岸。一位美国学者在参阅美国国会档案后指出,美国领事此举"是受横滨——东京间建筑铁路的刺激的,上海港口的运输问题与东京有些相似。外国船舶认为碇泊在距离外国租界下游十二英里的吴淞江(应为黄浦江——引者)中,比较便利。从这个碇泊处建一条铁路,通到这个城市,将会起与横滨—东京线的类似作用"。而日本的那条铁路,正是由美国人在1869年承建,于1872年通车的③。

列强筹开吴淞港区的举措,惊动了上海地方官员。1876年3月,苏松太兵备道冯焌光照会英、美驻沪领事:"通商章程第六款载明,各口上下货物之地,均由海关妥为定界。又江海关定章,浦江泊船起下货物之所,自新船厂起至天后宫为界,商船只许在例准起货下货之界内起货下货各等语。是吴淞既非起货下货之所,又吴淞口一段,尽属海塘,关系民生、农田保障,为中国最紧要之事,断不能任百姓将官地盗卖,建造房屋、码头。"强调"上海贸易租界,自洋泾浜起至虹口为止,有法国租界,有美国租界,吴淞口系宝山县所管,不在通商租地界限之内。又各国通商章程,只有上海口岸,并无宝山地界通商"④。英、美领事无言以对。后经交涉,由清政府出巨资将淞沪铁路购下拆毁。

列强筹开吴淞港区的举措虽然受挫,但淤沙仍横亘吴淞口外,列强据此仍

---

① 《清季外交史料》卷5,第19页。
② 上海市档案馆编:《工部局董事会会议录》第5册,上海古籍出版社2001年版,第663页。
③ 宓汝成,《中国近代铁路史资料》第1册,中华书局1963年版,第34、35页。
④ 同上书,第43、44页。

不断发难。1881年12月,两江总督刘坤一遂上书奏称:"吴淞口在黄浦江口内,本与长江防务无涉,惟赴上海必经此沙。此沙日积日高,各国大船出入不便,有碍洋商生计,故彼饶舌不休。夫中外既经通商,水道本应疏浚,如我置之不理,彼得借以为词,抽费兴工,势必永远占据,谓系洋商捐办,华官不能与闻。……再四思维,只有自行筹款挑挖,则所挖之宽窄浅深,作缀迟速,均可操纵自由,只令通船而止,万一有事,则沉船阻塞,亦反掌间事也。"①意在通过自主疏浚淤沙,堵塞列强口实。次年,从国外进口的设备运抵,进度缓慢的疏浚工程开始,筹开吴淞港区的动议一度沉寂。原因之一为,吴淞系江防重地,1894年7月28日,法国《全球画报》(周报)曾报道:"目前形势十分紧张,战争似乎不可避免……上海道台已正式通知各国领事,必要的时候,中国将随时封锁吴淞口。"②

但列强并未止步,张之洞1895年12月曾奏称:"查吴淞口沙浅胶舟,必须乘潮出入,海轮剥载进口甚为不便,故近年来洋人屡有疏浚吴淞之请,此次日本议约(指马关议和——引者)时,日本人亦曾议及此。"③1887年1月3日,在沪游历的日本人宗方小太郎记述:"上海乃东洋一大良港,欧美各国之商船辐辏港内,煤烟蔽三吴之空,汽笛响沪城之天,最令人目眩之事,乃英法等强国之东洋舰队之兵舰系泊于黄浦江心,出入不绝,国旗随风翻飞之状,既令人振奋亦可羡也。"他抱怨:"此间特特不见旭旗翩翩,诚可谓遗憾至极!"④甲午战争期间,日本对吴淞及上海的觊觎,令英国颇为紧张,1895年1月2日李鸿章记述:"英廷不准倭(指日本——引者)至吴淞外。"⑤

甲午战争后日本报纸公然声称:"日本在上海择地开租界一事,以吴淞为佳。黄浦江淤沙日厚,其势迟早必至无法可治,不能行船。如吴淞则日后必大兴胜之地,与上海来往之路又极便,本当择租界于吴淞。"⑥沿江一些地段则先

---

① 刘坤一:《订购机器轮船开挖吴淞口淤沙片》,刘坤一撰,陈代湘等校点:《刘坤一奏疏》(一),岳麓书社2013年版,第738页。
② 赵省伟主编,沈弘等编译:《海外史料看甲午》,中国画报出版社2015年版,第3页。
③ 张之洞:《筹办江浙铁路折》(光绪二十一年十一月十二日),赵德馨主编:《张之洞全集》第3册,武汉出版社2008年版,第300页。
④ [日]宗方小太郎著,甘慧杰译:《宗方小太郎日记(未刊稿)》,上海人民出版社2016年版,第1页。
⑤ 清华大学历史系编:《戊戌变法文献资料系日》,第3页。
⑥ 《时务报》第22册(1897年3月),译载。

第六章 狼烟又起

后易主,至1898年初"吴淞口之蕰藻浜南沿江水深之地,除操厂一块,悉为洋人所得"①。当时的海关报告亦载:"修筑堤岸的作业,继续由日本人进行。"②英、德等国还以兵船进出吴淞口不便为由,向清政府索要蕰藻浜以北沿江百余亩空闲官地,以建造所谓兵船码头,企图再开吴淞港区③。其间,英国海军和驻沪领事曾致函上海道台,"欲借吴淞炮台前操场为兵士游玩之地"④。如1898年4月15日《申报》所言,"自上海通商,外洋轮船出入,吴淞为咽喉要路……第水路虽为通商要道,而岸上未有租界,且地属太仓州之宝山县,又非上海所辖,西商欲于此间设栈起货,格于成例,不克自由;而淞沪铁路工程又未告竣,公司货物必由驳船起运,船乘潮水涨落,未能迅速克期,此西人之心所以必须辟租界于吴淞者"。

为杜列强觊觎,1898年初两江总督刘坤一奏请吴淞自开商埠获准。事后他陈述说:"上海近来商务日盛,各项船只由海入江,以吴淞为要口。只因拦江沙淤,公司轮船必须起货转运,致多阻滞。现值淞沪铁路将次竣工,商货往来自必益形繁盛。经臣商准总理衙门,将吴淞作为海关分卡,添建验货厂,俾得就近起下货物以顺商情,并于该处自开商埠,准中外商民公同居住,饬道会商税司妥切筹议,将马路、捕房一切工程仿照沪界认真办理,期于商务、地方均有裨益。"⑤消息传出,吴淞地价陡升。同年5月22日《申报》以"吴淞口开埠近闻"为题载:"张华浜以及吴淞炮台一带农田已为中西商人购置殆尽,地价飞涨,每亩可值五六百金,至灯塔左近沿浦滩地则更涨至每亩四千五六百两矣。"而先前每亩只值数十两,至多也不过百余两⑥。

随后,自开商埠的步骤渐次展开。未来商埠的地域确定为"以北过炮台至宝山县南石塘东西大路为界;南界牛桥角,以东西进深三里为界;西面浜北,以泗塘河为界;东以泗塘河对岸起,距浦进深三里为界"⑦。即沿黄浦江从吴淞炮

---

① 北京大学历史系编:《盛宣怀未刊信稿》,中华书局1960年版,第61页。
② 徐雪筠等译编,张仲礼校订:《上海近代社会经济发展概况(1882—1931)——〈海关十年报告〉译编》,上海社会科学院出版社1985年版,第48页。
③ 《盛宣怀未刊信稿》,中华书局1960年版,第61页。
④ 清华大学历史系编:《戊戌变法文献资料系目》,第437页。
⑤ 刘坤一:《吴淞新开商埠仿照沪界办理片》,刘坤一撰,陈代湘等校点:《刘坤一奏疏》(二),第1126页。
⑥ 《申报》1898年5月23日。
⑦ 李明勋等主编:《张謇全集》第1册,上海辞书出版社2012年版,第589页。

台向南,越过蕰藻浜,迄于陈家宅这一狭长地带。为此成立了开埠工程总局、清查滩地局等机构,次年在蕰藻浜北筑成东西向马路五条、南北向马路三条,沿江驳岸也着手兴建①。中国自开商埠的举动招致列强的忌恨,英国领事抱怨"由于这个港口是'自动地'开放的,因此中国有权指定开放的条件,其中之一就是外国人不得在租界(应为商埠——引者)之外取得土地"②。诚如刘坤一所指出的,"彼族觊觎吴淞已非一日,今幸自开商埠,不能占我要隘,必思挠我利权"。手法之一,是对招租官地反应冷漠,使刘坤一等欲将官地变价用于开发商埠的设想受挫③。

日本则公然要求在吴淞设立日租界。1898年4月,日本驻沪代理总领事小田切万寿之助获悉清政府将在吴淞自行开埠,便向本国政府提议在吴淞设立日租界,并前往考察,就附近形势、内部各区域状况、适于设租界之处,撰写了报告书。1898年5月31日,日本驻华公使矢野文雄奉命照会总理各国事务衙门,请"允上海之处改自吴淞口灯塔起,沿江而南一百丈,其北亦沿江二百丈,共合三百丈;东至西之南北两面各五百丈,西边自北而南亦三百丈之地,作为日本专管租界"。对日本的要求,刘坤一以"吴淞商埠与约开通商口岸不同,各国均无自立租界之例",予以拒绝④。不久北方义和团兴起,1901年《辛丑条约》规定疏浚黄浦江包括吴淞口淤沙,"洋商营业趋势益集中于上海,淞口无转移之希望",列强不复再提开辟吴淞港区或设立租界事,清政府的"自开商埠"遂也陷于停顿⑤。"埠工、升科、会丈等局亦于是年次第撤销","惟筑成之马路交错纵横,犹存遗迹"⑥。

但日本并未放弃对吴淞的觊觎。1906年12月7日,日本驻沪总领事永泷久吉曾向日本政府报告,自黄浦江航道有所疏浚,"进出船舶直航上海而不在吴淞停泊,只有邮船、大型轮船及军舰因吃水关系不能开入黄浦江而都停泊于吴淞港外,在此处将客货转至小轮船开往上海,故不需要陆上设施",也"一直

---

① 民国《宝山县续志》卷3,营缮。
② 《英国驻沪领事贸易报告汇编》,第949页。
③ 刘坤一:《吴淞官地暂设公司召售折》,刘坤一撰,陈代湘等校点:《刘坤一奏疏》(二),第1260页。按:此处官地系指"吴淞一带滨海沿江历年涨出滩地"(同前注,第1260页)。
④ 李少军:《甲午战争后六年间长江流域通商口岸日租界设立问题述论》,《近代史研究》2016年第1期。
⑤ 民国《宝山县续志》卷6,实业。
⑥ 民国《宝山县续志》卷6,实业;卷1,舆地。

没有外国人居住吴淞展开经营,而一任道路杂草繁茂"①。从其"市街东西长而南北短"的布局走向中,人们仍依稀可见当年的开发设想②。由筹开吴淞港区引发的自开商埠规划虽告夭折,但余音未绝。时至民国初年,张謇曾受命赴"吴淞重兴埠政",旋遇1924年齐卢之战,"经费告竭",被迫停办③。吴淞自开商埠的夭折,对周围乡村经济不无影响,地方史料载:"吴淞村集颇多,近则大多衰落,惟炮台湾车站附近有茶酒杂货店等数家,专供营兵旅客之便利。陈家巷在吴淞镇西北三里许,有杂货店等二三家。"④

苏州和杭州,素为江南名城和江浙两省的省会城市。甲午战争后的中日《马关条约》规定将它们和重庆、沙市等增辟为通商口岸。之后,日本便急切地部署在苏、杭两地设立其租界。1895年11月21日,日本驻沪总领事珍田舍赶到杭州"拟定租界地基",并于12月6日照会浙江巡抚:"看阅各处,以武林门外运河东岸拱宸桥外之地为最妥,拟作日本租界。"浙江巡抚则"以所勘地方处所大致虽定,但丈尺四至尚未议定,现界线未将纤路丈尺留出,有碍商旅往来,并声明未订章程以前,日本商人未便来杭照复"⑤。急欲得逞的日本政府大为不满,于是就有日本驻华公使林董,在北京向清朝政府总理各国事务衙门声称:"苏、杭开办通商,照约已迟一月,日本船商均集上海,请即设关开办,以便日船驶行";并宣称"日本租界专为日本商民急速开办,不与各国相干(有不愿开为公共租界之意——引者)"⑥。

几经交涉,1896年9月中日双方签订协议,在杭州拱宸桥地区划界设立"商埠区",并在其中设立日租界。拱宸桥地处京杭大运河的南端,是南北交通枢纽,历史上一直是各地商货集散交汇处。如《拱宸桥商埠地段四至说明》所

---

① 李少军:《甲午战争后六年间长江流域通商口岸日租界设立问题述论》,《近代史研究》2016年第1期。
② 民国《宝山县续志》卷6,实业;卷1,舆地。
③ 民国《宝山县再续志》卷6,实业。
④ 民国《宝山县续志》卷1,舆地,市镇。按:1937年日本大举入侵并占领上海租界以外地区后,为配合其侵华战争需要,即启动所谓"港湾及运河建设事业",其中包括"吴淞建港""吴淞口小河的筑造""吴淞口小河的运河化工程"等(详可见上海市档案馆编:《日本在华中经济掠夺史料(1937—1945)》,上海书店出版社2005年版,第473、474页)。
⑤ 陈善颐:《杭州拱宸桥日本租界划界交涉经过》,杭州市政协文史委编:《杭州文史丛编》第1册,杭州出版社2002年版,第2页。按:陈善颐的先祖陈星庚时为浙江巡抚廖寿丰幕僚,任抚署洋务总文案。
⑥ 同上。

载:"出武林门,北至大关计八里,皆居民稠密,市肆林立。由大关至拱宸桥计三里弱,两岸皆民房错落,且无大块地段可用。惟自拱宸桥北至瓦窑头三里,河身宽广,俗名三里洋,且系直达苏州之运河,又名下塘河,以东岸为各国通商地段,约有五利:距关市不远,便于货物运送;河身宽广,易于停船,上下货物尤便;地皆平壤,便于营造;近河皆桑地,庐墓不多,易于选购;在登云桥桥下,凡省城出入货物,便于设关稽查。"①1896年10月20日,光绪帝召见江苏布政使邓华熙时询问:"苏州洋务何如?"奏云:"日本租界已经划定,尚无异言。惟现在辩论管理租界之权,尚难定议,日人则要专归日管,中国要归县官管理,现尚相持未定,看来似须中、日会同管理,方能结局。"②次年,中日签订《苏州日本租界章程》,辟苏州盘门外相王庙对岸青旸地,西起商务公司,东至水绿泾岸,北自沿河十丈官路外起,南至采莲泾岸,为日本租界③。

令日本始料未及的是,以欧美商人为主体的在沪外商,出于商业成本的考虑,并不热衷去紧邻上海新开埠的这两个城市拓展业务。英国驻沪领事哲美森,在其《1895年度上海贸易和商业报告》中认为,苏杭两地的开埠,"无疑将对上海的贸易产生很大的刺激,到现在为止,这些城市都是从上海获得供货的,而且仍将如此"。同时他又断言:"在外商方面,不见得会出现任何涌往那里去开设分行的情形。经验表明中国人在所有港口之间的贸易经营上,都能比英国人干得更便宜些,因而我们对此已不再进行竞争,甚至也不再为此而埋怨。"④

于是,苏杭两地虽有日租界的设立,但独木难支,日本虽极力经营,仍难有起色。苏州的开埠并没有改变它与上海在江南城市体系中的地位,也没有出现外商纷往的景象。苏州城内,"泰西各商均未开行,但恐洋商终不愿来此贸易,以上海各货俱全,本地商人在申购办甚便,洋商之货来此有何益耶?"⑤机器缫丝厂开办后,"几乎全部产品运往上海"⑥。时至1906年,苏州日租界的商务

---

① 杭州市政协文史委编:《杭州文史丛编》第5册,第593页;第1册,第4页。
② 邓华熙著,马莎整理:《邓华熙日记》,凤凰出版社2014年版,第176页。
③ 陆允昌:《苏州洋关史料》,南京大学出版社1991年版,第133页。
④ 李必樟译编:《上海近代贸易经济发展概况:英国驻上海领事贸易报告汇编(1854—1898)》,第897页。
⑤ 《光绪二十二年(1896)苏州口华洋贸易情形论略》,陆允昌编:《苏州洋关史料》,第144、145页。
⑥ 《海关十年报告·苏州(1902—1911年)》,陆允昌编:《苏州洋关史料》,第102页。

仍显萧条。当时在苏州游历的日本人宇野哲人目睹,其虽设立多年,"然其规模仍是可怜至极,虽道路纵横,然我国之建筑仅数十,惟占据中国街之一侧及河岸道路之一侧而已,且极其粗恶。"①同年苏州商会档案称:"查苏州商市行情涨落,大致悉依上海市价为准,苏沪商业一气联络。《新闻日报》、《申报》各载省商务类志一项,所有商货行情随时涨落,立即登报,朝发夕至。近今宁沪铁路火车开行,尤为捷速,是以一切市面与沪市不相上下。至于货产进出,均以沪地转运。"②1911年,苏州"洋货由外洋径运进口及由通商口岸运来者,由外洋径入之货自属微细,由通商口岸运入之货其价约增关平银五十余万两,来自上海几占全数"③。有学者指出,1895年后,"苏州作为通商口岸,在贸易额及税收方面,未能达到预期的收益。苏州海关税务司在他的第一份任职报告中预测,作为通商口岸的苏州仍然无足轻重。正如钱庄与当铺老板所预见的,苏州因为距离上海太近,凭借自身力量不太可能成为对外贸易的主要港口或者工业中心,这一困境实际上消解了日本租界的存在理由"④。日本东亚同文书院在苏州的实地调查报告载,直到1921年,"现在租界里只有官吏居住,而商人则居住在反向的地方";目睹此景,其抱怨"现在的租界没有什么政治、经济价值"⑤。

  距上海稍远的杭州,虽地处钱塘江口、杭州湾畔,但受涌潮涨落及泥沙淤积的阻碍,近海、远洋船只无法驶入,原先与外地的经济交往主要借助内河特别是京杭大运河经由苏州的周转。自上海开埠及江南经济中心由苏州向上海转移,杭州连同杭嘉湖地区其他城镇的进出商品,大多直接纳入上海港内河航运货物集散渠道。杭州被辟为通商口岸,同样没有动摇上海作为江南经济中心城市的地位。杭州开埠后,"只有两个国家——英国和日本——派遣领事到杭州","英国领事馆于1900年建成,坐落在运河岸边,与日本租界相对"⑥。

---

① [日]宇野哲人著,张学锋译:《中国文明记》,中华书局2008年版,第184、185页。
② 章开沅等:《苏州商会档案丛编》第1辑,华中师范大学出版社1991年版,第202—203页。按:沪宁铁路上海至苏州段于1906年先行通车。
③ 陆允昌编:《苏州洋关史料》,第144、102、222页。
④ [美]柯必德著,何方昱译:《天堂与现代性之间:建设苏州(1895—1937)》,上海辞书出版社2014年版,第79页。
⑤ 《大运河调查报告书(1927年7月)》,冯天瑜等选编,李少军等译:《东亚同文书院中国调查资料选译》下册,第1576页。
⑥ 陈梅龙等译编:《近代浙江对外贸易及社会变迁——宁波、温州、杭州海关贸易报告译编》,宁波出版社2003年版,第218—217页。

1906年在杭州游历的日本人宇野哲人,记述了杭州日租界的萧条:"拱宸桥在杭州城北约二里处,往上海往苏州之汽船在此发着。中国街之次,有各国租界;再次,河之下游有我国专管之租界";其中"仅有大东公司之职员宿舍及仓库、邮电局、警察署,寂寞无邻,立于原野之中。原野中有供在杭日本人游乐之网球场,而道路尚未开通,有时甚至在我租界内可捕得野鸡"。他感叹:"我租界之位置,虽较苏州为便,然其寂寞凋零一如苏州。"①

六、亡国的边缘

中国在甲午战争中的惨败,招致列强争夺在华权益的狂潮。中日马关议和的结果,在欧美列强中引起很大反响。日本在东北亚的急剧扩张,首先使沙皇俄国感到强烈不安。

1861年推行农奴制改革后,沙俄的国力明显增强,对外扩张的欲望也不断膨胀。俄国在太平洋地区获取不冻港的企图可以说由来已久。根据1860年的中俄《北京条约》,它已经把乌苏里江以东、原属中国的海参崴占为己有,把它作为俄国太平洋舰队锚泊的军港。但美中不足,海参崴一年有四个月封冻期,因此沙俄处心积虑地要再往南物色一个常年不冻的军港。通过修筑西伯利亚铁路,向东北亚挺进,在朝鲜半岛或中国东北地区占据一不冻港,同其他列强在远东和太平洋区域争霸,是其总体扩张计划的重要一环。马关议和的结果,特别是日本占领辽东半岛,打乱了沙俄的上述部署,沙俄决意出面遏制。陆奥宗光描述:

> 形势越来越严峻,尤其是俄国自去年以来已陆续将军舰集聚到了远东地区,如今不仅在日本和中国沿海拥有强大的海军力量,且在当今的形势下,世间也流传着不少各种各样的流言蜚语,其中说到俄国政府已经对停泊在这一地区各港口的本国舰队发出密令,要求其做好各项准备,紧急待命,24小时内可随时出发。②

---

① [日]宇野哲人著,张学锋译:《中国文明记》,第190、191页。
② [日]陆奥宗光著,徐静波译:《蹇蹇录:甲午战争外交秘录》,第196页。

1895年4月23日,也就是中日《马关条约》签订后的第六天,沙俄联合对日本的迅速崛起也抱有戒心的德、法二国要求日本放弃对辽东半岛的占领,否则三国海军将有所行动。与此同时,停泊在日本海附近的俄国军舰奉命升火起锚,准备随时出动。在远东的德国军舰也奉命集结于华北港湾,配合俄舰的行动。面对这种态势,日本虽心有不甘,但又惧于同三国公开武力对抗,思忖再三,只得将到嘴的肥肉重又吐出,转而从中国追索赔款3000万两白银,换取日军撤出辽东半岛。

三国干涉还辽,本来完全是出于其各自利益的考虑,并不包含对中国的所谓友好。当时的《莫斯科新闻》评述:"俾斯麦公开宣称,对于俄国欲在太平洋海面获得不冻港,修建一条经过朝鲜的铁路的想法,德国没有理由设置任何的障碍,就如同德国赞同法国对于突尼斯、印度、非洲的战略政策一样,德国也赞同俄国在东亚的政策,就连黑海,眼下对于德国而言也已经不具有深切的关系,更不用说朝鲜海域了。"①而在俄国看来,"日本之占领南满,直接威胁俄国,因为此一地区会成为日本进攻俄国阿穆尔边区的基地。占领南满以后,日人将逼近俄国边界"。出手干涉,除了阻止日本占有辽东半岛,还可笼络中国,"我们就成为中国的救星,中国会尊重我们的效劳"②。对日本割占台湾,沙俄的态度则大异。日本驻俄公使从俄方探悉,"俄国政府对台湾之让与必不持异议"。为了证实这一情报,日本外务大臣亲自召见俄国驻日公使,告知割地为议和条件之一,俄方则称:"俄国对合并台湾并不表示异议。"③但清朝政府内部却因此出现亲俄的普遍想法,从慈禧太后到李鸿章及文武百官,都以为能够借助俄国的帮助,抗御日本的欺凌。对马关羞辱记忆犹新的李鸿章,"联俄制日"的主张尤为积极,实则是"病急乱投医",找错了门路,自己却浑然不知,以致后来懊悔不迭。

1895年底,清朝政府被告知沙皇尼古拉二世加冕典礼将于次年4月举行,各国将派特使前往致贺。经商量,清朝政府决定派李鸿章为"钦差头等出使大臣"赴俄。这时的李鸿章已不再担任直隶总督兼北洋大臣,名为奉旨进入内阁办事,实是闲居京城。对这次出访,他期望很高,认为是"联俄制日"的一次好

---

① [日]陆奥宗光著,徐静波译:《蹇蹇录:甲午战争外交秘录》,第234—235页。
② 《中日战争》(中国近代史资料丛刊)第7册,第314、316页。
③ 《中日战争》(中国近代史资料丛刊续编)第9册,第459;第10册,第60页。

机会。

  1896年3月3日,李鸿章离京南下,同月14日抵沪。这是清朝政府重要官员首次出访,因而受到各国的关注。法、德等国为争得外交上的主动,纷纷邀请他先期前去访问。李鸿章也有过先去法、德再赴俄国的打算。俄国闻知,担心李鸿章先去他国,对俄国不利,就由俄国驻华公使喀西尼出面,与李鸿章事先商定行程:3月28日坐船从上海出发,经太平洋、印度洋和苏伊士运河,在埃及塞得港换乘已在那里等候的俄国轮船,由地中海经大西洋入黑海,在俄国的港口城市敖德萨上岸,然后登车先去彼得堡,再赴莫斯科。之后,李鸿章一行如期启程。到达塞得港时,沙皇特派的专使已在那里迎候。4月30日,李鸿章等乘坐专列抵达彼得堡。

  5月3日,李鸿章与俄国财政大臣维特开始秘密谈判。维特一再表白俄国在三国干涉还辽中的功劳,建议中俄缔结军事同盟,以共同对付日本,为此要求中国允许西伯利亚铁路延伸至中国东北,声称这就能更有效地援助中国。李鸿章对俄方"借地修路"的要求表示犹豫,维特便以如不答应,"从此俄不能再助中国"相要挟①。但李鸿章仍不愿应承。次日,沙皇亲自出面施加压力,并称"将来倭、英难保不再生事,俄可出力援助"云云②。李鸿章被说动,同意与维特等进一步商谈。他们之间的谈判,是从彼得堡开始,在莫斯科参加了沙皇的加冕典礼后结束的。

  6月3日,双方签订了《御敌互相援助条约》,习称《中俄密约》,规定日本如侵犯俄国远东或中国和朝鲜,中俄共同出兵并互相接济粮食、军火;战争期间,中国所有口岸均应对俄国军舰开放;中国允许俄国在黑龙江、吉林修筑铁路直达海参崴。这是俄国精心策划的产物,它打着共同对敌的幌子,攫取了在中国东北修筑过境铁路的特权,并且为其海陆军伺机侵入中国领土提供了方便。维特宣称:"关于我们和中国的密约,没有一丝风声走漏到新闻界去。"③并称:"这一条约之所以保密,是因为俄国被授权通过蒙古和满洲修铁路,而这一权利直接来自俄国在不幸的中日战争后给中国的道义支持。这一条约之所以保

---

① 《清季外交史料》卷120,第22页。
② 《李鸿章全集》电稿三,上海人民出版社1986年版,第644页。
③ [英]克里斯蒂安·沃尔玛著,李阳译:《通向世界尽头:跨西伯利亚大铁路的故事》,生活·读书·新知三联书店2017年版,第74页。

密,还在于它同时也是一项对付潜在敌人日本的防御同盟条约,目的是避免日本侵华事件重演。"①李鸿章却一味相信"联俄制日",接受了这份看似"友好"实则包藏阴狠祸心的密约。1900年八国联军侵华,这份密约竟落到闯入紫禁城的沙俄军队手中,维特记述:

> 在中国皇宫遭到洗劫时,还在那里抄获了各种文件。外交大臣拉姆兹多夫伯爵突然从我们使馆收到了我们军人从皇宫中抄获的由我、洛巴诺夫—罗斯托夫斯基公爵同李鸿章签订的协议正本。该协议在加冕典礼时缔结,后来由尼古拉二世皇帝和中国皇帝批准。原来,中国皇太后十分重视这个协定,把它放在自己寝宫的一个特制的柜子里。在北京被围时,皇太后和整个皇室急急忙忙离开皇宫逃离北京,没有来得及把这份协定带走。②

条约临近签订时,俄方还耍了个"瞒天过海"的诡计。当时双方代表均已就座,就待签字。这时,维特一眼瞥见手中条约文本应删去的几个字仍赫然入目,不由得心中大惊,赶忙把主持签字仪式的俄国外交大臣罗拔诺夫叫到一旁,问个究竟。罗拔诺夫闻听,也吃了一惊,猛拍一下自己的前额,连说糟糕。原来,由罗拔诺夫准备的条约稿本第一款,曾写上中俄要共同对付"日本国或与日本同盟之国"。维特觉得不妥,认为树敌过多,一旦外传,对俄国不利,建议只保留"日本国"三字,其余删去。他的意见得沙皇赞同,让罗拔诺夫去修改。不料,罗竟将此事忘了,现在想起,慌了手脚。但他毕竟是外交老手,善于随机应变,见时间已是中午12时15分,就拍了几下巴掌,招唤仆人上前,不等李鸿章是否同意,就大声说道:"现在已过了十二点,让我们先进餐,否则菜就不好吃了,我们吃完后再签字。"③等大家离去,俄方的两个秘书赶紧把删改后的条约文本换上。对俄方的这番手脚,李鸿章及其随员丝毫没有觉察,事后维特等人非常得意。

中日《马关条约》和《中俄密约》,激化了列强在华权益的争夺,中国沦于亡国的边缘。

德国率先动手。对日本从《马关条约》攫取的侵略权益,德国皇帝威廉二

---

① [俄]维特著,肖洋等译:《维特伯爵回忆录》,中国法制出版社2011年版,第59页。
② [俄]谢·尤·维特著,李晶等译,李玉贞审校:《维特档案——访问记 笔记》第1卷(上),社会科学文献出版社2016年版,第618页。
③ 本书编写组:《沙俄侵华史》,上海人民出版社1986年版,第265—266页。

世羡慕不已,据德国外交部常务副大臣霍尔斯坦的记录,"当时德皇对日本人很佩服,说这些'小日本真有勇气'"。德国外交文件披露,真正促使德国政府下决心选择胶州湾的是中国海关德籍天津税务司德璀林。1895年11月3日,他在柏林与德国海军总参谋长威廉·克诺密谈,陈诉了占领胶州湾的好处,包括进出华北自如;作为军港,自然地理条件极佳;附近地区经济发达,资源丰富;气候条件适合欧洲人居住;疏浚条件好,便于建立现代港口等。"至于用何种手段获取胶州湾,朝野上下都认为必要时应该动武。德璀林本人就倾向以突然的动作、非常的手段达此目的。"①

此后,德国政府的一份绝密文件,直言不讳地宣称,夺取胶州湾有六大目的:

一、有助于德国商贸活动的扩张;

二、保持远东国际关系的均势;

三、保护基督教在华的传教事业;

四、为海军扩军计划开道;

五、为德国在"三国干涉还辽"中作出的努力获取报酬;

六、在青岛建立一个"模范"殖民地。②

1897年11月1日,两名德国传教士在山东巨野县被杀。德国政府以此为由,立刻派兵直驶胶州湾。1897年12月17日《纽约时报》载:"11月14日,星期日上午,三艘德国军舰进入胶州湾,它们分别是由德国远东舰队司令亲自指挥的旗舰'卡法瑟号',及'威廉公主号'和'阿歌娜号'。舰队司令传话于指挥当地驻军的清国将领,说他来此地的目的,是为对两名德国传教士被杀事件获得一个满意的解决。"③

清朝政府唯恐再起战火,听任德军上岸占领了今青岛所在的胶州湾。俄国马上跟进,12月14日俄舰侵入了旅顺港,并与德国就划分在华权益达成默契,俄国承认山东省为德国的势力范围,德国则承认中国东北、直隶和新疆是俄国"独占行动范围"④。继而,德国胁迫清政府签订《胶澳租界条约》,规定胶州湾租给德国,期限99年;准许德国修筑胶济路即由胶州湾通往济南的

---

① 相蓝欣:《义和团战争的起源:跨国研究》,华东师范大学出版社2003年版,第59—60页。
② 同上书,第61页。
③ 郑曦原编:《帝国的回忆》,第252页。
④ 《德国外交文件有关中国交涉史料选译》第1卷,第210页。

铁路,沿线两侧30里内,准许德国人开矿;山东省内任何举措,如需外国人、外国资本或外国器材,德国有优先承办权。俄国也胁迫清政府签约,强租了旅顺和大连。

眼看日、德、俄的得手,英国坐立不安。1895年6月21日,英国《泰晤士报》驻北京记者姬乐尔不无懊丧地称:"我们未参与干涉(指三国干涉还辽——引者),为俄国在北京建立它目前的优势地位提供了方便。"①1898年3月25日,英国外交大臣索尔兹伯里致电英国驻华公使窦纳尔:"由于总理衙门已将旅顺口租借给俄国,列强在北直隶湾的均势实际上已被打破。因此你务必以最有效和最迅速的方式获得日本人撤离威海卫后租借该地的优先权。租借条件应同准予俄国在旅顺口所享有的相同。英国舰队正在从香港开往北直隶湾的途中。"②同年7月,清政府被迫签订中英《订租威海卫专条》,规定威海卫及附近海面租给英国,租期与俄国租占旅顺的期限相同。此前,英国还通过《展拓香港界址专条》,强租了九龙半岛及其周围岛屿,租期为99年。1899年9月10日,来华游历的日本人内藤湖南从日本神户坐船抵达烟台后记述:

> 如今清国北部之良港旅顺、大连为俄国所租借,威海则为英国所租借,无奈之下,清国军舰只得系泊于此。此日,有一艘意大利军舰入港,趾高气扬,从清国军舰间穿行而过,突然掉过头来,下锚驻泊。近时正值两国纷争不断(指意大利觊觎宁波附近的三门湾——引者),目睹如此儿戏般之举动,不禁忐忑不安。③

在中国的西南地区,英法两国展开角逐。早在中法战争时,法国驻越南海防领事土尔克就宣称,法国占领越南旨在争夺中国,"因为它是一个理想的军事基地,由于有了这个基地,一旦欧洲各强国企图瓜分中国时,我们将是一些最先在中国腹地的人"④。中法战争后,法国在西南不断扩张其侵略权益。中

---

① [澳]骆惠敏编,刘桂梁等译:《清末民初政情内幕——〈泰晤士报〉驻北京记者、袁世凯政治顾问乔·厄·莫理循书信集》上册,知识出版社1986年版,引言,第51页。
② 吴乃华摘译:《英国议会文件有关瓜分潮时期英国强租威海卫资料选译》,《清史译丛》第1辑,中国人民大学出版社2004年版,第164页。
③ [日]内藤湖南著,李振声译:《禹域鸿爪》,浙江文艺出版社2018年版,第30页。
④ 丁名楠等:《帝国主义侵华史》第1卷,人民出版社1973年版,第278页。

日《马关条约》刚订立,它就趁机要求修改中越界约,并强占了云南边境的勐乌等地。面对法国的举动,代表在华英商利益的"中国协会",1898年4月致函索尔兹伯里,认为俄国在中国东北的扩张是不可避免的,指出虽然法国提出不将云南、广西或广东的任何地方让与他国的保证,但"法国势力和影响进入中国南方也是危险的",要设法加以遏制①。而法国并没有止步,于1899年11月迫使清政府签订《广州湾租界条约》,规定今广东湛江所在的广州湾及其附近海面租给法国,租期99年。

19世纪末的中国,成了帝国主义列强肆意蹂躏的对象。1898年5月25日,美国《顽童杂志》刊载的漫画描绘了列强争相瓜分中国的场景。图中,俄、法、德、日、英等国正在各举刀叉切分中国这块蛋糕,上面分别标注有威海卫、山西煤矿、大连湾、旅顺、海南、胶州和台湾②。1898年5月13日,英国外交大臣索尔兹伯里致函英国驻德大使拉塞尔斯:

> 德国大使本月11日来访时称,他的政府不接受我所提出的旨在协调英国和德国在华铺设铁路计划的任何选择方案。大使阁下坚持,由于德国已经占领了胶州湾并已和中国就山东问题达成了协议。德国在该省占有特殊地位,因该省不能无保留地对英国企业开放。而英国并未在长江流域占领任何地区,所以那里应该无保留地对德国企业开放。③

当时在华的德国传教士卫礼贤尖锐地指出:

> 当纷争四起、坚船利炮开始出现、强取豪夺不断的时候,中国人越来越受到外国人和他们的帮凶的压迫,难道胶州湾不是以几个外交人员被强盗所杀为由,被强盗夺走的吗?难道想把中国像切西瓜一样分掉的会谈停止过吗?④

身处灾难空前深重的中国,无数仁人志士奋起抗争,以各自的方式救亡图存,谱写了一曲曲英雄篇章。

---

① 吴乃华摘译:《英国议会文件有关瓜分狂潮时期英国强租威海卫资料选译》,《清史译丛》第1辑,第172、176页。
② [美]张文献编:《美国画报上的中国(1840—1911)》,北京大学出版社2017年版,第35页。
③ 吴乃华摘译:《英国议会文件有关瓜分狂潮时期列强争夺中国铁路权益资料选译》,《清史译丛》第6辑,中国人民大学出版社2007年版,第151页。
④ [德]卫礼贤著,王宇洁等译:《中国心灵》,国际文化出版公司1998年版,第14页。

扩展阅读书目

1. 丁名楠主编:《帝国主义侵华史》,人民出版社,1973—1986年。共两卷,是该领域的翘楚之作。

2. 戚其章:《国际法视角下的甲午战争》,人民出版社,2001年。视角新,中外文资料并重。

3. 戚其章:《甲午战争史》,上海人民出版社,2014年。毕生研究的硕果。

4. 黄静嘉:《春帆楼下晚涛急:日本对台湾的殖民统治及其影响》,商务印书馆,2003年。弥补了以往研究的薄弱环节。

5. 张海鹏等主编:《台湾史稿》,凤凰出版社,2012年。祖国宝岛的历史解读。

6. 姜鸣:《龙旗飘扬的舰队:中国近代海军兴衰史(增订本)》,生活·读书·新知三联书店,2012年。侧重军事史、舰艇史的佳作。

7. 姜鸣:《中国近代海军史事编年(1860—1911)》,生活·读书·新知三联书店,2017年。与上书互补互证,相得益彰。

8. 戴东阳:《晚清驻日使团与甲午战前的中日关系(1876—1894)》,社会科学文献出版社,2012年。选题、论述有新意。

9. 吉辰:《昂贵的和平:中日马关议和研究》,生活·读书·新知三联书店,2014年。有深度的专题研究。

10. "中国边疆研究文库",黑龙江教育出版社,2015年始出版。分初编、二编各50部,前者为近代稀见边疆名著点校及题解,后者为当代学人边疆研究论著。

相关资料选读

1. 张振鹍主编:《中法战争》(中国近代史资料丛刊续编),中华书局,2017年。中外文专题资料的再收集,众多首次披露的法文资料引人注目。

2. 戚其章主编:《中日战争》(中国近代史资料丛刊续编),中华书局,1989—1996年。资料来源广,包含中、日、英、俄等语种。

3. 谢俊美编:《翁同龢年谱长编》,上海交通大学出版社,2018年。翁同龢是帝师,又参与高层政治运作,梳理其生平史事,可资研究。

4. 潘琦主编:《冯子材集》,广西师范大学出版社,2012年。爱国将领的文集,读来令人感奋。

5. 刘志惠整理：《曾纪泽日记》，中华书局，2013年。晚清出色外交家的内心独白。

6. [日]陆奥宗光著，徐静波译：《蹇蹇录：甲午战争外交秘录》，上海人民出版社，2018年。其时任日本外相，参与马关和谈。

7. 万国报馆编著：《甲午：120年前的西方媒体观察》，生活·读书·新知三联书店，2014年。战争旁观者的即时观察记录。

8. 中国社会科学院中国边疆研究所："外文中国边疆文献资料丛刊"，蝠池书院，2015年始出版。第一批50册已问世，包含日、英、美、俄、意、法、瑞典等外语文献资料。

第七章

戊戌风云

谭嗣同(1865—1898)

一、光绪的作为

甲午战争的惨败,在中国引起极大震动,由康有为倡导的戊戌维新运动兴起和高涨,并在光绪帝的支持下,演化成风云激荡的百日维新。

康有为是广东南海人,1858年生于官宦家庭,自幼饱读四书五经。1879年,他与曾在北京任翰林院编修的张鼎华相识,得以"尽知京朝风气、近时人才和各种新书",眼界大为开阔,决意"以经营天下为志"①。不久,他赴京赶考,途经香港、上海,目睹有别于中国的政治、经济等制度,颇有感触。归途中,买了不少西学译著,回家后认真研读,以资变法图强。1888年,康有为再赴京师应考,仍落败。有感于中法战争后时局艰险,他没有立刻动身回家,而是留在京城写了五六千字的《上清帝第一书》,要求变革,挽救时局,并提出了"求变法、通下情、慎左右"的具体建议。但京官对这封上书无人愿意转呈,并没有能送达光绪手中。康有为无奈,于次年回到广东,但并不气馁,继续思考和传播他的变法主张。在他的周围,逐渐聚集起梁启超等一些追随者。

梁启超,广东新会人,12岁考取秀才,17岁中举,随后又到广州学海堂埋头专攻训诂词章。1890年,赴京会试,未中返乡,途经上海时,读到徐继畬的《瀛环志略》及一些西方译著。他忆述当时"从坊间购得《瀛环志略》读之,始知有五大洲各国。且见上海制造局(指江南制造局——引者)译出西书若干种,心好之,以无力不能购也"。此时《瀛环志略》已经出版40多年,而梁启超还初次得见。相比之下,在日本,《瀛环志略》被翻译出版30年后,有关世界的知识如地球上有五大洲等,便迅速在知识分子之间广泛传播,在1890年前后成为

---

① 《康南海自编年谱》光绪五年己卯条,《戊戌变法》(中国近代史资料丛刊)第4册。

连小学生都了解的知识①。回到广州，得知康有为上书要求变法未果折回广州，梁启超便与好友陈千秋一同前去拜访，为康有为的学识所折服，求为弟子，并和陈千秋一起请康有为在广州长兴里万木草堂讲学授徒。

1891年至1893年，梁启超在万木草堂求学三年，实际参与了康有为宣传变法维新的著书立说。他协助校勘康有为的《新学伪经考》，分纂康有为的《孔子改制考》，成为最受康有为器重的弟子和得力助手，也成长为一名关心时局、以天下为己任、意气风发的青年学子。

1894年，中日甲午战争爆发。当时，康有为正在京城参加会试，时时关注战局的演变。次年4月17日中日《马关条约》订立，中国被迫割地赔款。康有为闻知，极为悲愤，即发起并联合各省应试举人，于5月2日联名上书请愿，要求拒和、迁都、练兵、变法，史称"公车上书"②，也是康有为的第二次上书。都察院以和约已定无法挽回为辞，拒绝代为呈递，但上书的内容不胫而走，产生了广泛的社会影响。

这次会试，康有为得中进士，授工部主事。他又接连第三次和第四次上书，陈述变法主张。在倾向维新的光绪帝老师翁同龢的帮助下，光绪帝终于读到了他的第三份上书，对他的变法主张表示赞同，这就使维新思想有可能转变为政治实践。但变法的阻力依然强大，直到1897年方有转机。

中日《马关条约》和《中俄密约》订立后，列强对中国的瓜分步步紧逼。此时的清朝政府中枢高官则多圆滑处世，无所作为，1897年3月24日冷眼旁观的李鸿章在给女儿、女婿的信中这样描述："今日时局，译署（指总理各国事务衙门——引者）兼政府，亦算冷官。乐道（指奕䜣——引者）浮光掠影，毫不用心。翁（指翁同龢——引者）则依违其间，专讲小过节，不问大事。两宫惟命是从，拱默而已。李（指李鸿藻——引者）迂腐更甚，所保护者，鹿、边、李、赵之流，谁能干事？来书人才、国计无足自强，洵笃论也。"③甲午战后遭冷遇的李鸿章的这番评述，不免带有个人情绪和言词刻薄，但也多少折射出当时京城中枢高官的实态。正是在这样的背景下，不甘平庸、志在有所作为的康有为逐渐崭

---

① ［日］狭间直树著，高莹莹译：《东亚近代文明史上的梁启超》，上海人民出版社2016年版，第23页。
② 公车原指汉朝用以接送被征举的士人的车马，后人用以代指入京应试的举人。
③ 姜鸣整理：《李鸿章张佩纶往来信札》，上海人民出版社2018年版，第625页。

露头角。

1897年冬,德国强占胶州湾,康有为闻讯后再次赶赴北京,第五次上书光绪帝,提出"采法俄、日以定国事""大集群才而谋变政""听任疆臣各自变法"三项方案,但又未能送达光绪帝。这时,有人向光绪帝保荐了康有为,并请求特别予以召见,光绪帝于是要求李鸿章、翁同龢、荣禄等大臣在总理衙门召见康有为,询问变法事宜。在问对时,康有为当面驳斥了荣禄所谓"祖宗之法不可变"的论点,详细阐述了自己的变法主张。随后,他又奉命第六次和第七次上书光绪帝,一针见血地指出:今日之中国非变法不能图存,能变则全,不变则亡,全变则强,小变仍亡。与此同时,他又发起组织了保国会,以"保国、保种、保教"相号召,要求人们投身维新运动。

康有为等人的变法主张,光绪帝明确表示支持。光绪帝名载湉,爱新觉罗氏,生父是道光帝的第七子醇亲王奕𫍯,生母是慈禧太后的胞妹叶赫那拉氏。同治帝病死后,因生前无子嗣,慈禧太后择定奕𫍯的儿子也是自己的外甥载湉为帝,承嗣咸丰,年号光绪,是为光绪帝。载湉时年仅5岁,由两宫皇太后即居钟粹宫的慈安太后和居长春宫的慈禧太后"垂帘听政"。

光绪帝被接入宫中以后,慈禧太后着力在他幼小的心灵中树立起两人的所谓"母子"关系,不让妹妹即光绪的生母随便进宫,偶尔一年半载进宫一次,"却又不能单独和光绪见面,必须在太后以及许多人的监视下,远远地站着,什么话都不好说,无非在那里站上刻把钟便完了"。即使这样,慈禧还不放心,"嘱咐那一班服侍光绪的人,像灌输什么军事知识一样的天天跟他说,使他明白了自己已经不是醇亲王福晋的儿子了,他应该永远承认太后是他的母亲,除掉这个母亲之外,便没有旁的母亲了"①。

稍懂事理时,光绪帝每日又必须向慈禧问安一次。在慈禧的管教下,光绪对她很畏惧,"慑于积威,见太后辄战栗"②。教授光绪帝汉学的师傅即翁同龢及夏同善,也是由慈禧太后选定的。秉承她的旨意,依照清皇朝皇子、幼君必须学习的课程,光绪帝学习的科目包括儒家经典、历代帝王治术、列朝实录圣训等。此外依据清皇朝的惯例,慈禧为光绪帝配备了满、蒙文师傅,教授满、蒙

---

① 德龄:《瀛台泣血记》,云南人民出版社1980年版,第71、74页。
② 金梁:《四朝佚闻》,《戊戌变法》(中国近代史资料丛刊)第4册,第221页。

语言文字，并又按照满族的习俗，特命武臣传授"骑射技勇"，从文治武功各方面加以教育。其间，为了能将光绪帝培养成贤君，除了儒家经典、历代帝王治术、列朝实录圣训，翁同龢还选讲了当时大臣有关条陈开办洋务的折件，推荐了魏源的《海国图志》、林则徐的《林文忠公政书》、冯桂芬的《校邠庐抗议》、郑观应的《盛世危言》及其他出国使臣日记；甲午战争前后，向光绪帝进呈了英国人李提摩太撰写的《普法战纪》、陈炽的《庸言》、汤寿潜的《危言》、黄遵宪的《日本国志》等书，旨在帮助光绪帝了解国内外时局①。

1881年慈安太后突然病死，慈禧太后一人"垂帘听政"。这时，中国面对的局势日益险恶，法国侵占越南，进犯中国。翁同龢作为军机大臣，参与了中法交涉事宜的筹划，主张武力抗击法国的进逼，遭到李鸿章等人的反对，前线清军亦连遭败绩。翁同龢在教授之余，不时向光绪帝透露一些对局势日益危急的关切之情，光绪帝也了解到一些外界的形势，并受翁同龢的影响，对局势的演变甚为关注，支持抗击侵略的主张，反对一意求和。

1887年，光绪帝年满16岁，慈禧不得不于是年2月7日宣布"归政"，但仍由她实施"训政"，实际的最高权力仍牢牢握在她的手里。之后，慈禧太后亲自过问，为光绪帝选后、妃。被选定的皇后是叶赫那拉氏，入宫后封为孝定景皇后，徽号隆裕，长光绪帝三岁。她是慈禧的侄女，其父为慈禧太后之弟、都统桂祥。礼部左侍郎长叙的两个女儿被选定为光绪帝的妃，瑾妃为姐，珍妃为妹。三人中，珍妃性格开朗，且颇有见识，逐渐得到光绪帝的宠爱，帝后之间则始终感情不睦。

> **知识框**
>
> ## 光绪与珍妃
>
> 光绪帝的皇后隆裕，是慈禧太后的侄女。瑾嫔、珍嫔（后晋升为瑾妃、珍妃）为姐妹俩，姓他他拉氏，是满洲正红旗人。其祖父裕泰，在道光、咸丰年间曾任湖广、闽浙总督；父长叙，官礼部左侍郎。珍妃生于光绪二年（1876），小瑾妃两岁，清秀聪慧，很得光绪帝的喜爱和亲近，也因此遭到隆

---

① 谢俊美：《翁同龢年谱长编》，上海交通大学出版社2018年版，前言，第4页。

裕的忌恨和慈禧的反感。戊戌政变后,光绪帝被关押在瀛台。珍妃也受牵连,被施以刑杖,打入冷宫,不准再见光绪帝。宫中太监均被告知如有人替珍妃传话,查出即行正法。

1900年,八国联军闯入北京,慈禧太后带着光绪帝逃亡西安。仓皇出行前,珍妃被慈禧下令强行推入宁寿宫外的井中惨死,年仅24岁。光绪帝闻知噩耗,悲愤之极,至于战栗,但在慈禧面前又不敢有所表示,只能人后独自垂泪。光绪帝与珍妃的悲惨遭遇,素为人们所同情,因此也不免有为尊者讳之处。

晚清官场腐败,卖官鬻爵屡见不鲜,慈禧太后及其亲信自然大饱私囊,珍妃因其能亲近光绪帝,也被人千方百计打通关节行贿,典型的有甲午前后,贿卖苏松太道官缺给鲁伯阳、四川盐茶道官缺给玉昆,以及河南巡抚裕宽图谋调任福州将军。这些人都是通过太监向珍妃行贿谋取肥缺,但均为慈禧知悉,没能成功。

珍妃入宫时才13岁,卷入卖鲁伯阳官缺时年方17,足见晚清官场腐败风气之盛,很难有出淤泥而不染之人。(详可参阅孔祥吉:《晚清佚闻丛考:以戊戌维新为中心》,巴蜀书社,1998年)

1889年2月15日,光绪帝大婚典礼在清宫举行。2月21日,又在太和殿举行了光绪帝"亲政"的典礼。此后,光绪帝名义上虽已亲政,但大权仍操在退居颐和园的慈禧手中。据不完全统计,迄于甲午战争爆发时,清政府用于修缮颐和园的经费为库平银1100多万两,其中挪用海防经费约860万两。此外,清政府还在修缮其他皇家园林时大量挪用海防经费,甲午战前的十年间即挪用约460万两。这样,两者合计1560多万两,其中挪用海防经费约1320万两。当时北洋舰队的主力舰是从德、英两国购置的7艘战舰,用银778万两。若用上述1560多万两购置新舰,则可以再增加两支原有规模的北洋舰队[1]。1894年11月7日是慈禧太后60岁生日,此前甲午战争已爆发,有人奏请慈禧太后移六旬万寿庆典费为战费,慈禧太后大怒,竟扬言:"今日令吾不欢者,吾

---

[1] 戚其章:《甲午战争新讲》,中华书局2009年版,第233—234页。

将使其终生不欢。"①更荒唐的是,此时她还"自加徽号,令承直人等统称她作老佛爷,或称她作老祖宗"②。

亲政后的光绪帝很想摆脱慈禧太后的严密控制,实际掌握朝政大权。慈禧太后60寿辰庆典时,光绪帝曾接见各国驻华公使,英国伦敦《图片报》称:"这是一个关键时刻,这是打破皇帝周边禁区的另一次进步,因为接见仪式是在'禁城'内举行的,这是外国驻华公使们有史以来第一次获此殊荣。"此前,法国《小巴黎人》周末增刊也曾以插图形式,报道了"中国光绪皇帝接见法国大使杰拉德"③。咸丰帝去世后,清朝原有的由皇帝独揽大权的局面不复存在,国家政务依靠咸丰帝遗命的"赞襄政务大臣"制度来维持,内外奏折、大小国事由8位政务大臣赞襄处理,交两宫皇太后钤印确认。这一权力格局因"辛酉政变"而改变,并由此衍生出垂帘听政及议政王、军机大臣辅佐制度:内外奏折,由两宫皇太后先阅,并授意议政王军机大臣拟批。同治帝亲政后,政务与文书程序"归复旧制",同治帝恢复一切权力。光绪帝登基,垂帘听政再次举行。待到光绪帝成年,其生父奕譞先是创造皇帝亲政同时皇太后训政的特殊体制,光绪帝完全处于文书和政务"训练"之中;后来又创造一种有限度的皇太后"归政"模式,光绪帝的奏折处理、上谕拟定之权大打折扣,无限期接受慈禧太后监督④。亲政后的光绪帝对中国面临的危机十分忧虑,很想有所改变。在他的周围,逐渐形成以他的老师、时任户部尚书、军机大臣翁同龢为首的"帝党"集团。他们对内支持光绪掌权,反对慈禧太后擅权;对外主张整军抗敌,反对避战求和,与慈禧太后及其"后党"之间的矛盾逐渐激化。

面对日本的武力威胁,光绪帝主战,曾多次责成直隶总督兼北洋大臣李鸿章认真备战。战争爆发后,他斥责督战不力的李鸿章,任命湘系集团成员、两江总督刘坤一为钦差大臣,湖南巡抚吴大澂为帮办,率兵出山海关迎战日军,但仍遭溃败。当"后党"主持停战议和时,他屡颁"上谕"反对议和,反对签订丧权辱国的《马关条约》,要求拒和废约,迁都再战,遭到慈禧太后的拒绝。

---

① 谢俊美:《翁同龢年谱长编》,前言,第4页。
② 李国荣:《帝王与佛教》,人民出版社2018年版,第318页。
③ 万国报馆编著:《甲午:120年前的西方媒体观察》,生活·读书·新知三联书店2014年版,第285、286页。
④ 李文杰:《垂帘听政、训政、归政与晚清的奏折处理》,《近代史研究》2018年第2期,第45页。

甲午战争爆发后,清军接连溃败,原因之一是其多年弊端积重难返。1886年光绪的父亲、醇亲王奕譞曾去天津巡阅北洋海防,受阅清军当场出丑,目击者描述:

> 为了恭迎王爷驾临,天津集中了好几千身穿彩衣的中国士兵,让人想起欧洲雇佣兵式的服装,十分好笑。他们在城外建造了坚固的长方形营地,围以带有射击口的土墙,高25到30英尺,宽3到4英尺。营地里帐篷挨着帐篷,每顶可住大约500人。步兵、骑兵和炮兵都来了。自从他们到了之后,天津周围整天都咔咔哒哒,震耳欲聋。往日对火药极其吝啬的军官一定很久没有发放过这么多的弹药。然而就在第一天,由于操作失误,两门旧的大炮爆炸,5到7名士兵身亡。当然这个恼人的事件,王爷是不会知道的。①

这位目击者感叹:

> 这几年欧洲新闻反复把中国报道为一支军事力量。我身在中国,对这方面应该是个专家,所以不想保持沉默。经常报道的中国陆军和水师的进步,迄今为止都是非常有限的。中国暂时能和欧洲抗衡的优势,仅仅在于取之不尽的人力资源。虽然引进现代武器使中国军队的实力有显著增长,但是中国人的保守和中国军官强烈的抵触情绪,阻止了他们在战术方面有任何根本性变革。
>
> 尽管中国拥有各种材料,花费了巨资发展和训练军队和军官,至少在沿海各省如今还没有一个营或一个连,可以和欧洲最差的军队相比。中国人坚信,欧洲军队的成功仅仅在于他们有更好的武器装备。事实是,欧洲军队的强大,主要在于严格的军纪、优秀的指挥官和更高明的军事策略。就连人称最具战斗力的李鸿章的军队,在军事策略培训方面的程度也低得可怜。广东省对法战役结束以来,现代军事训练完全停止,又退回到使用中国的老一套。②

各级军官上下串通,伪造兵员数额、大肆侵吞军饷者,屡见不鲜。1898年到访中国的英国人记述:

---

① [德]恩思诺著,李国庆等译:《清末商业及国情考察记》,国家图书馆出版社2014年版,第243—244页。
② 同上书,第248页。

我曾在北京遇一统兵大臣,与之语,问其所辖兵额之多寡。彼答云:约带一万人。迨我往查之,实在只有八百人。此为中国各营之通弊。营官开支饷银,开领衣装,必照兵额支足。其实营中旷额甚多,皆入营官私囊。偶遇阅兵之期,先期招集无赖流氓、失业小工,每日给钱二百文,以补兵额不足。阅兵大臣亦明知其有弊,但因收受营官之贿赂,不得不以兵无旷额、饷不虚靡一奏了之。①

甲午战争的惨败使光绪帝深受刺激。台湾被日本割占,他愤恨不已,曾对翁同龢吐露胸臆:"台割则天下人心皆去,朕何以为天下主!"②这时,由康有为、梁启超等人倡导的戊戌维新运动正逐步兴起和发展,并得到深为国事忧虑的光绪帝的关注。1895年6月,他读到康有为的《上清帝第三书》,被其中的富国、养民、教士、练兵四策所打动,萌生改革图强之意。他的这种思想倾向,得到翁同龢等人的支持,却遭到顽固守旧派官僚的阻挠。

1897年后,列强瓜分中国的狂潮愈演愈烈,戊戌维新运动也进入高潮,光绪帝变法图强的想法也日益强烈。时任总理各国事务衙门章京的张元济回忆:"光绪喜欢看新书,常常写条子到总理衙门要书,这件事都由我经手办理。那时候黄遵宪做了一部日本国志,光绪指明要这部书看,也是由我取来送进去的。"③他希望从中了解日本明治维新以来国力强盛的状况,继而又读了由翁同龢代呈的康有为的《日本变政考》《俄彼得变政记》和英国人李提摩太编译的《泰西新史揽要》《列国变通兴盛记》等,触动很大。其间,翁同龢曾多次与康有为会面,商讨有关变法的事。翁同龢后来在日记中对此矢口否认,显然是为了避祸自保,故意删削改篡④。

1898年初,光绪帝又读到康有为的《上清帝第六书》即著名的《应诏统筹全局折》,其中的"观万国之势,能变则全,不变则亡,全变则强,小变仍亡"的论述,深得他的赞同。当时慈禧太后常住颐和园,"虽可控制光绪帝,但因体制问题,她还不能直接通过军机处向步军统领衙门下达懿旨。也就是说,光绪帝对慈禧太后负责,而整个国家机器须对光绪帝负责。尽管慈禧太后也不时通过

---

① 国家清史编纂委员会编:《晚清文献七种》,齐鲁书社2014年版,第403页。
② 陈义杰整理:《翁同龢日记》,中华书局2006年版,第2797页。
③ 张元济:《戊戌政变的回忆》,《张元济诗文》,商务印书馆1987年版,第12—13页。
④ 谢俊美:《翁同龢年谱长编》,前言,第5页。

各种方式,干预国家机器的运作"①。

同年6月1日,光绪帝力排众议,毅然下"明定国是上谕",宣布变法。变法的推行,涉及政治、经济、军事、教育等各个方面。在推行变法的103天中,光绪帝先后发布有关改革的谕旨230多道,其中9月5日一天,就批阅奏折26件,发布谕旨15道②,反映了他变法图强的急切心情,史称"百日维新"。这些改革诏令的主要内容有:

政治方面,设立制度局,改革旧机构,撤去闲散、重叠的衙门,裁减冗员;澄清吏治,提倡廉正作风;提倡上书建议,严禁官吏借故阻止。

经济方面,保护和奖励工商业,中央设立农工商总局、铁路矿务总局,各省设立商务局;奖励和保护工商业的发展,广办邮政,迅速兴办芦汉、粤汉、沪宁各路,成立丝茶公司,用西法制茶;在上海、汉口等大城市,设立商学、商报、商会各类组织;改革财政,编制预算、决算,收支情况按月公布;允许旗人自谋生计,取消旗人由国家供养的特权。

文化教育方面,废除八股文,改试策论;北京创办京师大学堂,各地设立中小学堂,派人出国留学;提倡学习西学;设立译书局,翻译外国书籍;奖励新著作和发明,奖励创办报刊,准许自由组织学会。

军事方面,设厂制造军火,精练海陆军,裁汰旧军,改用西法操练。

上述诏令的主旨,是推行资产阶级性质的政治改革。令光绪帝深感棘手的是,满朝文武百官对变法多持敷衍态度,当时李鸿章在给他儿子李经方的信中直言:"朝廷锐意振兴,讲求变法……但法非人不行,因循衰惫者岂有任事之才,不过敷衍门面而已。"又说:"学堂之事,上意甚为注重,闻每日与枢廷讨论者多学堂、工商等事,惜瘦驽庸懦辈不足赞襄。"③"百日维新"中宣布的上述变法措施,绝大部分流于空文,没有得到实际的贯彻执行。

光绪只能另想办法,明确要求不拘一格选拔有志于变法的人才。清代官员的升迁,有一定之规。虽各官缺的补授,皆出自旨意,而皇帝要任用小臣却属特例。甲午战争后,光绪帝曾几次下诏求贤,收效甚微。百日维新期间,令

---

① 茅海建:《戊戌变法史事考》,生活·读书·新知三联书店2005年版,第38页。
② 秦国经:《明清档案学》,学苑出版社2005年版,第300页。
③ 陈秉仁整理:《李鸿章致李经方书札》,《历史文献》第8辑,上海古籍出版社2004年版,第103—104页。

督抚廷臣保举人才,成为光绪帝择用小臣的特殊方法。康有为、梁启超、谭嗣同、张元济等人,因此得以重用。当时被保举者超过百人,光绪帝几乎全部下令召见①,足见他决意起用新人的心志和急切之情。但守旧势力的阻挠,不是光绪所能一下子冲破的。张元济在晋见光绪后写道:

> 今上有心变法,但力似未足,询词约数十语,旧党之阻挠、八股试帖之无用、部议之因循扞格、大臣之不明新学(讲求西学人太少,言之三次),上皆言之。②

受到光绪器重的康有为,一旦跻身京官高层,很是张扬。同在京城的张謇曾去拜访康有为,"见其仆从伺应,若老大京官排场"③。身边已有不少阿谀奉承者,"争昵交康先生"④。对改革的阻力,康有为缺乏清醒的认识,认为"泰西讲求三百年而治,日本施行三十年而强,吾中国国土之大,人民之众,变法三年可以自立,此后则蒸蒸日上,富强可驾万国。以皇上之圣,图自强在一反掌间"⑤。变法失败后,曾参与维新的汪康年对康有为的自负自大颇有微词,认为他"求治未免太急,康君又不能容人,凡与己不协者,必驱之而后快"⑥。

戊戌变法高潮时,康有为的弟弟康广仁曾不无担忧,在致友人的信中,认为其兄"志气太锐,包揽太多,同志太孤,举行太大。当此排者、忌者、挤者、谤者盈衢塞巷,而上又无权,安能有成?"但自己仍将投身变法,奋力前行,"今亦明知其危,不忍舍去,乃知古人所谓鞠躬尽瘁,死而后已,固有无可如何者"⑦。杨锐也有预感:"今上(指光绪帝——引者)与太后不协,变法事大,祸且不测,吾属处枢要,死无日矣。"⑧梁启超也曾评述康有为"谓之政治家,不如谓之教育家;谓之实行者,不如谓之理想者"⑨。有学者在缜密研究后指出:"戊戌变法之失败,当然是由于慈禧太后的政变,但我仍然能够感到,根据康有为派的政治

---

① 茅海建:《戊戌变法期间的保举》,《历史研究》2006年第6期。
② 张树年等编:《张元济书札》(增订本)中册,商务印书馆1997年版,第652页。
③ 李明勋等主编:《张謇全集》第8册,上海辞书出版社2012年版,第1013页。
④ 《戊戌变法》(中国近代史资料丛刊)第1册,第374页。
⑤ 《康南海自编年谱》,《戊戌变法》(中国近代史资料丛刊)第4册。
⑥ 吕顺长:《清末维新派人物致山本宪书札考释》,上海交通大学出版社2017年版,第30页。
⑦ 康广仁:《致易一书》,《戊戌六君子遗集》,商务印书馆1917年版,第1、2页。
⑧ 茅海建:《从甲午到戊戌:康有为〈我史〉鉴注》,生活·读书·新知三联书店2018年版,第367页。
⑨ 梁启超:《康有为传》,《戊戌变法》(中国近代史资料丛刊)第4册,第36页。

力量,按照康有为派的政改方案,若慈禧太后未在八月初六日发动政变,他们似乎也不可能走得很远……"①

康有为的张扬,更添反对者的忌恨,改革者"如投身于重围之中,四面楚歌,所遇皆敌"②。而光绪对变法图强的急切和每天都有变法条令出台,甚至一天之内有18道谕旨的发布,多少也使人无所适从。相对沉稳的翁同龢,也令光绪不快,被赶回老家江苏常熟。有学者从清宫档案中发现,"开缺翁同龢的上谕是光绪亲笔所拟,这在当时是异乎寻常的。因为通常谕旨都是军机处'票拟',而太后的意见,则用'钦奉懿旨'的方式发布"。这说明,"把翁同龢从身边赶走是皇帝本人的主意。皇帝对自己的这位老师,已经厌倦了,觉得他碍事了,不需要了"③。裁撤冗官,直接触及了不少人的既得利益,"京师闲散衙门被裁者不下十余处,连带关系因之失职失业者将及万人,朝野震骇,颇有民不聊生之戚"④。京官鹿传霖在家书中称:"康颇有逆志,将致外洋民主图篡,可恶已极。目下谣言纷纷,人心皇皇,京官又多有搬出京者。"⑤反对变法者乘机推波助澜,御史杨崇伊密奏慈禧太后请其出面干预。

当时退居颐和园的慈禧,早就不甘心坐视光绪主持朝政。其亲信荣禄有一次陪同她观看宫内人扎花,慈禧问:"此花我扎,你看好不好?"荣禄马上回答:"太后不独扎花好。"慈禧话里有话地说道"我亦只可扎花"。荣禄心领神会,深知"此语已见(慈禧)不甘寂寞为退院僧也"⑥。此时她见"凡遇新政诏下,枢臣俱模棱不奉,或言不懂,或言未办过"⑦,光绪势单力孤,决定出手镇压变法。百日维新,危在旦夕。

二、变法的夭折

"百日维新"的推行,遭到顽固守旧派的激烈抵制,慈禧太后也起意镇压,

---

① 茅海建:《从甲午到戊戌:康有为〈我史〉鉴注》,第25页。
② 梁启超:《戊戌政变记》,中华书局1954年版,第70页。
③ 姜鸣:《天公不语对枯棋——晚清的政局和人物》,生活·读书·新知三联书店2015年版,第72页。
④ 陈夔龙:《梦蕉亭杂记》(近代史料笔记丛刊),中华书局2007年版,第81页。
⑤ 吉辰:《鹿传霖未刊家书中所见戊戌前后时局》,《文献》2017年第6期,第96页。
⑥ 赵凤昌:《戊庚辛纪述》,《戊戌变法》(中国近代史资料丛刊)第4册,第319页。
⑦ 苏继祖:《清廷戊戌朝变记》,《戊戌变法》(中国近代史资料丛刊)第1册,第336页。

局势相当危急。此前,翁同龢已被贬斥回江苏常熟老家。光绪帝命康有为、梁启超、谭嗣同等人速筹对策。谭嗣同决定孤注一掷,只身一人前去游说掌握新建陆军的袁世凯武装"勤王",扶助光绪帝。

谭嗣同,字复生,号壮飞,出生于北京一个官僚家庭。他家祖籍湖南浏阳,父亲谭继洵,当时在京任户部员外郎。谭嗣同自幼学习四书五经等典籍,10岁起问学于著名学者欧阳中鹄。12岁时他的二姐、母亲和大哥先后染病去世,他自己也被传染,几乎丧命。母亲去世后,谭嗣同与继母不和,心情压抑。1877年,谭继洵出任甘肃巩秦阶道(下辖三个府十几个县,在今甘肃陇西、天水、武都一带)道台。是年秋,谭嗣同随父亲回到浏阳时结识唐才常,成为挚友。次年去兰州,后又返回浏阳跟随当地有名的学者涂启先学习儒家经典,钻研文字、训诂之学,同时习作诗文。曾赴兰州参加科举考试,未中落榜。两年后,他拟入新疆巡抚刘锦棠的幕府,后因刘锦棠卸任,未果。以后,他又数次应试,都名落孙山。虽怀才不遇、屡试不第,谭嗣同却因此有机会来往于新疆、甘肃、陕西、河南、湖北、湖南、安徽、江苏、浙江、河北等地,行程数万里,目睹下层民众凄苦的生活情状,感触很深,有"风景不殊,山河顿异;城郭犹是,人民复非"①之叹。

1889年,谭继洵被任命为湖北巡抚。次年,谭嗣同随父亲到了湖北。以后几年,他有机会参观了张之洞在湖北所办的近代企业,在上海认识了江南制造局编译、英国传教士傅兰雅,接触到一些西方自然科学书籍,视野更开阔。中国在甲午战争中的惨败,使谭嗣同的思想受到猛烈触动,感到再不能"守文因旧""苟且图存",转而倡言新政、立志变法。他为人豪爽,敢作敢当,翁同龢在日记中曾有这样的评语:"谭嗣同,通洋务,高视阔步,世家子弟桀傲者也。"②

1897年春,谭嗣同在南京完成其代表作《仁学》。该书约5万字,分上下两卷,共50篇。其内容庞杂,涉及哲学、政治、经济、文化、历史与现实、中国与世界,以及孔子、墨子的学说,佛教和基督教的教义等,其中最引人注目的,是对封建君主专制和纲常伦理的激烈抨击,发出了"冲决网罗"的呐喊。《仁学》问世之时,戊戌维新思潮正达高潮。康有为接连上书光绪帝,痛切陈辞,力主维新。梁启超、严复等在各地主办报刊,宣传变法。身居南京的谭嗣同,也积极

---

① 谭嗣同:《三十自纪》,《谭嗣同全集》(增订本),中华书局1998年版,第57页。
② 陈义杰整理:《翁同龢日记》,第2904页。

参与。他往返于沪宁之间,并和梁启超、康广仁等人在上海设立不缠足会,规定入会者所生的女子不得缠足,所生的男子不得娶缠足之女,已经缠足的8岁以下的女孩,须一律放解。

1898年初,赞同维新的湖南巡抚陈宝箴、按察使黄遵宪、学政江标等人邀请谭嗣同赴湘。同年3月,谭嗣同应邀来到湖南,担任《湘报》主笔并任教于时务学堂,积极宣传变法和培养维新志士。他还在陈宝箴的支持下,建立了南学会,旨在使南部诸省志士联为一气,相与讲爱国之理,求救亡之法。总会设在长沙,分会散布全省各州县,入会者先后有1000余人。谭嗣同在南学会先后发表《论中国情形危急》《论今日西学与中国古学》等演讲,鼓动变法维新,拯救民族于危亡之中。

同年6月,在维新派的影响下,光绪帝宣布变法,同时命令各省督抚保荐人才。谭嗣同得赞成变法的大臣徐致靖的举荐,奉旨赴京晋见。是年9月5日,光绪帝召见了谭嗣同等人,并授谭嗣同四品卿衔,在军机章京上行走,参与新政。谭嗣同深为鼓舞,全身心地参与维新变法的推行。此时,他又挺身而出,承担了前去游说袁世凯的任务。

袁世凯,字慰庭,又作慰廷或慰亭,别号容庵,河南项城人,1859年9月16日生于官宦家庭。其叔祖父袁甲三以办团练镇压捻军起家,官至漕运总督。父亲袁保中为地方豪绅,叔父袁保庆在袁甲三军中带兵,官至江南盐巡道。1866年袁保庆出任山东济南候补知府时,年已40尚未得子,便让袁世凯过继为嗣子。于是年方7岁的袁世凯跟着袁保庆到了济南。袁世凯自小不爱读书,经常托词逃避,或逞强打架,或逛街看戏,乐此不疲。次年袁世凯又随袁保庆到了江苏南京,仍旧习不改,四处闲逛。

1873年袁保庆突患霍乱,病死于南京。是年冬,袁世凯扶灵柩返回河南项城。办完丧事后,他于次年去北京投奔在京城当大官的堂叔袁保恒和袁保龄,前者时任户部左侍郎,后者为内阁中书。在两位堂叔的督促下,袁世凯"昼习词章,夜究兵书",但进步甚慢,文章仍不入门。1876年和1878年,他曾两次回河南参加乡试,结果都名落孙山。一气之下,他把自己写的诗文都付之一炬,决意另寻一条仕途发迹的捷径。

1881年,袁世凯去山东登州投奔袁保庆的结拜兄弟、淮军将领吴长庆,被委派为营务处帮办。次年,朝鲜发生"壬午兵变",清廷派吴长庆率兵赴朝镇压,袁世凯随军前往。最初,他的职务是"前敌营务处",主要负责军需供应和勘定行军的路线,后因办事干练,很快崭露头角,参与了诱捕朝鲜大院君李昰应的行动。在清军的帮助下,朝鲜闵妃集团重掌政权。兵变平定后,朝鲜国王曾单独接见了袁世凯,清朝政府也以袁世凯"治军严肃,剿抚应机"给予嘉奖,"以同知分发省分,前先补用,并赏戴花翎"。不久,袁世凯应朝鲜国王之请,帮助编练朝鲜新军。在袁世凯的主持下,首批1 000名新军训练进展顺利,朝鲜国王检阅后,夸奖袁世凯教练有方,遂又选调500人交袁世凯训练。

1884年中法战争爆发后,吴长庆奉命从朝鲜带三营清军回防辽东,驻扎金州,其余三营仍留驻汉城,由记名提督吴兆有、张光前统带,袁世凯得李鸿章的赏识,被任命为"总理营务处,会办朝鲜防务",跻身驻朝清军重要官员之列。是年底,朝鲜发生由日本幕后策动的开化党政变。袁世凯未及请示清廷,自行决定带兵入宫镇压,迅速平定了政变,闵妃集团重新上台,袁世凯因此更得李鸿章的器重。1885年10月,袁世凯得李鸿章举荐,出任"驻扎朝鲜总理交涉通商事宜"的全权代表,并以知府分发,尽先即补,候补缺后以道员升用,加三品衔。

升迁后的袁世凯,趾高气扬,刚愎自用,一味醉心于权谋诈术,以为凭借他的手腕,便能控制局势,对日本介入后朝鲜政局的演变没有清楚的认识。1894年朝鲜发生东学道起义,袁世凯主张清廷派兵入朝镇压,并误以为日本不会出兵干预。及至清军赴朝,日本即按预定计划派遣大军侵入朝鲜,占据汉城,于是出现中日两军对峙的局面,战争一触即发。袁世凯见事态严重,自知无法收拾,一再以病请求回国。是年7月19日,袁世凯悄悄搭乘平远舰返回天津。8月1日,中日甲午战争全面爆发。此后,袁世凯被李鸿章派往辽宁凤凰城办理清军前敌营务处兼筹转运事宜。清军连遭败绩,袁世凯也先后随军败退辽阳和锦州,最后回到天津销差。

中日甲午战争后,李鸿章逐渐失势,他在给女儿的信中曾这样描述:"余在此(指京城——引者)不多出门,俗客纷扰亦少。"① 袁世凯遂转而投靠其他权贵。1895年12月,他得兵部尚书、总理各国事务大臣兼督办军务处大臣荣禄及军机大臣李鸿藻等人奏准,赴天津附近的小站,接统定武军,将其扩编改建,

---

① 姜鸣整理:《李鸿章张佩纶往来信札》,第617页。

更名为新建陆军。袁世凯到任后,聘请德国教官进行西式操练,部队扩编至7 000余人,武器装备全从国外采购。为了严密控制这支军队,他网罗和栽培了徐世昌、段祺瑞、冯国璋、曹锟、段芝贵、张勋等一批亲信,这些人成为日后北洋军阀的基干。1897年,清廷认为他练兵有功,授以直隶按察使,仍专管练兵事宜。

戊戌变法期间,袁世凯先是靠拢维新派,后见光绪帝势单力薄,又裹足不前。正在这时,得知慈禧太后行将废除变法却又无力对抗的维新派找到了袁世凯。9月18日深夜,谭嗣同只身去见正在北京等候光绪帝召见的袁世凯。当时,袁世凯已探知政局将变,正拟脱身回天津窥测进退的方向。谭嗣同开门见山说出自己的来意,并把应变的具体计划和盘托出:建议袁世凯先赶回天津夺取慈禧太后的心腹、时任直隶总督兼北洋大臣荣禄的兵权,带兵进京,包围颐和园,然后由湖南来的好汉毕永年率领100多名敢死队员冲进去,捕杀慈禧太后,即"围园杀后"之计①。

老谋深算的袁世凯听后,对谭嗣同只是虚词应对,并没有给予直接、肯定的回答②。送走谭嗣同以后,他反复筹思,认为慈禧太后的权势根深蒂固,光绪帝难以抗衡,决定投向慈禧,遂在20日上午按原定安排晋见光绪后立刻赶回天津,将维新派的计划原原本本地告诉了荣禄。

慈禧得知后,马上决定将已经部署的政变提前进行。次日凌晨,她囚禁光绪帝,下令追杀维新派。康有为、梁启超匆忙逃亡日本,谭嗣同、康广仁、杨深秀、刘光第、杨锐、林旭等六人不幸被捕。逃往日本的梁启超,在途中曾致书日本首相伊藤博文、日本驻华公使林权助,请求营救被囚的维新志士:

> 数日以来,闻北京志士被逮下狱者不乏其人,敝邦风气初开,人才甚少,今被逮者,多血性男子,一网打尽,敝邦元气无复振之时矣。且彼之捕志士也,并非奉有诏书,特出提督府满洲数人之意而已。如此肆意荼毒,未知底止,真令人发指眦裂。狱中人士如谭嗣同、徐致靖、徐仁镜、康广仁

---

① 杨天石:《晚清史事》,中国人民大学出版社2007年版,第59页。康有为和梁启超生前多次否认有"围园杀后"的密谋,据杨天石考证:"原来师生二人在事后订了'攻守同盟',决定终身保守秘密。"(杨天石:《蒋氏秘档与蒋介石真相》,重庆出版社2015年版,附录二,第479页)但亦有学者认为:"维新派并无派兵围园杀后之事。"(谢俊美:《翁同龢人际交往与晚清政局》,上海书店出版社2018年版,第152页)
② 茅海建:《从甲午到戊戌:康有为〈我史〉鉴注》,第762页。

等,皆豪杰之士也,不识大国能仗义设法救之否?①

梁启超的请求,并无结果。当时有一个名叫刘一鸣的老狱卒,负责看守谭嗣同、康广仁、杨深秀、刘光第、杨锐、林旭等人,据他回忆:

> 谭嗣同在狱中意气自若,终日绕行室中,拾取地上煤屑,就粉墙作书。问何为,笑曰作诗耳。林旭美秀如处子,在狱中时时作微笑。康广仁则以头撞壁,痛哭失声曰天哪!哥子的事,要兄弟来承当。林旭闻哭,尤笑不可抑。既而传呼提犯人出监,康知将受刑,哭更甚。刘光第曾任职刑部,安慰康说此乃提审,非就刑,毋哭。既而牵自西门出,刘知故事,缚赴市曹处斩者始出西角门,乃大愕。刘于是骂曰未提审,未定罪,即杀头耶?何昏愦乃尔!②

有学者指出,谭嗣同等六人未经审讯就绑赴刑场,是因为荣禄等人生怕在审讯时会牵涉到光绪,难以收场,干脆一杀了之③。9月28日,谭嗣同等人在北京菜市口被处死,史称"戊戌六君子"。谭嗣同被捕前,本有机会躲避,但他执意直面厄运,"慨然曰:丈夫不作事则已,作事则磊磊落落,一死何足惜。且外国变法无不流血者,中国变法流血,请自谭嗣同始!"④他在狱中粉墙上用煤屑写下这样的诗句:

> 望门投止思张俭,忍死须臾待杜根。
> 我自横刀向天笑,去留肝胆两昆仑。⑤

临刑之前,他悲愤地呼喊:"有心杀贼,无力回天,死得其所,快哉快哉!"⑥闻者无不动容。

参与变法者,分别受到惩处。如时任总理各国事务衙门章京的张元济,被革职永不叙用,遂迁居上海,致力于文化教育事业,曾任商务印书馆总经理。原被裁撤的冗官,则尽复原职。守旧势力全面反扑。1898年10月16日,李鸿

---

① 汤志钧等编注:《饮冰室遗珍:未收入结集的梁启超文稿及函札》,中国人民大学出版社2016年版,第261页。
② 蔡乐苏等:《戊戌变法史述论稿》,清华大学出版社2001年版,第900—901页。
③ 房德邻:《戊戌政变之真相》,《清史研究》2000年第2期。
④ 中华书局编辑部编、童杨校订:《孙宝瑄日记》,中华书局2015年版,第286页。
⑤ 中国国家博物馆编:《浩然正气》,人民出版社2015年版,第32页。
⑥ 谭嗣同:《临终语》,《谭嗣同全集》(增订本),中华书局1981年版,第287页。

章在给儿子李经方的信中描述道:"太后临朝,诛遣十数人,大变新政,又成守旧世界。"①有人记述戊戌维新时期,其祖辈曾在浙江嘉兴"办一学校,名曰'毓秀',收亲友子弟入学,有中英文及数学功课,因政变而停止"②。1899年7月11日,宋恕在私人书信中写道:"近日各省志士通人无不奇窘,无论经史、时务,皆不敢谈,并孔教等极冠冕字样,今亦为极忌讳字样。有言《春秋》、《孟子》者,大臣目为乱党,官场中有稍言及'爱民'者,大臣目为汉奸,竟成大闭塞世界。"③同年,严复在天津告诉来访的日本学者内藤湖南:"政变以来,士大夫钳口结舌,安有言时务者。"④汤寿潜忆述:"戊戌政变,党锢案兴,逻骑四出,禁会封报,道路以目,至不敢偶语,举世奄奄无生气矣。"⑤

但戊戌维新时的倡导新学,仍深深地影响了一些年轻的爱国者。民国著名实业家、银行家叶景葵忆述:"其时谈新政者蜂起,余受其陶镕,乃至通艺学堂报名入学,有志于求新。虽为时未久,因康梁之狱停闭,然在校时听严几道(指严复——引者)先生演讲物竞天择之理,又读所著《天演论》,恍然有觉。"⑥戊戌维新高潮时问世的中国女学会,是晚清首个由女性组织的团体,会员主体是中国女学堂的教职员、内董事及《女学报》主笔。1898年10月,该会因受到慈禧严禁立会、查拿入会者懿旨的政治压力而消歇;但其精神尚遗传至1902年5月成立的上海女学会,甚至1911年2月创建的世界女子协会,仍可视为其余响⑦。

三、海外流亡者

戊戌变法失败后,光绪被囚禁在紫禁城旁南海瀛台小岛的涵元殿,殿后为

---

① 戴逸等主编:《李鸿章全集》第36册,安徽教育出版社2008年版,第196页。
② 沈亦云著,唐德刚协助整理:《亦云回忆》,岳麓书社2017年版,第9页。
③ 宋恕:《致孙仲恺书》,《宋恕集》,中华书局1993年版,下册,第692页。
④ [日]内藤湖南、青木正儿著,王青译:《两个日本汉学家的中国纪行》,光明日报出版社1999年版,第13页。
⑤ 汪林茂编:《中国近代思想家文库·汤寿潜卷》,中国人民大学出版社2015年版,第589—590页。
⑥ 柳和城编著:《叶景葵年谱长编》,上海交通大学出版社2017年版,第1007页。
⑦ 详可参阅夏晓虹:《中国女学会考论》,《北京大学学报》2017年第3期。

涵元门,门外为翔鸾阁,楼下有一座吊桥,太监每天送饭时铺上桥板,走到瀛台来,用饭完毕,就抽掉桥板,使之与外界隔绝。光绪心情郁闷,万般无奈,哀叹"欲飞无羽翼,欲渡无舟楫"①。为防止光绪脱逃,每到冬季瀛台小岛四周湖面结冰时,内务府有专人负责破冰见水,"不准冻上"②。

在戊戌六君子遇难时,康有为、梁启超在英国和日本的帮助下,逃出了慈禧的魔爪。对戊戌变法的悲惨结局,英国和日本颇感吃惊,并担心俄国从中得益,当时在北京的英籍中国海关总税务司赫德称:"此间的形势,一瞬间发生了变化,我们如坠五里雾中,慈禧太后把皇帝推入阴影中,自己亲政,但是我担心的是亲俄派取得了胜利。"③从长远考虑,英日两国对康梁出逃施以援手。

政变当天,慈禧即下令捉拿康有为。幸而此前一日,京官及好友黄绍箕获悉确切内情,设法告知了康有为,建议他赶紧易服出京,康有为才躲过一劫。1908年黄绍箕去世后,康有为的悼念诗记有此事:"衔杯浙绍馆,泣语至深更。劝吾夜密走,胡服或为僧。"④于是康有为得以在政变发生的前一天悄悄离开北京,乘火车去天津,搭乘英国太古轮船公司的"重庆轮"南下。

慈禧随即电令在轮船途经的烟台、上海码头布控捉拿。在船上的康有为对京城发生的政变一无所知,毫无戒备,路过烟台时还下船去买些水果,幸而未被人发现。此时,英国驻沪领事担心轮船进港后,康有为难以脱身,决定抢在吴淞口外,截住"重庆轮",救出康有为。9月24日下午,轮船驶至吴淞口外,英国人匆匆登船,康有为方知自己已被通缉,大惊失色,赶紧跟随英国人避往停泊附近锚地的英国轮船,并由英国军舰护航,前往香港。当康有为原先乘坐的"重庆"轮驶抵上海港,即遭到清方的搜查,康有为躲过一劫⑤。1898年9月26日,英国驻上海代理领事璧利南不无得意地向英国驻华公使窦纳乐,报告了帮助康有为脱险的经过:

> 康有为——本月23日颁布的上谕,命令逮捕和处死他——已成功地

---

① 李国荣主编:《清宫档案揭秘》,第177页。
② 陈捷先:《慈禧写真》,商务印书馆2011年版,第159页。
③ 中国第二历史档案馆等:《中国海关密档:赫德、金登干函电汇编》第6卷,中华书局1995年版,第891页。
④ 谢作拳点校:《黄绍箕集》,中华书局2018年版,前言,第5—6页。
⑤ 《艾·温盖特来函(1898年9月25日于上海)》,《清末民初政情内幕——〈泰晤士报〉驻北京记者、袁世凯政治顾问乔·厄·莫理循书信集》,知识出版社1986年版,第114页。

逃脱了中国官员的追捕,并登上了驶往香港的轮船。23日早晨,我收到了道台的信件,告诉我他已接到秘密指令,命令他逮捕"已革章京上行走康有为",康有为一到上海就逮捕他……道台请求我允许中国人搜查所有来自天津的英国轮船,并指示工部局警察在轮船抵达后,监视各个码头。为了便于辨认,他送来了康有为的照片,还说如果抓住康有为,赏金2000元。……9月23日一整天,道台和其他官员都向我提供了大量消息,大意是说康有为据称定于24日乘"重庆"号轮船到达……

我决定最好把该船拦截在吴淞口外,对将康有为从一艘轮船转移到另一艘轮船一事,我不希望本领事馆任何官员有公开的关联,所以我接受了濮兰德(英国人,工部局秘书长——原译者注)先生提供的帮助,他能说一口流利的中国话,正是做这件事十分合适的人选。24日一大早,濮兰德先生乘坐汽艇来到吴淞口外几英里的地方截住了"重庆"号。借助道台给我的照片,他毫不费力就找到了康有为。康有为根本没有意识到危险正在迫近,直到看见道台申请逮捕他的文件,才意识到自己的危险处境。几分钟后,他转移到汽艇上,然后由此转往正停泊于吴淞口外的大英火轮船的"巴拉腊特"号轮船。作为预防措施,女王陛下的"埃斯克"号军舰已派往吴淞口,而"重庆"号上的那些人会贸然断定,康有为逃到了英国炮艇上,因而当"重庆"号到达上海时,寻找康有为的那些侦探和官员会被告知,他已登上了"埃斯克"号军舰。①

接到康有为后,英国人并没有急着赶路,"'巴拉腊特'号轮船继续在吴淞口停留了两天多时间,以便班德瑞先生(英国驻沪领事——引者)抓住机会拜访康有为,从他那里了解某些有价值的情况"②。

9月29日,康有为到达香港,在港英总督的安排下,住进了戒备森严的警察署③。之后,便与日本驻香港领事接洽赴日事宜,询问"能否给予相当的保护",10月9日得到日本政府的明确承诺,"康有为大为感动"④。10月19日,

---

① 吴乃华摘译:《英国议会文件有关戊戌变法资料选译》,《清史译丛》第7辑,中国人民大学出版社2008年版,第225—226页。
② 同上书,第226页。
③ 王晓秋等主编:《戊戌维新与清末新政》,北京大学出版社1998年版,第118页。
④ 郑匡民等选译:《日本政府关于戊戌变法的外交档案选译(二)》,《近代史资料》总113号,中国社会科学出版社2006年版,第1页。

康有为启程。当天下午6时,他与3名弟子、1名侍从搭乘"河内丸"邮轮前往日本神户。港英当局和日本驻港领事为此作了周密的安排,以防不测。"出发之际,政厅派了数名便衣巡查,在市内道路上加以警戒,又用水上警察的小蒸汽船将康有为等人从海岸送至'河内丸'上。在决定康有为乘'河内丸'出发后,下官(日本驻港领事自称——引者)委派香港邮船公司支店长三原繁吉拒绝一切中国客人同乘,并为了避免刺客知悉,下官安排'河内丸'一旦定期启航后,先开到港口的出口处停船等待,然后让康氏于途中突然登船。"①10月24日,康有为顺利抵达东京。

戊戌政变发生时,梁启超还在北京。当天午后,他先去找英国传教士李提摩太寻求保护,进门就痛哭失声。随即又躲入日本驻华使馆,次日剪去发辫,穿上西服,在日本人的掩护下,乘坐下午的火车前往天津。9月27日,在大沽登上日本轮船"玄海丸"直接驶往日本②。康有为到日本后,与先期抵达的梁启超会合,开始了多年的海外流亡生涯。清政府仍密令追杀,1898年12月9日日本驻华公使致电日本外相:"各种渠道的报告声称,慈禧太后于12月6日通过总理衙门秘密命令清驻日公使,运用一切手段将康及其党人捕拿或暗杀。"③

1899年4月,康有为从日本前往加拿大,5月又赴伦敦,曾通过前英国海军大臣柏丽斯辉子爵要求英国政府帮助光绪帝重新上台,未成。后又辗转于香港、新加坡、槟榔屿等地,筹划对各地华侨的政治鼓动。1899年5月3日,梁启超在家书中描述道:

> 广东人在海外者五百余万人,人人皆有忠愤之心,视我等如神明如父母,若能联络之,则虽一小国不是过矣。今欲开一商会,凡入会者每人课两元,若入会者有一半,则可得五百万元矣。以此办事,何事不成?今即以横滨一埠论之,不过二千余人,而愿入会者足二千人,其余各埠亦如此耳。④

---

① 郑匡民等选译:《日本政府关于戊戌变法的外交档案选译(二)》,《近代史资料》总113号,第23—24页。
② 蔡乐苏等:《戊戌变法史述论稿》,第882—884页。
③ 郑匡民等选译:《日本政府关于戊戌变法的外交档案选译(二)》,《近代史资料》总113号,第63—64页。
④ 汤志钧等编注:《梁启超家书·南长街54号梁氏函札》,中国人民大学出版社2016年版,第7页。

海外流亡期间,康有为和梁启超等人继续秉持改良中国政治的主张,反对慈禧太后的专制统治,期盼光绪重掌朝政。1899年7月,康有为在加拿大组织保皇会,全称"保救大清皇帝会"。8月4日,适逢光绪帝生日,康有为率众在中华会馆庆祝。会场内,"烛设辉煌,箫鼓铿锵,冠裳璀璨,龙牌在上,龙旗在顶",众人均"拳跪起伏,九叩首",康有为激动得竟至号啕大哭①。此后,保皇会逐渐发展到中美洲、南美洲、檀香山等140多个城市,会员据称有数百万人。其宗旨是追随康有为的保皇主张。檀香山保皇会开会时,梁启超"率同志一齐起立,恭祝皇帝万岁,齐声喝彩三声,声震全市;次祝康先生到处平安,又喝彩如前"②。虽然流亡海外,但康有为一直坚信有回国执政之日的到来,因此培养专门人才以备日后执政之需,成了他一直萦绕心头之事。1905年他曾派遣40人分赴欧美、日本留学,其中有梁启勋、麦鼎华、徐良、罗昌等人,"几乎清一色的亲信子弟及其后代,反映出康氏'用人唯亲唯旧'的理念"。后因保皇会财务拮据,资助留学人数锐减至7人③。

同时,他们也不放弃密谋暗杀等极端手段。1904年,康有为和梁启超派出以梁铁君为首的暗杀组,潜入北京谋刺慈禧。梁铁君在国内逗留近两年,寻找机会,后被袁世凯侦破,入狱被杀。这时,清廷已宣布"预备立宪",康梁转而放弃了暗杀的部署,投入推动立宪的政治活动④。但1908年光绪帝去世后,康有为曾有秘密动员在北京的满族亲贵诛杀袁世凯的计划。"辛亥革命时,康有为曾企图联合满族亲贵,推翻袁世凯内阁,控制中央政权。"⑤

即使流亡海外,康有为仍很讲排场。1908年9月30日,日本驻瑞典大使向日本外务省报告,康有为居住在离斯德哥尔摩16千米风光极佳的萨尔折巴登,曾拜访日本使馆,日本大使"因此乘便侦查彼等动静,访问该人住宅。其房屋在萨尔折巴登的一个小岛,需乘坐私家自动汽船来往。据康所说,该岛之一半即大小约一平方千米的地皮以及房屋,一共以28 000格伦(相当于吾国

---

① 杨天石:《晚清史事》,第166、162页。
② 杨天石:《近代中国:风云时代与风云人物(1840—1919)》,中国工人出版社2016年版,第108—109页。
③ 张荣华:《维新事业在美洲的拓展与挫折——梁氏档案藏康有为书札考释》,《近代中国的物质文化》,上海古籍出版社2015年版,第397页。
④ 李永胜:《戊戌后康梁谋刺慈禧太后新考——以梁铁君案为中心》,《北京大学学报》2001年第4期。
⑤ 杨天石:《蒋氏秘档与蒋介石真相》,重庆出版社2015年版,附录二,第480页。

14 000日元)购买,又为维修花费 7 000 格伦。房屋虽非广大,但约可供 10 人居住,而且家具及装饰等极其豪华,似乎颇为阔绰"①。

当时同为海外流亡者的,还有孙中山等人。

在晚清,为拯救民族危亡最早举起资产阶级民主革命旗帜的,是孙中山。他幼名德明,字帝象,1866年11月12日诞生于广东香山县翠亨村一户贫穷的农民家庭。10岁入乡塾读书时,塾师为他取名为孙文。后在香港读书,入基督教受洗时取号"日新"。1886年在香港求学时,改号逸仙(日新的粤语谐音)。1897年在日本从事反清革命活动时,化名中山樵。辛亥革命前,常用孙逸仙为名。辛亥革命后,则常称孙中山。

孙中山的家乡翠亨村地处珠江三角洲南部,东南方隔水与香港相望,朝南走60多里就是澳门。它依山傍海,风景秀丽。但在封建皇朝的黑暗统治下,这里的人民生活贫困。很早以来,村里就不断有人离乡背井出外谋生,有的还漂洋过海侨居异国。孙中山的祖先,原在广东东莞县,大约在明代由东莞迁居香山县。他的祖父是一个穷苦的佃农。因为家境贫寒,孙中山的父亲孙达成刚满16岁就离家去澳门做工,先是学裁缝,后来又在外国人办的一家鞋铺里当鞋匠,每月工钱只有4元。一直干到32岁,才积下些钱回到家乡,与邻村的一位农家姑娘杨氏成了亲。夫妇俩共有四个儿女,孙中山排行第三,上有哥哥孙眉、姐姐孙妙茜,下有妹妹孙秋绮。

孙中山出生时,他的父亲靠租种别人的2亩半土地,勉强维持着全家人的生计。为了增加些收入养家,孙中山的父亲还不顾一天的劳累,晚上兼做更夫,为村里人打更报时。孙中山6岁起,就跟着姐姐上山打柴,下地割草。每年有好几个月他都要替人牧牛,以抵偿租牛耕地的工价。尽管一家人终年辛劳,生活还是十分贫困,全家挤住在村边一间简陋的小砖屋里,主要靠番薯充饥,有时还断顿挨饿。还在孙中山出生前,他的两个叔叔孙学成和孙观成,就已远赴美国当华工。孙中山2岁时,孙观成在海外病逝;后又听说他的另一个叔叔孙学成也死于上海附近的洋面。但迫于生计,孙中山5岁时,他的17岁的哥哥孙眉又不得不远涉重洋去檀香山的牧场当雇工。艰苦的生活环境使孙中山的童年充满了辛酸,但也磨练了他吃苦耐劳的意志,并使他以后对劳动人

---

① 罗福惠等:《日文档案中的清末革命者和流亡者》,《近代史研究》2004年第4期。

民生活的痛苦总是抱着真挚的同情态度,这对他后来走上革命的道路有着十分重要的影响。孙中山后来曾和宋庆龄谈到,童年时代的经历,使他很早就想到"中国农民的生活不该长此这样困苦下去,中国的儿童应该有鞋穿,有米饭吃"①。

孙中山的哥哥孙眉赴檀香山后,先是在菜园中、在农牧场里做雇工。过了几年,又到夏威夷群岛五大岛之一的茂宜岛去垦荒耕种。后来逐渐发展成一名华侨资本家,开办了牧场、商店,兼营酿酒、伐木等业。孙眉寄回的钱逐渐成为孙家的主要经济来源。父亲不再去当更夫,有时甚至还雇工从事耕种,孙中山家庭的经济状况发生了根本的变化。

1878年孙中山12岁时,远离家乡去檀香山求学。此后五年的海外生活,是孙中山早年的一段重要经历。1883年7月动身回国时,他已不再是五年前初出国门时那个对轮船都觉惊讶的农家子弟,也不是受中国封建文化熏陶的旧式士大夫,而是一名受过系统资本主义教育的青年知识分子了。这在当时的中国,是为数不多的。中国知识阶层中的绝大部分人,这时仍沉湎于科举取士制度,期望一朝中举,飞黄腾达,对世界大势、西方资本主义文明茫然无知。时至1895年,北京城里竟连一张世界地图也还找不到②。相比之下,好学深思的孙中山则因五年的国外经历和所受的资本主义教育,具备了较之当时国内士大夫们先进得多的知识结构和政治眼光,在观察社会和思考问题时,起点比常人更高。当他从正处于上升时期的资本主义社会,重新踏上仍在专制统治下的贫困国土时,自然也就更加敏锐地感到封建政府的腐败和中国人民所受的煎熬,越加深切地感到这一切是无法忍受的,改造中国社会的愿望越发强烈。

孙中山回到家乡翠亨村后,积极着手筹备教育、防盗、设街灯、清道、防病等一些改良乡政的实践,期望通过这些努力,改变家乡的落后面貌。但就是这些改良乡政的努力,也为地方封建势力所不容。不久,孙中山被迫离开家乡,去香港继续求学。在港期间,孙中山的思想有了很大的发展,初步萌发了革命的念头。促进这种思想转变的主要动因,是受当时中法战争的刺激。由于身处不受清朝政府控制的香港,孙中山对战争始末了解得比较清楚,对战争进程

---

① 宋庆龄:《我对孙中山的回忆》,《孙中山生平事业追忆录》,人民出版社1986年版,第513页。
② 梁启超:《戊戌政变记》,《戊戌变法》(中国近代史资料丛刊)第2册,第18页。

中清朝政府屈膝退让的丑态极为愤恨,深感这个腐朽皇朝的统治再也不能继续下去,应该把它推翻。以后,他经常与密友陈少白、陆皓东等人相聚一室,抨击清朝政府的黑暗统治,畅谈革命的想法。但这一阶段,孙中山的革命思想尚处于萌发阶段,还谈不上有付诸实践的考虑。1892年他在香港西医书院毕业后,曾在澳门、广州等地开办中西药局,设馆行医。又与他的同乡程北海合伙,在香山县石岐西门口开设中西药局的分店,地点就在今中山市文化宫的斜对面①。

受当时风行的改良主义思潮的影响,孙中山仍倾向于通过温和的途径,促使清朝政府改弦易辙,谋求国家富强。正是在这种情况下,1894年他决定上书李鸿章,陈述自己的政治主张。选择李鸿章作为上书对象,是有其原因的。李鸿章作为洋务派的首领,在封建统治集团中较之那些一味守旧的顽固派官僚,显得要开明些,当时又担任清朝政府直隶总督的要职,握有重权,而且他又是汉族官员。另外,李鸿章还是孙中山就读过的香港西医书院的赞助人,曾在一封宣布支持该校的公开信中,说他很羡慕英国的科学,尤其钦佩英国人注重实际的作风。这封信发表于1889年10月18日香港《德臣西报》,当时孙中山正在该校学习,对此自然留有印象,有所好感。

经过一段时间的酝酿,1894年1月孙中山完成了《上李鸿章书》。同年春,他与陆皓东一起,来到上海,走访改良主义思想家郑观应。并由郑介绍,结识另一位改良主义者、上海格致书院院长王韬,请为《上李鸿章书》润色。郑观应、王韬还分别致信与李鸿章关系密切的盛宣怀、罗丰禄等人,为孙中山疏通投见李鸿章的门径。此外,孙中山还找了其他可以利用的途径。他曾求得原澳门海防同知魏恒致信盛宣怀的堂兄盛宙怀,托其介绍孙中山往见盛宣怀。孙中山抵沪后,盛宙怀满足了他的要求。孙中山的这些活动,表明他对这次上书抱有很大的期望,诚如他后来自述的,当时他确实希望通过"请愿上书等方法,冀九重之或一垂听,政府之或一奋起"②。正是抱着这种心情,孙中山赶赴天津,求见李鸿章。

同年6月,孙中山抵达天津,随即通过盛宣怀、罗丰禄等人,将自己的上书转呈李鸿章。孙中山在这次上书里,向李鸿章提出了一个在中国解除封建主

---

① 黄鸿钊编著:《动荡年代——辛亥革命前后的香山与澳门》,社会科学文献出版社2015年版,第452页。
② 孙中山:《伦敦被难记》,《孙中山全集》第1卷,中华书局1981年版,第52页。

义对民间工商业发展的束缚,全面实现国家工业化和农业机械化,根本改革教育制度和选拔人才制度的改革蓝图。用他自己的话来说,就是要做到"人能尽其才,地能尽其利,物能尽其用,货能畅其流"①。这些主张,表达了正在成长着的中国民族资产阶级要求解除封建主义束缚,发展资本主义的强烈愿望,反映了客观历史发展的要求,是有进步意义的。但它们一旦实施,将会从根基上动摇封建专制制度的统治。因此,在半殖民地半封建的近代中国,企图依靠封建统治者自上而下地来实现这些主张,自然是根本不可能的。严峻的现实,很快就使孙中山彻底失望。

李鸿章对孙中山抱着满腔热望的上书,态度极为冷淡,借口公务繁忙,不予理会。孙中山犹如被当头泼了一盆冷水,心都凉透了。这次天津之行的遭遇,促使孙中山抛弃了对清朝政府尚存的一些幻想,"知和平之法无可复施,然望治之心愈坚,要求之念愈切,积渐而知和平之手段不得不稍易以强迫"②,从而坚定了自己的革命信念,决意通过革命推翻清皇朝,争取国家富强。不久,他便从上海经日本转赴檀香山,在当地华侨中组织兴中会,积极开展活动,提出了"驱逐鞑虏,恢复中国,创立合众政府"③的革命目标,喊出了"振兴中华"④的响亮口号,开始了他那漫长的艰苦卓绝的斗争岁月。

兴中会成立后,孙中山便将武装起义提上议事日程,着手筹划广州起义。从投身革命之日起,孙中山就把武装斗争作为革命的主要手段。在这以后,直到清皇朝覆灭,不管遇到多大困难,孙中山坚持武装斗争的立场没有动摇。这是孙中山基于对中国现状和历史的深刻体察,得出的正确结论。因为帝国主义的疯狂侵略,使中华民族正处于生死存亡的危急关头,腐朽的清皇朝顽固地拒绝从根本上进行政治改革的可能,一切温和的手段都无法改变黑暗的现状,孙中山上书的失败,清楚地说明了这一点。这就迫使人们意识到只有拿起武器,才有希望将祖国从日益深重的民族灾难中解救出来。

由于事机不密,原定于1895年10月26日(农历九月初九日)的广州起义未及发动便遭镇压。清军在广州城内四处搜捕,陆皓东等人先后被捕遇难。

---

① 孙中山:《上李鸿章书》,《孙中山全集》第1卷,第8页。
② 孙中山:《伦敦被难记》,《孙中山全集》第1卷,第52页。
③ 孙中山:《檀香山兴中会盟书》,《孙中山全集》第1卷,第20页。
④ 同上书,第19页。

孙中山在众人掩护下,延至次日晚始得脱险,坐船逃至香港,与先期抵港的陈少白、郑士良等人会合。广州起义虽然失败,但这个事件在国内反响很大,外国报纸也开始报道"中国革命党孙逸仙"。从此,孙中山的革命活动开始为国人所注意,孙中山也逐渐在人们的心目中成为"革命党"的代表者和旗帜。

躲至香港的孙中山估计清政府不会善罢甘休,遂于11月2日坐船东渡日本。此后整整16年,孙中山一直被迫远离祖国,在异国他乡继续他的革命事业。在这期间,清朝政府一直把他视为心腹之患,派人追捕。1896年9月下旬,孙中山继在日本、檀香山、美国等地向华侨宣传他的革命主张后,只身来到英国伦敦。次日上午即去拜访他在香港学医时的英国老师康德黎夫妇。后又去访晤了也曾在香港西医书院任职的英国老师孟生。此后几天,孙中山都上街观光,了解英国的风土人情。他并不知道,自己已陷于危险境地,一张黑网正悄无声息地向他撒来。时任清朝政府驻英公使龚照瑗随员的吴宗濂记述,1896年9月25日,龚照瑗接到驻美公使杨儒的来函,告知朝廷通缉"要犯"孙文已于9月23日由纽约前往英国,将于利物浦上岸。龚照瑗当即派参赞马格里与英国外交部联系,希望能援照香港及缅甸案例请英国代为缉拿孙中山,被英国外交部婉拒,"该部答称'二约只能行于香港及缅甸,而不能施之他处,设竟代拿,必为刑司驳诘'云云"①。龚照瑗无奈,只得雇请私人侦探窥探孙中山的行踪。吴宗濂描述:"英既不能代拿,敝处遂雇包探前赴梨花埔(即利物浦——引者)密尾行踪。该犯(诬指孙中山,下同——引者)于八月二十四日(即9月30日——引者)登岸,即日乘火车至伦敦,剪发洋装,偕行有二西人与之稔熟。伦敦则有二西医,一名坎特立(即康德黎——引者),一名门森(即孟生——引者),曾住香港,与该犯交最厚,前该犯由粤垣逃至香港,即潜匿坎特立之宅也。"②

孙中山的行踪全被人暗中监视,如受雇于清驻英公使馆的英国私人侦探10月1日报告:孙中山"已于昨日中午12时在利物浦王子码头上岸";"他坐的二等舱,上岸的时候,他带了一件行李,上火车站的公共汽车,到利物浦密德兰车站,坐下午2点50分的快车上伦敦。但是他没有赶上火车。等到下午4点

---

① 吴宗濂著,许尚等校点,《随轺笔记》,岳麓书社2016年版,第214页。
② 同上书,第214—215页。

45分方才动身,于晚间9点50分到伦敦圣班克拉司车站。于是他从行李房里取出行李,雇了12616号马车到斯屈朗赫胥旅馆"①。孙中山危在旦夕!

1896年10月11日上午10时半,孙中山走出旅馆,准备去康德黎家。这天正是星期日,旅馆附近较清静,行人稀疏。他顺着街道朝前走着,当他拐过一个路口时,一个中国人从身后赶来,用英语与他搭话。听说孙中山家住广东,那人又自称是同乡。孙中山未起疑,两人边走边谈。刚走出不远,又围上来两个人,也说自己是广东人。他们簇拥着孙中山朝前走着,而先到的那人则悄悄离去。

当走到一座楼房前面时,没等孙中山反应过来,就被左右两人推拥进去,随即大门就被紧紧关上。孙中山追忆:"当前门匆促关上,并随即上了闩时,我大为惊讶,突然我脑中一闪,这房子一定就是中国公使馆。房子里有几个穿官员制服的中国人,同时房子又那么宽敞,这足以说明问题。"②孙中山正要发问,只见那两人已换了一副脸色,他们强行将孙中山关进了楼上的一个小间。原来,这里是清朝驻英使馆,孙中山被诱捕了!

孙中山入网后,清朝政府驻英使馆以7 000英镑租了一艘英国轮船,准备把他装在一个大木箱里,秘密押送回国。清驻英官员洋洋得意地对孙中山宣称:"我们并不打算按正式手续引渡你……一切准备停当,轮船已经预订好,你会从这里被押上船同时会堵塞住你的嘴,所以不会受到骚扰,并且你会被安置在船上十分严密的地方。在香港港口外有炮舰等着你,你被换到舰艇上后直接驶向广州,在那里,你将受到审讯并会被处决。"③孙中山的生命,岌岌可危!

孙中山遭囚禁后,就想方设法寻找脱险的途径。他被关押的小间,窗户装有铁栅,门外加锁,又有专人日夜看守,单靠他自己显然无法脱身,唯一的办法是让友人尽快知道他现在的下落,设法营救。他几次将密信揉成一团用力扔出窗外,盼望有人拾起后帮他送出去,但每次都被看守发现。随即,窗户也被封闭。孙中山忆述:"他们用螺丝钉钉死了我的窗户,我和外面联系的唯一途径也没有了。"④孙中山这时犹如一头误入陷阱的雄狮,心情异常烦躁。他很清

---

① 桑兵主编:《孙中山史事编年》第一卷,中华书局2017年版,第127页。
② 孙中山著,庾燕卿等译注:《伦敦蒙难记》,中国社会科学出版社2011年版,第29页。
③ 同上书,第39页。
④ 同上。

楚,一旦自己被送回国内,必定会遭清朝政府杀害。对死亡,孙中山并不畏惧,他担忧的是所从事的救国大业。他苦苦思索着脱险的途径。终于,他想出了一个有可能获得成功的办法。

10月16日,一位名叫科尔的英国工役走进小间清扫,孙中山以恳切的心情,向他低声简述了自己的经历和将要面临的厄运,请求他帮助搭救自己。科尔答应考虑后再答复。孙中山的话打动了科尔,他去找使馆的另一位英国女工商量。庆幸的是,那位女工也很同情孙中山的遭遇,认为科尔应该伸出援手。

10月18日,也就是孙中山被囚禁的第八天,科尔像往常一样走进孙中山的小间。临出门时,悄悄地把孙中山交给他的一张纸条揣进了衣兜。当天,科尔就把它送到了康德黎的手里。在他之前,那位英国女工已在17日晚上,将孙中山被关押的消息告诉了康德黎。康德黎闻讯后,当天晚上就去找了孟生,一起商量如何搭救。次日,又接到科尔送出的孙中山的亲笔求援信,两人即四处活动,设法营救。

康德黎和孟生先去了英国外交部,要求政府干预这桩公然违反英国法律及外交惯例的绑架案。他们又去了伦敦各报馆,请求舆论伸张正义。为了提防清朝驻英使馆秘密遣送孙中山回国,他们又出钱雇了2名私家侦探,在使馆门前日夜监视。他们还向清朝政府驻英使馆当面交涉,要求立即释放孙中山。清朝使馆却装聋作哑,矢口否认。如当时美国《纽约时报》所报道,英国当局一时"尚无法从清国使馆中营救出这位医生(指孙中山——引者),因为国际法有外交机构不受侵犯的规定"①。于是,康德黎和孟生再次呼吁舆论的干预。

清朝使馆公然在伦敦街头将人非法绑架的行为,令英国朝野震惊。10月22日,英国政府照会清驻英公使馆释放孙中山;当天晚上,伦敦《环球报》以"可惊可叹之新闻""革命家被诱于伦敦""公使馆之拘囚"等为标题,报道了清朝驻英使馆绑架事件,并于次日重新刊发此一事件的新闻报道。孙中山遭绑架的消息传出之后,英国舆论哗然,清朝使馆门前聚集了数百人,声援被囚禁的中国人。在各方面的巨大压力下,清朝使馆理屈词穷,无计可施,被迫同意释放孙中山。10月23日下午,孙中山终于获救。当他走出清朝使馆时,受到许多

---

① 郑曦原编:《帝国的回忆:〈纽约时报〉晚清观察记(增订本)》,当代中国出版社2011年版,第363页。

在门口围观的英国公众的热情问候。孙中山敏锐地意识到,应该抓住这次事件,扩大他革命主张的宣传和影响。

回到旅馆,孙中山顾不上休息,就向接踵而至的各路记者发表谈话,揭露清朝政府驻英使馆将他野蛮绑架和关押的经过,严厉抨击这种卑劣的行径。吴宗濂气急败坏地描述,孙中山脱险后,"致函日报,遍谢英廷、英报、英民,文过饰非,倾动众听"①。连续几天,伦敦各报以较多篇幅报道了这次绑架事件的来龙去脉,继续引起各界广泛注意。此外,美国、澳大利亚、日本、新加坡、香港等地多家报刊,以及上海的《万国公报》《时务报》《申报》等,也分别转载刊发了有关报道和评论。

上述国家和地区的一些公众,也从这些报道里第一次读到孙中山的名字,知晓他所从事的反清革命活动。孙中山的政治影响大为扩大。1896年12月3日,香港《德臣西报》载文指出:"可以有把握地说,他(孙中山)是个非凡的人,对于中国千百万人民毋庸置疑的悲惨处境,有着极为开明的看法";"在他沉着的外表下,藏着一个迟早必然会在中国起巨大影响的人格"。就此而言,这次伦敦遇险的结局,对孙中山来说可谓"因祸得福";而清朝政府则把自己推到了众人所指的狼狈境地,客观上扩大了孙中山革命主张的国际影响,真是"搬起石头砸自己的脚"。

1897年3月23日,美国《纽约时报》就曾以"为新中国而呐喊的孙逸仙博士"为题,发表评论引述孙中山伦敦脱险后对清朝政府"极端暴政"的猛烈抨击:"对诸如地理学、法律、历史和科学的学习和研究被全面禁止了,学生们被限定在仅仅比会话术好不了多少的知识,现在对权力的批评就是极大的叛逆罪。国家的税收则是委托给这样的人,即只要他能够上交给政府预期的数额,他就可以尽情地压榨人民并随意享有更多的财富。"该报认为,孙中山"这样一些发自内心的真诚呐喊","展示了他作为一个东方人的才能,他通过唤起英国公众的同情而使他的政见能传播开来"②。

为了进一步揭露清朝政府的丑恶面目,扩大反清革命的影响,争取各国民众的同情和支持,孙中山脱险不久,就用英文撰写了《伦敦被难记》,并在英国

---

① 吴宗濂:《随轺笔记》,第226页。
② 郑曦原编:《帝国的回忆:〈纽约时报〉晚清观察记(增订本)》,第364、365页。

出版,以后又被译成俄、日、中等国文字,在海内外流传。孙中山的英名和他的革命事业,因此也被更多的人所了解,得到人们的尊敬。1897年初,他在与该书俄译者谈话时,明确指出:"目前中国的制度以及现今的政府绝不可能有什么改善,也决不会搞什么改革,只能加以推翻,无法进行改良。"他充满信心地预言,革命必将成功,因为它代表了时代的要求,中国的"全体人民正准备着要迎接一个变革,有大多数的诚实的人们,准备着而且决心要进入公共民主的生活"①。近代中国历史发展的进程,证实了孙中山的远见卓识。

孙中山伦敦脱险后,清朝政府并不死心,依旧雇人跟踪,寻找谋害孙中山的机会。1897年4月13日,密探报告:"13日星期二,11时30分,一位中国人(指孙中山——引者)由一位英国人陪伴走进寓所。中午12时,三人一同出来,走进南安普敦楼伯克贝克银行,离开时该人将一些硬币放入钱包。他们在法院巷乘公共马车去芬加尔吉路车站,由此乘火车去特鲁波利。出站后,进入特鲁波利船坞,登上'富士'舰,逗留了三个半小时。然后回到伦敦,三人抵达后即分手,返回寓所。"②

7月1日,孙中山坐船由英国赴加拿大。清驻英公使馆特派三等书记官曾广铨和一名英国私人侦探跟踪登轮,同船而行。7月11日,孙中山抵达加拿大蒙特利尔,跟踪的密探报告:"'努美丁'号船1897年7月11日到达蒙特利尔,我们派去的人监视该人。"③孙中山的革命征程,依旧万分凶险!

扩展阅读书目

1. 蔡乐苏等:《戊戌变法述论稿》,清华大学出版社,2001年。在编竣《戊戌变法文献资料系日》基础上成书,厚重扎实。

2. 汤志钧:《近代经学与政治》,中华书局,1989年。经学是传统国学的重要门类,也是康有为鼓动变法的思想资源之一,读此书可长不少专门知识。

3. "茅海建戊戌变法研究"书系:《戊戌变法史事考初集》《戊戌变法史事考二集》

---

① 孙中山:《孙中山全集》第1卷,中华书局1981年版,第86、106页。
② 桑兵主编:《孙中山史事编年》第一卷,第154页。
③ 同上书,第157页。

《从甲午到戊戌：康有为〈我史〉鉴注》《戊戌变法的另面："张之洞档案"阅读笔记》，生活·读书·新知三联书店，2018年。

4. 黄彰健：《戊戌变法史》，上海书店出版社，2007年。其与以上书系为海峡两岸学者佳作，均以史实考订缜密见长，参照细品，可增史学功力。

5. 萧公权著，汪荣祖译：《康有为思想研究》，新星出版社，2005年。海外名家名作，以政治学分析切入，颇有启迪。

6. 谢俊美：《翁同龢人际交往与晚清政局》，上海书店出版社，2018年。梳理、再现晚清重臣的人际网和交友圈。

7. 马忠文：《荣禄与晚清政局》，社会科学文献出版社，2016年。资料扎实，论析细密。

8. 贾小叶：《戊戌时期学术政治纷争研究：以"康党"为视角》，社会科学文献出版社，2017年。揭示戊戌政治与学术纷争的多元面相。

9. 黄宇和：《三十岁前的孙中山：翠亨、檀岛、香港(1866—1895)》，生活·读书·新知三联书店，2012年。孙中山早年经历的溯源寻踪。

10. ［日］狭间直树著，高莹莹译：《东亚近代文明史上的梁启超》，上海人民出版社，2016年。海外名家名作。

相关资料选读

1. 朱育和等编：《戊戌变法文献资料系日》，上海书店出版社，1998年。约220万字的中外文资料，按年月日顺序编排，戊戌变法的历史进程得以逐日展现。

2. 姜义华等编：《康有为全集》，中国人民大学出版社，2007年。康有为文稿的最新汇编，约有近千万字，内含许多稀见资料。

3. 汤志钧主编：《梁启超全集》，中国人民大学出版社，2018年。收罗最广的梁启超文集。

4. 谭嗣同集整理组整理：《谭嗣同集》，浙江古籍出版社，2018年。为国捐躯者的文字留存。

5. 翁万戈编，翁以钧校订：《翁同龢日记》，中西书局，2012年。翁氏后人的史料贡献。

6. 陈锡祺主编：《孙中山年谱长编》，中华书局，1991年。在史实考订的基础上，按年月日编录孙中山的救国征程。

7. 吕顺长：《清末维新派人物致山本宪书札考释》，上海交通大学出版社，2017年。海外稀见资料的整理研究。

第八章

世纪之交

义和团拳民

一、教民与民教冲突

康熙年间,基督教传教士就曾来华活动。18世纪初叶,康熙帝与罗马教廷之间围绕着"礼仪之争",发生明显对立,焦点在于是否允许中国教徒祭祖、祀孔。前者不容许外国教会干涉中国的文化习俗,后者坚持禁止中国教徒遵从中国祭祖、祀孔的传统习俗。其结果是康熙帝开始逐步采取禁教政策。此后的雍正、乾隆、嘉庆帝,也采取同样的政策。基督教在华的传播由此失去合法地位,成为中国政府取缔和打击的对象。其中也有稳固统治的考虑,当时在华的法国传教士汪达洪称:

> 皇帝和大臣们认为我们的教会是好的,如果说他们反对公开传教,不愿忍受传教士四处活动传教,那只是出于政治的原因,他们担心我们在传教的借口下隐伏了其他的意图。他们粗略地知道欧洲人征服印度的历史,他们担心中国也会遭到同样的征服。①

天主教传教士的活动被迫转入地下,但并没有停止。据不完全统计,1810年共有31名天主教传教士在中国16个省进行秘密传教活动,全国共有天主教徒约20.5万人。1839年在华天主教传教士(包括8个主教)共有65名,中国的天主教徒约有30万人②。

鸦片战争后,凭借不平等条约的庇护,基督教迅速扩大在中国的活动。③ 1861年6月9日,英国传教士杨格非和威尔士从上海坐轮船去汉口,迎风站在

---

① 朱静编译:《洋教士看中国朝廷》,上海人民出版社1995年版,第225页。
② 吴义雄:《在宗教与世俗之间》,第27页。
③ 近代在华的基督教有广义和狭义之分。前者包括天主教、新教和东正教,后者专指19世纪欧洲宗教改革后出现的新教。此处是指广义的基督教,以下旧教称天主教,新教称基督教。

甲板上感叹："似乎像一个新世界突然出现在我的眼前,我们两人是多么地感谢上帝,这一条美丽而宏伟的河流已经成为十字架使者们的大道。"①天主教的教会组织通称修会,先后来华活动的主要修会有耶稣会、奥斯丁会、多明我会、方济各会、巴黎外方传教会、遣使会、圣母圣心会、圣言会等。各修会在组织上各自独立,但都听命于罗马教皇。鸦片战争前,葡萄牙掌握中国天主教的所谓"保教权",以澳门为中心,活动经费由葡澳当局提供。1843年,罗马教皇任命法国传教士为北京教区主教,此后"保教权"握于法国政府之手。

从1846年起,天主教在澳门、南京、北京设立三个主教区,又在陕西、山西、山东、湖广、江西、云南、香港等设立代牧主教区。1879年,教皇划中国全境为五大传教区:直隶(今河北)、辽宁、蒙古为第一区,山东、陕西、河南、甘肃为第二区,湖南、湖北、浙江、江西、江南(今江苏、安徽)为第三区,四川、云南、贵州、西藏为第四区,广东、广西、香港、福建为第五区。法国传教士在华活动经费,除从法国教会获得部分资助外,主要来自法国政府的资助补贴。法国驻华公使还发给传教士一份用中法两种文字写成的"执照",以资"保护"。"执照"要求清朝政府各级官员对传教士在华来往、居留、传教和买地建房,"均听其便,丝毫不准留难"②。

面对陌生的国度,初来乍到的外国传教士急于站稳脚跟,打开局面,推进传教的所谓"成果"。其间,他们往往依仗强权,盛气凌人,蔑视乃至侮辱不与他们配合的中国官绅商民,同时又不问良莠,来者不拒,甚至为炫耀教会的强势,招徕更多的人入教,包庇纵容一些行为不端的教徒仗势欺人。民间有生动的比喻:"未入教,尚如鼠;既入教,便如虎。"③于是各地教徒(习称"教民")与不信教者之间,时常发生矛盾对立,"或乡愚被其讹诈,或孤弱受其欺凌,或强占人妻,或侵犯人产,或租项应交业主延不清偿,或钱粮应交公庭抗不完纳,或因公事而借端推诿,或因小忿而殴毙平民,种种妄为,几难尽述"④。并往往因此演变为当地官绅商民与外国教会势力之间的冲突,即所谓"民教冲突",或称之

---

① 顾长声:《从马礼逊到司徒雷登》,上海人民出版社1985年版,第194页。
② 李时岳:《近代中国反洋教运动》,人民出版社1985年版,第8、9页。
③ 中国第一历史档案馆等:《清末教案》(中国近代史资料丛刊续编)第1册,中华书局1996年版,第910—911页。
④ 王明伦选编:《反洋教书文揭帖选》,齐鲁书社1984年版,第37—38页。

为"教案"。四川总督丁宝桢曾描述:"大约教案滋事之初,多由教民恃教欺压平民。积渐既深,平民不胜其忿,遂群聚而仇杀,教民寻仇愈甚,则结怨愈深。"①这类冲突,从1861年贵州发生反洋教事件起,中经1870年的天津教案及1895年福建古田教案,到1908年的江西赣州焚毁教堂案止,时间持续数十年,地域波及全国各地②。

各地的民教冲突,不少都因教民作恶而起。当时的教民,大体有以下几类。一是"信教"的,即虔诚祈求上帝赐福和死后升入天堂的善男信女;二是"依教"的,为依靠教会产业以养家糊口而入教者,如佃种教会田地的农户;三是"吃教"的,贪图教会的小恩小惠,把入教作为一种职业或头衔,大多是穷极无聊的地痞流氓之辈;四是"投教"的,仰仗教会势力以抵抗旁人欺压,进而反过来欺压别人,包括少数纯粹借教会之势为非作歹者③。从人数上说,"信教"和"依教"的占大多数,"吃教"和"投教"者并不多,但其恶行往往受到教会的庇护,从而激化矛盾,引发民教冲突。

这些民教冲突,很多并非是因宗教信仰或文化背景的差异,而是源自实际的利益纷争。早在康熙年间,这一点就已见端倪。康熙二十九年(1670),山东茌平县教民与平民之间因房产归属发生纠纷,教民王中奎等人被拘禁,康熙帝身边的传教士张诚、徐日升为之求情,结果获释。事后,康熙帝表示"他可以庇护在中国的外国传教士,但是他不能放任信教的中国人,这些中国教徒以为依仗我们(指传教士——引者),便可以抬高他们自己的身价任性妄为,那是他所不能容许的"④。鸦片战争后,强行侵入中国的外国教会势力有恃无恐,在其卵翼下的一些教民因此也耀武扬威,横行乡里,招致民愤。鉴于各地民教冲突日多,1861年12月1日总理各国事务衙门奏称:"应请旨饬下各省督抚,于凡交涉天主教事件,务须谆饬各该地方官查明根由,斟酌事势,持平办理。"两天后,清廷颁谕称:

> 著照所请,嗣后各该地方官于凡交涉习教事件,务须查明根由,持平办理。如习教者果系安分守己,谨饬自爱,则同系中国赤子,自应与不习

---

① 中国第一历史档案馆等:《清末教案》(中国近代史资料丛刊续编)第2册,第150页。
② 中国第一历史档案馆等:《清末教案》(中国近代史资料丛刊续编)第1册,前言,第2页。
③ 李时岳:《近代中国反洋教运动》,第15页。
④ [法]张诚著,陈霞飞译:《张诚日记》,商务印书馆1993年版,第79页。

教者一体抚字，不必因习教而有所刻求。倘或依恃教民，不守本分，干预别项公私事条，或至作奸犯科，霸地抗租，欺侮良民，则不独为中国之莠民，亦即系伊教中之败类，断难宽贷，必应照例治罪，决不能因习教而少从宽假。各该地方官当事事公平，分别办理，以示抚绥善良之至意。①

这是清廷首次谕令"持平办理"的方针。但各地民教冲突仍有增无减，1870年更有震惊中外的"天津教案"发生。事后曾国藩奏称："凡教中犯案，教士不问是非，曲庇教民；领事不问是非，曲庇教士。遇有民教争斗，平民恒屈，教民恒胜。教民势焰愈横，平民愤郁愈甚。郁极必发，则聚众而群思一逞。"②1879年后在华居住近50年的美国人阿林敦直言："从总体上来说，中国人民不是真的那么排外或排基督教的，因为他们反对的是外国干预他们的事务。"③

19世纪90年代中叶，山东南部乡村的很多民教冲突，发生在人群拥挤的集市上。有一次，一名屠夫在卖肉时将羊头挂在摊位上，有教民看见，就去告诉传教士，说那名屠夫故意诋毁洋教，因为"羊""洋"谐音。传教士当即报案，县官不敢得罪洋人，那名屠夫自然输了官司，吃了苦头，众人心中自然不服。在传统庙会等节日里，教民往往耻笑参加者，而一旦后者不让教民参加，传教士便要告官，指为"宗教歧视，不合条约"。天主教传教士的这些行为，连一些新教传教士也有非议。当时在华的美国传教士史密斯指出：

    只要中国教民与非教民有任何争执，天主教神父就一定要包揽诉讼。如果神父一时不能威胁地方官做出对教民有利的判决，他可以用"宗教迫害"为借口向法国领事诉求。所以，在诉讼过程中，天主教神父完全不考虑司法的公正性，只是一味地要求按他的意愿办案。④

而当时的这些案件中，绝大部分涉及处于弱势地位的非教民的切身利益。据分类统计，在1860年至1899年间的990件教案中，事关社会秩序的占39%，事关利益的占22%，事关国家安全的占7.7%，而价值观念差异导致

---

① 《清末教案》(中国近代史资料丛刊续编)第1册，第205页。
② 同上书，第920页。
③ [美] 阿林敦著，叶凤美译：《青龙过眼》，中华书局2011年版，第304页。
④ 相蓝欣：《义和团战争的起源：跨国研究》，华东师范大学出版社2003年版，第55、104页。

的仅占6%①。教民和教会势力的专横跋扈,直接损害了与其争执一方的切身利益,也冲击了长久以来中国基层社会由官绅主导的统治秩序。德国传教士卫礼贤指出:

> 传教士经常利用慈善的伪装,干涉当地正常的合法诉讼程序,他们的教徒也混水摸鱼。他们成功地扮演了受迫害基督教徒的形象,而实际上却站在自己的立场上,尽量地敲诈勒索。而教会却熟视无睹,在身后洋枪洋炮的支持下,以外国人的身份,迫使当地法官违法乱纪,做出偏向教会的裁决,这种事情遭到人们的深恶痛绝。

他又说:

> 教会为了袒护他的教民,不断向官府施加压力,用大炮或其他外交手段相威胁,中国官府只得让步,并为讨好教会而镇压百姓,最后积重难返,人民忍无可忍只好造反。他们焚烧教堂,经常不断地杀死传教士,后来外国力量只得出面干涉,派遣炮舰执行处罚……所有的事又都重新开始。②

中国海关总税务司、英国人赫德也认为:

> 有些所谓的教民入教,只是为了得到教会的庇护,逃避自己做恶事应受的惩罚,或利用教会的关系,影响地方司法,也有传教士自己卷入或插手干预地方官员的事务等,这样一类越界干涉官员职权的事情,使官员们愤怒至极,一次次地引起地方的骚动,使官与民均感不悦。③

他在1894年给友人的信中就这样写道:"我认为很可能有一天绝望的情绪会以最激怒的形式爆发出来,我们在北京的外国人也许会被杀光。每个中国人都会说:'如果不是这帮该死的洋鬼子,我们怎会落到这种地步。在我们自己被毁灭之前,且叫他们先尝尝毁灭的滋味!'"他强调:"危险是这样迫在眉睫,又是如此难以躲开!"④

---

① [日]佐藤公彦著,宋军等译:《义和团的起源及其运动》,中国社会科学出版社2007年版,第15页。
② [德]卫礼贤著,王宇洁等译:《中国心灵》,第176、181页。
③ [英]赫德著,叶凤美译:《这些从秦国来——中国问题论集》,天津古籍出版社2005年版,第103页。
④ 中国第二历史档案馆等编:《中国海关密档》第1卷,中华书局1990年版,第12、13页。

中国的改良主义思想家郑观应也指出：

> 莠民以入教为护符，尝闻作奸犯科，讹诈乡愚，欺凌孤弱，占人妻，侵人产，负租项，欠钱粮，包揽官事，击毙平民，种种妄为，擢发难数……平民受屈，申理无从，众怒滋深，群思报复，遂至拆教堂，辱教士，民教斗殴之案层见叠出。①

来自义和团发源地的乡土调查资料印证了他们的看法：

——光绪年间，经常发生这样的事：教民见了某个有法儿的（富裕人家），就说你前几天借我的什么什么东西还不还哪（实际这人不一定借他们的东西）？这人如果不承认，他们就把这人捆起来，这人就得花钱，花钱就没事了。

——当时教民横行霸道，依靠洋人欺压良民，官府帮助教民，对教民和一般人民两样看。教民与非教民打官司，教民一定胜利，而且教民过堂不下跪，非教民不论有罪没罪均得下跪。

——教会势力很大，新县官到任拜庙完后，就要去拜神甫。神甫出入都坐轿车，普通百姓不敢和教徒发生争执，教徒常常威胁说："奶奶的，逮你去见神甫去！"百姓不能和教徒打官司，不论什么官司，无论谁有理，总是教徒打赢，连县令也怕教会势力。

——洋教权势极大，教徒仗势欺人。教民和百姓发生争执和诉讼，胜利者总是教徒。在过堂时，教徒不必到案即可结案，或教堂主教送到衙门里一张名片，案件处理就转转弯弯了结，人们恨入洋教者入骨髓。

——当时教民很恶，任何人都不敢得罪他们，一样的理由，打官司教民一定占上风。这一带哪个地方教民多，参加义和拳也就多。②

1900年6月，英国记者阿尔弗雷德·坎宁安在广州拜会两广总督李鸿章。当被问及义和团发生的原因时，李鸿章直言："在我看来，义和团的起因在于本国的基督徒一直在找麻烦，这引起了农民的恶感，而且基督徒在法律诉讼中也

---

① 夏东元编：《郑观应集》上册，上海人民出版社1982年版，第406、407页。
② 路遥主编：《山东大学义和团调查资料汇编》，山东大学出版社2000年版，第24、493、608、727、72页。

总是占便宜。"①时任山东巡抚毓贤也奏称：

> 东省民教不和，由来已久，缘入教多非安分良民……迩来彼教日见嚣张，一经投教，即倚为护符，横行乡里，鱼肉良民，甚至挟制官长，动辄欺人，官民皆无可如何……每因教民肆虐太甚，乡民积怨不平，因而酿成巨案。该国主教只听教民一面之词，并不问开衅之由，小则勒索赔偿，大则多端要挟，必使我委曲迁就而后已。
>
> ……
>
> 东省民教积仇已非一年，办教案者多畏洋人，不能持平，是以平民受教民欺辱无可控诉，柔弱者甘心忍受，刚强者激而思逞，与教民为难，非得已也。②

继任山东巡抚袁世凯也承认：

> 东省民教积不相能，推原其故，固由教民之强横，亦多由地方官未能持平办理……教民之气焰益张，良民之激怒愈甚，一旦发作，势同决川。③

形势的发展，正如他们所描述的。兴起于山东的义和团反帝斗争，很快如星火燎原，扩展至华北大地。

二、义和团的斗争

1898年爱国士大夫们发动的戊戌变法失败了，下层劳动群众中反抗外国侵略者的斗争紧接着就上升到高潮，并且采取更为激烈的形式，那就是义和团运动。俄国财政大臣维特评述道：

> 英国仿效俄国占领了威海卫，接着法国在中国南方占领了一块地方，意大利也提出了迫使中国做出各种让步的要求。这样，德国，接着是我们，为7个欧洲列强逐渐肢解中国开创了先例。这种局面强烈地激发了

---

① 刘文明编：《西方人亲历和讲述的甲午战争》，浙江大学出版社2015年版，第294页。
② 国家档案局明清档案馆：《义和团档案史料》上册，中华书局1959年版，第24、31页。
③ 同上书，第28页。

中国人的民族情感,结果爆发了所谓"义和团"运动。①

义和团运动斗争的中心,是在山东、直隶一带。19世纪末,这个地区农民的经济生活受到洋货的猛烈冲击。据天津、烟台、胶州三个港口的统计,1894年输入洋纱为187 934担,到1898年已激增至496 332担,短短四年内增加了264%②。这就沉重打击了华北地区农民经营的家庭手工棉纺织业,使他们难以维持生计。甲午战争后清朝政府的横征暴敛和连年的灾荒,又使大批农民濒于绝境。极端艰难的生存状况使他们有着强烈的反抗性。1898年5月5日,在直隶威县的法国天主教传教士记述:"依大部分传教士看来,德国人对胶州的侵略行径在中国官员和易变的民众的思想中产生了恼火的反感。洋人的大炮所轰不到的内地传教区,就难免不遭到这股恼火的反感情绪的反击。"③

山东、直隶一带,民间本来就有着练拳习武的传统,农隙讲武,练习拳操。这种练拳习武,在最初并没有明确的政治目标,更多的是带有互助的成分,当时农民群众不论老少,都喜习拳练棒,有的一家几代都入了梅花拳,拳民之间讲究所谓义气,经常互相帮助,一人受欺,群起奋击,一人困难,大家帮助,所以又有"义民会"之称。甲午战争后,民族危机空前深重,外国传教士又往往仗势欺压民众,贫苦的农民群众无处申诉,这种民间习拳活动就从单纯的强身保家,逐渐带有明显的反对外国侵略者的政治含义,并且更广泛地发展起来。山东巡抚毓贤也称:"教民欺侮平民,平民万难忍受,始有立拳会以自卫身家者。"④茌平地区老人们回忆当时的情景说:"人们都互相嘀咕,洋人要灭亡我们啦,往后还不知怎么着,咱们起来干吧!"⑤原来受尽欺压的农民群众,一旦形成了有组织的反抗力量,就会使斗争迅速地向前发展,并逐步形成了武装斗争的形式。

斗争首先高涨的地区是山东、直隶交界处的冠县。它的直接起因,是当地教民倚仗外国教会势力,强行拆除村里的玉皇庙,改建教堂。村民和教民打了

---

① [俄]谢·尤·维特著,李晶等译,李玉贞审校:《维特档案——访问记 笔记》第1卷(上),社会科学文献出版社,第605页。
② 彭泽益:《中国近代手工业史资料》第2册,中华书局1962年版,第198页。
③ 路遥:《义和团运动起源研究》,山东大学出版社2018年版,第333页。
④ 国家档案局明清档案馆:《义和团档案史料》上册,中华书局1959年版,第123、39页。
⑤ 史斌:《山东茌平、平原一带义和团调查记》,《文物》1976年第3期。

官司，由于清朝政府袒护教民，官司打了几年，村民仍然打输了。庙盖了又拆，共有三回。村民积愤太深，忍无可忍，于是开始武力护庙。1895年，东昌府知府洪用舟带兵到梨园屯，声称不准村里修庙。阎书勤等人心中不平，但因自己力量小，就在第二年到附近的直隶威县沙柳寨去找义和拳（由梅花拳的一支改名）的拳师赵三多，拜赵为师傅。1897年春，赵三多到梨园屯亮拳摆会，附近先后来参加的有3 000多人，声势很大。村民就趁势在原地重修了玉皇庙。1898年春，山东巡抚张汝梅又亲自派兵到梨园屯，拆毁玉皇庙，并且要逮捕阎书勤。赵三多和阎书勤就聚集拳民3 000多人，在冠县蒋家庄祭旗，武装攻打当地教民的据点红桃园。署理冠县知县曹倜赶到梨园屯招抚，赵三多解散了拳众。姚洛奇等200多人继续抵抗，焚毁红桃园教堂，被清军擒杀。这次斗争归于失败。在今威县固献乡沙柳寨村西北隅留有义和拳议事厅旧址，被列为国家级文物保护单位①。

  到了第二年，义和团的斗争在邻近冠县的山东西北部的茌平、高唐、平原一带又高涨起来。当地原有的几个神拳头领拥朱红灯为首，几乎走遍了全县，到处设场练拳。义和拳从原来个别地区的一两个组织发展到十几个组织。是年春天，茌平各地的义和拳就在朱红灯等人的带领下，焚毁了梁庄、王相庄、王沙窝、八里庄、业官屯、姚张庄等处教堂。义和团反帝斗争的发展，必然使它同害怕冒犯列强的清朝政府之间的矛盾日益尖锐。到这年秋天，他们间一场激烈的冲突就在茌平以北的平原县爆发了。

  当时，平原县境内已布满拳场，庄庄有义和团，他们冲击教堂，逼令教民退教。平原县知县蒋楷和教民串通，派人搜捕拳众。杠子李庄义和拳首领李长水请朱红灯来援。朱红灯带来了10多个人，又向邻近地区发出传帖。几天内，平原、恩县义和拳众应邀来集的有1 000多人。蒋楷率官兵来攻，被击退。10月17日，朱红灯决定乘胜攻打恩县城西的刘王庙教堂和西北的庞庄教堂。1 000多人的队伍经过平原县的森罗殿，清军在济南府知府卢昌诒和统领袁世敦指挥下突然来袭，又被拳众击退。但临时集合的义和拳众也随着自行散去。朱红灯转回茌平活动，之后被清朝政府捕杀。山东地区的义和团斗争渐趋低落，而直隶一带的贫苦群众则从山东义和团的斗争中受到鼓舞，纷纷行动起

---

① 郑红彬等编著：《河北天津古建筑地图（上）》，清华大学出版社2018年版，第144页。

来,或相互串联,自发举起义和团的旗号,开展反帝武装斗争。其中1899年和1900年华北地区严重的旱灾助推了义和团的发展。

> **知识框**
>
> ## 晚清的灾情
>
> 整个晚清时期,水、旱、风、霜、雹、虫、震、疫等灾,几乎年年发生,只是灾区面积有大小,灾情程度有轻重。其中位于京师附近的永定河,1840年至1911年曾发生漫决33次,约两年就有1次。光绪初年(1876—1879)持续的大旱灾席卷山西、河南、直隶、陕西、山东五省,并波及陇东、川北、苏北、皖北等地。在这场大旱灾中,饿死和病死者约有1 000万人,史称"丁戊奇荒"。整个灾区受到旱灾及饥荒严重影响的民众,估计约在1.6亿至2亿,约占当时全国总人口的一半以上。
>
> 1852年至1858年,蝗灾持续了六七年时间,广西、直隶、河南、江苏、浙江、安徽、湖北、山西、山东、陕西、湖南等十余省不同程度地遭受蝗害,覆盖的省份约占全国的三分之一。
>
> 1879年7月,甘肃南部与四川接壤的阶州(今陇南市武都区)和文县一带发生里氏8级地震,死亡3万余人。地震的波及范围,东至西安以东,南达成都以南,其中破坏严重或受到影响的有甘肃、山西、陕西、河南、四川、湖北等地至少140余县。
>
> 1887年黄河郑州决口,河南、江苏、安徽等省死难93万余人。1909年至1911年,长江中下游连续遭受三次大水灾,湖北、湖南、安徽、江苏、浙江、广东、福建、吉林等省暴雨成灾,民不聊生,抗捐、抢米风潮此起彼伏,1910年春的长沙抢米风潮震惊全国。
>
> 1911年秋,黑龙江省西部的满洲里出现鼠疫,很快就沿着铁路线传入哈尔滨、长春以及奉天(今沈阳)等处,并侵入直隶、山东各地,黑龙江省的呼兰、海伦、绥化和吉林省的新城、长安、双城、宾州、阿城、五常、榆树、磐石、吉林等府州县也被波及,估计东三省因疫而死者近五六万人。
>
> 晚清的自然环境也趋恶化。引发区域环境剧变的外部因素,主要有自

然和人文两个层面,但两者在不同历史时期和不同地区影响力度的体现有所不同。今内蒙古西部地区气候干旱、沙漠广布、生态脆弱的初始自然地理景观,主要是更新世中后期青藏高原剧烈隆起造就的,乌兰布和沙漠、库布齐沙漠等就形成于那个时期;而毛乌素沙漠的形成和演变,也自更新世后期就开始了。直至清代中期,尽管气候上也出现过冷暖干湿的交替和波动,但并不足以引发土地的显著沙化;从人文层面考察,人们虽然也在这里从事过持续的畜牧业与断续的农业生产,但限于开发强度,也没有造成环境的显著变化,可以视为土地沙化的缓慢发展期。

清代中期以后,随着内地人口剧增,很多人通过"走西口"等途径进入这一地区开发谋生,当地农业、畜牧业、商业及药材采挖业的发展规模和程度都远远超过了以往,其结果是加速了土地的沙漠化,很多牧地变成了沙丘,原本彼此孤立的沙丘连成了一片。(详可参阅李文海:《历史并不遥远》,中国人民大学出版社,2004年;樊如森:《清中期以来绥远地区经济开发与土地沙化》,《历史地理》第22辑,上海人民出版社,2007年)

直隶是近代中国灾荒频发区之一,据不完全统计,从1840年至1900年间,直隶受灾的州县累计达1 918个,殃及168 260个村庄,其中义和团发生前的十年间,受灾地区共639个州县、70 375个村庄,明显高于前五个十年的平均数,这意味着直隶灾荒的愈演愈烈和生存环境的不断恶化。在连续十四年的大水灾之后,紧接着又是1899—1900年的大旱灾,目睹灾情的美国传教士明恩溥指出:"旱情十分严重且波及地区广泛,这是自1878年大饥荒以来第一次听说冬小麦没有在华北任何地区播种……土地光秃秃的,无法播种。"[①]乡土调查资料载:"光绪二十六年(1900)大旱,一年没有下雨,到秋天才下雨,八月二十一日下霜,玉米刚上浆,没有成熟,因此闹起粮荒。人民吃树叶、野草和棒子芯,粮价大涨,大米每斤由36文钱涨到64钱,就开始抢粮。当时碧霞宫放饭,共12口大锅,来吃饭的挤满碧霞宫,人山人海,挤死很多人,人们被饿得无法,纷

---

① 李文海等主编:《天有凶年:清代灾荒与中国社会》,生活·读书·新知三联书店2007年版,第82、84、87页。

纷参加义和团。"①

面对严重的灾情，人们焦灼不安，流言四起。"义和团的成员，都是一些出身穷苦的人。由于连年干旱，饿殍遍野。他们认为必定有什么原因使龙王无视他们的求雨祈祷。他们相信是洋鬼子给他们的神明施了魔法，往他们的井中投了毒药，把疾病传染给了他们的孩子，甚至还企图彻底毁灭他们。于是义和团团员聚集在一起，举行各种奇怪的仪式，进行祈福活动，希望能够重新赢得神明的青睐。他们宣传成千上万的天兵天将将下凡收拾这群洋鬼子，拯救他们于苦海。他们相信所有义和团团员已经被神明附体，保护他们不受侵害，甚至刀枪不入。"②当时义和团散发了大量的揭帖，其中有的强调：

> 兹因天主耶稣欺神灭圣，不遵佛法，上神收伏云雨，下降百万神兵，扫除外国洋人，才有细雨，不久刀兵滚滚，军民有灾。佛门弟子义和团，上能保国，下能护民。见此不传，必遭大患，传一张免一身之灾，传十张免一家之灾，传五十张免一庄之灾。不平洋人，不下大雨。③

有的鼓动说：

> 今上帝大怒，免去雨雪，降下八万神兵，教传义和团神会，特借人力，扶保中华，逐去外洋。④

汹涌的义和团浪潮，促使一些富家大户不敢违逆，有人奏称："顺直各州县当拳匪（诬指义和团——引者）盛时，殷实之家往往捐钱馈米，非尽附拳也，借以免祸耳。"⑤义和团的声势更壮。

面对直隶地区义和团运动的高涨，清朝政府内部出现了"剿"与"抚"的分歧。端郡王载漪等人主张招抚义和团对抗洋人。载漪，爱新觉罗氏，清朝皇室，妻子是慈禧太后的侄女。他的父亲奕誴为道光帝第五子，比咸丰帝仅晚出生六天。据传，奕誴长相粗拙，言行浮躁，做事荒唐，为道光帝所厌弃。1846

---

① 路遥主编：《山东大学义和团调查资料汇编》，第487页。
② [美]萨拉·康格著，沈春蕾等译：《北京信札》，南京出版社2006年版，第78页。
③ 《义和团揭帖》，《中国海关与义和团运动》（帝国主义与中国海关资料丛编），中华书局1983年版，第104页。
④ 《义和团》（中国近代史资料丛刊）第4册，第147页。
⑤ 恽毓鼎著，史晓风整理：《恽毓鼎澄斋奏稿》，浙江古籍出版社2007年版，第43页。

年,道光帝因其三弟绵恺死后无嗣,下令将奕誴过继给绵恺,袭封惇郡王,咸丰年间晋亲王。载漪为奕誴次子,少不读书,刚愎自用,染有浓厚的纨绔子弟的习性。1860年被过继给瑞亲王奕誌为嗣,袭封贝勒。由于他的生父奕誴在辛酉政变中暗中帮过慈禧的忙,他本人在娶了慈禧的侄女为妻后又善于利用裙带关系趋承钻营,很得慈禧的欢心。1889年加郡王衔,1893年授御前大臣,1894年进封郡王,因谕旨误将"瑞"写作"端",故称端郡王。戊戌年间,载漪因曾与其兄弟载濂、载澜告密于太后,进一步受到慈禧信赖,掌管了虎神营。

慈禧镇压戊戌变法后,蓄意废黜光绪帝,遂置清廷不立太子的"祖训"于不顾,以光绪无子为由,密谋嗣立皇储。载漪乘机利用其妻子深受慈禧宠眷的有利条件,频繁活动,施加影响,促使慈禧最终选择了他的次子溥儁为"大阿哥",亦即皇位继承人①。1900年1月24日,清廷以光绪帝名义正式发布上谕:"溥儁继承穆宗毅皇帝(按指同治帝)为子","以为将来大统之畀"。这就是所谓"己亥建储"。为了获得列强的支持,载漪等在上谕颁发后特意游说各国公使入宫朝贺,不料各国公使不但不愿捧场,而且公然表示不承认中国有新皇帝。这时又发生了上海电报局局长经元善领衔的3 000余名申商联名上书反对立储的事件,清廷下令捕拿经元善,经元善却在英国人的帮助下逃到了香港。这些事情使得载漪等人对于以英国为首的列强恼怒万分。当时的《中外日报》指出:"大阿哥既立,欲速正大位,其谋甚亟,而外人再三尼之,故说者谓端邸(指载漪——引者)之排斥外人,非公愤,盖私仇,甚笃论也。"②

载漪对于义和团原来并不了解,据称他的一个教读是山东某孝廉,其人为义和团民,载漪偶然与其谈起西方公使无理之事时,该孝廉告诉他曹州府拳民素以"扶清灭洋"为志,并且法术高强,能以法御枪,载漪听得入耳。此后,主张"助拳灭洋"的卸任山东巡抚毓贤来京陛见,在载漪面前也极力称道义和团忠勇可恃,载漪遂认定可以借用义和团的力量来对抗列强,实现废黜光绪帝、扶立溥儁的目标。他不但与义和团有了直接接触,让他所统率的虎神营练习义和拳术,而且极力说服慈禧以及其他人也接受"抚拳灭洋"的主张。在他的周围很快形成一个对义和团的主抚派,其中包括军机大臣刚毅,溥儁的师傅、大

---

① 庚子事变后,溥儁被除去"大阿哥"名号,1902年随其父流放新疆。参见闵杰编著:《影像辛亥》下册,福建教育出版社2011年版,第15页。
② 《义和团》(中国近代史资料丛刊)第4册,第219页。

学士徐桐,庄亲王载勋,同治帝的岳父、户部尚书崇绮,军机大臣、礼部尚书启秀,军机大臣、刑部尚书赵舒翘,以及他的弟弟、辅国公载澜等人,他们的共同特征是顽固、愚昧和妄自尊大、盲目排外,而在废立问题上又有着共同的利益。

以载漪为首的主抚派对义和团的上述态度,客观上为义和团运动的发展减少了障碍。1900年春,京津地区的义和团运动达到高潮。4月,北京城内出现了第一个义和团的坛口。随后,义和团数万人进占涿州城,焚毁了丰台车站,并在北京城内发布了"保护中原,驱逐洋寇"的告白。5月30日,赵舒翘和顺天府尹何乃莹在载漪指使下联名上奏,强调"拳会蔓延,诛不胜诛,不如抚而用之,统以将帅,编入行伍,因其仇教之心,用作果敢之气,化私忿而为公义,缓急可恃",正式提出了招抚义和团的主张。6月4日,慈禧派遣赵舒翘和何乃莹前往涿州、良乡一带"宣抚"义和团。6月5日,又加派刚毅前往涿州以"劝散"为名实地审察义和团的情势。同日,京官有泰记述:"闻义和团已据涿州至保定府,路已不通,所仇者洋人,所恨庆亲王及勇营,畏服者端郡王、董星五军门两处,目下真无妥当办法也。"①刚毅等人回京后,力主义和团"宜抚不宜剿"。

慈禧内心倾向于利用义和团来对抗列强,但既害怕招致列强干预,又担心义和团强大后无法控制,因而举棋不定。6月9日,慈禧召集宫廷秘密会议,商讨对策。载漪先发制人,打着御侮的旗号,力言义和团皆忠心于国之人,不但断不可剿办,而且加以招抚后即可成为有用之旅,用以抵御洋人。在场的军机大臣荣禄、礼亲王世铎等虽不以为然,但由于慈禧对载漪的议论颇有同感,也不敢出面反驳。会后,慈禧即下令将董福祥的甘军从南苑调入北京城。第二天,又任命载漪管理总理衙门,并增派主抚派启秀、溥兴进入总理衙门行走。6月18日,再令载漪与徐桐、崇绮等主持军务。以载漪为首的主抚派掌握了政治、外交和军事的主导权。

在此期间,义和团纷纷入京。到6月下旬,北京城已出现大小坛口1000个左右,会集团民约10万人,"通衢大街尽是大兵,团民滔滔而行"②。俄国使馆卫队军官莱顿记述:"据报告,有大量拳民涌入城里。为了确证这一消息,我在4名哥萨克骑兵的护卫下巡视了皇城。人群向我们投来威胁的眼光,男孩

---

① 有泰著,康欣平整理:《有泰日记》上册,凤凰出版社2018年版,第225页。
② 中国社会科学院近代史研究所编:《庚子纪事》,中华书局1978年版,第15页。

子们在角落里大喊：'杀'，侮辱不断。集市各处铁匠铺里，人们在赶制长矛和砍刀，而拳民的标志红头巾也在公开售卖。"①山西也有呼应，有人忆述，1900年6月在太谷县城，"当地的教民，加上教会中的男男女女加起来已有四十人之多。大家晚上分组轮番在教会院中巡逻。但院门外面仍不断响起'杀洋人'的叫喊声，不断有'杀'的声音传入院中。此外，墙外还不时传来众人的呼喊声'神助拳义和团……要废鬼子不为难……洋鬼子全杀尽，大清一统定江山'"②。

义和团运动猛烈冲击了列强在华权益，帝国主义列强纷纷向清朝政府施加外交和军事压力，要求剿办义和团。他们惊呼："拳民之旗帜，已飘扬于空中，鲜红之布大书'扶清灭洋'四字，仿佛吾欧人之血所染也。"③5月21日，各国驻华使团联名照会总理衙门，要求对义和团采取有力的屠杀政策，并要挟如果在五天内得不到满意答复，将提请各自政府批准派遣军队来华保护使馆和教堂。与此同时，英、美、法、德、意、日、俄、奥等国纠集成所谓的八国联军，随时准备入侵中国。5月31日，英、美等八国派出的先遣队300余人以保护使馆的名义强行进驻北京使馆区。6月7日，英国等国政府授予其驻华公使和在华军队便宜行事之权。9日，北京各国公使电召大沽各国军队入侵北京。10日，英国海军中将西摩率领八国联军2 000人从天津向北京进犯。值此紧急关头，清廷内部又出现了主战和主和的激烈争论。

6月16日至19日，慈禧连续四次召集王公大臣、六部九卿御前会议，商讨对策。会上，总理衙门大臣许景澄、袁昶、联元，兵部尚书徐用仪，户部尚书立山等人力言义和团不可依恃，董福祥的甘军也骄狂难用，在敌强我弱的态势下，万不可以一国尽敌诸国，强调列强之所以出动军队，是因为义和团仇外和排外。挽救危局的办法，是通过自行镇压义和团来阻止各国出兵干涉。出席会议的光绪帝也表示支持"剿拳和洋"的主张。载漪则打着"顺人心，抗外敌"的幌子，强调"义民可恃，其术甚神，可以报仇雪恨"，并且当面呵斥军机大臣王文韶，怒责袁昶、许景澄等人"所奏不合"，甚至对光绪帝也出言"不逊"。在他的带动下，20余位主战的王公大臣痛哭陈词，力主对外宣战。会后，为了促使

---

① 姚斌译：《庚子事变中的俄军》，《近代史资料》总135号，中国社会科学出版社2017年版，第68页。
② [美]麦美德：《费起鹤及孔祥熙》，东方出版社2014年版，第109页。
③ 《义和团》(中国近代史资料丛刊)第2册，第207页。

慈禧早日下定宣战决心,载漪又煞费苦心地伪造了一份所谓列强要慈禧归政光绪帝的照会,让江苏粮道罗嘉杰之子连夜呈交慈禧的心腹荣禄,藉此激怒慈禧。在载漪等人的鼓动下,慈禧于6月21日正式发布了招抚义和团和向列强宣战的上谕。当清廷在是否对外宣战问题上举棋不定时,身处长江流域的地方实力派人物、两江总督刘坤一,联合湖广总督张之洞,会衔致电总理各国事务衙门,要求"速剿"义和团以杜外人口实。

在对外宣战期间,载漪等人利用义和团的仇外情绪和爱国热情,策划上演了一幕围攻使馆的闹剧。从6月20日起,董福祥的甘军和义和团列阵东交民巷使馆区的西、北两面,武卫中军列阵使馆区的东、南两面,包围并攻打各国使馆。使馆区内各国军队凭借坚固的工事和精良的武器拼命抵抗,统帅武卫中军的荣禄对围攻使馆持消极态度,而义和团又只知道一味迎着敌军的枪炮肉搏冲锋,因而围攻了三四天,未能取得进展。此后,慈禧很快从主战转向了主和,载漪等人又制造"皇上私通外国,必杀无赦"的传言,在义和团中挑动起杀尽"一龙(指光绪帝)二虎(指奕䜣和李鸿章)三百羊(指中央和地方的主和派官员)"的情绪,企图借刀杀人,利用义和团发动宫廷政变,实现废立目标。6月25日,载漪和载勋更以进宫"查验二毛子"为借口,亲率60多名团民闯入皇宫,准备加害光绪帝,由于慈禧的阻止才未能得逞。此后,载漪仍鼓动慈禧先后处死了主和派的许景澄、袁昶、徐用仪、联元、立山等五大臣。

在慈禧转向"剿拳和洋"后,义和团腹背受敌,处境艰难,但面对外来强敌,他们仍奋起阻击,伤亡惨重。8月14日,八国联军攻入北京,慈禧于次日凌晨携光绪帝仓皇逃往西安,"当时的武卫各军,残破之余,多无纪律可言,如荣禄之武卫中军,离京后即溃不成军"①。8月16日,京官宋廷模记述:"天明,洋兵入内城,各城楼立洋旗。甘军纷纷出城远遁,人民逃散出城者不知多少。"②时任刑部主事董康忆述:

> 联军(指八国联军——引者)进窥京师……朝廷知事不可为,密圈各路车辆数百于保定待命,备西狩。七月初旬,董军一半撤驻南城,挨户搜索车马,不堪其扰。商店之店员、学徒俱遣归乡里,雨伞肩包络绎亘数里。

---

① 徐永昌:《求己斋回忆录》,中华书局2016年版,第15页。
② 宋廷模等著,郭道平整理:《庚子事变史料四种(外一种)》,凤凰出版社2018年版,第16页。

菜市已停止摊肆,惨楚状况至今心悸。①

在民族危亡之际,满怀爱国热情奋起反抗的义和团运动,由于对清朝统治阶级的本质认识不清,自身又缺乏一个统一的领导集团,加上斗争方式落后等原因,最终失败了。但是,这场斗争充分显示出广大下层群众中蕴藏着何等英勇无畏的反抗外来侵略者的巨大力量,给了鼓吹瓜分中国的帝国主义列强当头一棒,他们不得不哀叹,面对千千万万不甘屈服的中国民众,"瓜分之说,不啻梦呓"②。而在此前的1899年2月,英国驻华公使窦纳乐曾口吐狂言:"以我的看法,整个中国问题其实十分简单——只要给我一支部队(当然不是中国军队),比如像1882年在开罗驻扎的那支部队,我(或者任何人)都能在一年之内解决中国问题……治疗中国这个病夫只有一个办法,得用刀子,其他办法都不能奏效。"③

义和团的英勇斗争,振奋和鼓舞了爱国者们的救亡决心。目睹义和团斗争全过程的中国海关总税务司、英国人赫德承认:"义和团,它源于爱国,基本思想是合理的。"他敏感地意识道:"今天的这个事件不是没有意义的,它是一个要发生变革的世纪的序幕,是远东未来历史的基调:2000年的中国将大大不同于1900年的中国!"④

当时留日学生刊物《开智录》就以"义和团有功于中国说"为题,称颂义和团的历史功绩彪炳史册:"霹雳一声,开廿纪之风云;腕力高扬,张自由之旗鼓,席卷廿一省,尽苏亿兆人,尽国民之责任,种同胞之幸福。"⑤以后,众多爱国者加快了迈向革命的步伐,推动了资产阶级民主革命的发展。

三、各方博弈与"东南互保"

义和团运动在京津地区达到高潮时,北京城内局势相当混乱,位于闹市区

---

① 董康著,王君南整理:《董康东游日记》,上海人民出版社2018年版,第167页。
② 《义和团》(中国近代史资料丛刊)第4册,第246页。
③ 相蓝欣:《义和团战争的起源:跨国研究》,第179页。
④ [英]赫德著,叶凤美译:《这些从秦国来——中国问题论集》,第3、31页。
⑤ 王忍之等编:《辛亥革命前十年间时论选集》第1卷上册,生活·读书·新知三联书店1960年版,第62页。

的大栅栏众多店铺遭遇火灾后,人们更加惊惧,"被烧者如醉如痴,未烧者心惊胆战。城内城外钱铺银号因各炉房被焚,来源既竭,尽行关闭,人心愈觉惶恐。各行买卖无论生意大小,俱闭门暂停交易,菜肉糖果各市亦皆罢市。各街巷行人愁眉苦脸,叹气嗳声"①。当时在京师同文馆求学的齐如山忆述,京城很多人"纷纷逃避,回南方的、回家乡的很多,同文馆自然就停办了";"大家多逃走躲避,我也赶紧返回高阳家乡,岂知家中比北平(时为北京,下同——引者)更乱,乃随先君及全家逃往易州,因遭大难,不得已只好又往北平逃"②。

上海开埠以后商品经济的发展和资本主义经济的运行,意味着商品流通和市场范围的扩大,意味着人们的日常生活更多地与整个社会发生了联系,因而也就更易受到社会动乱的冲击。1900年7月14日《申报》载:

> 自海禁大开,沪上一隅遂为中国最大通商之埠。北达燕齐,南通闽粤,西则溯江而上,自豫皖楚鄂以及巴蜀之间,凡商贾之贸易往来,无不视沪上为转移。而沪上之市面亦视各省之销场衰旺以为赢绌。故各省货物流通,则沪上之市面日益兴旺;若一有滞阻,则市面即衰。至沪上市面一衰,则各处之市面亦皆因之支绌。近者拳匪(诬指义和团,下同——引者)扰乱京津,阻隔贸易,不通他处。虽安堵如常,而市虎弓蛇,人心摇动,以故懋迁货物,率皆袖手旁观。推原其故,皆申各处银根日紧,以致市面难以维持。原其银根之所以日紧者,大半由人心不定,欲收藏黄白以备不虞,致市上银钱日形其少,而市面亦因之艰窘非常。然则北事一日不靖,沪上市面必日益艰难。瞻顾市廛,深为可虑。然可虑者,又不仅沪上也。沪上为商贾荟萃之区,货物一滞,银根一紧,无论远近市面皆为牵动。③

义和团运动期间,北方的战乱给上海及江南地区的社会经济直接带来了一系列的严重影响,成为人们关注和议论的焦点。1900年6月中旬,上海"南市钱庄业行会在城内城隍庙内召开同业公会,经商议后一致决定,因近来市面

---

① 中国社会科学院近代史研究所《近代史资料》编译室主编:《庚子记事》,知识产权出版社2013年版,第7页。
② 齐如山:《齐如山回忆录》,上海文艺出版社2014年版,第34、35页。
③ 路遥主编:《义和团运动文献资料汇编·中文卷(上)》,山东大学出版社2012年版,第374页。

不稳,今后每日的现金支付于下午4时截止"①。6月17日《新闻报》称:"大清二百余年之百姓,其忧心当无过于今日者也。又有父兄子弟为官为商于北方者,忧骨肉之能否无恙;设行号于京津者,忧资本之能否完全;放贷账于北商者,忧欠款之能否有着;业油豆饼麦北货者,忧货物之不能南来;业花纱布匹五金洋货者,忧货物之不能出售。丝行尚未开盘,银行不敢放账,商业大坏,是故官商士庶无不忧心如焚,望北方之早靖。"②在上海出版的《江南商务报》同日载:"本埠市面近数日来稍形清淡,因北地义和团乱耗纷至,商船不敢运货,南北商货为此阻隔。"③

其影响波及社会各阶层,"南市各商号沙船专走山东各口运载北货为主……此等沙船往年至少亦有三十余号俱在秋前驶出,中秋前后南旋。今届竟无一只北放,盖无口可向,只得守候时局平靖再定行止"④。金融业首当其冲,"自北方不靖,寓沪各胥动,浮言纷纷。为避地计,以黄金轻而易举,争相购买,致金价涨至规银五十换左右,而购者仍络绎奔赴。旬日之间,竟至无金可兑,不过虚悬昂价而已"⑤。南京"自闻北地乱耗,富商购金者纷然,以致金价骤昂,每两非四十二三换不办。前已志著本报。兹悉日来不独金价昂贵,即银价亦复增高。近数日间,纹银每两兑钱一千四百六十文,本洋兑钱一千二百四十文,英洋兑钱九百五十文。盖自甲午以来,从未有此善价,乃因省垣屯钱之家纷然出钱兑银,银少钱多,故银价顿涨"⑥。

有人抱怨"自北方拳匪肇乱以来,凡百生意,江河日下,几有不可收拾之势。其最为吃重而未曾显露者,莫若钱庄兑号。盖沪上市面,全赖兑号钱庄供放长期以资挹注,本年自去秋一切生意甚好,故于四月内及端午节前所放长期及京津坐庄各客所用兑票数,较往年多出一倍。不料京津事起,凡兑票钱庄皆措手不及,以致受累之家不少,且为数又巨,无从补救。况上海全赖北地银货兑换以资流通,今则京津如此矣,营口又遭俄人占据矣,仅有烟台一途略资周

---

① 路遥主编:《义和团运动文献资料汇编·日译文卷(日本外交文书)》,山东大学出版社2012年版,第80页。
② 路遥主编:《义和团运动文献资料汇编·中文卷(上)》,第300页。
③ 《籽油跌价》,《江南商务报》第12期(1900年6月17日)。
④ 《沙船停放》,《江南商务报》第17期(1900年8月5日)。
⑤ 《金价昂贵》,《江南商务报》第14期(1900年7月7日)。
⑥ 《江宁银价忽涨(六月苏报)》,《江南商务报》第16期(1900年7月26日)。

转。然生意甚少,无关轻重。故近来市面宜乎银根紧迫,诸事棘手,言念商务,能无忧然"①。有消息称:"沪上市面被北方兵事摇动,致各业无不减色。闻钱业亏累最巨,有人约计总数,沪市实损至七百万之谱。"②其中,上海昌大划汇钱庄"受亏甚巨,前日票款到期达二十余万之多,一时不能周转,以致倒闭。昨日复有后马路益大钱庄,亦被拖倒"③。

由于交通受阻,货物短缺,各类物价腾涨,其中不乏生活必需品,"苏省居民所食之油,向以牛庄豆油为主。而牛庄自六七月间警信频起,以致南北货无人过问。本埠之沙船亦均停驶不往,即有一二艘转口至牛庄者,必以现银方能交易。故申市之豆油日形短缺,而油价遂因以日增,昨日牛庄豆油价已售开银八两二钱"④。烟叶,原先亦来自牛庄,"自牛庄失守,各商裹足不往,以致本埠烟叶来源顿少"⑤。上海的皮货,以往"每岁秋冬间自天津运来,销场以百万计。今岁北货不到,故市面竟无新货出售,而各衣庄因此居奇,凡属皮衣价贵倍常"⑥。与此同时,以往经上海销往北方的商品亦积压滞销,"按中外本埠各货转运天津者,约及十成之六,其余各埠不过十成之四。一旦因事停运,受损实多。且有各货系向洋行批出者,若一月内不能脱手,则本既无着,先须付利,故商人甚为焦急也"⑦。

南北贸易受阻,其他行业亦受牵连。"金陵缎匹之销路,以北五省为最。自北地乱起,致无销路。加以省垣各典铺凡遇缎匹丝纱等物,值十不能当一。因之各缎号一律停机,机工失业者不下四五万人。"⑧镇江"城乡机户共有五六百户之多,所织江绸销路以北省为最多。现以京津匪警日亟,南北不通,各庄皆停止收买,故各机户无所事事,所雇之工相率歇业"⑨。"苏垣每届夏令,各茶商之运货赴关东一带销售者纷纷不绝。今届因北省拳匪扰乱,风鹤频惊,商人

---

① 《钱业市谈》,《江南商务报》第19期(1900年8月25日)。
② 同上。
③ 《记倒闭(闰八月申报、中外日报)》,《江南商务报》第26期(1900年11月2日)。
④ 《油市(闰八月中外日报)》,《江南商务报》第25期(1900年10月23日)。
⑤ 《烟叶会议(闰八月中外日报)》,《江南商务报》第26期(1900年11月2日)。
⑥ 《羔皮缺市》,《江南商务报》第31期(1900年12月22日)。
⑦ 《市面阻碍》,《江南商务报》第13期(1900年6月27日)。
⑧ 《机户有赖(七月苏报)》,《江南商务报》第17期(1900年8月5日)。
⑨ 《镇江机户停工(六月苏报)》,《江南商务报》第16期(1900年7月26日)。

咸一律停运，观望不前，故各行家以及茶箱作生涯，均因之大为减色。"①外贸出口受阻，影响也很大。杭州各丝行，"因接上海等处洋庄来信，暂停收买，故积货如山"②。原料丝的价格因此大跌，"前每百两售洋三十五六元者，今则跌至二十六七元，尚无人过问焉"③。浙江内地所产之茶，"由杭新关报出口者，计前两年约共六千箱之谱，均在冬至节前出清。本年因北氛不靖，洋庄滞钝，茶市大愆。现虽一阳将届，查核所报，尚不及去岁之半。其春间赴乡设栈开炉收茶烘焙之客，积货如山，难以销售，类皆亏蚀，咸叹从来未有之窘迫也"④。

上海地区的土布原多销往北方，这时因销路阻塞，生产被迫停顿，"浦左各乡除纱布以外别无生活，因是仰屋兴叹，无不为开门七事愁也"⑤。1900年7月14日《申报》载："昨有客自乡间来者，言及彼处乡民皆以木棉为生计、布匹为大宗。自通商以后，洋布畅销，业此者已处强弩之末。然销数虽减，而生计尚不至尽绝。乃自北方扰乱，南货滞销，乡镇各布业或因存货过多，或因资本不继，遂相率停收。向来市面清淡之时、乡民急售之际，无不受市侩抑价之苦，今则欲求其抑价而不可得矣。且乡民常年生计，类皆借布以为易粟之资，至布不售钱，即米无可易。现虽尚有豆麦接济，转瞬秋凉，豆麦亦尽，断炊之患势所必然。"⑥

经济发生危机，最先感受到的自然是那些工商界人士。出于对切身经济利益的考虑，他们对义和团十分反感，更害怕会发展到江南。1900年6月12日《申报》的一番评论，道出了他们的心态："人皆谓拳匪扰害国家，仆则以为商务亦悉被拳匪所扰害矣"；"今国家方效法泰西，简派大员设局以兴商务，而坐视拳匪之横行无忌，扰及商人，自北而南，市情以次衰败，即不为震惊神京虑，不为挑动西人虑，独不虑及商务一蹶不振，无术使之挽回耶。爰作此说，以告在廷衮衮群公，倘不以鄙人之言为非，则尚其未雨绸缪，亟亟焉改抚为剿，苟亡羊而始议补牢之策，则已晚矣"⑦。一些人未及动员，便自谋对策，1900年7月7日《中外日报》载，上海"新闸西车袋角某纱厂执事以该处地属荒僻，匪类最易肇事，特禀明道

---

① 《茶市减色（六月新闻报）》，《江南商务报》第15期（1900年7月17日）。
② 《杭市近情（汇录各报）》，《江南商务报》第14期（1900年7月7日）。
③ 《丝价大落（六月同文沪报）》，《江南商务报》第15期（1900年7月17日）。
④ 《茶市衰疲（十月新闻报）》，《江南商务报》第32期（1901年1月1日）。
⑤ 《生计维艰（七月新闻报）》，《江南商务报》第19期（1900年8月25日）。
⑥ 路遥主编：《义和团运动文献资料汇编·中文卷（上）》，第374页。
⑦ 《拳匪作乱有关上海市景说》，《申报》1900年6月12日。

台在厂工匠中挑取年轻少壮者若干名编成壮丁,并请给领军器,藉资保卫"。

与经济发展程度相联系,当时江南尤其是上海的报刊等大众传媒远较北方发达,在上海销量居前的中文报纸有《申报》《新闻报》《中外日报》等。北方战乱后,其销量更大增,"是时上海之报纸,最流行者为《申报》及《新闻报》",而《中外日报》"至庚子夏秋间,北方拳匪肇衅,始复增至万余"①。义和团运动期间,它们对北方战乱和义和团的排外活动,作了大量的报道和渲染,仅《江南商务报》前后便刊载了上百篇有关的消息和评论。这些倾向性明显的宣传报道,加上当时流传甚广的一些谣言,增添了人们的恐慌心理,"竟谓难过六月十五日,于是无知之徒纷纷迁避,恐后争先,其皇皇之状,一若略迟一刻真有性命之忧者,以致上船上岸有拥挤落水之事,见财起意有中途被劫之事"②。1900年6月29日,日本驻上海代理总领事小田切记述:"本地中国人心情异常不安,于是携家眷并器物回归故里者不在少数,其中宁波人之归乡最显狼狈之状。为此由本地始发之汽船,每班皆有数千人,其混乱景象难以用纸笔形容。"③

当时从苏州到上海的包天笑忆述:"本来预备住四五天,至多一星期,因为那时候,北方正在闹义和团,风声鹤唳,时常有种种谣言……有一天不知从哪里来了一个谣言,说是洋兵要占领上海,军舰已开进吴淞口了。中国人那时是最容易相信谣言的,这个谣言不翼而飞,便到处宣传,人心纷乱了。"④海关资料载:"从中国人方面来说,很多人相信要安全就得立即返回乡里,因此导致了成千上万人大规模离开上海,特别是宁波人更是如此。安格联先生在1900年的《上海贸易报告》中说:'一大批从北方港口来的避难者路过这里,还有一大批则涌进这里,寻求上海外国行政机构的庇护。此外,在半个月左右的时间里,有大批宁波人离开上海。那些看到过日复一日驶往宁波和沿河港口的拥挤不堪的轮船的人,无不对此存有难以磨灭的印象。据估计,约有8万多人离开上海,其中很多人在虚惊一场之后就回来了。'"⑤家乡远在千里以外的也有举家

---

① 汪诒年纂辑:《汪穰卿先生传记》,中华书局2007年版,第79页。
② 路遥主编:《义和团运动文献资料汇编·中文卷(下)》,山东大学出版社2012年版,第410页。
③ 路遥主编:《义和团运动文献资料汇编·日译文卷(日本外交文书)》,山东大学出版社2012年版,第87、88页。
④ 包天笑:《钏影楼回忆录》,中国大百科全书出版社2009年版,第181、183页。
⑤ 徐雪筠等译编,张仲礼校订:《上海近代社会经济发展概况(1882—1931):〈海关十年报告〉译编》,上海社会科学院出版社1985年版,第39页。

逃回故里者,祖籍广东香山县的王云五忆述:

> 1900年,也就是世人注意的庚子年,拳乱(指义和团——引者)在其上半年便酝酿,大家传说义和团要杀尽外国人和焚毁外国人所住的地方。我们所居的上海有许多外国人,父亲因恐殃及池鱼,决定趁早把家眷送回原籍。由于我们的故里离县城颇远,离省城更远,本着大乱居乡的原则,故有此举。大约在那年的春末夏初,我便随着母亲、二哥和两位姐妹离开上海,乘船返广东……到了次年春间,因为拳乱已息,父亲又把我们接回上海。①

租界也躁动不安,据《高给谏庚子日记》记载:"东南虽无拳匪(诬指义和团——引者),人心亦甚惊惶……《中外日报》六月时沪、杭、汉口、江宁有土匪投匿名帖曰:'义和团拜'。"②1900年6月15日,日本驻沪代理总领事小田切向东京报告:"北清义和团之暴举日胜一日,猖狂至极。其余势由长江波及南清,地方似有不稳情形。于是,谣言四起,以致人心惶惶,大为不安。……又据传闻,目下有三四十名团匪间谍混入租界,其真伪难以判断。"他描述,在上海街头,已有冒充义和团兴风作浪者,"本地有洋人某携其家眷在街上正欲乘车之际,相遇一队义和拳匪,只见彼等磨拳踢腿,作跃跃一试状,看其情形颇似商铺小厮。然当巡捕哨笛响起之际,此辈顿时一哄而散,其时巡捕尚未到来。由此可见彼等并非团匪,不过玩闹而已。"③海关资料载:"就外国人来说,这种不安和危险的感觉在7月份加剧了,因为有一夜租界内到处发生庭院里的家禽同时被剪掉翅膀和羽毛的事情,很多人家的佣人都被这件离奇的事吓坏了。迷信的本地人都认为这件事是'纸人'在作祟,毫无疑问预示着义和团的到来。"④

上海租界当局相当恐慌,工部局董事会接连开会商议对策,1900年7月12日的会议录记载:"防务措施——保护华人:宣读了G. J. 毛礼逊先生来信,他在信中提醒注意上海受到攻击时,有必要为华人提供足够的安全措施。关于这个主题,总董说防务计划中包括这种保护。"针对设立万国商团中华队的建议,

---

① 王云五:《王云五回忆录》,九州出版社2012年版,第211页。
② 中国社会科学院近代史研究所《近代史资料》编译室主编:《庚子记事》,第202页。
③ 路遥主编:《义和团运动文献资料汇编·日译文卷(日本外交文书)》,第75、76页。
④ 徐雪筠等译编,张仲礼校订:《上海近代社会经济发展概况(1882—1931):〈海关十年报告〉译编》,第39、40页。

会上有人"强烈反对以任何方式武装华人。接着通过举手表决,董事会一致表示反对该建议"。还讨论了"保卫自来水厂"的事宜,"在总董的请求下,为了预防可能在水中投毒,马格尼奥先生曾与自来水公司董事讨论了对水塔和滤水池提供充分戒备的可行性。现在他说公司方面愿意聘用三名锡克人,如果工部局希望这样做的话,但目前看来,认为没有采取这种预防措施的任何必要"①。

7月19日的会议上,"董事们传阅了卜舫济牧师的来信,牧师在信中说,目前北方发生的暴动具有极度反基督教的性质,因而希望工部局在租界内和租界周围为保护华人基督教徒作准备。董事会的答复是现在正在采取措施提供保护,对待一切守法的公民都一样,不希望有任何派系的区分。另外,在对待周围地区华人的问题上,万一发生动乱,最好还是要他们准备把他们的家属转移到租界范围内来"②。8月2日的会上,甚至讨论了在事态最坏时移交公共租界主管权的问题,"会议考虑了领袖领事来函,函中要求工部局必须把本地防卫工作和兵力'移交'给高级海军军官。在罗达先生的提议下,会议决定不明确地拒绝信中的要求,而把工部局最近写给西摩尔海军中将信的内容传达给领事团,信中已明确说明,只要本埠的骚乱一旦危急,工部局即准备移交公共租界主管权"③。

恐慌情绪充斥于包括租界在内的上海,英国外交部档案载:"在整个危机期间,上海外国人的处境特别不愉快……由于中国行政当局缄口不言,但是对于谣言充耳、整日认为大爆发即将蔓延而来的上海居民来说,生活定是不能容忍的了……这些谣言一般是上海外国居民煽起来的,他们深信中国人会在长江流域采取牵制措施,以减轻外国对北方的军事压力。这样,在7月初得知外国计划进攻天津时,上海的忧虑加强了;7月14日攻占该城表明要向北京前进时,这种忧虑达到歇斯底里的高峰。"④

为制止谣言传播,公共租界工部局指示捕房督察长向探员发布指令,如发现有人张贴或分发引起轰动的消息或招贴,即将其逮捕,并警告茶馆等店主,

---

① 上海市档案馆编:《工部局董事会会议录》第14册,上海古籍出版社2001年版,第552页。
② 同上书,第553页。
③ 同上书,第556页。
④ 《霍必澜致索尔兹伯里电》(英国外交部档案),转引自[英]杨国伦著,刘存宽等译:《英国对华政策(1895—1902)》,中国社会科学出版社1991年版,第176页。

如在其店内发现有人散布"使人惊恐的谣言",他们将"负有责任"①。工部局认为,如果上海受到攻击,有必要为外侨家中的中国仆人提供安全保护,并在《每日新闻》上披露,以使人们"可以更广泛地知道这些措施"②。

工部局还利用租界内各会馆组织遏制谣言,1900 年 7 月 14 日其致函公共租界各会馆董事:"自北地京津一带拳匪肇乱以来,谣言四起,人心惊慌,本工部局以上海租界之广,人类之杂,难保无不法匪徒妖言惑人,乘机滋事……因念界内各省商民往往皆有会馆,皆有董事,会馆为聚集之所,董事有领袖之望。若各由其会馆董事向众苦劝,自无不言听计从,即人人得照常生业之益。凡遇诸贵董事,如有谕帖传单之件,本工部局亦愿公同签印,以昭信实。"并邀请他们于 19 日至工部局商议。23 日,工部局又致函各会馆董事:"惟患以本局一人之见闻有限,难免有不到之处,应恃贵诸董事先生为耳目之寄,不时代为四处探听,详查各报,如有前项妄报之事,务请迅赐示明,以便查办。"③但各种谣言依旧纷传,1900 年 8 月 2 日,工部局董事会又决定在报纸上刊文,"驳斥目前正在广为流传的关于工部局防卫措施的一些谣言"④。

身处纷乱,在惊惧不安和经济萧条的情况下,"沪上风声鹤唳,一日数惊,商人逃入内地者已十之七。余(即荣德生——引者)自南市走至北市大马路,由大东门回店,未遇一西人,亦无着长衫之国人,市上闭门者十之六七,地价、物价大跌"⑤。惊惧不安的社会各界,普遍企望北方战事早日平息,不致蔓延到南方。

义和团运动兴起及北方战乱后,时任两江总督刘坤一和湖广总督张之洞等地方督抚,就长江流域各省的应对措施与列强频繁磋商。

刘坤一是湖南人,1855 年在家乡率团练即地方武装与太平军交战,屡立战功,得清廷嘉奖。次年太平军进击江西,曾国藩统率的湘军遭围困,刘坤一率部赶往救援解围。此后久经战阵,1865 年出任江西巡抚。他刚抵南昌上任,即奉命赶赴赣南围剿由康王汪海洋统率的太平军余部。刘坤一坐镇赣州,固守南安、赣州、吉安、临江、袁州、瑞州等府州县,阻止太平军从广东进入江西。同

---

① 上海市档案馆编:《工部局董事会会议录》第 14 册,第 550 页。
② 同上书,第 551 页。
③ 马晶华译:《义和团运动期间的上海公共租界工部局》,《档案与历史》1988 年第 4 期,第 15、16 页。
④ 上海市档案馆编:《工部局董事会会议录》第 14 册,第 556 页。
⑤ 荣德生著,文明国编:《荣德生自述》,安徽文艺出版社 2014 年版,第 29 页。

年底,困守广东嘉应州城的太平军受到聚歼,汪海洋战死,刘坤一得赏头品顶戴。后历任署理两江总督、两广总督等职,1879年任两江总督兼南洋通商大臣。一度被人参奏渎职,被免去两江总督一职,由左宗棠继任。此后在家赋闲近十年,直到1891年才再次出任两江总督,兼南洋通商大臣,并帮办海军事务。时曾国藩、左宗棠均已去世,刘坤一成为湘系官僚势力的首领,颇具声望。

刘坤一出身行伍,张之洞则是个文臣。他是直隶(今河北)人,自幼熟读四书五经,13岁考中秀才,15岁名列顺天府乡试第一名,属少年得志。1853年贵州苗民起事,响应太平天国起义,张之洞自京城赴贵州兴义,筹划帮助时任兴义知府的父亲弹压。后又参与镇压捻军。1863年入京会试,得中一甲三名,习称探花。后历任翰林院编修、浙江乡试副考官、湖北学政、四川学政等职。其间曾在武昌建经心书院,在成都建尊经书院,选拔了一批年轻学子,著有《书目答问》等。

1876年回到京城后,张之洞仕途顺达。1881年,以内阁学士补授山西巡抚。在晋两年,整顿吏治、荐举人才、奖励农工、减免苛税、禁止种植与吸食鸦片,颇有作为。又聘请英国传教士李提摩太为顾问,传授近代科技知识;设桑棉局,请苏州工匠前来教习等。此外,还议办山西练军,筹款购买外国军火,挑选防勇精壮者加以操练。

1884年中法战争爆发前夕,张之洞奉命署理旋又补授两广总督,1889年调任湖广总督。此后十余年,他着力经营洋务,主要是办厂、练兵和兴学。就任伊始,即电请将原先广东炼铁厂在英国订购的设备,改运湖北筹办汉阳铁厂,并于1894年建成投产。他还把原广东枪炮厂在德国订购的一部分设备移运湖北,创办了湖北枪炮厂,后称汉阳兵工厂,是晚清规模最大的枪炮厂,所称步枪俗称"汉阳造",广为人知。民用工业方面,办有湖北织布局、湖北纺纱官局、湖北缫丝局和制麻局等企业。中日甲午战争的惨败,给张之洞以很大的刺激。他随即聘请外国教官,编练湖北新军。同时他还派遣不少官费生出国留学,其中就有后来成为革命党人的黄兴。

1899年,华北地区的义和团运动达到高潮,俄、英、美、日、德、法、意、奥组成八国联军悍然进犯津、京,清廷在是否对外宣战问题上举棋不定。时为湘系首领和长江流域地方实力派人物的刘坤一,联合湖广总督张之洞,会衔致电总理各国事务衙门,要求速剿义和团以杜列强口实。后两人又联合长江巡阅水师大臣李秉衡、湖北巡抚于荫霖、江苏巡抚鹿传霖、安徽巡抚王之春、江西巡抚松寿、湖南巡抚俞廉三等,联名致电总理各国事务衙门,要求速剿义和团、饬令驻各国使臣分别向各国道歉、明令各省保护洋商和传教士,认为如此方可挽救危局。1900年6月20日,刘坤一奏称:"时局多艰,外人伺隙而动,江海防务不可稍疏,而尤以靖内奸为第一要义。遇有匪徒滋事,必须迅速剿除,以免蔓延而滋借口。若稍涉迟缓,各国动以护救护商为名,调舰征兵,深入腹地,听之不可,拒之不能,办理最形棘手。外侮内患,相继而起,大局更何以支持! 此臣所夙夜忧虑难安寝食者也。"①

次日,清廷对外宣战。刘、张等人决定自行其是,指令驻沪中国电报总局督办盛宣怀会同上海道台余联沅,在上海与各国驻沪领事具体商议。其间,张謇、汤寿潜、赵凤昌等江南名流通过游说、献策张之洞和刘坤一,为推动和促成"东南互保"起了重要的作用。时人记述:"予尝疑刘岘庄(指刘坤一——引者)才非过人,互保必幕府所为。其后闻当时往张南皮(指张之洞——引者)处说此事者为沈子培、张季直,而岘庄处为沈涛园,后乃知发动此议斡合两督者,则赵竹君先生(指赵凤昌——引者)也。"②张謇在后来撰写的《汤蛰先生家传》中则称汤寿潜是东南互保的首倡者:"国之不亡者,仅君往说两江总督刘坤一、两湖总督张之洞,定东南互保之约,所全者大,其谋实发于君。"③

6月24日,张之洞致电各国驻沪领事团领袖领事:

> 上海租界归各国保护,长江内地各国商民产业均归督抚保护,本部堂与两江刘制台意见相同,合力任之,已饬上海道与各国领事迅速妥议办法矣。请尊处转致各国领事为祷。④

此前,余联沅已于"19日上午访问英国总领事,双方就本港防务达成协议,决定双方将通力合作,以确保本地安全"⑤。6月21日,他"为安抚人心兼防患于未然","在各城门处贴出告示,其大意为,各处出现揭帖,肆意制造谣言,煽惑民心,若照国法处治,首谋者当论斩立决,从犯依典制亦当处以斩监候,故尔等民人应各自安分守业,勿要轻信无稽之谈而附和之"⑥。在盛宣怀和余联沅

---

① 刘坤一撰,陈代湘等校点:《刘坤一奏疏(二)》,岳麓书社2013年版,第1329页。
② 黄濬著,李吉奎整理:《花随人圣庵摭忆》,中华书局2013年版,第428页。
③ 汪林茂编:《中国近代思想家文库·汤寿潜卷》,中国人民大学出版社2015年版,第596页。
④ 吴剑杰编著:《张之洞年谱长编》,上海交通大学出版社2009年版,第625页。
⑤ 路遥主编:《义和团运动文献资料汇编·日译文卷(日本外交文书)》,第80页。
⑥ 同上书,第81页。

两人的周围,则有赵凤昌、汪康年、张元济、沈瑜庆、祝大椿、沈敦和、李平书、施敬则、叶澄衷等一批在沪绅商的呼应①。1900 年 6 月 17 日《新闻报》称:"幸南洋一带,有明白事理镇压地方之刘宫保、李傅相、张制军(指刘坤一、李鸿章、张之洞——引者)总督其间,否则各处土匪见团匪之若此得志,见政府之若此无用,不几如明末之流贼四起,其终遂至不可收拾乎?是故南方之人现在所默祝者,在于各省之贤督抚皆能制伏土匪,使无继起之乱,则南方之人固如天之福,而北方之流离颠沛者亦有所归着。"②这种社会心理氛围是"东南互保"得以产生和推行的重要原因,而张謇的态度和贡献是突出的,诚如章开沅先生所指出的:"1900 年'东南互保'的策划与促成,不仅保持了东南市场的稳定,而且也提高了张謇的全国声望。"③

其间,张之洞曾在私下场合直言不讳地表示对满清贵族的不满。英国驻汉口代总领事法磊斯称:"我曾多次和这个老头子(指张之洞——引者)谈过,我想我们彼此都有好感。他和我所见过的所有汉人官员一样,憎恨满人,因为他们把持中国,搜括民脂民膏,他们不顾自己的能力是否胜任,总能升官发财。中国要想改革只有一法:废除满人一切特权,不论是旗人的俸禄还是仕途特权。"④1900 年 6 月 16 日,当慈禧在北京召集御前会议时,法磊斯奉英国外交大臣的指令去见张之洞,随行的江汉关税务司何文德记述:

> 今天上午去见总督,建议长江流域如果发生变乱,可由英国提供切实的军事援助。总督对于英国愿意提供军事援助,表示感谢,但是他不肯接受,因为英国军队一到,别国的军队也就跟着来,那好比火上加油,后果如何,他就不能负责了。总督说估计暂时还不至于发生什么严重的事情。如果真有什么事情发生需要援助时,他马上就会同英国总领事商量的。他和两江总督同心协力,决意维持秩序,保护洋人。他说北方发生事变是由于当地的官吏没有迅速妥善处理。如果有一个大权在手的能员,在几个月前义和团刚一开始时就加以镇压,乱子就闹不起来了。⑤

---

① 戴海斌:《"上海中外官绅"与"东南互保"》,《中华文史论丛》2013 年第 2 辑。
② 路遥主编:《义和团运动文献资料汇编·中文卷(上)》,第 300 页。
③ 李明勋、尤世纬主编:《张謇全集》第 1 册,章开沅"序言",第 7 页。
④ 《清末民初政情内幕——〈泰晤士报〉驻北京记者、袁世凯政治顾问乔·厄·莫理循书信集》上册,第 191 页。
⑤ 中国海关总署研究室编译:《中国海关与义和团》,中华书局 1964 年版,第 81 页。

6月26日，受刘坤一和张之洞的指令，督办芦汉铁路大臣盛宣怀会同上海道余联沅在上海与各国驻沪领事会谈，订立《东南保护约款》（又称《中外互保章程》）。该章程共九款，明确规定上海租界归各国共同保护，长江及苏杭内地归各督抚保护，并强调"禁止谣言，严拿匪徒"，联手遏制义和团运动扩大至长江流域，阻止了义和团在江南地区的发展。有资料载，此事荣禄知晓："会东南督抚与驻沪各领事有互保之议，阴取决于荣公，其往复电牍悉由文安公与东抚互转，虽同直不知也。"①次年，刘坤一竭力表白："东南保护是为疆土计，非为外人计，是遵旨，不是违旨，此义须略揭破，以杜群言。"②当时逃亡在西安的慈禧太后则称："上岁若无刘、张，东南各省就乱了……全靠他二人，我母子在此稍安。"③

义和团运动和北方战乱期间，上海曾风云际会，李鸿章、孙中山等重要人物相继抵沪，并有所交集。

李鸿章抵沪和北上。1900年7月21日，奉命由广东北上的李鸿章抵达上海。在他抵沪前的7月19日，公共租界工部局曾商议相关事宜，"讨论了这位总督到达上海时，允许他带多少随员的问题。董事们普遍地认为，应准许最少数额的随行人员，并应是非武装人员。这个问题最后还是留给总董去处理，他将视英国总领事的态度行事，因为已商定不准许带有武装士兵"④。李鸿章在沪停留近2个月，直到9月中旬才离沪去天津。其间，他以生病为由，观察局势，以定进止。8月4日，他通过山东巡抚袁世凯致电军机处："鸿章抵沪后触暑腹泻，本拟稍痊即行，乃连泻不止，精神委顿。因念国事至急，理当尽瘁，惟半月以来，元气大伤，夜不成寐，两腿软弱，竟难寸步，医药杂投，曾无少效。拟恳圣慈赏假二十日，俾息残喘。倘假内见愈，仍力疾趱程北上。乞代奏。"⑤

在沪期间，前去拜访商谈者甚多。李鸿章的侄女婿孙宝瑄记述，1900年7月26日他参与了容闳、严复等人在上海发起成立的旨在救亡图存的中国国

---

① 郭则沄著，马忠文等整理：《郭则沄自订年谱》，凤凰出版社2018年版，第15页。按：郭则沄自幼生活于京城，父亲长期充任军机章京（同上书，前言，第2页）。
② 骆宝善等主编：《袁世凯全集》第8卷，河南大学出版社2013年版，第121页。
③ 马忠文：《丁未政潮后梁鼎芬参劾奕劻、袁世凯史实考订》，《历史教学》2014年第10期（下半月刊）。
④ 上海市档案馆编：《工部局董事会会议录》第14册，第554页。
⑤ 戴逸、顾廷龙主编：《李鸿章全集》第27册，安徽教育出版社2007年版，第174页。

会,7月28日他就去拜见李鸿章,"谈及国会,因述立会宗旨,傅相(指李鸿章——引者)颇以为然"。孙宝瑄于是进言:"满洲不可救矣。相公曷留此身以救中国?"李鸿章则答曰:"吾老矣,如之何其救之?"①此前的7月26日,刘坤一、张之洞、袁世凯、王之春、魏光焘、端方等已联名奏请授权李鸿章在沪与各国商谈:"大学士李鸿章周知四国,体用兼赅,办理交涉有年,为各国所信服。现已遵旨北上,行抵上海。第战争方亟,航海既难径达,遵陆又虑需时。若旬日以后,洋兵已逼近京城,局势又变,可否吁请天恩授以全权,示以机宜,饬令就近在上海与各国电商,藉探消息,察其意向,缓其进兵。何国有隙可乘,即由何国入手,总以间敌谋,纾国难,安两宫为主。"②8月9日《知新报》以"李相到沪后情形汇纪"为题称:"据西报载,李鸿章抵沪后照会驻沪各领事,请订日会议。各领事之意,以为傅相既言北京公使无恙,应议之事可以进京与各公使会议,领事并无会议之权云。"③之后的英国《泰晤士报》曾猜测李鸿章"停留上海期间,曾与几个列强大国的领事们达成某些协议"④。

8月7日,清廷任命李鸿章为"全权大臣,与各国外部商办一切",并称"事机至迫,所请赏假之处,著毋庸议"⑤。同月24日,又"准其便宜行事",朝廷"不为遥制";27日又颁旨,指派奕劻"回京会同李鸿章商办事件"⑥。列强密切关注相关动向,8月9日,法国驻上海总领事白藻泰致函法国外交大臣德尔卡赛报告:"李鸿章已被本月7日的上谕任命为全权代表,负责与各国进行和谈,中国政府认为这样就可以阻止联军进军北京。"⑦8月24日,英国驻德国大使拉塞尔斯致函英国首相兼外交大臣索尔兹伯里报告他于8月22日陪同威尔斯亲王拜会了德国皇帝,席间"德皇陛下对同李鸿章谈判的想法深表反对,他认为

---

① 中华书局编辑部编,童杨校订:《孙宝瑄日记》,中华书局2015年版,第1384、1385页。按:以往史著多称"中国国会",本书沿用之,而亲历其事的孙宝瑄则记述,当时"定名曰中国议会"(详见同上书,第1384页)。
② 赵德馨主编:《张之洞全集》第4册,武汉出版社2008年版,第485页。
③ 路遥主编:《义和团运动文献资料汇编·中文卷(下)》,第425页。
④ 《泰晤士报》著,方激编译:《帝国的回忆:〈泰晤士报〉晚清改革观察记》,重庆出版社2014年版,第35页。
⑤ 骆宝善等主编:《袁世凯全集》第8卷,河南大学出版社2013年版,第129页。
⑥ 中国第一历史档案馆编:《光绪朝上谕档》第26册,广西师范大学出版社1996年版,第261、277、282页。
⑦ 葛夫平摘译:《法国外交档案文献有关义和团运动资料选译》,《清史译丛》第10辑,齐鲁书社2011年版,第239页。

李的目的是在列强之间挑拨离间,坐收渔利"①。

9月9日,李鸿章表示:"既有庆邸(指奕劻——引者)回京商办,鸿即日航海北上。"②其间,德国新任驻华公使穆默乘坐来华的德国军舰抵沪并转赴北京。在沪逗留时,穆默会见了李鸿章③。9月11日,李鸿章通告各国将于14日北上会议。次日,各国海军司令开会讨论,除德国外,都允许他通过防线。13日,美国答应电告京津统兵将军,沿途保护李鸿章④。9月14日,李鸿章动身北上。有资料记载,李鸿章准备北上议和之际,上海商人虞洽卿曾单独致电李鸿章,"促其力疾北上,以奠大局"⑤。

孙中山秘密抵沪。义和团运动和八国联军侵华之际,流亡日本的孙中山忧心如焚地注视着国内外形势,千方百计地利用时机,筹备发动反清起义,拯救危难中的祖国。现藏于日本外务省的档案反映出,孙中山的意图是在南方建立共和国,然后逐渐向北发展,推翻清朝政权。他的日本友人内田良平也透露:"孙逸仙及其一派党徒策划之目的为,以江苏、广东、广西等华南六省为根据地,建成一独立的共和政体,然后逐渐向华北方面伸展势力,推翻爱新觉罗政权,最后统一支那十八省,在亚洲建成一大共和国。"为了达到这一目的,孙中山纵横捭阖于港英当局和日本政府之间,同时积极争取李鸿章、康有为、容闳等人,力图建立广泛的合作。

当时,港英当局正在策动两广总督李鸿章据华南"自主",孙中山对这一计划表示过兴趣。为此,他于6月11日离日南行。7月12日,李鸿章调任直隶总督奉命北上,途经香港,曾与港督卜力会谈。孙中山则一直未能与卜力见面,其间的"密商",可能发生在孙中山的代表与卜力之间。李鸿章离港抵沪后,一度止步不前,孙中山决定再次行动。8月22日,他从日本横滨秘密乘轮船前往上海,目的之一是为了和李鸿章会谈,他认为:"清国南方各省督抚以及

---

① 吴乃华译:《〈关于大战起源的英国文件〉(第2卷)中有关义和团运动时期英德对华关系资料选译》,《清史译丛》第3辑,中国人民大学2005年版,第200页。
② 骆宝善等主编:《袁世凯全集》第8卷,第339页。
③ 穆默图,程玮译,闵杰编撰:《德国公使照片日记(1900—1902)》,福建教育出版社2016年版,第2页。
④ 徐锋华:《中外激荡下李鸿章的北上心态与庚子政情》,《社会科学》2016年第12期。
⑤ 上海市商会编:《虞洽卿先生旅沪五十年纪念特刊》(1931年),第4页,转引自冯筱才:《政商中国:虞洽卿与他的时代》,社会科学文献出版社2013年版,第9页。

新进有识之士,在满清朝廷尚存在之期间,固将维持现状;但随时势之演变,迟早必与我等意见一致。基于此情况,身入故国固属危险,但就某些地区而论,作为达到目的之一种手段,亦可通过无甚危险之和平途径与有上述思想的人士相会合,实属最为必要。基于此原因,只要无何危险,亦愿与李鸿章会谈。"后来他又表示,如果时机许可,愿与刘坤一、张之洞一见。

孙中山此行目的之二,是为了联络容闳。当时,容闳在唐才常等人的推举下,已经出任上海中国国会会长,其起草的英文宣言曰:"不认满洲政府有统治清国之权,将欲更始以谋人民之乐利。"孙中山对此表示欢迎,他说:"中国政治改革派中亦有不同派系之分。当今之局,彼此间绝不可纠缠于以往在发展当中所生之某些感情隔阂而互争短长,亟应消除成见,广为联合,团结一致,共同谋划。吾等仰为首领之人乃系容闳,此人曾任驻美公使,在国内颇孚众望。据推测,此人正与李鸿章等地方督抚及康有为一派中之重要人物暗相联结,从事政治改革之策划,正在循序渐进之中;本人亦欲厕身其间,竭诚效力。"其目的之三,是为了通过英国驻上海领事继续与港英当局谈判。

孙中山坐船抵达上海的时候,正是张之洞在武汉血腥镇压自立军起义之后。英国政府为了维护其在长江流域的利益,决定支持张之洞。对唐才常等人的逮捕,是经过英国代理领事法磊斯同意的。正因如此,英国驻沪领事对孙中山的来访只给予了冷淡的接待①。有学者陈述,孙中山抵沪后,"于翌日登陆,前往拜访英国驻沪领事,说明此行只在视察当地情况。英领当即告孙:唐才常等已失败,上海搜捕新党甚急,劝孙迅速离沪"②。

孙中山还在船上和李鸿章的幕僚刘学询进行了会谈,也没有什么结果。上海之行归于失败,9月3日,孙中山与容闳、容星桥等人同船返回日本③。

列强的举动。义和团运动兴起后,鉴于英国在长江流域的特殊地位,英国

---

① 杨天石:《孙中山在1900年——读日本外务省档案札记》,《寻求历史的谜底:近代中国的政治与人物》,中国人民大学出版社2010年版,第73—78页;杨天石:《晚清史事》,中国人民大学出版社2009年版,第216页。
② 吴相湘:《民国史事》,东方出版社2014年版,第63页。
③ 杨天石:《孙中山在1900年——读日本外务省档案札记》,《寻求历史的谜底:近代中国的政治与人物》,第78页。有资料称,当时康有为也曾抵沪:"根据上海《中国海外邮报》的报道,他(指康有为——引者)当时也在上海——但这一报道立即被新加坡总侦否认,后者称采取了所有措施确保康有为的'安全和健康'。"(黄宇和撰,孙微译:《三个流亡理想家》,许知远主编:《东方历史评论》第10辑,贵州人民出版社2018年版,第47页)

驻上海代理总领事霍必澜就主张考虑军事干预,以谋求保护和巩固英国在长江流域的优势地位,并为进一步垄断地区利益打开方便之门。江海关英籍税务司安格联与霍必澜关系密切,对所谓义和团危机处理的态度亦较为激进。英国在华最大商业团体"中国协会"在华会员自6月12日起连续致电伦敦本部,要求政府出面干预,其意见包括:扶植南方总督,进而支持他们反对北京;派遣一支强大的英国军队到上海。

上海的上述来电建议很快得到政府回应。霍必澜及英国驻汉口领事法磊斯同时获得授权,向两江总督刘坤一、湖广总督张之洞提出:如其采取维持秩序的措施,将得到英国军舰的支持。同时,英国海军部训令上海舰队派出"仙女""红雀"舰分赴南京、汉口,原驻香港的"无畏"号调驶吴淞口待命。

经交换意见,刘坤一和张之洞很快达成共识,"力任保护,稳住各国",反对外国军舰驶入长江。面对中方的抵制,霍必澜坚称"仙女""红雀"两舰已溯江而上,"未便追回",明显有将既成事实合法化的意图;英国政府则在原定政策上有所收回,于6月20日训令在长江海军高级军官"避免任何示威"。经短暂试探,针对长江流域的军事干预没有继续扩大,但已开赴长江口岸的军舰获得了继续驻留的理由,"英舰入江"被解释为一般性的"例行访问",英国所能考虑接受的仅仅是"不可派舰队进行示威",下一步行动自由则仍被保留。

最先申请军事保护的霍必澜并不甘心。当局势严峻时,他又数度出击,企图抢先控制炮台、兵工厂这样的战略要地。英国的动向引起刘坤一的警觉,也招致他国非议。美国人福开森向盛宣怀透露,各国并无意占领吴淞,英国领事要求保护"是其伪术,若为所愚,各国必不服"。盛宣怀认为可因势利导,他向刘坤一建议:"自吴淞以迄长江内地,公应饬沪道告知各国领事,自认保护,勿任干涉。"此建议,可视为"东南互保"的先声①。

当时的上海,流传一份由各国驻沪领事团领袖领事、葡萄牙驻沪总领事华德师签署的"向中国人发布的领事公告",其中宣称:"我们上海领事团已经同中国当局协商了关于保护上海及周围地区人们生命和财产安全的问题,同意共同合作镇压可能发生的任何骚乱。工部局已经雇用了志愿军保护租界,我

---

① 戴海斌:《外国驻沪领事与"东南互保"——侧重英、日、美三国》,中国义和团研究会编:《义和团运动110周年国际学术讨论会论文集》,山东大学出版社2012年版。

们的军舰已经在黄浦江各就各位,也是为了保护租界,这是停泊在黄浦江上军舰的唯一目的。陆地和江面上的这些预防措施,以及与中国当局的真诚合作,确保北方的骚乱不会传播到上海及周围地区。"①6月21日,驻沪领事团召开会议对局势表示担忧:"现今除吴淞有一千余名、上海制造局附近有七八百名清兵屯驻外,松江府尚驻有二千数百名清兵。因此次事变之故,对岸浦东失业流浪之劳工已达五千人,上海制造局职工千余名已三月未发薪资,颇有激昂之状。又清国军舰陆续而来,在吴淞及上海港停泊不下六七艘。一旦时机逼迫,此等军队、军舰及劳工有所异常举动,当地安全将彻底无望。"②

在盛宣怀和余联沅受命与各国驻沪领事开始具体商议的前一天即6月25日,驻沪领事团先行磋商。法国领事白藻泰提出,如中方代表获得全权授命,各驻沪领事也应具有同样权限,从而在总督辖区达成中立谅解。其得到日本领事小田切等多数人的附和。霍必澜也无异议,但提议可进一步扩大中立范围,将福建、浙江、广东、广西、云南、四川各省也包括进去。白藻泰等急于使长江地区中立化,是为避免危机扩大,也包含压制英国的意图;而霍必澜扩大中立地至法、日等国在华势力圈,也明显带有反制意味。

北京使馆区被围后,日本驻沪领事馆成为日本外务省最为依赖的情报来源地,而张之洞等督抚一度倾心于日本调停,小田切在中外交涉中的作用相当显著。6月以后,他一直关切英舰入江的动态,并留意到同时一艘俄国运输船搭载100多名俄兵,由吴淞上驶汉口。当时在沪日舰只有"赤城"一艘,据他判断,一旦变乱波及,依靠现有力量将不足以应付局面,担心"仅停泊于本港的赤城号一艘,逢万一之场合,凭借此一艘军舰之力量,恐将难以充分保护我横跨长江数百里地域之利益"③。英、俄两国的动向也给他不小的刺激,故认为此时派兵绝不能落人后,"应向上海及长江方面派出帝国军舰数艘,向清国官民示我军力之绰有余裕,此为扩张我势力利益之最佳手段"。除组织本地日侨建立义勇队外,他在6月16日、18日、23日连续建议政府向上海增派军舰。海军省也派遣"高雄""八重山"两舰来华,与"赤城"舰协力保护"长江一线帝国利益及臣民生命财产"。

---

① 路遥主编:《义和团运动文献资料汇编·日译文卷(日本外交文书)》,第88页。
② 戴海斌:《晚清人物丛考二编》,生活·读书·新知三联书店2018年版,第583页。
③ 路遥主编:《义和团运动文献资料汇编·日译文卷(日本外交文书)》,第74页。

6月24日下午7时,小田切分别致电刘坤一和张之洞:"拳匪滋事,京津骚扰,钦差生死仍无消息,可恨之至。长江一带仰赖阁下暨刘制军布置周密,以保无事,洵深庆幸。窃察驻沪各国领事之意,亦在维持和平,保全大局,并无别情。惟恐两处消息不灵,互抱疑念,驯致生变,祈即由尊处急派妥员来沪,与各国领事会议,以保局面,迟无济事。刍言倘为可用,乞即电告驻沪大西洋各国总领事。"这份电报,对刘、张派员在沪与各国领事商议"维持和平,保全大局"的决策有直接影响①。

四、世纪之初的重创

历史进入20世纪,此时的中国,面临着空前危急的局势:

天津和北京相继被帝国主义列强武装占领。为使天津成为一座不设防的城市,八国联军强行拆除了天津的城墙。闯入北京后,又扒开北京的城墙,让津京铁路直达正阳门②。他们在津京地区大肆屠杀中国人民的残暴行径,令人发指。1901年1月英国《当代评论》刊登了一名目击者的长篇文章,披露了八国联军的血腥罪行:

> 大沽口有三百名正在为各国轮船装卸货物的工人,不干活时被拘禁在一艘大木船上。外国军队进入大沽口,为逃生他们设法把木船驶向陆地,适被俄军发现,这三百多名无辜的装卸工都成了俄军的射击目标。狄龙博士乘船驶过往昔人烟稠密的天津,那儿已变成一片废墟。通州已是死亡之城,所过之处,野旷天阔,阒无人烟,他上岸观望,一切都怵目惊心,房屋被焚,一切都遭破坏。
>
> 他走进一家,只见木机边躺着一男一女,脚下散落着三支筷子,吃剩的粗糙食物已经腐烂,可见他们原本正在吃饭,突如其来就被砍死。室外院中,躺着一个梳着四股发辫的小女孩,被砸碎的头盖骨凝结着黑红色血

---

① 戴海斌:《外国驻沪领事与"东南互保"——侧重英、日、美三国》,中国义和团研究会编:《义和团运动110周年国际学术讨论会论文集》,山东大学出版社2012年版。
② 穆默图,程玮译,闵杰编撰:《德国公使照片日记(1900—1902)》,福建教育出版社2016年版,第27、37页。

块,上面爬满了苍蝇。他看到,不少男女老少以及怀抱婴儿的尸体埋在垃圾下面,或顺着河水漂流而下,每具尸体都伴随着一层乌云似的苍蝇。蝙蝠在苍茫的暮色中飞来飞去,贪食的乌鸦也在上空盘旋。

他还在通州水边看到两具尸体,看模样是父亲拉着年幼的儿子正举手乞求慈悲,但他们却在文明的名义下被枪杀了,躲在那里,手仍然举着,一只黄狗正在啃那父亲的手臂。白河两岸一些大的县城,被逃跑了的主人抛弃的房屋里边被洗劫一空。这些都是那些文明使节的所作所为。这里的景象与其说是战争,毋宁说是一场大屠杀。①

同年7月3日,英国《每日新闻》也刊载了题为"中国惨状,欧洲军人的罪行,尽干坏事"的文章,作了类似的报道②。

8月15日晨,占领北京的美军在前门架设火炮后,次第闯入大清门、天安门、端门,直至午门。为防止一国独占或首先占领紫禁城,八国联军达成协议,让美军暂时止步。之后,美军占守紫禁城南面的午门,日军占守东、北、西面的东华门、神武门、西华门,并决定在紫禁城内举行阅兵,此举无疑使清皇朝"屈辱已极"③。一名英国随军记者描述:

联军所经之处,一座座村庄化为一炬,一船船无助的苦力死于河口,一群群妇女为免受污辱而投水自尽。西方残忍的十字军一路重复着暴君尼禄在古罗马所施过的恶行,像利刃直插北京的心脏,在皇宫汉白玉地面上践踏出一双双军靴的掌印。雄伟的城墙和碉楼弹痕累累。④

八国联军占领北京后,大肆抢劫。俄国财政大臣维特记述:

这次占据北京的主要特点,是军队大肆进行抢劫,皇宫也遭到了抢劫……我们听到一些传闻,说俄国军官在这方面一点也不落后于他国军官,财政部驻北京代表、后来任驻北京公使璞科第非正式地向我证实了这一点。⑤

---

① 中国第二历史档案馆等编:《中国海关密档》第7册,中华书局1995年版,第141页。
② 同上书,第143页。
③ [美]马士著,张汇文等译:《中华帝国对外关系史》,上海书店出版社2000年版,第3卷,第305页。
④ [英]乔治·林奇著,王铮等译:《文明的交锋——一个"洋鬼子"的八国联军侵华实录》,国家图书馆出版社2011年版,前言,第5页。
⑤ [俄]谢·尤·维特著,李晶等译,李玉贞审校:《维特档案——访问记 笔记》第1卷(上),第612、613页。

英国人阿诺德记述,当时抢劫无处不在,法国人最青睐食品,日本和德国人则钟情古玩,俄国人任取所欲,英属印度人对精细纺织品和刺绣很感兴趣,美国人只选择金银①。列强驻京外交官也有参与其间者。有英国人记述:

> 当北京平静下来之后,大概没有什么事情比在英国使馆中拍卖合法抢劫物更稀奇的了。那里定期有一队人开车出去,回来时车上装满能装的东西:丝绸、刺绣制品、皮包、青铜器、珠宝、中国瓷器。这些东西每天下午4点钟都在该使馆草坪上或是在第一大厅拍卖,通过出售这些物品,获得了相当可观的钱。这些拍卖品的买主颇多,大部分是英国官员和传教士,也有少数美国人。②

美国记者贾斯珀·怀廷也记述:

> 英国使馆的大门一被推开,让联军进入后不到5分钟,两位法国女士……冲出了大门,你追我赶地跑到了东交民巷上某家商铺。在和平时期,她们是这里的常客,她们知道这里已经无人看管。10分钟后,她们回来了,两人的手臂上搭满了丝绸、刺绣、毛皮和玉器,脸上挂着凯旋的笑容。③

与此同时,八国联军杀气腾腾地颁布戒严令,实行分区管制,并且不时地派遣军队到直隶北部各个地区进行讨伐,从1900年12月12日到1901年4月底,这种"讨伐"就连续进行了45次,所到之处,烧杀掳掠,无恶不作。这种军事占领一直延续到1901年9月,以清朝政府在屈辱卖国的《辛丑条约》上签字画押而中止。

慈禧携光绪帝匆忙逃离北京时,留庆亲王奕劻在京会同在两广总督任上奉命北上的李鸿章,与各国议和。1900年10月11日,李鸿章到达被八国联军占领的北京城。抵京后,他就去拜访各国驻华公使,请求尽早议和,均遭冷遇。列强的意图是利用清廷急于求和的心情,继续施加军事压力,尽可能多地榨取在华权益。因此,八国联军统帅瓦德西于10月17日抵京后,在近一个月的时

---

① [德]狄德满编著,崔华杰等译:《西方义和团文献资料汇编》,山东大学出版社2016年版,第278页。
② 全国政协文史和学习委员会编:《京津蒙难记:八国联军侵华纪实》,中国文史出版社2018年版,第207页。
③ [英]朱莉娅·博伊德著,向丽娟译:《消逝在东交民巷的那些日子》,商务印书馆2016年版,第32页。

间里,拒不会见李鸿章和奕劻,同时却令手下的军队四出掳掠,东至山海关,北至张家口,均受八国联军的洗劫。面对这种情状,李鸿章只能一再请求列强早日结束军事行动,尽快开始和谈。直到11月15日,他才见到了瓦德西,获准开始议和。

列强提出的《议和大纲》,令李鸿章吃惊不小。其要点包括严惩主战官员、中国不准进口军火、赔款、各国在使馆区驻兵、撤除大沽等炮台、北京附近各国留兵驻守、永远禁止中国人的"仇外"举动等。李鸿章提出能否将主战官员的惩办由处死改为流放,以此试探列强的反应,结果遭严词拒绝。李鸿章知道上述议和条款难有回旋的余地,自己只能在列强与清廷间传话而已,如当时深知内情的荣禄所描述的,"可怜庆、李,名为全权,与各国开议,其实彼族均自行商定,是日交给条款照会而已,无所谓互议也"①。1900年7月28日,美国《马蜂杂志》在八国联军大举侵华时,曾刊载了一幅版画,主张绞杀清廷主战的端郡王载漪,囚禁慈禧太后,声称唯此才能保护在华的外国人②。逃亡在西安的慈禧太后,只求保住自己的权势,见列强最后未提要她下台,大喜过望,一口答应列强开具的议和条款,电复李鸿章、奕劻"所有十二条大纲应即照允"③。《议和大纲》被接受后,帝国主义列强便商讨具体细节,以便签订正式条约,付诸实行。

确定《议和大纲》的内容,是在帝国主义列强之间进行的。关于细节问题,也是这样。在此后八九个月内,他们争论的焦点是惩凶和赔款两个问题。帝国主义列强最初对惩办哪些主要"罪犯",以及如何惩办,意见有分歧。以俄、美、日为一方,从不同的目的出发,笼络清朝政府,主张不查究慈禧太后,法国追随俄国也表赞成;德、意、奥、英四国则坚持重办,凡列入名单者均应处以极刑。为了联德拒俄,英国外交大臣兰士敦甚至表示,即使因此与美国疏远,亦在所不惜。

英、俄两国在惩凶问题上的不同表现,实质上是为了挑选各自的代理人,这是争夺对清朝政府控制权斗争的继续。俄国极力想保全西太后,英国企图废后立帝,把光绪帝抬出来。俄国曾建议清廷迁都盛京(今沈阳),使之处于它的卵翼之下;英国考虑挟持清廷迁都南京。总之,俄、英都想直接控制清朝政

---

① 《荣禄存札》,齐鲁书社1986年版,第409页。
② [美]张文献编:《美国画报上的中国(1840—1911)》,北京大学出版社2017年版,第83页。
③ 国家档案局明清档案馆:《义和团档案史料》下册,第853页。

府,使之充当各自的傀儡。清朝政府明确表示接受《议和大纲》后,这种争夺告一段落,但具体的惩罚办法却各执一词,争议不休。最后达成妥协,同意不查究慈禧太后,端郡王载漪、辅国公载澜都定为死刑,但皇帝可酌情宣布减刑,流放到新疆,永远圈禁。如果他们从流放地回来,就立即处死。其余被指定为祸首的王公大臣,由清朝政府以各种方式处死,已死的追夺原官,撤销恤典。

帝国主义列强为了胁迫清廷,一再扬言如果不按照它们的要求惩办祸首,以致拖延订立条约的时间,中国将有更大祸患,并须增加支付联军占领费。瓦德西配合各国公使,实行军事恐吓,下令各国军队从速准备,于1901年2月底进攻山西,并故意使李鸿章得知此项命令。瓦德西下令后不到四天,清廷决定屈从,于2月21日根据各国提出的12名"首祸"名单及惩处意见,发布上谕,判处庄王载勋自尽;刚毅为斩立决,因病故免议;毓贤正法;英年、赵舒翘定斩监候,令自尽;启秀、徐承煜正法;徐桐、李秉衡均定为斩监候,因自尽身故,革职,撤销恤典;董福祥革职降调。这才算满足了帝国主义列强惩办首祸大臣的要求。

惩凶问题基本确定后,赔款便上升为最主要的问题,这是全部条款中困难多、费时久、争执最激烈的问题,它不但延迟了条约最后签字的日期,而且不止一次地使谈判中断,甚至几乎造成破裂的局面。在赔款问题上,集中暴露了帝国主义列强之间的深刻矛盾,鲜明地反映出它们贪婪的侵略本质。

赔款是帝国主义列强特别关注的问题,它们都想乘机大发战争横财。德皇威廉在瓦德西来华前夕,要他牢记在心,"要求中国赔款务到最高限度,且必彻底贯彻主张",目的是要用这笔巨款来建设海军,与英国争夺海上霸权。沙俄企图用赔款弥补国库亏空和加速修筑西伯利亚铁路,巩固它在远东和中国东北的地位。英、美一面进行勒索,一面又主张赔款保持在一定限度以内,避免过分削弱中国市场的购买力,造成对它们在华贸易和其他经济利益的损害。大体说来,这种对立存在于在华商业利益较少的俄、法、德与拥有较多的经济利益的英、美、日之间。它们从各自的利害出发,进行了钩心斗角的争斗。经过一系列的磋商,各国确定赔款总额为4亿5千万两,并声称这个数字只到7月1日止,过期不订条约还要另加占领军费用[①]。5月16日,清廷发布谕旨接受列强的赔款要求。

[①] 丁名楠等:《帝国主义侵华史》第2卷,人民出版社1986年版,第147—150页。

1901年9月7日，奕劻、李鸿章代表清朝政府与德、奥、比、西、美、法、英、意、日、荷、俄十一国驻华公使签订《辛丑条约》，规定向各国赔款白银4亿5千万两，分39年偿付，本利合计近10亿两，关税、盐税都由列强控制，作为偿付赔款之用；在北京设立东交民巷使馆区，使馆区及北京至大沽和山海关的铁路允许外国军队驻守，大沽炮台完全拆毁；由清朝政府下令永远禁止中国人成立或加入反帝组织，违者一律处死，对一切反帝活动，各级地方官员应负责弹压、镇压不力者应予以革职，等等。这是帝国主义列强强加在中国人民头上的又一副沉重的枷锁，是对中国主权的又一次野蛮践踏，中国的民族危机空前深重。参与辛丑议和的德国驻华公使穆然宣称："我们提出了不合理的要求，我们的要求得到了满足。"[1]条约签订后的李鸿章，回家就病倒了。9月22日，他在病榻上奏清廷：

　　　　臣等伏查近数十年内，每有一次构衅，必多一次吃亏，上年事变之来尤为仓猝，创深痛巨，薄海惊心。今和议已成，大局少定，仍望我朝廷坚持定见，外修和好，内图富强，或可渐有转机。[2]

　　两个月后，李鸿章在北京病逝。《辛丑条约》的签订再次暴露了清朝政府的腐败、无能。还在帝国主义列强提出《议和大纲》时，逃亡在西安的清廷立刻发出一道"煌煌上谕"，宣布其今后的对外方针是"量中华之物力，结与国之欢心"，并且厚颜无耻地宣称"今兹议约，不侵我主权，不割我土地，念列邦之见谅，疾愚暴之无知，事后追思，惭愤交集"[3]。条约签订之后，列强陆续从北京撤军。1902年1月7日，慈禧太后一行回到北京，对帝国主义列强竭力逢迎。2月1日，她在宫中招待外国驻华使团的女士和她们的孩子。美国驻华公使康格的夫人回忆：

　　　　当我们进屋时，她喊道"康太太"——我的中文名字——我向她走去，她双手握着我的手，百感交集。当她能够控制住自己的声音时，她说："我非常抱歉，为发生了这些不该发生的事感到痛心。这是一个沉痛的教训，

---

[1] 穆然图，程玮译，闵杰编撰：《德国公使照片日记（1900—1902）》，福建教育出版社2016年版，译者序，第2页。
[2] 戴逸等主编：《李鸿章全集》第16册，安徽教育出版社2007年版，第327页。
[3] 国家档案局明清档案馆：《义和团档案史料》下册，第945、946页。

大清国从今以后会成为外国人的朋友,同样的事将来不会再发生"。

康格夫人颇感意外的是,慈禧太后在谈话间,"从手指上取下一只很重的、雕有花纹,还镶有珍珠的金戒指,戴在我的手指上,又从她的手腕上取下了几只精美的手镯,戴在我的手腕上。太后赠与每位女士一份贵重的礼物,同时也没有忘了孩子们和翻译人员"①。其曲意讨好的姿态,令那些洋人也"认为有些热情过分"②。还都以后,清朝政府确实在各方面都更加献媚于帝国主义列强。它一再传谕保护外人权益,严厉镇压反帝爱国运动,"官员袒教抑民成为趋势"③。教会资料称:"1900年以后,全中国都对基督教宣教师敞开了大门,这是前所未有的大好形势。"④据教会内部统计,1889年有1296名新教传教士在华,1905年为3445名,1910年达5144名⑤。1900年教会活动影响到山东全省65%的区域,1911年则为95%⑥。清朝政府的所作所为,使中华民族面临的危机更加严重,中国民众对清朝政府和帝国主义列强的愤恨也更加强烈,斗争更加坚决。

五、国民意识的呼唤

历史进入20世纪初年,中华民族坠入更深重的灾难深渊。怒涛汹涌的义和团运动,受封建社会农民阶级自身局限性的羁绊,终于未能在民族危亡之际,力挽狂澜。八国联军洗劫北京城,空前丧权辱国的《辛丑条约》签订,腐朽的清朝政府屈膝于帝国主义列强,唯唯诺诺的畏葸丑态,一幕幕触目惊心的场景,令每一个爱国的中国人在心底淌血。祖国,中华民族数千年来生于斯、长于斯的这一片辽阔国土,在帝国主义列强的侵略魔爪面前,处于任人

---

① [美]萨拉·康格著,沈春蕾等译:《北京信札》,南京出版社2006年版,第184页。
② 中国第二历史档案馆等编:《中国海关密档》第7册,中华书局1995年版,第318、319页。
③ 杨雄伟:《杯酒之间:清末南昌教案研究》,社会科学文献出版社2018年版,第23页。
④ 中华续行委办会调查特委会编,蔡咏春等译:《1901—1920年中国基督教调查资料(原〈中华归主〉修订版)》,中国社会科学出版社2007年版,第707页。
⑤ [美]小爱德华·布思斯著,安雯译:《邵武四十年——美国传教士医生福益华在华之旅(1892—1932)》,中央编译出版社2015年版,李天纲"序",第1页。
⑥ 陶飞亚:《中国的基督教乌托邦研究》,人民出版社2012年版,第37页。

宰割的悲惨境地。怎样才能拯救有五千年历史的文明古国？中华民族通过什么途径方能摆脱危机，进而求富求强，屹立于世界民族之林？这一系列急迫的问题，沉重地压在每一位爱国者心头。他们在痛苦地思索，焦灼地探索。可庆幸的是，当时刚刚兴起的海外求学热潮，为这批怀有激情的爱国者在救国之路的探索中，提供了较之他们的前辈更广阔的知识领域，更多样的政治选择。

中国人赴海外求学，在同治末年便已开始，甲午战争失败后有所发展，20世纪初年则发展迅速。1900年以前，中国海外留学生不满百人，其中的绝大部分是赴一水之隔的日本留学。1901年中国留日学生有274人，次年增至608人，1903年达1 300人，1904年2 400人，1905年8 000人，1906年有12 000人①。留学热潮兴起的直接动因，是受深重民族危机的强烈刺激。主张借鉴西方资本主义国家君主立宪制度，实行变法图强的戊戌维新运动，虽然只维持了百余天便告失败，但它所产生的巨大影响是慈禧等人的屠刀所无法遏止的。它所倡导的向西方学习、改革图强的政治意识，在广大爱国者头脑中引发的强烈震荡，更是慈禧之流靠武力无法平息的。目睹义和团运动前后清朝政府的种种丑行，促使人们对清朝政府几乎不再抱有什么希望，向西方学习、推行政治改革的意识更为强烈。"东亚风云大陆沉，浮槎东渡起雄心。为求富国强兵策，强忍抛妻别子情。"这些感情浓烈的诗句，道出了当时许多留日学生的共同心声。而清朝政府在辛丑以后为了缓和统治危机，推行所谓"新政"，在国内废除科举、举办学堂和鼓励游学等措施客观上也有利于留学热潮的兴起。

这些为数众多的留学生的求学目的，决定了他们在国外学习时间一般都不长，不少自费生仅读一年速成班，所学专业以师范、军事、政法为最多。留学生涯尽管短暂，但对他们的影响却是巨大的，最重要的不仅在于他们的知识结构发生了变化，而在于他们接触到了各种各样的西方社会政治理论，并急切地企图把它们应用于改造中国的实践。这样，他们的主观世界也就在学习西方的过程中得到了熏染、变化和改造，并从变法图强的立场出发，自觉或不自觉地为中国资本主义的利益呼喊，成了深受帝国主义、封建主义压迫的中国资产

---

① 李喜所：《辛亥革命前的留日学生运动》，《纪念辛亥革命七十周年学术讨论会论文集》上册，中华书局1983年版。

阶级的代言人。其中很大一部分人尤以救亡图存为己任,站到了时代的前列,全身心地投入了爱国救亡的斗争,成为20世纪初年推动中华民族觉醒进程中的中坚力量,起了先锋和桥梁的作用。

这种先锋和桥梁的作用,具体表现为他们较之同时代人更敏锐、更清醒地认识到了中华民族当时正处于严峻的历史关头,并以自己的奔走呼号,急切地希望唤醒和振奋更多的人起来投入到爱国救亡斗争之中。为此,他们不遗余力地以自己所学的知识和理解,通过各种途径,积极地向国人介绍、分析世界时局,宣传祖国悠久的历史和文化,倡导积极进取的民族精神,力图打破在数千年封建专制桎梏下形成的大多数国人对国家大事漠然、淡然乃至近乎麻木的状态,树立"中国是中国人的中国"的自觉意识,汇成一股强大的爱国洪流。

要鼓动人们奋起爱国救亡,就需要帮助他们认清祖国正深陷其中的险恶处境,以唤起他们的忧国之思、救亡之忱。一些由留日学生或国内学堂进步学生印发的宣传品,用大量的篇幅介绍、分析时局,明确指出世界已进入帝国主义时代,帝国主义的实质就是侵略,地大物博但又闭塞落后的中国已成为帝国主义列强争相攫取、宰割的主要目标。

这些爱国者结合一些落后国家的实例,痛陈它们的亡国教训,作为警示国人的镜子。指出印度、埃及等国,原与中国一样,同是文明古国,自沦为帝国主义的殖民地后,权归外人,民如草芥,任人践踏。究其原因,一是列强的侵略,一是内政不修、民气柔弱。中国如不以此为鉴,及时奋起,必步其覆辙。反之,他们认为欧美国家之所以强盛,与这些国家的人民具有强烈的民族意识有着很大的关系,称颂这些国家的人民有民族精神坚树于脑中,为专制魔王所不能灭,烈风暴雨所不能摧,他们在外族侵略面前,不怕流血牺牲,奋起英勇抵抗。卢梭、华盛顿、拿破仑、马志尼等欧美资产阶级革命和独立运动的先驱,是他们崇拜的英雄;美国独立战争、法国资产阶级大革命,是他们神往的事业。面对民族危机,他们发出这样的呐喊:"中国者,中国人之中国也。惟中国人能有中国,他人不能有也。他人而欲有之,吾中国人当竭力反抗致死不变也。"[①]

要争取更多的人加入救国行列,必须打破长期以来封建统治阶级宣扬的"朕即国家""忠君即爱国"之类的论调对人们头脑的束缚,宣传近代国家观念,

---

① 亿琴:《中国灭亡大问题》,《童子世界》第31期,1903年。

树立人民是国家主人翁的思想,这是20世纪初年这些进步学生爱国主义宣传的一项重要内容。他们着力批判了朝廷即国家、爱国须忠君之类的糊涂认识,明确指出朝廷与国家必须区分,爱国与忠君不能混淆,强调"国家者,国民之国家,非政府之国家"。并依据欧美近代国家学说,进而阐释道:"国也者,集民而成者也。有民始有国,故民者,国之主人翁。"一些文章列数清朝政府祸国殃民的种种丑行,要求人们抛弃对它的幻想,自觉起来为救国奋斗,直呼"吾辈今日当以恢复主人翁之权利为第一义"。

20世纪初年的这些爱国主义宣传,在中华民族觉醒的历史篇章中占有重要一页。鸦片战争后,民族危机之所以日益深重,固然是由于帝国主义侵略和清朝政府腐朽统治所致,但无庸讳言,也与身处封建专制统治下的大多数国人缺乏关心和参与国家大事的自觉意识,听凭皇帝、朝廷摆布有关,即使有一些仁人志士挺身而出,也因缺乏先进的思想武器而抱恨终天。时至20世纪初叶,情况并无多大变化,传统的封建思想和落后意识笼罩着中国大地,八国联军的铁蹄并没有使绝大多数中国人惊醒过来,对迫在眉睫的亡国灭种危机,"吾民犹漠然淡然,不知痛痒,是鱼游于釜而犹不知热,燕处燎堂而不知忧也"。有鉴于此,以留日学生为主体的一些爱国者忧心如焚,以笔为武器,为唤醒国民而大声疾呼,号召国民政治觉醒和奋起斗争。

尽管限于主观和客观条件,这些宣传难免存在一些缺陷,诸如对世界形势的考察、对帝国主义本质的认识、对民族危机的分析,基本上还是依据进化论的"物竞天择""适者生存"理论,没有能科学地道破帝国主义殖民侵略的本质,对清朝政府也还着重于揭露、批判其腐败、卖国行径,尚没有响亮地提出革命的要求,但在当时仍起到了振聋发聩、催人奋起的强大作用,许多宣传品不胫而走,启迪和教育了无数的爱国者,特别在求知若渴的青年学生中间产生了巨大的影响,促使他们更自觉地以天下兴亡为己任,积极探索救国之路,从而为日后民主革命思潮的勃兴提供了思想基础。

从根本上说来,20世纪初叶的这些爱国主义宣传,是中华民族与帝国主义之间空前尖锐的矛盾在思想领域内的反映,是中国人民在帝国主义、封建主义双重压迫下要求民族生存与独立的呐喊,同时亦是中华民族爱国主义思想的新的发展和推进。近代以来,爱国主义一直是激励人们投身救国事业的精神源泉,但很长一段时间里,人们的思想还不能摆脱封建传统观念的束缚,分辨不清朝廷与国家的关系,认识不到自己在国家事务中的应有地位和作用。甲午战争后流行过一部时论选集,叫做《普天忠愤集》。这并列的"忠愤"两字,清楚地反映了当时绝大部分爱国知识分子的思想认识。面对亡国的危机,他们满腔悲愤,奔走呼号,要求变法救亡。但他们又冲不破"忠君"观念的藩篱,结果自缚手脚,一旦封建统治者翻脸,变法便陷于失败,自己也人头落地。时隔不久,悲剧重演。所有这一切,不能不叫人扼腕叹息,不能不促人深思。

20世纪初叶,随着中国近代知识分子群体的形成,爱国主义思想终于突破原有的束缚,开始具有近代的色彩。知识分子在被压迫民族中间常常是政治感觉比较敏锐和最早觉醒的人群。戊戌变法期间,受历史条件的限制,国内的知识分子基本上还是那种旧式的封建士大夫,还不可能摆脱忠君爱国观念的束缚。甲午战争后中国资本主义的发展,以及留学热潮和新式学堂的开办,推动了近代知识分子群体的形成。展现在他们面前的资本主义世界和各种社会政治学说,大大开阔了他们的视野。他们强烈地感觉到中国的落后,再不愿在封建专制统治下做一个驯服的臣民,而是希望做一个有独立人格的堂堂正正的国民,不再将自己的命运与封建君主联系在一起。1901年,留日学生刊物《国民报》赫然写道:"今试问一国之中可以无君乎?"答案是:"可!""又试问一国之中可以无民乎?曰不可!"结论是:"国者,民之国,天下之国即天下民之国。"彻底摈弃了朕即国家、忠君爱国之类的陈腐观念,认识到"今日已二十世纪矣,我同胞之国民,当知一国之兴亡,其责任专在于国民"[①]。20世纪初叶的爱国主义宣传,"国民"意识的觉醒和"中国是中国人的中国"口号的响亮提出,正是在这种历史背景下发生的。

20世纪初年的一批爱国者,在着力进行爱国主义宣传的同时,从爱国救亡的要求出发,进一步提出了"新我国民"的命题。他们激烈抨击封建君主专制制度,亦尖锐地揭示生活在封建专制统治下,国民身上所存在的愚昧落后的消极面,指出不祛除这些落后的东西,中国就不能振兴,民族就没有前途。他们以极大的热情投入了开通民智、塑造国民的启蒙工作。其中,梁启超先声夺人,以著名的《新民说》独领风骚,连自视颇高的康有为也自叹不如,晚年曾对胡适说:"我的东西都是26岁以前写的,卓如(指梁启超——引者)以后继续有

---

① 《说国民》《二十世纪之中国》,《国民报》第1、2期,1901年。

进步,我不如他。"①

戊戌变法失败后,梁启超被迫逃往日本。爱国之心使他无暇旁顾,改变封建专制制度,建立君主立宪政体,以拯救祖国,仍是他的目标所在。回首往事,梁启超痛感依靠上层权力来改造国家的想法难以实现,不得不转而将希望寄托在鼓动广大国民参与政治运动上面。要使国民投身政治运动,必须使他们具备必要的知识能力。梁启超认为,遭受数千年封建专制锢闭摧残的广大国民是愚昧落后的,而他所孜孜追求的君主立宪政体,"必民智稍开而后能行之"②。所以他把"新民"看作是当时最为迫切的历史任务,认为要新我国家必先新我国民,为此撰写了洋洋11万余字的《新民说》,尖锐批评了国民品格、习性、智能诸方面的种种弱点,主张"博考各国民族所以自立之道,汇择其长者而取之,以补我之所未及"③,以求在竞争激烈的地球上建设自己的民族和国家。

扩展阅读书目

1. 黎仁凯等著:《直隶义和团运动与社会心态》,河北教育出版社,2001年。注重社会心态层面的分析,有新意。

2. 苏萍:《谣言与近代教案》,上海远东出版社,2001年。切入点小,便于把握和展开,是作者的博士学位论文,可供借鉴。

3. 林华国:《历史的真相——义和团运动的史实及其再认识》,天津古籍出版社,2002年。注重史实的考辨,揭示历史的真伪。

4. 相蓝欣:《义和团战争的起源:跨国研究》,华东师范大学出版社,2003年。运用多国外交档案的专题研究,别开生面。

5. 程歗:《文化、社会网络与集体行动:以晚清教案和义和团为中心》,巴蜀书社,2010年。视角独特,剖析有深度。

6. 路云亭:《义和团的社会表演:1887—1902年间华北地区的戏巫活动》,上海古籍出版社,2014年。跨学科研究,涉及历史学、民俗学、人类学等。

7. 董丛林:《晚清教案危机与政府应对》,中华书局,2018年。选题和论述有

---

① 胡颂平编著:《胡适之先生晚年谈话录》,新星出版社2006年版,第29页。
② 梁启超:《立宪法议》,《清议报》第81册,1901年。
③ 梁启超:《创刊告白》,《新民丛报》第1号,1902年。

新意。

8. 路遥：《义和团运动起源研究》，山东大学出版社，2018年。

9. ［美］周锡瑞著，张俊义译：《义和团运动的起源》，江苏人民出版社，1994年。以上两书为海内外名家名作，均是结合区域社会变迁的实证研究，相映成辉。

10. ［德］狄德满著，崔华杰译：《华北的暴力和恐慌：义和团运动前夕基督教传播和社会冲突》，江苏人民出版社，2011年。海外学者的力作。

相关资料选读

1. 中国第一历史档案馆编：《清末教案》（中国近代史资料丛刊续编），中华书局，1996—2006年。中外文专题资料多卷本汇编，书末附有"清末教案大事年表"，可助查考。

2. 路遥主编：《义和团运动文献资料汇编》，山东大学出版社，2012年。内有中文卷2册，英、日译文卷各2册，法、德译文各1册。

3. 路遥主编：《山东大学义和团调查资料汇编》，山东大学出版社，2000年。收录近百万字的实地调查和口述资料，可与文献记载互补互证。

4. 中国义和团研究会编：《义和团研究一百年》，齐鲁书社，2000年。从学术史的角度，分列"百年研究述评"和"百年中外文论著目录"两大部分，总结以往研究状况，提供再研究的参考。

5. 中国第一历史档案馆：《庚子事变清宫档案汇编》，中国人民大学出版社，2003年。内分四部分：八国联军侵华卷，慈禧光绪西行卷，辛丑条约谈判卷，庚子赔款筹付卷。

6. ［俄］谢·尤·维特著，李晶等译，李玉贞审校：《维特档案——访问记　笔记》，社会科学文献出版社，2016年。其1892—1903年任俄国财政大臣，参与侵华谋划。

7. ［美］弗雷德里克·A.沙夫等编著，顾明译注：《1900年：西方人的叙述——义和团运动亲历者的书信、日记和照片》，天津人民出版社，2010年。书名与内容很贴切。

8. ［德］狄德满著，崔华杰等译：《西文义和团文献资料汇编》，山东大学出版社，2016年。内容涉及的国家有12个：英国、法国、德国、美国、意大利、奥匈帝国、荷兰、比利时、西班牙、瑞典、挪威、俄国。语种有英语、法语、德语、意大利语、荷兰语、西班牙语、芬兰语、瑞典语、挪威语、俄语等。

第九章 清末新政

清末新式学堂

一、新政的启动和外部环境

20世纪初年,清朝政府在内外交困、危机四起的情况下,也曾努力挣扎,在形势的逼迫下,采取了一些应变措施,力求消弭或缓解统治危机,延续其封建统治。正是在这种背景下,自1901年始,它推出了所谓的"新政",拾起了曾被它血腥镇压的戊戌变法期间推行的一些改革措施。

1901年1月29日,尚逃亡在西安的慈禧太后以光绪帝的名义,颁布了一道"变法"的上谕,声称:"自播迁以来,皇太后宵旰焦劳,朕尤痛自刻责。深念近数十年积敝相仍,因循粉饰,以致酿成大衅。现正议和,一切政事,尤须切实整顿,以期渐致富强。懿训以为取外国之长,乃可去中国之短;惩前事之失,乃可作后事之师",要求"军机大臣、大学士、六部、九卿、出使各国大臣、各省督抚,各就现在情弊,参酌中西政治,举凡朝章国政、吏治民生、学校科举、军制财政,当因当革,当省当并,如何而国势始兴,如何而人才始盛,如何而度支始裕,如何而武备始精,各举所知,各抒所见,通限两个月内悉条议以闻"[①]。随即,清廷于次年4月设立督办政务处,委派奕劻、李鸿章、荣禄、昆冈、王文韶、鹿传霖为督办政务处大臣(次月增派瞿鸿禨),刘坤一、张之洞遥为参与(1902年1月增派在李鸿章死后任署理直隶总督的袁世凯),议商变法条陈,综理新政事宜。

自清廷"变法"上谕颁布,内外权贵大臣纷纷条陈上奏,各抒己见。其中影响最大的,是1901年7月由两江总督刘坤一、湖广总督张之洞会衔连上的三份奏折,习称"江楚会奏三疏"。第一折提出兴学育才办法四条:设立文武学堂,酌改文科科举,停罢武科,奖励游学。第二折提出中法应行整顿变通者十二

---

① 朱寿朋:《光绪朝东华录》,中华书局1958年版,第4601、4602页。

事:崇节俭,破常格,停捐纳,课官重禄,去书吏,去差役,恤刑狱,改选法,筹八旗生计,裁屯卫,裁绿营,简文法。第三折提出西法应当兼采并用者十一事:广派游历,练外国操,广军实,修农政,劝工艺,定矿律、路律、商律、交涉刑律,用银元,行印花税,推行邮政,官收洋药,多译东西各国书籍。这三份内容涉及广泛的奏折呈上后,得到慈禧太后的称许,"江楚会奏三疏"因此也俨然成为清末新政的蓝本。其中主角是张之洞,1901年2月9日刘坤一称:"变法须有次第,是一成不易办法,由浅入深,方可推行尽利。香山(指张之洞——引者)胸罗全局,能先拟大纲,俾各省则效,建议相同,庶易采择。"①

7月20日,慈禧颁旨再次强调决意推行新政,宣称"予与皇帝为宗庙计,为臣民计,舍此更无他策"②。此后,清朝政府便相继推行了一系列新政措施,其中包括:

在政治机构方面,将总理各国事务衙门改为外务部;裁河东河道总督,湖北、云南、广东三省巡抚,裁詹事府、通政司、太常寺、太仆寺、光禄寺、鸿胪寺等衙门。

在军事方面,裁汰制兵防勇,精选若干营分为常备、巡警等军;停武科试,设武备学堂;设练兵处,编练新军;设立巡警部,举办警政。

在经济方面,设立商部;公布商会简明章程,制定奖励公司章程;颁布商律及公司注册试办章程;在京师设立劝工陈列所,设立高等实业学堂,设立户部银行。

在文化教育方面,诏开经济特科;废科举,令各省设立学堂;奖励留学。

在政治制度方面,宣布"预备立宪",承诺将筹划召开国会,实行君主立宪制度。

在上述新政措施中,废止科举、编练新军、奖励实业、改革教育制度和推行"预备立宪"最为引人注目,传统中国因此也初具现代国家的雏形。

清末新政的推行,总体上得到各国列强的呼应。

经历八国联军侵华后,清朝政府对帝国主义列强更加惧怕。1901年冬天,甘肃平罗又发生教案,清廷唯恐列强震怒,连发四道谕旨,下令当地官员要善加保护传教士和教民,要严惩犯事者,并将相关人员革职查办③。《辛丑条约》规定,北京的东交民巷划为外国使馆区,界内由各国驻兵管理,中国人概不准居住,并增改了北京各国使馆界址章程,制定了使馆界内治安及路面管理规

---

① 骆宝善等主编:《袁世凯全集》第8卷,河南大学出版社2013年版,第249页。
② 朱寿朋:《光绪朝东华录》,第4771页。
③ 中国第一历史档案馆:《清末教案》第3册,中华书局1998年版,第127—135页。

章,旨在禁止"有华人违背各国巡警章程,譬如华兵在界内驰马甚速及华人、人力车等日落后行走均不点灯等事"①,在清廷的眼皮底下,硬是划出一块"国中之国"。1902年4月2日韩国报纸《皇朝新闻》载有慈禧太后学说英语的报道:"近日西太后每日读习英文,前日各国使臣陛见时,采英音How do you do向各使致礼。"②1903年8月,美国女画家凯瑟琳·卡尔经美国驻华公使康格的夫人介绍,抵京进宫为慈禧共画了4幅肖像画,其中一幅送往美国圣路易斯市举行的世界博览会展出,会后转赠美国政府③。慈禧还不时送礼给外国驻华公使的太太,1904年2月13日,美国驻华公使康格为其妻等人获西太后馈赠致函外务部道谢:"蒙皇太后赏使臣康格之妻黄鱼一尾,随员吴德之妻黄羊一只、山鸡二只、石花鱼二尾,刚姑娘黄羊一只、山鸡二只、石花鱼二尾,兹已分交各内眷敬谨祗领,即希贵内府大臣奏谢是荷。"④

1908年10月,美国一支舰队应邀访华,驶抵厦门,舰上官兵共约7000人。为了接待这些美国人,清朝政府拨付巨款,还派出皇室成员毓朗和闽浙总督松寿、外务部侍郎梁敦彦、海军提督萨镇冰等人,专程赶往厦门迎候。当时在厦门的美国传教士毕腓力,生动地记述了这次接待的耗费和排场:

> 在厦门靠近南普陀寺的演武场有好几英亩地,被选用作为接待舰队官兵的地点。在那里环建有大概15座楼阁和牌楼,布置着上万面装饰辉煌的旗帜、鲜花以及电灯,成了一幅难以用笔墨来形容的图画。楼阁中有一座长200英尺、宽100英尺的大彩棚,官方在这个地方接待、宴请和款待舰队官员。有如宫殿一般的彩棚里装饰得流金溢彩。栽培成形状奇异的鲜花、植物、矮树和其他树木,还有一些被修剪成花船、麋鹿、人物和宝塔,摆满房子的每个角落。其中有些树龄已超过300年,值5万两银子。房子的一边豪华地布置着漂亮的雕花桌椅,装点着华丽的绮罗。所有的这一切,都显得无比优雅堂皇。

---

① 中国第一历史档案馆:《清末北京使馆洋界巡捕道路规章史料》,《历史档案》2010年第3期,第31页。
② 李细珠:《变局与抉择:晚清人物研究》,北京师范大学出版社2017年版,第306页。
③ [美]凯瑟琳·卡尔著,王和平译:《美国女画师的清宫回忆》,紫禁城出版社2009年版,第226页。
④ 中国第一历史档案馆等编:《清代外务部中外关系档案史料丛编——中美关系卷》第1册,中华书局2017年版,第256页。

还有10座楼阁,由竹子和席草搭盖而成,每一座都有能为舰队官兵提供350人进行便餐和宴会的桌子。通常每天都有大约3000人被批准上岸,因此这些人在中午和晚上7点钟都能免费享用第一流的饭菜。①

清末新政在涉外制度层面,则有改总理各国事务衙门为外务部,并明确驻外使臣的选用权集中到外务部的举措。

驻外使臣的选派,始于洋务运动时期。但在很长一段时间里,使臣不隶属于专职的外交机构,官职既非实缺,回国后也无升迁的专途,其选用以至于出使活动,往往受到政治派系及其相互之间复杂关系的影响。甲午战争前后,对出使大臣的任用影响最大的,当属淮系首领李鸿章。

1901年外务部设立后,驻外使臣主要从外务部和驻外使馆人员中选拔。早年的同文馆学生和留学生,纷纷从使馆随员的职位上,被选拔出任驻外使臣。即使被称为以荣禄的私人幕僚关系而出使的蔡钧,早期也有驻外使馆随员的经历。1907年,外务部又奏准《变通出使章程》,进一步确立了驻外使臣的选用权集中到外务部,其中规定:"嗣后出使大臣办理交涉得力者,三年任满,亦准给假回国,假满回任,俾得久于其职,驾轻就熟。"②驻外使臣的职业化要求,成为其选拔和任用的前提。

外交官的职业化,提高了涉外机构的工作效率。熟知内情的《泰晤士报》驻中国记者莫理循认为在外务部,"虽然大臣们是不称职的,而在所谓的'常务官员'中却有许多能干的人,其中有几位是在英国受的教育"③。1906年4月18日,美国旧金山发生震级7.8的地震,4月23日中国方面很快做出反应,以慈禧太后的名义表示:"美国旧金山地震,灾情甚重,朝廷深为悯恻,著颁发帑银十万两,由外务部交美国驻京使臣迅速汇寄灾区,以资拯救而笃邦交。"同时又下令赈济当地受灾华侨:"旧金山地震,被灾华民甚众,朝廷深为轸念,著发给帑银四万两,由外务部迅速汇往,并传知梁诚妥为振济,毋任失所。"④有学者

---

① [美]毕腓力著,何丙仲等译校:《厦门纵横——一个中国首批开埠城市的史事》,厦门大学出版社2009年版,第37—38页。
② 戴东阳:《晚清驻外使臣与政治派系》,《史林》2004年第6期。
③ 《清末民初政情内幕——〈泰晤士报〉驻北京记者、袁世凯政治顾问乔·厄·莫理循书信集》,第709页。
④ 中国第一历史档案馆:《清代军机处电报档汇编》,中国人民大学出版社2005年版,第3册,第119页。

指出,清朝政府在新政期间"表现出来的亲外倾向固然有媚外的成分,但其中也有主动迎合世界文明,告别中国传统外交,与各国建立正常国家关系,融入国际社会大家庭的意图"①。

义和团运动由于对清朝统治阶级的本质认识不清,自身又缺乏一个统一的领导集团,加上斗争方式落后等原因,最终失败了。但是,这场斗争充分显示出广大下层群众反抗外来侵略者的巨大力量,当时在华的英国商人立德曾这样评述:

> 如果我们把传教活动(不论新教与天主教)视作最近中国发生排外骚乱的首要原因,那我们必须承认,列强的政治行动(特别是1898年春德国强占青岛)无异于火上浇油。义和团运动发源于山东(青岛为其港口),在和平时期,德国在甚至没有预先商谈的情况下就抢占领土,自然引发了义和团运动。②

1900年7月3日,当八国联军在大沽集结,准备进攻津、京时,美国国务卿海约翰发表对华宣言,继1899年9月提出的"门户开放"政策后,再次重申这一政策,其核心是强调列强之间协同维护其强加给中国的一切不平等条约所规定的种种权益,主张"以华治华"即通过维持清朝政权以巩固并扩张各列强在华权益。经历义和团打击后,列强意识到"急欲促现瓜分一事,实系毫无益处之举"③,同时也为了避免彼此间为争夺在华权益发生公开对抗,如瓦德西所说"英国极不愿意法国进据云南、日本占领福建;日本方面对于德国之据有山东则认为危险万分;各国方面对于英人之垄断长江认为势难坐视;至于美国方面,更早已决定反对一切瓜分之举"④,美国的"门户开放"政策成为其彼此间协调侵华政策的基础,并共同拟定了《议和大纲》,最终将《辛丑条约》强加于中国。

对全盘接受上述侵略条款的清朝政府随后出台的"新政",列强在总体上持呼应的态度,1904年袁世凯和张之洞等曾联名奏称:"近数年来,各国助我维新,劝我变法,每疑我拘牵旧习,讽我首鼠两端,群怀不信之心,未改轻侮之意。"⑤

---

① 崔志海:《美国政府对新政伊始清廷朝政的观察和反应》,《近代史研究》2010年第3期。
② [英]A.J.立德著,桂奋权等译:《中国五十年见闻录》,南京出版社2010年版,第115页。
③ [德]瓦德西著,王光祈译:《瓦德西拳乱笔记》,第105页。
④ 同上。
⑤ 天津图书馆等编:《袁世凯奏议》,天津古籍出版社1987年版,第1187页。

新政启动后,直隶总督袁世凯曾指令下属州县官员,在赴任前都要自备旅资前往日本学习3个月。据考证,日俄战争前后,许多直隶县级官员前往日本游历考察,其人数之多远远超过其他省份①。

新政期间各地推行新式教育,一些外国人应聘担任教职。如1902年,美国人丁韪良应湖广总督张之洞之邀,在武昌任湖北济美学堂总教习兼仕学院讲友。在济美学堂,他负责教学组织工作,月薪500两银子;在仕学院则只负责向候补官员讲授国际法,月薪200两。其中,济美学堂是当地官员自行集资设立的一所子弟学校,内有普通中学及普通高等小学两个班级共约200名学生②。

中国的新学制直接仿效日本,其深层原因在于明治日本举国一致的"忠君爱国"思想和以儒家伦理为道德教育的"国家主义国民教育"模式,被清廷认为符合其新政主旨而效仿。因此在实际推行时,也主要向日本寻求帮助。新政期间,有很多日本教习活跃于中国各地的各类新式学校。

清朝政府聘请日本教习始于1901年,到1911年很多日本教习回国,前后共有11年。所谓日本教习,是指应聘来华执教的日本籍教师,大部分是从日本来华的,也有一些是在中国的日本侨民。

1905年,日本在日俄战争中获胜;同年,中国废止了科举,各地纷纷设立新式学校,能够承担新式课程教学的师资明显短缺,清朝政府遂决定向日本招聘更多合格的教师。此后,许多日本教习应聘来华,担任从小学到大学校的各类教职,据估计1906年其人数不下五六百,可以说是其全盛期,其中也有少数女教习③。

当时聘请日本教习的学校,几乎遍及全中国,不限于少数大城市,也不限于公立学校。1906年有日本人记述:

> 去年余游中国,尝观于上海、福州、苏州、杭州、武昌、长沙、保定、北京、南京、天津各都会及满洲之一部,学堂之兴,其盛况有足惊者。而各都会中,如南京、武昌、北京等学堂,种类甚繁。日本人之受聘为教员者尤

---

① 孔祥吉等:《一个日本记者笔下的袁世凯》,天津古籍出版社2005年版,第363、364页。
② 王文兵:《丁韪良与中国》,外语教学与研究出版社2008年版,第314页。
③ 汪向荣:《日本教习》,生活·读书·新知三联书店1988年版,第66、171页。

夥,多者三四十人,少亦五六人。此余之所亲见者,贵州、四川、云南等所,道远边外,未及观察,闻亦有多数日本人。①

据1909年的一项调查,当时在华执教的外籍教员共356人,其中除45人是其他国籍者外,其余311人都是日本教习。其地区分布包括京城、直隶、江苏、广东、四川、陕西、甘肃、贵州、云南等,连当时汉人罕至的蒙古喀喇沁旗也有执教的日本教习②。1911年,"在成都的日本人,加上子女共40余人。除了一两个商人之外,其余都分别在学堂做教习和在工局做技师。在彭县管下的白水河铜山以及成都的制革所、织物公司等地方有七八名技师,其他的全都是教习。这些大人执教的学堂有高等学堂、铁道学堂、师范学堂、中等工业学堂、陆军测绘学堂、农政学堂、中学堂等"③。

这些来华的日本教习,其学历大多数是大学毕业和师范毕业,也有专科学校毕业的,总体上能胜任在华所承担的教职。但也有滥竽充数和品行不端者,据同为日本教习者回忆:"有些人举止野蛮,动辄骂人,无论学识、品德,均不足为人师。"④当时在华的德国传教士卫礼贤记述,新政改革教育制度后,"师资当然非常缺乏,开始时主要是延聘日本教师,可效果并不是很好。因为很自然,最好的日本教师并不会在中国的城镇中安居乐业。我认识这样一个日本人,在物理课上,他只给学生讲讲声学。他拿着一把音质极差的小提琴,演奏各种各样的流行歌曲就是授课的内容"⑤。

当时在华日本教习的薪俸有差别,一般地说,地方高于京城,公立学校高于私立学校,特殊性质的学校如军事学校高于普通学校,男教习又高于女教习。具体数额,少则百元以下,多则超过500元,一般多在150元至500元之间,与当时中国同工人员相比,约高5至10倍,与日本国内同工者相比,也要高出约3至5倍,可谓待遇丰厚。由于听课的中国学生不懂日语,而绝大多数日本教习又不通汉语,所以教学时还要借助翻译。这些翻译,除少数懂汉语的日

---

① 史洪智编:《日本法学博士与近代中国资料辑要(1898—1919)》,上海人民出版社2014年版,第168页。
② 汪向荣:《日本教习》,第66、97页。
③ [日]今井美代吉等:《入蜀纪行(1911年)》,[日]沪友会编,杨华等译:《上海东亚同文书院大旅行记录》,商务印书馆2000年版,第91页。
④ 汪向荣:《日本教习》,第115页。
⑤ [德]卫礼贤著,王宇洁等译:《青岛的故人们》,青岛出版社2007年版,第86页。

本人外,大多数是回国的留日学生。当时曾在京师法政学堂担任日本教习翻译的留日学生,有曹汝霖、章宗祥、陆宗舆、汪荣宝、江庸等人。

日本政府之所以愿意对华输出教习,源于19世纪末其限于国力,在与欧美列强争夺在华权益暂无优势时,所采取的所谓"保全清国"的对策。到了清末新政的后期,日本军部势力膨胀,肢解中国的论调抬头,压过了所谓的"保全清国",于是在华日本教习的人数随之递减。与此同时,日本的侵华野心在中国人心中激起的愤慨,也阻碍了日本教习的在华活动,很多人在聘用期满后动身回国。

此外,为争夺在中国教育界特别是对青年学子的影响力,1907年美国政府利用清朝出洋考察政治大臣端方访美的机会,与中国政府签订了耶鲁大学等三所美国大学免费招收定额中国留学生的协定。次年,美国总统罗斯福宣称,"治疗'黄祸'的药方,不管它叫什么",都必须使"(中国人的)教化和生活准则"依循美国的教育和基督的教义。此前,美国有教育家向他建议,运用美国的教育手段,以达"在思想和精神统治(中国的)领导者"。于是他向国会提出退还1100万美元庚子赔款,充作中国学生留学美国的经费。①

同年5月25日,美国国会通过决议,授权美国总统以合适的方式退还部分庚子赔款。经中美双方磋商,约定7月14日以清朝政府照会的形式宣布:"中国政府乘此机会愿表明实感美国之友谊,且念近年贵国大伯理玺天德(英语总统的谐音——引者)提倡中国学生来美分授高等教育,此事征之往事,入美国学堂结果甚善,而裨益中国者良非浅鲜。中国政府现拟每年遣送多数学生至美就学。"照会的附件,规定自开始退还赔款之年始,中国于最初四年每年选派100人赴美留学;自第五年始,每年至少选派50人赴美留学,直到该项退款用毕②。

1909年,为此而专门设立了留美预备学校(今清华大学的前身)。1910年10月,一位在北京的外国人写信告诉莫理循:"人们惊讶地看到大批受过良好教育的小伙子成群结队地涌入北京,他们能够讲英语(讲得不见得很正确),并

---

① [美]任达著,李仲贤译:《新政革命与日本:中国,1898—1912》,江苏人民出版社2006年版,第14,15页。
② 清华大学校史研究室:《清华大学史料选编》第1册,清华大学出版社1991年版,第88,102,103页。

准备依次通过数学、政治经济、普通地理学的考试,所有的人都梦寐以求地想去美国。"①据统计,自1909年至1911年,清朝政府先后派出三批留美学生共180人,其中"以十分之八习农、工、商、矿等科,以十分之二习法政、理财、师范诸科"②。

二、废科举,办学堂

新政的推行,需要相应的大批新式人才,设立新的学制被提上议事日程。

1901年9月,清廷颁旨:"著各省所有书院,于省城均改设大学堂,各府及直隶州均改设中学堂,各州县均改设小学堂,并多设蒙养学堂。其教法当以四书五经纲常大义为主,以历代史鉴及中外政治艺学为辅。"同年12月又颁布学堂选举鼓励章程,规定大学堂毕业生考试合格者可得举人、进士等出身,"量加擢用,因材器使,优予官阶"③。传统的教育制度因此发生重大变革。次年7月,山西巡抚岑春煊奏准,将原有的一所学堂并入由英国传教士李提摩太主办的山西大学堂,"作为西学专斋"④。

1902年,清朝政府拟定颁布了《钦定学堂章程》,是年为旧历壬寅年,故称"壬寅学制"。它将学校分为7级,修业年限共计20年,从蒙学堂起始,依次为寻常小学堂、高等小学堂(另含简易实业学堂)、中学堂(另含中等实业学堂)、高等学堂及大学预备科(另含高等实业学堂)、大学堂、大学院,此外还有师范学堂和高等教育性质的师范馆、仕学馆,这是中国首次颁布的较完备的近代学制系统。它几乎照搬了明治三十三年(1900)的日本学制,但删除了女子教育,学制的年限增加了两年。壬寅学制规定,学制系统同时也是教育行政系统,大学院既是最高学府,又是全国最高教育行政机构。但该学制并未具体实施。

---

① [澳]骆惠敏编,刘桂梁等译:《清末民初政情内幕——〈泰晤士报〉驻北京记者、袁世凯政治顾问乔·厄·莫理循书信集》,第672页。
② 《外务部学部会奏为收还美国赔款遣派学生赴美留学办法折》,陈学恂主编:《中国近代教育史教学参考资料》,人民教育出版社1986年版,第721页。
③ 朱寿朋:《光绪朝东华录》,第4719、4787页。
④ 中国第一历史档案馆等编:《清代外务部中外关系档案史料丛编——中英关系卷》第2册"留学办校",中华书局2007年版,第48页。

同年12月17日,因庚子事变停办两年的京师大学堂(今北京大学的前身)复校开学①。

次年,经过修订后的《奏定学堂章程》即"癸卯学制"正式颁布实施。较之壬寅学制,正式推行的癸卯学制又有新的内容。修订后的学制专设总理学务大臣,主管全国学政,与学校教育系统分开,初步形成中央一级的教育行政机构;癸卯学制承认女子在家庭范围内接受教育的权利,并将初等教育从10年减为9年,初小一级增设艺徒学堂,中学分设实业科,大学预科与高等实业学堂平行,增加了中学选择实业深造的途径;加强了师范教育,扩大了师范学校的类型;增设了译学馆及方言学堂,增强了外语教学。癸卯学制的实施和次年科举考试制度的废除,标志着中国近代教育体制的建立。

当时在上海主持商务印书馆的张元济敏锐地抓住这个时机,延聘高梦旦、蒋维乔、杜亚泉、庄俞、伍光建等人,率先按照新颁学制陆续编成一套较齐全的"最新教科书"。这套书分初小、高小和中学三类。初小教科书包括国文、格致、算术、笔算、珠算、地理、修身等7种;高小教科书包括国文、历史、地理、算术、农业、商业等9种;中学教科书有13种;另有师范学堂、高等学堂、实业学堂用书数十种,以及教授法、英文初范、铅毛笔画帖等数十种,基本上包罗了"癸卯学制"规定的各类新式学堂教学用书。

在清末学制改革的过程中,慈禧太后的态度是值得注意的。1905年9月12日,奉旨出任安徽徽州府知府的王振声照例觐见慈禧太后、光绪帝谢恩。他记述:"皇太后谕:'时事艰难,应饬州县官认真勤事,不可因循怠惰。现在兴办学堂甚要紧,须多设蒙小学堂以开民智。'"②当时在北京的美国传教士何德兰的太太,常有机会入宫见到慈禧。她告诉丈夫:

> 只要一有机会,她(指慈禧太后——引者)总是很想了解外国的习俗和做法。有一天看戏时,她把我叫到她旁边,给了我一把椅子,详详细细地询问我美国的妇女教育制度。
>
> "我听说,"她说道,"在贵国,女孩们全都读书。"
>
> "是的,陛下。"

---

① 陈平原:《老北大的故事(增订版)》,北京大学出版社2009年版,第99页。
② 王振声著,徐慧子等整理:《王振声日记》,凤凰出版社2017年版,第43—44页。

"她们跟男孩子学得一样不一样?"

"在公立学校里是一样的。"

"我真盼望中国的女孩子也能读上书,可百姓供男孩上学就已经不容易了。"

于是我用几句话,稍稍解释了一下我们的公立学校制度。

她答道:"眼下中国赋税很重,要这么着再增加开支是不行的。"

但没多久,就有一道奖励女学的诏书颁了下来。①

为了督促检查各地的新式教育,清政府还建立了从中央到地方的三级视学制度。1906年5月公布了《奏定学部官制》和《奏定各省学务官制办事权限并劝学所章程》,在全国范围内规定了地方视学的名称、设置方法和人数、任选资格、职务内容等,要求其通过指导、监督各属学堂的教学和管理,推动各地的新式教育。与此同时,清朝政府还鼓励出洋留学,要求各省督抚选派学生出洋游学,并许诺对学成回国的留学生经考试合格,予以任用;对自费出洋留学者,规定也给予鼓励。1905年底,中国留日学生约有8 000人;另据统计,至1911年底,中国留学欧洲的约有400人,留学美国的约有800人②。

1904年,随着许多留日学生回国并在新式学堂任教,一些全新的课程相继开设,其中就有音乐课。它从一开始就有别于中国古代音乐大多讲究的曲高和寡,而以浅显的音乐语言、生动鲜明的音乐形象,寓教于乐,培养学生的道德心和爱国观。1904年,天津《大公报》刊载的分别供幼稚园、小学堂、中学堂选用的三首歌曲,就有生动的体现:

老鸦(幼稚园用)

老鸦老鸦对我叫,老鸦真正孝。老鸦老了不能飞,对着小鸦啼。小鸦朝朝打食归,打食归来先喂母。自己不吃犹是可,母亲从前喂过我。

马蚁(小学堂用)

马蚁马蚁到处有,成群结队满地走。米也好,虫也好,衔了就往洞里跑。谁来与我争,一齐出仗,大家把命拼。不打胜仗不肯回,守住洞口谁

---

① [美]何德兰著,晏方译:《慈禧与光绪》,中华书局2004年版,第61—62页。
② 周棉等:《留学生群体与民国的社会发展》,中国社会科学出版社2017年版,张海鹏"序",第2页;正文,第63页。

敢来。好好好,他跑了,得胜回洞好。有一处更好住,要做新洞大家去。

莫说马蚁马蚁小,一团意气真正好。人心齐,谁敢欺。一朝有事来,大家都安排。千千万万都是一条心,邻舍也是亲兄弟,朋友也是自家人。你一担,我一肩,个个要争光。你莫笑马蚁小,义气真正好。

黄河(中学堂用)

黄河黄河出自昆仑山,远从蒙古地,流入长城关。古来圣贤,生此河干,独立堤上,心思旷然。长城外,河套边,黄沙白草无人烟。畏得十万兵,长驱西北边,饮酒乌梁海,策马乌拉山,誓不战胜终不还。君作铙吹,观我凯旋。

诚如有学者所指出的,以上三首歌针对受教育者的不同层次,以老鸦与小鸦的亲情关系,向幼儿灌输了人类的基本感情爱心和孝心;以马(蚂)蚁喻团结,教育少年人要齐心协力讲义气;以黄河为中华民族的象征,仿岳飞的《满江红》,以雄浑慷慨之气,激发青年人的爱国情怀。这类音乐课,因其生动活泼,广受学生欢迎,当时学校凡有庆典,必有唱歌活动,很多学堂还有自己的校歌、毕业歌①。

科举制度始于隋朝。这种通过考试选拔官吏的制度,一直延续到清朝。

清朝科举考试的试题,仍摘自"四书五经"即《大学》《中庸》《论语》《孟子》和"易、书、诗、礼、春秋"等儒家经典。凡应试文,均要合破题、承题、起讲、入手、起股、中股、后股、束股八个部分。破题用两句说破题意;承题指承接破题而阐明之;起讲是议论之始;入手为起讲后入手之处;以下四个段落即起股、中股、后股和束股,是议论的主体,每段都有两股排比对偶的文字,共八股。这种有规定程式的文章,人称"八股文"。

科举考试是三年一科,分四级。第一级是"院试",参加者是经过县、府两级预备考试录取的童生,考中者为"秀才"。第二级是"乡试",次年在各省城(包括京城)举行,故又称"省试",参加者为秀才,考中者称"举人",其中各省第一名举人称为"解元"。第三年是"会试",秋季在京城礼部举行,参加者为各省的举人,考中者称"贡士",其中第一名贡士称"会元"。凡贡士均参加来年春天

---

① 闵杰:《近代中国社会文化变迁录》第二卷,浙江人民出版社1998年版,第382、383、386页。

的第四级考试即"殿试",由皇帝亲自在宫殿(通常是保和殿)上主持,试题有关国是,应考者针对考题提出对策,称作"策论"。这种殿试,实际上是会试的复试,一般不会再有淘汰,只是经殿试后,称为"进士",名次重新排列。殿试的结果,要在两三天后发榜、揭晓,分为三个等级:一甲为进士及第,照例只有三名,依次为状元、榜眼、探花;二甲若干名,为赐进士出身,二甲第一名称为传胪;三甲若干名,赐同进士出身①。据统计,清代的高级官员不少出身于进士。尚书744人,其中进士出身339人;左都御史430人,进士出身221人;总督585人,进士出身181人;巡抚989人,进士出身390人②。但总的说来,进士出身的人,在高层官员中所占的比例不足一半,这是因为清代官制以满人为主体,实行满汉双轨制,而满人入仕,照例不用科举。

在中国传统社会,据陈独秀回忆:

> 科举不仅仅是一个虚荣,实已支配了全社会一般人的实际生活,有了功名才能做大官,做大官才能发大财,发了财才能买田置地,做地主,盖大屋,欺压乡农,荣宗耀祖;那时人家生了儿子,恭维他将来做刚白度(即买办)的,还只有上海十里洋场这一块小地方,其余普遍的吉利话,一概是进学、中举、会进士、点状元;婆婆看待媳妇之厚薄,全以儿子有无功名和功名大小为标准,丈夫有功名的,公婆便捧在头上,没有功名的连佣人的气都得受。③

1905年8月,日本在日俄战争中获胜已成定局,中国国内要求废除科举、效仿日本教育制度的呼声大为高涨。袁世凯领衔,会同张之洞、端方、赵尔巽、周馥、岑春煊等地方督抚,顺势奏请立停科举、推广学校。随即,得谕旨批准,于9月2日宣布,自1906年开始,停止科举考试,并令各省兴办学堂。

科举制度的废除,是中国的教育制度同时也是中国传统社会官员选拔制度的一次革命性变革。引人注目的是,它在当时并没有引起巨大的社会动荡,而是能够较平稳地过渡。主要原因在于科举废除是一个渐进的过程,其间还适时推出了一些相应的补救措施,因而减缓了对社会的冲击。具体表现为:其

---

① 单士元:《从紫禁城到故宫——营建、艺术、史事》,北京出版社2017年版,第133页。
② 详可参阅陈捷先等主编:《清史论集》,人民出版社2006年版,第729页。
③ 陈独秀:《实庵自传》,杨光编著:《最后的名士——近代名人自传》,黄山书社2008年版,第73页。

一,先分科递减科举中额,再立停科举,使社会具备了一定的心理承受能力。其二,新学制的制定和新式学堂的开办,已为废除科举准备了制度性替代物。其三,给新式学堂毕业生和归国留学生以相应的科举功名,犹如釜底抽薪,使旧的科举制度成为一具空躯壳,也使新学堂取代旧科举得以较顺利地实现①。此后,新学传播更为迅猛,有人描述张之洞"其在鄂督任时,公文不用新语,必苦思所以代之者。及入管学部,一日稿中偶有新名词,公批曰:'新名词不可用。'一年轻部员事后戏曰:'新名词亦新名词,不可用。'"②

1901年9月27日,新政伊始,清廷就宣布鼓励公费或自费出国留学,学成回国,经考试合格,也可得功名。谕旨称:

> 造就人才,实系当今急务,前据江南、湖北、四川等省选派学生出洋肄业,著各省督抚一律仿照办理,务择心术端正、文理明通之士遣往学习,将一切专门艺学认真肄业,竭力讲求。学成领有凭照回华,即由该督抚学政按其所学分门考验。如果学有成效,即行出具切实考语,咨送外务部复加考验,据实奏请奖励。其游学经费,著各直省妥筹发给,准其作正开销。如有自备旅资出洋游学者,著各该省督抚咨明该出使大臣随时照料。如果学成得有优等凭照回华,准照派出学生一体考验奖励,候旨分别赏给进士、举人各项出身以备任用,而资鼓舞。③

以后,清朝政府又先后颁发《游学章程十款》《奖励章程十款》和《游学西洋简明章程》等。1905年袁世凯曾奏称:"直隶游学官绅士人,经臣先后派遣官费、自费各学生计一百数十人。"④守旧势力对此颇有怨言,有日本人记述:"从来留学日本而归者不少,清国人对彼等之感觉多有憾恨之意。余所见之大官绅士频出怨言,常谓我国之社会组织以学敬长上为第一义。其归自贵国之留学生,大率放弃长幼之序,又倡自由民权等论,为矫激之行为。以官费派学生竟出如此之人物,诚遗憾之甚云云。"⑤但留学热潮仍不减,时人称:

---

① 李细珠:《张之洞与清末新政研究》,上海书店出版社2003年版,第140—144页。
② 瞿兑之:《庐所闻录·故都闻见录》,山西古籍出版社1995年版,第27—28页。
③ 朱寿朋:《光绪朝东华录》,第4720页。
④ 天津图书馆等编:《袁世凯奏议》,天津古籍出版社1987年版,第1162页。
⑤ 史洪智编:《日本法学博士与近代中国资料辑要(1898—1919)》,上海人民出版社2014年版,第122—123页。

"所谓'新政'所谓'宪政',已非纯八股出身之官僚所能应付,故重用留学生渐成为风气。"①有人学成回国并通过了相应的考试,也确实得到了功名身份。1905年7月14日,金邦平、唐宝锷、曹汝霖、陆宗舆等归国留日学生,就被分别授予进士或举人身份②。曹汝霖曾忆述1905年6月归国留学生首次考试的情景:

> 第一次应试者只有十四人,西洋学生无一人应试。考试分两次,第一次在学务处,及格者再行保和殿殿试。殿试悉循科举制。点名后,入保和殿。有顷,监试大臣二人入场。少顷,钦派阅卷大臣三人手捧钦命试题(试题用黄纸恭缮,宣纸折格,划红直线,即殿试卷纸),分各生每人一份。分发毕,阅卷大臣即退,只留监试大臣。

> 题分理科、文科,文科题为策题一道。阅卷大臣,一为孙家鼐中堂,一为陆润庠中堂,一为像是张亨嘉侍读学士。到申刻,监试大臣即说快交卷了,不能续烛。

> 越两日发皇榜,张于左角门外。一榜尽赐及第,唯分一等为进士,二等为举人。此次殿试结果,引见后授职。一等者授翰林检讨、主事、内阁中书;二等授七品小京官、县知事。吏部定日引见,在颐和园仁寿殿,御案移近殿门,引见者站在阶下,上下都能看见,每人高声自背履历。慈禧太后坐中间,光绪皇帝坐于左侧。揣引见用意,要观其容,听其声,察其举止而见。③

出洋留学的人越来越多,所以后来对归国留学生经考试授予功名的资格也有明确规定,1907年4月学部称:"游学东西洋各国毕业学生,上年经臣部先后奏准每年考验一次,必以在外国大学堂、高等专门学堂毕业者为限。其肄业速成中学堂、寻常专门学堂毕业者,概不准与考,所以于奖励人才之中,寓慎重名器之意。"④1909年5月28日,载沣记述:"廷试留学毕业生于保和殿。"⑤

---

① 荣孟源等主编:《近代稗海》第6辑,四川人民出版社1987年版,第273页。
② 中国第一历史档案馆:《宣统光绪两朝上谕档》,广西师范大学出版社1996年版,第31册,第89页。
③ 曹汝霖:《曹汝霖一生之回忆》,台北传记文学出版社1978年版,第43—45页。
④ 中国第一历史档案馆:《光绪三十三年留学生史料》,《历史档案》1998年第1期,第61页。
⑤ 爱新觉罗·载沣:《醇亲王载沣日记》,群众出版社2014年版,第327页。

1910年初,清朝政府赐予12名因具有"游学专门回国在十年以上者"以"进士及第"的头衔,严复、辜鸿铭、伍光健分别为状元、榜眼、探花①。

此前的1908年5月25日,美国国会通过了向中国退还部分"庚子赔款"的议案。1909年起,美国开始把部分庚款退还中国,其条件是中国必须保证把这笔退款作为中国派出学生赴美留学的费用,并由中美双方组成的董事会共同管理。同年,清朝政府拟定了《遣派游美学生办法大纲》,并成立游美学务处,分别于1909年9月、1910年7月、1911年7月举行了三次赴美留学选拔考试。学生由各省按定额选送到京城,考试地点设在学部衙门。初试国文、英文,通过后才能参加其余各场包括数学、物理、化学、美术、外语、历史等科目的考试。三次分别录取学生47名、70名、63名②。章元善忆述:

> 清宣统三年(1911)七月某日,我们游美学务处清华学堂(今清华大学前身——引者)临届出国的学生60余人,在斋务长(相当于宿舍管理员——引者)率领下,到北京东堂子胡同外务部大堂,参加尚书及左右侍郎的接见。行列排好,行礼如仪,恭聆"堂官"训话。尚书们训了我们一顿,主要叮嘱三点:1.不许革命,出国要带黄龙旗;2.不许信洋教;3.不许娶洋婆。③

上述三次录取的年轻学子抵美后,分别入学麻省、哈佛、普林斯顿等名校。后来学成归国成为著名科学家、教育家、学者的如胡刚复、梅贻琦、胡适、竺可桢、赵元任等人,均在其中④。

鸦片战争后,已有教会学校和洋务学堂等相继开办。施肇基忆述,1887年他入学上海圣约翰书院,"时有学生七八十人,信教学生免费,非教徒缴纳学费……学校教师其时约有十人,美籍者为卜舫济先生,以院长兼授历史。英籍者一人,教授英文。加拿大籍一人,为校医兼授生理学。此外皆华籍,一授数学,一授英文,余皆教授华文"⑤。上海格致书院是较早讲授西学的学校,于1876年创办,1911年停办。1889年,曾由李鸿章出题,让该校学生叙述从古希

---

① 辜鸿铭著,吴思远编译:《辜鸿铭信札辑证》,凤凰出版社2018年版,第37页。
② 高换婷:《清末庚款赴美留学学生清单》,《历史档案》2016年第3期,封三"珍档撷英"。
③ 《老清华》编辑组编:《老清华》,中国文史出版社2016年版,第4—5页。
④ 高换婷:《清末庚款赴美留学学生清单》,《历史档案》2016年第3期,封三"珍档撷英"。
⑤ 施肇基:《施肇基早年回忆录》,中华书局2016年版,第15页。

腊到近代西方科学发展的历程,有蒋同寅、王佐才等 30 人获奖。他们从亚里士多德、培根到达尔文、斯宾塞,叙其生平,述其业绩,旁征博引,娓娓道来。他们提到,还有一般人不太熟悉的一大批科技人物,其中有制风雨表的意大利人多利遮里,查出光速的丹麦人美尔,同样测获压力比例法的物理学家英国人拜勒、法国人马略德,人体解剖学家法国人举非等人。从应试者对西方各门学科的形成、演变,对各位重要科学家的生平事迹、学术贡献的评价上,可见他们明其源流,知其界限,知道谁是代表人物以及其具体贡献。这说明他们是在广泛阅读各类西书,或在格致书院听讲后,经过自己整理、思考,然后写出答案的①。

1898 年至 1899 年在华的美国铁路工程师柏生士记述:"我在中国考察时,有一位半程陪同的中国大臣向我求教,他应该把两个儿子送到中国哪个学校去接受良好的西方教育,并补充说他这一辈子脑子里塞满了无用的知识,因此希望儿子能够为他所确信必将到来的日子作好学业准备。在那一天,需要有智慧、有良好人文教育学业背景的人出任公职。他还真诚地补充说,教会学校也并非不合适。我觉得像他这样的例子,绝非是孤立的。"②

戊戌变法时曾设立京师大学堂,由梁启超起草的《代总理衙门奏拟京师大学堂章程》,明确以"中学为体,西学为用,中西并重,观其会通"为宗旨。由吏部尚书、协办大学士孙家鼐为管理大学堂事务大臣,刑部候补主事张元济为大学堂总办,黄绍箕等人任大学堂提调③。此举开中国官办高等学校新学之先河。此前的 1895 年,黄绍箕曾在浙江瑞安与孙诒让等人联手创办瑞安算学书院(后改名学计馆),设立数学、物理、化学等课程,之后还从上海等地聘请了英语教师④。而新式教育在中国各地较普遍的开展,则是在 1901 年清末新政启动后,如 1901 年 9 月 21 日孙宝瑄《忘山庐日记》所记:"朝廷降诏,各省大书院改为大学堂,府书院为中学堂,县书院为小学堂,内地风气从此大辟矣。"⑤江南各

---

① 详可见熊月之:《新群体、新网络与新话语体系的确立——以〈格致书院课艺〉为中心》,《学术月刊》2016 年第 7 期。
② [美]柏生士著,余静娴译,李国庆校订:《西山落日:一位美国工程师在晚清帝国勘测铁路见闻录》,国家图书馆出版社 2011 年版,第 213 页。
③ 谢作拳点校:《黄绍箕集》,中华书局 2018 年版,前言,第 6 页。
④ 同上书,前言,第 8 页。
⑤ 孙宝瑄:《忘山庐日记》上册,上海古籍出版社 1983 年版,第 396 页。

主要城市尤见成效,据估计,"清末十年间,上海至少就培养了13万多名新学生"①。

1876年就有美国传教士来到南京。在最初的六年内,"美国人开办了一个诊所、一所全日制学校,还在城市和乡村传播基督教的教义。两年后,他们又开办了一所女子学校"。时至1911年,南京"已经有五所这样的女子学校和300名女学生"②。同年海关报告称:"本地(指南京——引者)教育制度领域已经取得了巨大进步。中国年轻人很早以前就发现接受以英语、数学等内容的现代教育,甚至是了解一些肤浅的内容,也要比勤奋攻读旧式经典更容易令人满意地谋生,有更好的成功机会。"③

周作人在1901年考入南京的江南水师学堂,他后来回忆说:

> 在南京的学堂里五年,到底学到了什么呢?除了一点普通科学知识以外,没有什么特别的东西。但是也有些好处,第一是学了一种外国语,第二是把国文弄通了,可以随便写点东西,也开始做起旧诗来。这些可以笼统的说一句,都是浪漫的思想,有外国的人道主义,革命思想,也有传统的虚无主义,金圣叹、梁任公的新旧文章的影响,杂乱的拼在一起。④

镇江在清末十年间,教育同样发生了显著的变化,"过去被看不起、遭抵拒的西学,缓慢但却肯定无疑地取代了中国古代经典的地位"。但它"尚无法与南京、苏州、上海相提并论,在那些地方,设备良好的各类学堂吸引了全省各地的学生争相前往求学"⑤。

1901年,南洋小学堂在苏州开办,"学生来自全城各区域,在这所学堂内,

---

① 施扣柱:《青春飞扬——近代上海学生生活》,上海辞书出版社2009年版,第3页。关于清末新政期间教育改革的各种举措和条令等,详可参见陈元晖主编的十卷本《中国近代教育史资料汇编》(上海教育出版社2007年版)。另按:晚清江南城市中,上海的地位较为特殊,以往包括教育在内的研究成果颇多,如施扣柱上述《青春飞扬——近代上海学生生活》,故本节有关上海的内容从略。
② [美]威廉·埃德加·盖洛著,沈弘等译校:《中国十八省府》,山东画报出版社2008年版,第201页。
③ 郭大松选译:《中国海关〈十年报告〉选译(1902—1911)》,中国社会科学院近代史研究所《近代史资料》编辑部编:《近代史资料》总117号,中国社会科学出版社2008年版,第37页。
④ 周作人:《知堂回想录》上册,安徽教育出版社2008年版,第113—114页。
⑤ 郭大松选译:《中国海关〈十年报告〉选译(1902—1911)》,中国社会科学院近代史研究所《近代史资料》编辑部编:《近代史资料》总117号,第38—39页。

长期崇尚的三字经、千字文被扬弃了,对学生进行读写、心算、笔算和地理教学,以取代古典式教育";该校"教学采用仿照外国课本编写的初级课本,学校取得官方的承认,这样既可确定教学内容中国文学与西方科学的适当比例,又便于以中文来教授西方科学"。同年,东吴大学堂(今苏州大学的前身——引者)在苏州设立,由美国基督教卫理公会创办和管理,"它设有附属中学,在1911年10月,大、中学生共有225名"。此外,"苏州桃坞中学是由美国教会团体主办,它是为培养中学生以准备升入上海圣约翰大学"①。

清末十年,苏州"全城已有许多初等小学,有的上午和下午分批接受小学生就读。一个男孩子在读完4年初等小学之后,接着读4年高等小学,再进入中学读5年,然后入高等学堂读3年"。当然,"对一个普通家庭的孩子来说,是很难在他自立谋生之前,供给他去受16年学校教育的"。在课程方面,初等学校设有音乐、体育和军事操练;中学注重数学、科学和外语;高等学堂则有经济、地理、物理、化学、基本法律、微积分、机械制图、法语和德语。此外,"苏州有若干所专科学校,其中最大的是师范学堂,它有300名学生注册入学,另有一所武备学堂、一所警察学堂、一所铁路学堂、一所农业学堂和一所专为培养官员的法政学堂"。同时苏州仍有一所存古学堂,"旧式儒生进此学习"②。

在近代工业颇盛的无锡,新式教育的开展得益于一批工商及知识界人士的积极参与和推动。1905年,周廷弼在周新镇开办了商业半日学校,后改为延弼商业学校。继而,荣氏兄弟开办了公益小学和公益工商中学,曾在上海创办亨吉利织布厂的匡仲谋在其家乡杨墅园开办了匡村中学,在上海经营桐油贸易致富的沈瑞洲在家乡方桥镇开办了沈氏小学和锡南中学。此外,留日学生侯鸿鉴1905年在无锡城内设立竞志女学,是无锡最早的女子学校。同年他还与人合作,在钱业公所内创办了商余补习夜校,是无锡最早的职工业余学校。

与无锡工商业较发达相联系,当地的工商职业教育较活跃。继商余补习夜校设立后,1907年无锡城区锡山绣工会附设刺绣传习所,传授刺绣工艺。同年,西门外的菁茂学校增设商业科。1911年,无锡县立初等工业学堂在荣安寺设立,设染、织专科,学制3年,是无锡最早的职业学校。同年,在无锡东北乡

---

① 陆允昌:《苏州洋关史料》,南京大学出版社1991年版,第82、104、105页。
② 同上书,第103、104页。

还开设了泾皋女子职业学校,设缝纫、刺绣等课程,学制4年,是无锡最早的女子职校。辛亥革命前,无锡城乡共有公立、私立学校152所,其中职校和业余补习学校有10多所①。这些学校的开办,受助于无锡工商业的发展,也给当地经济以新的活力。

清末十年,浙江的新式教育也有明显推进。此前如周作人所描述的:

> 前清时代士人所走的道路,除了科举是正路之外,还有几路权路可以走得。其一是做塾师,其二是做医师,可以号称儒医,比普通的医生要阔气些。其三是学幕,即做幕友,给地方官"佐治",称作"师爷",是绍兴人的一种专业;其四则是学生意,但也就是钱业和典当两种职业,此外便不是穿长衫的人所当做的了。②

此种情景,在清末有明显改观。浙江富阳人郁达夫忆述:

> 当时的学堂,是一般人的崇拜和惊异的目标。将书院的旧考棚撤去了几排,一间像鸟笼似的中国式洋房造成功的时候,甚至离城有五六十里路远的乡下人,都成群结队,带了饭包雨伞,走进城来挤看新鲜。在校舍改造成功的半年之中,"洋学堂"的三个字,成了茶店酒馆,乡村城市里的谈话的中心;而穿着奇形怪状的黑斜纹布制服的学堂生,似乎都是万能的张天师,人家也在侧目而视,自家也在暗鸣得意。③

新政期间,浙江"最低级的学校是初等小学堂,每个市镇上都有这种学校,只教中文和简单的算术。进这种学校,必须通过一次简单的考试并保证做个好学生,完成所有的课程。本地还建有高等小学堂,课程相似但要求较高"④。夏衍曾回忆他进新式学堂的经过:

> 我八岁那一年(时为1908年——引者)正月,母亲带我去樊家去拜年,当大姑母知道我在邬家店的私塾读书,就严肃地对我母亲说,这不行,

---

① 佚名:《无锡最早的职业学校》,《无锡地方资料汇编》第8辑,1986年12月;方玉书等:《解放前的无锡职业教育》,《无锡文史资料》第14辑,1986年7月。
② 周作人:《知堂回想录》上册,第37页。
③ 郁达夫:《书塾与学堂》,沈从文:《浮云人生》,重庆大学出版社2012年版,第60页。
④ 陈梅龙等译编:《近代浙江对外贸易及社会变迁——宁波、温州、杭州海关贸易报告译编》,宁波出版社2003年版,第254页。

  沈家是书香门第,霞轩(我大哥)从小当了学徒,可惜了;又指着我说,这孩子很聪明,别耽误了他,让他到城里进学堂,学费、膳费都归我管,可以"住堂"(住在学校里),礼拜日可以回家。大姑母主动提出,母亲当然很高兴地同意了。

  这一年春季,我进了"正蒙小学",这是一家当时的所谓"新式学堂",但是功课并不新。我插班进二年级,一年级学生念的依旧是《三字经》,不过这种新的《三字经》已经不是"人之初,性本善",而是"今天下,五大洲,亚细亚,欧罗巴,南北美,与非洲……"了。①

  继高等小学堂后,"接下来就是进入府中学堂,开设的课程有中国古典文学、数学、地理、中外历史、基础科学,此外还有英语和日语。从府中学堂毕业后就可进入浙江高等学堂,它设在杭州城,有三名外籍教师任教,课程同府中学堂一样,不过要求更高,而且还附加法语和德语"②。当时有人在日记中写道:"近来中外学堂皆注重日本之学,弃四书五经若弁髦,即有编入课程者亦不过小作周旋,特不便昌言废之而已。"③

  与苏州相似,杭州也有一些专门学校,如商业学堂、农业学堂、艺徒学堂、巡警学堂和法政学堂。这些学堂都是由官府全部或部分出资建立的。凡官立学堂,"浙江本地学生不收学费,外省籍学生象征性地收取一点。食宿、服装、课本等费用,由学生交纳"。在杭州,也有一些女子私立学堂,其中著名的是女子工艺学堂。"兴办女子教育的结果,是现在女子中能读书写字的人已占很大比例。而几年以前,极少有女子识字。事实上,那时女子识字简直就是奇事"④。

  在当时的宁波,也开办了各级各类学堂:

  各地的人都非常渴望送自己的孩子去学习西学。成百上千的年轻人学习英语,在年轻一代人中,英语迅速取代了迄今为止传统中国文人心目中至关重要的中国经典的地位。过去浙江很容易见到的好书法,现在要

---

① 夏衍:《懒寻旧梦录》(增补本),生活·读书·新知三联书店2006年版,第8页。
② 陈梅龙等译编:《近代浙江对外贸易及社会变迁——宁波、温州、杭州海关贸易报告译编》,第254页。
③ 恽毓鼎:《恽毓鼎澄斋日记》,浙江古籍出版社2004年版,第250页。
④ 郭大松选译:《中国海关〈十年报告〉选译(1902—1911)》,中国社会科学院近代史研究所《近代史资料》编辑部编:《近代史资料》总117号,第45页。

付费才可以求到。所有阶层的人似乎一直认为学习毛笔书法是浪费宝贵的时间,而毛笔书法不久以前还是读书士子的必修课。英语战胜了《四书》,数学战胜了书法。现在,在浙江找一位优秀的传统中国学者,就像十年前找一位操英语工作的本地人一样难。即使在本省内地一些相对小规模的学堂,英语教师也拿很高的薪水,供不应求。①

1903年10月20日,孙诒让在温州教会艺文学校发表演说:"吾们温州虽是通商码头,而地方风气亦未能开通。敝县瑞安近年来初办几处学堂,而经费短绌,校舍、课程都未完备。学童、讲师、办事人员多是科举出身的旧人,恐怕对于新的教学方法及新的各科教材,所见所知都很有限。总而言之,诸凡草创,比较各强国的先进规模,真不啻天壤之判了。"②

时隔五年,温州师范学堂开办,"有200名学生和12名教师,大多数教师是从日本留学回来的";1911年又有一所中级学堂设立,有307名学生和23名教师,"课程包括中文、古典文学、伦理学、历史、英语、地理、生物、自然、数学、化学、物理和体育,大多数教师用从日本翻译过来的课本吸收新知识";当地还有两所专门学校,"一个养蚕,一个培养用本国棉纱织布的人员";初级学堂则有209所,有7 912名学生和715名教师③。温州和周围地区的居民甚至"正在酝酿建立幼儿教育体制"④。清末江南各地新式教育开展之活跃,于此亦可见一斑⑤。

据统计,1905年学部成立时,全国共有新式学堂8 000余所,学生25万余

---

① 郭大松选译:《中国海关〈十年报告〉选译(1902—1911)》,中国社会科学院近代史研究所《近代史资料》编辑部编:《近代史资料》总117号,第46页。
② 孙延钊:《孙衣言孙诒让父子年谱》,上海社会科学院出版社2003年版,第468页。
③ 陈梅龙等译编:《近代浙江对外贸易及社会变迁——宁波、温州、杭州海关贸易报告译编》,第171、172页。
④ 郭大松选译:《中国海关〈十年报告〉选译(1902—1911)》,中国社会科学院近代史研究所《近代史资料》编辑部编:《近代史资料》总117号,第49页。
⑤ 清末江南在上述城市以外的各城镇,也多有新式学堂陆续开办。如建于同治八年(1869)的湖州双林镇蓉湖书院改为蓉湖学堂,聘请传授西学的教师,并改司事为学董,以后又改称蓉湖两等学堂。光绪二十九年(1903),南浔镇绅商成立"教育普及会",先后建立了中学、女学、两等小学、高等小学各1所,初等小学4所。上海西郊的真如镇,由当地绅商集资分别于光绪三十一年(1905)和光绪三十四年(1908)设立了两所初等小学堂。据统计,光绪二十九年(1903)无锡堰桥镇有7所小学,其他如浙江嵊县有学堂31所,嘉兴16所,南浔6所,江苏吴江12所,金山5所,南翔3所等。

人;到1909年,学堂增至近6万所,学生160余万人①。1904年,冯友兰的父亲在武昌"方言学堂"任职,"当时武昌的学校,无论大小都要穿制服。制服上身是一件浅蓝色短褂,镶上云字头的青色宽边,很有点像当时军队穿的号衣。下身长裤,也是浅蓝色"。冯友兰和弟弟是在家里念书,"父亲也叫母亲给我们兄弟俩都做了一套。还教我们唱《学堂歌》。《学堂歌》是张之洞作的,当时大、中、小学堂都唱。歌词开头说:'天地泰,日月光,听我唱歌赞学堂。圣天子,图自强,除却兴学别无方'"②。

蒋廷黻忆述:"1904到1905年爆发了日俄战争。彼时住在邵阳乡下的我们对战争毫无所知,至于战争的结果,就更不必提了。1905年春,二伯从城里回来,外表很严肃,好像发生了什么大事似的。后来有一天,他对我和哥哥说:'皇上已经决定废科举,再继续读旧式学堂已经没用了,以后你们一定要进城里的新学校。'"③郭沫若忆述,1905年科举废止,其家乡四川乐山县开办高等小学堂。小学堂设在城北草堂寺,一边修建一边招生。考试和旧时科举差不多,考场还是科举时的考棚。考生约有2 000人,不少老童生三四十岁了也去投考。考题是一道国文题和几道数学。经过初试和复试,他在最后录取的90人中名列第11名④。1906年,实地游历的英国人庄士敦记述:

成都城内拥有一所省级大学(似应译为大学堂——引者),大概300名年轻男性在这里同时接受现代的西方教育和传统的中式教育。这所大学除了一名负责教授化学和物理的英国老师,还雇用了几位日本教师,即便是中国老师,差不多也都掌握一门外语。我曾听到某位老师向同事炫耀说,自己说英文已经学到字母G了。不管怎么说,他最起码还有学习的愿望。⑤

即使在僻远贫穷的甘肃海原(今宁夏海原),也有新式学堂的开办,"池街

---

① 朱有瓛:《中国近代学制史料》第2辑下册,华东师范大学出版社1987年版,第840页。
② 冯友兰:《三松堂自序》,东方出版中心2016年版,第9页。
③ 蒋廷黻:《国士无双:蒋廷黻回忆录》,新星出版社2016年版,第26页。
④ 林甘泉等主编:《郭沫若年谱长编(1892—1978年)》,中国社会科学出版社2017年版,第1卷,第18页。
⑤ [英]庄士敦著,曹磊译:《从北京到曼德勒:末代帝师中国西南纪行》,江苏凤凰文艺出版社2018年版,第31页。

于光绪三十二年(1906)设初等小学堂一处,系因旧有百泉书院一座,尚存泥修破坏小房数间,稍为补修改设。全年经费的款,尚只筹有六十金,不敷之数,全恃随时设法筹给。教习一员,员司两员,学生三十名"①。

北京城里的八旗子弟也不例外。1901年底,有28名八旗官费生被选送到日本留学。次年,国子监所属的八旗官学,奉命改为八旗第一至第八高等小学堂②。据当时人记载,这8所高等小学堂,"依数目字排列,如第一个小学堂即名为宗室觉罗八旗第一小学堂,由此往下推,直到宗室觉罗第八小学堂";它们"专收宗室觉罗满洲蒙古汉军旗籍子弟读书,其他汉族人绝对不收"③。1903年6月18日《大公报》亦载:"自城内设中小学堂以来,八旗子弟多就学焉。日前在东单牌楼某胡同,见壁上有白土画成地球形并经纬道,且书其名于上,此必童子之游戏所画,然亦可见北京之输入文明矣。"1906年出任山西大同府知府的翁斌孙倾向于守旧,但也令他的三子翁之熹入读英国基督教伦敦会1902年创办的天津新学书院。该校为大学学制,师资雄厚,授课以英文为主④。

1907年京师大学堂举办运动会,英国《泰晤士报》驻北京记者莫理循前去参观,他描述道:

> 我估计至少有五千名学生参加,他们身穿制服,旌旗飘扬,乐鼓齐鸣,秩序井然地排队走向运动场。这些品学兼优的年轻人顺序停在运动场上,观看外国式的运动项目:赛跑、跳高、跳远、举重、掷链球等等。这里全是中国人,中国人维持秩序,中国人充当干事,中国人散发中文节目单。参加竞赛的全是中国人,裁判员都是中国人,只有竞赛的项目是纯粹外国式的。⑤

1910年11月2日,叶圣陶参加了苏州学堂运动会,他当天的日记不无兴奋地记述:

---

① 刘华编校:《明清民国海原史料汇编》,宁夏人民出版社2007年版,第153—154页。
② 中国第一历史档案馆:《光绪宣统两朝上谕档》,广西师范大学出版社1996年版,第28册,第12页。
③ 赵润龄:《北京小学教育的变革》,全国政协文史委编:《文史资料存稿选编·教育卷》,中国文史出版社2002年版,第630页。原编者注:赵润龄原系宗室觉罗八旗第六小学堂学生。
④ 翁斌孙著,张剑整理:《翁斌孙日记》,凤凰出版社2015年版,第265页。
⑤ [澳]骆惠敏编,刘桂梁等译:《清末民初政情内幕——〈泰晤士报〉驻北京记者、袁世凯政治顾问乔·厄·莫理循书信集》上册,第311页。

是日天未明即起身,盖昨日为苏城各学堂联合运动会之第一日,而今为第二日也。理发毕到校,早餐毕,列队往会场。高柳微飘,白云布空,不寒不暖,诚好天气也。昨日之比赛吾校最旺,他校遂有不甘心者。①

毛泽东对清末新式学堂也有印象:"在这所新学堂,我开始学习自然科学和西学的新学科。另一件值得一提的事情是,教师中有一个从日本回国的留学生,戴着假辫子。很容易就能发现他的辫子是假的。于是大家都笑话他,管他叫'假洋鬼子'。"②在全国各省中,直隶新办学堂成绩突出,包括相对僻远地区也办有新式学堂。1908年9月12日,在华游历的日本人鸟居龙藏记述:

我晨起出门,发现宣化府已实行新式教育,有很多学校。学校的外边有上海等地商铺的分店,卖风琴以及体操器具。由于非常新鲜,当地人都在门口张望。我在该店买有地图和其他各种东西。③

1909年,直隶共有学堂11 201所,学生242 247人,两者均占全国总数的近六分之一④。这与曾任直隶总督袁世凯的大力推动直接有关,天津海关资料载:"有些地方之官绅,对教育革新侧目而视,惟畏于直督袁世凯,只得隐忍而默许之。"⑤时人称:"其在今时代有通时务的判断力之大官,以张之洞、袁世凯为最留心教育。若地方之督抚更调,而易以憎厌新学之人物,则其地方教育亦必退步,或致全然破坏。"⑥据统计,1909年北京学生12 921人,学堂261处;全国学生1 639 641人,学堂52 911处⑦。其间,一些名为新式学堂的实际状况不容乐观,1903年1月7日英国《泰晤士报》描述:

在大多数情形下,"新型学院"已经成了某些教育管理者自己的一大批穷亲友们的栖身之所。在某些这样的新机构里,心态极度保守的人员被委以负责人的重任,他们都明显地带着压制任何改革努力的倾向。举例来说,在苏州省立高等专科学校里,校长公开宣称,他不允许使用"五

---

① 叶圣陶著,叶至善整理:《叶圣陶日记》上册,商务印书馆2018年版,第4页。
② [美]埃德加·斯诺著,王涛译:《红星照耀中国》,长江文艺出版社2018年版,第96页。
③ [日]鸟居龙藏著,戴玥等译:《蒙古旅行》,商务印书馆2018年版,第208页。
④ 朱有瓛:《中国近代学制史料》第2辑下册,第840页。
⑤ 天津海关译编委员会编译:《津海关史要览》,中国海关出版社2004年版,第55页。
⑥ 史洪智编:《日本法学博士与近代中国资料辑要(1898—1919)》,上海人民出版社2014年版,第121页。
⑦ 张海荣:《清末三次教育统计图表与"学部三折"》,《近代史研究》2018年第2期,第158页。

洲"、"全球"、"国际法"这样的术语,因为从不可推翻的"天下"由"中华"所构成的旧有观念来推论,其他国家都不可被称作为"洲",否则"野蛮人"的国家便和大清帝国之间画上了等号,从而确立了某种联系。也有其他不少上了年纪并对清国以外的世界一无所知的人,在这些新设立的"外国"学院里,承担起了掌管者的职务。①

  同时应该指出,对新式学堂的推广不能估计过高②。1911年,黄炎培在其邻近上海的家乡川沙县调查所见,"全境私塾百七十一所,内男教员百五十六人,女教员十五人,学生共二千五百八十五人",而当时该县只有小学17所,学生674人,只占当地适龄儿童的6.3%,私塾的学生则占适龄儿童的24.1%。据黄炎培的调查,"学堂有学生父兄所不喜者三焉,一体操,二读经钟点太少,三习字不用描红簿,以是私塾多学生而学堂较少也"。此外,还有新式学堂的开办经费及学生缴费过多。其影响,如黄炎培的调查所显示的,城乡间教育的不平衡极为突出,教育资源集中于城市,而农村的新式学堂相对较少,同时新式教育相对于科举时代的旧式教育来说,是非常昂贵的教育,其后果是乡村儿童的入学率非常低,乡村初等教育仍然是以旧式的私塾为主③。文盲则更多,1912年2月9日,主管黑龙江省教育事务的林传甲记述:"地方欲谋进化,必须教育普及。现查全省识字人民虽二万余,按之丁口总数,不逮百分之二。"④

  清末新政时期,在清朝政府的明令提倡和地方督抚的推动下,京城和各省图书馆也相继筹办。1909年,学部颁布图书馆章程,京师开办了图书馆。此前或同时,湖南、江苏、安徽、山东、山西、河南、浙江、云南等省也都陆续设立了省图书馆。据统计,清末建成的公共图书馆,有京师图书馆1所,直隶、山东、山西、河南、江南、浙江、安徽、湖南、云南、贵州、广西、奉天等10余所省图书馆,此外还有一些其他类型的图书馆⑤。1908年,农工商部农事试验场正式对外开

---

① 《泰晤士报》著,方激编译:《帝国的回忆:〈泰晤士报〉晚清改革观察记》,重庆出版社2014年版,第54—55页。
② 1918年生于湖南省湘乡县的陈旭麓忆述:"抗战以前,我们乡下的私塾非常流行。"参见沈渭滨编撰:《陈旭麓先生年谱长编稿》,周武主编:《上海学》第3辑,上海人民出版社2016年版,第227页。另可参阅左松涛:《近代中国的私塾与学堂之争》,生活·读书·新知三联书店2017年版。
③ 赵利栋:《从黄炎培的调查看清末江苏兴办学堂的一些情况》,《中国社会科学院近代史研究所青年学术论坛(2008年卷)》,社会科学文献出版社2009年版。
④ 况正兵等整理:《林传甲日记》,中华书局2014年版,第246页。
⑤ 刘劲松:《抗战时期中国图书馆界研究》,商务印书馆2018年版,第1页。

放,其中包括动物园、博物馆、博览园。次年5月17日,京官徐兆玮游历后记述:"至动物园,虎豹狮象皆具,中惟禽鸟一类最多,五色烂然,颇足悦目。"①

三、编练新式军警

清代前期,八旗、绿营是兵制的主干。太平天国起义爆发后,八旗、绿营难以应付,遂有曾国藩、李鸿章分别编练湘、淮军之举。针对八旗、绿营世袭兵制的弊端,湘、淮军都实行募兵制,并通过由上而下、层层招募的形式,强化了军队内部的统属关系。1862年后,淮军开始引进西式枪炮和军事操练。

此前,署步军统领文祥于1861年在北京创设神机营,挑选八旗各营精锐,使用洋枪训练,旨在提高八旗、绿营的战斗力,避免兵权完全落入汉族督抚之手,是为创设练军的肇始。其他各省在1866年至1883年间,也先后从绿营中选择精壮者,设立了练军,但人数不一,少者千人,多者数万人。

晚清防军的设立,主要是由太平天国被镇压后未予遣散的湘、淮军演变而来,其中尤以李鸿章的淮系防军实力最强。非湘、淮系的防军,则有河南的毅军、嵩武军,山西的晋勇,云南的滇军等。另外,还曾有福建水师、北洋水师等近代海军的编练。

中日甲午战争后,由于清军在战争中的惨败,"一时内外交章,争献练兵之策,于是北洋则有新建军,南洋则有自强军,是为创练新军之始"②。1898年有英国人目睹袁世凯在天津附近小站编练的新军:

> 袁公系汉人,故其兵丁亦皆为汉人。其步队之兵丁,均习德国之毛瑟枪及来福枪,亦有车轮炮队,计以大炮六尊为一队。炮位之大小不等,其炮弹之重,自英权一磅至六磅不等。其马队之兵丁,均习毛瑟枪,亦善使长矛。当各队操演之时,各兵类皆年力精壮,身材适中,操法灵熟,步武整齐,以及旗帜之鲜明、号衣之洁净,莫不楚楚可观。照我此次在中国所观之兵,当推袁军为最齐整,此外各军皆不能及之,且有时见他军之兵丁均

---

① 徐兆玮著,李向东等标点:《徐兆玮日记》第2册,黄山书社2013年版,第974页。
② 刘锦藻:《清朝续文献通考》卷230,兵考2,第9509页。

穿平常衣服,不过胸前背后缀一圆形记号于褂上而已。①

比较完整意义上的军制改革,则是在新政推行后开始的。

1901年8月29日,清廷下谕全国停止武科科举考试,9月11日命各省广设武备学堂,以培养新式军官。次年夏,袁世凯就在直隶编练组成北洋常备军一镇约12 500余名;是年秋,张之洞也在湖北练成新军约7 000人,并编有军歌,其中唱道:

> 朝廷欲将太平大局保,大帅统领遵旨练新操。
> 第一立志要把君恩报,第二功课要听官长教。
> 第三行军莫把民骚扰,我等饷银皆是民脂膏。
> 第四品行名誉要爱好,第五同军切莫相争吵。②

为了在全国推行编练新军,清朝政府于1903年12月设立了练兵处,任命庆亲王奕劻总理练兵事务,袁世凯为会办练兵大臣,铁良帮同办理。各省设立督练处,负责新军编练。次年9月,练兵处和兵部会同奏准《新军营制饷章》和《陆军学堂办法》及选派陆军学生游学章程,确定以镇(师)为经常编制。全国计划编练新军36镇,其中近畿4镇,四川3镇,直隶、江苏、湖北、广东、云南、甘肃各2镇,其他省各1镇。

但到1911年武昌起义爆发时,只有近畿、直隶、浙江、福建和吉林等省区大体完成编练,全国建制完备的新军只有14镇。一些省区新军编练迟滞的原因之一是新旧军人间的矛盾尖锐。因为新军编练,要求主持者熟悉近代军事的有关知识,这恰恰是那些清军旧军官所欠缺的,他们甚至一无所知。有鉴于此,时任盛京将军的赵尔巽曾力邀留日军校生中的佼佼者蒋百里,赴山海关外前去帮助训练新军。结果引起淮军出身的张勋和绿林受抚的张作霖的不满,他们担心一旦新军练成,旧军势必裁撤,其权位受损,因此迁怒于蒋百里,处处刁难,甚至扬言要杀他。蒋百里见势不妙,走为上策,任职三个月就匆匆离去③。1904年,英国人德·莱斯顿一行从北京动身去西藏,途中在山西省境内

---

① 国家清史编纂委员会编:《晚清文献七种》,齐鲁书社2014年版,第403—404页。
② 张之洞:《札学务处发学歌、军歌》,苑书义等编:《张之洞全集》第6册,河北人民出版社1998年版,第4266页。
③ 王晓秋等主编:《戊戌维新与清末新政》,北京大学出版社1998年版,第240页。

有6名中国士兵奉命护卫,"他们随身佩带着滑稽可笑的大刀和拐杖,我(即德·莱斯顿——引者)从鞘中抽出一把来看,竟然发现刀刃是用木头做成的,而那位士兵还毫无廉耻地向我解释说,他把铁刀卖掉换鸦片吃了"①。

在这些英国人的漫长旅途中,他们发现各地新军的编练成效不一。在归化城(今内蒙古呼和浩特——引者),他们"看到的最让人感兴趣的还是一组军队的列兵演习,士兵都是由一位中国军官新训练出来的,而这位军官曾经在天津跟着几位德国人学习有关军队行动和军事战术。我(即德·莱斯顿——引者)得承认,这位军官从军事课程中获益匪浅,而且得到了归化城的地方官交付给他的这些士兵的极度尊敬和钦佩。五百名士兵演练着欧洲军队每天都要进行的那种操练。他们穿着漂亮的暗色制服,完全不同于长袍,以及别的可能让中国士兵们不便于操练的服装"②。

在甘肃兰州则是另一番情景,"我(即德·莱斯顿——引者)无法弄清这里(指兰州——引者)的守军到底多少,但是长官肯定已经竭尽全力去训练他的士兵。那些士兵相当的次,根本没有我们在归化城见到的那些好。我亲自看了他们的演练,我敢说他们要达到让人看得过去之前,还需要学习很多很多"③。

在已编竣的新军中,以袁世凯统领的北洋六镇最为精锐。其还拥有一支军乐队,"有50位演奏人员,使用的是铜管乐器"④。北洋六镇在当时清军中所占的特殊地位,经历其事者有过一段概述:

> 清末练新军,仅北洋练有六镇,各省亦练有新军,而独北洋著称于时者,其原因可略言之。清末练新军时,以北洋六镇配备最好。枪炮弹药,皆最新购自外国,效能极强。各省新军名为洋操洋械,但与北洋六镇相比,则又多系粗劣旧械,故实际力量相去甚远。
>
> 北洋六镇在编练之始,虽亦收有防军,但选择极严,实同征募兵,兵士之体格、文化,皆有一定之标准;而各省则多系旧兵改练,即新招者亦未经过严格之甄别,故士兵之本质亦不同。新军之训练,关系军队之优劣。北

---

① [英]德·莱斯顿著,王启龙等译:《从北京到锡金》,西藏人民出版社2003年版,第12页。
② 同上书,第15页。
③ 同上书,第97页。
④ [美]凯瑟琳·卡尔著,王和平译:《美国女画师的清宫回忆》,紫禁城出版社2009年版,第126页。

洋当时选聘外国知名军人充当教习,尤其中下级军官多半熟习新操新制;各省之督抚统领,或则敷衍塞责,或则对新事所知不多,故训练之认真与敷衍又有极大区别。

北洋六镇军费充沛,故官兵军饷较他省为高;各省则仅按数颁发,这对士兵的鼓舞上影响尤大。综上所述,北洋新军与各省新军实有不同,加以各省互不相属,势力分散,不能统一,以六镇训练有素而装备待遇有极大不同之北洋新军,与各省一镇或一二协相较量,强弱之势非常明显。袁世凯所以能操清室政局,而别人莫可奈何,六镇新军实系其根本。①

此外,其他北方新军,如奉天的第二十镇和第二混成协、河南的第二十九混成协、江北的第十三混成协等,或者是以北洋六镇一部扩编而成的,或者是由北洋军官训练编成的,也都在不同程度上受到袁世凯的控制。可以说,整个北部中国包括东北在内的主要军事力量,都处在袁世凯的无形支配之下。

清末新军编练的成果,在当时的会操即军事演习中有所体现。其中的秋季大会操,集训练性和校阅性为一体,先后有1905年河间会操、1906年彰德会操、1908年太湖会操和1911年永平秋操。这四次会操的时间均安排在秋季,每次操期均为4天,前三天举行诸兵种演习,最后一天举行阅兵仪式,兼具训练和校阅新军的双重目的。校阅性会操和训练性会操,分别是由校阅大臣和地方督抚主导,多在一镇或一协新军中举行,规模较小,会操地点也在驻地附近。相比之下,秋季大会操的级别最高、规模最大,通常由清廷钦派阅兵大臣,中央军事领导机构(练兵处、陆军部、军咨府)制定统一的会操计划,参加会操的新军包括多个镇、协,往往达到数万人,而且操地远离驻地,属于跨区域实施的大型军事演习②。其中1905年、1906年的河间、彰德会操,尤为当时中外人士所瞩目。

1905年7月,袁世凯负责督练的北洋新军六镇正式成军,清廷批准其当年在直隶河间举行会操即军事演习,以考察这支部队的实际作战能力,也为各省正在编练的新军作示范,并向国外展示军事改革的成果。阅兵大臣是袁世凯

---

① 张国淦:《北洋军阀的起源》,《北洋军阀史料选辑》上册,中国社会科学出版社1981年版,第69—70页。
② 彭贺超:《新军会操:中国近代军演早期形态研究》,中华书局2018年版,前言,第4、5页。

和铁良。

参加演习的北洋新军共两镇四混成协,总兵力为45 000余人,约占北洋新军总数的三分之二。它们分为南北两军,实行南攻北防的作战演练。10月22日,演习正式开始。当天,南北两军的先锋骑兵到达献县和边渡口之间,各以小分队试探前进。之后,双方互有攻防,势不相下,直至11月23日两军主力相交,几乎白刃相搏时,阅兵处下令停止演习。次日,南北两军均穿军礼服会集河间,举行演习结束的阅兵典礼。慈禧太后很关注这次演习,曾致电询问详情,并由袁世凯和铁良向各协的参演官兵分别给以"二千五百金"的奖励。

次年10月,彰德会操揭幕,阅兵大臣仍为袁世凯和铁良。此次演习,意在扩大上次军演的成果,并有新的安排。一是邀请外国人前来观看,英、美、俄、法、德、意、奥、荷、比、日等国均派员到场,英国《泰晤士报》和《字林西报》、俄国《警卫报》、德国《营报》、美国《月报》、日本东京《时事新闻报》和大阪《每日新闻报》等都有记者前来采访。二是参演的部队,除了北洋新军,还有湖北新军和河南新军,是南北新军的首次同场演练,总兵力为两镇两混成协,共33 000余人。

这次演习仍是南攻北防。10月22日,演习打响,主题是南北两军骑兵冲击战,北军占优。次日为两军主力遭遇战,各有得失。24日,南北两军演练攻防大战,战斗正酣时,阅兵处发令停战。次日,依例举行了参演部队的阅兵典礼,彰德会操结束。

两次演习展示了新政期间军事改革的成果。其规模是空前的,河间会操的总兵力达45 000余人,战马5 800多匹,运输车辆1 500多辆,阵局300多华里,战线长20多华里;彰德会操的总兵力有33 000余人,战马2 700多匹,运输车辆890多辆,部队运动区域2 000多华里,战线长40多华里。当时报载,"中外人士啧啧叹服,曰法令之严明,战术之娴习,中国前此未有也"①。1906年10月30日,在清末政界交游甚广的美国传教士丁韪良于北京记述:

> 昨天,规模盛大的秋季军事演习刚刚结束。这些演习显示,在铁路运

---

① 张华腾:《袁世凯与河间、彰德会操》,《近代史研究》1998年第6期。相关史料,可参阅茹静整理:《清末新军秋操史料集佚》,《近代史资料》总122号,中国社会科学出版社2010年版,第108—139页。

输的帮助下,中国能够聚集起一支训练有素的十万人大军。可是政府对于这支令人畏惧的庞大陆军并不感到满足,它还下令打造一支包括八艘装甲巡洋舰和两艘战舰的精锐海军,其中有五艘军舰和三个海军基地将装备有无线电报设备。①

如丁韪良所说,新政期间重建海军也提上议事日程。日后载沣上台,于 1909 年设全国陆海军大元帅,由摄政王载沣代理,同时设立筹办海军事务处,由载沣的弟弟载洵和海军提督萨镇冰任筹办海军大臣。载洵上任后,提出重振海军的七年计划。头两年,重点整编原有各式兵轮。在此基础上,后五年添造头等战舰 8 艘、巡洋舰 20 余艘、各类兵轮 10 艘,编竣三队鱼雷快艇;编定北洋舰队、南洋舰队及闽省外洋舰队,并相应建造各洋军港和船坞;还要设立海军大学等②。计划可谓庞大,但以当时中国捉襟见肘的财力而言,显然有些异想天开,难以奏效。

中国近代警政也始于新政期间。1901 年 9 月 12 日,清廷颁布上谕:"著各直省将军督抚,将原有各营严行裁汰,精选若干营,分为常备、续备、巡警等军,一律操习新式枪炮,认真训练,以成劲旅。"③这道上谕一般被学界视为清朝政府创办警察的起点。严格说来,巡警军并非完全意义上的警察,它源于晚清的兵制变革和治安观念的转换,但清廷最初对其规制并无明确计划。由于督抚理解不一和地方情形各异,各省编练时,有的军事色彩浓厚,有的将之办成近代意义上的警察。

各省巡警军的编练,来源不一,饷章有别,演变的流向也不尽相同。从来源上看,有从绿营制兵改编而来,如福建、云南、贵州、河南,但具体办法也有差别,福建将绿营尽数归并,贵州除塘汛外酌留七成,云南就现额统裁三成,河南裁二成;有从防营中挑选编练,如广东;有将绿营、练军合并改编,如两江、陕西;也有从练军挑改,如伊犁。此外,直隶、湖北、山东等省未见编练巡警军,而是筹办警察局所。从饷章看,大多取资裁汰绿营所节存的饷项。随着巡警的兴办和兵制的进一步改革,巡警军有的转化为巡警,有的被整合于新军,有的

---

① [美]丁韪良著,沈弘译:《中国觉醒》,世界图书出版公司 2010 年版,第 11 页。
② 张侠等:《清末海军史料》,海洋出版社 1982 年版,第 100、101 页。
③ 《清德宗实录》卷 485,光绪二十七年七月癸巳,中华书局 1987 年影印本。

改编为巡防队,也有的继续留存。

从职责上看,福建巡警军"为缉捕巡防弹压保护之用"。江西水师巡警军则分段巡查,编查渔艇,验票盘诘,护饷救生等。两江巡警军专备巡防警察。这类巡警军的职务,与绿营汛勇承担缉捕巡防的功能类似。而直隶总督袁世凯认为警察"为内政之要图",可以"禁暴诘奸,周知民隐",负责救护伤病、护送迷路幼童、劝解民间纠纷、处理突发事故、盘查可疑之人、拘拿人犯、检验尸身、救火救灾等。湖广总督张之洞主张"凡稽查户口、保卫生民、清理街道、开通沟渠、消除疫疠、防救火灾、查缉奸宄、通达民隐、整齐人心诸善政,无不惟警察是赖"。此类巡警与营勇专司缉捕不同,承担了更为广泛的任务,涉及缉捕、户口、卫生、消防及部分市政,与此后乃至民国警察所承担的任务相同。由于赞同袁世凯、张之洞等人的主张,清廷从而走上了建立近代警察制度之路①。

1905年,巡警部正式建立。其官制章程中规定,警政司下设行政科,掌管关于警卫、保安、风俗、交通及一切行政警察事项;警法司下设司法科,掌审定司法章程;国际科掌国际警察事务规则。可见当时警察事务已有行政警察、司法警察、国际警察之分。其中司法警察,清廷在1906年改革官制时,将其归司法系统管属。清末的水上警察,先由民政部官员倡议,改原水师巡防营为水上巡警,至1911年1月,民政部通知各省于年内将水上警察设齐。铁路警察初设于1902年,执掌各车站的治安,并有随车巡警稽查。侦探警察即刑事警察,1905年成立巡警部时,下设探访队,负责采访、侦缉等事。1907年,民政部设立稽查缉捕局,专司缉捕事宜。此外,京师内外城巡警总厅另成立警备队和侦缉队,各地省城和商埠也有侦缉队的设置。上述新式警种的设立,明显改变了中国传统的城乡治安管理模式,初步实现了警务职能的合理区分,使警务职能进一步专业化②。1905年12月24日,在北京的英国人埃·巴克斯写信告诉莫理循:"首都的警政大有改进,南城由袁从省会调来的一支兵力维持治安,他们控制的街头交通令人赞佩,各城门不再出现堵塞现象,人人都必须循序而行,不准许向前猛冲猛撞。"③1908年有人记述,在相对僻远的赤峰,"制度有了变

---

① 彭雪芹:《晚清"巡警军"考析》,《历史教学(高校版)》2009年第8期。
② 汪勇:《略论清末警政建立对租界警察的借鉴》,《山西大学学报》2010年第1期。
③ 《清末民初政情内幕——〈泰晤士报〉驻北京记者、袁世凯政治顾问乔·厄·莫理循书信集》,第431页。

革,采用日本及欧罗巴的警察制度"①。

四、鼓励发展实业

甲午战争后,特别是《辛丑条约》签订后,清朝政府的财政危机愈益严重,国库空虚,财源匮乏,促使清朝统治者对其工商业政策作出相应变革。1903年4月,清廷颁谕宣称:

> 通商惠工,为古今经国之要政。自积习相沿,视工商为末务,国计民生,日益贫弱,未始不因乎此。亟应变通尽利,加意讲求。兹据政务处议复,载振奏请设商部,业经降旨允准。兹著派载振、袁世凯、伍廷芳先订商律,作为则例。俟商律编成奏定后,即行特简大员开办商部。其应如何提倡工艺,鼓舞商情,一切事宜,均著载振等悉心妥议,请旨施行。总期扫除官习,联络一气,不得有丝毫隔阂,致启弊端。保护维持,尤应不遗余力,庶几商务振兴,蒸蒸日上,阜民财而培邦本,有厚望焉。②

同年9月,商部正式设立(1906年将工商部并入商部改组为农工商部),所有铁路矿务诸要政均归其办理,由载振任尚书,伍廷芳、陈璧分任左右侍郎,后又聘张謇为头等顾问官。为了管理全国工商业,商部还设立了一些中央专业机构,其中有商律馆、商标局、公司注册局、工艺局等。

商部成立后,先后颁行了《商律》《公司律》《商会简明章程》《商标注册试办章程》《重订铁路简明章程》《重订开矿暂行章程》《奖励公司章程》《改订奖励华商公司章程》《试办银行章程》等一系列工商业法规和保护奖励条文,鼓励民间资本投资近代企业。这在中国历史上还属首次。可以说,清朝中央政府在制度层面真正意识到并着手自上而下推进实业建设,是在清末新政期间。

应该说,这些措施是有助于改变旧的社会风气,有利于人们投资兴办实业的。清朝政府还申明,这些条规同样适用于回国投资的海外华侨。

---

① 「日」鸟居龙藏著,戴玥等译,《蒙古旅行》,商务印书馆2018年版,第6页。
② 朱寿朋:《光绪朝东华录》,第5013—5014页。

海外侨资引起清政府官员的注意,最早始于洋务运动时期。1866年,广东巡抚蒋益澧率先提出应仿效欧美,保护旅居他国的本国侨民,并重视发挥他们的作用。他认为:"内地闽粤等省,赴外洋经商者人非不多,如新嘉坡约有内地人十余万人,新老金山约有内地二十余万人,槟榔士、伽拉巴约有内地数万人,和约(指中国与英、法等国订立的条约——引者)中原载彼此遣使通好,若得忠义使臣前往各处联络羁维,居恒固可窥彼腹心,缓急亦可藉资指臂。"①1874年,福建巡抚王凯泰更直接提出招徕侨资回国经商,与外国在华资本抗衡,以期"不受洋人抑勒,是又暗收利权"②。

在此背景下,曾有部分华侨投资国内企业,如轮船招商局、上海机器织布局等皆吸收侨资③。但在清末新政前,侨资参与国内企业尚处于起步阶段,在清政府方面并未真正引起重视和形成相应的政策条规;华侨投资也多为零星举动,并不普及,更未形成热潮。相反,由于政府方面没有提供相应的保护,在1872年由南洋华侨陈启源在广东南海办的继昌隆缫丝厂还不时受到地方守旧势力的骚扰,以致不得不一度迁往澳门。

1895年中日《马关条约》订立后,面对内外危机和严重的财政困难,清政府放宽了对民间资本投资近代企业的限制,也加快了招徕华侨投资国内的步伐。同年8月,清廷上谕称:"南洋各岛暨新旧金山等处,中国富商在彼侨寄者甚众,劝令集股,必多乐从。"决定派人"迅赴各该处,宣布朝廷意旨,劝谕首事绅董等,设法招徕"④。但以法规的形式公布政府的一系列奖励政策和相应的保护措施,并采取一些切实的举措,则是在1901年新政开始以后。

清末新政的重点之一是奖励实业,并通饬各级官员"一律认真恤商持平,力除留难延搁各项积弊,以顺商情而维财政"⑤。清朝政府明确,这些条规同样适用于回国投资的海外华侨。为吸引更多的侨资,1904年商部奏准清廷委派先期回国投资并已有成效的南洋侨商张振勋,以"考察外埠商务大臣兼督办闽

---

① 《筹办夷务始末》(同治朝)卷43,第16页;卷99,第49页。
② 《轮船招商局档案》,聂宝璋编:《中国近代航运史资料》第1辑,上海人民出版社1983年版,第983—988页;《上海机器织布局启事》,《申报》1880年11月17日。
③ 朱寿朋:《光绪朝东华录》,第3637页。
④ 《清德宗实录》卷521,第1页。
⑤ 朱寿朋:《光绪朝东华录》,第5254页。

广农工路矿事宜"的身份,前往南洋各地游说①。1907年,清政府又委派农工商部右侍郎杨士琦奔赴南洋,令他"前往各该埠考察情况,剀切宣布德意,优加抚慰。如有慨集巨资回华振兴大宗商务者,除从优予以爵赏外,定饬地方官妥为保护,以重实业而惠侨民"②。

还在1903年商部设立之初,为打消华侨回国投资的疑虑,清政府曾谕令:"各埠华商人等,凡有因事回华者,其身家财产均责成各省督抚严饬地方官切实保护,即行妥订章程,奏明办理。倘有关津丁役、地方胥吏及乡里莠民藉端讹索,即予按律严惩,决不宽贷。"鉴于各地仍不时发生敲诈侨资的事端,以后清政府又几度重申,指令地方官员切实保护回国投资的华侨。1905年,福建诏安县知县王国瑞、典使王锡圭、游击侯培光、南安县知县谭子俊、前署安溪县知县袁英麟等,因对当地侨资保护不力,分别受到撤职查办的惩处③。

应该说,上述法规、条例和措施对吸引和保护华侨回国投资起到了一定作用。如前述广东新宁铁路1906年5月动工后不时遭到地方守旧势力的阻挠,搞得陈宜禧"心力交瘁",难以招架。后被商部闻知,遂电令"两广督臣饬于路线所经之处,由该管地方官切实保护,并出示劝导乡民,俾无阻挠,庶几易于施工"④,局面始有改观。

这一时期,国内资本主义近代企业有了明显的发展。据统计,新政前的1895—1902年,工业投资额为2 722万余元,开办矿场29处、工厂101家;而新政期间的1904—1911年,工业投资额为8 346万余元,增加2倍多,开办矿场48处,增加了66%,工厂300家,增长近2倍⑤。

新政期间近代企业的创办,一部分得到华侨资本的捆注,也有的是来自政府的扶助。袁世凯主持的直隶地方政府,就曾对兴办工业提供资金帮助。一些私人企业在初创时,商股不能招足,需要官款支持,《北洋公牍类纂》称"先用官款以植其基,继招商股以广其业。官任保护,商任经营"。如1904年,天津商会协理宁世福创办织染缝纫公司,招商股5万元,天津官银号贷银1.5万两,助

---

① 《清德宗实录》卷576,第10—11页。
② 朱寿朋:《光绪朝东华录》,第5115、5116、5345、5346页。
③ 《清德宗实录》卷559,第5页。
④ 宓汝成:《中国近代铁路史资料》,中华书局1963年版,第946、948页。
⑤ 朱英:《晚清经济政策与改革措施》,华中师范大学出版社1996年版,第264、265页。

充股本;1905年,天津工商研究会会长宋寿恒创建造胰有限公司,天津官银号贷与银洋1 000元;1906年,天津客籍学堂庶务长王龄嵩开办牙粉公司,天津官银号贷拨银2 000两;同年4月,周学熙开办北洋劝业铁工厂,天津官银号以长年5厘息贷银20万两;7月,周学熙兴办启新洋灰公司,天津官银号以长年5厘息先后贷银共达80万两。

在政府的扶助下,天津出现了官商合力振兴工业的局面,近代企业相继开张,其中规模较大的有机器造纸有限公司、万安有限公司(织造毡呢等物)、电灯有限公司、济安自来水有限公司、北洋劝业铁工厂、实业工艺厂、北洋烟草公司和启新洋灰公司。1900年以前,天津近代工业只有四五家,资本额约110万元;到1911年辛亥革命前夕,已达137家,资本总额2 920万元。袁世凯主持的直隶地方政府的扶助措施,对天津乃至华北地区近代工业的建立和发展起了重要的作用[①]。

即使在京城,也有一些倡导实业的举措。农事试验场就是其中之一。它是由农工商部于1906年4月15日奏准在北京设立的,位于京城的西郊(今北京动物园一带),旨在开通风气,意在劝农,分别试验,广为研究,供人观赏,扩充见识,以资比较,使之成为全国农业的模范。场内建有试验室、农器室、肥料室、标本室、温室、蚕室、缫丝室、切桑室、鸟兽室和办公室等。设总办一人,由农工商部参议上行走诚璋出任。设场长一人,由农工商部章京叶基桢担任,下设农林科、动物科、庶务科、会计科。有科长、司员68人,技师2人,桑工、花匠6人,农工58人,杂役110人,巡警18人。它还附设有初等农业学堂,分农业、蚕业、林业、兽医四科,共有学生60人,学制三年。

农事试验场先后征集全国各地以及世界各国的植物、动物各种珍稀品种和标本。其中,从德国等地购买的有美洲麟、印度母象、美洲小象、虎纹马、美洲大鹿、白鹿、黑鹿、野牛等;从美国购置的有各种作物种子、果木品种和各种鸟兽;从日本长崎一次购买的花木果品就有166种。

它还下设博览园,内有动物园(今北京动物园的前身)、植物园和博物馆。动物园展出的有禽鸟类、兽畜类、鱼品类、昆虫类,植物园展出的有五谷类、果

[①] 唐克敏:《袁世凯与中国资本主义》,上海中山学社编:《近代中国》第4辑,上海社会科学院出版社1994年版,第304页。

品类、蔬菜类、木品类、药材类等。

农事试验场在京城的设立,推动了近代农、林、牧、副、渔等科学技术知识在中国的引进和传播,参观者络绎不绝,无不大开眼界,印象深刻。其中来自廓尔喀(今尼泊尔)的贡使也慕名前往,表示:"贡使远在西陲,向慕中华风景,兹闻农工商部设有万牲园一座,内中楼阁宏敞,生物具备,为世界奇观,贡使拟往游览,俾开眼界而广知识。"①

五、中外修订商约交涉

慈禧还都以后,清朝政府在列强面前的确曲意逢迎。但以往学者将之直斥为辛丑后的清廷已是"洋人的朝廷",则未免太过夸张。作为当时中国的执政者,清廷也并非事事全听命于列强,清末修订商约交涉,就是一例。如张之洞所言:"各国与中国交涉,多不按各国通例,即如内河行轮任便通商是也。此时惟有预备抵制防损之法,以待开议,相机因应。"②这次交涉,是指根据《辛丑条约》第十一款的规定,1902年至1906年各国列强与清朝政府之间有关修改通商行船条约的一系列谈判,涉及英、美、日、葡、德、意等国。

中英谈判最先进行,于1902年9月5日签订中英《续议通商行船条约》。次年10月8日,又与美、日两国分别签订中美《通商行船续订条约》和中日《通商行船续约》。继而又与葡、德、意三国谈判,1904年7月订立中葡《通商条约》(其后来未得到葡萄牙政府的批准)。1905年和1906年与德、意两国的谈判,则未能达成协议。1908年7月2日,又与瑞典订立了《通商条约》。葡、瑞两国不是《辛丑条约》的签约国,但中葡、中瑞商约谈判仍可视为清末商约交涉的一部分。

以上这些谈判,内容涉及矿务章程、保护知识产权、外国轮船行驶于中国内河、开埠通商、统一货币度量衡、治外法权、传教、疏浚河道、外国人在内地居住等事项。各国列强是为了维护和扩大其在华侵略权益,清朝政府则是力图

---

① 原件为中国第一历史档案馆藏"农工商部档案",转见秦国经:《明清档案学》,学苑出版社2005年版,第638—640页。
② 骆宝善等主编:《袁世凯全集》第8卷,河南大学出版社2013年版,第121页。

增加财政收入并试图收回一些国家利权,这是两者立场不同的一次交涉。可以说,最后订立的几个条约,是签约双方有所妥协的产物。在强弱分明的情况下,中方在谈判过程中基本上能据理力争,在抵制列强的要求和挽回利权方面有一定成效,如各国列强要求扩大内地居住权,被中方拒绝;有关开放口岸事项,列强要求依照中外条约实施口岸办理,中方则坚持"自开商埠",强调中国的主权和治理权①。

19世纪,船舶是外国列强来华及在华经济扩张的主要交通工具。列强继五口通商、染指中国东南沿海航运权后,又通过第二次鸦片战争强行攫夺了武汉以下的长江航运权。1895年的中日《马关条约》,清政府又被迫开放宜昌至重庆的川江航道,以及长江三角洲地区经吴淞江、京杭大运河长江以南河道至新开埠的苏州、杭州的内河航运权。此后,外国船舶在中国内河的航行扩展至更多地区。1897年中英缅甸条约附款的专条,开放了西江梧州至广州和香港的航运。1896年和1898年,沙俄东省铁路公司取得松花江和辽河及辽河支流的航行权。1898年,由海关税务司发布的内港行船章程,将所有内河的通商口岸和所谓停泊口岸,全部对外开放②。其间,外国船舶大量涌入中国的内河,地处水网地带的江南地区尤为明显。

江南向以水乡著称,境内江河纵横、湖泖众多,与国内大水系大多有河道相通。舟楫便利的河道水系为内河航运提供了得天独厚的自然地理条件。以上海为例,其西邻的通航干流如娄江,"为太仓、松江、崇明、昆山必由之要道";福山塘为输运必经之路、商贾必由之所,舟楫赖以通行③。明清时期,上海与江南各地的贸易往来多经上述航道沟通。如吴淞江北岸的孔泾,又称林道浜,沿浜有江湾、真如、南翔、娄塘诸镇,"嘉(兴)、湖(州)贾贩多从此道以避江潮之险"。又如淀山湖西侧有双塔镇,因地处苏松水路适中之地,客商往返至此时近傍晚,多"住此停榻",故又称商榻镇④。

上海地处江南水网地带,通过河湖港汊与苏州等地交通,是开埠前内地货

---

① 李永胜:《清末中外修订商约交涉研究》,南开大学出版社2005年版,第1、310、311页。
② 王铁崖:《中外旧约章汇编》第1辑,生活·读书·新知三联书店1957年版,第97、616、690、673、784、786页。
③ 道光《元和唯亭志》卷3,风俗;万历《常熟水利全书》。
④ 正德《松江府志》卷2,水;崇祯《松江府志》卷3,镇市。

物进出的主要通道。自广州一口通商禁令解除和内向型经济格局分解,众多顺长江东下的商船不再奔赴苏州,而是径趋东海之滨的上海,同时在上海港还聚集着大量"载客运货的小船和驳船",它们都来自毗邻的长江三角洲乡村集镇①。19世纪50年代,为扩大进出口贸易和在华活动范围,欧美商人就以上海为基地,将轮运业的触角伸向四周的内河水道,"置造小火轮船装运银两前赴内地,采办丝斤并各项货物回沪"。1865年2月,结束国内战事后的清政府宣布不准外轮驶入通商口岸以外的内河。在沪外国商人反应激烈,称"这些小轮全都锚泊停航,一点都派不上用场,因为它们是为内陆贸易而特制,完全不适合海运",联名要求各国驻华使节出面干预。清政府对外国轮船深入内河深为顾忌,担心"若一处准行,处处皆援例而起,夺目前商船之生业,弛日后军国之防闲,关系利害极重,是以屡议未允,即再续请,仍不便行"②。

  时至1895年,《马关条约》在规定增辟沙市、苏州、杭州通商口岸的同时,准许外国船只"从上海驶进吴淞口及运河以至苏州府、杭州府"。1898年颁布的《内港行船章程》又将范围扩大到各通商省份的内河水道③。此后,以上海港为重点,专营内河航线的外国轮船公司相继设立。另一方面,19世纪70年代后本国商人兴办内河轮运的要求久被搁置。"苏杭内地水道,若以小轮船行驶,极为便捷。历年中外商人皆以厚利所在,多思禀准试办。只恐碍民船生路及税卡抽厘等情,辄格于时议,未肇准行。"即使已经成船,也被迫中止④。几艘行驶于沪苏间的内河小轮,多经清政府特许,其用途受到严格限制,"准行内河并带官物,不准带货搭客作贸易之事,以示与商船有别"⑤。时任两江总督刘坤一称:"查向来商置小火轮,只准行驶通商口岸,光绪十年复经总理衙门明定章程,不准擅入内河。又有江海关一口,每有华洋官商雇往内地,相沿已久,特立专章,必须报关给照查验,仍不准装货搭客,只准至苏州、杭州等处为止,并不准驶入长江及江北各内地,以示限制,此外均不得援以为例。诚以利害所关,不能不始终坚执也。"⑥

---

① 聂宝璋:《中国近代航运史资料》第一辑,上海人民出版社1983年版,第555页。
② 同上书,第350、352、367页。
③ 王铁崖:《中外旧约章汇编》第1辑,第616、786页。
④ 《申报》1882年7月8日、1890年4月25日。
⑤ 《交通史航政编》第1册,交通史编纂委员会1935年版,第482页。
⑥ 刘坤一:《严禁内河行驶小轮折》(光绪十七年五月二十六日),刘坤一撰,陈代湘等校点:《刘坤一奏疏》(一),岳麓书社2013年版,第745、746页。

19世纪60年代，就有外国人驾驶小轮船从上海由苏州河经黄渡镇驶往苏州，"始仅专雇之轮，继有搭客装货之轮，均由上海至苏州，中途经过黄渡，概不停泊"①。但那尚是无条约依据的零星举动。19世纪80—90年代，苏、锡、杭、嘉、湖等地与上海的联系更趋密切，货运往来频繁，人力摇曳的航船难当此任。自苏、杭开埠和小轮开禁，人们纷纷易辙，"一时航运事业非常发达，所有内河客货运大都改用小火轮船"。从上海驶往苏南浙北的小火轮激增②。其中，"走吴淞江者，由苏州而上达常熟、无锡，或达南浔、湖州"。一些固定航班相继开设，最繁忙的当数上海至苏州航线，"往来苏沪小轮每日四五只"。1896年，据苏州海关统计："自开关后，由申进口小轮353只，拖船1 004只；出口往申小轮355只，拖船902只。"载运旅客，"计往沪者12 142人，由沪来者16 008人"③。以新闸为始发码头，也有固定班轮经黄渡驶往上海远郊朱家角等地④。

　　1899年8月4日，《申报》曾以赞叹的口吻记述了苏州河口以西轮船运输繁忙的景象："内地通行小轮船，取费既廉，行驶亦捷，绅商士庶皆乐出于其途。沪上为南北要冲，商贾骈阗，尤为他处之冠。每日小轮船之来往苏、嘉、湖等处者，遥望苏州河一带，气管鸣雷，煤烟聚墨，盖无一不在谷满谷，在坑满坑焉。"内河轮运业的兴盛，直接促成苏州河两侧内河港区的形成。当时，"往来申、苏、杭小轮公司码头均设沪北"，即在英租界北端的苏州河畔。"著名的有戴生昌、老公茂、大东（日商）、内河招商等，大都开设在铁大桥下塥（今河南路桥北塥——引者），其他小轮船局尚不少"⑤。其中也包括开往朱家角等地的短途班轮⑥。内河航运工具的改进即轮船的运营，连同原先就有的众多大小木帆船的输运，进一步密切了上海与江南各地的联系。据统计，1897年沪苏杭之间乘坐轮船往来者已超过20万人次⑦。

---

① 宣统《黄渡续志》卷1，疆域。
② 上海市机电一局等编：《上海民族机器工业》（中国资本主义工商业史料丛刊）上册，中华书局1966年版，第128页；《总领事韩能1896年度上海贸易报告》，李必樟译编：《上海近代贸易经济发展概况：英国驻上海领事贸易报告汇编(1854—1898)》，上海社会科学院出版社1993年版，第923页。
③ 民国《上海县志》卷12，交通；《光绪二十二年、二十三年苏州口华洋贸易情形论略》，陆允昌编：《苏州洋关史料》，南京大学出版社1991年版，第151、146页。
④ 宣统《黄渡续志》卷1，疆域；民国《青浦县续志》卷5，山川。
⑤ 《东方杂志》第4卷第3号，第66页；《上海民族机器工业》上册，第128页。
⑥ 民国《青浦县续志》卷5，山川。
⑦ 聂宝璋：《聂宝璋集》，中国社会科学出版社2002年版，第282页。

1901年，周作人走水路从绍兴经上海去南京报考江南水师学堂，对沿途各类内河航船有生动的记载："绍兴和江浙一带都是水乡，交通以船为主，城乡各处水路四通八达，人们出门一步，就须靠仗它，而使船与坐船的本领也特别的高明，所谓南人使船如马这句话也正是极为确当的。乡下不分远近，都有公用的交通机关，这便是埠船，以白天开行者为限，若是夜里行船的则称为航船……旅客的船钱，以那时的价格来说，由城内至西兴至多不过百钱，若要舒服一点，可以'开铺'，即摊开铺盖，要占两个人的地位，也就只要二百文好了。航船中乘客众多，三教九流无所不有，而且夜长岑寂，大家便以谈天消遣，就是自己不曾插嘴，单是听听也是很有兴趣的。"①而往返于杭沪间的戴生昌和大东两家轮船公司则各有特色："戴生昌系是旧式，散舱用的是航船式的，舱下放行李，上面住人，大东则是各人一个床铺，好像是分散的房舱，所以旅客多喜欢乘坐大东。价钱则是一样的一元五角，另外还有一种便宜的，号称'烟篷'，系在船顶上面，搭盖帐幕而成，若遇风雨则四面遮住，殊为气闷，但价钱也便宜得多，只要八角钱就好了。普通在下午四时左右开船，次日走一天，经过嘉兴、嘉善等处，至第三天早晨，那就一早到了上海码头了。"②

苏州、杭州、无锡等城镇，因此构成以上海为中心的江河海航运体系的主要支点，成为转运江南各地客货的集散点。小如吴江县平望镇，稻米运销也因江河海航运的衔接而发生相应变化，原先多经由内河输运，此时则"多运白籼至上海由轮船装往闽广、天津，此又今昔情形之不同也"③。

1895年后，对华商内河轮运业的束缚相应减轻。如张之洞所称："自苏杭运河准外人行轮，于是奉旨亦准民间于苏杭行轮，为稍挽利权之计。"④1895年7月29日，翁同龢记述："杭州本有小轮十余，现准令运货。"同年9月7日，他又称："小轮分六路，沪至苏，沪至杭，沪至崇明、通州，苏至镇，镇至清江，沪至宁波。商人请照洋章免厘，此不可行，惟轮船不准拖带，此必应力持。"⑤至1898年，"通商省份所有内河，无论华、洋商均可行驶小轮船，藉以扩充商务，增加税厘"⑥。

---

① 周作人：《知堂回想录》，安徽教育出版社2008年版，第49—50页。
② 同上书，第53页。
③ 光绪《平望续志》卷1，疆土，风俗。
④ 国家清史编纂委员会编：《晚清文献七种》，齐鲁书社2014年版，第101页。
⑤ 谢俊美：《翁同龢集》，中华书局2005年版，第1190、1230页。
⑥ 《清季外交史料》卷130，第15页。

上海港本国资本内河轮运公司的经营,突破原先的限制,扩大至商业领域的客货运输,并开辟了新的航线,渐次形成"内河小火轮船,上海为苏、杭之归宿,镇江为苏、宁、清江之枢纽"的基本格局①。

以上海为中心的江河海航运的衔接,为江南各地城镇的经济交往提供了便利。当时的上海,不仅是江南乃至中国第一港城,也是最大的内河轮运中心,凭借四通八达的航运网络,江南各地城镇以上海为中心的经济联系更加紧密。《1896—1901年杭州海关报告》载:"本地区各方向都有运河支流,主要靠小船运输货物,运输的数量和种类非常多……各种各样大小不一的无锡快是附近最主要和最有用的船,几乎都被轮船公司用来运载乘客和货物到上海和苏州。有时几条无锡快被租用几个月,跑一趟运输,偶尔也租用几天,运价2—3元,视船只大小和货运要求而定。这些船由住在船上的船主及其家人驾驶,如果运载的客人增加,他们就再雇用别人,这些雇工工钱是一天一角并提供伙食,船运的利润估计是运费的10%。"②

身为江苏常州人的盛宣怀,对外国列强全面侵夺中国内河航运权及其对中国航运业的倾轧,洞若观火。轮船招商局成立之初的1877年,他就曾强调:"自轮船入江(指长江——引者)十余年,百货皆为轮船所揽,民船仅赖盐务为生涯,倘并此夺之,大江东去,樯橹灭迹矣,一念民瘼,其何堪忍。况本局(指轮船招商局——引者)之设,原欲与外人争已失之利,不欲与小民争未失之利。"③他受命参与中英商约谈判后,即为维护中国的权益,尽其所能,据理力争。英国此次议约的目标,主要包括7个方面:

1. 全裁各省厘金。
2. 洋船任便驶行内港,不得留难阻滞。
3. 准洋商内地侨居贸易。
4. 华洋财产遇有争讼之事,应订专条律例,并在各通商口岸设立会审衙门,以便中外按律办理。

---

① 张之洞:《筹设商务局片》(光绪二十二年正月初五日),赵德馨主编:《张之洞全集》第3册,武汉出版社2008年版,第360页。
② 陈梅龙等译编:《近代浙江对外贸易及社会变迁——宁波、温州、杭州海关贸易报告译编》,宁波出版社2003年版,第233—235页。
③ 陈旭麓、顾廷龙、汪熙主编:《轮船招商局(盛宣怀档案资料选辑之八)》,上海人民出版社2002年版,第48页。

5.华人如在英国公司买股票,应照通例有益同沾、有害同受,不得同利不同害。

6.货物牌号应立号簿,不准他人随便冒充。

7.五谷应弛出洋之禁。①

盛宣怀受命议约后,即十分重视对英方动向的了解,指令英籍税务司裴式楷收集相关信息②。因此,上述英国的目标在英国报纸上披露后,裴式楷就马上报告了盛宣怀。盛宣怀得以有针对性地应对,其基本立场是:"凡事能无损于中国最好,如少有所损亦可勉强相从,但若九损而无一益,势不能相允从。"③这一立场,也曾得到张之洞和刘坤一等人的支持。早在开议前,张之洞就曾致电盛宣怀等人:"各国与中国交涉,多不按各国通例,即如内河行轮任便通商是也。此时惟有豫备抵制防损之法,以待开议,相机因应。"④综观中英商约谈判的全过程,盛宣怀确实是秉持上述立场全力以赴的。如《1902年1月10日中英修约会议记录》记载:

马凯(指英方谈判代表——引者)在会上逐一提出下列各款:

1."英国臣民应能在中国无论何处买地、租地、买房、租房,以便居住、贸易、制造,并安装机器,以备一切之用。英国臣民及其华洋代理人均可任便在各处侨居贸易,不受阻挠,所有税赋一概豁免。"

马凯说,这一款是就1896年中日通商行船条约内已经存在的权利加以补充,把侨居贸易的权利由临时性的变为永久性的。这对于中国有益。盛宣怀提出反对,他说那样办将使中国对于在内地的外国人无法管辖。马凯答复:如果中国想在这一款增加一些规定,例如英国命令驻华领事只对正当商人发给护照,并且为他们出具保结等等,他愿意加以考虑。

盛宣怀认为提出这一要求时机过早,而且只要治外法权存在一天,中国决不能答应。他说中国的法律不久即将修订,以与各国的法律更相接近。将来外国人如能像在日本一样受地方官吏的管辖,即可准给这项权

---

① 上海图书馆藏盛宣怀档案:《裴式楷致盛宣怀函》(光绪二十七年十月二十一日),档号:004227。
② 上海图书馆藏盛宣怀档案:《盛宣怀致裴式楷函》(光绪二十七年九月十二日),档号:004227。
③ 上海图书馆藏盛宣怀档案:《中英商约三月二十四日会谈纪要》(光绪二十八年三月二十四日),档号:010356。
④ 骆宝善等主编:《袁世凯全集》第8卷,河南大学出版社2013年版,第121页。

利。他说各省的当局一定会反对,而且机器代替人工劳动以后,接着就会发生骚乱的。他决不能答应给英国以比中日通商行船条约内所规定的更多的东西。马凯说,他还要要求别的更多的东西。最后会上决定这一款留待将来再讨论。

英方所提条款最后一句,是从中日通商行船条约内抽出来的。英国代表忽视了一点,他现在所提的要求与中日通商行船条约内给予的权利完全不同。这一点经指出后,马凯也承认是对的。他将最后一句的文字改为:"不得与华人区别,收取畸轻畸重之捐税。"①

这在上海图书馆盛宣怀档案的《1902年中英商约会谈纪要》中亦有记载,当天举行的中英商约第一次会谈时:

> 马大臣(指马凯,下同——引者)云,应准洋人入内地长远侨居贸易,并交出一单。
>
> 盛大臣(指盛宣怀,下同——引者)云,是何意思?
>
> 马大臣云,日本马关条约已有此章,是以英国照行并须照此推广。
>
> 盛大臣云,日本共三款系暂时租栈存货,贵国此单须长远侨居买地且须设机器制造,是于中国大损,且入内地诸多窒碍,各国商民现今不能归中国官管辖,应俟中国律例更改之后各国商民犯事悉照中国律例再行酌议。
>
> 马大臣云,此事英人挟巨资至中国内地贸易,于中国实有益。且洋人虽不归中国官管辖,亦有领事管束,如能准洋人入内地,现值好机会,可以更改中国律例,或恐滋事可由领事查明,正经商人取其银两作担保,给以凭据方准入内。
>
> 盛大臣云,此事于中国有益甚少,而有碍甚多,现若准贵国,恐他国亦须效尤。从前大西洋及葡萄牙条约均不准入内地买地设立行栈,即传教人买地亦用教堂之名,不能自买。且领事官均系见好于商人,商人请给凭据必无不准,各地方官均有关碍,此事断不能准。②

---

① 中国近代经济史资料丛刊编辑委员会主编,中华人民共和国海关总署研究室编译:《辛丑条约订立以后的商约谈判(帝国主义与中国海关资料丛编之十一)》,中华书局1994年版,第21页。
② 《中英商约第二次会谈纪要》(光绪二十七年十二月四日),周松青整理:《1902年中英商约会谈纪要》,上海图书馆历史文献研究所编:《历史文献》第一辑,上海社会科学院出版社1999年版,第345—346页。

在盛宣怀出席的中英商约谈判过程中,不乏这类唇枪舌剑、尖锐交锋的场面①。其间,英方力图扩大内河行轮权,使其轮船在中国内河任意行驶;中方则想方设法对外轮行驶中国内河有所限制。几经磋商,1902年7月30日,盛宣怀、吕海寰联名致电清朝政府外务部及两江总督刘坤一、湖广总督张之洞,明确提出了中方的基本要求:

> 内港行轮,诚于治权、利权有碍,华人借用洋旗,固有阄关等弊,真是洋人洋船,流弊不大。二十四年(指光绪二十四年即1898年——引者)所定章程,已注定内地二字,虽竭力限制,终有后患。如欲收回治权利权,非将前章删改不可。查各国内港行船,均本国人办理,外人不得侵越,中国何独不然。自应限定一年后即照新章,专归中国轮船行驶。如各国民人欲行小轮,只能与华人议立合股公司,该公司归中国注册,填发关牌,张挂中国旗号,与华人之例无异。本船上俱用华人,或争讼或犯法,概归地方官管理。码头、栈房亦概照民船例,由中国内河向章办理。②

之后,中英双方多次交锋,最后于1902年9月5日签订了《中英续议通商行船条约》,其中"附件丙"为《续议内港行轮修改章程》,条文如下:

> 一、英国轮船东可向中国人民在河道两岸租栈房及码头,不逾二十五年租期,如彼此两愿续租,亦可从新再议。倘英商不能向华民妥租栈房及码头,须由地方官与商务大臣商妥后,照公道时值,预备栈房、码头租给,租满之后,亦可接租。
>
> 二、英国商人所租栈房及小码头须纳税捐,如同中国人民左近及相类之房产一样。英国商人只能用中国代理人及办事等人,在该内河行轮处所租栈房之内居住、贸易;惟英商亦可随时前往察视其生意情形。不得因

---

① 详可参阅周松青整理:《1902年中英商约会谈纪要》,上海图书馆历史文献研究所编:《历史文献》第一辑;周松青整理:《中英商约会谈纪要(续)》,上海图书馆历史文献研究所编:《历史文献》第二辑,上海科学技术文献出版社1999年版;以及中国近代经济史资料丛刊编辑委员会主编,中华人民共和国海关总署研究室编译:《辛丑条约订立以后的商约谈判(帝国主义与中国海关资料丛编之十一)》。按:中方另一位谈判代表是吕海寰,山东掖县人,历任外务部左侍郎、工部尚书、外务部尚书等职。详可参阅李文杰整理:《吕海寰资料两种》,中国社会科学院近代史研究所近代史资料编辑部编:《近代史资料》总123号,中国社会科学出版社2011年版,第118—163页。
② 王尔敏、陈善伟编:《清末议订中外商约交涉》(上),香港中文大学出版社1993年版,第138页。

此于中国向来管辖华民之权稍有减损,或有所妨碍。

三、凡在中国内港行驶之轮船,如有损伤堤岸或各项工程,应责成该轮船将该堤岸工程查系损伤以及他项因伤受亏,一切赔偿业主。如有浅水河道,恐因行轮致伤堤岸以及相连之田地,中国欲禁小轮行驶者,知会英国官员,查明实有妨碍,即行禁止英轮行驶该河,但华轮亦应一律禁止。至华、洋轮船并不得驶过内河向有坝闸之处,防有损伤坝闸,有碍水利。

四、英国政府欲将中国内地水道开通行驶轮船,大意实为中外货物运动迅速起见,如现在或日后有行驶内地水道之英轮,而该船业主允愿将轮船转卖与华人公司及挂中国旗号,英国政府应许不加禁阻。如有华人按照中国律例注册,设立内港行轮公司,而有英人附股者,不得因该公司有英股在内,遂以为该公司轮船即准挂英国旗号。

五、民船向不准装运违禁货物,凡行驶内港轮船及该轮拖带之船,亦均一律不准装运。如有不遵,即照约载违禁章程办理,注销所给关牌,不准行驶内港。

六、内港行轮风气未开,内地居民宜令其少受惊扰,故凡内港其向未经轮船行驶者,须审查商人之便,并轮船东实见生意有利可图,方可渐次开驶。如有商人有意于商船未经到之内港设轮行驶,须先向最近口岸之税务司报明,以便转禀商务大臣,会同该省督抚,体察情形,迅速批准。

七、此次轮船准在口岸内行驶,或由通商此口至通商彼口,或由口岸至内地,并由该内地处驶回口岸。并准报明海关,在沿途此次所经贸易各埠上下客货,但非奉中国政府允准,不得由此不通商口岸之内地至彼不通商口岸之内地,专行往来。

八、无论客船或货船,均准轮船拖带。凡被拖之船只,其船户、水手人等均应归华民充当,并不拘船东为何人,均须挂号,方准由口岸行驶内港。

九、现行所定以上各章程,系补续光绪二十四年五月至七月前后所订内港行轮之章程。①

上述条款明确规定外国轮船只能由口岸至内地,再由内地回口岸,不能

---

① 聂宝璋、朱荫贵编:《中国近代航运史资料》第二辑,中国社会科学出版社2002年版,第13—14页。

在内地任便往来。应该说,对外轮在中国内河行驶的范围有所限制。但盛宣怀原先提出的内河行轮专归中国轮船行驶,外商只能附股,以及纠纷争讼由中国地方官管辖等设想,并没有实现。在中国刚刚经历八国联军侵华和《辛丑条约》等一系列创巨痛深的打击后,中英商约谈判有关内河行轮的规定能有这样的结果,盛宣怀也算是尽力了。同时,他也清醒地认识到,要想抗衡外国轮船深入中国内河,必须重视和兴办中国自己的内河轮运业,并马上付诸行动。

1902年10月23日,盛宣怀奏称已召集华商创设内河轮船招商局,并委派朱冯寿为总董,订购内河小轮船在江浙等处试办,俟试办有效再请旨推广。该局创办后,拥有内河小轮船7艘、拖船6条,先从上海驶往苏州、杭州,此后航线伸展至南浔、湖州、宜兴、溧阳、江阴,又从苏州经无锡、常州至镇江,过长江抵扬州、清江,又从清江越宿迁至窑湾,濒淮河至正阳关,形成一张覆盖江南和苏北大部的内河航运网,轮船也从最初的7艘增加到宣统三年(1911)的近30艘①,成为上海乃至全国规模最大的内河轮运企业,在一定程度上挽回了部分民族利权。

六、司法和陋俗改革

1902年5月13日,清廷颁布谕令:"著派沈家本、伍廷芳将一切现行律例,按照交涉情形,参酌各国法律,悉心考订,妥为拟议。务期中外通行,有裨治理。"②沈家本和伍廷芳出任修律大臣后,参考各国法律修订清朝律例。其中,修订后的《大清律例》定名为《现行律例》,于1910年正式颁行。该律分别就有关刑法、民法、行政法、诉讼法的违法犯罪行为规定了量刑办法;并将有些纯属民法规范的内容分出,不再科刑,以示民刑区分;废除了原先《大清律例》中的凌迟、枭首、戮尸、刺字等酷刑,以罚金、徒、流、遣、死取代原来的笞、杖、徒、流、

---

① 聂宝璋、朱荫贵编:《中国近代航运史资料》第二辑,第786—788页;樊百川:《中国轮船航运业的兴起》,四川人民出版社1985年版,第432页。
② 上海商务印书馆编译所编纂,李秀清等点校:《大清新法令:1901—1911》第1卷,商务印书馆2011年版,第16页。

死五刑。《现行律例》还根据形势的变化删除了一些不合时宜的旧条文,如禁止同姓为婚、良贱为婚等;同时也增加了一些旧律所没有的新罪名,如毁坏铁路罪、破坏电讯罪等。

1906年,清朝政府仿照西方国家的政治制度,对司法机关作了较大改革。主要是将刑部改为法部,专管全国的司法行政,不再兼理审判;改大理寺为大理院,为最高审判机关,负责解释法律,并配置总检察厅。司法审判程序实行四级裁判所、三级审判的制度,习称四级三审制。

四级裁判所是:初级审判厅、地方审判厅、高等审判厅和大理院。三级审判制度规定:初级审判厅,收审无关人命罪案等;如对初级审判厅的判决不服,可上诉地方审判厅为第二审;对第二审判决不服,还可以上诉至高等审判厅为终审,亦即第三审。

地方审判厅收审死罪案等,如不服判决者,可上诉至高等审判厅为第二审;再不服,还可上述到大理院为终审。大理院是全国最高裁判机关。此外,在大理院和地方各级审判厅,相应地设立各级检察厅。

1909年,法部为使各级司法机关在审理案件中有所遵循,经清廷核准颁布试行《各级审判厅试办章程》。其中,一是规定民刑区分适用法律;二是明确了审级、管辖、回避、厅票、预审、公判和判决之执行的规范;三是申明起诉、上诉、证人及鉴定人、管收、保释与讼费的规则;四是确定各级检察厅通则;五是明确此项试办章程实施的期限,规定待法院编制法及民事、刑事诉讼法颁行后,此章程即停止施行,因而带有明显的过渡法性质。次年,在此项试办章程的基础上,吸收了西方国家近代诉讼办法和某些制度,由修订法律馆编成《刑事诉讼律草案》六编十五章五百十四条和《民事诉讼律草案》四编二十三章八百条,对传统中国社会延续已久的民事刑事混同且家族处断的皇族审判机制,是一个极大的否定,体现了中国诉讼审判制度向近代化迈进①。清末新政改变了京师司法官员的满汉比例。在1906年官制改革前,京城三法司额设官员中,满人始终占有优势,且低级官吏几乎被满人垄断。官制改革以后,司法人员大大扩充,尽管满人官员有所增加,但汉人官员增加更多。负责司法行政事务的法部,汉人官员人数逐步增加并超过满人。在大理院和京师各级审判厅、检察厅

---

① 详可参阅屈春海:《清宫档案解说》,华文出版社2007年,第142—151页。

官员中,汉人官员最终占有绝对多数①。

新政期间,流传很广的缠足、吸鸦片烟等陋俗被明令禁止。

中国妇女缠足始于宋代。在南宋,渐成风气。迨至清代,已是一种司空见惯的社会陋习,是对妇女的身体和精神的双重折磨和摧残。鸦片战争后来华的基督教传教士目睹此景,深为惊讶和不安,认为这是极不人道和亟应废除的。除了在其主办的《万国公报》等报刊上揭露和宣传在中国延续已久的缠足陋习不可取外,他们还开风气之先,组织"戒缠足会"等团体,积极倡导不缠足。

基督教传教士对缠足陋习的揭露和抨击,在一些较早开眼看世界的中国人的头脑中带来了震动,产生了共鸣。1883年,康有为在其家乡广东南海县与友人区谔良发起成立"不缠足会",这是目前已知的第一个由中国人自己组织的戒缠足的民间团体。康有为直言,此举旨在"诚愿与有志之士贤天理,奉王制,全生人之体,完父子之恩,使千年之恶俗一旦涤荡,岂不善欤!"②

1898年戊戌变法高潮时,康有为呈上《请禁止妇女裹足折》,要求下诏严禁妇女裹足,已裹者一律宽解,违抗者科罚。此折得光绪帝赞同,于同年8月13日颁发谕旨,准令各省劝诱推行禁止妇女裹足。有史料记载,当时在一些地区这道谕旨曾得到推行,如在戊戌六君子之一的林旭的家乡福州,"正在他领导的反裹足运动处于高潮时,他遇害了"③。随着百日维新的失败,此项改革措施也告中止。官方占主流的态度决定了禁缠足坎坷难行,为了宣传其废缠足主张,英国立德夫人曾专门拜访了李鸿章,希望得到支持,结果大失所望。李鸿章这样回答她:"你知道,如果你让妇女都不裹脚,她们会变得很强壮,男人已经很强壮了,他们会推翻朝廷的。"④这种局面在新政推行后得到改变。

1905年慈禧颁旨,准许满汉通婚,并称"汉人妇女率多缠足,由来已久,有伤造物之和。嗣后缙绅之家,务当婉切劝导,使之家喻户晓,以期渐除积习,断不准官吏胥役藉词禁令扰累民间"⑤。由此,禁缠足被各地政府正式倡导和推

---

① 胡祥雨:《清末新政与京师司法官员的满汉比例(1901—1912)——基于〈缙绅录〉数据库的分析》,《清史研究》2018年第4期,第21页。
② 康有为:《戒缠足会启》,《历史档案》1992年第1期,第118页。
③ [英]阿绮波德·立德著,王成东等译:《穿蓝色长袍的国度》,时事出版社1998年版,第328页。
④ 同上书,第308页。
⑤ 朱寿朋:《光绪朝东华录》,总第4808页。

行,在民间也得到更多人的响应①。当然,对禁缠足在各地的实效不能太乐观,原因之一是,当时在很多地方,守旧的社会风气光靠行政命令是很难一下子完全破除的,与此相联系,当时的女子如果不缠足,便很难找到婆家;已婚的女子如果放脚,也常常会遭到婆家的责骂。因此直到民国年间,女子缠足在各地仍很常见。如1939年,有人在河南林县亲眼所见:"此间缠足之风仍甚,小女孩几乎全包脚。"②次年,德国友人王安娜在华北抗日根据地时,"妇女看着我的'大脚'窃笑,而她们对自己那双像马蹄一样的缠足,却不以为怪"③。即便如此,新政期间由清廷颁旨劝禁缠足,对破除陋俗积弊和尊重妇女的人身权利而言,都是顺应时代要求的革新举措。

鸦片烟毒,众所周知在晚清蔓延甚广。自林则徐始,许多有识之士力倡禁毒,但因各级官员置若罔闻,收效甚微。这种态势直到新政启动才有所改观。1906年清廷颁谕,明令在产销、吸食诸环节均严禁鸦片烟毒,强调:

> 自鸦片烟弛禁以来,流毒几遍中国,吸食之人废时失业,病身败家。数十年来,日形贫弱,实由于此,言之可为痛恨。今朝廷锐意图强,亟应申儆国人咸知振拔,俾祛沉痼而蹈康和。著定限十年以内,将洋土药之害一律革除净尽。其应如何分别严禁吸食并禁种罂粟之处,著政务处妥议章程具奏。④

次年制定的新刑律明确列有鸦片烟罪。1909年颁布的《禁烟条例》规定,凡栽种罂粟、制贩大烟、设烟馆、制烟具等,均受治罪惩办。更为引人注目的是,同年清朝政府在上海主办了由美国倡议,"约请东方有属地之法、德、英和日本等国政府,各派专员考查鸦片情形"的万国禁烟会⑤。当时有来自中、美、英、法、德、俄、日、意、荷、葡、土耳其、暹罗(今泰国)和波斯(今伊朗)等13个国

---

① 此前,已有一些省份施行,如1902年新任四川总督岑春煊上任伊始,就刊发《劝戒缠足示谕》;次年继任川督的锡良,也曾于1904年通饬各县刊发劝禁缠足的告示。但明显见成效是在1905年后。详可参阅杨兴梅:《从劝导到禁罚:清季四川反缠足努力述略》,《历史研究》2000年第6期。
② 《高敏夫日记》1939年3月1日条,载迟竹森等编:《高敏夫文集》,中国文联出版公司1997年版,第355页。
③ [德]王安娜著,李良健等校译:《嫁给革命的中国》,生活·读书·新知三联书店2009年版,第339页。
④ 朱寿朋:《光绪朝东华录》,总第5570页。
⑤ 中国第一历史档案馆编:《晚清国际会议档案》,广陵书社2008年版,第3626、3627页。

家的代表,出席了这一人类历史上首次多边性的国际反毒禁毒会议。它第一次确认鸦片等毒品必须在世界范围内禁止,第一次唤起了各国政府对毒品的关注。会议决议的主要内容多被以后的海牙禁毒公约所采纳,成为国际联合反毒禁毒的普遍原则①。

政府的禁烟举措也得到社会舆论和各界的支持。各地都有戒烟会的成立并积极开展活动,1909年3月3日《申报》刊载了由社会名流辜鸿铭、祝兰舫、朱葆三等人为董事的"振华戒烟会"的广告,题为"最妥最善戒烟捷法——振华戒烟会",其中就有这样的宣传:

> 戒后身体立时强壮,绝无萎靡不振之象,足为一证。本会备有宽敞房屋、休枕、被褥以及居膳饮诸品,无不精美。戒制计分三等,听戒者自择。
>
> 戒愿者请先至本会报名,另有详细章程送阅。倘有怀疑,请到本会查明前经戒脱者姓名,可以就近访察,以资考证。
>
> 有志戒烟者勿失之交臂也。一俟将来成效大著,再行设法推广,施治贫乏,以广善举焉。

应该指出,新政期间虽有禁烟举措出台,代表中国政府出席万国禁烟会的两江总督端方也表示:"我们完全有希望在不到规定的十年期限之内,在全国范围之内完全消除吸食鸦片的现象。"②但各地官府在实际执行时大打折扣,尤其是多把烟税作为增收捷径,"恃此为入款大宗,恨不得广种广销,为增进利源之计"③。那些瘾君子也难下决心弃绝烟毒,在票号发祥地之一的山西太谷县,县志对此这样描述:

> 太谷鸦片之毒始于清咸丰朝,蔓延于同治之世,而大盛于光绪季年,富族大家嗜之者无论已,即中下之家降至乡僻小户,无不视鸦片为布帛菽粟须臾不可离而倚之如命,虽光宣间上宪屡申禁令而沉溺既久,吸食如故。④

在以后的北洋政府和南京国民政府统治时期,这种局面亦无多大改变,即

---

① 详可参阅苏智良等:《全球禁毒的开端——1909年上海万国禁烟会》,上海三联书店2009年版。
② 上海市档案馆等编:《清末民初的禁烟运动》,上海科学技术文献出版社1996年版,第86页。
③ 中国史学会主编:《鸦片战争》(中国近代史资料丛刊)第1册,神州国光社1954年版,第333页。
④ 民国《太谷县志》卷3,赋税、户口。

使在大都市的上海,仍是"土行烟馆星罗棋布",人称"今日国府烟禁下沧海一粟之怪象"①。即便如此,新政期间由政府明确颁布禁烟法规并有一些实际举措,终究是一种历史的进步,也多少抑制了鸦片烟毒肆无忌惮的蔓延②。

七、"预备立宪"

1906年清廷宣布仿行宪政,"预备立宪"。

此前,经历戊戌政变后,国内朝野人士即使有主张立宪者也多不敢声张,只能私下表露。1902年孙宝瑄在日记中感叹:"专制政界内,上下之情隔绝不通,一欺蔽蒙混之天下也。惟其不通,所以不能一心;惟欺蔽蒙混,所以不能实事求是。今欲通之,惟有改专制为立宪,设上下议院,万机决于公论,庶几朝野君民之间,无壅闭隔阂之患,人人自能实力奉公矣。"③

1904年爆发的日俄战争,推动了清廷筹划"预备立宪"。一批为数不少的官员受到这次战争的强烈震撼,开始明白专制难以久恃、立宪方可图存,纷纷赞同推行君主立宪。当时的《中外日报》这样描述:"近者甲辰日俄之战,知微之士闻之,亦曰此非俄日之战也,乃立宪专制二治术之战也。自海陆交绥以来,日无不胜,俄无不败,至于今,不独俄民群起而为立宪之争也,即吾国士夫亦知其事之不容已,是以立宪之议,主者愈多,远猷辰告,始于出使诸公,继者乃有疆吏,而今枢臣亲懿之中,亦稍稍持其说矣。"④

这里所说的赞同立宪的官员大都接触过西学,比较明了世界大势。日俄战争的结局使他们认识到君宪政体的长处,面对强敌四逼、国弱民贫、立宪舆论高涨、革命风潮炽烈的危局,他们终于愿意在尊崇皇室、尽量维护官僚贵族特权地位的前提下,效法日本,实行君民妥协、民权有限的钦定宪法,以拯救清皇朝严重的统治危机。

---

① 罗运炎:《中国鸦片问题》,章有义编:《中国近代农业史资料》第3辑,生活·读书·新知三联书店1957年版,第43页。
② 详可参阅王宏斌:《清末新政时期的禁烟运动》,《历史研究》1990年第4期。
③ 中华书局编辑部编,童杨校订:《孙宝瑄日记》,中华书局2015年版,第525页。
④ 《论国家于未立宪以前有可以行必宜行之要政》,《中外日报》1905年10月9日。

较早公开呼吁立宪的是驻法公使孙宝琦,他在1904年2月《上政务处王大臣书》中描绘了"外侮迭乘、内忧间作"的险恶处境,告诫朝廷改革已成民心所向,"莫之能遏",若想避免"倡论自下"的"酿祸之阶",就应"仿英德日本之制,定为立宪政体",并建议改政务处为上议院、都察处为下议院①。他的这些见解,虽然对西方宪政认识肤浅,而且关于改议院的建议也不伦不类,但由于领先潮流,代表民望,故很受立宪派称道,颇具社会影响。

紧接着同年3月,又有云贵总督丁振铎、贵州巡抚林绍年电奏清廷,认为鉴于日本变法30年,竟敢与强俄相抗的事实,请朝廷"急宣上谕,誓改前非……饬出使各国大臣迅告各国政府,以中国自今以后一切即尽行改革,期于悉符各国最善之政策"②。虽未言明立宪,但其"尽行改革"实寓变更政体之意。随后,两江总督周馥、湖广总督张之洞、两广总督岑春煊、直隶总督袁世凯、湖南巡抚端方等人也以立宪为请。不久,西太后召见端方,问道:"新政已皆举行,当无复有未办者。"对曰:"尚未立宪。"西太后又问:"立宪如何?"又答:"立宪则皇上可世袭罔替"③。西太后心动,遂决定派员出洋考察。

1905年7月16日,清廷发布上谕,称"方今时局艰难,百端待理,朝廷屡下明诏,力图变法,锐意振兴,数年以来,规模虽具而实效未彰,总由承办人员向无讲求,未能洞达原委,似此因循敷衍,何由起衰弱而救颠危",特派镇国公载泽、户部侍郎戴鸿慈、兵部侍郎徐世昌、湖南巡抚端方四大臣"随带人员,分赴东西洋各国考求一切政治,以期择善而从"④。

上述四大臣均为清朝官员中较为开明者,如此前曾任湖北巡抚的端方与美国在华传教士丁韪良就常有来往,曾告诉丁韪良:"你的书,我全都读过。"丁韪良记述:"他(指端方——引者)经常到我家来,我每次拜访他,他准会回访我。当他调去湖南担任巡抚时,我曾托他对雅礼协会给予特别关照,他对此显得很高兴。他有一个儿子在美国留学,而且他的夫人和女儿们都在向美国监理会传教使团的女传教士们学习英语。"⑤

---

① 载《东方杂志》第1年第7期。
② 《滇督丁制军振铎等请与各国立誓力行新政电奏》,《大公报》1904年3月10日。
③ 魏元旷:《坚冰志》,《戊戌变法》(资料丛刊)第4册,第313页。
④ 《派载泽等分赴东西洋考察政治谕》,《清末筹备立宪档案史料》,中华书局1979年版,第1页。
⑤ [美]丁韪良著,沈弘译:《中国觉醒》,第183页。

7月27日,又加派商部右丞绍英随同前往,共五大臣出洋考察。9月25日,载泽等人在正阳门外车站乘火车出京。正要启行时,遇革命党人吴樾行刺,吴随身携带的炸弹爆裂,当场身亡,载泽、绍英二人受伤,出洋考察只得暂缓启程。其中,绍英"身受伤七八处",血殷左股,愈后脚上留下残疾,终生受累①。

这时,日胜俄败的战争结局已明朗,国内外舆论均认为这是两国立宪与否的结果,清廷态度的游移不决,激起人们的不满。其间,孙宝琦再电外务部,坚请朝廷"饬该大臣等专心考察各国宪法,期在必行"②。驻俄使臣胡惟德电奏:"俄国现已公布宪法……今我国处孤立之地位,日英同盟本不足恃,亟宜立定宪法,上下一心,讲求自立之策,以防各国侵害。"③此外,驻英使臣汪大燮、驻美使臣梁诚、学部尚书张百熙、礼部侍郎唐景崇及端方、载泽、袁世凯、岑春煊、周馥等一班大员均以立宪为言,"上自勋戚大臣,下逮校舍学子,靡不曰立宪立宪";时人描述:"昔者维新二字,为中国士夫之口头禅,今者立宪二字,又为中国士夫之口头禅。"④

在朝野舆论的督促下,10月25日清廷又改派山东布政使尚其亨、顺天府丞李盛铎随同载泽、戴鸿慈、端方赴各国考察(这时徐世昌已授巡警部尚书,绍英伤未愈,都不再去)。考察分为两路:载泽、尚其亨、李盛铎访问日、英、法、比等国,戴鸿慈、端方访问美、德、俄、意、奥等国,分别于12月2日和11日出发。派遣出洋考察的人马中,主要的是载泽率领的那一路。他们重点考察的日、英两国,都是实行君主立宪制的国家,这使他们感触颇深。当时作为随员出访的熊希龄曾致函军机大臣瞿鸿禨禀告:"窃维此次游历欧美各国参观比较,觉各国规模之远大,机关之完备,国力之富强,为我国一时所不能及。"⑤

次年7月间,考察各国政治大臣先后归国(李盛铎改任驻比公使,没有回来)。他们归国后就上折奏请宣布立宪,要求清廷"特降纶音,期以五年,改行

---

① 绍英:《绍英日记》第1册,国家图书馆出版社2009年版,第605页;前言,第3页。
② 《驻法孙钦使呈外部电》,《中外日报》1905年9月29日。
③ 《汇报》第8年第72号,1905年10月18日。
④ 《中国未立宪以前当以法律遍教国民论》,《东方杂志》第2年第11期;《论立宪当以地方自治为基础》,《南方报》1905年9月21日。
⑤ 《熊希龄致瞿鸿禨(1906年6月30日)》,中国社会科学院近代史研究所图书馆供稿:《瞿鸿禨朋僚书牍选(上)》,《近代史资料》总108号,中国社会科学出版社2004年版,第9页。

立宪政体";"开馆编辑大清帝国宪法,颁行天下"①。以往学界已多认为当时在海外的梁启超,曾受托为出洋考察宪政的大臣代笔草拟奏折;梁启超的学生丁文江等编纂的《梁启超年谱长编》亦载:梁启超"为若辈代草考察宪政、奏请立宪并赦免党人、请定国是一类奏折,逾二十余万言"②,但均无确凿文献佐证。近有学者在北京大学图书馆发现一册梁启超的手稿,原藏梁启超曾任教的燕京大学图书馆,全册收文6篇,据此可知以往的推论属实③。

这些大臣还奏请宣示宗旨,公布地方自治制;制订集会言论出版之律,以树预备立宪的基础等。8月12日,北洋大臣、直隶总督袁世凯也奏称预备立宪宜使中央五品以上官吏参与政务,为上议院基础;使各州县有名望的绅商参与地方政务,为地方自治基础。8月19日,端方、戴鸿慈等又面奏宪法请仿日本,兵农工商请仿日、德两国。

当时,清朝统治集团内部对实行预备立宪的看法并不一致,不少人仍心存疑虑,甚至公开持反对态度。他们主要担心的是两条:一是怕"立宪有妨君主大权",一是怕"立宪利汉不利满"。于是,载泽又单独上了一道密折,力陈"以今日之时势言之,立宪之有利有最重要者三端":

> 一曰皇位永固。立宪之国君主,神圣不可侵犯,故于行政不负责任,由大臣代负之;即偶有行政失谊,或议会与之反对,或经议院弹劾,不过政府各大臣辞职,别立一新政府而已。故相位旦夕可迁,君位万世不改,大利一。
>
> 一曰外患渐轻。今日外人之侮我,虽由我国势之弱,亦由我政体之殊,故谓为专制,谓为半开化,而不以同等之国相待。一旦改行宪政,则鄙我者转而敬我,将变其侵略之政策为和平之邦交,大利二。
>
> 一曰内乱可弭。海滨洋界,会党纵横,甚者倡为革命之说,顾其所以煽惑人心者,则曰政体专务压制,官皆民贼,吏尽贪人,民为鱼肉,无以聊

---

① 载泽等:《出使各国大臣奏请宣布立宪折》,《辛亥革命》(中国近代史资料丛刊,以下简称"资料丛刊")第4册,上海人民出版社1957年版,第26页。上述手稿的整理本,可见陈平原等主编的《现代中国》第11辑,北京大学出版社2008年版。
② 丁文江等:《梁启超年谱长编》,上海人民出版社1983年版,第353页。
③ 夏晓虹对梁启超这些手稿的整理本,载陈平原等主编的《现代中国》第11辑,北京大学出版社2008年版。

生,故从之者众。今改行宪政,则世界所称公平之正理、文明之极轨,彼虽欲造言,而无词可藉;欲倡乱,而人不肯从,无事缉捕搜拿,自然冰消瓦解,大利三。①

载泽在晚清皇室中地位相当特殊。他是嘉庆皇帝第五子惠亲王绵愉的孙子,降袭为镇国公。他的妻子是西太后的亲侄女(承恩公桂祥的女儿)。桂祥是西太后的哥哥,他有三个女儿,大女儿嫁给光绪皇帝,就是隆裕皇后;二女儿嫁给端郡王载漪,他的儿子就是曾一度被立为大阿哥的溥儁;三女儿就嫁给了载泽。

西太后对这位侄女婿是很信任的。他在密折中也特地表白:"奴才谊属宗支,休戚之事,与国共之。使茫无所见,万不敢于重大之事,卤莽陈言";恳求西太后要当机立断,"不为众论所移,不为浮言所动",并称"事关大计,可否一由宸衷,乞无露奴才此奏"。有学者认为:"载泽考察团各类奏折、著述的撰成,实为考政大臣与随从人员实力考求、协同作业的结果,与端方、戴鸿慈考察团找人捉刀代拟奏稿、考察报告形成了鲜明对比。"②

载泽在密折中强调的所谓"皇位永固""外患渐轻""内乱可弭"三大利,很得西太后的重视,"两宫览后,大为感动"。接着,端方又具奏三次,军机大臣瞿鸿禨、荣庆等也各有所陈奏。于是,清廷就命廷臣会议,并派醇亲王载沣、各军机大臣、政务处大臣、大学士和直隶总督袁世凯等,共同阅读考察各国政治大臣回京后奏陈各折,请旨办理。8月27日,上述官员遵旨举行会议,并于次日面奏西太后和光绪帝,请行宪政。9月1日清廷颁布上谕,宣布预备立宪。内称:

> 时处今日,惟有及时详晰甄核,仿行宪政,大权统于朝廷,庶政公诸舆论,以立国家万年有道之基。但目前规制未备,民智未开,若操切从事,涂饰空文,何以对国民而昭大信。故廓清积弊,明定责成,必从官制入手,亟应先将官制分别议定,次第更张,并将各项法律详慎厘订,而又广兴教育,清理财务,整饬武备,普设巡警,使绅民明悉国政,以预备立宪基础。著内

---

① 载泽:《奏请宣布立宪密折》,《辛亥革命》(资料丛刊)第4册,第27—29页。
② 潘崇:《杨寿楠与清末五大臣出洋考察》,《江苏社会科学》2009年第6期。按:杨寿楠时任该团随员。

外臣工切实振兴,力求成效,俟数年后规模粗具,查看情形,参用各国成法,妥议立宪实行期限,再行宣布天下,视进步之迟速,定期限之远近。①

这道宣示预备立宪的上谕,关键处是两点:一是"大权统于朝廷,庶政公诸舆论",即庶政可听听各方面的舆论,但大权仍必须统于朝廷;一是"必从官制入手",是指宣布预备立宪后,其他一切都得视情况再定实行的期限,目前要做的事就是改革官制。但即使如此,清廷宣布"预备立宪"毕竟开启了政治体制改革的闸门。1906年9月《北京画报》刊图"恭贺立宪",描绘的是同年9月4日北京日新学堂学生列队游行庆贺立宪的情景,并附文字称:"改行立宪,是中国的大转折,是几千年没有的大幸福。"②清廷还筹划设立法政学堂等,为"预备立宪"培训人才。1906年,袁世凯便称:"直隶省城设立法政学堂,原为造就州县吏材而设。"③以后,学部也奏称:

> 自奉明诏,宣布筹备立宪,并刊布钦定筹备立宪事宜清单,各省咨议局既于上年成立,京师资政院亦于今年召集,而各地审判厅、各级地方自治亦皆次第施行,所有议员、自治职员、审判官吏,非有法政之素养,不足以趋赴事机。需才既众,自宜广加培成,以资任使。④

清廷启动"预备立宪",为资产阶级立宪派的活动提供了合法的依据。受此鼓舞,立宪派党人迅速开展了诸如联络同志、结合团体、办报演说、请愿集会等旨在参与国家政权的一系列活动,其重点是更多地放在监督、敦促清朝政府的预备立宪上,逐渐形成了立宪运动的高潮,推动着中国政治向前发展。

应该指出,尽管新政的本意是要尽力维护封建统治,但在一定程度上它反映了近代中国历史发展的客观要求,在社会经济和思想文化教育等方面曾产生了广泛的影响。特别是当时国内新式学堂(包括新式军事学校)的大量开设,新式学堂学生人数的迅速增长,使资产阶级革命派在国内的社会基础大大扩大了。到1911年武昌起义时,这些新式学堂的学生和新式军事学校毕业的青年军官,已经成为一种新的社会力量(虽然它的力量还是薄弱的),在革命斗

---

① 《宣示预备立宪先行厘定官制谕》,《清末筹备立宪档案史料》,第43、44页。
② 陈平原:《图像晚清:〈点石斋画报〉之外》,东方出版社2014年版,第78页。
③ 天津图书馆等编:《袁世凯奏议》,天津古籍出版社1987年版,第1298页。
④ 陈学恂主编:《中国近代教育史教学参考资料》上册,人民教育出版社1986年版,第762页。

争中扮演着相当活跃的角色,发挥了重要的先锋作用、冲击作用。而这些,却又是清朝政府所未曾料及的。

扩展阅读书目

1. 商衍鎏:《清代科举考试述录》,故宫出版社,2014年。作者是1904年的探花,即晚清最后一次科举考试的第三名,笔端再现当时的历史场景。

2. 韦庆远等著:《清末宪政史》,中国人民大学出版社,1993年。资料扎实,立论公允,剖析有深度。此书后由高放修订易名《清末立宪史》,华文出版社,2012年。

3. 章开沅等主编:《中国近代史上的官绅商学》,湖北人民出版社,2000年。分门别类专题研究的结集,涵盖面广。

4. 李孝悌:《清末的下层社会启蒙运动(1901—1911)》,河北教育出版社,2001年。侧重考察报刊、宣讲、演说、戏曲等方式,对大众政治意识的鼓动。

5. 李细珠:《地方督抚与清末新政——晚清权力格局再研究》,社会科学文献出版社,2012年。揭示清末中央与地方关系的演变。

6. 尚小明:《留日学生与清末新政》,江西教育出版社,2003年。细致梳理论析两者间的关系。

7. 彭贺超:《新军会操:中国近代军演早期形态研究》,中华书局,2018年。视角有新意的专题论述。

8. 关晓红:《科举停废与近代中国社会》(修订版),社会科学文献出版社,2017年。资料丰富,论述细致。

9. [美]任达著,李仲贤译:《新政革命与日本:中国,1898—1912》,江苏人民出版社,2006年。着力揭示清末政治变革与日本的关联。

10. [美]斯蒂芬·R.麦金农著,牛秋实等译校:《中华帝国晚期的权力与政治:袁世凯在北京与天津(1901—1908)》,天津人民出版社,2013年。海外学者笔下清末新政时期的袁世凯。

相关资料选读

1. 故宫博物院明清档案部编:《清末筹备立宪档案史料》,中华书局,1979年。未刊档案的专题披露,研究清末立宪的必读书。

2. 苑书义等编：《张之洞全集》，河北人民出版社，1998年。清末"东南互保""新政"主要筹划者的个人资料全编。另有同名的《张之洞全集》，由赵德馨主编，武汉出版社，2008年。后者有新的增补和考订。

3. 刘坤一撰，陈代湘等校点：《刘坤一奏疏》，岳麓书社，2013年。清末新政另一筹划者的奏章汇编。

4. 中国第一历史档案馆：《光绪宣统两朝上谕档》，广西师范大学出版社，1996年。皇帝指令的汇编。

5. 中国第一历史档案馆：《清代军机处电报档汇编》，中国人民大学出版社，2005年。清朝政府中枢机构电报往来文件集。

6. 上海商务印书馆编译所编纂，李秀清等点校：《大清新法令：1901—1911》，商务印书馆，2011年。清末法律改革成果的汇集。

7. ［澳］骆惠敏编，刘桂梁等译：《清末民初政情内幕——〈泰晤士报〉驻北京记者、袁世凯政治顾问乔·厄·莫理循书信集》，知识出版社，1986年。作者因其特殊的身份，得以知晓清末许多政坛秘事，史料价值高。

8.《泰晤士报》著，方激编译：《帝国的回忆：〈泰晤士报〉晚清改革观察记》，重庆出版社，2014年。海外名报的观察和评论。

第十章

社会变动

1881年开平矿务局投资建成的第一条专线铁路——唐胥铁路

一、经济的变革

19世纪60年代后,在洋务派官僚兴办民用工业的前后,另有一些民间资本,独立创办了一批近代民族资本主义企业。1869年起开始使用车床的上海法昌机器厂,是中国较早的一家民族资本企业。该厂原是一家打铁作坊,专为进出上海港的外国商船打制、修配船用零件。1869年后,用车床加工船用零配件,从手工工场发展为机器工厂。此外,机器缫丝是民族资本较早涉足的工业部门。它的出现是受生丝大量出口的推动,最早的创办人是原籍广东南海县的侨商陈启源。1872年,陈在家乡创设继昌隆缫丝厂,雇佣工人六七百名。该厂开办后,产品优良,行销欧美,获利丰厚,效仿者众。机器棉纺织业则是民族资本较集中的近代工业。至1894年,民族资本近代工业约有七八十家,它们主要分布在缫丝、棉纺织、面粉、火柴、造纸、印刷、榨油等行业。在采矿业方面,这一时期民间资本也投资经营了一些企业,有1880年开办的山东峄县煤矿、1885年设立的山东平度金矿等。这些企业规模都比较小,基本上仍是土法开采,只是在个别生产环节上使用了机器,大多经营困难,境况不佳。

1895年中日《马关条约》签订后,列强竞相在中国划分势力范围和输出资本。受民族危机日益深重的刺激,有识之士纷纷主张"设厂自救",要求"抵制外货,自保利权",相继投资近代工矿企业。1901年后,清朝政府迫于形势,推行"新政",奖励设厂办矿,多少减轻了封建势力对民间资本兴办近代企业的阻力,也吸引了一些华侨资本回国投资。在这种历史背景下,19世纪末20世纪初,中国民族资本主义有了长足的发展。甲午战争前,民间资本共设厂矿53家,资本额470万余元,约占中国近代企业资本总额的22%,甲午战争后,则陡增至416家和8 277万余元,资本总额所占比重跃升至77%①。

甲午战争后新设的民族资本企业,主要仍集中在轻工业。在416家企业中,纺织部门包括轧花、纺织、织染、缫丝、呢绒、织麻等占155家,资本额为2 733万余元,均位居第一;其次是面粉工业39家,资本额703万余元;再次是榨油、火柴、卷烟等部门。重工业很少,燃料采掘、金属开采冶炼和金属加工三个部门总计也仅39家,资本额963万余元。这些企业的地区分布仍不平衡,主要集中在江浙、两广和两湖三个地区,其中江浙地区共148家,两广地区71家,两湖地区32家,三者相加共251家,占企业总数的一半以上。此外,它们还无法摆脱资金薄弱、规模狭小、技术落后等缺陷。因此,甲午战争后民族资本主义虽有明显的发展,但制约它健康成长的诸因素依然存在,列强的压迫和清朝政府的统治是它前进道路上的极大阻碍。1911年辛亥革命的爆发正是为了清除这种阻碍。

鸦片战争前,中国农产品的商品化已有一定程度的发展。茶叶、烟草、蚕桑等基本上已是商品性生产。棉花和大豆主要还是用于自给,但在一些集中产地也有商品性生产。粮食是自给性生产,有余才出售,但因产量大,商品粮的绝对量也大,在市场的流通量中位居第一。鸦片战争后农产品商品化的发展,是与欧美列强的需求,即对中国农副产品的大量收购联系在一起的。以茶叶为例,五口通商后,茶叶出口大幅度上升。1867年,欧美国家茶叶消费总量1.9亿磅中,中国供应了约90%②。伴随茶叶出口大量增加而来的,是各地新辟茶园增多,植茶面积在原有基础上迅速扩大。原因之一,是当时植茶较之播种粮食作物获利稍多。类似的现象,在棉花、烟草、蚕桑等其他一些经济作物方面也有反映,这些作物的种植面积不断扩大。以1894年与1840年前相比,国内蚕桑种植面积增加约1倍,蚕桑茧和柞蚕茧的产量增加近2倍③。经济作物种植业的发展,增加了对商品粮的需求,促进了粮食商品化的发展。特别是在农产品商品化较发展的江浙一带,经济作物大量种植,粮田面积相对缩减,食粮不足部分需仰赖内地产粮省份供给,出现湖南、湖北等省的粮食长途销往长江中下游地区的情景。

---

① 李新主编:《中华民国史》第1编上册,中华书局1981年版,第58、59页。
② 里默:《中国对外贸易》,生活·读书·新知三联书店1958年版,第15页。
③ 许涤新等主编:《中国资本主义发展史》第2卷,第290、291页。

1895年后,通商口岸尤其是内地通商口岸的增辟,铁路和轮船运输里程的拓展,将中国农村越来越多地卷入世界资本主义市场体系,促使自给自足的自然经济加速分解,农产品商品化进程明显加快。由于这种进程主要不是取决于国内市场,而是受国际市场的支配,因此中国一些传统的经济作物,如茶叶、甘蔗、蓝靛等,因遭遇外国同类商品的竞销发展趋缓,而棉花、大豆、花生、桐油等其他一些作物,则因受到国际市场大量需求的刺激增长迅速,在农产品出口货物中的比重越来越大。

经济作物的扩种,排挤了粮食的生产,同时也促进了各地区间的粮食流通,推动了粮食的商品化。在此基础上,随着铁路、轮运的发展,交通状况的改善,结合市场需求和各地区气候、土壤等条件,甲午战争后在中国农村逐渐形成一些农产品相对集中的产区。如棉花产地,主要分布在江苏、湖北、山东、直隶、河南、陕西、浙江等省;茶叶,主要产于安徽、江西、福建、浙江、湖南、四川、云南等省;蚕桑产地,多在浙江、广东、江苏、四川等省;烟草,多见于山东、河南、云南;大豆产区,集中在东北;花生,主要产于山东、直隶、广东、湖北、江苏、广西;长江流域是水稻产区,小麦则主要产于山东、东北、直隶、四川、河南等地。另外,在各省的范围内,有的还形成较小的特色农业产区,如广东、福建、浙江等省的一些县成为蚕桑、甘蔗、水果等著名产地。这些区域的形成,表明这些地区农产品商品化已有较高的程度;农村经济生活由自然经济向商品经济的演变在不断扩大和加深。

中国传统手工业历史悠久,门类众多。鸦片战争后,面临洋货竞销,它们各有自己的境遇,呈现兴衰存废并见的纷繁局面。

金属冶炼业在中国起源很早,并一直是发展程度较高的传统手工业。但在清代后期,面对外国同类产品的倾轧,许多地方的金属冶炼业纷纷陷入困境,久负盛名的广东佛山镇冶铁业、安徽芜湖的炼钢业、江苏苏州的手工铁针作坊都遭遇产品销路锐减,生产规模剧跌。与金属冶炼业相比,洋货竞销对中国城乡手工棉纺织业的影响则比较复杂。因为近代中国的手工棉纺织业实际包含两大部分,一是以"耕织结合"为主要特征的小农家庭棉纺织业,另一部分则是主要为市场生产的城乡手工棉纺织业。由于两者在生产性质和内容等方面的差异,外国商品竞销对它们的影响也各不相同。非商品性小农家庭棉纺织业,在大批廉价洋纱洋布输入的冲击下,逐渐放弃自给自足性质的手工生产,而与市场发生了联系,他们将原先用于自纺自织的棉花作为商品投入市场,或换回洋纱自织成布,或购买洋布穿用。此外还有一种属于商品生产的城乡手工棉纺织业,其主要特点是,产品的原料和销售都与市场联系在一起,通常是由生产者从市场购买棉花作原料,自纺自织成布,然后将织成的布出售,换回棉花,进行下一轮的手工生产。它们在鸦片战争后,一部分由于抵挡不住洋纱洋布竞销而趋于衰败,另有相当多的则通过变更原料来源即改用洋纱继续维持生产,有的还呈现新的发展。

丝织业是具有鲜明民族特色的传统手工业。相当长的时间内没有同类外国商品可以与之竞销,鸦片战争以后,中外贸易的扩大使各地丝织业生产仍产销两旺。江苏盛泽镇在明末清初就是著名的丝织品产地,时至清末,其盛况不减当年。类似的情形在当时其他一些具有民族特色的手工业部门也能看到,如湖南醴陵的陶瓷业、浙江桐乡的竹器业、直隶玉田的草编业和广东高要的爆竹业等,都有一定的生产规模。

可见中国传统手工业由于门类众多,其生产内容和形式又各有不同,与外国商品既有竞争,又互通有无,因此并不单一表现为没落或破产,而是有衰败,有保持,有新兴,也有盛衰互见,变化多样。一项综合研究表明,外国商品输入对中国传统手工业的打击,主要是对农民家庭手工业而言,而不是原先就属于商品生产的那些手工业。在 32 个传统手工行业中,1894 年后渐趋衰落的有 7 个,继续维持的有 10 个,有较大发展并向机器工业过渡的有 15 个①。

鸦片战争前,受自然经济占主导地位的社会经济结构的制约,国内市场的商业活动以各地区间粮、棉产品的交换为主要特征。在商品流通额中,粮食居首位,占 42%;棉布居第二位,占 24%;以下依次为盐、茶、丝织品等②。时至晚清,情况逐渐发生变化。随着通商口岸不断增辟,外国商人纷至沓来,在华洋行的数目持续增长。为尽快打开中国市场,外国商人雇用了一批中国人充任买办,为其承担进出口贸易中的媒介、经纪、代理、经销及承购、包购与包销等职能,这些买办尽力扩大业务范围,网罗、利用各地华商,以扩大商品销售和原料收购渠道。而一些华商为了躲避厘金等内地关卡税收的盘剥,也为着通过

---

① 吴承明:《中国资本主义的发展述略》,《中华学术论文集》,中华书局 1981 年版,第 309 页。
② 吴承明:《中国资本主义与国内市场》,中国社会科学出版社 1985 年版,第 269 页。

经销洋货、推销土货赚取更多的利润,愿意与买办建立联系。这样,各地大批商货就从资金、货源、货运等各个方面被纳入买办的业务活动范围,列强在华经济活动的触角,因此也从通商口岸一直伸展到边远省份、穷乡僻壤,逐渐形成了一个以沿海通商口岸为起点,各内地商埠为中介,向全国辐射的商品流通网络。

随着这一商品流通网络的逐渐形成和自然经济的不断分解,各地商品流通结构的主要特征也开始相应地由原先面向国内市场的粮、棉产品之间的交换,逐步转变为外国机制工业品输入、当地农副产品外销这样一种基本格局。通过各级市场集散、流通的主要商品种类和数量不断增加,交易规模明显扩大。大量的农副产品,经由作为初级市场的遍布各地农村的贸易集镇汇聚起来,然后运往通商口岸,而外国工业品则逆向销往内地城乡。在初级市场商品交易活跃的基础上,国内各商埠间商品流通额不断增长。与市场交易的扩大相联系,各地商人及商业资本的力量有了较大的发展。清代前期,出现于各地市场的除了众多的小商小贩以外,主要就是行商和坐商。行商是指没有固定的营业场所,往返于产、销两地之间,长途贩卖商品的商人。坐商则是指那些介绍商货成交、代客买卖货物的经纪人,是一种中介性质的商人。清代后期,随着国内市场主要商品流通结构的变化,一批经营进出口货物的新式商人迅速崛起,这在最大的商埠上海,表现得最为充分。

甲午战争后,随着辐射全国的洋货推销、土货收购网络的逐渐形成,各地陆续出现了规模大小不等的批发商、零售商、收购商和转运商,他们成为晚清商业资本的主干部分。在上海、天津等主要通商口岸,民族商业资本家的队伍已有一定的规模,并与民族工业资本家联手,组建了商会组织,维护和发展自身的各项权益。

清代前期,钱庄、票号是民间经营货币信用业务的主要金融机构。钱庄起源于银钱兑换业,最早是银两和铜钱的兑换。后来则主要是银元和银两的兑换,活动范围一般限于当地。票号主要经营地区间汇兑,业务范围遍及全国,以山西人经营者居多。钱庄多见于长江流域和东南各省,票号则以黄河流域和华北各省为其主要的活动区域。五口通商后,列强不断扩大对华商品输出,着意利用钱庄、票号等中国旧式金融业的业务渠道,而一些钱庄为谋厚利,也愿意与洋行来往。太平天国起义爆发后,票号锐意经营汇解饷需、协款和丁银,与清朝政府关系密切,商业上资金周转的业务几乎全由钱庄承担。随着洋行数目的增多和业务的扩大,通商口岸越来越多的钱庄卷入了服务于进出口贸易的活动。其信用手段,在通商口岸用的是庄票,在通商口岸和内地之间用的是汇票。钱庄所签发的庄票可以代替现金在市面流通。钱庄对所签发的庄票负有完全责任,到期照付。庄票有即期和远期两种,前者见票即付,后者则在到期时付现。

钱庄资本一般并不雄厚,贸易量日渐扩大后,钱庄为应付商业资金周转的需求,除了设法从外国在华银行获取短期信贷外,还求助于票号的支持。据1875年的一项调查显示,包括日昇昌在内的24家票号当时在上海均已设有分号,其营业地址多数在租界商业区内①。于是,通过钱庄资本的运动,相当数量的票号生息资本开始以商品金融资本的形式在国内市场流转。具体说来,钱庄和票号相配合,利用以庄票、汇票为手段的信用制度,支持商业贸易的开展,加速了通商口岸和内地商品的流通,有助于国内市场的扩大,推动了资本主义经济向内地城市延伸。中国近代企业出现后,钱庄、票号又都在不同程度上与这些企业发生了金融联系。但钱庄和票号毕竟是旧式金融机构,它们在流通领域所发挥的功能对社会经济的发展只能起辅助性的作用。而生产领域中的资本主义企业,当时还不能摆脱封建政府的束缚,难以对流通领域提供更大的推动力量。因而到中日甲午战争前,中国社会还没有组织起自己的近代银行。

甲午战争后,列强在向中国大量输出资本的同时,并未放松商品输出,从而促使商品货币流通范围不断扩大,中国金融市场也随之更加扩大,而且内地的资金通过商品购销网络日益集中到沿海沿江通商口岸和各大城市,这就要求有新式的金融机构——银行来满足金融市场的需要。另外,随着民族资本主义在甲午战争后的明显发展和收回利权运动的高涨,人们要求自办本国银行的愿望更加强烈。同时,清朝政府基于财政需要,也需要兴办银行。因为无论是筹措巨额战争赔款,还是维持庞大的官办企业,都需要大量的周转资金,而它们又都是旧式钱庄、票号所难以提供的,于是近代银行应运而生。

1897年设立的中国通商银行,是中国首家近代银行,具体筹办人是清朝官员盛宣怀。该行的组织、制度和经营管理,均模仿英国汇丰银行。总行设在上

---

① 山西省晋商文化基金会编:《日昇昌上海总结银账》,中华书局、三晋出版社2015年版,第3页。

海,同年即在北京、天津、汉口、广州、汕头、烟台、镇江等地设立分行。不久,各大行省及香港也都设立了分行。其成立之初,除经营存放款业务外,还被清朝政府授予发钞权,俨然享有国家银行权利。1905年由户部奏准在北京设立的户部银行,是清朝政府正式举办的国家银行,也是晚清规模最大的一家近代银行(1912年后,在该行基础上改组为中国银行)。继而,1908年邮传部奏准在北京设立了交通银行。中国私营银行即由民间资本独立创办、经营的银行,也在这一时期问世。1906年在上海开业的信成银行,是已知的中国首家私营银行。但总的说来,这一阶段尚是中国私营银行初创时期。它的勃兴阶段,是在辛亥革命以后。

新式金融业崛起的历程表明,中国的银行业不是由传统的票号、钱庄转化而来,而是以外商银行为范本,另辟蹊径仿效设立的。而由清朝政府主持设立的银行,主要都是基于缓解财政困难的目的,对促进社会经济发展作用有限。资金单薄也使得中国近代银行难以与外国在华银行抗衡,无法改变列强把持中国金融市场的局面。

船舶是欧美列强在晚清从事对华经济活动的主要工具。这些外国商船装备和技术先进,又有不平等条约为庇护,对中国旧式航运业构成严重威胁。仍处于木质构造、人力风力驱动阶段的中国航运业,难以与外国先进的轮运业抗衡。随着中国沿海沿江门户洞开,外国轮运业的活动区域,也从东南沿海扩展到华北海域,深入至长江中游,原先驶行于这些区域的中国木帆船陷于困境,很多船只被迫停航。

外国轮船在中国沿海内河的穿梭往来和中国旧式航运业的日趋衰落,不能不引起人们的关注。在上海等通商口岸,已有一些买办或买办商人,通过依附外资轮船公司,参与近代航运业的投资。19世纪60年代,在上海几家主要外国轮运企业的资本构成中,华人投资多占一半以上。1872年,清朝政府为了解决漕粮运输难题,同意在商人集资的基础上,加上一部分官府借款,在上海设立轮船招商局,这是中国第一家官督商办的民族资本近代航运企业。它最初拥有轮船3艘,到1876年已添至11艘,并陆续开辟了中国沿海及长江沿岸各条航线,包括上海至烟台、天津、牛庄线,上海至汕头、广州、香港线,以及上海至厦门、上海至宁波、上海至温州、上海至福州等直达航线。长江航线则以上海至汉口、上海至宜昌两线为主,同时在广东内河行走小轮船。其开辟国外航线的努力,则不顺利。1873年它曾试行通航日本长崎、神户等处,以后又分别试航美国和东南亚等地,都因列强的刁难、阻挠,未能正式投入运营。

1895年后,清朝政府在准许外轮驶行中国内河的同时,也放松了对民间投资近代航运业的压制,规定通商省份所有内河,无论华商、洋商,均准驶行小轮船。于是,顺应国内商品市场扩大、民族工业发展和挽回民族利权的需要,新的商办轮船公司纷纷开办,其中大多是小火轮公司,每船载重不到100吨,往往一两只小火轮便组成一家轮船公司。到1911年,商办小火轮公司有561家,资本797万余元,拥有小火轮978艘,主要从事内河航运。在中国沿海及长江航线上,占据绝对优势的,仍是英商怡和、太古和日本日清轮船公司等外国航运企业。

铁路最早出现于中国,是在19世纪70年代。1874年,在上海的英美商人未经中国政府同意,擅自修筑上海至吴淞全长13千米的铁路,并于1876年建成通车,正式对外营业。后经交涉,由清朝政府耗资28.5万银两买下拆毁。因反对者众,京官张佩纶曾向李鸿章提议,可考虑先在偏远地区修筑铁路:

> 余以为果兴铁路,必自边境始。今日之势,西域为首,关东次之,漠北又次之,其地旷人稀,事前无绅民阻挠,事后使商贾利,赖屯兵四出应援,可免馈运之艰、风雪之苦。边境有效,然后推行腹地,事半功倍矣。①

中国自办的铁路,始于洋务运动期间。1880年,开平矿务局以"非由铁路运煤,诚恐终难振作"和"恐误各兵船之用"等理由,得到清朝政府许可,从矿区所在的唐山动工修筑一条铁路到胥各庄。次年建成,全长9千米,名唐胥铁路。这是晚清铁路运输系统中最先建成的一个区段,也是中国正式有铁路的开始。1888年,这条铁路已延展到天津,全程130千米。李鸿章视察后的评价是:"自天津至唐山铁路一律坚实,桥梁车轨均属合法,除停车查验工程时刻不计外,计程260里,只走一个半时辰,快利为轮船所不及。"②

继唐胥铁路建成后,1887年刘铭传上奏清廷,要求在台湾建造铁路,并强调兴办铁路是振兴台湾经济的关键所在。是年他得到清廷允准后,即着手在

---

① 张佩纶著,谢海林整理:《张佩纶日记》,凤凰出版社2015年版,第49页。
② 中国史学会主编:《洋务运动》(中国近代史资料丛刊)第6册,上海人民出版社1961年版,第199页。

台湾兴建铁路,台北至基隆段铁路正式动工,并于1891年竣工通车。这是继唐胥铁路后,中国较早投入运营的又一条铁路。它的建成和通车,促进了台湾的经济开发。刘铭传原打算将这条铁路延筑至台南,后因其离职而未能如愿。至1894年,清朝政府共计修建铁路447千米①。

甲午战争后,铁路成为列强对华资本输出的重点,中国人民要求自办铁路,维护民族利权的呼声高涨。清朝政府"新政"期间,于1903年颁布《铁路简明章程》,规定"无论华洋官商"都可请办铁路。此后,许多省份掀起了商办铁路的热潮。至1910年,先后有广东、四川、湖南、江西、云南、安徽、山西、浙江、福建、江苏、广西、河南、黑龙江、陕西、湖北等15个省共设立商办铁路公司18家,但除了浙江、江苏、广东、湖南等少数几省外,多数省份一直停留在计划阶段,各省先后所筑商办铁路总计才约900千米,其中半数竣工后不久,或被外国资本介入,或被其兼并。截至1911年,中国铁路全长9 292千米,其中由列强直接或通过向清朝政府贷款间接投资而受其控制的为8 342千米,约占90%②。

与航运业相比,铁路的伸展更不受地理条件的限制,并有运量大、速度快、受气候干扰小等突出优点,加快了所到之处社会经济的发展。1904年胶济铁路建成通车后,沿线村镇的经济生活便发生明显变化。益都县杨家庄,原是闭塞落后的偏僻小村,此时因铁路贯通,逐渐发展成为一个商业繁盛的集镇,每当烟叶上市,外地客商纷至沓来,设庄收买,邻近村民则肩挑车载,集此出售。铁路的修筑还明显加强了内陆省份同滨江沿海地区的联系,促进了这些省份商品经济的发展。素来生产棉花的陕西省,原先受运输条件的限制,棉花生产的商品率很低,至1905年陇海、1906年京汉、1911年津浦各线铁路先后建成,该省所产棉花销路大开,或假渭水、黄河或由陆路出潼关,经河南转道上述各铁路,远销上海、汉口、天津等通商口岸,当地农产品商品化程度随之大为提高。轮船、铁路等近代交通运输工具的应用,拓展了国内商品市场,加强了各地区间的经济交流和对外贸易的发展,有助于中国的近代化进程。

其间,还曾有中途夭折的广州至澳门铁路的谋划。1904年,葡萄牙人鉴于香港开埠后商贸繁盛,澳门则相形见绌,想通过中葡两国商人集资修筑广澳铁

---

① 宓汝成:《帝国主义与中国铁路》,上海人民出版社1980年版,第343页。
② 同上书,第193、344、362页。

路来振兴澳门商贸,订立《广澳铁路合同》的华商代表是林德远,葡商代表是伯多禄。由于集资困难,迟迟未能动工。至1908年,林德远已去世,由林柄华接办,但伯多禄此时已有退意,葡澳总督亦同意葡方注销铁路合同,改由华商自筹资金承办。于是华商成立了"商办广澳铁路有限公司",确定该铁路起点站为广州芳村,中经顺德的陈村、大良、容奇,新会的古镇、江门,香山的小榄、石岐,至前山与澳门分界的关闸止,全程约180千米,筑路费用约1 500万银元,分作150万股集资,每股10元。虽然华商强调"此路之兴,尤为我邑大利所在。其将上以贯彻乎西江,下以挹注于洋海,开三百里商场之孔道,浚五十万人民之富源",但督办该铁路的清朝政府官员敷衍,加上政局动荡,终至无果①。

二、文化的演进

文化的含义很广,晚清受西方近代科技文化输入的冲击和影响,中国的传统文化发生很大的变化,呈现出中西文化交汇融通的纷繁局面,熊月之的《西学东渐与晚清社会》有精彩的论述,正如他在《晚清新学书目提要》中所概括的:"国人之于西学的反应百态千姿,笔墨难摹,竭诚欢迎者有之,全力排拒者有之,完全相信者有之,全然不信者有之,疑信参半者有之,始疑后信者有之,阳奉阴违者有之。总的趋势是,受众疑忌逐步消解,反对声音渐趋弱小,新学影响日益扩大。"②这里着重勾勒晚清哲学、史学、文学、语言文字学、艺术和娱乐等门类的演进。

鸦片战争后中国社会的剧烈变动必然引起学术思想的变化。在哲学方面,魏源等人试图用古代《易经》阐述的"变易"思想,去解释客观世界,说明社会历史的演变,并作为要求革新的理论依据。戊戌变法时期,康有为、梁启超等维新思想家引进、利用了西方的进化论思想,为中国传统的变易思想注入了资产阶级进化论的内容,指出社会历史的变化不是简单的量变的重复,而是新

---

① 黄鸿钊编著:《动荡年代:辛亥革命前后的香山与澳门》,社会科学文献出版社2015年版,第470—471页。
② 熊月之主编:《晚清新学书目提要》,上海书店出版社2007年版,第1页。另可参见熊月之:《西学东渐与晚清社会》,上海人民出版社1994年版。

陈代谢的过程,强调破除祖宗成法、实行政治改革的必要性,进化论成为鼓动中国人起来救亡图存、变法图强的思想武器。以孙中山为首的资产阶级革命派,进一步阐发和推进了这种理论,认为社会的变革除了渐进的方式即改良的途径,还有突变即革命的方式,以此作为倡导民主革命的理论来源。同一时期,西方资产阶级社会政治学说的译述也在进行,严复继翻译赫胥黎的《天演论》后,又陆续译出亚当·斯密的《原富》、穆勒的《名学》、斯宾塞的《群学肄言》、孟德斯鸠的《法意》等书,并对中西文的翻译提出"信、达、雅"的要求,对后世影响很大。

中国是一个有着悠久史学传统的国家。到了晚清,人们开始接触到西方资产阶级的史学思想,并应用于自己的史学研究和著述。近代来华英国传教士艾约瑟编译的《欧洲史略》《西学略述》,分别是中文世界最早的欧洲地区通史和西方文化史著作。1886年《西学略述》出版时,李鸿章为之作序,称赞其"无不阐之理,亦无不达之意,真启蒙善本"①。梁启超明确提出以进化论的观点编写历史,主张"史学革命",倡导"新史学",要求突破旧史书以帝王将相的纪、传为主的体例,改变单纯排比史实的写作方法,要求用进化论的观点去认识和解释历史,找出规律。与他同时代的夏曾佑,在1904年出版了用这种观点完成的《最新中学中国历史教科书》,后改称《中国古代史》。该书以上古、中古、近古为三个阶段,上古以西周以前为传疑时代、春秋战国为化成时代,中古以秦汉为极盛时代、魏晋南北朝为中衰时代,隋以下未及完稿。

晚清时期的中国频受列强欺凌。受此刺激,人们对边疆史地的研究倾注了很大的热情。1846年,张穆写成《蒙古游牧记》16卷,以方域为经,以史事为纬,记述了内外蒙古自古代迄于清代道光年间的地理沿革和重大史事,包括内外蒙古与历代统一皇朝的密切关系,史料翔实,论述精当。何秋涛着重中俄边界研究,1859年完成并进呈《朔方备乘》80卷,重点考察了中国东北、北部和西北的边疆沿革、攻守形势,包括中俄边界的历史和现状,并进而考察了俄国的历史、地理以及中俄交通等有关问题,扩大了边疆史地研究的视野。道光末年,姚莹完成《康輶纪行》16卷,对西藏的历史、地理、宗教、政治和戍守记述颇

---

① [英]弗里曼著,[英]艾约瑟编译编著,王娟等校注:《〈欧洲史略〉〈西学略述〉校注》,商务印书馆2018年版,前言,第1、5页。

详。与此同时,对外国史地的研究也引人注目。最初有林则徐的《四洲志》和魏源的《海国图志》;以后有王韬写于1871年并于1890年重订刊行的《法国志略》,比较全面地介绍了法国的历史和现状,包括当时实施的国会制度。1887年,黄遵宪写成《日本国志》,清晰记述了日本的历史和现状,旨在以此为鉴,思考中国的历史和现状,时代感和历史感兼具。

中国的文学源远流长。在晚清,受时代风云的激荡,新旧嬗替鲜明。道光年间的龚自珍和魏源,都主张改变当时宗奉桐城派古文的习气,并身体力行,创作新体散文,叙事明晰,说理透彻,开辟了新的文风。以后,又有康有为、梁启超对新体散文的推进。梁启超的文笔尤为人赞赏。其政论文感情充沛,论题明确,语言畅达,气势宏大,动人心弦。

晚清小说伴随社会的巨变,在题材和内容上都有新的开拓。谴责小说异军突起,引人注目。它以文学的形式,揭露和针砭晚清政治、军事、经济、文化等方面的黑暗,有较丰富的社会内容,涉及人间百态,包括官场、商界、华工、女界等各阶层,以写官场最传神。李宝嘉《官场现形记》、吴沃尧《二十年目睹之怪现状》、刘鹗《老残游记》、曾朴《孽海花》,是清末四大谴责小说。很多外国文学作品也被翻译、介绍进来。林纾翻译的《黑奴吁天录》《巴黎茶花女遗事》等,读者众多。苏曼殊等人也有不少译作。

晚清的诗词创作也有新的变化。宋诗派至光绪年间衍化为同光体,代表者有陈三立、沈曾植、陈衍等人。他们虽也有伤时感世之作,但更注重艺术趣味,自我玩味。以王闿运为首的汉魏六朝派,则刻意拟古,少有创新。与此相映照,清代后期新体诗词的创作精彩纷呈。早期有林则徐、魏源等人直面时局、一吐胸臆的忧愤诗作;后期更有梁启超、黄遵宪等人提倡的"诗界革命",猛烈冲击传统诗坛拟古和刻意追求形式的风气,突出诗歌关注和反映现实的表现力。光绪末年,资产阶级革命派也在诗坛一展身手。1909年,革命文学社团——南社成立,取"操南音不忘其旧"之意,表示反清革命的志向。骨干成员有陈去病、高旭、柳亚子等人,其诗篇爱国激情浓烈,风格雄浑豪迈。

晚清是中国语言文字学发展的重要时期。在西学的影响下,章太炎首次明确将传统"小学"改称"中国语言文字学"。代表现代语言文字学的著述陆续问世。其中作为传统"小学"重要组成部分的音韵学和训诂学进展很大。乾嘉学者多侧重于古韵学,到了晚清,有陈澧对切韵音系作全面深入的探讨,他的

《切韵考》六卷和《切韵考外篇》三卷，在声母和韵母系统上都有新的结论。在训诂学领域，经书的注释仍有发展，孙诒让《周礼正义》材料的丰富、考证的细密，超越前代学者。中国传统语言学是将汉字的形、音、义作为研究对象而分设文字学、音韵学和训诂学，并无语法学这一分支。1898年问世的马建忠的《马氏文通》是中国第一部语法研究论著，该书改变了传统语言学的学科结构，推动了中国现代语言学的发展。

京剧在晚清已形成独立的剧种，于同治、光绪年间趋于繁盛，出现各具风格的艺术流派。受民族危机的刺激，京剧艺人上演了一些进步题材的剧目，如《党人碑》《哭祖庙》《黑奴吁天录》等。同一时期，川剧、梆子腔等剧种也进行了改良，改编和创作了一批关注时代和现实的剧目。话剧源自西方，清末传入中国。1910年，任天知在上海组成进化团，这是国内最早的专业话剧团，演出剧目有《孽海花》《恨海》等，针砭现实，宣传进步思想。西洋音乐最初在外侨和教会学校流行，1907年，归国的留日学生在上海举办音乐讲习会，系统介绍西洋音乐，包括西洋乐曲和声学、管弦乐、打击乐等，颇受欢迎。五口通商后，上海、广州等城市日趋繁华，中西文化交流增多，相应出现与传统画派有别的"海上画派"和"岭南画派"，他们适应新兴市民阶层的需要，以民间熟悉的题材入画，并将诗、书、画、印结为一体，在人物、肖像，尤其在大写意花鸟画方面锐意创新，风格清新。西方印刷技术的传入，推动了中国版画的发展。1884年，《点石斋画报》在上海出版，随1872年创刊、发行量很大的《申报》附送，流行各省，这是中国石印画报的发端。

在新式娱乐方面，西方音乐文化的输入主要通过两个途径，即基督教教会的宗教歌咏和新式学堂唱歌课的开设。前者始于鸦片战争前后，后者主要是从20世纪初开始的，当时随着留日学生大批回国，通过日本这个中介，大量输入了西方的音乐文化。1904年，各省教育主管部门根据《奏定学堂章程》中关于小学堂、中学堂、大学堂课程设置的规定，纷纷饬令学堂开设音乐课。西方的音乐文化在中国得到较大的发展，主要表现为社会认同西方的音乐形式，学堂普设音乐课，学堂和社会团体不时举办音乐会。如1905年9月9日，环球中国学生会在上海举办音乐会，共有12个节目，其间除穿插了一个莎士比亚戏剧片段朗诵和当时风行的体操表演外，其余都是声乐和器乐演出，声乐部分有童声独唱、女声独唱、十人合唱、男声四人小合唱四种形式，器乐有军乐演奏、洋琴和风琴演奏。

舞会是西方的一种娱乐和交际方式。晚清时期,中国官员出访欧美,当地官方、民间根据自己的礼仪,常常邀请中国官员参加舞会。同时在中国的通商口岸城市,外国侨民举办舞会也往往邀请一些中国官员和商人参加。虽然后者受传统礼教的束缚,但是对这种男女携手搂腰共舞的娱乐方式并不十分反感。在他们中间,最早在海外举办舞会的是曾纪泽。他在任中国驻英法公使时,曾在巴黎举办了舞会。在国内,则是上海道台蔡钧。1897年11月4日,为庆贺慈禧的"万寿",他在上海举办大型舞会,共发出请柬600份,实际到场500余人,一直跳到次日凌晨2时才结束。

晚清时期,外国的魔术、马戏、木偶戏等演艺团体也来华演出。1906年7月19日,出洋考察政治大臣端方从海外带回影片和放映机,先邀请在京王公大臣观看,再打算献给慈禧,不料放映中机器炸裂,众人吓得不轻,献礼一事自然作罢。但同年12月8日,天津法租界的权仙茶园开始上演美国电影,不久又改名"权仙电戏园",成为中国第一家电影院,比通常认为最早的1908年的上海虹口大戏院,还要早两年[①]。

应该指出的是,受当时社会环境的制约,近代文化的传播主要见于沿海沿江通商口岸特别是东部沿海及其附近地区。1904年3月13日,陈独秀在《安徽俗话报》创刊号撰文直言:"别说是做生意的,做手艺的,就是顶刮刮读书的秀才,也是一年三百六十五天,坐在家里,没有报看,好像睡在鼓里一般,他乡外府出了倒下天来的事体,也是不能够知道的。譬如庚子年,各国的兵都已经占了北京城,我们安徽省徽州、颍州的人,还在传说义和团大得胜战。"

三、科技的传播

晚清,近代科学技术传入中国,令中国人大开眼界。有人感叹:"自新学发明地球之理,知旧学之尽谬。西儒之于推算测量,都实验得来,故确可信。"[②]

---

① 闵杰:《清末新式娱乐活动》,《近代史资料》总110号,中国社会科学出版社2004年版,第18、26、27、31、16页。
② 王祖询等著,卢康华整理:《蟫庐日记(外五种)》,凤凰出版社2016年版,第95页。

1859年，中国数学家李善兰与英国伦敦会传教士伟烈亚力在上海合译出版的《谈天》，是西方近代天文学知识系统传入中国的开始①。受时代风云的刺激，中国对西方科学的学习和引进，侧重于应用技术。在一些洋务企业还设有专门翻译科学书籍的机构，以江南制造局翻译馆最有成就。其旨在"将西国要书译出，不独自增识见，并可刊印播传，以便国人尽知"②。该局聘请徐寿、徐建寅父子和华蘅芳等人，参与翻译出版了《化学鉴原》《决疑数学》《地学浅释》等书，介绍了近代化学、数学和地质学等科学知识。先进知识的输入，有助于中国科学技术的进步，并在一些部门取得了令世人瞩目的成就。

较之抽象深奥的西学，那些新奇的西方技术及其制成品令更多的中国人包括下层民众大开眼界，触动更为直接。1857年1月30日，在华外国人记述："叛军（指太平军）喜爱欧洲的所有物件，诸如八音盒、手套、雨伞、钟表和手枪。我们常见到外国的精致钟表以2.5美元的价格在南京街道上出售，几乎每条街上都有一个钟表店。"③当时来华的西方人深知其妙用，为吸引听众、招徕信众，在鲁南乡村传教的天主教传教士福若瑟记述，他为村民展示了一些欧洲人的日常用品："钟表、餐桌物件、欧洲纸张、书籍，特别是我的铅笔，它会自动书写！"他甚至还演示了一架留声机。1887年他在致主教安治泰的信中曾请求给予"一些能引起人们强烈兴趣的玩具和特别的东西"，因为这些东西会"在宣教时起到很好的作用"④。

清末出生于浙江乡村的蒋梦麟描述，外国传教士"足迹所至，随身携带的煤油、洋布、钟表、肥皂等也就到了内地。一般老百姓似乎对这些东西比对福音更感兴趣。这些舶来品开拓了中国老百姓的眼界，同时也激起了国人对物质文明的向往"⑤。其实那些上层人物也不例外，1889年爱迪生在美国的工厂想开拓中国市场，为此送了一台留声机给时任直隶总督李鸿章。次年6月26日李经述致信爱迪生，告知"我父亲非常喜欢，我们也都非常喜欢。我父亲命

---

① 详可见韩琦：《通天之学：耶稣会士和天文学在中国的传播》，生活·读书·新知三联书店2018年版，"附录二 新教传教士与天文学的传播(1807—1859)"。
② [美]戴吉礼主编，弘侠中文提示：《傅兰雅档案》，广西师范大学出版社2010年版，第534—535页。
③ 赵德馨编：《太平天国财政经济资料汇编》下册，上海古籍出版社2017年版，第937页。
④ [德]史通文著，王维江等译：《在娱乐与革命之间》，上海辞书出版社2015年版，第42页。
⑤ 蒋梦麟：《西潮 新潮》，中国工人出版社2015年版，第48页。

第十章 社会变动

我向您表示最衷心的感谢。他认为您是这个世纪里世界上最聪明的人"①。

晚清国门是被西方侵略者的坚船利炮轰开的,从中看到中西之间兵器制造技术巨大落差的一些中国人深受刺激,率先"睁眼看世界",主张"师夷长技以制夷"。但依旧闭目塞听的清朝统治者对此置若罔闻、无动于衷。直到20多年后,迫于内外困局,焦头烂额的清皇室才勉强起步,开始允许引进西方的技术,兴办近代企业,旨在以此支撑日趋衰弱的统治。此禁一开,再难倒退。因为江南制造局等企业所引进的西方生产技术的先进和高效,有目共睹,即使那些竭力反对西学的守旧势力也理屈词穷,所谓"奇技淫巧"的谩骂,实际上也承认了技不如人。又如人称"清流"健将的张佩纶,从表面上看,"清流""洋务"水火不容,"清流"人士多是"洋务"外交的批评者,而实际上,张佩纶却在私下学习、了解"洋务事业"②。江南制造局成立后,历经百余年的沧桑,一直是中国工业的骨干企业,尤其为晚清中国近代造船技术的进步贡献良多。1898年,实地游历的英国人记述:

> 厂前临黄浦江,水道利便,码头极好,傍设小船坞,以为修造船只之用。又有一起重之机器,可起六十吨重之物。厂中又设小铁路,通人力车,以资运送。该厂所用机器及各种器具,皆为英国所造之物……该厂自能炼钢,自能仿制各种器物,但以三十吨重为止,再重则不能自制矣。③

一批中国早期技术工人也在这里应运而生,史称中国产业工人的摇篮。这些技术工人为日后上海其他工业部门的兴办及中国其他城市近代工业的产生发展,提供了必要的专业人员的支撑。1884年,云贵总督岑毓英从沪粤闽等地雇来工匠,开办了云南机器局,制造弹药并修理枪炮。1890年投产的贵州青溪铁厂,也从"上海采购机器招募匠工"④。1906年,在华游历的英国人布鲁斯记述:"兰州有一个雇用了约100人的兵工厂,由一名曾在著名的上海兵工厂培训过的工头看管着。每名工人每月的薪水为8两银子,这在中国是相当丰厚的。"⑤

---

① [德]史通文著,王维江等译:《在娱乐与革命之间》,第42页。
② 姜鸣整理:《李鸿章张佩纶往来信札》,上海人民出版社2018年版,整理说明,第4页。有关晚清"清流",可参阅王维江:《"清流"研究》,上海书店出版社2009年版。
③ 国家清史编纂委员会:《晚清文献七种》,齐鲁书社2014年版,第412、413页。
④ 朱寿朋:《光绪朝东华录》,中华书局1958年版,第2527页。
⑤ [英]布鲁斯著,周力译:《走出西域》,海潮出版社2000年版,第215页。

1890年,上海机器织布局投产,这是中国第一家近代棉纺织厂。1892年就有来自湖北的学徒。1893年3月24日,上海的英文《北华捷报》载:"日前'大通'轮船自汉口载来幼童50名,年龄均约十六七岁,系派赴上海机器织布局学艺,学习如何使用机器。彼等任艺徒期间,每人每月领工食银1.50元,待学艺完成,即将在武昌织布官局中工作,每人每月工资将为7至10元不等,去冬来沪(学艺)之幼童30名,均已回鄂。"①1895年后,实业救国呼声高涨。张謇在南通着力创办大生纱厂,其建厂初期的劳动力绝大部分来自附近乡村,而技术骨干则主要招募自上海。1908年,"以抵制杭州城内售卖之洋纱、进口棉布、印花布为目的",当地商人集资开办股份制织布厂,"赴上海购置纺纱机,正加紧准备开业"②。

1843年上海开埠后,很快成为中国对外贸易第一大港,为适应众多远洋近海船只的维修保养,19世纪50年代初已有外国资本在沪经营船舶修造业。19世纪60年代后,随着长江及沿海通商口岸的增辟和中外贸易的扩大,上海的船舶修造业兴盛。1864年1月9日《北华捷报》称:"由于本埠的贸易日益增长,故对到埠船只提供并扩大各种必需的设备,就成为迫不及待的要求。我们看到新的船坞已经建造起来,旧的船坞也在扩建中,这就为修船和造船提供一切要件。"它预言"继船坞的兴建,必然出现很多铸造厂",并不无夸张地认为"因此可以说我们不仅是住在一个巨大的商埠内,也是住在一个巨大的工业城市中。像在英国一样,许多种类的制造工程差不多都可以在上海迅速进行"。与此相联系,中国民族资本机器制造业也开始起步。

轮船制造修配业涉及金属冶炼锻造和切削加工,它的技术进步和发展实际也是机器制造业的发展和进步,意义颇为深远。求新制造机器轮船厂的发展可为代表,1904年该厂设于南码头黄浦江畔,占地80余亩,下设冶铁、熔铸、金工、组装等工场,先是制造载重数百吨的内河轮船,"都是木壳,机器引擎锅炉都是厂内自造"。后在造船的同时,开始制造大型蒸气引擎,并试制小型内燃机和制造钢桥、码头等构件,成为上海著名的机器制造厂。1909年该厂承接上海南市自来水公司大型水泵,"日夜赶造,不阅四月大功告竣。当此机试验

---

① 孙毓棠:《中国近代工业史资料》第一辑,科学出版社1957年版,第1206页。
② 李少军编译:《武昌起义前后在华日本人见闻集》,武汉大学出版社2011年版,第352、363页。

时,有许多西国工程师接踵来厂,视其所事,察其所行,皆叹赏不止"。据统计,1866 年至 1894 年的近 30 年间,上海民族机器工业先后设立 12 家厂,其中 1866 年至 1885 年设立的 9 家都是船舶机器修造厂,后设立的 3 家才开始兼造缫丝机、轧花机等①。

上海开埠后,生丝是大宗出口商品。最初是由蚕农手工缫制,难免色泽不净,条纹不匀,拉力不合欧美国家机器织机的要求,需要再加工。1861 年,已有外资机器缫丝厂在上海开办。以 1882 年公和永丝厂为发端,更有一些华商涉足,揭开了本国资本机器缫丝业的发展篇章。在设备方面,先期兴起的本国船舶机器修造厂已能仿制西式缫丝机,以供缫丝业发展的需要。设在外虹桥的大昌机器厂,先是除修造小轮船外兼造缫丝机及丝厂用蒸汽发动机,后转为主要生产丝厂设备,"有工人一百多名,日夜制造意大利式缫丝车及丝厂用小马力水汀引擎,非常忙碌"②。截至 1894 年,连同公和永在内的 8 家民族资本缫丝厂共拥有丝车 2576 部,资本约 206 万两,雇工约 5 850 人,年产丝总量约 2 782 担,成为上海民族工业中紧随船舶修造业的第二大产业部门。"上海的各种工业中,缫丝工业最是遐迩闻名的,因为它的产品风行于欧美市场,举世皆知。"③上海的技术进步,在地处内陆的出口生丝产地——四川也有回响。晚清四川丝厂业发展停滞的一个主要原因是把丝厂的机器设备运到重庆,要经过长江三峡之险很是不易,再由重庆转运各地亦是困难。于是,去过日本留学的四川学生和见过上海机器丝厂的人,改良创办了不用锅炉而以人力为动力的木机缫丝厂,并很快推广到四川各地④。

1895 年后,借内河小轮业勃兴的推动,民族资本船舶修造业得以从完全依附于外资船厂的修理业务,转而部分地自主发展。中国民族工业船舶制造技术和产能的提高,直接推动了以上海为中心的江南地区内河轮船客货运输业的兴盛,1899 年 8 月 4 日,《申报》曾以赞叹的口吻记述:"内地通行小轮船,取费既廉,行驶亦捷,绅商士庶皆乐出于其途。沪上为南北要冲,商贾骈阗,尤为

---

① 上海市机电一局等:《上海民族机器工业》,中华书局 1966 年版,第 111、72、120、141、144、157 页。
② 上海市机电一局等:《上海民族机器工业》,第 99 页。
③ 孙毓棠:《中国近代工业史资料》第一辑,第 65、66 页;徐新吾等:《中国近代缫丝工业史》,上海人民出版社 1990 年版,第 140、141 页。
④ 徐新吾等:《中国近代缫丝工业史》,上海人民出版社 1990 年版,第 248 页。

他处之冠。每日小轮船之来往苏、嘉、湖等处者,遥望苏州河一带,气管鸣雷,煤烟聚墨,盖无一不在谷满谷,在坑满坑焉。"据统计,1897年沪苏杭之间乘坐轮船往来者已超过20万人次①。内河轮运业的发展势头,促使轮船招商局于1902年组建了招商内河轮船公司,拥有小轮船7艘,拖船6条,先驶往苏杭,后航线伸展至南浔、湖州、宜兴、溧阳、江阴,从苏州经无锡、常州至镇江,过长江抵扬州、清江,又从清江越宿迁至窑湾,溯淮河至正阳关,形成一覆盖江南和苏北大部的内河航运网,小轮船1911年也增至近30艘,由此成为上海乃至全国规模最大的内河轮运企业。

在江河湖通达的湖南省,首任驻英法公使郭嵩焘1879年离职乘坐轮船返湘,当地守旧者哗然,其"由鄂乘白云轮船入境,官绅哄动苦阻,集议于上林寺,几欲焚其寓室"②。时过境迁,甲午战争后湖南的内河近代航运业也渐次兴办,1896年熊希龄、蒋德钧等人为创办湖南内河轮船企业四处奔走游说,并于次年春获得时任湖广总督张之洞批准。熊希龄进而又于同年5月上书张之洞"请与湖北合办小轮",他陈述:"去年湘中各绅议行小轮时,即与在湘鄂人共商分招鄂股之策,盖汉口商务情形与鄂中所销之物,惟鄂人就近最为熟悉。湖南地隔重湖,必仗鄂人之力乃能消息灵捷,况湖江毗连,血脉相通,义同唇齿,湘中煤、米尤鄂急需,湘轮如行,百货流转,则鄂民食价廉之物,每年小户共可省钱数百万串,彼此互有益也。"这一内河轮运企业的兴办,在技术层面得到上海的援手,熊希龄创办的湘鄂内河轮船公司租用的"湘帆"轮,1897年曾"来沪修理",并"拟求招商局总船主试往察验是否良窳,售旧购新是否合算"③。次年到访汉口的英国人记述:"这里有六艘小轮船,由华人经营,往来于汉口和湖南之间,主要用于载客,有时也拖运小船。"④

湖南邵阳人蒋廷黻忆述:"省会长沙是湖南政治、经济、文化中心,1906年受外国影响已经很深,城内许多商店陈列着五光十色的外国货……大型汽轮

---

① 聂宝璋:《聂宝璋集》,中国社会科学出版社2002年版,第282页。
② 李伯元:《南亭笔记》,《中国近现代历史名人轶事集成》第1册,山东人民出版社2015年版,第405页。
③ 冯金牛整理:《盛宣怀档案中的熊希龄遗函》,上海市档案馆编:《上海档案史料研究》第19辑,上海三联书店2015年版,第209、210页。
④ [英]查尔斯·贝思福著,韩成才译:《贝思福考察记》,中国文史出版社2018年版,第161页。

第十章 社会变动

从上海、汉口开来长沙,看起来好似水上行宫。"①同年7月28日,日本驻长沙领事馆的报告记载,招商局轮船进入湖南航线,并有招商局要造适于湖南航道的吃水浅的轮船的消息②。1909年,"行驶常德、益阳、湘潭、株州等埠各小轮合计不下十余艘,生意均极畅旺"③。同年11月5日,京官汪荣宝从汉口坐内河小轮船去长沙,"舟较江轮为小,余(即汪荣宝——引者)定坐大餐间,精美与江海轮船无二"。次日抵岳州(今岳阳——引者),11月7日"午后三时半抵长沙埠头"④。1909年10月30日日本《支那经济报告书》载:"在重庆,有人拟开办轮船公司,从事宜昌与重庆之间航运,先在上海建造轮船,现已造成,正在溯江途中。该船有138吨余,88匹马力,吃水3尺,有牵引船一只。牵引船分为两层,一、二等船舱可容客50余人,三等可容百数十人。"同年11月15日,其又载:"现又据闻,该公司预定集股15万元建造4只轮船,俟经营稍有头绪,再增资25万两,共计将达40万两,每股40两,不许外国人加入,汉商争先入股。"⑤

民族机器工业制造技术和产能的提高,直接推动了以上海为中心的江南地区手工业、粮食加工业等部门的生产技能的进步。上海开埠后,原棉出口持续增加。这不仅促使周边地区棉花产区的扩展,同时也带动了与原棉出口直接联结在一起的手工去除棉核即轧花业的兴起。以上海为中心的棉纺织工业自19世纪90年代兴起后,轧花业的市场空间更大。在棉花主要产区的南汇、嘉定等县,19世纪80年代开始出现加工效率更高的铁制的"洋轧车"。这些所谓的洋轧车,实际多是由上海民族资本机器船舶修造厂仿造而成,其需求之大,甚至令制造厂应接不暇。

铁制轧花机的生产效率远非旧式轧车所及。"浦东原有的木制轧花车,每天只出花衣3—5斤,脚踏轧花车每天可出花衣60斤左右",是前者的一二十倍。它的行市一方面反映了农村手工轧花业的兴盛,同时也更推进了轧花业的发展和技术更新。"最早购买新式脚踏轧花车的是浦东及上海郊区的富裕

---

① 蒋廷黻:《蒋廷黻回忆录》,东方出版社2011年版,第33页。
② 李少军等编译:《晚清日本驻华领事报告编译》第2卷,社会科学文献出版社2016年版,第51页。
③ 《航业日旺》,《长沙日报》1909年5月15日。
④ 汪荣宝著,赵阳阳等整理:《汪荣宝日记》,凤凰出版社2014年版,第57页。
⑤ 李少军编译:《武昌起义前后在华日本人见闻集》,第352、363页。

农户。购买数量逐年增加,一般在第一年购一台,以后再购一台,亦有一户购置四五台者。在收花时,雇工轧花,除自轧外,兼营代客轧花,各按重量计算工资及加工费。后花行、花厂设立,行销益广,原有木制轧花机遂逐渐被淘汰。"一些地区出现了向机器加工业过渡的趋向,在嘉定真如,"清光绪季年,乡人杨荣逵倡设合义兴花厂,轧售花衣",初用人力,后改为机械,设有十二匹马力引擎一台、轧花机十五台。手工轧花业的上述发展,令在沪外国人印象深刻。美国驻沪领事佑尼称,在机器轧花厂出现的同时,"华人之在家中按设轧车辆以人力为之者亦复不少,内地轧花仍多用旧法,目睹情形者莫不讶上海变态之速,凡此皆足以勉励栽种棉花之业也"①。

上海民族工业制造动力机器,从水汀引擎(蒸汽机)开始。早期,水汀引擎主要用于内河小轮船的制造。19世纪90年代,上海机器缫丝工业兴起,永昌机器厂制造的小马力水汀引擎开始应用于拖动缫丝机。20世纪初,求新机器厂仿制成功内燃机火油引擎。它标志着民族机器工业在动力机器制造方面的重大进步,并为民族机器工业开拓农村市场创造了条件。内燃机的制造成功,对于农产品加工机器的制造起了推动作用。水汀引擎体积大、搬运使用不便、价格昂贵,限制了农产品加工机器和农机具在农村的使用。内燃机仿制成功后,其体积小,搬运使用均较水汀引擎灵活,价格便宜得多,更适销于农村市场,而其销量的增长,又促进了民族工业的内燃机制造业。20世纪初叶,上海的城市人口已达百余万。每日消费的巨量稻米,自然不是传统手工碾米业所能加工的,机器碾米业因此登场。上海的机器碾米厂始于1900年的美商美昌碾米厂。此后,上海的米行米厂已开始采用国产火油引擎拖动碾米机器,以代替原先落后的人力和畜力碾米。1908年,有福建商人薛某在湖北汉阳南岸嘴新开机器米厂,每月可加工米约15 000石;湖南龙阳县有人拟招股20万两,同时派人到上海购买机器,"在该地开办米厂"②。

上海机器面粉业始于1897年开办的英商增裕面粉厂。在民族资本机器面粉厂方面,1900年投产的阜丰机器面粉厂为首家,最初日产2 500包,1904年已增至7 500包。步其后尘,1902年荣宗敬、荣德生兄弟集资在无锡开办的

---

① 上海市第一机电工业局等:《上海民族机器工业》,第175页;民国《真如志》卷3,实业;彭泽益:《中国近代手工业史资料》第2卷,中华书局1962年版,第236页。
② 李少军编译:《武昌起义前后在华日本人见闻集》,第35页。

保兴面粉厂投产,次年增资改组为茂新面粉厂。1902年至1904年,在上海又有华兴、裕丰、裕顺面粉厂相继投产。此外,先后开办的还有1903年的江苏镇江合兴面粉厂,1904年的浙江宁波通久远面粉厂。截至1911年,上海已经设有民族资本机器面粉厂7家①。荣氏兄弟也在这里开启了近代中国著名的荣家企业集团创业之路。

应该指出,近代科技的传播和应用也主要见于沿海沿江通商口岸特别是东部沿海及其附近地区,即使同是通商口岸且共饮长江水的上海和重庆,因分处东西部而呈现明显的落差,从下表所列对比可见一斑。

主要现代技术在沪渝两地应用年份的比较

技术门类	西方发明年份	上海应用年份	重庆应用年份
铁路	1825年	1876年	1934年
电报	1835年	1871年	1886年
天气预报	1856年	1873年	1939年
电话	1876年	1882年	1912年
电灯	1881年	1882年	1906年
汽车	1883年	1901年	1928年
无线电	1896年	1909年	1928年

资料来源:张仲礼等主编:《长江沿江城市与中国近代化》,上海人民出版社2002年版,第760页。

其中铁路的修筑对沿线民智的启迪影响颇大。1909年8月沪杭铁路全线通车,沿途观者如堵。对当时的情景,身为杭州人的夏衍晚年曾有追忆:"艮山门是杭州至上海的第一站。通车的第一天,整个杭州——包括沿路乡村都轰动了,我母亲也很高兴地带了二姐、四姐和我,背了条长板凳,带了干粮(南瓜团子),走了二里多路,到艮山门车站附近沿线的空地,排着队去看火车这个从来没有见过的'怪物',沿线挤满了人,连快要收割的络麻地也踏平了。在盛夏的烈日下晒了两个多钟头,好容易看到一列火车从北面开来。隆隆的车轮声和人们的呼喊声溶成一片,这个大场面,尽管时隔七十多年,到现在依旧是记忆犹新。"②

---

① 上海市粮食局等:《中国近代面粉工业史》,中华书局1987年版,第22、23、113页。
② 夏衍:《懒寻旧梦录》(增补本),第10页。

四、城市的近代化

鸦片战争后,受外国资本主义入侵的影响,中国城乡的社会生活或多或少发生了变化①。就总体而言,广大乡村和城镇的变化甚微,无数下层民众连起码的温饱都难以维持。曾游历各地的英国传教士麦高温这样写道:

> 在这个国家的许多地区,大米对穷人而言是一种奢侈品,一年中他们也就只能吃到十几次。甘薯是他们不得不依赖的主要食品,外加腌咸白菜和萝卜作为调味菜。很容易想象得到,这样一桌饭是远远无法满足健康人的需要的。这就是中国劳动阶层的现状,尤其是在农村,身体健康、体格强壮的人根本就是不存在的。②

但也应该看到,与此同时,一些城市特别是沿海沿江主要通商口岸及其附近地区的社会生活毕竟有了较为明显的变化③。

城市是人类社会发展进步的产物。中国是世界上城市历史悠久、数量众多的国家之一。早在先秦时期,就有一些人口众多、商业繁盛的城市存在。与欧洲历史上的城市相比较,中国古代城市有其鲜明的特点。具体表现为城市的兴建往往首先是出于政治、军事上的需要;与此相联系,城市的居民,首先是官吏、军人、僧侣以及其他消费人口,从事手工业生产和商品流通的工匠、商人却居从属地位。一个城市的地位和规模主要是由其在中央集权统治格局中的地位决定的,上至北京,下至苏州、扬州等繁华城市,或是都城,或是省、府治所设置地,政治功能成为左右中国古代城市兴衰的主要因素。

1840年以后,中国城市发展的传统格局开始松动、变化,一些突破旧有发展模式,以对外贸易和工商业发展为主要依托的近代城市相继崛起,并在推动

---

① 详可参阅刘志琴主编:《近代中国社会文化变迁录》,浙江人民出版社1998年版。同时该书主编也指出,由于资料收集面和经费所限,"这部著作的内容,实际上多集中在沿海少数大都市和附近的乡村以及一定繁荣程度的内地城镇,基本上是现代化能辐射的地区"(该书序,第35页)。
② [英]麦高温著,朱涛等译:《中国人生活的明与暗》,中华书局2006年版,第250页。按:此书原著1909年首版于上海。
③ 各城市已有一些扎实的研究,如天津,有尚克强等主编的《天津租界社会研究》(天津人民出版社1996年版);如上海,有罗苏文的《近代上海都市社会与生活》(中华书局2006年版)等。

第十章 社会变动

中国社会发展进程中发挥着越来越大的作用。晚清最大的通商口岸——上海,是这批近代城市的突出代表。

上海地处富庶的太湖平原,背倚万里长江,面向浩瀚的太平洋,优越的地理位置和自然条件为上海港口的形成和城市的发育提供了良好的条件。1840年前,上海已是东南沿海名闻遐迩的港口城市。但受清朝政府广州一口对外通商禁令的束缚,当时的上海港除了与东南亚和日本维持为数不多的传统贸易往来外,主要以沟通中国沿海各地的转口贸易为主,上海独具的地理、经济优势难以得到释放。清代前期,上海的城市规模和地位仍无法与苏南地区郡府首邑的苏州相匹敌。

进入晚清,情况发生巨大变化。1843年上海开埠后,很快成为列强在华经济活动的主要口岸。1844年至1854年,上海外国商行的数目从11家猛增到120多家。配合其商品输出,列强还在上海开办银行、建造码头仓库、设立船舶修造厂,上海的进出口贸易总额因此不断上升,从1853年起超过广州,成为晚清位居第一的外贸口岸。1877年10月2日,美国《纽约时报》记者发自上海的报道称:

> 从江上看去,上海比日本的港口显出更好的风貌。理应如此,上海是一个更早开埠的国际商业城市,商贸业也有更丰厚的利润。临江的那条街道名为"外滩"。外滩上,有一排宏伟的西式建筑,有些楼房修了好几层高。豪华夸张的建筑风格向世人展示,在这个城市兴建之初,它的土地是多么廉价啊,没有人会在意占地面积是多少。著名的旗昌洋行、怡和洋行和其他大洋行,都拥有自己富丽堂皇的大厦。①

繁忙的进出口贸易直接推动了上海城市的发展。以列强把持的租界为中心,经销进出口货物的店铺相继开张。与此同时,服务于进出口贸易的船舶修造业等陆续创办。外商为适应他们在华活动的需要,还在上海先后开办了面粉厂、汽水厂、酿酒厂、制药厂、印刷厂等一些轻工企业和食品加工业。在此基础上,上海的公用事业也开始建立和发展。煤气厂、电厂和自来水厂先后开办,电灯、电话、电报在上海相继出现。水电的供应大大促进了商业的繁荣,加

---

① 《纽约时报》(1877年12月24日),《帝国的回忆》(修订本),当代中国出版社2007年版,第38页。

速了工业的发展,近代西方的物质文明与科学技术已经较为广泛地进入上海城市生活的各个领域。以摄影为例,1839年8月,法国政府购买了科学家达盖尔发明的摄影技术——银版摄影术的发明权,并将它公布于世,摄影术很快风靡世界。1844年,法国海关总检察官于勒·埃及尔最先将相机带入中国,并为中国人拍摄了第一张照片①。1862年,英国人桑德斯在上海开设了第一家照相馆②。1872年4月30日,《申报》在上海问世。有学者做过统计:"1872年4月30日至12月31日,《申报》所发的872条消息的信息源空间分布是这样的:上海本埠消息374条,占总数的41.9%;国内其他地区消息266条,占总数的29.9%;国外消息252条,占总数的28.2%。"③1875年9月英国商人立德从上海抵舟山游历,不无惊讶地在当地遇到了《申报》的热心读者:

> 我们来到另一座庙宇,这座美丽的庙宇掩映于丛林中,僧侣十分好客健谈,他请我们喝玫瑰花茶,不停询问外国宗教等问题。他似乎特别关注云南纠纷(应是指1875年2月的马嘉理事件——引者),说道为何不寻求和平解决的途径?他把大茶壶放在桌子中间,这好比是中国,再摆上茶杯,好比英国、法国和美国,为何要同室操戈、兄弟相煎?我们再三向他表明外国人对佛教的尊敬,告诉他洋人中大部分人也像佛教徒、基督教徒一样敬神。《申报》在这块遥远僻静的地方注入了新的活力,使沉寂数百年的思想活跃起来。④

1879年,为满足在沪外籍人士的娱乐需求,上海出现了一支小型公共乐队,后扩大为管弦乐队⑤。1883年,越南来华使者从海路经上海去天津,他们称赞上海"车马往来,商船凑集,道路整洁,光景较香港又胜数倍也"⑥。从19世纪60年代中叶始,上海就有一些外语培训班和夜校开办,至1880年代已增至36所⑦。其间,还有供活跃于上海滩的宁波商人使用的中英词典出售:

---

① 张明编著:《外国人拍摄的中国影像(1844—1949)》,中国摄影出版社2018年版,第6页。
② [英]乔治·亨利·梅森等著,赵省伟等编译:《西洋镜:清代风俗人物图鉴》,台海出版社2017年版,前言,第2页。
③ 乐正:《近代上海人社会心态(1860—1910)》,上海人民出版社1991年版,第176页。
④ [英]A.J.立德著,桂奋权等译:《中国五十年见闻录》,南京出版社2010年版,第70页。
⑤ 上海图书馆编:《国际名流与近代上海》,上海科学技术文献出版社2011年版,第560页。
⑥ 复旦大学古籍整理研究所等编:《域外文献里的中国》,上海文艺出版社2014年版,第70页。
⑦ 熊月之等主编:《圣约翰大学史》,上海人民出版社2007年版,第26页。

>《字语汇解》一书系中英字合璧制成,讲究宁波声音,凡外国人至中国欲习此书者暨中国人欲习西语者,均可买之,易于学习,至宁波人习之更为便捷。此书每部价洋两元半。上海口岸可在美华书馆并黄浦江滩新关南首别发洋行均有,赐顾者至该两处买取可也。①

一些人以会说几句洋话为时尚,1883年10月25日《申报》以"论西人渐染浮嚣之习"为题载:

>上海为通商大埠,西人之处此者最多,华人类多效其所为。其制造灵巧不能学,乃学其浅近者,效其语言……至于坐马车、登轮舟,华人亦皆以为乐,甚至雪茄之烟衔于口中,弹子之房游于暇日,大餐之馆坐客常满,左手持叉右手执刀,以恣大嚼者,皆华人也。"温都的里"、"爱皮西提"略会一二句便刺刺不休,以为时路。酒则香饼(槟——引者)、茶则加非(咖啡——引者),日用之物皆以有一洋字者为佳。

刚考上进士并授刑部候补主事的刘光第,1883年途经上海,目睹此景,在同年9月21日的日记中感叹:"不到上海,是生人大恨事;然不到上海,又是学人大幸事。"②

当时上海滩上的股票投资也颇活跃。1882年9月22日,薛福成在日记中描述:

>近来沪上华商乐附公司,每办一事,动效西法,招股集资,如开办煤铁……以及制造绸缎、洋纸、玻璃并租界自来水、自来火、电气灯之类,无不各集公司,招人入股。有由官核准者,有由商自议者,名目有数十种之多。股票价值涨落靡常,银有全收半收之分,票有已给未给之别。③

时至清末,上海的城市面貌已发生根本的变化,可以作为衡量近代城市的几个要素,如资本主义工商业、近代市政设施和管理、新式科技、文化、教育事业等,这里都已有了较大的发展。1911年以前,在中国共出版过136种外文报刊,其中54种在上海问世,约占总数的40%,内有英文34种、法文10种、德文

---

① 宁波市政协文史委员会编:《近现代报刊上的宁波》,宁波出版社2016年版,第526页。
② 刘光第:《南旋记》,郑逸梅等主编:《中国近代文学大系·书信日记集》,上海书店出版社1993年版,第399页。
③ 蔡少卿整理:《薛福成日记》,吉林文史出版社2004年版,第390页。

3种、日文7种①。上海已从一个旧式县城发展成为中国最大的国际性的近代城市,1910年人口已达128万余人②。无论城市规模还是人口总数,都是苏州不能望其项背的。其中大部分人来自各地包括苏州,海关资料载:

> 在上海的中国人中有许多是外地人,他们是被各种各样的就业机会吸引到这里来的。职员、外语通、经营广州零星装饰品的商人和餐馆的老板等,主要是广东人。买办、仆役、船员、木匠、裁缝、男洗衣工、店员则主要来自宁波。侍候外国妇女的大多数女佣以及本地人商店的刺绣工和妇女头饰工,是苏州来的。南京的男子,经营缎子、玉石、钟表和钻石生意。③

上海的政治生活也有了深刻的变化,代表资产阶级利益和要求的各种社团组织相继成立,并越来越活跃。1902年上海商业会议公所(后改称上海商务总会)的成立,即为其明显的标志。不久,它就领导了抵制美货运动。

上海作为近代城市的崛起,是与列强在华经济活动联系在一起的。这一特点在其他近代城市发展过程中也有体现。如天津在开埠以前,城市经济主要建基于盐业和漕运转输,是一个内贸型的旧式商业城市。1860年开埠后,天津成为列强在华北着力经营的通商口岸。洋行的设立,租界的开辟,近代市政设施的建设,推动了天津城市的近代化进程,资本主义工商业也相应有所发展。天津从开埠前的内贸型的旧式商业城市逐步演变成为华北地区最大的外贸口岸和工业中心。

汉口,因其地处九省通衢,作为中国封建时代的传统城市,这里的商业很早以来就很兴盛。较之上海等沿海口岸,汉口的城市近代化历程起步稍晚,始于1858年长江航行权对外开放和汉口被辟为通商口岸。自此,列强竞相进入长江流域,汉口成为它们在华中地区主要的活动据点。外国租界、商行、工厂、银行及航运企业相继设立,进出口贸易额增长迅速。汉口近代城市经济的发展带动了毗邻的武昌和汉阳。时至清末,武汉三镇的进出口贸易总额和近

---

① 详可见汪幼海:《〈字林西报〉与近代上海新闻事业》,《史林》2006年第1期。
② 邹依仁:《旧上海人口变迁的研究》,上海人民出版社1980年版,第7页。
③ 徐雪筠等译编:《上海近代社会经济发展概况(1882—1931):〈海关十年报告〉译编》,上海社会科学院出版社1985年版,第21页。

代工商业的经济实力,在各通商口岸中仅次于上海,已成为内地规模最大的近代城市。

除上海、天津、汉口等大城市外,随着列强在华经济活动的扩大,特别是甲午战争后铁路的修筑,另有一些规模稍逊的近代城市出现,青岛即是其中的典型。青岛原是胶州湾东岸的一个小渔村,因其具有发展深水良港的优越条件,为列强所觊觎,1898年被辟为商埠,次年便开始筑港,海上航路四通八达,南赴广州、上海,北达天津、大连,东走日本、欧美。青岛的陆上交通也很便利,1904年胶济铁路通车,奠定了它作为山东地区首要商埠的地位,使其成为山东半岛一个迅速崛起的近代城市。但从总体上考察,截至1911年,中国近代城市的出现尚处于初期阶段,它们的较多涌现,是在民国初年各主要铁路干线辟通和投入运营以后。

即使在清皇室所在的北京城,也有一些近代城市的气息。长期作为王朝国都的北京,城市格局曾严格遵守"左祖右社,面朝后市"的传统皇城形制。时至晚清,随着近代社会经济、教育和文化的发展,北京逐渐"突破了以王权为中心的城市布局,向着近代以商贸、工业文化为时代主调的自由态势发展"。有学者认为,这"体现了北京城市从封建帝都向近代城市转型的特点"①。1904年1月2日,由清朝政府批准设立了中国首个官方部办电话局,主要开通的是各部衙署、朝廷大臣和亲王官邸的电话。同年9月,北京电话局开通海淀、西苑两分局,供奉皇宫。1908年8月,自颐和园乐寿堂建筑群的宫门水木自亲殿至西苑(中南海)来薰风门东配殿装设专线电话,专备慈禧太后使用。1910年4月,紫禁城内安装了10部用户交换机。在后宫建福宫、储秀宫和长春宫设立了专线电话共6部②。京城还出现了购票游玩的动物园,即今北京动物园的前身。1908年7月3日京官许宝蘅的日记中记载了他与友人的活动:

> 同出西直门,游农事试验场。此地曾经两宫临幸,属于农工商部,仿外国公园,初入买券,观动物园再买券。动物园有虎、狮、豹、熊、蟒、鳄、纹

---

① 详可见袁熹:《近代北京商业格局及商业设施变迁研究》,《北京档案史料》2003年第4辑,新华出版社2003年版。
② "清光绪帝死因研究"课题组:《清光绪帝死因鉴证》,北京出版社2017年版,第139页。

马、羚羊、鹿、狐、鹤、猴、鼠。猴之种类为最多,鸟之属亦五六十种,鹦鹉为最美。游览一时余始毕。过一桥,司事者收动物园券。①

博览会也在一些城市举行。中国参与国际博览会始于1851年上海商人徐荣村以"荣记湖丝"送展伦敦世界博览会并获金银奖项②。1873年,清朝政府派员参加了维也纳博览会。其后,中国先后参加了在世界各地举办的20余次国际性博览会。其中,薛福成记述了1878年的巴黎博览会:"法国本年行赛珍会,与会者二十三国,如中国、英、美、西班牙、丹、瑞士、葡萄牙、荷、比、瑞典、那威、摩罗科、暹罗、土逆斯、日本、中南亚美利加等国。观者佥谓物华天宝,惟中国首居之。雕刻之精,则以象牙、红木、花梨、紫檀器具及广东之锦绣几屏为最;颜色之艳以绫罗纱缎,镶嵌之美以宁波之床为最。次则磁器、古铜、大理石桌椅、古今之瓦、历代之钱。"③国内也有博览会的举办,"1909—1910年冬季,九江举办了一次实业汇展。这次汇展展出了全省各种产品,内容十分丰富。汇展持续了两个星期,在本地引起了人们相当的兴趣,从开始到结束,每天参观的人都十分拥挤"④。

1910年在南京举办的南洋劝业会,是晚清由官方主办的规模最大的博览会。1909年12月30日,日本《支那经济报告书》以"南洋劝业会吸引外国展品"为题载:

> 南洋劝业会希望外国商品在该会展出,向各国驻上海领事作出如下通告:南洋劝业会之经营,原为南洋各省之实业振兴,而其规模则在全国博览会之间。近来东西各国皆以商业发达显著作为敝邦先导,且外国商人来敝国营业者亦甚多,故会场特设参考馆两三,其地面三百丈,专充各国农工商品参展陈列,一以增各国商品之名誉,一以作为敝国人之模范。此次陈列品,以采矿、冶金、染织、机械、电机及各工业品最受欢迎;奢侈装饰品等,以场面有限,不招徕之。⑤

---

① 许宝蘅著,许恪儒整理:《〈巢云簃日记〉选(1906—1911)》,《近代史资料》总115号,中国社会科学出版社2007年版,第46页。
② 详可见上海图书馆编:《中国与世博:历史记录(1851—1940)》,上海科学技术文献出版社2002年版。
③ 蔡少卿整理:《薛福成日记》,第224、225页。
④ 郭大松:《中国海关〈十年报告〉选译(1902—1911)》,《近代史资料》总115号,中国社会科学出版社2007年版,第121、122页。
⑤ 李少军编译:《武昌起义前后在华日本人见闻录》,武汉大学出版社2011年版,第376页。

> **知识框**
>
> ### 清末全国体育运动会
>
> 1910年南京筹办南洋劝业会,基督教上海青年会干事艾克斯纳借此机会赴南京,假劝业会场地发起举行了"全国学校区分队第一次体育同盟会",以后称之为"第一届全运会"。会期是1910年10月18日至22日,前后共5天,观众达4万余人。
>
> 当时参加运动会的有华北(京、津)、华南(港、澳)华中(武汉)、华东,其中华东又分为吴宁(苏州、南京)和上海,总共为五区。每一区的运动员,都佩有不同颜色的布带以示区别,华北是青色,华南是紫色,华中是黄色,吴宁是蓝色,上海是红色。华北区的运动员有20名,华南区28名,华中区21名,吴宁区31名,上海区40名,总计140名。
>
> 运动会比赛项目有田径、足球、网球、篮球四项。足球是华南与上海决赛,华南获胜。网球的前四名均为上海圣约翰大学的学生。篮球比赛由华北获得冠军。
>
> 这次运动会虽被称为第一届全运会,实际参加的代表队多属学校,而且限于沿海少数城市,代表面有限。(详可参阅胡绳武等著:《中华文明史》第10卷,河北教育出版社,1999年)

曾是江南重镇的南京,自经历太平天国战事,时隔30余年,"元气至今(时为1895年——引者)未复,民生萧索,城市空旷,毫无振兴之机"①。在沪宁铁路通车前,贸易活动相当冷落,与上海的经贸往来亦主要通过镇江的中介。

1895年5月27日,辜鸿铭记述:"这个城市(指南京——引者)只有大概四分之一的地区有人居住,在总督衙门署的周边,除了几家商店和居民房之外,全部是空旷的荒野。"②次年,一位在南京的德国人在一封家信中描述,南京城内的道路,"大多是古代修建的,石子路面都已破碎不堪,谁需要一块砖头或是

---

① 张之洞:《张文襄公全集》卷40,第6—7页。
② 辜鸿铭著,吴思远编译:《辜鸿铭信札辑证》,凤凰出版社2018年版,第30页。

泥土,干脆就在路上挖,留下来众多坑坑洼洼。不过,这对骑在钉有马蹄铁的马上的骑马人来说要比光滑的石板路面稍好一些,因为它不会滑跌,对下坡路尤其重要",在他住房前的那条路,"只有2至3米宽,就有卖肉的、做面包的、木匠、鞋匠、铁匠或是挑着流动厨房到处卖食物的,都在这里挣钱和营生。一句话,所有的手工工人在这里的房子边上摆摊设点,叫卖他们的商品,由此原本就不宽的道路只留下中间狭窄的一条,使交通更加困难"。即使在一条通往南城门的主要干道上,"人们像蚂蚁群似的在这条路上来来往往,川流不息。用驴子拉水、拉米、拉着芦苇或稻草的队伍同样要经过这里。在那里总会被夹在熙熙攘攘的人群中动弹不得,只好在稍空的地方等着。苦力们不停的叫喊喧哗声,令人作呕的臭味,会使初来乍到的欧洲人头晕不已"。他形容说:"我现在有些习惯了,已能沉着应付。诚然,那是因为有马夫跑前跑后,一会儿对过路人大吼,一会儿用马鞭把人吓到边上去,一路上为我开道前进。"①

1897年从安庆去南京参加科举考试的陈独秀,对他眼中的南京城曾有生动的描述:"我坐在驴子背上,一路幻想着南京城内的房屋街市不知如何繁华美丽,又幻想着上海的城门更不知如何的高大,因为曾听人说上海比南京还要热闹多少倍。进城一看,我失望了。城北几条大街道之平阔,诚然比起安庆来在天上,然而房屋却和安庆一样的矮小破烂,城北一带的荒凉也和安庆是弟兄。南京所有的特色,只是一个'大'。可是房屋虽然破烂,好像人血堆起来的洋房还没有。城厢内外唯一的交通工具,只有小驴子。"②

两年后,日本汉学家内藤湖南来到南京,目睹"马路两侧亦稀有人家,田畴竹树犬牙交错,若行于村落之间"③。1903年,美国人盖洛坐船从上海去南京,惊讶地看到南京"城内的大片空地足以生产充裕的粮食"④。此后,随着南洋劝业会的举办,这种状况有明显改观。海关资料载:

---

① [德]骆博凯著,郑寿康译:《十九世纪末南京风情录:一个德国人在南京的亲身经历》,南京出版社2008年版,第126页。
② 《陈独秀自传(1937年11月)》,陈元晖主编:《教育思想(中国近代教育史资料汇编)》,上海教育出版社2007年版,第962页。
③ [日]内藤湖南、青木正儿著,王青译:《两个日本汉学家的中国纪行》,光明日报出版社1999年版,第63页。
④ [美]威廉·埃德加·盖洛著,晏奎等译校:《扬子江上的美国人——从上海经华中到缅甸的旅行记录(1903)》,山东画报出版社2008年版,第23页。

为办这次展览会,南京规划出了一块方圆7里的地方,平整了地面,建起展馆,修建了一座火力发电站。在方圆7里的建筑内,每省一座展馆,每座展馆都有为消防队准备的防火设施。还建有一家医院(中、西医兼备)、30家商店、30处娱乐场所。南京铁路当局为展览会建了一座车站,车站毗邻的道路都进行了拓宽整修。各主要入口处外面,都有私人开办的商店及戏曲演出和电影放映等娱乐活动。

此外,展览会还铺设了一条模型铁路,开办了其他各种各样吸引人的场所。作为展览会举办地的江苏省的工作,极有代表性,江苏省内各府、厅、州、县,都奉命送来它们各自的地方产品。在所有参展品中,最值得提及的是湖北的茶叶展,展示茶叶采摘、炒制和冲泡;景德镇的瓷器;广东的黑檀;汕头的亚麻抽绣。关于外国展品,有英国送来的机器,日本和德国送来的军用物资,美国的一些广告品等等。①

南洋劝业会的举办吸引了众多参展者。此前,上海商务总会曾为即将开幕的南洋劝业会招徕华商出品参展,并致函海内外各埠商会,要求届时同莅南京,共襄盛举。正式开幕时,各地送展品约10万件,上海有125家厂商参会②。远近各省众多人士也纷至沓来,前去参观。其中就有时为浙江湖州中学学生的茅盾,据他后来追忆,南洋劝业会开幕后,"校方包租了一艘大型小火轮,船上有官舱、房舱、统舱,又拖带两条大木船,载人也装行李,从湖州到南京,行程二日二夜,我们一行共二百多人,包括教师四人,工友二人。在船上住的很舒服。船到无锡,我们上岸换乘火车。拂晓到达南京下关车站,猛抬头看见斗大的'南洋劝业会'五个闪闪发光的字,走近了看,才知是许多小电灯泡连串做成的"。有学者指出,茅盾笔下的南京城的电力照明业,正是因举办南洋劝业会这一需要而发端的③。有志于实业的荣德生记述,他"连去观三次,地场大,各省有馆,一次看不了,全国物产有朝气,余得奖牌三等二块,一时荣幸"④。于此均可体现受世博会影响而起步的南洋劝业会对晚清江浙经济的促进作用。

---

① 郭大松:《中国海关〈十年报告〉选译(1902—1911)》,《近代史资料》总115号,中国社会科学出版社2007年版,第124—125页。
② 上海市工商业联合会:《上海总商会历史图录》,上海古籍出版社2011年版,第270页。
③ 张海林:《端方与清末新政》,南京大学出版社2007年版,第326、329页。
④ 荣德生著,文明国编:《荣德生自述》,安徽文艺出版社2014年版,第51页。

> **知识框**

清末中国与世博会的趣闻

1904年,在美国圣路易斯世博会上,有制作精美的125艘中国船模集体亮相,引来众人啧啧称赞。其中一艘军舰船模上刻有炮台;另一艘军舰上还插着方天戟等冷兵器。而在一些商船上,供船家休息的船舱雕刻非常精细,连本来就很小的舱窗上也镂空点缀以雕花;另一艘船上的木雕小人也惟妙惟肖,令人叫绝。这些船模是由清朝政府送展的。

1803年前后,美国从法国拿破仑政府手中以1500万美元购得路易斯安娜一块面积达210多万平方千米的广袤土地,当时美国的领土因此几乎增加了一倍,史称"路易斯安娜购地"。1904年,美国出资1500万美元在圣路易斯市举行世博会,隆重纪念从法国购得路易斯安娜100周年。

筹备期间,美国人约翰·巴瑞特被任命为亚洲与欧洲的筹备部长。1902年,他来到中国,见到了光绪帝。清朝政府决定应邀赴展,次年,中国展馆的总代表黄开甲抵达圣路易斯市,并于同年7月开始了中国馆的建造,展馆面积11 800平方米。广东、广西、云南、福建、江西、贵州、四川、湖南、安徽、河南等省参展,各省当地的海关负责收集各自的送展品,其中就有广受好评的125艘船模。清皇室成员溥伦代表中国出席了这次世博会的开幕式。

1904年,美国圣路易斯世博会落幕。1905年,比利时即着手在该国莫兹河口的列日市组织列日世博会。比利时政府也邀请中国参加,清朝政府起初对连着参加世博会有些犹豫,有人便提议将刚在美国展出的125艘船模,送展比利时,可省钱省事。但这笔运费仍让清朝政府犹豫不决。比利时人见状,就向清朝政府商议,如果列日世博会闭幕后,这些船模能被比利时国家博物馆收藏,那么比利时政府将负责把这些船模从圣路易斯运到列日。清朝政府同意了,于是这些船模又在列日世博会上展示,又一次引起轰动。

列日世博会闭幕后,这些船模也就留在了比利时,其中绝大多数目前

> 被安特卫普海运与贸易博物馆收藏。1993年,安特卫普被宣布为欧洲文化之都,这些中国船模曾首次集中展示,惊艳四座,但在中国对这些船模的由来知之者甚少。直到2010年上海世博会举行,经过中比双方的努力,这段尘封已久的历史才得以清晰地展示给世人。

以通商口岸为主体的中国近代城市的出现,首先是适应了列强在华活动的需要,但客观上也成为中国人了解世界先进事物的窗口,以及反思中国落后原因的参照。同时,由于封建统治在这些地区被削弱,这里也为中国资本主义工商业的发展提供了一些有利的条件,为中国资产阶级积聚力量、组织团体、培养知识分子、宣传政治主张和开展政治活动等提供了某些便利,而这些又都有助于晚清社会的向前发展。中国近代工业中心在上海的形成,辛亥革命首先在武汉爆发,都是生动的例子。

五、边远地区的起色

清末十年,西部及边远地区经济社会的近代化也有起色。1907年5月14日,英国《泰晤士报》驻北京记者莫理循称:"我的一个朋友刚从遥远的甘肃省兰州来到北京,他在那里初步设计一座铁桥。这座铁桥在外国人的指导下,将横跨黄河。他告诉我那里发生的变化:碎石子筑的路,通明的路灯,学校和学院和市政警察。今天山西大学代理教习毕善功教授来看我,他也告诉我太原府市政上的同样一些改进。"[①] 即使在地处边远的新疆、西藏和川边地区也有具体表现。

清朝的财政体制,原先是以解款协款制度规定各款项,由中央政府统一管理收支,户部拥有"制天下之经费"的权力,各省并无财政权,只是奉中央命令征收各项赋税,存入公库,然后奏准开销各项经费,如有节余均须解运中央或

---

① [澳]骆惠敏编,刘桂梁等译:《清末民初政情内幕——〈泰晤士报〉驻北京记者、袁世凯政治顾问乔·厄·莫理循书信集》,知识出版社1986年版,第498页。

收支不敷的邻省。经太平天国之后,解款协款制度渐趋废弛。各地督抚军权在握,原来掌管地方财政并直接听命于中央政府户部的藩司,转而受制于督抚,中央政府已无法通过藩司控制地方财政。新政初期,中央政府曾采取各种措施,试图从地方督抚手中收回财权,但收效不大。于是在1908年进行财政清理,全面收权,同时决定划分中央和地方两级财政。租税亦分两项,即供中央用的"国税"和归地方用的"地方税"。1910年,又正式开始编制宣统财政预算。但直到清皇朝覆灭,也未拿出实施方案。在中央政府的督促下,在西部各省新政亦有推行,并取得一些成效。这在稍晚开展新政的新疆和西藏也有具体表现。

时任新疆巡抚联魁、伊犁将军长庚是满族官员中思想比较开明的人,对推行新政态度比较积极。联魁认为"遵筹西北全局,大旨不外置省、改官、开垦、兴学、练兵数端,应酌量缓急,择要施行"。长庚主张"一练兵,二畜牧,三商务,四工艺,五兴学"①。其中成效比较显著的是编练新军、兴办实业、开设学校和建咨议局。为推动实业兴办,在各地设立工艺局,创办工艺厂、劝工所、织造局、农林试验场等。长庚在伊犁创办了制革有限公司,原为官商合办,后来改为商办。经营者是维吾尔族商人玉山巴依,机器从德国购进,技师从德国和俄国招聘,有工人100余名,年产约1万张大皮②。

1904年,英国再次侵略西藏,一度占据拉萨。清廷大为震惊,在英军退兵后,即颁谕称西藏"地大物博,久为外人垂涎。近日英兵入藏,迫胁番众立约,情形叵测,亟应思患预防。补救筹维,端在开垦实边,练兵讲武。期挽利权而资抵御,方足以自固藩篱。前有旨令凤全移驻察木多,西宁办事大臣昨已简放延祉。所有西藏各边,东南至四川、云南界一带,著凤全认真经理;北至青海界一带,著延祉认真经理。各将所属蒙番,设法安抚,并将有利可兴之地,切实查勘,举办屯垦畜牧,寓兵于农,勤加训练。酌量招工开矿,以裕饷源"③。并先后任命张荫棠、联豫、赵尔丰等人主持实施清末西藏及川边新致。

1906年出任查办藏事大臣的张荫棠,举人出身,早年赴美曾任清政府驻美参赞和总领事职。继任的联豫,早年曾跟随薛福成出使英、法、意、比等国,对

---

① 《清德宗实录》卷591、卷563。
② 曾问吾:《中国经营西域史》,新疆地方志总编室1985年排印本,第734页。
③ 中国人民大学清史研究所:《清史编年》第12卷,中国人民大学出版社2000年版,第356页。

时局有较清醒的认识①。他在1907年2月10日《详陈藏中情形及拟办各事折》中指出:"窃维西藏近日危险情形,早在圣明洞鉴之中。俄人觊觎于北,暗中诱之以利,英人窥伺于西,近且胁之以兵……奴才心实忧之,后患何堪设想。且西藏之地,南通云南,北连甘肃,东接四川,万一西藏不守,则甘肃、云南、四川俱属可危,而内外蒙古、长江一带亦俱可虑。"②

张荫棠等人建议,西藏新政的主要内容应包括练兵、屯垦、通商、建学校,得到清廷的允准,认为"举凡练兵、兴学、务农、开矿、讲求实业、利便交通以及添置官吏、整饬庶政诸大端,均应及时规画,期于治理日益修明"③。西藏适宜发展畜牧业,张荫棠提出要鼓励畜养牛羊,发展畜牧业,并重视开发利用畜产品资源,在江孜设立了工艺局,招聘技师入藏传授技术。联豫上任后,开办了商品陈列所,陈列四川制造的各种产品,旨在"藉资观感,而工业或可渐臻发达"④。同时,他还选派藏民子弟到四川劝工局学习工艺。

在川边藏族地区,清廷强调"四川、云南两省毗连西藏,边务至为紧要。若于该两省边疆开办屯垦,广兴地利,选练新兵,足以固川滇之门户,即足以保西藏之藩篱,实为今日必不可缓之举"⑤。1906年赵尔丰出任川滇边务大臣后,力行新政,实施改土归流,奏请屯垦、练兵、设官、兴学、通商、开矿,强调"振兴地方,首在提倡实业",并重视改善交通,认为"商贾之流通恃乎此,垦务之发达恃乎此,地方之富庶更靡不恃乎此"⑥。

1908年,他奏准兴建中渡雅砻江钢丝吊桥,指出:"中渡地方为打箭炉通边藏要道,其地即所谓雅砻江也。江面宽至数十丈,水极漂急,每当盛涨,舟船不能径渡,行旅转输饷械,尤为困难。臣前在关外督师,目击情形,以为非建桥不足以资利便,而非仿西法修筑钢桥,亦不能以期坚固。臣于护督任内,曾派员前往切实勘测,绘具详图,筹有端绪。臣到任后,即饬驻沪转运之员,向洋行商议,定造吊式钢桥一座,各洋行均以地处边远,不愿承办。且亦索价过昂,迭经

---

① 王川:《从新近刊布的史料看晚清民国藏政要员的洋务背景》,《西藏民族学院学报》2003年第3期。
② 吴丰培主编:《联豫驻藏奏稿》,西藏人民出版社1979年版,第14页。
③ 《清德宗实录》卷562、卷549、卷587。
④ 吴丰培主编:《联豫驻藏奏稿》,第17—18页。
⑤ 《清史编年》第12卷,第421页。
⑥ 文夕:《清末川滇边务大臣衙门档案》,《历史档案》1992年第4期。

磋商,乃与比商华法公司订立合同,现全桥钢料及工程师均已上路。"

继而,他又奏请兴建泸定钢丝吊桥,指出"中渡桥工已将完竣,查泸定桥尤关重要,因地通边藏之冲衢,而居内地行旅,往返转输饷械,繁盛于中渡。臣到任后,派员勘测绘图,此桥系据金川江,原以铁链造成,因桥身过长,行之簸动,而不能通过重大物件,往往被风吹断,修理困难。在当时拟修铁丝桥,较铁链桥灵便。至与比商定购吊式钢桥,较以前铁链桥坚固百倍。遂于月前与中渡建桥工程师盖利余爱尔订购一座,按照中渡桥样建筑",待建成后,"由成都至康定一段通道无阻"[①]。上述举措加强了内地与川边及西藏人员和物资的往来,促进了这些地区的经济开发,也为以后民国年间的西康建省打下了基础。

清末新政期间,在一些较为开明、务实的官员主持下,久已沉寂的新疆、内蒙古、西藏和川边地区都有一些近代化措施的推行,这种由官府主导的涉及较广泛的改革举措,在西部地区还是首次。如当时在内蒙古进行了大规模放垦,其范围集中于内札萨克蒙古的6盟49旗,包括东部的哲里木盟、卓索图盟、昭乌达盟,以及西部的乌兰察布盟、伊克昭盟、锡林郭勒盟,地跨今内蒙古、河北、辽宁、吉林、黑龙江等省区。

清末内蒙古草原的放垦,是这一地区土地所有权制度私有化的开始。在此之前,内蒙古的土地占有和使用,可依据土地所有权获得的途径分为私有地、公共土地和直属皇家的土地。所谓私有地,包括蒙古贵族、士兵、平民、差役按照爵位、等级领受的不同面积的土地,人死后要上交盟旗重新分配,不能继承,土地仍属于公有范围。公共土地,指的是公共牧场,札萨克对于公有土地有管理权,公共土地一般没有明确的四至,各旗之间只依照山、河或者敖包等,划分一个大概的界限。此外还有清廷划定的皇家园林或是专门服务于皇族的土地。放垦及土地私有化的同时,清朝政府也加快了在内蒙古地区设立县治的速度,清末放垦期间在内蒙古地区设置的府州县有30个,是整个内蒙古地区至清末为止设立的所有府州县的60%。

放垦和土地私有及农业开发,给内蒙古草原带来新的生产关系。榜青作为一种载体,在汉族的精耕细作技术传入内蒙古地区的过程中起了重要作用。它起源于华北,也称帮租,是一种分益雇佣制。由地主提供劳动力之外的一切

---

① 吴丰培:《赵尔丰川边奏牍》,四川民族出版社1984年版,第111—112页。

生产费用,由佃农提供劳动力,在收获时,以一定比例分成,在华北地区佃农最多得三成。这种生产关系由汉族移民传入内蒙古地区后称作榜青,佃农与地主一般五五分成,副产物如秸秆等物归地主。这种榜青制度在新放垦的地区较为流行,因为土地资源相对丰富,需要更多的劳动力。等到土地垦熟,人口增长,社会模式渐渐接近内地的汉族社会时,榜青关系就开始减少。这种生产关系促进了内蒙古地区的民族融合和农业开发。

蒙汉交流也引起了蒙古族饮食结构、习惯和服饰的变化。放垦前,蒙古族人通常以食用畜产品为主、农产品为辅。放垦后,随着农业的发展,农产品在饮食结构中的比重逐渐上升。由于农业及商业的发展,茶和纸烟等一些原来只有贵族享用的商品,逐渐成为蒙古族大众的日常生活消费品,而烧锅一类的小作坊的出现,也为牧民饮用粮食酿酒提供了方便。棉布逐渐代替了原来的毡和皮,成为蒙古族的服饰原材料,原来的皮袄、皮靴渐渐被棉袄、棉袍、棉靴所替代。

放垦既是内蒙古地区新政的一部分,也有助于当地新政的推进。至清末止,绥远地区设立了大约48所中小学,它们的开办和运营费用,除了部分由王公捐助外,大部分是由学堂地的租银提供。筹备新军、警察及武备学堂的饷银、号衣、马匹、枪械等需要的巨额资金,多来自土地的放垦所得[①]。有学者指出,内蒙古河套地区的土地开垦,可追溯至秦汉时期的屯田。之后随着王朝统治的更迭,至明末,该地区时而为农区,时而为牧区,土地开垦时断时续,或兴或衰,直到清代以后才被再次大规模地开垦,并成为内蒙古西部地区的重要粮仓[②]。从长远观察,草原的大量放垦,对植被和生态环境不无破坏性,但就当时而言,放垦的实施推进了内蒙古地区社会生活的近代化进程。

当然,较之东部地区,边远省区原先存在的那些不利因素依然存在,并依旧制约着改革的推行和成效。其中,资金和人才严重匮乏仍是难题之一。1907年8月9日,芬兰人马达汉在乌鲁木齐参观一家官办军工厂,看到工厂处于停工状态,"机器上的标志是KNAPE,MAGDEBURG(马德堡)。听说机器

[①] 详可参阅耿晓明:《清末内蒙古垦荒论略》,侯建新主编:《经济—社会史评论》第5辑,生活·读书·新知三联书店2010年版。
[②] 陶继波等:《清代河套地区土地政策演变及对农业生产影响探析》,《清史论丛》2017年第2辑,社会科学文献出版社2017年版,第172页。

开足马力时,每天的最高产量是500发子弹",此时正打算重新开工,为此"在几个月前,工厂里已经从中国东部招募了一批新的工人"①。1928年去新疆考察的徐炳昶在乌鲁木齐曾见到当地"有一造火柴机器",自清末购来后一直"废置未用"②。

1908年1月27日,联豫奏称:"藏中用款,既不能取之于番民,即不能不仰给于内省。现在举行新政,各省拮据皆同。即以近拨之二十万两,在部臣已属极力腾挪,在此间仍无异于车薪杯水,且不知何时始能汇藏。"③同年8月16日,《重庆商会公报》曾载:"驻藏帮办大臣张荫棠,近与政府诸公讨论西藏要政。张大臣以西藏边界,土番披猖,又有外人蹑足其后,大局不可不虑,亟宜速练精兵,添设藏营,以资防卫。余如兴办学堂,改良风俗,开采矿产,垦辟荒地,建筑铁路,安设电线各事,亦应次第举行。惟因中英藏约中,有窒碍之处,故须妥筹善法,变通办理。至于推广商埠,划建行省各事,亦应预为筹画,免致临时棘手等语。所论皆中窍要,各王大臣均极赞成,即按所陈各节,电致赵季帅酌核办理。"同年10月24日,《广益丛报》则称:"成都府来函云,赵季帅不日起程前赴西藏,心殊郁郁不乐,盖欲实施改革,既乏经费又乏人马,安克臻此。"④

此前的9月20日,已有《东方杂志》转述日本《朝日新闻》的评论称:"中国政府近来对于西藏问题非常注意,一切刷新行政、充实军备、普及教育设备、交通机关等事,皆苦心筹议。日前驻藏帮办大臣张荫棠氏赴京陛见,陈奏藏事。近日更有朝旨,特命达赖、班禅两喇嘛入觐,盖将大有所展布。"文章在概述赵尔丰、张之洞等人筹藏新政的主张后,认为"其如人材消乏、财力不逮何,殆不免多议少成而已"⑤。清末实地游历西藏的人记述:

> 火炮制造厂,位于拉萨南方萨河对岸且秋林东边的迪布地方。西藏原来只有原始的火绳枪,八年前才开始制造大炮。一开始并没有制造大炮的技术,后来西藏地方当局派一位旅居大吉岭名叫哈则林的人在印度、

---

① [芬兰]马达汉著,王家骥译:《马达汉西域考察日记(1906—1908)》,中国民族摄影艺术出版社2004年版,第266页。
② 徐炳昶:《西游日记》,甘肃人民出版社2002年版,第235页。
③ 四川省民族研究所编:《清末川滇边务档案史料》上册,中华书局1989年版,第171页。
④ 卢秀璋主编:《清末民初藏事资料选编(1877—1919)》,中国藏学出版社2005年版,第266页。
⑤ 同上书,第76、77页。

喀什米尔请回十名懂得大炮制造的伊斯兰教徒,学习制炮技术。①

1910年初,达赖出逃印度后,清廷立即宣布革除其名号,继而采取一系列相应措施,责成驻藏大臣联豫"悉心经营"。联豫奉命基本上按照行省建制的架构原则,对西藏地方官制进行改革,在西藏各地设置委员,并仿照内地各省督抚衙门章程,设立幕职分科办事,以专责成。这些举措使西藏的地方行政管理体制有了明显的内地化趋向,在一定程度上加强了驻藏大臣的主事权力。与此同时,清朝政府在川边藏区大力推行改土归流,打通川藏之交通,并为川边藏区与四川省的一体化奠定了基础②。

有学者指出,西藏新政,百举待兴,练兵兴学,务农开矿,讲求实业,便利交通,添设官吏,整饬庶政等,均需资金作后盾。尽管清廷一再强调西藏地方关系紧要,"著度支部妥速筹划议奏""速议筹拨",但终因国库空虚,虽经设法周转,但于西藏仍属杯水车薪,无济于事。联豫深感"无米之炊,实难措手"。1910年起,西藏常年经费共50万两,由俄法款内截10万,英德款内截15万,其余25万则由四川省另筹接济,并谕藏事如有不敷,则由川督遵旨随时接济。但事实上,川督赵尔巽一再上奏,禀川省财政困难,库储奇绌,应付俱穷,度支部仍不予置理。川款无着落,原先的设想如修筑道路、讲求实业、开矿务农等事多只能停留在纸面上③。

此外,由于西部各省新式商人及有实力和意愿投资实业、参与地方治理事务的士绅人数很少,新政时期在东部地区颇有成效的地方自治运动在西部地区几无动静。据统计,在1908年以前各省研究和筹备自治的机构共99个,其中直隶16个、江苏(包括上海在内)18个、浙江16个、广东13个、山东3个、福建2个、京师9个、广西2个、江西4个、湖北3个、湖南1个、吉林4个、奉天4个、黑龙江1个、河南1个、安徽1个,余下的一个是整个西部地区唯一的,即成立于1907年由张百麟主持的贵州自治学社④。来自民间的社会组织的孱弱,

---

① [日]河口慧海著,齐立娟译:《100年前西藏独行记》,金城出版社2014年版,第192页。
② 苏德毕力格:《晚清政府对新疆蒙古和西藏政策研究》,内蒙古人民出版社2005年版,导言,第3页。
③ 黄维忠:《清季筹藏新政评述》,《中国藏学》1995年第1期。
④ 马小泉:《国家与社会:清末地方自治与宪政改革》,河南大学出版社2001年版,第215—221页。

既是西部省份市场经济落后的表征,同时也是其社会近代化进程迟滞缓慢的原因之一。

扩展阅读书目

1. 严中平、汪敬虞、刘克祥等主编:《中国近代经济史(1840—1937)》,人民出版社,2012年。集数十年研究心得的佳作。

2. 吴松弟主编:《中国近代经济地理》,华东师范大学出版社,2014—2017年。有全国综论卷,也有分区域考察各卷。

3. 刘志琴主编:《近代中国社会文化变迁录》,浙江人民出版社,1998年。史论结合,生动勾勒晚清以来社会文化嬗变的方方面面。

4. 李长莉等:《中国近代社会生活史》,中国社会科学出版社,2015年。涉及晚清和民国,内容丰富生动。

5. 熊月之:《西学东渐与晚清社会》(修订版),中国人民大学出版社,2011年。深入论析西学东渐对晚清社会变革各领域的触动。

6. 陈平原:《左图右史——晚清画报研究》,生活·读书·新知三联书店,2018年。图文并茂,以图说史,可与上书相映成趣。

7. 何一民主编:《近代中国城市发展与社会变迁(1840—1949)》,科学出版社,2004年。总体反映晚清以来的城市发展变迁,涉及面广。

8. 邹大海主编:《中国近现代科学技术史论著目录》,山东教育出版社,2006年。其列入该社系列出版的路甬祥主编"中国近现代科学技术史研究丛书",为传统历史学研究拓展视野提供学术资源。

9. [美]卫三畏著,陈俱等译校:《中国总论》,上海古籍出版社,2005年。作者是1833年来华的传教士,以其数十年的在华经历,记述了他对晚清社会生活方方面面的细致观察。

10. [英]吴芳思著,柯卉译:《口岸往事:海外侨民在中国的迷梦与生活(1843—1943)》,新星出版社,2018年。依据亲历者的记述,勾勒外侨在华经历。

相关资料选读

1. 严中平等编:"中国近代经济史参考资料丛刊",科学出版社,2016年。内含农业、手工业、工业、对外贸易、铁路、航运等多卷本各专题资料集,均出自名家之手,选材精审。

2.《申报》(1872—1949),上海书店影印本,1983—1987年。近代中国历史最悠久的华文报纸,堪称了解晚清以来社会变迁的百科全书。

3. 中国第二历史档案馆等编:《中国旧海关史料(1859—1948)》,京华出版社,2001年。

4. 吴松弟整理:《美国哈佛大学图书馆藏未刊中国旧海关史料(1860—1949)》,广西师范大学出版社,2014—2016年。以上两大套涉及广泛的海关资料,为晚清和民国史研究提供了极好的素材。

5. 戴鞍钢等主编:《中国地方志经济资料汇编》,汉语大词典出版社,1999年。分省按专题编排方志史料,有助于具体认识和研究近代中国各地基层经济社会的演变。

6. 张晓:《近代汉译西学书目提要(明末至1919年)》,北京大学出版社,2012年。收录约6 000种书目,方便有兴趣者按图索骥展开研究。

7. 钱钟书主编,朱维铮执行主编:《中国近代学术名著》,中西书局,2012年。集中展示晚清学术精品。

8. [美]张文献编:《美国画报上的中国(1840—1911)》,北京大学出版社,2017年。折射晚清中国海外形象的图像资料。

第十一章

革命力量的集结

秋瑾(1875—1907)

一、中国同盟会成立

新政和预备立宪推行期间,以孙中山为代表的一批爱国者仍坚持以革命推翻清皇朝专制统治的方针。20世纪初年,在一些留日学生从爱国转向革命的同时,国内的革命思潮以上海为中心,也在逐步发展。1903年,由留日归国学生邹容撰写的《革命军》一书在上海出版。他在书中列举许多事例,历数清朝统治者对内专制暴虐,压迫人民,对外卑躬屈膝,引狼入室的种种罪行,阐明中国已处于极其严峻的危急境地,稍有延误,就会坠入"十年灭国,百年灭种"的万劫不复的深渊。有志者必须及时奋起,"欲御外侮,先清内患",合力推翻清朝政府,重振中华民族之国威。这些文字明白无误地提出了反清革命的任务,这样痛快淋漓、鲜明打出革命旗号的著作,以前还从未有过,确实有着石破天惊、震耳欲聋的巨大影响,使人精神为之一振。

《革命军》的启蒙作用,不仅表现在向人们灌输反清革命思想方面,还在于它比过去其他进步刊物更加明确、系统地宣传了资产阶级民主共和国的思想。它从国民的天赋权利这一观念出发,论证了旨在推翻专制制度、恢复天赋人权的民主革命的正义性,并提出了在中国建立资产阶级民主共和国的具体方案。在邹容看来,法国资产阶级大革命和美国独立是革命的最高典范;强调推翻专制统治,建立民主共和国时,"立宪法,悉照美国宪法,参照中国性质立定";这个新国家的名字定为"中华共和国",实行民选议会制,由议会推举总统,国民无论男女贵贱,一律享有平等权利,"无论何时,政府所为,有干犯人民权利之事,人民即可革命,推倒旧日之政府",表达了比较彻底的资产阶级民主主义思想。

《革命军》的问世代表了近代知识分子政治觉醒的高峰。在清末民权运动中,以梁启超为代表的一部分人的政治觉悟,停留在"君民共治"的思想阶段,没能随着时代的发展而前进。他们在政治上拥护君主立宪,反对民主共和,落到了历史车轮的后面。而邹容等一批知识分子站到了时代的前列,认准民主是世界之公理,把民权的宣传及时地引向民主共和,揭示了民权运动的正确归宿。这样,爱国—救亡—维新—民权—民主共和,就成了近代知识分子政治觉醒的比较完整的过程。作为最先觉悟的先进分子,知识界政治觉醒的这一过程亦是近代中国民族觉醒的主导轨迹。

章太炎则在《苏报》上发表了《驳康有为论革命书》和《革命军序》。前者针对康有为1902年发表的《与同学诸子梁启超等论印度亡国由于各省自立书》《答南北美洲论中国只可行立宪不可行革命书》。康有为在文中力图论证中国绝对不可能实现民主共和,因而绝对不可以放弃对光绪皇帝的希望。《驳康有为论革命书》对此逐点予以反驳。除了广引中外历史以证明反清革命完全合乎进化公理外,章太炎特别注意驳斥康有为关于光绪皇帝是"圣君"的种种议论。他指出,光绪皇帝不是孤立的个人,而是清朝皇室贵族的象征。在戊戌变法期间,光绪面对清朝王公贵族的掣肘,表现得那样怯懦,眼见慈禧发动政变而不敢违抗,分明可跳出慈禧掌握而不敢动弹,即使作为皇帝也是个屠头;康有为却要人们相信这个皇帝有旋转乾坤的神力,不明明是"诳耀天下"吗?诸如此类,直接骂皇帝,歌颂民主革命,构成了《驳康有为论革命书》的主旋律[①]。《革命军序》则向人们大力推荐邹容的《革命军》。

邹容和章太炎反清革命论著的公开发表令清政府极为恼火,遂勾结租界当局查封《苏报》,逮捕了邹容和章太炎,酿成轰动一时的"《苏报》案"。后邹容死于狱中,章太炎被关押至1906年6月。《苏报》案的发生,反而使邹容等人的革命主张传播更广。短短六七年间,《革命军》翻印20余次,总印数在100万册以上[②],对促进人们的政治觉醒产生了极其广泛和深远的影响。当时正在日本留学的鲁迅后来回忆说:"便是悲壮淋漓的诗文,也不过是纸片上的东西,于后来的武昌起义怕没有大关系;倘说影响,则别的千言万语,大都抵不过浅近直截的'革命军马前卒邹容'所做的《革命军》。"[③]当时在湖南溆浦县立高等小学

[①] 朱维铮:《走出中世纪》(增订本),中信出版社2018年版,第323、324页。
[②] 杨天石:《晚清史事》,中国人民大学出版社2007年版,第230页。
[③] 鲁迅:《杂忆》,《鲁迅全集》第1卷,人民文学出版社1981年版,第205页。

读书的舒新城忆述：

> 以溆浦那样偏僻的地方，当然购不着什么真的新书。但阅报室中有《时报》、《新民丛报》、《国粹学报》、《安徽俗话报》及《猛回头》、《黄帝魂》、《皇朝经世文编》、《西学丛书》、《皇朝蓄艾文编》、《时务通考》等……对于《黄帝魂》、《猛回头》尤为醉心而嗜谈，当时如章太炎致康有为论革命诸书，及《猛回头》之重要词句都能背诵。①

1904年，一些革命团体纷纷组建。其中影响较大的，有黄兴等人在长沙建立的华兴会和蔡元培等人在上海成立的光复会。此外，还有湖北的群学社、武汉地区的科学补习所、上海的爱国协会、江西的易知社、南京的强国会、安徽的岳王会等组织，反映了革命的火种已在许多省份点燃，革命的队伍正在日趋壮大。清朝官员忧心忡忡，时任四川总督锡良称："本署部堂前因有人作《警世钟》等书，在泸州等处印行，曾经通饬查禁，并饬以后如有别项违碍书报等件，一律查明禁止在案。"②

客观形势的迅速发展给人们提出了这样一个课题：把各地分散的革命力量联合起来，成立一个全国性的革命组织，统一领导大家的行动，从而将革命运动更有力地推向前进。不少人已在着手筹备。但是，要成立这样一个全国性的统一的革命组织，需要有一位众望所归的领袖来指导和统率。人们不约而同地将目光投向孙中山——这位在1895年就开始了反清革命生涯，虽历经坎坷，仍不屈不挠、矢志不渝的革命家。

就在这个关键时刻，远在欧洲的孙中山审时度势，高瞻远瞩，决定立刻返回日本，抓住大好时机，团结各方面的革命力量，建立一个全国性的统一的革命组织，领导和推动资产阶级革命运动的更大发展。

1905年7月，孙中山风尘仆仆地回到日本东京，随即展开了紧张的工作。这时，留日学生中的革命思想正在急剧高涨。当时也在日本的吕祖绶密报盛宣怀，其中不乏诬词：

> 东京留学界之现象：自科举停止，东渡者人数日增，品类愈杂。举有

---

① 舒新城：《我和教育：三十五年教育生活史(1893—1928)》，广东人民出版社2016年版，第43页。
② 锡良：《锡良函稿》(六)，《近代史资料》总135号，中国社会科学出版社2017年版，第30页。

关系者，约以区之可分三类。甲类：潜心问学。乙类：集会演说。丙类：随声附和。潜心问学者，大都考求实际，思将来为国家效力之人。此类虽非多数，实不在少。集会演说者分两派，即持破败主义与保全主义也。两派势如水火，互相攻击，其实皆拾梁启超、孙文之唾余以鼓吹而已，为首者不过寥寥数人。惟随声附和者绝无意识，一味盲从，最占学界之多数。①

胡汉民曾评述当时的留日学生群体：

> 其时学生全体内容至为复杂，有纯为利禄而来者，有怀抱非常之志愿者，有勤勤于学校功课而不愿一问外事者（此类以学自然科学者为多），有好为交游议论而不悦学者（此类以学社会者为多），有迷信日本一切以为中国未来之正鹄者，有不满意日本而更言欧美之政制文化者。其原来之资格年龄，亦甚参差，有年已四十五十以上者，有才六七岁者，有为贵族富豪之子弟者，有出身贫寒来自田间者，有为秘密会党之领袖以亡命来者，有已备有官绅之资格来此为仕进之捷径者。②

随着赞成革命的人越来越多，留日学生逐渐突破了原先同乡会的范围，出现了跨省区的革命团体。由黄兴、宋教仁等人发起，湖南、云南、直隶、江苏等省留日学生100余人已经成立了革命同志会。它的出现，反映了当时许多革命青年要求突破地域性的限制，实现更广阔范围内联合的强烈愿望。此外，宋教仁、陈天华等人还一起创办了《二十世纪之支那》杂志，从它的刊名和成员来看，也都在突破地域性团体的狭隘圈子。联合已成为革命形势发展到这个阶段的必然趋势。在这种情况下，孙中山由于首倡资产阶级的民族民主革命，在国内革命青年中享有极高的威望，自然地成为众望所归的共同领袖，成为足以团结各方面革命力量的中心人物。

孙中山首先登门拜访了黄兴。两人虽是初次见面，但共同的革命理想和光明磊落的品格，立刻使他们一见倾心，从此成为挚友和同志。他们就联合的问题取得了完全一致的看法。接着，孙中山又与华兴会的重要骨干宋教仁、陈天华等人举行会谈，着重强调建立统一革命组织对于革命发展的重要意义，得

---

① 上海图书馆编：《上海图书馆藏稀见辛亥革命文献》，上海科学技术文献出版社2011年版，第1册，第63页。
② 胡汉民：《胡汉民自传》，中华书局2016年版，第21—22页。

到宋、陈等人的赞同。华兴会是当时留日学生中最重要的革命团体,也是当时国内除兴中会外最有影响的革命团体。孙中山的主张得到他们的支持,成立同盟会的道路也就铺平了。

1905年7月30日,孙中山与各省有志革命的留日学生和旅日华侨70余人,在东京召开中国同盟会筹备会。与会者包括兴中会、华兴会、光复会、科学补习所的部分成员,并有留日学生中的其他团体和个人参加,分别来自鄂、湘、粤、桂、皖、赣、浙、陕、闽、直十省,以后相继又有江、川、晋、豫、鲁、贵、滇等省代表宣布加入同盟会。这样除甘肃当时没有留日学生外,全国内地十七省都有代表加入了同盟会。在这次会议上,决定了"中国同盟会"的名称,简称同盟会;一致通过了孙中山提出的同盟会十六字纲领——"驱除鞑虏,恢复中华,建立民国,平均地权"。会议将要结束时,因与会者人多,房间狭小,会场后边的座席不负重压,轰隆一声,忽然坍倒。孙中山目睹此景,笑着对大家幽默地说:"此乃颠覆满清,革命成功之兆。"①他的风趣和机智赢得全场一阵热烈的鼓掌欢呼。

8月13日,留日学生在东京隆重集会欢迎孙中山。这是孙中山首次在盛大的留学生集会上公开露面,也是同盟会正式成立前夕由它的领袖向广大群众宣布其政见的重要政治活动,因而吸引了许许多多的留日学生。8月的东京,天气十分炎热,人坐着不动也汗流不止,但人们还是顶着酷暑从四面八方赶来,把一个不大的会场挤了个水泄不通,连会场外边也站满了听众。在留日学生这次盛况空前的大会上,孙中山身穿一套洁白的西装,气宇轩昂,向1300多名听众发表了近两个小时的演说。

孙中山的世界眼光,对革命目标和方略的精辟见解,富有鼓动力量的雄辩口才,以及他的谦虚诚恳、平易近人和风趣幽默,都使他具有强烈的人格魅力,令与会者叹服。在这个富有政治远见和激动人心的讲演中,孙中山充分估计了迅猛发展的革命形势,热烈地号召中国人民下定决心,迎头赶上,不惜以流血为代价,以谋独立而建共和。他强调,只要全国人民团结奋斗,中国是大有希望的。孙中山的演说,激起全体与会者的强烈共鸣,会场里群情激昂,不时爆发出一阵阵掌声和欢呼声。

---

① 邹鲁:《中国国民党史稿》第1册,中华书局1960年版,第47页。

8月20日下午,同盟会在东京正式举行成立大会,到会者有100多人。在孙中山的主持下,大会讨论通过了同盟会章程,确定孙中山提出的十六字纲领是同盟会的革命宗旨。会议一致推举孙中山为同盟会总理,决定总部设在日本东京,并在国内分设东、西、南、北、中五个支部,国外则设南洋、欧洲、美洲、檀香山四个支部,国内支部以下又在各省设立分会,分别确定了各省的主盟人。按照西方资产阶级"三权分立"的原则,会议决定在总部设立执行、评议、司法三部,推举黄兴担任执行部庶务,相当于同盟会副总理的职务,协助孙中山主持总部的工作。最后,由黄兴提议,通过将《二十世纪之支那》杂志作为同盟会的机关报,改名《民报》。会议在一片热烈的气氛中结束,大家为实现了革命的大团结而兴高采烈,众人大呼万岁而散。

同盟会的成立使全国革命力量有了一个中心。从此,中国资产阶级革命派有了全国性的统一组织协调他们的行动,有了一个比较完备的资产阶级革命纲领作为他们共同的奋斗目标。在同盟会的旗帜下,全国各个革命团体和各种革命势力站到了一起,抱成了一团,革命派的力量大为增强,步伐也更加齐整。在他们的面前,展示了新的前景和希望。孙中山欣喜万分地指出,同盟会的成立标志着革命"新纪元"[①]的开始,他比过去更加坚信自己一定能亲眼看到革命成功的那一天。

同盟会成立不久,就有众多爱国者踊跃加入。黄炎培忆述:

> 蔡元培师招我到他家里,时在深夜,蔡师很诚恳而庄严地指出国家大局前途和我们报国趋向,说:"只有集合同志,组织起来,共同奋斗。现在爱国志士集中于中国革命同盟会。同盟会是孙中山领导的兴中会,黄克强先生领导的华兴会和无政府主义派连同其他革命人士结合起来,你愿不愿加入?"我说:"刀下余生,只求于国有益,一切唯师命。"嘱我明夜此时再去。再去,师给我宣誓书,主要四句:"驱逐鞑虏,恢复中华,建立民国,平均地权。"师正襟坐,我立桌右极庄严地举手宣读一遍,师和我握手,从此我正式为中国革命同盟会员了。[②]

不到一年,同盟会海内外会员总数就达到1万多人,仅东京一地就有800

---

① 孙中山:《建国方略》第6卷,第237页。
② 黄炎培:《八十年来:黄炎培回忆录(片断)》,中国文史出版社2017年版,第39页。

多人。为了促使更多的人觉醒和投身革命，1905年11月26日，同盟会机关报——《民报》在东京正式出版发行。日本外务省档案记录了《民报》编辑人员："编辑兼发行人：张继。记者：明治大学生（直隶）张继，明治大学生（广东）何天炯，法政大学生（湖北）田桐，法政大学生（湖南）宋教仁。翻译：（安徽）程家柽。以上几人为孙逸仙崇拜者。"①

孙中山在《〈民报〉发刊词》中进一步明确阐述了同盟会的十六字纲领，响亮地提出了"民族""民权""民生"三大主义的革命号召，树起了三民主义的革命旗帜。胡适忆述："《民报》后来对青年学生发生极大的影响。中国留日学生用尽方法把它偷运回国，并深入内地。"②1906年，曾在华40多年的美国传教士林乐知在美国发表演讲时描述：

> 现在出现了新景象，学生阶层和年轻一代主动站出来领导着人民……他们认为满洲政府给中国带来的是失败、耻辱、落后、贫穷和无助，无视并冷落在国外的华侨，他们在国外受蔑视，受羞辱。总之，当前的形势有两个特点：对政府的反抗，对外国人的抵触，这两种情绪来源于中国人民渴望恢复因软弱的清政府而失去的辉煌，复兴中国。"中国是中国人的中国"，已成为年轻中国的合法箴言。③

孙中山提出的三民主义，反映和概括了当时整个中国社会历史发展的要求，极大地鼓舞和促进了资产阶级革命的发展。孙中山的民族主义，就是要推翻清朝政府的腐朽统治；民权主义，就是要在中国铲除封建君主专制制度，建立资产阶级的民主共和国；民生主义，就是要通过"平均地权"的办法，防止在资本主义制度下出现贫富两极分化。三民主义是孙中山对中国革命深思熟虑的结果，它集中体现了中国民族资产阶级反对帝国主义压迫、反对封建主义统治的政治要求，在当时的历史条件下，是一个进步的革命纲领。

当然，三民主义也有它的历史局限性。它没有明确提出反帝目标，它的"平均地权"仅试图解决城市由于资本主义的发展，土地涨价，土地所有者不劳而获的问题，而没有涉及农民的土地问题。而实际上，在近代中国，不去进行

---

① 李长莉、[日]久保田文次等编：《何天炯集》，中国社会科学出版社2018年版，第234—235页。
② 唐德刚译注：《胡适口述自传》，广西师范大学出版社2015年版，第204页。
③ 王国华译：《林乐知演讲稿一篇》，《近代史资料》总136号，中国社会科学出版社2017年版，第111页。

坚决的反对帝国主义的斗争，不把广大农民从封建土地所有制的压迫下解放出来，就不能根本解决中国的各种社会问题，国家也不能真正富强起来。

二、"君宪"与"共和"之争

同盟会十六字纲领公布后，受到不赞成暴力革命，坚持走君主立宪道路的梁启超等改良派人士的责难。"康有为、梁启超在戊戌变法失败以后，成为逃亡海外的保皇派——以保救身为瀛台囚徒的光绪皇帝作号召的君主立宪派——的首领，并且拒绝同孙中山合作，公开反对用暴力手段推翻清帝国。"①双方围绕着是否要采用革命手段推翻清皇朝、是建立民主共和国还是实行君主立宪制、要不要改变封建土地所有制并实行平均地权这样一些直接关系到采取什么救国途径的重大问题，各以同盟会机关报《民报》和梁启超主办的《新民丛报》为主要阵地，展开了激烈的论战。

革命派的观点非常明确。他们认为，种种事实表明，极端腐朽的清皇朝，处处与国民为敌，只求保全自己的小朝廷，完全置民族利益于不顾，对外屈膝卖国，对内专制镇压，不能指望它有什么改良的可能，只能通过革命手段将它彻底推翻，国家才有可能得救。

他们强调，革命的首要目标，是要在中国铲除封建君主专制制度，建立资产阶级民主共和国，给人民以充分的民主权利，"凡为国民，皆平等以有参政权，大总统由国民共举，议会以国民公举之议员构成之，制定中华民国宪法，人人共守。敢有帝制自为者，天下共击之！"从而在全体国民的自觉的共同的努力下，谋求民族的富强。

要在中国建立民主共和国，必然要涉及如何处置长期以来作为专制统治经济基础的封建土地所有制问题。革命派提出了"平均地权"的方案，即在民国政府的主持下，核定地主现有的土地价格，将来地价因经济发展而上涨时，其现价仍属地主所有，超出现价的部分则收归国有，由国民共享。革命派指望通过这种办法，抑制地主对土地的兼并，并防止在资本主义制度下因地价上涨

---

① 朱维铮：《走出中世纪》（增订本），中信出版社2018年版，第305页。

而产生新的贫富两极分化。

对革命派的上述主张,梁启超等改良派人士提出了异议。

改良派认为,尽管清朝政府确实十分腐败,但仍不应采取革命的手段。因民智未开,国民的政治能力低下,硬要在中国搞武装革命,推行民主政治,势必会引起下层社会的暴乱,出现群雄并起,莫敢相下,杀人盈野,天下大乱的局面。在这种情况下,不外乎两种前途:一种是群雄兼并的结果,复归于君主专制;再就是引起外国的干涉,导致亡国。因此,革命万万不能实行,推行共和制度的条件并不具备,照革命派的主张去做,只能误国甚至会亡国。稳妥的办法,是通过和平的手段,逼使清朝政府采纳君主立宪制,在此条件下,求得国民政治能力的逐渐提高和国家的转机。

对"平均地权"的方案,改良派也予以抨击。他们认为中国的封建制度与欧洲不同,没有大庄园和大贵族,那些地主拥有的土地是其勤劳生产和积累的结果,土地兼并状况并不严重,即使将来经济发展、地价上涨,也不会出现贫富两极分化①。实行平均地权,是煽动下层社会起来骚动,起来夺取富人的财产,从而破坏社会生产,打击人们从事生产的积极性,陷社会经济于衰败和混乱之中,使局面不可收拾。

针对改良派的上述责难,革命派毫不迟疑地进行反击。

他们列举大量的事实,证明清朝政府已不可救药,任何对它的幻想都是不切实际的,应该彻底抛弃,坚定地选择通过革命拯救祖国的道路。关于国民是否有能力推行民主政治,他们依据西方资产阶级的天赋人权论,认为自由、平等、博爱是人们固有的天性,通过教育与革命,积极激发国民的这种固有的天性,又有美、法等国已经确立的共和制度可资效法,国民一定能很快地具有这种能力。他们并不讳言国人由于封建专制政府的长期统治,缺乏民主意识和政治经验;指出解决这个矛盾的办法,是在革命之际颁布约法,规定兵权与民权的关系,并根据约法精神,由人民组织地方议会,监督军政府是否循守约法;认为通过这些措施,中国人民一定可以挣脱封建专制的枷锁,得享共和政体的

---

① 即使晚清没有如改良派所说的那类大庄园,但不乏大地主,如出生于河南省唐河县的冯友兰忆述:"我祖父大概有一千五百亩土地,在我们那一带还不算大地主。在清朝末年,我们那一带土地很集中,大地主有两万多亩土地,有几千亩土地的地主很不少"(冯友兰:《三松堂自序》,东方出版中心2016年版,第4页)。

幸福,绝不会因程度不足而无法建成共和制度。

革命是否会导致内乱?革命派做出了否定的答复。他们强调,革命事业是以建设为目的的,破坏只是它的手段。它所要破坏的是落后于时代的旧事物,所要建设的是符合社会需要的新事物,况且以往中国历史上因改朝换代而引起的内乱,是诸雄为争夺皇位而起的,现在革命的目的是要建立共和制度,而不是帝制自为,因此在推翻专制皇朝后,不会因革命家之间自相争夺而发生内乱。

那么,革命是否会招致列强瓜分中国?革命派的答复就有些软弱无力了。他们宣称,斗争的矛头是排满而不是排外,只要在革命进行过程中严格地遵守国际法,从事有秩序的革命,毫不掺杂排外的性质,也就不会有招致列强干涉的可能。这种认识自然是很幼稚的。

关于平均地权,革命派驳斥了改良派的攻击,指出这一方案并不是像改良派所渲染的,是要杀四万万人之半,夺富人之田为己有,而是在民国政府的主持下,通过温和的手段抑制土地兼并,缓解贫富不均,并防止在资本主义制度下出现新的贫富两极分化。

应该说,在这场论战中,革命派较好地把握了中国社会的历史发展方向,对形势的判断,对救国道路的选择,都比改良派高出一筹。确实如他们所明白指出的,无数事实表明,极端腐朽的清皇朝已杜绝任何进步改革措施推行的可能,要拯救祖国,要谋求民族的富强,除了将它彻底推翻,别无他途。

革命派与改良派在救国途径上的歧见,实际上反映了他们各自所代表的中国民族资产阶级不同阶层的利益要求。革命派代表的是与封建土地所有制联系较少的、深受封建政府压制的那部分中下层资产阶级,改良派则代表了那些与封建统治阶级关系较密切、与封建土地所有制联系较多的上层资产阶级和资产阶级化的地主绅士的政治利益。这部分人尽管也不满清皇朝的专制统治,渴望减轻封建政府对资本主义发展的束缚,有变革现状的要求,但出于切身经济利益的考虑,他们对暴力革命深怀恐惧,十分担忧一旦爆发革命,将会直接危及他们的身家性命和巨额资产,只要有一丝希望,他们绝不放弃走和平道路变革现状的主张。1901年后清朝政府迫于形势而推行的所谓"新政",1905年清朝派遣五大臣去欧美各国考察政治,显露有可能采纳君主立宪制的迹象,使他们对采用和平手段推动清朝政府实行政治变革的前景增添了一些希望,因而对革命派的主张更增恶感,更不愿意看到革命思潮的高涨和革命的爆发。

肯定革命派较好地把握了近代中国社会历史发展的方向,并不等于说他们在一切问题上的认识都无缺陷。由于着意强调革命的正义性、必要性和紧迫性,他们对一些问题的阐述不免失之肤浅,甚至偏激。相反,为了要论证革命的阻力、困难和风险,改良派对一些问题的揭示和认识却较为深刻和清醒。如关于革命是否会招致列强的干涉,革命派认为只要进行有秩序的革命,不触犯列强的利益,便不会招致外国的干涉。改良派指摘这种说法是幼稚的,指出革命一旦爆发,不管如何"有秩序",终将触及外国在华利益,列强为了维护其侵略地位,遏止革命的发展,总是要直接或间接地进行干涉的。以后的事实证明改良派的这种看法是有见地的。

在民智问题上,改良派过分强调民智未开,因而得出推行共和制度的条件尚不成熟,只能搞君主立宪的结论是错误的。但他们对当时国民民主意识淡漠的揭示,是切中肯綮的;对在这种社会氛围下推行共和政治,难免会复归专制制度的担忧,也并非全是向壁虚构、杞人忧天。革命派强调,在国势危急的紧要关头,不能只着眼于国民缺乏民主意识,而放弃革命。他们相信,国民的民主意识和政治能力,都可以通过革命而激发和提高。这些认识大体上是正确的,但也失之肤浅,特别是对培养国民的参政意识和能力的问题,看得过于简单。与此相联系,他们认为革命成功后,可以通过建立地方议会来防止新的专制制度的产生,则基本上是一种缺乏现实基础的主观良好愿望。因而面对改良派的责难,他们的辩驳显得苍白无力,只能以兵权、民权各遵约法为词,不能回答如兵权蓄意违约又将如何的问题。民国成立后,袁世凯等人大搞专制独裁的事实,恰恰印证了改良派的担忧不无道理,革命派因缺乏必要的思想准备而处处陷于被动。

革命派在这场论战中暴露出的一些思想弱点,实际上反映了受中国民族资产阶级政治软弱性的制约,他们在革命理论上的缺陷,特别是在中国革命对象的问题上,他们没有也不可能明确提出反帝反封建的革命目标,而是在反满革命的口号下,忽视了对包括汉族地主阶级在内的整个封建统治阶级的打击;在进行有秩序革命的口号下,忽视了对帝国主义列强干涉中国革命的危险的警惕。在对人民群众的认识上,他们往往把自己置于拯救者的地位,过分相信自己的力量,对在中国推行共和制度的阻力认识不足,忽视也不愿去做组织和依靠群众进行革命的工作。辛亥革命失败的根由,在这里已有显露。

尽管革命派在理论上存在着明显的弱点,但与改良派相比,他们的主张更适合中国社会向前发展的历史需要。较之改良派,他们对清朝政府反动本质的揭露、对只有革命才能拯救祖国的阐述、对改变封建土地所有制的宣传、对民主共和制度的讴歌,更贴切地回答了中国社会当时面临的各种紧迫问题,更强烈地拨动了人们的心弦,更容易使人接受和产生共鸣。萧公权忆述,1909年父亲在重庆去世后,留下一个大木箱,12岁的他打开后:

> 发现其中尽是在日本出版的《民报》。这许多本的革命刊物究竟从何而来?我无法知道……我当时童蒙无知,并不晓得《民报》是革命党的刊物。我拿去给我们的廖老师(大伯母的异母弟)看,他说:"这是要不得的,快快拿去烧掉。"我因爱这些刊物的内容奇异,印刷精美,偷着留存了一套(第一至第四期)背着人翻阅。①

也是在1909年,在美留学并担任美国旧金山《大同日报》主笔的蒋梦麟,在当地唐人街附近的旅馆里见到了孙中山:"孙先生似乎有一种不可抗拒的引力,任何人如果有机会和他谈话,马上会完全信赖他。他的天庭饱满,眉毛浓黑,一望而知是位智慧极高,意念坚强的人物。他的澄澈而和善的眼睛,显示了他的坦率和热情。他的紧闭的嘴唇和坚定的下巴,则显示出他是个勇敢果敢的人。他的肌肉坚实,身体强壮,予人镇定沉着的印象。谈话时他的论据清楚而有力,即使你不同意他的看法,也会觉得他的观点无可批驳。除非你有意打断话头,他总是娓娓不倦地向你发挥他的理论。他说话很慢,但是句句清楚,使人觉得他的话无不出于至诚。他也能很安详地听别人讲话,但是很快就抓住人家的谈话要点。后来我发现他对各种书都有浓厚的兴趣,不论是中文书,或者英文书。他把可能节省下来的钱全部用来买书。他读书不快,但是记忆力却非常惊人。孙先生博览群书,所以对中西文化的发展有清晰的了解。"②

论战的结果是革命派的主张明显占据了上风,促使众多原先徘徊于革命与改良之间的爱国者抛弃了幻想,投入了革命的行列。这场论战的意义,不仅在于使众多的爱国者进一步辨明了救国道路的正确方向,还标志着经过一段

---

① 萧公权:《问学谏往录》,岳麓书社2017年版,第6页。
② 蒋梦麟:《西潮 新潮》,中国工人出版社2015年版,第102页。

时期的认真探索,中华民族的觉醒跃上了一个新的台阶,不管是共和制还是君主立宪制,都是对封建君主专制制度的否定,在人们的心目中,封建帝制已经遭到唾弃。

这场论战对争取广大海外华侨转向革命,起了十分重要的作用。

迫于生计或其他原因,很早以来就有一些中国人陆续迁居海外。鸦片战争后,国内经济凋敝,流往国外的人数日益增多。由于祖国贫弱,腐朽的清皇朝又无意保护侨胞,华侨在海外倍受欺凌,合法权益得不到保障。他们渴望祖国早日强盛,对清皇朝的腐败统治十分不满。但尽管侨居海外,受封建传统思想的影响,很多华侨被"忠君爱国"一类的观念所束缚,除一小部分激进分子如檀香山兴中会成员外,大部分海外华侨们倾向于通过和平手段推动清朝政府实行变革,以谋求祖国转弱为强。同盟会成立前,在海外侨胞中占据优势的是改良主义的思想影响。由康有为、梁启超等人发起的,以拥戴光绪帝为标志的保皇会组织,遍布五大洲100多个城市,有数十万海外侨胞参加。相比之下,由孙中山组织的兴中会势单力孤,处境困难。

经过这次论战,局面为之一变。由于这场论战直接涉及应该选择什么样的救国途径这样一个重大而紧迫的问题,因而吸引了无数海外华侨的注意力。受其影响,一些由华侨主办的海外华人报刊也开展了革命还是改良的热烈讨论。随着论战内容的展开和深入,华侨对革命派的主张有了较充分的了解,越来越多的人理解并接受了革命的思想,改良派在华侨中的营盘急剧缩小。在加拿大的温哥华,登报声明退出保皇会的人络绎不绝。在缅甸仰光,原先赞成改良的《商务报》主笔刊文宣布自己抛弃改良思想,皈依革命真理。

广大华侨由改良纷纷转向革命,也有力地加快了民主革命的进程。在革命派以后发动的历次武装起义中,不少华侨青年发挥了骨干的作用,冲锋陷阵,威武不屈,以自己的热血写下了可歌可泣的英雄篇章。

三、前赴后继的起义

同盟会成立后,一方面以《民报》为阵地着力宣传革命思想,一方面积极开展武装斗争。同盟会建立不久,孙中山就离开日本,前往越南、新加坡等地发展革命力量,同时筹划在华南地区发动武装起义。1906年6月,孙中山在新加坡委任同盟会员许雪秋为中华国民军东军都督,负责在广东潮州、嘉应一带发动起义。10月,孙中山回到日本,与黄兴等人共同制定了包括《军政府宣言》等11份文件在内的《革命方略》,供各地革命党人发动起义时作为行动的指南。

1906年12月,湘、赣交界地区爆发了由同盟会员蔡绍南等人领导的武装起义。萍乡、浏阳、醴陵一带的贫苦农民、煤矿工人和会党成员参加了这次起义,史称"萍浏醴起义"。起义爆发以后,发展很快,10天之内,队伍就扩展到3万多人,一度控制了四五个县,震动了长江流域中下游各省。同盟会总部闻讯后,立即派人赶赴内地各省策应。但未待各地起义发动,萍浏醴起义已在5万多清军的围攻下,陷于失败。这次起义爆发在中国的腹心地区,声势之大令清廷深为惊恐,"江南大捕革命党,缇骑四出,往往希图厚赏,并无辜者罗织之,冤死无算"①。

萍浏醴起义失败后,在清廷的要求下,日本政府逼迫孙中山离境。1907年3月,孙中山离开日本,旋即在越南河内设立领导华南地区武装起义的总机关,就近指挥广东、广西和云南三省的起义。革命派的战略是,先占领这三个省份,再夺取南方七省,而后挥师北上,直捣北京。他们之所以选中粤、桂、滇三省作为突破口,是认为这几个省地处边陲,清皇朝的统治相对薄弱;那里丘陵叠嶂,地形较复杂,便于开展武装斗争;又毗邻东南亚,从国外输送武器、补充兵员也比较容易。所以,在1907年5月至1908年4月不到一年的时间里,革命派先后在这三个省份发动了潮州黄冈起义、惠州七女湖起义、钦廉防城起义、镇南关起义、钦廉上思起义和河口起义共六次武装起义。在1907年12月发动的镇南关起义中,孙中山曾亲自赶赴前沿阵地发炮轰击清军。由于这些起义的立足点还是放在通过少数人发难,造成声势,再图扩大上,忽视了发动和依靠群众开展斗争,在清军的围剿下,寡不敌众,相继都归于失败。另外,1907年7月,先由革命党人徐锡麟在安徽安庆发动起义,继有秋瑾在浙江绍兴准备呼应安庆起义,也都在清军的镇压下失败,两人都惨遭杀害,秋瑾时年31岁。沈亦云忆述:

  约在光绪丙午年(1906)之春,一日我姑丈陆和卿陪一女客来到吾家。

---

① 孙宝瑄:《忘山庐日记》,上海人民出版社2015年版,第962页。

除续弦姑母,姑丈从未有陪女客来吾家之事,这位女客即是别号"鉴湖女侠",作"秋雨秋风愁煞人"诗句的秋瑾。她貌不美而甚清秀,态度文雅,不施脂粉,穿黑色长袍,说话是绍兴口音。我母亲准备茶果,与姑丈寒暄时,秋君同我谈读书,问我年纪。临行执我手,要我同唱"黑奴红种相继尽,惟我黄人酣未醒……少年努力须自爱,时乎时乎不再来"之歌。

想不到不过年余,她为徐锡麟案余波,被绍兴知府满人贵福拘捕斩首。其时我已在天津读书,官立学校不敢讨论时事,我看报见她供词和照相。她的照相,一是留学日本时穿着和服,一是临刑跪绑之状……我与她只有一面之缘,说不上至交,但眼见这样一个女子受极刑,对这张被绑跪着待死的相片,愤怒与同情不能遏制,私自蒙被大哭。①

安庆起义失败后,有人劝秋瑾设法躲藏,她断然拒绝:

我怕死就不会出来革命,革命要流血才会成功。如满奴能将我绑赴断头台,革命成功至少可以提早五年。牺牲我一人,可以减少后来千百人的牺牲,不是我革命失败,而是我革命成功。我决不离开绍兴,愿与男女两校(指她所主持的掩护革命的大通学堂——引者)共存亡。你回去同我们妇女同志说,要求男女平权,首先要做到男女平等的义务。我不入地狱,谁入地狱!②

她的英雄气概,惊天地,泣鬼神,永垂青史。1908年1月15日《天义》第15卷"时评"栏就以"秋瑾死后之冤"为题,追述她的革命业绩,强调:"瑾之素志,惟在革命。"③秋瑾的英雄业绩也令清朝官员惴惴不安,1907年8月孙宝瑄记述:"前有二表侄来都投效,皆江南武备学堂毕业生也,铁帅(指铁良——引者)不敢留,曰防其为革命党,又闻是浙人,愈不敢用。"④1908年10月5日,"御史常徽奏浙江秋瑾案,有吴芝瑛等营葬开会并编造戏剧等事,奉旨着增韫严行查禁"⑤。

同盟会成立后连续发动的起义相继失败,战友先后牺牲,使一部分革命者

---

① 沈亦云著,唐德刚协助整理:《亦云回忆》,岳麓书社2017年版,第37页。
② 王璧华:《秋瑾成仁经过》,《近代史资料》1957年第2期,第98页。
③ 万仕国等校注:《天义·衡报》,中国人民大学出版社2016年版,第302页。
④ 中华书局编辑部编,童杨校订:《孙宝瑄日记》,中华书局2015年版,第1129页。
⑤ 许宝蘅:《许宝蘅日记》第1册,中华书局2010年版,第207页。

情绪低落,有的忧郁成疾,有的急躁冲动,筹划用暗杀的方式打开局面。1910年2月,光复会在东京重建,章太炎任会长,陶成章为副会长。陶成章认为暗杀是一条捷径,"其策无他,先集数千金或万金之款,办暗杀事宜……如不用暗杀,转用地方起兵,丧民费财,祸莫大焉。一有不慎,必引外国人干涉,后事益难着手"。他的目光锁定北京,强调"革命一节,弟(其自称——引者)意非扰乱北京不可"①,并有具体设想,"欲在北京开设妓院,以美人诱满清贵族,席间下毒,以为一网打尽之计",以收"中央革命"之效②。鲁迅晚年在上海与日本友人增田涉曾谈及与光复会的成员之间有过这样一段经历:"我在清末进行革命运动时,接到上级命令要求暗杀某要人。可是我在出门的时候,想到自己或许会被捕,或许会被杀,万一自己死了,但还有留下的母亲。所以我想问清楚:若遇万一,会如何安顿我的母亲呢?这话方说出口,对方便说你心里还留有这样的心事是不行的,算了吧你还是别干了。"③

1910年春,汪精卫等人也潜入北京,谋刺摄政王载沣。汪精卫曾留学日本法政学堂,是同盟会早期骨干。忧于起义接连告败,他与黄树中、罗世勋直奔北京,伺机行动,"意在牺牲性命,震奋人心"④。据当时人忆述:

> 醇亲王载沣为摄政王后,他的府邸,就加派了禁卫军一连、警察一个派出所,来加强守卫。汪兆铭等计划在王府左近暗杀载沣当然容易败露。当时有个巡警祥和,人家叫他小祥子,后改名金霭庭,发觉那时有形迹可疑的人,不分早晚,在摄政王府附近徘徊,就特别注意起来,并将情形报告了巡官。巡官派祥和等跟踪侦查。后侦悉有二人在琉璃厂开设照相馆,字号"守真",一个人姓黄,一个人姓罗,他们的一举一动,都不像商人。另有一个姓汪的,住在东北园,每日必到照相馆闲谈,他们讲的满口是南方话,一句也听不懂。尤其令人可疑的是他们的态度,总是不自安,并查到他们在菜市口铁铺中定购铁罐等情,都接连上报。于是上面指令多派便衣,加紧警戒,沿途保护摄政王上朝。二月二十一日(3月31日)掌灯后,

---

① 《陶成章信札》,岳麓书社1980年版,第53、54、23页。
② 魏兰:《陶焕卿先生行述》,《辛亥革命浙江史料选辑》,浙江人民出版社1981年版,第344页。
③ 谭璐美撰、唐辛子译:《鲁迅在东京(外一篇)》,许知远主编:《东方历史评论》第10辑,贵州人民出版社2018年版,第75页。
④ 汪荣宝著,赵阳阳等整理:《汪荣宝日记》,凤凰出版社2014年版,第111页。

果然发现有两个人在摄政王上朝必经之甘水桥桥下,埋置铁罐地雷之类,并非炸弹。当场将黄、罗二人逮捕,并火速到琉璃厂东北园,将合谋的汪兆铭也逮捕了,略为审问后,即送交法部。破案出力人员赏银二千元,祥和从巡捕升任巡官,后来升到东郊分署署长。①

汪精卫等人被捕后,法部本拟判处死刑,肃亲王善耆认为不宜过分刺激革命党人,建议采取"怀柔"政策,遂判汪、黄二人终身监禁,罗有期徒刑10年。辛亥革命后,三人方才出狱。

少数人的暗杀举动,并没有被大多数革命党人所认可,他们仍坚持走武装革命的道路。为了筹集必要的资金,孙中山继在南洋各地募款后,再次远渡重洋,去美国、加拿大等地筹款。黄兴等人则在香港准备再次起义,并在广州城里设立了秘密据点。1911年4月27日(农历三月二十九日),著名的"广州三二九起义"爆发。当天下午,黄兴率领100多名先锋队员勇猛攻入两广总督衙门,见里面的清朝官员已逃窜一空,就放火烧了总督衙门,随后又分兵进攻督练公署等官府机构。途中与前来镇压的清军展开激烈的巷战,黄兴身先士卒,冲锋在前,右手被枪弹打断两指,仍坚持拼杀。战斗持续了一夜,终因敌我力量悬殊告败,黄兴等人化装逃往香港,方声洞等57人壮烈战死,林觉民等29人被捕后英勇就义。一名革命党人事后设法收殓了72具死难烈士的遗体,将他们一起安葬在广州郊外白云山麓的黄花岗上,史称"黄花岗七十二烈士"。

爱国华侨和留日学生在这次起义中担当了先锋和骨干。亲身参加这次起义的马俊超忆述:"参加此役者多海外归侨及外省同志,语言不通,街道不熟,至深夜陷入重围……此次失败,本党(指同盟会——引者)精英多遭杀害,真是悲愤万状,百感交集。"②方声洞和林觉民是黄花岗起义者的杰出代表。方声洞是福建闽侯(今福州)人,17岁入日本成城学堂学军事,曾参加拒俄义勇队和军国民教育会,后任同盟会福建分会主盟人。黄花岗起义时中弹牺牲,年26岁。他在起义前夕给家人的绝笔书中字字铿锵地说:"夫男儿存世,不能建功立业,以强祖国,使同胞享幸福,虽奋斗而死,亦大乐也。且为祖国而死,亦义所应尔

---

① 杜如松:《记肃亲王善耆》,《晚清宫廷生活见闻》,文史资料出版社1982年版,第306—307页。
② 马俊超、傅秉常口述,刘凤翰等整理:《马俊超、傅秉常口述自传》,中国大百科全书出版社2016年版,第14页。

也。"林觉民也是福建闽侯人,生于1886年,1907年入日本庆应大学,后加入同盟会。1911年从日本赶回国内参加黄花岗起义。临战前,他以坚毅的神情对战友说:"使吾同胞一旦尽奋而起,克复神州,重兴祖国,则吾辈虽死之日,犹生之年。"在给妻子的信中,他写道,为了祖国,"当亦乐牺牲吾身与汝身之福利,为天下人谋永福"。受伤被捕后,他在刑堂上威武不屈,慷慨陈词,敦促人们"献身为国,革除暴政,建立共和,能使将来国家安强"①。就义时,年仅25岁。

这些在风雨如磐的近代中国,为了实现民主、共和的理想,不惜牺牲自己一切的年轻人,是中华民族的脊梁,是民族觉醒的先驱。诚如鲁迅所说:

> 我们从古以来,就有埋头苦干的人,有拼命硬干的人,有为民请命的人,有舍身求法的人……他们有确信,不自欺;他们在前仆后继的战斗,不过一面总在被摧残,被抹杀,消灭于黑暗中,不能为大家所知道罢了。说中国人失掉了自信力,用以指一部分人则可,倘若加于全体,那简直是诬蔑。②

正是这样一批人使中华民族虽屡经劫难,仍生生不息,保持着顽强的生机。他们的英雄业绩,昭示和鼓舞更多的人起来战斗。毛泽东忆述:"在长沙,我有生以来第一次读了报纸——《民立报》,那是一份国民革命的报纸,刊登了湖南人黄兴领导的广州反清起义和七十二烈士殉难的消息。我读了以后,大为感动,我发现《民立报》充满了令人振奋的消息……这时我还听说了孙中山和同盟会纲领,当时中国正处于第一次革命前夕。"③1911年7月11日《香山循报》以"华侨崇拜革命党"为题载:

> 爪岛(今印尼爪哇岛——引者)之双巴洼埠华侨,自闻革党粤事失败后,于初五日开追悼会,以悼革党之战死者。是日,到会者二千余人。会场幕以白布,张挂联匾,牌位甚多,并罗列鲜花青果。至午十一点钟,摇铃开会,宣布理由,随行鞠躬礼。乃由各人演说,词多慷慨激昂,而后摇铃散会。闻此埠虽属无几,然而相亲相爱,颇知合群之义。各地华侨闻风奔赴,至会场如此热闹,各人赴会者,俱感形于色,亦足见其同有怀抱云。④

---

① 《方声洞传》《林觉民传》,《广州三月二十九日革命史》,第189—190、125—130页。
② 鲁迅:《鲁迅经典全集·杂文集》,北京理工大学出版社2016年版,第1025—1026页。
③ [美]埃德加·斯诺著,王涛译:《红星照耀中国》,长江文艺出版社2018年版,第99页。
④ 黄鸿钊编著:《动荡年代——辛亥革命前后的香山和澳门》,社会科学文献出版社2015年版,第86页。

黄花岗起义失败不到半年,就爆发了直接导致清皇朝覆灭的武昌起义。

广州黄花岗起义失败后,孙中山继续把主要精力用于在美国各地从事筹款活动。应该说,他在这一阶段的活动,对鼓动和争取华侨支持革命等方面是有成绩的。但也不能否认,在这期间,由于他专注于筹款活动,并没有实际领导同盟会的工作,对国内革命运动的指导是缺乏的。日本、香港、暹罗、越南、南洋等均不允许他居留,也在一定程度上妨碍了他就近指导国内革命运动的开展。而当时同盟会领导层内部则由于起义的失败,陷于几乎瘫痪的状态。赵声忧愤病死,胡汉民避居香港,黄兴一度曾有拼死一搏、实行暗杀的冲动想法,后经孙中山劝阻,才未行动。这种状况也削弱了同盟会在国内革命运动中的领导作用。这时,国内的革命运动却正以迅猛的势头在向前发展着。

扩展阅读书目

1. 黄兴涛:《重塑中华:近代中国"中华民族"观念研究》,北京师范大学出版社,2017年版。系统的考察和阐释,有深度,有力度。

2. 谢一彪:《浙江光复会人物研究》,浙江古籍出版社,2011年。光复会英雄谱。

3. 冯建勇:《辛亥革命与近代中国边疆政治变迁研究》,黑龙江教育出版社,2012年。视角和论述有新意。

4. 徐中煜:《清末新闻、出版案件研究(1900—1911)》,上海古籍出版社,2010年。选题和内容可充实以往的研究。

5. 刘增合:《"财"与"政":清季财政改制研究》,生活·读书·新知三联书店,2014年。财与政关系的专题研究。

6. 杨湘容:《晚清民变研究》,湘潭大学出版社,2010年。论析辛亥革命成因之作。

7. 韩丛耀等:《中国近代图像新闻史(1840—1919)》,南京大学出版社,2012年。选题和内容别开生面。

8. 金冲及选编:《辛亥革命研究论文集》,生活·读书·新知三联书店,2011年。权威学者从众多研究成果中筛选出的作品集。

9. 严安生著,陈言译:《灵台无计逃神矢:近代中国人留日精神史》,生活·读书·新知三联书店,2018年。揭示留日学生群体的精神世界。

10. [日]实藤惠秀著,谭汝谦等译:《中国人留学日本史》,北京大学出版社,2012

年。海外名家名作。

相关资料选读

1. 上海人民出版社编：《章太炎全集》，上海人民出版社，2017年。近代学术思想文化名人的精神遗产。

2. 刘望龄：《黑血·金鼓——辛亥前后湖北报刊史事长编》，湖北教育出版社，1991年。武昌首义地舆论环境的实录。

3. 张难先：《湖北革命知之录》，商务印书馆，2011年。亲历者的记述。

4. 毛注青：《黄兴年谱长编》，中华书局，1991年。辛亥革命领导者生平事业的反映。

5. [日]宗方小太郎著，甘慧杰译：《宗方小太郎日记(未刊稿)》，上海人民出版社，2017年。稀见资料揭秘。

6. 中国社会科学院经济研究所编：《清道光至宣统间粮价表》，广西师范大学出版社，2009年。有助于认识辛亥革命的社会环境。

7. 中国人民大学清史研究所：《清史编年》，中国人民大学出版社，2000年。可有助于了解辛亥革命的缘由。

8. 本书编纂委员会编：《辛亥革命时期期刊汇编》，首都师范大学出版社，2011年。汇集众多期刊，方便查阅研究。

第十二章

风暴前夜

晚年的慈禧

一、民众的行动

20世纪初叶,民族危机空前深重,清朝统治者却依旧挥霍无度。八国联军入侵北京时逃亡西安的慈禧太后与文武百官仍不知收敛,"那时陕西办皇差的官吏,以樊增祥最得那拉氏欢心,他不但对食住两项办得讲究称意,各行宫供应的陈设和书画也极尽华丽古雅之能事。两宫从山西逃到陕西省境的时候,樊增祥是华阴县令,由于他善于逢迎随驾的荣禄和李莲英,不久便调任长安首县,两三个月即升任西安知府,大约半年光景又升任陕西藩台。真是所谓青云直上,连升三级"①。1894年慈禧太后六十寿辰时,清朝官员纷纷进贡;1900年出逃西安后,又再次纷纷进贡,此后一直没有中断。较为自律的张之洞一开始不愿蹚浑水,后因组织"东南互保",为表忠心,主动积极地向西安进贡,并不停地打探消息,在进贡一事上绝不落后于人,足见官场腐败司空见惯,张之洞也受其染且自我不觉②。

1901年9月7日《辛丑条约》订立,10月6日慈禧太后从西安动身回京。当时火车只通到直隶正定,其余路途,"皇室一行都乘黄色的轿子旅行,随行人员包括大批骑兵卫士、官员、太监和仆人。行李车队非常壮观,大约有3 000辆马车,插着旗子,披红挂绿,装得严严实实"。其场面,连见多识广的英国记者莫理循都觉得太过分,他在给《泰晤士报》的电稿中这样描述:

> 每个亲王都有大批骑兵侍卫随行,人数从30至100人不等。中国北

---

① 全国政协文史和学习委员会编:《风雨漫漫四十年:张钫回忆录》,中国文史出版社2018年版,第91页。
② 详可见茅海建:《张之洞的别敬、礼物与贡品》,《中华文史论丛》2012年第2期。

方的道路崎岖不平,结了冰更是难行。装满行李的车队望不到头,在行李的重压下,车辆一路上嘎吱嘎吱艰难地向前滚动。冬天日短夜长,全部人马昼夜赶路。一到晚上,都要由打着火把的士兵在前面引路,非要赶到指定地点才能歇脚。但是,慈禧太后、皇上、太监总管和后宫嫔妃却一路上舒舒服服,所经之路都整得平平坦坦,路面上所有石块都清除得一干二净,甚至还铺上了一层细土,走起路来软松松的,悄然无声。

队伍行进时,前头还专门雇了一班人马用羽毛扫帚来轻扫路面。大约每隔10英里,就盖一座设备齐全的休息用房,提供各色精美的食品和糕点。这条皇帝的专用道,由本地的一个承包商承建,造价每8码高达50墨西哥元(约每英里1000英镑),铺设路面的泥土都要从远处运来。这种道路,根本不适合中国的普通交通用途。在中国这块绝大多数人还生活在贫困之中的土地上,这是中国朝廷和官员奢侈浪费的一个典型例子。①

有亲历者忆述:

慈禧还没有到,保定府已忙得不可开交。我们保定练军奉派担任"卡轮"的工作。所谓"卡轮",就是护卫的意思。挑选的都是大个子,我自然也在被挑之列。我们身上都穿着蓝布开衩儿袍,手里拿着红漆柳条小笸箩,净水泼街,黄土垫路。慈禧的行宫就设在总督衙门内。我在衙门口"卡轮",向里面一张看,只见灯笼、火把、旗锣、宝扇、斧钺、红毡等等,辉煌夺目,摆成行列,极尽富丽堂皇之能事。②

在京城火车站月台上观看的英国人记述:"慈禧皇太后陛下她身穿鲜艳的刺绣袍服,两侧各有一个太监扶着手臂,在火车站上站了一会儿。她的脸很宽,有好几重下巴,在这种场合下自然显出68岁的老态。她的双眼始终下垂,那恐怕是我看到过的最长的眼睛了。虽然她看起来神态自若,却没有一丝笑容。"③对在中国大地上逞威的列强,她则是曲意逢迎。火车抵京时,"当西太后乘舆经过使馆人员站立的阳台时,她在轿中欠起身来,以非常和蔼的态度向他

---

① [澳]西里尔·珀尔著,窦坤等译:《北京的莫理循》,福建教育出版社2003年版,第197、198页。
② 冯玉祥:《我的生活》,中国青年出版社2015年版,第47—48页。
③ [英]阿奇博尔德·立德夫人著,李国庆等译:《我的北京花园》,北京图书馆出版社2004年版,第44—45页。

们回礼"。次年1月28日,各国使节应邀入宫,"召见从头到尾是在格外多礼、格外庄严和给予外国代表以前所未有的更大敬意的情况下进行的。这件事之所以特别值得注意,乃是因为这是西太后第一次在召见中公开露面,而不是在纱幕后面的"①。

上行下效,各级官员一意媚外,唯恐惹恼列强,有的并将其视为靠山。1902年2月1日,莫理循不无得意地写道:"我们在'暴乱'(诬指义和团——引者)中并无所失,而事实上我们的威信大增,我敢肯定地说,多少年来我们在北京或在中国的地位,从未像今天这样高,我们与清朝官员的联系从未像今天这样密切。"其中"袁世凯多年来比任何其他官员和我们联系更密切,他跟我们商议之频繁、请教之谦恭,是暴动前不曾有过的"②。

中日甲午战争后,在俄、德、法三国压力下,被迫将辽东半岛归还中国的日本,一直耿耿于怀。俄国财政大臣维特记述,1901年11月日本首相伊藤博文访俄,要求签订日俄协定,被俄国拒绝:

> 这项协定的基本原则是:俄国应当完全让出朝鲜,任凭日本全权主宰;日本则容忍俄国占领关东州和修筑通往旅顺口的中东铁路支线的事实,但要求我们从满洲撤军,只留一支护路队,然后在满洲实行门户开放政策。③

为争夺东北亚的霸权,1904年爆发了日俄战争。"其间陆地上的交战是在中国东北——汉族、满族、朝鲜族所居住的地方发生的。"④清朝政府竟宣布"局外中立",听任日俄践踏国土、残害国民。1906年9月13日,俄国著名作家列夫·托尔斯泰致函辜鸿铭,谴责日俄战争对中国的伤害以及英国占据威海卫和德国占据胶州湾,并指出:"一些强盗的得逞引起了其他的强盗的垂涎,捕获的猎物引发了纠纷,这将导致强盗自身的毁灭。"⑤一些地方官员则依旧闭目塞

---

① [美]马士著,张汇文等译:《中华帝国对外关系史》第3卷,商务印书馆1960年版,第388页。
② [澳]乔·厄·莫理循著,[澳]骆惠敏编,刘桂梁等译:《清末民初政情内幕——〈泰晤士报〉驻北京记者、袁世凯政治顾问乔·厄·莫理循书信集》,第216页。
③ [俄]谢·尤·维特著,李晶等译,李玉贞审校:《维特档案——访问记 笔记》,社会科学文献出版社2016年版,第1卷(下),第717页。
④ [日]和田春树著,易爱华等译,张婧校订:《日俄战争:起源和开战》,生活·读书·新知三联书店2018年版,作者"致中国的读者朋友们",第1页。
⑤ 辜鸿铭著,吴思远编译:《辜鸿铭信札辑证》,凤凰出版社2018年版,第235页。

听、昏聩愚昧。1907年7月,俄国人阿列克谢耶夫到了开封,河南巡抚设宴款待,"席间也谈到了俄罗斯,他们这方面的知识极端贫乏,就连1905年俄国在远东被击败这件事(指日俄战争——引者),看来也没有引起他们特别注意。巡抚只是问我:'西伯利亚还似从前那样荒无人烟?'然后就再没有说别的。"这名俄国人感叹:"我已经不是第一次见到这种消极怠惰的愚昧无知了。"①

自鸦片战争后,依仗洋枪洋炮和不平等条约的庇护,外国人在华享有诸多特权。1877年10月7日《纽约时报》载,自长江轮船通航,"当地商人往往将装满货物的商船挂羊头卖狗肉式地'过继'给任何一位欧洲人,佯装货物是他们的,大模大样的欧洲人只要在收费卡子上发点牢骚,就会顺顺利利地通过"。1876年春,一名外国水手搭乘中国货船去宜昌,"货船船主在收费卡子上灵机一动,让这位水手假扮成洋商,而他自己则和底下人一起装扮成洋商的翻译和侍从,很容易就通关了。这位水手以前除了卖过一瓶酒和一磅烟草外,恐怕从未做过什么生意,但仅仅因为有一张可爱的洋脸蛋儿就做了一回大亨"②。

20世纪初年,清朝政府的阿谀奉承,使洋人在中国更是趾高气扬、耀武扬威。1906年,辜鸿铭曾针对有外国人抱怨中国人有排外情绪,直斥:"如果想要中国人消除排外情绪,你们这些外国人首先必须消除排挤中国人的念头,并且对我们要公正公平,决不能一边对中国人拳打脚踢,一边还要中国人对你无比热爱。"③1907年,俄国人阿列克谢耶夫在华游历时,乘船经大运河从天津去济南。途中休息时,"从邻船过来一些人,坐在那里瞪大眼睛盯着我们这两个'洋鬼子'。我与他们攀谈了起来。他们聚精会神地听我讲话,然后起身说道:'太奇怪了!我们见过的外国人要么对你推推搡搡,要么就打你,想方设法欺负人,而你这位先生却跟我们好好说话,原来也可以这样呀'"④。

只有在罕见人烟的新疆罗布荒原,外国人惊讶地遇到了不知朝廷变故仍坚持盘查他们的地方官员。1907年,英国人斯坦因经罗布荒原前往楼兰故城。在途中,他的驼队突然止步不前,原来路边出现了两个罗布人的伯克。他们身

---

① [俄]米·瓦·阿列克谢耶夫著,阎国栋译:《1907年中国纪行》,云南人民出版社2001年版,第155页。
② 《帝国的回忆》(增订本),第49、50页。
③ 辜鸿铭著,吴思远编译:《辜鸿铭信札辑证》,凤凰山版社2018年版,第33页。
④ 《1907年中国纪行》,第21页。

着大清国的五品官服,衣服破旧,已有补丁,而且并不合身,但漂洗干净,缝补针脚细密,着装中规中矩。他们是清代康熙时册封的世袭官员,闻讯特意前来向这支探险队的外国人查验护照的,因为这是他们的职责所在。这令斯坦因大为惊诧,因为此前他在中国所到之处,各级官员无不唯唯诺诺,从不敢拂其意,根本不用出示护照,唯独在这异常荒僻地,却遇到了恪守职责、维护国权的清朝官员①。

面对嚣张的列强和懦弱的清朝政府,国民意识日渐高涨的民众以各种方式奋起抗争。1903年春,广西巡抚王之春欲借法国军队镇压广西的农民起义,激起上海爱国人士的激烈反对。接着,由于沙俄背弃协议,拒绝撤回在义和团运动期间乘机侵占中国东北的军队,并向清朝政府提出7项新的侵略要求,妄图永久霸占东北,引发了留日学生和上海知识界掀起的拒俄运动。这一爱国行动却遭清朝政府的极力遏制,许多知识分子因此断然走上革命的道路。

1904年,中美签订的《限禁来美华工保护寓美华人条约》10年期满。中方在华侨和国内舆论的要求下,提出修改这份推行种族歧视、限制华工入境的排外条约。美方不予置理,并于次年春逼迫中方续约。上海总商会闻讯,发起抵制美货运动,得到各界人士的广泛响应,并扩大到全国百余个城市。此后,美方未再坚持续约。在这前后,又有各阶层民众的收回利权运动,主题是从列强手中收回中国的矿山开采权和铁路修筑权。收回路权的斗争尤其尖锐。1903年,商部颁布重订《铁路简明章程》,允许民间自办铁路。京汉、津浦、沪杭甬等铁路涉及的省份都提出了自办的要求。1904年,湖北、湖南、广东三省人民要求废除被美国攫取的粤汉路权,得到其他省份的声援。次年,粤汉路权终于收回。

清末新政推行和科举制度废除后,国内新式学堂的学生日渐成为一股活跃的社会力量。有人描述:"近来中外学堂皆注重日本之学,弃四书五经若弁髦,即有编入课程者亦不过小作周旋,特不便昌言废之而已。"②1907年8月,俄国人阿列克谢耶夫和法国人沙畹参观西安一所新式学堂,看到教室黑板上写有"自然史课程"中有关"自然界万物相互联系"的内容,墙壁上挂着介绍自然科学的日本图画和印有操练步伐等场景的招贴画。③

---

① 谢彬著,杨镰等整理:《新疆游记》,新疆人民出版社2010年版,马大正序,第11页。
② 恽毓鼎:《恽毓鼎澄斋日记》,浙江古籍出版社2004年版,第250页。
③ [俄]阿列克谢耶夫著,阎国栋译:《1907年中国纪行》,云南人民出版社2001年版,第215页。

1895年以前，新式学堂仅仅分布于沿海7省。1899年扩展到包括云、贵、川、陕等内陆地区的17个省。20世纪初年，蒙、藏、新疆等边远地区也纷纷创办学堂，新式教育覆盖全国。到1909年，在校注册学生达10万以上的有3个省（四川最多，达34万），5万至10万的10个省，2万至5万的7个省，最少的吉林、黑龙江和新疆也各有7000至1万余名学生。1895年以前，新式学堂仅存在于少数口岸城市。此后，府州县等基层行政区划也开始办学。1905年后，基本形成了都市省垣设大学、高等专门学校，府治设中学、师范，县城设高小，乡镇设初小这样的学校与行政梯次配备的体系。除普通教育系统外，学堂种类也不断增加，在原有的语言、工艺、军事学堂基础上，大批开办师范、法政学堂，实业学堂在农、工、商之下又分出许多专科，而专门类学堂也日趋完整，不仅包括文、理、法、医、艺术等门，还有专为一些民族、阶层开设的学堂（如满蒙旗籍学堂、贵胄、贫民学堂等）。特别是女子教育不顾官方阻挠，顽强发展，到1909年，全国已有在校女生78 376人[①]。

20世纪初叶，面对深重的民族危机，新式学堂学生也以各种方式表达自己的政治意愿，汇入各界民众爱国行动的洪流中。1901年，上海南洋公学两度发生部分学生退学抗议校方压制事件。次年春，浙江吴兴南浔镇浔溪公学因校方干涉学生成立自治团体，爆发了全堂退学风潮。此后，苏州、杭州、广州、安庆、梧州及江西、河南等地相继发生学生退学等事件。是年11月，南洋公学8个班200名学生反对当局专制而全体退学，引起普遍震动，报刊纷纷发表报道评论。在其影响下，10余省学生继起踵接。据不完全统计，1902—1911年，全国共发生学潮500余次，波及京师和20个省份的各级各类学堂，反映了学生普遍持续的不安与躁动。

频繁的风潮加剧了学界动向的社会影响，成为舆论传媒关注的热点。从1902年起，《苏报》《选报》《新世界学报》《中外日报》等已开始重视学界新闻与评论。1903年，《苏报》特辟"学界风潮"专栏，海内外不少报刊都加大了学界新闻的比重。尽管它们态度各异，褒贬不一，但都反映出学生在社会生活中地位影响日益上升的趋势。有官员曾奏请朝廷加以遏制："臣常阅近日少年文字及聆其谈话，往往矜奇斗异，肆为大言，诋讥孔孟，称扬叛逆，心实忧之愤之。若

---

① 桑兵：《晚清学堂学生与社会变迁》，学林出版社1995年版，第3页。

不悬为禁令,扫荡廓清,恐乱臣贼子之忧犹未艾也。应请宣谕中外,明定趋向,并饬下各省学臣、大学堂、各处书院,遇有创为邪说、违背经训者,不但黜其文字,并传本生严加惩戒,以警效尤。"①但无济于事,各校学生在斗争中逐渐互相声援响应,形成区域性学潮。

在1903年的拒俄运动中,北京、上海、杭州、武昌、安庆、南京、开封等地出现了数百名各校学生共同举行的政治集会。稍后,福州、潮汕等地爆发了当地学生联合罢学事件。1905年后,区域性学潮激增,声势越来越大,到1911年共发生了34次,其中省会级21次、中小城市6次、县镇7次。1906年长沙学生公葬陈天华、姚洪业,1907年昆明学生保卫路矿权益,1909年成都、南昌学生抗议军警行凶和无理开除同学,1911年安庆学生反对审判厅滥施重刑,都激发了全城数千学生的大规模风潮,并导致同盟罢课。1908年因蒲城学案而起的西安学潮,更牵动全省80余州县学生群起响应。国会请愿时,天津、保定、盛京、成都等地学生相继联合罢课,互为声援,天津学界机关还呼吁全国总罢课。保路风潮中,成都、长沙学生也举行全城罢课。抵制美货、收回利权和1911年国民会等爱国运动中,大型地方学界联合集会频频出现。

保路运动中,学界不仅率先提出工农商学联合罢课、罢市、罢业、罢耕的四罢主张,而且很快付诸实践,以激励商界和广大市民。在省城的斗争受到压制后,他们又纷纷转向府州县各城镇乡村,发动民众,号召罢市抗租抗税。青年学生与城乡民众的结合,被当局视为"大可虑"三事中最头痛者。先锋与大众的契合,成为专制统治总危机即将爆发的信号②。

20世纪初年,清朝政府对民众的压榨有加无已,当时许多苛捐杂税是在推行新政的名义下陆续新增的,不少还是由地方官吏以至当地劣绅自行添收的,他们巧立名目,敲诈勒索,任意侵吞。正是在这种背景下,城乡下层群众的自发反抗斗争,即当时人所称的"民变",也愈益高涨起来。据不完全统计,1905年达103次,1906年199次,1907年188次,1908年112次,1909年149次,到1910年则陡升到266次③。其中包括各地的抗捐抗税斗争、抢米风潮和工人罢工等各种形式。1910年山东莱阳的抗捐抗税暴动是斗争最激烈、规模最大

---

① 恽毓鼎著,史晓风整理:《恽毓鼎澄斋奏稿》,浙江古籍出版社2007年版,第28页。
② 桑兵:《晚清学堂学生与社会变迁》,第5、6、9页。其余二事为银根吃紧和罢市抗税。
③ 李新主编:《中华民国史》第1编下册,中华书局1992年版,第1页。

的一次"民变"。

当时,莱阳地方官府在推行新政的名义下,苛捐杂税层出不穷,巡警、衙役下乡时,更是敲诈勒索、无恶不作。农民稍有反抗,就捏造罪名,任意逮捕或罚款,因此民怨沸腾、怨声载道。1910年春,莱阳一带遭受霜灾,秋收无望。劣绅奸商又囤积居奇,粮价骤然上涨,而官府又在这时勒逼农民补纳人口税、牲畜捐等。终于官逼民反,在当地塾师曲诗文的主持下,开始了抗捐抗税斗争。莱阳县令奎保竟扬言"吾官可不做,而税捐必不可免;吾头可断,而曲诗文等不可不拿"。随即便派兵前去捉拿曲诗文,矛盾顿时就激化了。乡民自发聚集起来拦阻清军。清军悍然开枪,击毙数人。乡民愤极,拼死与清军格斗,伤官兵数人。在格斗中,乡民死二三十人,伤五六十人。消息传开,全县震惊,各乡农民10余万人自带干粮,汇合于九里河。这时,清朝政府决意镇压,增援的清军赶抵莱阳。7月13日,新军协统叶长盛、登州镇总兵李安堂率兵向乡民进攻。乡民们手中只有原始的武器,根本无法抵挡,结果在清军炮火的轰击下,死300余人,房屋被毁800多间。次日,清军又炮轰柏林庄、于家店等13村,死伤者有1 000余人①。莱阳人民的这次抗捐抗税斗争遭到血腥镇压。

工人的罢工斗争在20世纪初年也有了一些发展。中国无产阶级的诞生要早于中国资产阶级,这是由晚清的社会环境所决定的。早在中国近代企业兴起之前,在沿海沿江通商口岸便有一些外资企业擅自设立。鸦片战争结束后不久,为便利其商品输入,广州、上海等地就有外资船舶修造厂开办。19世纪50年代后,列强又先后在上海、烟台设立了缫丝厂,在汉口、九江、福州设立了砖茶厂,在上海、天津设立了出口货物打包厂,在上海、汉口、汕头等地设立了制糖、硝皮、制革厂等。这些企业都雇用了一批中国工人,这些雇佣劳动者是中国最早的一批产业工人。其人数随着外资企业的增多和扩大而不断增长。

中国无产阶级的另一部分,是19世纪60年代以后随着中国近代企业的发生发展而逐渐成长壮大的。这些近代企业既有清朝政府经营的一系列官办军用企业,也有通过吸引一部分私人资本举办的官督商办、官商合办民用企业,又有民间资本独立创办的工矿企业。连同外资企业一并估计,中国近代产业

---

① 于仲:《1910年山东莱阳群众的抗捐抗税斗争》,《中国科学院历史研究所第三所集刊》第1集,中国科学院1954年版,第216页。

工人在19世纪70年代约有1万名,80年代约为45 000名,至1894年约有近10万名[①]。他们是中国新的社会生产力的代表者和新的阶级力量,自身还有其鲜明的特点。

晚清出现于中国大地上的近代企业,主要不是从工场手工业逐步发展起来的,而是从外国引进技术和设备直接设立的,因此中国无产阶级的前身主要不是工场手工业工人,而是大量陷于破产的农民和失业的手工业者。既然中国的无产阶级主要来源于破产的农民,中国的近代工业又很不发达,中国依旧是一个农业国,农民仍占着全国总人口的绝大部分,因此中国的无产阶级与广大的农民之间有着一种天然的联系,便于他们和农民结成亲密的联盟。

由于中国近代企业是在外国资本主义的刺激下发生发展起来的,近代企业的分布极不平衡,它们中的绝大多数集中在上海、广州、天津、汉口等少数沿海沿江通商口岸,因此中国产业工人虽人数才近10万,但地区分布异常集中。同时又由于早期在中国出现的近代企业,主要是由力量雄厚的外国资本和官僚资本创办的,因而中国产业工人一开始就集中在少数规模较大的企业中。所以尽管近10万名早期中国产业工人在全国总人口中所占比重很小,但由于他们在地区、企业分布方面的高度集中,形成了相当坚强的组织性和团结力,也使他们与极端分散的、从事手工操作的其他城乡劳动群众相比较,具有很大的先进性。他们中潜藏着的政治能量,与他们在全国总人口中所占的比例相比,要大得多。

中国无产阶级遭受着残酷的剥削和压迫,他们不仅是一般的雇佣劳动者,还要经受诸多超经济的剥削和压迫。外国资本主义依仗从中国攫取的特权,在其开办的近代企业中实行带有浓厚殖民主义色彩的剥削方式,视中国工人为"苦力",以极低的工资驱使中国工人从事极繁重的劳动,对剩余价值的榨取超乎寻常。在中国近代企业里,特别是在交通运输和矿冶业中,长期存在着封建把头制和包工制,一些外资企业也同样存在。大大小小的把头或包工头掌握了招雇、解雇工人和发放工资的权力,并依靠这些权力,对工人进行残酷的盘剥,其形式多种多样。残酷的压迫和剥削逼使工人自发起来反抗,主要是反对企业主延长工时、笞责工人、克扣工资,抗议外国资本家或中国封建官吏、工

---

① 孙毓棠:《中国近代工业史资料》第1辑,科学出版社1957年版,第59、60、1201页。

头的欺压,要求维护自身最低限度的应有权利。斗争的方式主要是罢工。

20世纪初年,随着各种近代产业的发展,中国无产阶级的队伍迅速成长壮大。据估计,1911年前后,中国产业工人总数已发展到80万至100万人之间,较之甲午战争前夕,中国无产阶级的队伍已经有了很大的发展。队伍的壮大增强了斗争的实力。这一时期,中国产业工人的罢工斗争不断爆发。据不完全统计,规模较大的罢工斗争,1905年9次,1906年11次,1907年6次,1908年3次,1909年9次,1910年5次,1911年12次,7年间共爆发55次,其中大多数发生在近代工业的集中地——上海①。

上述这一连串的斗争表达了民意,昂扬了民气,为呼应日后的革命风暴做了必要的铺垫。

二、载沣父子的登台

1908年临近岁末时,清朝最高统治集团内部接连发生了两件震动内外的重大变动:一件是光绪帝和慈禧太后在两天内相继死去,另一件是袁世凯被放逐。这两件事使清朝统治中枢陷于混乱,整个政局变得更加动荡不安。

戊戌维新被镇压后,光绪帝作为名义上的皇帝又在晚清政坛上活动了十年。其间,从一些曾经远远瞥见过他的西方人的记载中,或者从那些伺候过他的太监口中,他给人的印象是,似乎陷入深度忧郁状态,反应迟钝,表情木然。美国传教士何德兰的太太曾有机会时常进宫,据她记述:

> 许多时间里光绪皇帝都在场。我们每次在宫里时,皇上都陪着太后——不是在她身旁,而是落后几步。她坐下后,他总是离着几步在后面站着,除非她叫他坐下,从来不敢坐。他面容清秀而高雅,穿着深色的长衫。他是个孤独的人,与阿谀奉承的太监、聪明伶俐的嫔妃和珠光宝气的太后在一起显得毫不起眼。没有一个大臣在他面前叩着头压低声音颤颤抖抖地说话,惯于奉承讨好的太监到他面前也从不跪下。相反,我一次次看见他被太后这帮工于谄媚的仆人挤得靠在墙边上。

---

① 李新主编:《中华民国史》第1编下册,第18页。

有一天我们在宫里时,一个人高马大的太监站到皇上面前,把他完全挡住了。我看见光绪的手伸到那人肩头,默默地将他拨过来,让他看看他是站在谁的面前。当光绪抬起头来看这个身材高大的仆人时,脸上并无愤怒的迹象,只显出一副温和而可怜的笑容。我以为那人一定会在皇上面前扑通跪下的,没想到他只往左边挪了几英寸,依旧直挺挺地站在他前面。在宫里我从未见过有人向皇上屈过膝,除非是在外国人问候他或向他告别的时候。而大臣和太监们每次跟太后说话都要跪下。这些事情形成了鲜明的对比。

我第一次见过光绪皇帝之后,他那双可怜而深沉的大眼睛在我面前有好几天久久不去。我无法忘掉它们,我决心只要有机会就对他说几句话,让他知道全世界的人仍然在希望他能将他所开创的伟大改革继续下去。但他被监视得很严,我从未发现和他说话的机会。而我们在宫中的全部时间里,他也从未跟客人、嫔妃、慈禧太后或是侍从说过话。

有位公使告诉我,有一天觐见之后,太后和皇上已经下了丹陛,太后正跟他的一位同僚说着话,他因为皇上离得不远,就对皇上说了句什么。太后立即打住了跟刚才那人的话,代皇上回答了他。

有一次宫里只有我们四个人,都舒舒服服地坐着,皇上站在太后后面几步远的地方。太后谈起了拳民运动,为损失了她的长指甲和她所找到的各式各样吉祥葫芦而惋惜。皇上很可能是听着这场没有他的份的谈话听腻了,静悄悄地出边门去了戏楼,当时那里正唱着戏。有一会儿太后并未觉察到他不在,但当她一发现他已经走了,脸上马上显得很是焦躁,转过脸去声色俱厉地问总管太监李莲英道:"皇帝去哪儿啦?"太监们急忙东奔西跑起来,被差到一处一处去问。过了一会儿他们回来了,说他在戏楼那里。焦躁的表情这才像乌云见太阳一样从她脸上散开了——有几个太监于是就留在了戏楼。①

有位伺候过慈禧的宫女在慈禧的安排下,嫁给了给光绪帝理发的刘姓太监。宫女回忆丈夫曾告诉她,"剃完头,请示皇帝按摩不?大家知道光绪帝是个急脾气的人,对生活细节向来又不讲究,早就腻烦了,向例是摇摇头,更不挑

---

① [美]何德兰著,晏方译:《慈禧与光绪》,中华书局2004年版,第108—109页。

剔奴才的毛病。奴才行礼时,皇上的眼皮也不抬,怔怔地在想心事"。还说皇上很少有喜笑颜开的时候,"可能有精神病……光绪像木头人一样,不说也不动,听从下人的摆布。他们都知道光绪的脾气,赶紧伺候,赶紧离开。孤独惯了的人,决不愿有人在一旁打扰。在光绪爷面前当差的人,都是低着眼皮作事。一句话也不说,这是一向的习惯"①。

1907年5月27日上午,日本南满洲铁道株式会社总裁后滕新平去颐和园觐见慈禧太后,他记述:

> 我从旅馆出发,与林公使(指日本驻华公使林权助——引者)一同乘上马车,向颐和园万寿山驶去。在前面骑马的4个人的带领下,我们来到了东宫门外外务部公所,与那桐、瞿鸿禨、邹嘉来等大臣会面后,于9点钟前往仁寿殿。中间经过很多道门,每个户门前都有卫兵把守。穿过文武百官左右列站的庭院后进入院中,只见百官和近卫兵集聚于此,有如繁星。穿过庭院,走下台阶,就到了御前。坐在我正对面的就是皇太后,其左面坐得低一个台阶的就是皇帝。②

1908年11月16日即光绪帝死后第二天,英国《泰晤士报》曾以"清国皇帝"为题刊文追述:

> 在外貌上,这个拥有过地球上古老皇权宝座之一的前任帝王,有着一副轻盈、优雅却面色苍白的形象。他长着一副端正的前额,弯弯的眉毛修长、黛黑,衬着一双悲情戚戚的大眼睛。他有着一张敏感的嘴巴和一副超长的下巴。他华丽的头发闪耀着精美的柔滑和光泽,发辫从无例外地受到最好的护理。他的穿着整洁而简单,佩戴着很少几样饰品,除了在国家性的场合露面之外,他也并不佩戴珠宝金银。虽然他已惯于在宫里看戏,但这些戏目对他的吸引力却远不及书籍。往往是一场戏下来,他从皇家的包厢退到后面的隔间,然后在那里以读书与抽烟来消磨时间。有专任的官员为他提供各种书籍,而他的阅读范围甚广,包括许多外文书籍的译本。他可以读英文,也可以说上几个英语词汇。皇上对音乐也是颇有品

---

① 沈义羚等:《宫女谈往录》,紫禁城出版社1992年版,第278、301页。
② [日]田原祯次郎著,董丹译:《日本人眼中的慈禧》,故宫出版社2013年版,第210页。

位,会弹奏好几种中国乐器。他对于机械相当喜爱,闲暇时常喜欢把钟表装了拆,拆了又装。他经常在宫里广场的小铁路上搭乘火车,那是清国最早修筑的铁路了。在温婉、聪慧的神态中,皇上的脸上也常挂着一副忧郁的表情,这是如他一样经历的人很自然会有的结果。①

近年披露的一份清宫档案则反映出如同傀儡的光绪帝,在其冷漠的表情下,内心深处实际上并未完全放弃他的政治追求。1906年预备立宪后,慈禧太后曾于1907年11月指令孙家鼐、荣庆、陆润庠、张英麟、唐景崇、宝熙、朱益藩轮班为光绪帝讲学,其中孙家鼐、荣庆、陆润庠讲授四书五经,张英麟、朱益藩讲授庭训格言和御批、历代通鉴辑览,唐景崇、宝熙讲授国朝掌故及各国政略。讲授者每日须将所讲之书,"综其大义,择其精语,恭拟讲义一篇,缮写两份,先一日进呈皇太后、皇上御览"②。

从遗存的讲义可以得见,各国政略的讲授内容包括柏林条约、法英之谋埃及、各国之分非洲、英女王维多利亚之经营印度、英国殖民地之制度、英国宪政之沿革、德国联邦之制度、美国政策之变迁、各国最近势力之趋注、各国文化之发达等。重点是厚今薄古,尤其关注各国政治改革和经略扩张③。

正是在慈禧太后的允许下,光绪帝利用这个机会读了许多有关各国宪政等内容的书籍。以下是一份1907年和1908年内务府的"呈进书籍档",数件合成一件,是内务府办理光绪帝索要的购书单的记录。第一份是1908年1月29日由内务府奏事处交办光绪帝朱笔所列的40种书目:

> 政治官报局刊印各书:《日本宪法说明书》、《日本统计释例》、《日本宪政略论》、《译书提要》、《驻奥使馆报告书》;商务印书馆新印各书:《孟德斯鸠法意》、《政治讲义》、《法学通论》、《比较国法学》、《政治学》、《国法学》、《民法原论》、《政治泛论》、《宪政论》、《行政法泛论》、《日本预备立宪》、《国债论》、《警察讲义录》、《日本警察讲义录》、《日本警察法述义》、《自治论纂》、《宪法研究书》、《日本监狱法详解》、《万国国力比较》、《政治一般》、

---

① 《泰晤士报》著,方激编译:《帝国的回忆:〈泰晤士报〉晚清改革观察记》,重庆出版社2014年版,第221—222页。
② 张毅君供稿:《为光绪帝进讲"各国政略"稿》,《近代史资料》总104号,中国社会科学出版社2002年版,第1页。
③ 详可参阅张毅君供稿:《为光绪帝进讲"各国政略"稿》,《近代史资料》总104号。

《列国政治异同考》、《欧洲最近政治史》、《欧洲新政史》、《欧洲财政史》、《经济通论》、《理财新义》、《日本法制要旨》、《日俄战纪》、《最新战法学》、《德国学校制度》、《各国宪法大纲》、《英国宪法论》、《万国舆图》、《欧美政教纪原》。以上每种呈四部,并嗣后官报局有新印出之书,即随时每种呈递四部。

两天后,内务府呈进了其中的27部。同时对未能进呈其他书目陈述了原因:"政治官报局欠办书籍:《日本宪法说明书》,现在不齐;《日本宪政略论》,现在不齐;《译书提要》,现在不齐。商务印书馆欠办书籍:《自治论纂》,尚未出版;《宪法研究书》,尚未出版;《政治一般》,现在不齐;《列国政治异同考》,现在不齐;《欧洲财政史》,现在不齐;《经济通论》,现在不齐;《日俄战纪》,现在不齐;《最新战法学》,现在不齐;《各国宪法大纲》,现在不齐。共书十二种(应为十三种——引者)未进。"

1908年2月17日,内务府又补进五种:"《日本宪政略论》四部,每部一册;《政治一般》四部,每部二册;《欧洲财政史》四部,每部一册;《日俄战纪》四部,每部一册;《战法学》四部,每部三册。"

同年2月29日,光绪帝交给内务府他从《政治一般》一书中抄下的一份详细目录,要内务府查明出自何书,并索要这本书。这份目录的内容如下:

第一编古代史。第一章总论,第二章三大国民,第三章低格里幼发拉的河边诸国之兴亡,第四章希腊国民概论,第五章希腊人移住及斯巴达勃兴,第六章阿善之兴起,第七章波斯战争,第八章阿善隆盛及配洛帕纳色斯战争,第九章希腊之文明,第十章斯巴达德巴及麦西腾之霸业,第十一章达亚历山德及海伦世界,第十二章欧洲古代之形势,第十三章罗马王政时代,第十四章共和政府内讧,第十五章共和政府统一(意)大利,第十六章征伐外国上,第十七章征伐外国下,第十八章内乱,第十九章三雄执政上,第二十章三雄执政下,第二十一章罗马帝国概论,第二十二章传播耶稣教。

第二编中代史。第一章日耳曼人种之大移住上,第二章日耳曼人种之大移住下,第三章东罗马帝国,第四章回教之势力,第五章邻尔曼帝国,第六章诺尔曼人之迁徙上,第七章诺尔曼人之迁徙下,第八章日耳曼人种之神圣罗马帝国,第九章中古上半期之欧洲风化,第十章罗马教皇之权威,第十一章十字军上,第十二章十字军下,第十三章十字军之功效,第十四章英吉利及法兰西,第十五章日耳曼皇权衰颓,第十六章罗马教皇之势力衰颓,第十七章东欧之形势及东罗马之灭亡,第十八章百年战争,第十九章西欧诸国集权于中央,第二十章航海,第二十一章人智之开明。

第三编近代史。第一期宗教改革时代。第一章国力平均论之发端,第二章国力平均论之发端续,第三章宗教之改革,第四章宗教之改革续,第五章宗教之改革续,第六章荷兰共和国之独立,第七章英吉利新教之兴,第八章法兰西宗教之乱,第九章三十年战争,第十章英吉利之革命,第十一章欧洲人之文明及其殖民事业。

第四编近代史。此系《政治一般》书内之目录,与原书所叙者不合,当系何种历史之目?应将此种历史向商务印书分馆问明。购取四部呈递。再,近来商务印书分馆又有新印各书,一并购呈。每种四部。《瀛寰全志》一册,附图一册,《万国史纲》,《英华大辞典》,《帝国主义》,《欧洲新政史》下册,《高等学堂中国》,《西洋历史教科书》,《华英音韵字典集成》,《华英进阶全集》,《和文汉译读本》。

两天后,内务府将除《英华大辞典》《帝国主义》《欧洲新政史》之外的其他书籍进呈,并禀告了商务印书馆方面的答复:"据云系西洋历史目录误订在《政治一般》书内。"

《政治一般》是一个月前进呈的 27 部书中的一部,光绪帝不仅已看过,还一字不漏抄下了误订其中的目录。从他列出的商务印书馆新书来看,他似乎很清楚商务的出版情况。当时商务印书馆的主事者正是曾参与戊戌维新的张元济。

清宫档案记载,此后内务府继续购买最新出版的书进呈光绪帝(包括那些被指定的书目)。1908 年 3 月 5 日呈进《日本宪法说明书》《译书提要》及《帝国主义》三种。3 月 10 日宪政编查馆送到政治官报局刊印的《日本政要览》等六种书,两天后被进呈光绪帝。3 月 17 日宪政编查馆送到政治官报局刊印的《日本议会诂法》,连同从商务印书馆续购的《宪法研究》和《列国政治异同考》,三书一并于 3 月 19 日呈进。4 月 1 日宪政编查馆送到政治官报局刊印的《法国政治要览》《比国政治要览》《日本丙午议会》《日本宪法疏证》,翌日呈进。4月7日宪政编查馆送到政治官报局刊印的《英国财政要览》,4月9日进呈。4月24日宪政编查馆送到政治官报局刊印的《日本官制通览》,连同商务出版的《自治论》于当天一并呈进。这份档案记载了光绪帝在大约三个月时间内提出要看的书目,总共超过50种①。光绪帝及慈禧太后还不时听取孙家鼐、荣庆、陆润庠、张英麟、唐景崇、宝熙、朱益藩等人的讲解,这种进讲一直持续到1908年10月即两人去世前的一个月②。

1908年11月14日傍晚,北京已经入冬,格外寒冷,光绪帝在宫中悄然去世,临终无一人陪伴,及至被人发现,早已死去多时③。次日下午,74岁的慈禧也撒手人寰。38岁的光绪帝在七旬老人慈禧病逝的前一天死去,不免让人产生疑惑,历来传说颇多,很多人认为是慈禧自知病将不起,不甘心死于光绪之前,所以下了毒手④。但详考清宫太医档,可知光绪是受肺结核、肝脏、心脏、风湿等慢性病长期折磨,致使身体的免疫力严重缺失,酿成了多系统的疾病,最终造成心肺功能衰竭,合并急性感染而死亡⑤。当时的外国驻华使节也很关注光绪帝的死因,1908年11月15日法国驻华公使巴思德给法国外交部的报告中认为他是正常病逝:"陛下龙体始终十分虚弱,今年夏天的酷暑使他特别难受,哮喘发得比往常都厉害,有时由于衰弱之极,他不得不取消大多数与外界的礼仪性接触。"⑥

1980年,清西陵文物管理处在清理崇陵地宫时,发现光绪遗体完整,体长1.64米,无刃器伤痕。通过化验颈椎和头发,也无中毒现象,与清史档案专家、医学专家的分析判断相吻合,即光绪属正常死亡⑦。但近期的另一项检测结果认定光绪系中毒而亡⑧。戴逸的《光绪之死》也认为:"总之,慈禧惟恐自己先

---

① 叶晓青:《光绪帝最后的阅读书目》,《历史研究》2007年第2期。
② 闵祥鹏等:《光绪朝最后一次经筵进讲》,《历史档案》2016年第3期,第109页。
③ 李国荣主编:《清宫档案揭秘》,中国青年出版社2004年版,第163页。
④ 详可参见马忠文:《时人日记中的光绪皇帝、慈禧太后之死》,中国社会科学院近代史研究所政治史研究室等编:《晚清国家与社会》,社会科学文献出版社2007年版。
⑤ 冯伯群主编:《历史真相中的大清王朝三百年》,中国档案出版社2007年版,第76页。
⑥ 章开沅等主编:《辛亥革命资料新编》第7册,湖北人民出版社2006年版,第136页。
⑦ 李国荣主编:《清宫档案揭秘》,第178页。
⑧ 详可参阅钟里满等:《清光绪帝死因研究工作报告》,钟里满:《清光绪帝砒霜中毒类型及日期考》,均载《清史研究》2008年第4期。

死,光绪复出掌权,尽翻旧案,故而在全国求医问药多次,大造光绪病重的舆论,希望光绪因体弱多病而先死,在人间悄悄地消失。但事与愿违,偏偏自己先罹重病,势将不起,故临终前令亲信下手毒死光绪。从检测结果与史料记载来看,这应是事实的真相。"①但有学者持保留意见,认为光绪中毒一说尚难确证,说慈禧是主谋尚难定论,如真有人下毒,更可能是袁世凯、李莲英②。2017年出版的《清光绪帝死因鉴证》依旧认为"光绪帝系砒霜中毒死亡",并指出"下毒的主谋,正是慈禧太后"③。

在光绪帝去世的前一天即11月13日,亦在病中的慈禧在寝宫紧急召见奕劻、载沣、鹿传霖、袁世凯等军机大臣,之后内阁宣布奉太后懿旨,"派载沣恭代批折","醇亲王载沣之子溥仪著在宫内教养,并在上书房读书","醇亲王载沣著授为摄政王"④。实际上在光绪去世前,明确指定了皇位的继承者,即以光绪的弟弟醇亲王载沣的快满3岁的儿子溥仪为嗣皇帝,而由时年26岁的载沣以摄政王监国,"所有军国政事秉承"⑤;同时令载沣"遇有重大事件,有必须请皇太后懿旨者,由摄政王随时面请施行"⑥。11月15日,慈禧太后也病死了。

两天之内,光绪帝和慈禧太后接连去世,全国上下震动不小。1908年11月16日,美国《纽约时报》载:"北京的市容已经大变,所有红色的东西都被移走,取而代之的是肃穆的蓝青色。"⑦北京城内一度发生金融恐慌:

> 谣言蜂起,市场为之动荡,发生挤兑,使各种兑换券不能流通,人民要求兑现,取出其存款,倒闭之钱庄有五六家,金融市场更加不稳。巡警所派巡警弹压,亦无法遏止。外城厅丞王仲芗恐事关重大,径行出示,晓谕市民,派员到大清银行借款百万两,又从顺天府融通铜钱二百万枚,同时传令商会总理,召集十九家炉房(系北京之特殊金融机构,各钱庄之现银多存于此),互订合同,领取现银,颁发各店,以救济市面。⑧

---

① 戴逸:《光绪之死》,《清史研究》2008年第4期。
② 王开玺:《关于光绪帝死因的思考与献疑》,《晋阳学刊》2009年第6期。
③ "清光绪帝死因研究"课题组:《清光绪帝死因鉴证》,北京出版社2017年版,第22、547页。
④ 爱新觉罗·载沣:《醇亲王载沣日记》,群众出版社2014年版,第295页。
⑤ 骆宝善等主编:《袁世凯全集》第18卷,河南大学出版社2013年版,第259页。
⑥ 中国第一历史档案馆:《光绪朝上谕档》第34册,广西师范大学出版社1996年版,第251页。
⑦ 郑曦原编:《帝国的回忆:〈纽约时报〉晚清观察记(1854—1911)》(增订本),当代中国出版社2011年版,第177页。
⑧ 李少军编译:《武昌起义前后在华日本人见闻集》,武汉大学出版社2011年版,第145页。

开封城内,"两宫的噩耗一经传出,那满人的子女当娶当嫁者,连日连夜赶快成婚,甚至有送女儿到甲家而误入乙家之事。第二天清晨发现错误,却是木已成舟,也就算数"。为何如此匆忙,是担心"哀诏到达之后,要停止婚嫁一年"①。当时在湖南溆浦县立高等小学读书的舒新城忆述,光绪与慈禧接连去世后:

> 成为两重国丧,所有人民的一切婚嫁、娱乐、宴饮都须停止百日,须发亦须百日不剃。我校于得到消息之日,即由学校每人发给青布一方,缠之左臂,同时并由堂长率领向礼堂所设灵位行三跪九叩礼。礼毕,复讲演种种礼节及禁忌(如宴会之类)。此后之一百日中,每日上课之前,均由堂长率向灵前行礼。②

夏衍亦回忆:

> 我八岁那年,光绪三十四年(1908)冬天,光绪皇帝和西太后死了,尽管当时很闭塞,严家弄(夏衍的家乡,离杭州三四里——引者)又在乡下,像"戊戌政变"这样的大事,我们也不知道,可是皇帝和皇太后"驾崩"就不同了,"地保"(相当于保甲长)打着小锣挨家挨户地通知。我听说的只有两件事,一是今后三个月不准剃头,二是一百天内不准唱戏。
>
> 当时男人都留辫子,我的辫子已有一尺多长,额前还留了"刘海",所谓剃头,不过是等于修脸,这对我影响不大;但是对第二条不准唱戏,则老百姓都感到扫兴,因为那时是农历十月下旬,今后一百天,就包括农历新年在内。我听老乡们七嘴八舌地说,除了不准唱戏之外,还有过年不准放爆竹,元宵不准闹花灯等等。这一年浙江闹了水灾,春蚕的收成也不好,老百姓穷得很,所以这些禁令,实际上也没什么影响。③

赵元任忆述,当时"我们这个年龄的学生大多数向往革命,认为清政府为日无多。1908年11月,光绪皇帝和慈禧太后相继去世,我们得俯伏在灵堂前叩头,赞礼人高呼'举哀'时,我们全都低着头齐声大笑,没有人能分辨出我们是在笑还是在哭"④。举丧期间,清政政府非常担心海内外的革命党人乘机发

---

① 陶希圣:《潮流与点滴:陶希圣回忆录》,中国大百科全书出版社2016年版,第7、14页。
② 舒新城:《我和教育:三十五年教育生活史(1893—1928)》,广东人民出版社2016年版,第42页。
③ 夏衍:《懒寻旧梦录》(增补本),生活·读书·新知三联书店2000年版,第9—10页。
④ 赵元任:《赵元任早年自传》,岳麓书社2017年版,第89页。

难，1908年12月16日外务部电令驻日公使胡惟德："前年孙汶在日本倡言革命，经本部密嘱杨使商伊藤协助，由日本政府驱逐出境。现闻该逆确抵东京已有三日。值此国家大故，深恐造言生事，复滋煽惑。希即查探踪迹，转商外部，仍前设法驱逐，以保公安而昭睦谊。"12月18日，胡惟德复电："月初有孙汶到东之谣，查悉非确。昨已面托小村暨警察密查，如果到东，即设法驱逐。"①

> **知识框**
>
> ### 清东陵和西陵
>
> 清代帝王的陵寝，大都沿袭明制，皇帝即位后，就派人选择陵址，动工修建，当时称为"万年吉地"或"万年福地"。一座完整的帝王陵寝，除了皇帝本人的陵之外，还应包括皇后陵和妃园寝，一般需要几年、十几年甚至几十年的时间才能最后建成。而几座帝王陵寝连在一起，就形成了一个规模相当大的陵区。清朝从太祖努尔哈赤开始，至末代皇帝溥仪为止，除溥仪没有建陵外，其他皇帝及其后妃，死后分别葬在三个陵区内，即关外沈阳的盛京陵、关内河北遵化的清东陵和易县的清西陵。
>
> 清东陵是一组规模宏大的帝王陵墓建筑群，陵区东起马兰峪，西到黄花山，北面是雾灵山，南面有天台、烟墩两山相对峙，中间的出入口称兴隆口又叫龙门口，总占地面积达2 500多平方千米。陵区内以昌瑞山为界，分成"前圈""后龙"两大部分。陵区周围设有红、白、青三层界桩，界桩外有20里宽的官山，官山之内全属禁区，闲杂人等一概不许入内。
>
> 咸丰帝后陵位于东陵，陵区内的平安峪是埋葬咸丰帝的定陵。定陵东侧，一是普祥峪定东陵，葬的是慈安皇太后，另一处就是慈禧的普陀峪定东陵。两座陵墓均于同治十二年（1873）兴建，至光绪五年（1879）大体建成。慈禧陵建成后，据清代档案记载，在光绪年间，慈禧多次派人往地宫里安放了大量奇珍异宝，准备死后随葬。但后来慈禧对已建好的陵墓不满意，到光绪二十一年（1895）借口年久失修，命人对陵寝地面上的建筑

---

① 骆宝善等主编：《袁世凯全集》第18卷，河南大学出版社2013年版，第340页。

重新修缮。

　　重修后的隆恩殿和东、西配殿室内，布满精雕细刻的贴金砖，四角盘环，中间是"五福捧寿""万字不到头"花纹的雕砖，全部采用突雕。各条明柱均有半立体的金龙环绕，斗拱、梁坊和天花板上的彩绘全部贴金，整个大殿显得金碧辉煌、光彩夺目。隆恩殿外四周的汉白玉石栏杆、拦板和望柱，均雕刻着精美细致的龙凤呈祥、水浪浮云等图案。殿前的龙凤阶石一反常规，其他陵的阶石均是龙在上凤在下，独慈禧陵的阶石是凤在上龙在下，意在显示她至高无上的权势。

　　光绪帝后陵位于西陵，四面环山，风景秀丽。陵区北起奇峰岭，南到大雁桥，东自梁各庄，西至紫荆关，四周亦有红、白、青三层界桩和20里宽的官山，占地面积约100平方千米，小于清东陵。这里埋葬着雍正、嘉庆、道光、光绪四位皇帝及其后妃等。光绪帝后陵称崇陵，在陵区内的金龙峪。光绪三十四年(1908)选好陵址，次年兴建，1913年竣工。地宫内有青白石制成的宝床，正中是光绪帝的梓宫，左侧是隆裕皇太后的梓宫。1913年1月，隆裕病逝。同年11月崇陵竣工，两具梓宫同时葬入地宫。崇陵以东的崇陵妃园寝，埋葬着光绪帝的瑾妃、珍妃姐妹俩。（详可参阅万依等著：《清代宫廷史》，百花文艺出版社，2004年）

　　牢牢执掌清廷最高权柄40多年的慈禧的突然去世所留下的权力真空，是很难有人填补的。此前的1907年8月31日，就有人转述美国驻华公使柔克义对中国政局的观察："中国的形势的确严重，这不仅是由于革命党人力量大，更是由于政府的衰败。政府没有人，没有一个人，倘使发生什么事变，一次普通的谋杀，皇太后身故，便将引起一片恐慌和混乱。"①德国在华传教士卫礼贤，记述了深印在恭亲王奕䜣的孙子溥伟脑海中的慈禧太后：

　　　　偶尔他也谈起慈禧太后。从他的口吻中，我感到他对慈禧也有一种敬畏。太后明白如何使周围的人言听计从，在亲王(指溥伟，下同——引者)看来，太后能力过人，即使在年老的时候，国家处于危难之际，仍可周

---

① 章开沅等主编：《辛亥革命资料新编》第7册，第63页。

密发排手下活动。这种能力还包括坚强的体力和非凡的精力,因为这些手下人都是在天还不亮就上朝,在天将破晓之时就已经完事大吉。老太后用习惯的规矩,将这些王公大臣牢牢握在手心。

亲王讲述他当时如何用颤抖的双手递上一份报告,任何事情都必须这样毕恭毕敬地上报,否则她就会勃然大怒。另外,任何人都不许出言顶撞她。任何一份意思不明的奏章,都会受到她的质问,她甚至可以说出这一点与一年前的一份报告完全雷同。而亲王如果没有将任何一个问题向太后解释清楚,让她满意,他都会感到非常痛苦。

另一方面,太后又清楚地知道在接见场面中如何行事。例如,当一个德高望重的老臣局促不安地将所有的奏折跪送到宝座前时,她会特意让他站起来。如果一个大臣在回答中令她非常不悦,或没使她高兴,她会毫不留情地让他跪上半天。①

慈禧的权势也令1902年进宫觐见的外国驻华公使夫人们印象深刻:

几天之后,我们跟随一大队穿着华贵的格格们进入大殿,一切都与事先想象的不同。我们看到慈禧太后坐在一个高台上的宝座之中,皇上坐在她的左边,一些军机大臣跪在她身边,而引我们进殿的那些高贵的格格们跪地请安,我们全都忘了几天前在开会的时候表达的仇恨,全都因为周遭的环境和太后本身的威仪而心生敬畏,我们不自觉地按照觐见皇室的传统向她三鞠躬。我们当时唯一的感觉就是,这个坐在宝座上的威严的女人,全身都透着一种帝王之气。②

光绪、慈禧相继病逝以及溥仪继位后,中国国内并没有出现列强担忧的会危及其在华权益的动荡,况且载沣有过出访欧洲的经历。1901年,因义和团运动中德国公使克林德在北京被杀,他被委派充任头等专使大臣赴德"道歉"③。1901年10月5日,英国《泰晤士报》驻中国的特派记者曾以"醇亲王的欧洲之行"为题撰文称:"我知道,醇亲王本人非常渴望利用这一机会,对西方国家有

---

① [德]卫礼贤著,王宇洁等译:《青岛的故人们》,青岛出版社2007年版,第150页。
② [美]赫德兰著,王秀莉译:《权谋档案:一个美国人眼中的晚清宫廷》,团结出版社2011年版,第34页。
③ 爱新觉罗·载沣:《醇亲王载沣日记》,第1页。

更为直观的了解。"①1908年12月3日他在溥仪登基的次日即明确表示将继续推行"预备立宪","以仰慰大行太皇太后、大行皇帝在天之灵,而巩亿万年郅治之基"②。这些都使列强对他抱有一定的好感,在慈禧去世的当天即11月15日,美国《纽约时报》曾报道当时各国驻华外交官担心载沣并非强权人物,对西方不利的守旧势力或许会得势,"大清国很可能会倒退到它最初呈现于世人面前的情形,那么它又将成为世界上侵略外交最诱人的战利品,并且又可能重新出现导致彻底崩溃的危险"③。出于维护其在华权益的考虑,列强也愿意对载沣表示一定的支持。清宫历史翻开新的一页。

但慈禧的突然去世所留下的权力真空,毕竟是很难有人填补的,清朝政府也更失去了控制局势的能力。这种状况很快就在摄政王载沣主政后的一系列举措上表现出来。

载沣,字亦云,爱新觉罗氏。他的父亲奕譞是道光帝第七子,载沣为奕譞第五子,长兄、三兄、四兄均幼年夭折,次兄载湉即光绪帝。他于1884年受封不入八分辅国公,1889年晋奉恩镇国公,1890年奕譞病故后承袭醇亲王爵位。载沣为人处世酷似其父奕譞,生性懦弱,谨小慎微,但又远不如奕譞深谋远虑。他的弟弟载涛这样描述:

> 载沣是我的胞兄,他的秉性为人,我知道的比较清楚。他遇事优柔寡断,人都说他忠厚,实则忠厚即无用之别名。他日常生活很有规律,内廷当差谨慎小心,这是他的长处。他做一个承平时代的王爵尚可,若仰仗他来主持国政,应付事变,则决难胜任。

慈禧选他,是看中他"好驾驭,肯听话"④。在载沣的书房里有他自书的对联:"有书有富贵,无事小神仙。"⑤

因为顺从听话,载沣很得慈禧的欢心,他的太太是荣禄的女儿,又被慈禧太后认作养女。慈禧将她指配给载沣时,载沣生母已为他定亲,结果原定婚约只好退掉。1900年,慈禧命18岁的载沣在内廷行走。次年,载沣先后任阅兵

---

① 《泰晤士报》著,方激编译:《帝国的回忆:〈泰晤士报〉晚清改革观察记》,第20页。
② 故宫博物院明清档案部编:《清末预备立宪档案史料》,中华书局1979年版,第69页。
③ 郑曦原编:《帝国的回忆——〈纽约时报〉晚清观察记》(增订本),第171页。
④ 载涛:《载沣与袁世凯的矛盾》,《晚清宫廷生活见闻》,文史资料出版社1982年版,第79页。
⑤ 溥杰:《回忆醇亲王府的生活》,《晚清宫廷生活见闻》,第216—217页。

大臣,管理镶红旗觉罗学事务,正蓝旗长族长。同年6月奉派作为专使赴柏林,就德国驻华公使克林德在义和团运动期间被杀事向德国"道歉"。在德期间,他亲眼看到德国皇室的权势和国势都十分强盛,很是羡慕,曾向德皇威廉请教统治之术,后者告诉他:若要使皇室强盛,首先要集兵权于皇室;而要使国家富强,必十分重视武备。这番话对他日后秉政产生了深刻影响。1907年后,慈禧又下令让他在军机大臣上学习行走。溥仪受命继位后,其家人并不欣喜若狂。据溥仪的弟弟溥杰回忆,光绪帝死后:

> 慈禧用青天霹雳的手段,突然把我的大哥接入宫中,旋即继嗣同治,兼祧光绪当了清朝的末代皇帝。因为我的大哥自幼即在我祖母处抚育,忽然又把她所钟爱的长孙夺去,并且我祖母深知光绪晚年的结果,以为溥仪这一入宫,不但等于和我祖母的生离死别,而且更惩前毖后地害起怕来。于是她从那时起,就得了时发时愈的神经病。①

被接入宫中的溥仪日子也不好过。他自己记述:

> 据说我一看见慈禧这副病容,立刻号啕大哭,浑身哆嗦不止。慈禧看我哭了,叫人拿冰糖葫芦给我,不料我一把拿过来就摔到地下,连声哭喊着:"要嬷嬷!要嬷嬷!"弄得慈禧很不痛快,说:"这孩子真别扭,抱到哪儿玩去吧!"

他又说:

> 我三岁进宫,到了十一岁才认得自己的祖母和母亲,那是她们奉太妃之召进宫的。我见了她们,只觉得很生疏,一点不觉得亲切。②

为了挽救虚弱的皇朝,载沣主政后采取了一系列强化清朝皇室统治的措施。首先是削弱以袁世凯为首的北洋集团势力。作为光绪帝的胞弟,载沣对于袁世凯在戊戌年间的叛卖行径早怀怨恨,对于这些年来北洋势力的增长也颇有疑忌,主政后他一度打算诛杀袁世凯,因奕劻、张之洞等人婉阻,改而于1908年12月27日发布谕旨,称袁世凯患有足疾,令其开缺回原籍休养。溥仪称:

---

① 溥杰:《回忆醇亲王府的生活》,《晚清宫廷生活见闻》,第216页。
② 溥仪:《我的前半生》,第25、23页。

摄政王要杀袁世凯为兄报仇的事虽确有其事,也被奕劻为首的一班军机大臣给拦阻住了。详情无从得知,只知道最让父亲泄气的是奕劻的一番话:"杀袁世凯不难,不过北洋军如果造起反来怎么办?"结果是隆裕太后听从了张之洞等人的主意,叫袁世凯回家去养那根本没有的"足疾",放走了袁世凯。①

清朝权贵铁良的儿子穆瀛说,隆裕太后召见奕劻,载沣在侧,提议杀掉袁世凯,奕劻伏地不语,太后追问:"汝何意?"奕劻这才奏请召张之洞商议。张单独入见时力陈:"主幼时危,未可遽戮大臣,动摇社稷,可否罢斥驱逐出京?"②

袁世凯被贬斥后,载沣又将袁的重要党羽邮传部尚书陈璧革职,徐世昌由东三省总督内调邮传部尚书,执掌京城警权的民政部侍郎赵秉钧离任,其他如唐绍仪、梁士诒、王士珍、段祺瑞等人也或被撤换,或自请开缺,或调离要职。

接着又部署将军权收归皇帝控制。载沣主政伊始,便着手训练了一支12 000人的禁卫军,由他亲自统帅,他的弟弟载涛和皇族成员毓朗充当禁卫军大臣,同时宣布将近畿各省新军一律划归中央直辖。1909年7月15日又特发上谕,明定皇帝为全国陆海军大元帅,而在皇帝亲政前由摄政王代行大元帅职权。同一天,又任命他的弟弟载洵为筹办海军大臣,载涛和毓朗为管理军咨处事务大臣,规定军咨处拥有任免各镇新军的指挥、参谋、训练人员的审定权。此外,满族亲贵载泽、善耆、铁良、凤山、廕昌等也陆续掌握了中央和地方的军事权力。1910年12月又颁发谕旨,将相沿已久的各省督抚兼陆军部(前兵部)尚书或侍郎衔的惯例予以撤销。对载沣的上述举措,满族的有识之士也有的表示反感,当时在开封读新式学堂的陶希圣忆述:"清廷这时不信任汉人,由王大臣以及皇族掌握枢要。我们的国文先生郭兴额是内城的驻防。他每次上课,有机会就批评皇族专政之非,并且同情革命。他的本名是'兴额',他加上汉姓,表明满汉一家之意。他的言行,对于我们有很大的影响。"③郁达夫忆述:

我十三岁的那一年冬天,是光绪三十四年,皇帝死了,小小的这富阳县里,也来了哀诏,发生了许多议论。熊成基的安徽起义,无知幼弱的溥

---

① 溥仪:《我的前半生》,第16页。
② 杜春和等编:《北洋军阀史料选辑》上册,中国社会科学出版社1981年版,第66页。
③ 陶希圣:《潮流与点滴:陶希圣回忆录》,第9页。

仪的入嗣,帝室的荒淫,种族的歧异等等,都从几位看报的教员的口里,传入了我们的耳朵。而对于我印象最深的,是一位国文教员拿给我们看的报纸上的一张青年军官的半身肖像。他说这一位革命义士,在哈尔滨被捕,在吉林被满清的大员及汉族的卖国奴等生生地杀掉了;我们要复仇,我们要努力用功。所谓种族,所谓革命,所谓国家等等的概念,到这时候才隐约地在我脑里生了一点儿根。①

载沣等人执政后,想方设法削夺袁世凯及其党羽的权势,并集大权于满族贵族手中,但收效甚微,"北军将领多袁旧人,甚为固结,只知听袁号令,不知满洲,更不知革命,袁足以自固"②。北洋新军袁世凯的那些老部下大多阳奉阴违,"这些人心目中本来只知有他们的宫保,一时迫于朝命,虽都不敢说什么,而无不期待他的东山再起"③。载沣主政不久,对各部院大臣也做了调整,14名部院大臣中9人为满族贵族,其中皇族又占了7人;而在军机处,随着张之洞、戴鸿慈、鹿传霖的相继去世,汉族军机大臣只剩徐世昌一人。载沣上述集权于皇族的做法,不但在中央加剧了满汉官员之间的矛盾,在地方引起了各省督抚的普遍不满,而且在皇族内部也引发了隆裕太后以及与隆裕关系密切的载泽、溥伦等人,还有以奕劻为首的元老派,与载沣兄弟以及毓朗等少壮派之间的权力斗争,清末政局更加混乱,清朝政府控制局势的能力进一步削弱。1910年6月18日,法国驻华公使发回国内的报告描述:"官员们都不掩饰自己的焦虑不安,近来这种不安在某些人身上都快变成慌乱了。在这个幅员如此广大而在这以前相对比较安定的帝国里,一段时期以来,骚乱从四面八方大幅度增长,其次数如此之多,以至我们的代理人在他们的来信中只能择要而谈了。"④

三、国会请愿运动

1906年清廷下诏宣布"预备立宪",使国内及避居海外的立宪派人大为兴

---

① 郁达夫:《书塾与学堂》,沈从文等:《浮云人生》,重庆大学出版社2012年版,第62页。
② 骆宝善等主编:《袁世凯全集》第19卷,第151页。
③ 杜春和等编:《北洋军阀史料选辑》上册,第68页。
④ 章开沅等主编:《辛亥革命资料新编》第7册,第185页。

奋,汤寿潜喜称:"以五千年相沿相袭之政体,不待人民之请求,一跃而有立宪之希望,虽曰预备,亦极环球各国未有之美矣。"①他们很快行动起来,发动和开展了国会请愿运动。

立宪派的阶级基础是相当复杂的。它不但包括已经转化为上层资产阶级分子的地主、官僚和大商人,而且也包括为数众多的正在转化和企图转化的地主、官僚和富商,即所谓开明士绅。这个阶层就其政治倾向而言,实属于上层资产阶级。它在中日甲午战争后已开始出现。张謇的儿子张孝若记述:

> 甲午那一年,我父在京好几个月。有一回,看见太后从颐和园回到京城里,适逢大暴雨,地上的水积深了一二尺,大小文武百官,也有七八十岁年纪的老臣子,都跪在水里边接驾。上面的雨,先落在帽子上边的红纬缨,再从那里滴下来,滴到袍褂上,一个个都成了落汤鸡,还好像染了鲜红的颜色。那边太后坐在轿子里,连头回都不回。我父一看,心上就难过起来,觉得这种官是有志气的人该做的么?②

曾考中状元却绝意仕途的张謇遂投身"实业救国"的事业。随着20世纪初年清朝政府推行新政,鼓励实业,以张謇为代表的实业界名流在资产阶级中据有显著的地位。他们当中许多人拥有地产,不少人在科举考试中得过功名。他们中有的人由于集股数额的等差,或被赏给从商部四等顾问、四品顶戴到头等顾问、头品顶戴的殊荣,或被赏给商部五等议员、七品顶戴到头等议员、五品衔的职衔,成为清末所谓"通官商之邮"的头面人物。他们当中有的人随着各地商会的兴办,相率成为通商大邑商务总会的总理、协理,周旋于官商之间,开展联络工商和振兴实业的活动。有的人随着收回利权运动的开展,各省官办、商办铁路公司、矿务公司的纷纷设立,成为这些企业的总理、协理、坐办、提调、董事。这些人凭借自身世家巨绅的权势,通过筹款、集股等方式,把持路、矿事务,在各地集结为一股新兴的社会势力。正是这个不断扩展的上层资产阶级,成为20世纪初年声势日大的立宪运动的阶级基础。

这个上层资产阶级,由于同帝国主义、封建主义存在着这样那样的矛盾,所以它同革命派一样具有爱国思想,反对帝国主义的侵略,反对封建专制主义

---

① 汪林茂编:《中国近代思想家文库·汤寿潜卷》,中国人民大学出版社2015年版,导言,第4页。
② 张孝若:《南通张季直先生传记》,(南通)张謇研究中心2014年重印本,第71页。

的统治,希望在中国建立起议会制度,以利于发展实业,使国家走上富强的道路。但由于它同旧的社会秩序有着血肉相连的利害关系,尤其是它的利益能否持续扩大,是和清皇朝的存在和继续革除弊政、推行新政紧密联系着的,所以它反对用暴力推翻清皇朝的革命运动,害怕革命给它的经济利益和社会地位带来损害;害怕革命造成"秩序一破,不可回复",引起列强的干涉,导致国家的危亡。它期望清朝政府能亟起改革,实行君主立宪,以便有效地抵制革命、消弭革命。有学者将其称为"进步的保守分子,因为他们赞成渐进的改革,以促使中国社会的现代化;但是,对于曾给他们某些社会的领导地位和舒适的经济环境的制度,他们希望保存"①。作为这个阶层的政治代表,立宪派人于是发动和开展了请愿立宪运动。一些守旧官员则忧心忡忡,1908年5月21日,时任两江总督张人骏在致儿子的信中抱怨:"自改变新法以来,民气嚣然不靖。立宪之说一行,其势更剧。近则又有要求国会之说,起于上海,各省风靡,刺无可刺,非无可非,禁之不可,止之不能,祸恐不远。"②

当清廷下诏宣布预备立宪时,避居日本的梁启超闻风而动,把它看作从事组党活动的最好机会。经过他的多方活动,1907年10月17日,由他发起组织的政闻社在东京神田区锦辉馆正式召开成立会,到会者有300多人。在这前后,国内也有一些立宪派团体在各地相继组建,如汤化龙在湖北成立的宪政筹备会、谭延闿在湖南成立的湖南宪政公会、松毓发起成立的吉林自治会等,其中规模最大的是张謇、汤寿潜等人在上海成立的预备立宪公会。

1908年8月27日,清廷颁布了《钦定宪法大纲》,规定君主是至高无上、神圣不可侵犯的,一切颁行法律、召集开闭解散议院、设官制禄、统率陆海军、宣战媾和、订立条约、宣布戒严、司法等大权,全在君主一人手中。特别是用人、军事、外交等大权,议院不得干预。同时,这个《钦定宪法大纲》又宣布了所谓议院未开前逐年应行筹备事宜,其中包括继中央设置资政院后,在各省成立咨议局。

资政院是中国第一次仿照西方代议制形式设置的全国性议事机关,1907年9月20日由慈禧准予设立,所谓"立宪政体,取决公论。上下议院,实为行政之本"③。其一方面宣称要改行立宪政体,逐步设立议院;另一方面又说立即成

---

① 张朋园:《立宪派与辛亥革命》,吉林出版集团有限责任公司2007年版,序,第2页。
② 张守中编:《张人骏家书日记》,中国文史出版社1993年版,第119页。
③ 《清德宗实录》卷557,光绪三十三年八月十三日慈禧的懿旨之语。

立上下议院的时机尚未成熟,先要成立一个资政院作为过渡。

资政院规定设总裁两人,以王公大臣特旨简充;设副总裁2人或4人,以三品以上大员特旨简充。议员分钦选、民选两种,共200名。其中钦选100名,计分7类:宗室王公世爵16名,满汉世爵14名,外藩王公世爵14名,宗室觉罗6名,各部院衙门七品以上官2名,硕学通儒10名,多额纳税者10名。民选100名由各省咨议局推选。

会期分常年会、临时会两种。前者每年一次,每次三个月;后者无定次,如召开,则每次以一个月为准。前者规定每年9月1日起至12月1日止;有必须连续会议之事,可延长会期,但限定在一个月内。其职权为:议定国家岁出入预算、决算、税法、公债、制订法规、弹劾大臣及议定奉特旨交议等事项。但议决事项须具奏请旨可否。

资政院成立时,清廷任命溥伦、孙家鼐为资政院总裁,会同军机大臣"妥慎拟订"具体院章。1908年1月,又任命景星(曾任福州将军)、陆元鼎(曾任江苏巡抚)、丁振铎(曾任云贵总督)、俞廉三(曾任山西巡抚)为协理开办资政院事务。同年3月,还任命宝熙(内阁学士)、沈云沛(农工商部右丞)、顾瑗(内阁侍读学士)为帮办开办资政院事务。后陆元鼎因病卸职,又增派内阁学士、署学部左侍郎李家驹为协理。溥伦是道光帝长子隐志郡王的长孙、皇族近支,慈禧任命他为资政院总裁,是想通过他把资政院这个议事机构实际控制在皇族手中。

1910年10月4日,资政院召开第一次常年会。在这次常年会期间,民选的立宪派议员不但明确提出了速开国会的政治主张,以及弹劾军机大臣和论驳上谕等,表现出明显的政治进取精神,而且提出了一系列颇具近代民主色彩的议案。这些提案和议案涉及政治、经济、法律、文教、风俗和地方事务等各方面,诸如速开国会、申明资政院立法范围、请赦国事犯罪人员、铁路公司适用商律、商办铁路非经国会协赞不得收归国有、著作权律、修正报律条文、修改结社集会律、改定教育法令、停止学堂奖励明定学位、制定地方学务章程、规定通俗教育、确定义务教育以谋教育普及、修正优待小学教员章程、推广私立法政学堂变通办法、全国中学堂改习兵操、采用阳历纪年、优待军人学生以资鼓励、广设宣讲所以开民智等。

在付诸表决时,民选的立宪派议员往往利用在资政院内形成的民主政治气氛,迫使钦选议员顺从自己的政治要求,如在表决速开国会和剪辫易服的具奏案时,立宪派议员决然反对无记名投票法,坚持使用记名投票法。其目的,即不给钦选议员以阳奉阴违、含混搪塞的余地。结果,前案以全体赞成通过;后案以101票赞成、27票反对的绝对多数通过。就连庄亲王载功、贝勒载润等满族亲贵也因大势所趋而投票赞成剪辫易服。弹劾军机大臣的具奏案,也是以起立表决的形式,以112人的绝对优势而获得通过。汪荣宝曾记述1910年10月22日下午资政院开会表决的情景:

> 由余报告《地方学务章程》修正要旨,胡伯平报告《著作权律》修正要旨,孟庸生报告审查理藩部《实业、刑律议案》要旨,旋讨论国会问题。经三数人演说之后,即付表决。满场一致,无不起立,拍手喝彩,声震屋瓦。余以得意之极,大呼"大清国万岁,今皇上陛下万岁,大清国立宪政体万岁",众和之。楼上旁听之外国人亦各和之。①

另一方面,立宪派议员在与专制皇朝抗争时,政治上的妥协性依然存在。他们对许多重要的政治议案不能始终坚持,常常使之不了了之,未能产生重大的实际社会政治影响。如他们提出了请求速开国会的议案,并在会上极力争取,但当清廷宣布预备立宪缩短至宣统五年,并决意以强力对付继续请愿的各省代表时,他们只得屈服于专制的淫威,不再继续要求缩短年限,放弃了宣统三年召开国会的政治要求。又如持续了40多天弹劾军机大臣的议案,在专制皇权的高压下,他们的斗争锋芒渐钝,先从弹劾军机大臣转为请明定军机大臣责任,再改为呈请申明枢臣责任并设责任内阁,又变为只请设立责任内阁,再转而取消奏稿,最后终于再次通过了弹劾军机大臣的具奏折稿。

应该指出,尽管资政院内民选立宪派议员提出的诸多议案或未议及,或议而不决,或决而无效,但其中的确有不少议案或议案条款反映了民族资产阶级的利益和要求,符合中国社会发展的方向,带有近代资产阶级民主的色彩,也促进了立宪运动的开展。有学者对清末被选入咨议局和资政院的议员作了具体研究,他查阅了300种地方志,在1650个议员中查得将近900个议员的出身,并考察了这些议员的年龄、教育背景、经济状况、职业和政治经历等,认为"这些议员是中国传统士绅的最后一代,但大都接受了新式教育,有的还留过

---

① 汪荣宝著,赵阳阳等整理:《汪荣宝日记》,凤凰出版社2014年版,第161页。

学",并将他们称为进步的保守分子,"因为他们赞同渐进的改革,以促使中国社会的现代化;但是,对于曾给他们某些社会的领导地位和舒适的经济环境的制度,他们希望保存"①。

即便如此,他们仍招致很多守旧和贪腐官员的诋毁和仇视。当时在华并密切关注中国政局走向的德国传教士卫礼贤评述说:

> 满洲贵族利用当时的混乱为自己谋利益,改革措施争相出台,可是钱花了一大把,却不见有什么实质性的进展。这种状况,又在全国内造成普遍的不满。为了对付一个接一个的改革法令,地方官员不得不在当地搜罗钱财。这样一来,就把这些缺乏明确和统一的权威约束的地方官员置于为难的境地。中央的约束力,越来越差。
>
> 考虑到政府机制的失败,人民的代表期望自己能够打开新局面,这倒是情理之中的事。这些人急切地寻找着修建铁路和开采煤矿的必要途径,以便摆脱外国资本的控制,并从外国财政控制带来的压迫之下解脱出来。为了准备立宪,朝廷召集了资政院,它基本是国会的雏形。但资政院却向某些相反的方向发展而去。资政院的成员要求迅速立宪、建立责任内阁,以及由资政院的成员来监督国家的财政。事实上,这些问题搞得政府极度不安,看来只有让资政院休会,才能保持平静。②

还在资政院会议期间,陆军大臣廕昌、副大臣寿勋就上折抨击其"所议殊多逾越",提醒摄政王载沣"若不及时预为限制,将来国会成立,必至与政府冲突不已,因以酿乱招亡。远则法之路易十六,近则土耳基(其)、葡萄牙,皆我之殷鉴也"。资政院第一次常年会闭会不久,时任正副总裁溥伦、沈家本即被撤换,改由世续、李家驹出任,并于1911年5月修改了资政院章程,取消了资政院议员请求召集临时会议的权力,规定凡需变更会议议程,"由行政衙门同意行之"③。资政院第二次常年会的召开,是在1911年10月22日,当时武昌起义已经爆发,结果在"选举"袁世凯为责任内阁总理后闭会。

资政院设立后,各省则有地方政治议事机构——咨议局的开设。根据《各

---

① 张朋园:《立宪派与辛亥革命》,吉林出版集团有限责任公司2007年版,韦慕庭序,第2页。
② [德]卫礼贤著,王宇洁等译:《中国心灵》,国际文化出版公司1998年版,第38页。
③ 王开玺:《晚清政治新论》,商务印书馆2006年版,第251、261、262、263、266、269、270、271页。

省咨议局章程》规定,议员选举有资格限制,凡年满25岁并具备下列条件之一者,方有选举资格:办理学务及其他公益事务三年以上;中学及以上毕业;举贡生员以上出身;曾任文七品、武五品以上实缺职官;有5 000元以上的营业资本或不动产。议员候选人则须年满30岁。

依照上述规定,即使在经济、文化相对发达的浙江省,符合选民资格者也只占全省总人口的0.51%①。一项范围更广的统计显示,在全国总人口中,各地咨议局的选举,由于投票的财产和教育限制,实际上不到0.000 4%的人参加投票,其结果,咨议局的人员自然由上层士绅控制,十分之九的议员都有科举功名,其中18%拥有进士头衔②。

各省咨议局规定设议长1人、副议长2人。议员由各府、州、县从官绅和实业界名流中选派,任期3年。常驻议员依定额2/10。咨议局有权议决本省行政兴革事件、预决事、税法、公债、选举资政院议员等。但议决事项须取得本省督抚同意才能生效,实际上只能提出建议供督抚采纳,不能监督地方行政。

自清廷规定开设咨议局后,各省立宪派的主要力量都投入咨议局议员的选举活动,他们打算先在各省把自己的力量集结起来,取得立足点,再走向全国性的联合。他们对咨议局的选举抱有很大的热情,把它视为参加地方政务的良机,大声疾呼:"列位要晓得,国是人人有份的。一省的政治,人人该望他进步的,快快提起脑儿,想一个才学两全的人写在票纸上,他日的好处真说不尽呢!"③一些地方也发生作弊行为,1909年浙江台州人黄秉义记述:"清廷立宪,各直厅州县选举议员,事本至公,不想有运动而得者,有用压力而得者,有用财买来者,其中花色不一而足。"④

除新疆奏明缓办外,各省咨议局在1909年10月分别开局议事。按照规定,其常年会于每年10月召开,会期一般为40天;遇有必要时,可随时召开临时会,会期一般为20天。同年12月6日,英国《泰晤士报》驻北京记者莫理循写道:"大多数省咨议局都选举了士大夫为议长。格外引人注目的是,代表们

---

① 沈晓敏:《处常与求变:清末民初的浙江省咨议局和省议会》,生活·读书·新知三联书店2005年版,第23页。
② [美]魏斐德著,邓军译:《中华帝制的衰落》,黄山书社2010年版,第225页。
③ 《敬告咨议局初选选举人》,《申报》1909年2月23日。
④ 黄秉义著,周兴禄整理:《黄秉义日记》第2册,凤凰出版社2017年版,第1028页。

那样从容不迫地履行自己的职责,那样有秩序地讨论议题。每个咨议局都为记者准备了席位,为他们提供的议程表详细得令人吃惊。"①

作为反映民意的地方议事机构,其议员绝大多数是地方士绅。据统计,在清末各省的咨议局,士绅议员一般占到议员总数的90%以上,其中21名各省议长中,士绅就有20人②。在各省咨议局议员中,至少有145人曾经留学日本,他们分布在除黑龙江、甘肃、新疆以外的各省咨议局,其中直隶(今河北)17人、奉天(今辽宁)4人、吉林1人、山西11人、河南5人、山东8人、陕西1人、江苏17人、江西3人、浙江15人、湖北19人、湖南8人、安徽1人、福建4人、广东3人、广西10人、四川10人、云南4人、贵州4人。各省咨议局的正、副议长中,有近五分之二是留日出身,在全部21省咨议局中,握有14省咨议局的领导权③。

各省咨议局成立后,围绕着地方政务与本省主政官员间发生许多争议。按照章程的规定,咨议局要议决本省的一些政务,并要求督抚遵照执行,督抚们则顽固地坚持旧体制,要继续大权独揽,不容他人置喙,于是双方冲突频起。湖北咨议局成立后,就由议长汤化龙提议,经全体议员一致通过决议,要求督府向咨议局提出省财政预算案,遭到督府的拒绝。汤化龙等人援引日本等宪政国家地方议会的通例,坚持要审议。最后湖北督府不得不让步,向咨议局提出省财政预算案。经分组审议核减,才决议交还督府公布。此事在当时引起广泛关注,被舆论称为地方议政的楷模④。

在直隶、陕西、四川、湖南、江苏、福建、广东、广西等省,也曾先后为议决本省预决算的问题发生激烈争执。咨议局要求督抚报告年度预决算,并接受议员们的逐项审核。地方财政历来被当地官员视为其"利薮",熟知官场内幕的岑春煊曾透露:"各省旧习,库存外销之款,多为督抚挪用,甚至浸及公项。视其人权力如何,无能与抗。"⑤自然也容不得咨议局过问,于是双方互不相让,相继向清廷"告状",朝廷则多是袒护督抚。

即便咨议局对各省督抚的行政权力并没有实质性的制衡作用,但它的存

---

① [澳]骆惠敏编,刘桂梁等译:《清末民初政情内幕——〈泰晤士报〉驻北京记者、袁世凯政治顾问乔·厄·莫理循书信集》,知识出版社1986年版,第643页。
② 王先明:《变动时代的乡绅》,人民出版社2009年版,第85、86页。
③ 王晓秋等主编:《戊戌维新与清末新政》,北京大学出版社1998年版,第161页。
④ 同上书,第163页。
⑤ 岑春煊:《乐斋漫笔》,中华书局2007年版,第25页。

在以及议员们的提案、辩论、表决和抗议等程序的运作,还是令长久生活在专制统治下的人们耳目一新,多有启迪,客观地说,"它多少带有几笔淡淡的资产阶级议会民主的色彩"①,是一种历史的进步。1910年1月20日,英国《泰晤士报》描述江苏咨议局成立后,"讨论的主题包括货币改革、人口调查、铁路延伸、荒地开垦、河流疏通、农垦造林、禁止鸦片、征收印花税、厘金问题、度量衡标准化以及公民对于宪政政府的常识和了解等"②。英国外交部档案中的《各驻华领事馆情况报告摘要》载:

> 1910年5月份广东省咨议局召开了一届特别会,通过一项谴责前广九铁路公司董事、现驻柏林公使梁生的决议案。该决议案指责梁氏完全无法解释为什么这条铁路花了那么多钱,却收效甚微。咨议局还重申了它去年的提议:能否找到资金弥补税收上的赤字,及立即废止投机。咨议局就两江总督和其他高级官员没有出席开幕式而提出指责,表明议员们将自己的使命看得十分庄严;而两广总督和其他高级官员通过出席第二次会议的行动,暗示他们明显承认咨议局的指责是公正的。③

浙江咨议局成立时,绍兴《越报》不无兴奋地评论说:"经几许志士之牺牲而得立宪之预备,经几辈人民之仰望而得咨议局之成立!"议员们也慷慨激昂,多以"人民代议士"自居。浙江咨议局议长陈黻宸在开幕词中这样强调:"咨议局非一二人之咨议局,亦非百一十七人之咨议局,乃浙江数千万人之咨议局,且中国数万万人之咨议局也。"明确表示:

> 竭力尽心,为民请命,以冀上不负国家,下不负选举,是故我民皆饥,我议员不忍独饱;我民皆寒,我议员不忍独暖;我民皆苦,我议员不忍独乐;我民皆危,我议员不忍独安。
>
> 抑且我民有一人之不安,我议员当受其危;我民有一人之不乐,我议员当受其苦;我民有一人之不暖,我议员当受其冷;我民有一人之不饱,我议员当受其饥。

---

① 韦庆远:《档房论史文编》,福建人民出版社1984年版,第407页。
② 《泰晤士报》著,方激编译:《帝国的回忆:〈泰晤士报〉晚清改革观察记》,重庆出版社2014年版,第298页。
③ 章开沅等主编:《辛亥革命史资料新编》,湖北人民出版社2006年版,第8卷,第7页。

这番话虽不无自我标榜之嫌,亦反映了其时咨议局议员们颇想有所作为的心态①。1909年12月29日,各省咨议局设立不久,就有一位在华英国人指出:"各省咨议局都同样对朝廷构成某种威胁,如果各省咨议局顺利发展下去,这看来是可能的,它们的步子会迈得更大,各省将获得比过去更多的独立性。"②当然,这是不愿最终放弃专制统治的清廷所不愿看到的,这就注定咨议局的前程凶多吉少。

清廷的一些权贵原本就不热衷推行君主立宪。奉慈禧之命,曾起草试行立宪懿旨的政务大臣荣庆,后来就与铁良等人站到了宪政的对立面,认为君主立宪有害无益:"吾非不得知立宪政体之美,顾以吾国政体宽大,渐流弛紊,今方宜整饬纪纲,综核名实,立居中驭外之规,定上下相维之制。行之数年,使官吏尽知奉法,然后徐议立宪可也。若不察中外国势之异,而徒徇立宪之美名,势必至执政者无权,而神奸巨蠹得以栖息其间,日引月长,为祸非小。"③在地方,广西竟有官员面对要求维护咨议局职权的人们,公然声称:"广西人刁,我这回奉臬台谕,以杀为主,朝廷立宪是立宪,我们办事是办事。"④

载沣等人执政后,一方面设法削夺袁世凯及其党羽的权势,一方面对立宪派人横加压制。这就激起了立宪派人的警觉和反感,他们决意通过请愿早开国会,推动立宪进程。有学者指出,当时"社会上从事新式工商业者,多半为地方上之士绅,他们是地方上的利益既得者,他们深恐清廷中央集权措施妨碍了他们的经济权益",各省咨议局成员则是他们主要的政治代表,国会请愿运动亦集中反映了这批人的政治诉求⑤。

1909年10月14日,全国21个省的咨议局同日开幕。引人注目的是,立宪派的势力在各省咨议局中占有很大比重。议长中有江苏的张謇、湖南的谭延闿、四川的蒲殿俊、山西的梁善济、奉天的吴景濂等,副议长中有湖北的汤化

---

① 沈晓敏:《清末浙江咨议局议员选举述论》,中国社会科学院近代史研究所政治史研究室等编:《晚清改革与社会变迁》,社会科学文献出版社2009年版。按:绍兴《越报》的评论和陈黻宸的开幕词,亦转引自该文。
② [澳]骆惠敏编,刘桂梁等译:《清末民初政情内幕——〈泰晤士报〉驻北京记者、袁世凯政治顾问乔·厄·莫理循书信集》,第649页。
③ 孔祥吉:《清人日记研究》,广东人民出版社2008年版,第126页。
④ 《琐闻广西》,《申报》1909年5月3日。
⑤ 胡春惠:《再论地方主义与辛亥革命》,中国史学会编:《辛亥革命与20世纪的中国》上册,中央文献出版社2002年版,第410页。

龙、福建的刘崇佑、四川的罗纶等。他们以咨议局为讲坛,提出种种具体主张。他们取得议长、副议长、常设议员等职位后,更便于以咨议局作为合法的基地积极地开展立宪派的政治活动。于是,便有全国规模的请愿速开国会运动的出现。

第一次请愿国会运动是张謇带头发起的。他在江苏咨议局第一次开会期间,以议长身份发起成立咨议局联合会,并邀请各省咨议局选派代表在年会闭幕后齐集上海,共同商讨促请速开国会事宜。会上通过了这个决议。张謇有着状元的身份,又创办了大生纱厂等一批近代企业,在国内立宪派中享有很高的声望。经过联络,有16个省的代表50多人到达上海,只有5个省因路远未及参加。同年11月27日,代表们在预备立宪公会事务所开会,选定组成代表团进京向都察院呈递请愿书,请求尽快召开国会。第三天,又推定进京代表33人,名称定为咨议局请愿联合会。

1910年1月中旬,各省代表32人先后到达北京。1月16日,请愿代表由孙洪伊领衔到都察院呈递请愿书。它的主要内容是:按照清廷宣布的预备立宪的步骤,召开国会当在9年以后,而9年后的危局不知又当如何,因此要求能在1年之内召集国会。他们还遍谒军机大臣和王公,痛陈利害。但清廷对提前召开国会心有疑惧,拒绝了他们的请求。2月6日,在京请愿代表共同决议:准备举行第二次请愿。

1910年5月,各省国会请愿同志会分会先后成立,请愿代表陆续赴京。这次请愿代表的社会面比上次更为广泛,不仅有各省的咨议局,而且有商会、教育会、政治团体、华侨等。6月初,入京请愿代表已有150多人。6月16日,请愿代表前往都察院呈递请愿书,强调:"今日时势,主少国疑,民穷财尽,外患鸱张,饥馑四告,革命党又前仆后继,如燎方扬。民愤隔阂而不通,政治敷衍而不实,弭乱救亡之策非开国会果有他术乎?"①但清廷不仅寸步不让,态度也比上次严厉,声称预备立宪仍以9年为期,并警告说"宣谕甚明,毋得再行渎请"②。对清廷的这种顽固立场,立宪派人在失望之余,仍寄望于未来,并纷纷着手扩大请愿组织,广泛征集签名,准备再举。

同年10月,立宪派举行第三次国会请愿。这次请愿的规模和声势明显大

---

① 《国会请愿代表上摄政王书》,《时报》1910年7月21日。
② 《东方杂志》第7年第6期,谕旨,第79页。

于前两次。事前,在各地先掀起了具有一定群众规模的要求速开国会活动。这次在请愿书上签名的人数,也远远超过了前两次。张謇还发起各省咨议局议长联合进京请愿,以扩大请愿的声势。这个计划并没有完全实现,张謇本人也没有抵京,但仍有一批议长去了。紧接着,各省咨议局联合会在北京开会,推举新任湖北咨议局议长的汤化龙为会长,四川咨议局议长蒲殿俊为副会长,后又推孙洪伊为干事长。有些代表还提议不开国会就不纳税,情绪比前两次更为激昂。

10月7日,国会请愿代表团孙洪伊等23人持请愿书赴摄政王载沣府邸呈递,结果只是由肃亲王善耆出来代为接受,众人怏怏而返。10月22日,资政院第七次会议讨论通过了陈请速开国会议案。尽管这个资政院也毫无实权可言,但它毕竟算是一个得到朝廷认可的全国性的民意机构。第三次国会请愿运动得到它的支持,自然显得声势更大。三天后,以东三省总督锡良为首的18省督抚也联名致电军机处,强调时局危险,请求早开国会。在这种情势下,清廷反复权衡,最后答应将召开国会的期限缩短3年,并于11月4日正式就此颁发上谕。寄希望于立宪者闻知,很多人为之欣喜,11月7日、12日、14日叶圣陶接连记述:

> 近日明诏颁下,开国会期缩至宣统五年。吾吴各学校拟于十一、十二、十三夜开提灯会志庆。
>
> ……
>
> 下午课毕时偕诸同学往元都观,见三清殿前高起牌坊,上书"立宪万岁"四大字,红绿彩绸围其四周,电灯之线已通之其旁,唯灯尚未装;路旁则有绳经满,将以悬灯也:盖后日提灯会之预备也。男女老幼咸结伴一观,相互谈论,拥挤不堪。
>
> ……
>
> 五点半钟晚膳,六点钟提灯列队出校。灯系红色,上书"公立中学庆祝国会"八字。走至观前已拥挤不堪,及进观,历一小时之久始得抵露台,吹军乐,更欢呼"国会万岁""国民万岁""公中万岁"三声。①

---

① 叶圣陶著,叶至善整理:《叶圣陶日记》上册,商务印书馆2018年版,第5、6、7页。

朝廷以后的举措则令许多人大为失望。这道上谕宣布后,立宪派内部发生了分化。一部分人觉得请愿已算取得一定结果,可以就此收场。最早发起国会请愿的江浙地区的立宪派,就持这种态度。11月5日,江苏、浙江两省咨议局致电资政院,祝贺国会可以提前召开。但大多数人是不满意的。河南、湖北、福建、江西、直隶、陕西等省咨议局致电国会请愿代表团,要求继续努力,力争速开国会。直隶、山西、陕西三省国会请愿同志会也致电代表团,要求力争国会期限再行缩短。12月下旬,更有东北三省代表10余人又赴京递呈,要求速开国会。清廷大为恼怒,由民政部、步军统领衙门将他们强行押送回籍,不准在京逗留。天津学界请愿代表温世霖倡议联合全国学界罢学。直隶总督陈夔龙立即下令巡警道拿办。后清廷命令将温世霖发配新疆,交地方官严加管束。至此,立宪派发动的国会请愿运动无法再继续下去,归于沉寂。汪荣宝感叹:"一往深情余逐日,百年至计只扬汤。"①

一部分民族资产阶级上层人士即资产阶级立宪派接连发动国会请愿运动的目的,是要以英国式的虚君君主制取代封建君主专制制度,为发展民族资本主义创造有利的政治环境。他们热切地希望,通过这种和平的手段促使清皇朝让出一部分权力,使自己争得参政权,阻止民族危机进一步加重,同时也可避免发生暴力革命,防止出现他们惧怕的社会"动乱"。他们所要建立的国会绝非一件摆设,而是要在事实上有能力打破君主专制,能够符合虚君君主制的要求。因此,他们主张国会有权监督国家行政、财政的实施,拥有立法权,对外应代表全体国民。顽固坚持封建专制立场的清皇朝自然不会接受这些要求。其结果便是蛮横地拒绝了立宪派的主张。

更令立宪派愤慨的是,清廷在压制了立宪派人接连发动的三次国会请愿运动后,又于1911年5月8日宣布同时裁撤军机处、旧内阁和政务处,成立所谓的责任内阁,其成员为:总理大臣奕劻,协理大臣那桐、徐世昌,外务部梁敦彦,民政部善耆,度支部载泽,学部唐景崇,陆军部廕昌,海军部载洵,法部绍昌,农工商部溥伦,邮传部盛宣怀,理藩部寿耆。在这13人中,汉族大臣4人,满族大臣多达9人,其中又有7人为皇族,因而被当时人称为"皇族内阁",其实质是假立宪之名,行专制之实。而当受到舆论的激烈抨击时,载

---

① 韩策等整理,王晓秋审订:《汪荣宝日记》,中华书局2013年版,第210页。

沣又颁发谕旨,断然宣称组阁为皇帝特权,"议员不得干预"①。清廷的这种举动再次表明它根本没有实行君主立宪的诚意,也说明对这个腐败的政府不能再有什么期望,只有将它推倒,才能使历史向前推进。清朝政府一系列倒行逆施,完全把自己置于人民群众的对立面,彻底暴露了其冥顽颟顸的反动面目,包括立宪派在内的一切爱国者,对它不再抱有什么希望,它的统治也快走到尽头。

扩展阅读书目

1. 迟云飞:《清末预备立宪研究》,中国社会科学出版社,2013年。资料丰富,论点明确,论证充分。

2. 侯宜杰:《清末国会请愿风云》,北京师范大学出版社,2015年。着重论述了国会请愿运动的展开和落幕。

3. 张朋园:《立宪派与辛亥革命》,吉林出版集团有限责任公司,2007年。名家之作,寓论于史,文笔精练。

4. 桑兵:《晚清学堂学生与社会变迁》,广西师范大学出版社,2007年。针对以往研究薄弱环节,总体呈现晚清国内新式学堂学生的精神风貌和历史贡献。

5. 梁景和:《清末国民意识与参政意识研究》,湖南教育出版社,1999年。选题有新意。

6. 马敏主编:《中国近代商会通史》,社会科学文献出版社,2015年。系统论述近代商会的演进。

7. 张华腾:《北洋集团崛起研究(1895—1911)》,中华书局,2009年。论析了北洋集团得以崛起的内外因。

8. 刘小萌:《爱新觉罗家族史》,中国社会科学出版社,2015年。清皇室的专题研究。

9. "清光绪帝死因研究"课题组编:《清光绪帝死因鉴证》,北京出版社,2017年。征引广泛的专题研究。

10. [美]哈罗德·史扶邻著,丘权政等译:《孙中山与中国革命的起源》,中国社会科学出版社,1981年。资料收集面广,是海外孙中山研究的佳作。

---

① 金毓黻:《宣统政纪》卷36。

相关资料选读

1. 中国第一历史档案馆编:《辛亥革命前十年间民变档案史料》,中华书局,1985年。均选自当时各省奏报清廷的密件,从中可知各地此起彼伏的民众反抗斗争的细节。

2. 张人骏:《张人骏家书日记》,中国文史出版社,1993年。清末大臣的私家资料。

3. 韩策等整理,王晓秋校订:《汪荣宝日记》,中华书局,2013年。清末立宪要员的所思所虑。

4. 李明勋等主编:《张謇全集》,上海辞书出版社,2012年。晚清政经名人的文字汇总。

5. 王敦琴主编:《张謇研究百年回眸》,南京大学出版社,2007年。系统梳理中外学术界张謇研究的百年成果,可资后学者参考。

6. 冯自由:《革命逸史》,新星出版社,2009年。亲历者的记述。

7. 李启成点校:《资政院议场会议速记录》,上海三联书店,2011年。晚清预备国会论辩现场实录。

8. E.A.罗斯著,张彩虹译:《病痛时代——19—20世纪之交的中国》,中央编译出版社,2005年。他者的观察和记录。

第十三章

辛亥起义

湖北革命党人成立湖北军政府

一、新政困局

新政启动后,看起来似乎颇为热闹,但在实际执行时,各级官员大多敷衍塞责,应付了事。还在1899年10月6日,慈禧召见盛宣怀时就曾抱怨:"现今毛病在上下不能一心,各省督抚全是瞻徇,即如州县官,案件尚不肯说真话。"①她在世并启动新政时,中央政府的权威尚在;载沣上台后,则大不如前。如果从当时各地督抚的奏折来看,几乎无不表示赞成并认真推行的。但事实上,有些督抚实际上并不赞成,曾先后出任广东巡抚、山西巡抚、河南巡抚和两广总督等职的张人骏即是其中的一个。

他之所以对新政多持否定的态度,一是认为推行新政会增加财政开支,势必加重对百姓的盘剥,"然民力竭矣,再加搜括,恐成土崩之祸",不可收拾;二是认为有些新政措施,如编练新军、成立商会和选派留学等,未必对清皇朝有利,称:"近日诸如练兵之派,王公铁良之查考,商部之欲派各省商局议员,此等举动,似又欲踵庚子已前之辙,殊不可解。"②

他反对派员留学,认为将败坏人心,助长革命,声称:"所谓学成而返,好者不过目的、影响数百新名词,全无实际,否则革命、排满、自由而已。而不惜以数千年圣贤授受之学,三百年祖宗创垂之典,尽弃所学而学焉,此固开辟至今未有之奇祸也。"③1907年两江总督端方电告他革命党人徐锡麟在安庆刺杀安徽巡抚恩铭的消息后,他即在家书中说:"安徽一案,连得端午桥(指端方——

---

① 高洪兴整理:《光绪二十五年九月初二日盛宣怀奏对自记》,上海图书馆历史文献研究所编:《历史文献》第7辑,上海古籍出版社2004年版,第246页。
② 张人骏:《致张允言等》,《张人骏家书日记》,中国文史出版社1993年版,第51、50页。
③ 同上书,第114页。

引者)来电,大致已悉。日日言维新,日日言游学,所获效验如此。"①

张人骏从守旧的立场出发,不赞成新政,但他久历官场,对各级官吏的昏庸贪婪所知甚多,因而他的一些担忧也并非毫无根据。清末新政的范围很广,包括裁撤冗衙、整饬吏治、修订律例、编练新军、创办巡警、振兴实业、废科举、兴学校等。1905年以后,又增加了许多"宪政"预备措施,如官制改革、设咨议局资政院、地方自治等。这些举措无不需款,成为清皇朝财政的沉重压力。

中央的新政费用向各省摊派,各省的新政费用向州县摊派,最终无不落到百姓头上。一方面是庚子赔款后极严重的财政危机,另一方面则是官吏的津贴、办公费用激增,恣意挥霍享受,以广西省为例:

> 桂省虽库帑支绌,而官场差使薪水极优。各廨署局所总办会办、各学堂监督,每月薪水有四百两、三百两者,至少亦二百两。各局处校所提调科长,每月薪水有一百两、六十两者,至少均一百两以上。各项科员股员有一百两者,有八十两、五十两者,至少亦三十六两。各员薪水既厚,复得兼差兼薪,悖入者多,故戏园狎优,酒楼挟妓,宴会征逐。②

又有各级官吏,想方设法中饱私囊,"贿赂公行,无一事非因贿而进"③。1910年黄秉义去山西探望任虞乡知县的父亲,目睹众多官员纷纷以督察新政为名公然伸手捞钱:

> 河东道宪委有何姓委员察看巡警事宜办理新政,以致抚委、藩委、臬委、提学委、巡道委、本道委、本府委各等委员,或直隶州,或知州,或同知,或通判,或知县,或府经、县丞以及佐杂等班连络不断。每次所送程敬,知县以上各委员或送十二两,或十六两、十八两、二十两、廿四两、廿八两、三十两、三十二两不等,府经以下各委员或送八两、六两,或六两四钱,或四两八钱,三两二钱不等。此外,来一委员均要送酒一席。④

德国在华传教士卫礼贤曾描述:"满洲贵族利用当时的混乱为自己谋利益,改革措施争相出台,可是钱花了一大把,却不见有什么实质性的进展。这

---

① 张人骏:《张人骏家书日记》,第100页。
② 马鸿谟:《民呼民吁民立报选辑(一)》,河南人民出版社1982年版,第549页。
③ 恽毓鼎:《恽毓鼎澄斋日记》,浙江古籍出版社2004年版,第563页。
④ 黄秉义著,周兴禄整理:《黄秉义日记》第3册,凤凰出版社2017年版,第1127页。

种状况又在全国内造成普遍的不满,为了对付一个接一个的改革法令,地方官员不得不在当地搜罗钱财。"①不仅原有的粮银、盐税、茶税、糖税、鸦片税、印花税等纷纷加重,并且在各省又陆续新增赔款捐、地捐、随粮捐、房捐、彩票捐、坐贾捐、糖酒油房捐、铺捐、纸税、果税、肉税、煤税等名目。"其余各种杂税,省省不同,府府不同,县县不同,名目不下百数千"。②有人直言:"各省大吏筹款皆以办新政为名,取之于民,毫无限制。"③清末《河南财政说明书》载:

> 豫省近数年来,各属举办新政,因地筹捐,尚称踊跃,而情形各殊,数目互异,本非划一办法。有抽之于花户者,如串票捐、契税捐、契尾捐、房捐、亩捐、随粮捐之类是也。有抽之于坐贾者,如斗捐、商捐、铺捐、油捐、火柴捐、煤油捐、粮坊捐、变蛋捐之类是也。又如枣捐、瓜子捐、柿饼捐、柳条捐,柿花、芝麻、花生等捐,则就出产之物而抽收。如戏捐、会捐、庙捐、巡警捐、册书捐等,则因特定之事而抽收。④

其他各省大同小异,民众不胜其苦⑤。当时的报刊也多有抨击,以直隶为例,1903年的《大陆报》上记载:"近闻榆关商贾至京者述及滦州、乐亭、丰润等县设立筹款局,将行十五项印花税,并买卖房地税契,应由官纸局购纸,派正副委员稽察。章程极为严厉,而蠹役土膏亦因之勾结为奸。无论商农,每以呈验契据为借口,任意搜括。闻有将家长掳去勒赎勒罚者。若此,恐乡民无安枕之日矣。"⑥至于地方官吏的巧立名目、中饱勒索,更是比比皆是,真可谓"豺狼当道,雀鼠为灾,铜山可倾,欲壑无底"⑦。有人描述说:"上之人且嗷嗷焉,朝下一令,曰为尔开学堂,暮下一令,曰为尔兴商务,彼民者未见丝发加益于吾事,而徒见符檄之惊怛,征敛之无已,房捐、米捐、酒捐、糖捐日加月增,而民已无聊生矣。"⑧

这就使清朝统治者与人民大众的关系处于更为紧张尖锐的状态。英国外

---

① [德]卫礼贤著,王宇洁等译:《中国心灵》,国际文化出版公司1998年版,第38页。
② 梁启超:《中国国债史》,《饮冰室合集》专集之二十五,第30页。
③ 恽毓鼎:《恽毓鼎澄斋日记》,第241页。
④ 陈锋主编:《晚清财政说明书》第1卷,湖北人民出版社2015年版,前言,第20页。
⑤ 详可参阅陈锋主编:《晚清财政说明书》,全书共9卷,1 000万字。
⑥ 《筹款扰累汇志》,《大陆报》第4期。
⑦ 《闽报》:《论变法宜自变官始》,转见《清议报全编》卷26,第118页。
⑧ 故宫博物院明清档案部:《清末筹备立宪档案史料》,中华书局1979年版,第309页。

交部档案中的《各驻华领事馆情况报告摘要》载:"因兴办和维持警政、学堂而增收捐税,显然易使这类革新在许多地方都不受欢迎。"①1908年2月28日芬兰人马达汉在甘肃兰州游历时,明显感觉到当地官民间的对立情绪:

> 由于害怕引起不满,甚至最有益的改革措施也常常被弃之不顾。例如设想从黄河装一个引水管入城,这是很容易做的事,因为黄河离城很近。但城里约300名挑水工都是四川人,据说四川人比起温顺的甘肃人来说,脾气要暴躁得多。他们很可能会采取行动来骚扰和攻击衙门。对官员来说,还是避免骚乱为上策。更重要的是,他的三年任期能够平平安安地度过,而不是全省百姓的地位通过有益的改革得到改善。发生一次暴乱,就足以说明他的无能,并毁了他的前程。②

户口调查是预备立宪的基础工作之一,也是现代国家行政管理制度建设的必要手段。1908年颁布的《逐年筹备事宜清单》规划:1908年颁布调查户口章程,1909年调查人户总数,1911年调查各省人口总数,1912年颁布户籍法,1913年实行户籍法。《东方杂志》刊文指出:

> 清查户口,所以为今日必办之要政者,不仅为教育或禁烟计也,其最大之关系,在使他人编订宪法,组织议会,颁布自治制度之际,预核全国人民,厘定选举区,划分自治制,具权利者几何人,应负担义务者几何人,服役兵事者因是而定,征收国税、地方税因是而剂其平。③

各地民众却心存疑虑,"或曰将以抽丁当兵,或曰将以按人勒税"④,不予配合并抵制。在推行地方自治过程中,也是弊端重重,有人奏陈:

> 各省办理地方自治,督抚委其责于州县,州县复委其责于乡绅,乡绅中公正廉明之士视为畏途,而劣监刁生运动投票得为职员及议员与董事者,转居多数。以此多数刁生劣监,平日不谙自治章程,不识自治原理,一旦逞其鱼肉乡民之故伎,以之办理自治,或急于进行而失于操切,或拘于

---

① 章开沅等主编:《辛亥革命史资料新编》第8卷,湖北人民出版社2006年版,第7页。
② [芬兰]马达汉著,王家骥译:《马达汉西域考察日记(1906—1908)》,中国民族摄影艺术出版社2004年版,第438页。
③ 《东方杂志》1910年第4期,内务。
④ 《东方杂志》1910年第8期,记事。

表面而失之铺张,或假借公威为欺辱私人之计,或巧立名目为侵蚀肥己之谋,甚者勾通衙役胥差,交结地方官长,藉端谋利,朋比为奸。①

这就使更多的人从一度抱有某些希望,到希望破灭,从而激起更大的不满。1911年,向来不赞成革命的梁启超感叹:"在今日之中国而持革命论,诚不能自完其说;在今日之中国而持非革命论者,其不能自完其说抑更甚!"②亲身经历晚清经济、政治变革的辜鸿铭,当时也曾有这样一番耐人寻味的感叹:

> 窃谓中国自咸同以来,经粤匪(诬指太平天国——引者)扰乱,内虚外感纷至迭乘,如一丛病之躯,几难著手。当时得一时髦郎中湘乡曾姓者(指曾国藩——引者),拟方名曰"洋务清火汤",服若干剂未效。

> 至甲午,症大变,有儒医南皮张姓者(指张之洞——引者),另拟方曰"新政补元汤",性燥烈,服之恐中变,因就原方略删减,名曰"宪政和平调胃汤"。自服此剂后,非特未见转机,而病乃益将加剧焉。势至今日,恐殆非别拟良方不可。③

众多爱国者正是从严峻的现实中进一步扬弃对清朝政府的幻想,进而更积极主动地去探寻救国之路。

综观清末新政的全过程,主政者缺乏通盘考虑,也是败因之一。1901年10月29日,新政开始不久,熟谙官场实态的张佩纶在给岳父李鸿章的信中直言:"新政纷纷,译书则欲先割裂五经,房捐则欲量地计方,不论间架。中西两不似,无非自扰。种种乖谬,此等内外大臣,如何可言变法?可叹也。"④次年2月10日,清末名士孙宝瑄在日记中这样写道:"夫以数千年弊坏之法,而欲挽回于一日,非有大手段、大见识者不能奏功。而今之当轴者,半皆不学无识之徒,所谓力小而任重,鲜不覆也,悲夫!"⑤上述言论并非虚语,有亲历者描述:

> 各省财政监理官,虽皆翎顶赫赫,自号小钦差,各省藩臬仰其鼻息,顾未谙新政,不知预算为何物,亦不谙何者为平均,何者为比较,何者为增

---

① 故宫博物院明清档案部编:《清末筹备立宪档案史料》,中华书局1979年版,第757页。
② 梁启超:《粤乱感言》,《国风报》1911年第11期。
③ 黄兴涛编:《辜鸿铭文集》上册,第470页。
④ 姜鸣整理:《李鸿章张佩纶往来信札》,上海人民出版社2018年版,第697页。
⑤ 孙宝瑄:《忘山庐日记》,上海人民出版社2015年版,第454页。

减。河南监理官唐瑞铜(士行)同年戏告余曰:"昧死万状,临表涕泣,不知所云。"所谓表者,指预算比较表,言临表不知所云,只有涕泣而已。①

在财政方面,清末新政是在国家制度层面一次涉及广泛的改革,所需费用之巨,不言而喻。御史陈善同当时就曾指出这么多新政改革举措与政府实际财力的脱节:"自治也,调查户口也,巡警也,审判也,教育也,实业也,何一非亟当筹备者?而按之于势,不能无缓急,即见之于新政,不能无先后。就各事言之,立国以民为本,民有所养而后国本不摇,是最急者莫如实业。实业既兴,必不可不为之轨物以范之,为之保障以卫之,而教育、自治、调查户口、巡警、审判以次兴焉。"同为御史的赵炳麟也直言:"从纸片上观之,则百废俱举;从事实上观之,则百事俱废。"他估计,就所需经费而言,巡警费小省200余万,大省300余万;司法费每省百万两以上;教育费每省百余万两以上。因此他认为推出新政举措,要仔细考虑财政上的实际可行性。力主宪政的端方也在私下感叹:"以中国地大,只求一里有两个警察,年已需五万万,以全国岁入,办一警察尚复不够,何论其他!"②法国陆军部档案载,当时在北京的法国外交官也观察到新政举措与政府财力的脱节,认为"至少可以说,帝国政府(指清朝政府——引者)决定速建三十六个师和改组海军,而没有考虑到如何维持每年如此巨大的资金开支,是缺乏一点英明远见的行为"③。

一方面是财政拮据;一方面却是借新政想方设法从中谋私利者大有人在,即使是油水不多的办学堂,也不例外。1911年在华游历的美国人罗斯这样记述:

> 没钱请优秀教师,却有钱购买大量昂贵的器材,这看上去真是让人疑窦丛生啊!某所学校的大厅入口处,挂着精致的生物和植物学图略,但是却没有人能讲授这两门课程,也没有人能看懂这两幅图。你还会发现一个物理实验室,里面的设备精良却满布灰尘,老师除了略通电学,对物理的其他方面却一概不知。
>
> 某个边远省份的省立大学,我看到了好几百个做化学试验用的瓶瓶罐罐,这些都是从东京唯一一家提供这类产品的公司购买来的,然而不到

---

① 李景铭:《六二回忆(一)》,《近代史资料》总132号,中国社会科学出版社2015年版,第142—143页。
② 周育民:《晚清财政与社会变迁》,上海人民出版社2000年版,第399、400页。
③ 章开沅等主编:《辛亥革命史资料新编》第7卷,湖北人民出版社2006年版,第347页。

百分之五的瓶子是拆过封的。这些瓶子价值至少 1 500 美元,足以满足我们三个大学实验室的需求。据某些"中国通"说,这种浪费肯定是因为有人在背后拿了回扣的缘故。

长江上游某个教育中心,当局以巨大花费跟美国教师签订了一年的合同。合同期满以后,却跟另一个不甚称职的老师签订新的合同。而每次这种轮换,需要发放 300 美元的旅行补贴。据知情人估计,某些官员从旅行补贴中揩了油水,所以他们才会不停地更换老师。①

各地的新式学堂也不乏滥竽充数者。清末曾在成都求学的郭沫若记述,当时他是慕名从家乡来到成都,进入一所很有名气的中学堂,很快大失所望:"为我们讲经学的一位鼎鼎大名的成都名士,只拿着一本《左传事纬》照本宣科;国文是熬来熬去的一部《唐宋八大家文》;历史呢,差不多就只是一个历代帝王的世系表和改元的年号表。"西学课程方面,"真是同样的可怜!讲理数学的教员们,连照本宣科的能力都没有,讲浅显的教科书,都读不断句"。他回忆:"在当时我们是非常悲愤的,我们当时没有明确的意识,基本上是站在爱国主义的立场。我们自然要痛恨中国为甚么这样的不长进,中国的所谓教育家、一切水面上的办事人为甚么要欺骗国家,误人子弟。"②

有人则趁新政各类机构设立之机,想方设法安插亲友,结党营私。即使如留学归来的所谓新派人物唐绍仪也在其列,"一件最露骨的假公济私的事,是唐绍仪任命一个康乃尔大学新毕业回国的青年人施肇基为京汉铁路帮办,此人之所以有此际遇,是因为他娶了唐的一个远房侄女。他的岳父是怡和洋行的买办,替他捐了一个道台的官职,因此使他在邮传部里得到了署理参议的职位,他对铁路和铁路管理一窍不通"。曾任沪宁、京汉铁路总办和邮传部左侍郎的唐绍仪,"在海关或铁路或邮传部里的空缺,只要能捞到手的都安插了他自己的亲属或姻亲,或是他的广东同乡。他在邮传部任职期间任命的四百个人中,有三百五十个是他安插进来的"③。清末著名报人汪康年言辞尖锐地抨击:

---

① E.A.罗斯著,张彩虹译:《病痛时代——19—20世纪之交的中国》,中央编译出版社2005年版,第241—242页。
② 郭沫若:《反正前后》,华夏出版社2010年版,第102、103页。
③ [澳]骆惠敏编,刘桂梁等译:《清末民初政情内幕——〈泰晤士报〉驻北京记者、袁世凯政治顾问乔·厄·莫理循书信集》,知识出版社1986年版,第496页。

近日新政中最不可解者,则各省府县皆设农学会,或农事实验场也。夫农本吾国民所优为,惟水利不修,堤岸毁坏,及不知改良耳。是但须设二三局,考土宜,辨肥料,及研究除害虫,并改种能畅销之花木。如是,庶于民有益也。今则不然,建广厦,派总会办,岁靡金钱无算,而所种之植物,大率当地所有。前者鄂中初开农场,种桃数年,始结实数枚,计其本,大约每枚须数十金,传为笑柄。今则此类遍各省,不知靡此巨款何为也。①

新政的实态,于此可见一斑。与此同时,官府对民众的盘剥有增无已,当时许多苛捐杂税是在推行新政的名义下陆续新增的,不少还是由地方官吏以至当地劣绅自行添收的,梁启超曾尖锐地抨击那些贪腐的官员"假新政之名,而日日睃人民之脂膏以自肥"②。清廷谕旨也承认:"近年以来民生已极凋敝,加以各省摊派赔款,益复不支,剜肉补疮,生计日蹙……各省督抚因举办地方要政,又复多方筹款,几同竭泽而渔。"③时人感叹:"以前不办新政,百姓尚可安身;今办自治、巡警、学堂,无一不在百姓身上设法。"④正是在这种背景下,各地民众自发的反抗即习称的"民变"愈益高涨,成为辛亥革命重要的社会基础。据记载,清末十年间,"民变"即各地民众不同形式的自发抗争就有约1 300次⑤。

另一方面,官场腐败愈演愈烈。施肇基忆述,1910年他调任外务部右丞,时外务部管部大臣为庆亲王奕劻,初次见庆王,送"贽敬"银两千两,"系以红包先置于袖内,在临行辞出之前,取出放于桌上,曰'为王爷备赏',王爷则曰'千万不可',然后辞出。此系前清时代之陋规也"⑥。1911年6月29日,清末名士徐兆玮在京记述:"我所见所闻均有世风日下之态,大乱将作,必先有戾气逐渐酿成,前廿年之京师不如是也!即前十年之京师亦不如是也!京官之放荡、子弟之浮夸、妇女之轻狂,无一不足移人情性,真足畏惧。"⑦清末大臣那桐曾负责

---

① 原载《刍言报》(宣统三年六月十六日),转引自汪林茂编:《中国近代思想家文库·汪康年卷》,中国人民大学出版社2014年版,第133—134页。
② 梁启超:《上涛贝勒书》,《梁启超年谱长编》,上海人民出版社1983年版,第505页。
③ 朱寿朋:《光绪朝东华录》,中华书局1958年版,第5251页。
④ 《东方杂志》1910年第12期,"中国大事记"。
⑤ [美]蒲乐安著,刘平等译校:《骆驼王的故事:清末民变研究》,商务印书馆2014年版,第19页。按:各省民变状况,详可参阅张振鹤、李学通等编:《清末社会风潮——辛亥革命前十年报刊资料选》,载刘萍、李学通主编:《辛亥革命资料选编》第6卷,社会科学文献出版社2012年版。
⑥ 施肇基、金问泗:《施肇基早年回忆录·外交工作的回忆》,中华书局2016年版,第52页。
⑦ 徐兆玮著,李向东等标点:《徐兆玮日记》,黄山书社2013年版,第1157页。

监修某项工程,与他共事的同僚对公然收受贿赂尚有顾忌,那桐竟反加嘲讽,自称:"你是个大姑娘,贞节要紧,我则早非完璧,不在乎此矣!"①难怪在武昌起义后,清廷行将崩溃时,隆裕太后面对众王公大臣哀叹:"予三年中深居宫中,不预外事,一般亲贵,无一事不卖,无一缺不卖,卖来卖去,以致卖却祖宗江山。"言至此,失声大哭②。

广大民众的生存状况则普遍窘困。新政期间,货币超量发行,全国范围内银贵钱贱,物价连年上涨。清末十年的海关报告载:"1904年各省铸币厂开始铸造当十钱铜元,但这些铜元的含铜量很快就不足它最初标记的标准,加之大量超额发行,不久就贬值了。现在这种铜元已经是当地人民实际使用的货币,只是支付价值仍然用铜钱计算,但它的价值已经远不足最初10两上海申公砝平银额定铜元枚数的价值了。1905年1月,申公砝平银每10两1158枚当十钱铜元,12月每10两1440枚了,1910年则不少于1847枚。"并指出:"可悲的是各省铸币厂纯粹为了增加收入还超量发行银辅币,结果同样严重贬值。"③

在苏州,"从1902年起,无论本地铸造或进口的铜元,都严重贬值。1902年,88枚铜元兑换1银元,1911年时,1银元则可兑换132枚铜元了";在西南边陲的思茅,1904年,880枚铜钱兑换1两思茅市银,此后则一路攀升,"直至达到了1911年的最高值,2300枚铜钱兑换思茅市银1两";在云南的腾越,"铜钱贬值非常严重,1905年,980枚铜钱兑银1两,而目前(指1911年——引者)则是1700枚铜钱兑银1两"④。铜钱是当时广大民众日常生活中通用的主要货币,它的一路贬值,意味着百姓日常开支的陡增,生活愈加艰难。他们所受的各种压榨却有增无减。1910年5月28日,梁启超不无激愤地写道:"各省一切物价腾踊如沸,举国人民无所得食,殆皆饿死。大乱之起,决不能出两年以外。"⑤

---

① 徐一士:《亦佳庐小品》(近代史料笔记丛刊),中华书局2009年版,第19页。按:那桐在光绪、宣统年间曾先后任户部、外务部尚书、内阁协理大臣、军机大臣等要职。详可参阅知之整理:《那桐履历行述》,载庄建平主编:《近代史资料文库》第一卷,上海书店出版社2009年版。
② 恽毓鼎著,史晓风整理:《恽毓鼎澄斋日记》,浙江古籍出版社2004年版,第576页。
③ 郭大松选译:《中国海关〈十年报告〉选译(1902—1911)——货币与金融(下)》,载《近代史资料》总121号,中国社会科学出版社2010年版,第121页。
④ 同上书,第123、145、147页。
⑤ 汤志钧等编注:《梁启超家书·南长街54号梁氏函札》,中国人民大学出版社2016年版,第389页。

同年9月1日,素来谨小慎微的天津各行商直言痛陈:

> 自我国厘定捐税以来,所有税则捐例,时时更张,日日增益。其尤最者,由庚子至今,无而有之,轻而重之,或加倍蓰,或加十余,世之所有,人之所需,无一物而无捐税者。于是税法纷纭,捐章扰攘,捐税日巨,货价日昂,人民涂炭,商贾咨嗟……近今各行省之变乱,几于再厉再接,而湖南之长沙,山东之莱阳,或饥民求食而酿成地方之剧变;或苛捐激变,而致成烈火之燎原,此等之恶剧,尚不知伊于胡底也。①

1911年的辛亥革命正是在这样的社会背景下发生发展的,它深刻地反映了清皇朝统治的总体危机和民众对它的失望、怨恨和唾弃,其包括新政在内的种种"自救"举措已无力挽回大局,而代表着当时中国社会前进方向的革命风潮,就在这一历史过程中孕育、生成和爆发。无视或曲解这些史实,都是不可取的。

二、革命风潮

1911年5月,清朝政府借铁路国有名义,将已归民办的川汉、粤汉铁路收归国有,随即又将铁路修筑权出卖给英、法、德、美四国银行团,激起湘、鄂、粤、川人民的反对,发展为保路运动。对于四川民众的保路要求,清朝政府根本不予置理,人们忍无可忍,发动了成都大罢市,全城的店铺关门,学校也停课。其他府县也纷纷响应,"南至邛雅,西迄绵州,北近顺庆,东抵荣隆,千里内外,府县乡镇,一律闭户,风潮所播,势及全川"②。9月1日,川汉铁路总公司股东会又议决"自本日起,即实行不纳正粮,不纳捐输,已解者不上兑,未解者不必解"③。面对民众的激烈抗争,新任署理四川总督赵尔丰奉旨镇压,并于9月7日逮捕了保路同志会的首领罗纶等人。矛盾顿时激化,闻讯赶去的民众自发冲击总督衙门,要求释放被捕者。赵尔丰竟悍然下令弹压,死者20余人,受伤

---

① 《津埠各行商草拟津地缓行印花税十二条理由(宣统二年七月二十八日)》,天津市档案馆等编:《天津商会档案汇编(1903—1911)》,天津人民出版社1989年版,第1706、1707、1708、1709页。
② 《民立报》1911年7月15日。
③ 隗瀛涛等编:《四川辛亥革命史料》上册,四川人民出版社1981年版,第371页。

者更多,酿成"成都血案"。

消息传开,人们的愤怒达到极点,革命党人又及时鼓动和引导,于是四川的保路运动转入同志军武装起义的阶段。"成都血案"发生的第二天起,各县同志军开始包围成都。9月25日,同盟会员吴玉章率众在荣县宣布独立,并建立了地方革命政权。四川是中国西南地区大省,四川保路运动演化为大规模的武装起义,对全国的震动是巨大的,并直接成为武昌起义的导火线。

湖北革命党人的秘密活动有着较长的历程。早在1903年,在孙中山的感召下,接受了革命思想的吴禄贞从日本返回国内后,在武昌花园山设立了秘密机关,开展革命活动。其成员有吕大森、朱和中、胡秉柯、曹亚伯、李书城、蓝天蔚等人。其工作重点之一,在于运动新军转向革命。后因被清吏觉察,花园山秘密机关被迫解散。继而成立的是科学补习所,它的最初发动者是张难先和胡瑛。

1904年8月,华兴会拟在湖南起义,与科学补习所约定湖南发难,湖北响应。同年10月,华兴会在湘事败,科学补习所也因此遭到清军的搜捕,被迫停止活动。紧接着,刘静庵又主持日知会,开展革命活动。1905年萍浏醴起义失败后,刘静庵被捕,半年后病死狱中,日知会无形中解体。湖北地区的革命活动转入低潮,直到1908年又趋活跃。当时在湖北新军当兵的陈孝芬回忆,自科举废除:

> 一般读书的分子只得另谋各人的出路,于是有出洋留学的,有到省城住学校的,而多数贫寒子弟则投入新军。我是1905年在黄陂应募入伍的。那次募兵结果,九十六人中就有十二个廪生,二十四个秀才。马队第十一标是这样,陆军第八镇和陆军第二十一混成协所属步、马、炮、工、辎五种部队,都有不少的读书分子入伍。①

众多识字的青年人进入新军,便于革命思想的传播。1908年7月,原日知会成员任重远等人在武昌发起成立了湖北军队同盟会。以后又有群治学社、振武学社等革命团体相继成立,湖北新军中革命党人的活动再度活跃起来。在此基础上,1911年1月30日,蒋翊武等人发起成立了文学社,由蒋翊武任社

---

① 湖北省政协编:《辛亥首义回忆录》第1辑,湖北人民出版社1979年版,第68页。

长,詹大悲为文书部长,刘复基为评议部长。文学社成立后,继续注重在新军中发展革命力量。

另一方面,1909年以后,以孙武等人为代表的湖北地区共进会成员的活动重点,从联络会党转向新军,为在湖北新军中发展革命队伍增添了新的力量。

随着工作的开展,文学社和共进会逐渐感到了联合起来的必要。1911年5月,双方达成了合作协议,约定不要互争社员,而是共同奋斗,这就为将要爆发的武装起义从组织上奠定了基础。

同年9月,四川保路运动达到高潮,一部分湖北新军奉命入川镇压,武昌清军兵力空虚,为起义提供了良机。这时,经过湖北革命党人长期艰苦细致的宣传和组织工作,湖北新军中的革命力量已有相当的规模。据当时人回忆,湖北新军15 000人中,"纯粹革命党人将近二千人,经过联系而同情革命的约四千多人,与革命为敌的至多不过一千余人,其余都是摇摆不定的"[①]。起义的时机已经成熟。

1911年10月10日,武昌城头响起了革命党人清脆的枪声,震惊中外的武昌起义爆发。

这次起义几乎夭折。当天凌晨,位于武昌城内的起义总指挥部不幸被清方破获,刘复基、杨洪胜等人被捕遇难,其他领导人或暂时隐藏,或避往外地,武昌全城又宣布戒严,形势十分危急。在这千钧一发之际,革命党人在工程八营的总代表熊秉坤当机立断,决定率该营士兵首先发难,并与同驻城内的其他部队的革命党人暗中取得联系,约定当晚7时听到三声枪响就一起行动。由于工程营的一名军官有所觉察,起义的枪声被迫提前在傍晚打响。所幸的是,在起义枪声打响的同时,湖北新军的楚望台军械库被革命党人及时控制,于是整个局面对起义军十分有利。军械库既在革命党人手中,库内储存的大量军械弹药便为他们所用,实力大增。经过一夜激战,到次日中午,革命党人控制了武昌全城,当晚又占领了汉阳。同日,新生的革命政权——中华民国湖北军政府宣告成立。10月12日,汉口也被革命党人攻克,武昌起义取得了胜利。

武昌起义的胜利捷报很快传遍各地,震动了神州大地。对这场起义,人们在事前并没有足够的思想准备,因而格外振奋。革命党人在上海主办的《民立

---

① 万鸿阶:《辛亥革命酝酿时期的回忆》,《辛亥首义回忆录》第1辑,第125页。

报》于10月12日及时报道了武昌起义的消息,报纸被一抢而空。有人描述:"在上海,商店伙计每日争阅报纸,其不得者,数人聚看一张,或一人读给余人听,顾客与店员隔柜讨论光复与共和,延迟买卖。"①武昌顿时成为全国瞩目的中心。10月27日,日本驻香港总领事馆报告记述:

> 此次变乱(指武昌起义——引者)刺激了富有大革命思想之清国南方人心,人们为革命军之捷报而狂喜,反之,对偶尔传来之官军胜利消息,则怀疑而不肯相信,知其属实后则稍显失望之色。②

对武昌起义的爆发,孙中山和同盟会其他领导人是缺乏足够估计的。因此起义爆发后,同盟会领导机关就因事前缺乏必要的准备,而陷于匆促应付的被动境地。即使当时因不满于孙中山等人专注于华南起义,决意在长江流域策动起义的宋教仁、谭人凤等人,对形势也作了较保守的估计,他们于1911年7月在上海自行成立同盟会中部总会时,"定宣统五年为大举之期,盖恐各处过于急躁,故有此宣告也"③。

这样,武昌起义爆发后的第二天,当革命党人商议成立湖北军政府,推举领袖时,碰到了难题。那时,湖北革命党人的领袖蒋翊武、孙武、刘公都不在武昌,在起义第一线的各部军官都觉得自己资望浅,不足以号令众人。于是,有人推举原湖北咨议局议长汤化龙,因汤化龙推辞,便硬是将原先并不赞成革命的原湖北新军第二十一混成协协统黎元洪推举为军政府都督,汤化龙被任命为总参议。这种安排,对以后革命的进程产生了很不利的影响。

三、袁世凯出山

武昌起义的爆发和随后各省的响应,使清皇朝手足无措,难以应付,京城官员人心惶惶,"一般大老多要求分兵在其住宅驻守"④。这种急剧变化的格

---

① 沈亦云著,唐德刚协助整理:《亦云回忆》,岳麓书社2017年版,第57页。
② 李少军等编译:《晚清日本驻华领事报告编译》第5卷,社会科学文献出版社2016年版,第275页。
③ 谭人凤:《石叟牌词叙录》,《近代史资料》1956年第3期。
④ 徐永昌:《求己斋回忆录》,中华书局2016年版,第31页。

局,为袁世凯的东山再起提供了良机。清朝政府在慈禧死后,已失去左右全局的核心人物,一些较有声望的老臣已先后谢世,其中李鸿章、刘坤一、荣禄、张之洞分别死于 1901 年、1902 年、1903 年和 1909 年。监国摄政王载沣生性懦弱,遇事优柔寡断;隆裕太后则更甚,"遇着极为难之事,只有向人痛哭"①。身为内阁总理大臣的奕劻,贪婪无能,只知搜括钱财,供己挥霍。掌握兵权的军咨大臣、贝勒载涛和毓朗,陆军部尚书廕昌等,都是一些缺乏实际办事经验的纨绔子弟。这种情况下,流亡海外的康、梁等人也认为有机可乘,他们暗中与掌管军咨府事务的载涛及载洵等人联络。当时,载涛与奕劻、载泽不和,问计于康、梁的门生潘若海,潘建议他一面收抚禁卫军,一面拉拢驻扎保定的新军第六军统制吴禄贞,准备在 1911 年秋冬间,里应外合,发动政变,除去奕劻、载泽,掌握政权②。后因武昌起义爆发,此事中辍。

因此,当武昌起义的消息传到北京时,清朝政府内部一片混乱,没有一个人能负责做出决断。调遣军队本来是军咨府的职责。当时,载涛作为秋操阅兵大臣,正留在直隶永平,总监两军举行大操,只有毓朗留守京师。10 月 11 日清晨,军咨府接到湖北发来的电报,毓朗一筹莫展,迟疑了半天才说:"这是内阁的事,我们不用管,还是让内阁去办吧!"③当天,奕劻召集内阁会议,毓朗也去参加。会上议定:由陆军大臣廕昌督师,率领陆军两镇前往湖北剿办;并由海军提督萨镇冰抽调军舰驶入长江赴援。次日,清朝政府才正式发布上述内容的谕旨。

廕昌奉命督师,实际上几同儿戏。当时任军咨府第二厅厅长的冯耿光记述他在原军机处旁的候旨室见到廕昌时的情景:"载涛的话还未说完,只见廕昌走进来了。他身穿袍褂,脚下却蹬着一双长统的军用皮靴。他不仅打扮得很奇特,而且走上来时,十足地摆出了一幅三花脸的姿态,实在使在座的人们有些忍俊不禁。他平时虽然一贯如此,但在这样的紧张局面之下,他竟还是'故我依然',却是人们所料想不到的。当时在座的人们忍住了笑口向他'恭喜'说:'有旨意命您督师到湖北去。'廕昌随着就有声有色地说:'我一个人马也没有,让我到湖北去督师,我倒是用拳去打呀,还是用脚踢呀?'在座的人看

---

① 载涛:《载沣与袁世凯的矛盾》,《辛亥革命回忆录》第 6 册,第 326 页。
② 杨天石:《晚清史事》,中国人民大学出版社 2007 年版,第 465 页。
③ 冯耿光:《廕昌督师南下与南北议和》,《辛亥革命回忆录》第 6 册,第 348 页。

到这种情形,觉得一位掌握全国兵马的陆军大臣作出这样的行动,未免荒唐儿戏。"①

其实,廕昌说他手下一个人马也没有,并非胡诌。从表面上看,他奉旨率领陆军第四镇、第二镇混成第三协、第六镇混成第十一协南下,都是北洋陆军的精锐;但这些部队都是袁世凯一手训练出来的,第四镇统制吴凤岭(不久由陈光远继任)、混成第三协统领王占元、混成第十一协统领李纯都是袁世凯的心腹,素来心目中只知有"袁宫保",不知有其他,廕昌根本指挥不动。袁世凯被贬后到军中任职的那些满族官员名声又不佳,冯玉祥忆述:

> 凤山到任不久,便滥自任用满人,并开列价目盗卖官价:旅长三千两,团长二千两,营长一千两,连长三百两,公开地出卖。这样一来,稍有良心热血的官长目兵自然都生出反感,日益趋向反抗的道路了。晚清任用官吏,只问是否亲贵,不问能不能,贤不贤。凤山以一毫不懂军事的人来掌握军权,卖官鬻爵,无所不为,结果自自然然地使清廷的统治愈益日暮途穷了。②

在这种情况下,原来奉旨开缺回乡的袁世凯的复出,已是势所必然。但清廷对袁世凯仍很不放心。重新启用袁世凯对他们说来实在是无奈之举。10月14日,载沣召集奕劻、那桐、徐世昌、载泽等商议。奕劻和内阁协理大臣那桐、徐世昌同袁世凯关系素来密切,这时极力主张起用袁世凯。载沣沉默不语。奕劻又说:"此种非常局面,本人年老,绝对不敢承当。袁有气魄,北洋军队都是他一手编练,若令其赴鄂剿办,必操胜算,否则畏葸迁延,不堪设想,且东交民巷(指各国驻华使馆——引者)亦盛传非袁不能收拾,故本人如此主张。"③载泽起初反对,后亦不再坚持。最后,载沣不得不同意重新起用袁世凯,于当日颁发谕旨,任命袁世凯为湖广总督,兼督办"剿抚"事宜,负责指挥湖北全省的军队和各路援军。

两年多前被贬斥回乡的袁世凯,一直没有放弃东山再起的打算。他在家

---

① 冯耿光:《廕昌督师南下与南北议和》,《辛亥革命回忆录》第6册,第351页。
② 冯玉祥:《我的生活》,中国青年出版社2015年版,第65页。按:时凤山负责统领北洋新军第一、三、五、六镇(同上书,第64页)。
③ 载涛:《载沣与袁世凯的矛盾》,《辛亥革命回忆录》第6册,第325页。

里专门设有电报房,随时同朝廷内外的心腹爪牙暗通消息。他的女儿袁静雪忆述:"那时,他每天要接到很多从各方面发来的信件和电报。为了处理这些信、电,他每天上午要用一两个小时的时间来办理'公务',他设置了一个电报房,从而能够更迅速地和各方面加强联系。他向各方面伸出了触角,等待着再起的时机。"①武昌起义爆发后,袁世凯知道清廷终将请他出来维持局面。他也知道清廷对他仍不放心,如果革命形势没有更大的发展,是不会把很多权力交给他的。10月14日的谕旨只任命他为湖广总督,并受已去前线督师的廕昌的节制,他便以"足疾未痊"为托词,故意拖延,迟迟不动身前往湖北。

这时,革命形势发展迅猛,湖南、陕西相继独立,而清军在湖北战场却无多大进展。清廷慌了手脚,奕劻连忙派徐世昌赶往河南彰德,力劝袁世凯出山。袁世凯乘机通过徐世昌向清廷提出六项要求:明年召开国会;组织责任内阁;宽容参与武昌事变诸人;解除党禁;授予指挥水陆各军及关于军队编制的全权;供给充足的军费。万般无奈的载沣只得再次让步,在10月27日连发4道谕旨,把廕昌调回北京,任命袁世凯为钦差大臣,同时拨出银100万两充作湖北军费,让袁世凯的亲信冯国璋和段祺瑞分别统率第一军与第二军,并且命令所有赴援的海陆军以及长江水师等,均归袁世凯节制。

袁世凯大权到手,所谓的"足疾"顿消,立即从彰德南下,进驻湖北孝感,亲自督师猛攻,并于11月1日攻入汉口。于是,袁世凯在清朝政府内部的声望陡增,清廷也只得更寄望于他。就在北洋军攻入汉口的同一天,奕劻辞去内阁总理大臣职务,袁世凯被授为内阁总理大臣。

其间,清军第二十镇统制张绍曾和第二混成协协统蓝天蔚计划在滦州举行兵谏,联名要求清廷改组皇族内阁,召开国会,实行立宪。在海外的梁启超十分兴奋,期望借此拥立载涛为内阁总理。但就在他准备动身回国之际,忽闻"袁党"调毅军统领姜桂题率兵入卫京师,打乱了梁的计划,急得他大呼"真是魔障"。11月7日,吴禄贞在石家庄被袁世凯派人刺死,张绍曾吓得躲进天津外国租界,康梁等人的政变计划再告落空②。

11月13日,袁世凯到达北京。11月14日英国《泰晤士报》以"袁世凯在北

① 全国政协文史和学习委员会编:《八十三天皇帝梦》,中国文史出版社2016年版,第15页。
② 杨天石:《晚清史事》,第466、467页。

京"为题刊载莫理循发自北京的报道：

> 今天(指11月13日——引者)下午,袁世凯在满人组成的军队第一镇的护卫下抵京……许多外国人和官员聚集在火车站,但满人王公没有露面。簇拥的人群从车站到袁世凯的住处,一路上列队欢迎——与三年前他离京时只有几个密友相送对比,真是天壤之别。他来京的消息已经起到了安定作用,前些时候人们不停地往使馆转运财物的现象已经停止了。朝廷今晚下旨,赋予袁世凯更大的权力,给他以指挥京内及京畿所有军队的全权,包括禁卫军。北方所有军队,也都归他节制。①

袁世凯抵京的次日,入朝觐见隆裕太后,表示效忠清室。11月16日,他组阁完毕。11月19日,内阁宣告成立,其中陆军大臣王士珍、民政大臣赵秉钧、邮传大臣杨士琦等重要阁僚,都是袁世凯的亲信。但袁世凯并未满足,他还要继续进逼,把清廷残存的那点力量全数排除,以便为他最后取代清皇室扫清道路。载沣虽然庸懦无能,但他仍居于监国摄政王的地位,在谕旨上需要有监国摄政王的钤章,袁世凯决意去除。12月6日,载沣被迫辞去监国摄政王职位,以醇亲王的名义退归藩邸,不再预政,同日颁布的谕旨并称"嗣后用人行政,均责成内阁总理、各国务大臣担负责任"②。

禁卫军是清皇室手中直接掌握的主要武装。它的官兵大多是旗人,忠于清廷,装备给养亦很好。12月9日,袁世凯的心腹冯国璋接任第二军总统,负责畿辅一带防务,兼充禁卫军总统官。12月20日,冯国璋从汉口到北京,接统并牢牢控制了禁卫军。清朝政府的军政大权全部落到了袁世凯手中。12月28日,六神无主的隆裕太后在养心殿召见诸大臣,直言刚刚见了庆亲王奕劻等人,"他们都说没有主意,要问你们。我全交与你们办,你们办得好,我自然感激,即使办不好,我亦不怨你们。皇上现在年纪小,将来大了也必不怨你们,都是我的主意。"言至此,痛哭③。此时的奕劻等人则作壁上观。1912年1月2日有人记述,当天袁世凯进宫催要军费,隆裕太后告诉他:"现在宫中搜罗得黄金

---

① 窦坤等译著:《〈泰晤士报〉驻华首席记者莫理循直击辛亥革命》,福建教育出版社2011年版,第123、124页。
② 中国第二历史档案馆:《中华民国史档案资料汇编》第1辑,第210页。
③ 许宝蘅著,许恪儒整理:《〈巢云簃日记〉选(1906—1911)》,《近代史资料》总115号,中国社会科学出版社2007年版,第99页。

八万两,你可领去用,时势危急若此,你不能只挤兑我,奕劻等平时所得的钱也不少,应该拿出来用。"袁世凯称:"奕劻出银十五万。"隆裕叹道:"十五万何济事,你不必顾忌,尽可向他们要。"① 可见她对奕劻等人的失望。

扩展阅读书目

1. 章开沅:《章开沅文集》,华中师范大学出版社,2015 年。学术名家成果总体呈现。

2. 周育民:《晚清财政与社会变迁》,上海人民出版社,2000 年。揭示两者密不可分的联系。

3. 李细珠:《新政、立宪与革命——清末民初政治转型研究》,北京师范大学出版社,2018 年。具体论析三者之间的互动关系。

4. 张玉法:《清季的革命团体》,北京大学出版社,2011 年。有力度的专题研究。

5. 杨天石:《晚清史事》,中国人民大学出版社,2009 年。侧重清末史事的考辨。

6. 孙藜:《晚清电报及其传播观念(1860—1911)》,上海书店出版社,2007 年。

7. [美]周永明著,尹松波等译:《中国网络政治的历史考察:电报与清末时政》,商务印书馆,2013 年。以上两书为中外学者相近课题的研究,可供比较。

8. 崔志海等:《当代中国晚清政治史研究》,中国社会科学出版社,2017 年。分专题梳理鸦片战争至辛亥革命历次重大事件的研究成果,可作再研究的导引。

9. 罗福惠等主编:《辛亥革命的百年记忆与诠释》,华中师范大学出版社,2011 年。全面梳理百年来的成果,评述公允。

10. [美]柯伟林等主编:《辛亥百年:回顾与反思》,社会科学文献出版社,2012 年。系哈佛大学 2011 年 10 月辛亥革命研讨会论文集。

相关资料选读

1. 中国第一历史档案馆:《晚清宫藏辛亥革命档案汇编》,九州出版社,2011 年。清方资料的系统整理。

2. 上海图书馆编:《上海图书馆藏稀见辛亥革命文献》(初编、续编),上海科学技

---

① 许宝蘅:《许宝蘅日记》第 1 册,中华书局 2010 年版,第 387 页。

术文献出版社,2011年。

3. 刘萍等编:《辛亥革命资料选编》,社会科学文献出版社,2012年。

4. 汪林茂主编:《浙江辛亥革命史料集》,浙江古籍出版社,2013年。2011年前后,各地都有以上类似资料问世,可助推进和深化研究。

5. 刘望龄编著:《辛亥首义与时论思潮详录》,华中师范大学出版社,2011年。革命与思潮互动资料的实录。

6. 全国政协文史和学习委员会编:《亲历辛亥革命:见证者的讲述》,中国文史出版社,2010年。均为历史巨变的亲历者和见证者的叙述。

7. 庄建平主编:《近代史资料文库》,上海书店出版社,2009年。均选自名刊《近代史资料》历年各辑,更方便研读。

8. 闵杰编著:《影像辛亥》,福建教育出版社,2011年。珍贵的影像资料。

第十四章 帝制终结

大總統誓詞

傾覆滿洲專制政府，鞏固中華民國，圖謀民生幸福，此國民之公意，文實遵之，以忠於國，為眾服務。至專制政府既倒，國內無變亂，民國卓立於世界，為列邦公認，斯時文當解臨時大總統之職。謹以此誓於國民。

中華民國元年元旦　孫文

一、南北议和

武昌起义爆发后,清廷不得不重新起用袁世凯。重掌军政大权的袁世凯,在大兵压境的同时,又以和谈诱使革命派妥协,企图一箭双雕,既借革命的声威谋取更大的权力,又逼革命派退让。时人记述:"北军将领多袁旧人,甚为固结,只知听袁号令,不知满洲,更不知革命,袁足以自固。袁言南军日言北伐,惜其不来,若其来,以南人脆弱之躯,当苦寒之地,稍与濡缓,必不能支,则和议更为易成。"①在袁世凯软硬兼施的进攻面前,很多革命党人视袁世凯为可以争取的力量,同意如袁世凯帮助推翻清王朝,就推举他担任共和国大总统,以求尽快结束战争,换取反清革命的成功。正在从欧洲赶回国内途中的孙中山,也曾致电民国军政府,表示只要能"早巩固国基"即建立民国,袁世凯或黎元洪都可以出任民国总统②。

武昌起义爆发后,各种消息频传,包括江浙沪在内的长江流域各地各界不无惊慌。1911年10月18日,日本驻杭州领事馆的报告描述,武昌起义消息传出后,"此地(指杭州——引者)金融界发生大恐慌,其中浙江兴业银行遭遇剧烈挤兑,靠着官府及其他银行支援,才算兑付出约40万元,对此已有电告。其后金融更加吃紧,利率升至6分以上,各银行、银号均致力于收款而戒放款,经同业协商,绝对禁止现银运出,才得以维持市面。受恶劣影响仅次于金融界之该地主要产业绸缎业,因四川骚乱(指保路运动——引者)已经失去重要销路,此次事变发生后,交易中止,又大受打击,可能会有二三家倒闭。此外,由于金

---

① 骆宝善等主编:《袁世凯全集》第19卷,河南大学出版社2013年版,第151页。
② 孙中山:《致民国军政府电》,《孙中山全集》第1卷,中华书局1981年版,第546、547页。

融关系,市况整体上不振至极,商务总会人员声称恐慌程度将远超拳匪(诬指义和团——引者)事件之时"①。10月21日,日本驻苏州领事馆的报告载:"武昌革命党起义之报传到该地(指苏州——引者)后,谣言四起,人心惶惶。因此,该地不少富人到上海地方躲避,故该地各轮船公司生意出现近来少有之旺盛,数日来增加了拖船数,确为事实。受影响最大者,为该地之金融机构,裕宁官银号等数日来遭存款人及兑换纸币者来袭,导致金银缺乏。"②11月10日,日本驻上海领事馆的报告称:"武昌叛乱爆发后,势甚猖獗,武昌、汉阳、汉口落入叛徒之手,人心惶惶,汲汲以保全生命财产为计,汉口地方流通之纸币急剧贬值,尤其是在汉口有很大流通量之官钱局纸币行情猛跌,对现银之需求骤起,从上海向汉口输送之现银为数巨大,对于兑换券之不安情绪影响到各地,上海亦陷于其旋涡之中。……市民面临不稳之压力,不满足于仅将纸币兑换为现银,还要为战乱波及此地做准备,因而寻求便于携带而且不易贬值之物,开始囤积黄金,导致此地金价一时猛涨。"③基于维护其在华权益的考量,列强也希望促成议和,12月11日伍廷芳电告黎元洪:"闻驻沪各国领事极望在沪谈判,顷英领电京英使,转商袁世凯饬唐来沪。"④12月13日工部局会议录记载:

> 董事会获悉,清政府代表唐绍仪将于本星期日抵沪。董事会在讨论后,决定正式通过领袖领事,提出使用工部局市政大厅作为即将举行会议之地点,要尽可能由侦探股作为对于唐绍仪阁下的人身保护工作。⑤

正是在这样的氛围下,在上海的"南北议和"开场。

1911年12月18日下午2时许,南北双方代表在上海公共租界市政议事大厅聚首开谈。出席和谈的有南方军民议和全权总代表伍廷芳,湖北军政府代表王正廷,议和参赞温宗尧、王宠惠、汪精卫、钮永建;代表袁世凯内阁出席的有议和全权代表唐绍仪,议和参赞杨士琦,随员欧庚祥、许鼎霖、冯懿同、赵

---

① 李少军等编译:《晚清日本驻华领事报告编译》第5卷,社会科学文献出版社2016年版,第244—245页。
② 同上书,第246页。
③ 同上书,第301、302页。
④ 丁贤俊等编:《伍廷芳集》,中华书局1993年版,第872页。
⑤ 上海市档案馆编:《工部局董事会会议录》第18册,上海古籍出版社2001年版,第576页。

椿年。参加会议的还有英、日、美、德、法、俄六国驻沪总领事,以及外商代表李德立。唐绍仪对自己此行的使命十分清楚,那就是帮助袁世凯实现内心的愿望,使他顺利地当上大总统①。上海英文《大陆日报》记者丁格尔记述:

> 和平谈判开始之时,唐绍仪作了一个简短的发言,他说,自己受命前赴上海参加和谈,希望谈判取得圆满成功。随后,他向伍廷芳出示了自己的证件。伍廷芳检视后,发表了类似的讲话,希望会议能给中国带来美好前景。他把自己的证件递给了唐绍仪。会议开始,尽管他们的随员都获准参加会议,但对议题没有发言权,这两个全权代表单独进行谈判。唐的随员不能直接对伍氏谈话,伍的随员也不可以径直与唐对话。如果有什么建议,他们可以通过便条告诉他们的上司或轻轻耳语。②

唐绍仪与伍廷芳之后的谈判,多为私下密商。袁世凯内阁指派的湖北代表张国淦忆述:

> 伍、唐同乡老友,共和主张又同在一条路线。有赵凤昌者,曾在张文襄(指张之洞——引者)幕,与伍、唐俱旧识,有策略,此次革命,活动甚力。赵住上海南洋路,伍、唐遂借其寓所,每夜同往聚谈。在议场时,板起面孔十足官话,及到赵处,即共同研究如何对付北方,以达目的。赵在沪久,革命党人及江浙知名人士尤其张、汤(指张謇、汤寿潜——引者)等,皆能联络。据魏宸组告余,所有和议中主张及致北方电,俱是夜间在赵寓双方商洽。③

参加议和的浙江代表章宗祥也曾追忆:

> 我们住礼查(饭店)后,和北方团体一班人比较少见面,只知道北方总代表唐绍仪和南方总代表伍廷芳以及两方人员,并没有正式指定会场正

---

① 在唐绍仪的家乡曾因此招致众怒,1911年12月28日粤海关英文情报载:"由于唐绍仪代表袁世凯进行和谈,广东人民对他极为不满,打算做些不利于其家族、不利于香山拱北附近唐家祖坟的事情。陆军元帅黄兴和前广东都督胡汉民联名致电广州说,这是一种误会,因为唐也赞成共和,且很希望和平解决问题。电报并要求代都督陈炯明劝阻民众,切勿惹出麻烦。"(广东省档案馆编译:《孙中山与广东——广东省档案馆库藏海关档案选译》,广东人民出版社1996年版,第11页)
② [英]埃德温·J.丁格尔著,张建军译:《中国的革命(1911—1912)》,中央编译出版社2011年版,第191页。
③ 张国淦:《辛亥革命史料》,龙门联合书局1958年版,第292页。

式开议。两方的接头,是由赵凤昌经过英人某联络,在英人某的家中,唐、伍两人开始会面的。嗣后南北两方的意见,由唐、伍两人直接秘密交谈,始终没有公开……当时我们虽然是议和代表,然而事实上仿佛局外人。①

张国淦和章宗祥都提到的赵凤昌,当时的确是一位幕后穿针引线、出谋划策的神秘且关键的人物。他曾是跟随张之洞多年的核心幕僚,1893年因有人参劾张之洞而牵及,后张无事,赵则被革职,勒令回籍,永不叙用。张之洞为安抚他,特为其在武昌电报局安排一挂名差使,予以支薪。赵凤昌被革职后,并没有回原籍江苏常州,而是来到上海居住。1908年在公共租界购地10亩,建了一幢英式楼房,前后五间,两层半,取名"惜阴堂",由张謇题写匾额②。其前门为南洋路10号(1943年改为南阳路154号),后门在爱文义路(今北京西路)。

闲居上海的赵凤昌虽无官职,但他并未远离政治,实际上是常驻上海为湖广总督署办理通讯、运输等事务,借此与当地官绅、外国驻沪领事等建立联系,为张之洞提供信息并出谋划策,堪称在官场内外人脉深厚,即使在张之洞去世后,他依旧交游广泛、神通广大。武昌起义爆发前,他和张謇等人就对载沣执意重用满族皇室亲贵颇为担忧。1911年5月,张謇记述:

> 政府以海陆军政权及各部主要均任亲贵,非祖制也,复不更事,举措乖张,全国为之解体。至沪,合汤寿潜、沈曾植、赵凤昌诸君公函监国切箴之,更引咸、同间故事,当重用汉大臣之有学问阅历者。赵庆宽为醇邸旧人,适自沪回京,属其痛切密陈,勿以国为孤注。是时举国骚然,朝野上下,不啻加离心力百倍,可惧也。③

武昌起义爆发后,赵凤昌很快在上海邀集同盟会会员黄炎培,立宪派人物雷奋、孟森等,来到惜阴堂商讨应对之策,盖因"上海据长江下游,集人力物力,足为武汉之声援也"。他积极活动,与黄兴等革命党人交往更加频繁,为他们的活动提供方便。上海光复后,又与张謇居中调停,其寓所惜阴堂成为南北代

---

① 章仲和(宗祥):《南北议和亲历纪实》,《辛亥革命回忆录》第8集,文史资料出版社1982年版,第416页。
② 赵尊岳:《惜阴堂辛亥革命记》,《近代史资料》总102号,中国社会科学出版社2002年版,第246页。
③ 李明勋等主编:《张謇全集》第8册,上海辞书出版社2012年版,第1026页。

表幕后商议地点①。南北议和前后,除了立宪派,革命党人也经常去惜阴堂走访,"先后至者十余省,晨夕相见于惜阴堂"②。其中就有黄兴、汪精卫、宋教仁、章士钊、于右任、章太炎、陶成章等,即便是刚刚归国的孙中山,也曾多次前去拜访、商讨。赵凤昌的小女儿赵志道回忆,武昌起义后,她的父亲"已剪去辫子,终日在家中与各方人士讨论国事,她见到的就有孙中山、宋教仁、戴季陶,还有章太炎、张謇、汤寿潜等"③。许多至关重要的问题,诸如清帝退位后的安排、新政府的组建等,都是在惜阴堂谈妥后,才进行谈判的④。

至于外国列强,除了促成在上海谈判外,还直接出面干预。12月20日,即和谈开始的第三天,英、美、德、法、俄、日驻沪领事即照会谈判双方,声称:"中国目前的战事如继续进行,不仅使该国本身,而且也使外国人的重要利益和安全,容易遭到严重的危险。吁请双方代表团注意,必须尽快达成一项协议,以便停止目前的冲突。"⑤单从字面上看,列强似乎不偏不倚,实际上是在向革命党人施压,要他们向袁世凯妥协,依从他的条件尽快达成协议。英国驻华公使朱尔典曾明确指示驻沪领事傅磊斯"尽可能同唐绍仪保持密切接触","尽最大努力协助双方达成协议"⑥。

驻沪洋商团也出面致函袁世凯内阁及载沣和奕劻,提出七条建议:

> 第一款:现在中央及西南各省,清廷之权力已成无效。且中国之大部分,该廷应按照条约所载,担任保护外人生命财产者,业已失此地位,而不能尽保护之责。
>
> 第二款:纵有省份尚未显违清廷命令,但其所派代表到上海者,亦自认有权赞成共和政体。
>
> 第三款:现在乱事延长,中外商人同受影响。商务阻碍,华洋商一切合同将归无效。华洋生命财产,不能保护。戕劫各案,屡次发现,因地方

---

① 孔祥吉:《评一代奇人赵凤昌及其藏札》,国家图书馆善本部编:《赵凤昌藏札》第1册,国家图书馆出版社2009年版,第13页。
② 赵尊岳:《惜阴堂辛亥革命记》,《近代史资料》总102号,第248页。按:赵志道是杨小佛的母亲。
③ 杨小佛口述,朱玖琳撰稿:《杨小佛口述历史》,上海书店出版社2015年版,第8页。
④ 孔祥吉:《评一代奇人赵凤昌及其藏札》,国家图书馆善本部编:《赵凤昌藏札》第1册,第13页。
⑤ 胡滨:《英国蓝皮书有关辛亥革命资料选译》上册,中华书局1984年版,第167页。
⑥ 同上书,第209页。

无相当保护之力,竟致匪类及不法人等目无法纪。

第四款:君主立宪与共和两党,因召集国会公决政体,彼此意见相背如此之远,非一时能以解释现在之事端。

第五款:除非彼此互商,暂设一临时政府,不能平息战端。

第六款:此项临时政府,按现在全国人民大部分之思想以共和为目的,且既声明反对专制政体,总须能偿其所愿望。

第七款:本埠洋商商会各董事,将以意见陈请庆亲王暨前摄政王,迅速转致宫廷并各皇族,立刻设法俯顺舆情,俾地方渐复秩序,专候召集国会决定政体,以保治安。并请民军领袖和平体察,商议一切,以保中国完全治安为前途最大之目的云。①

在当天的会谈中,"伍廷芳表述其意在建立共和国,并无排斥满人理由,当废君位、优遇皇帝。唐绍仪在答复中表述其个人想法,称解决时局非共和不可,唯须讲求保全包括满蒙回藏之地域的方法。伍廷芳进而表示,共和国非只十八省之谓,亦有包含满蒙回藏之意"②。时隔一周,即 12 月 27 日,唐绍仪致电袁世凯请代上奏:"民军宗旨以改建共和政体为目的,若我不认共和,即不允再行开议。默察东南各省,主张共和已成一往莫遏之势。"而"和议一辍,战端再起,度支之竭蹶可虞,生民之涂炭愈甚,列强之分裂兴乘,宗祀之存亡莫卜",故请"明降谕旨",召集国民大会以公决君主民主,"以定指归",如"使皇上公天下之心昭然共喻,则皇室必能优遇,宗祀得以永存"③。在袁世凯的逼迫下,隆裕太后于次日召集王公会议,并颁懿旨:"予惟我国今日于君主立宪、共和立宪二者以何为宜?此为对内对外实际利害问题,固非一部分人民所得而私,亦非朝廷一方面所能专决,自应召集临时国会,付以公决。"④

袁世凯重新出山后,革命党人面临的斗争形势十分复杂。帝国主义列强为维护其在华的侵略权益,选择袁世凯取代清皇室作为其新的代理人。狡诈的袁世凯依仗列强的支持和手中掌握的北洋军队,内逼清皇朝交权并以此作为筹码,逼迫革命党人答应在清皇朝宣布退位的同时,将中华民国的权力交由

---

① 《赵凤昌、张謇等人信札、电文》,章开沅等主编:《辛亥革命史资料新编》第 2 卷,第 63、64 页。
② 李少军编译:《武昌起义前后在华日本人见闻集》,武汉大学出版社 2011 年版,第 715 页。
③ 《辛亥革命》(中国近代史资料丛刊)第 8 册,第 222、223 页。
④ 同上书,第 155 页。

他执掌。为早日推倒清皇朝,结束统治中国数千年的君主专制制度,同时又担忧革命的继续会招致列强的武装干涉,使即将实现的共和理想重归破灭,在军事力量对比上处于劣势的革命党人,在南北议和中被迫答应了袁世凯的条件。袁世凯"一箭双雕"的计谋正在步步得逞。就在这时,远在海外的孙中山风尘仆仆回到国内,南北双方的斗争又起波澜。

二、孙中山归国

孙中山是在武昌起义爆发后的第二天在美国从报纸上读到了起义爆发的消息,心中十分欣喜,他敏锐地意识到,革命成功的日子已在眼前。于是,他立刻中止了在美国的筹款活动,转而将全部精力用于解决由于革命形势急剧高涨而出现的各种紧迫问题。孙中山认为,革命成功后,新生的共和国面对清朝政府遗留下来的烂摊子,将会在财政方面遭遇严重困难;他更担心,外国列强会像对付太平天国那样,联合清朝政府,将革命镇压下去。为解除这两个威胁,他决定暂不赶回国内,先在国外争取外国财政援助并劝说列强不要干涉中国革命。

11月10日,孙中山从纽约抵达伦敦,要求英国政府停止对清朝政府的一切借款,改变对革命的敌视态度。英国政府在口头上表示同意,实际上不过是虚情应付一番。因为它在骤然掀起的革命风暴面前,一时还摸不准形势,拿不定主意,所以决定暂且先搪塞一阵。孙中山还以革命政府的名义,与在伦敦的外国金融财团商谈贷款问题。外国银行资本家借口革命派还没有建立起"正式政府",拒绝提供援助。孙中山又与法国、俄国政府接洽,同样遭到明确拒绝。孙中山大为失望,他觉得自己已尽了最大努力,即使再向欧美国家求助,也不见得有什么收获,而国内一日千里的革命风暴正等待他去领导和指引,形势的发展需要他立即返回国内。于是,他在11月24日从法国马赛港乘船东归。

12月25日,孙中山经历了16年的海外流亡生活后,回到了上海,受到黄兴、陈其美、汪精卫等人及上海各界人士的热烈欢迎。孙中山是从巴黎经香港回到上海的,离开巴黎前夕,他给上海《民立报》发来电报,告以行期及归国打算,《民立报》将此电登诸报端,因此,孙中山尚未到沪,各界已做好欢迎准备。12月25日,《民立报》以"欢迎!欢迎!"为题,发表专栏言论,热烈欢迎孙中山归来,认为"先生归来,国基可定,新上海光复后一月,当以此日为最荣"。

是日清晨,细雨如织,上海外滩十六铺金利源码头挤满了欢迎的人群,各国领事和外国记者亦赶来参加。孙中山乘香港轮入港,沪军都督府派"建威"兵轮,由参谋沈虬斋前往吴淞口迎接。轮船快靠岸时,孙中山立在轮船的上层,身着黑色西服,脱帽高举右臂,向欢迎群众含笑致意。此前,"报纸轰传总理(指孙中山——引者)于华侨处募得三千万金镑,亲携来沪。其实除随身行装、手提皮包三件外,无他物"①。他一上岸,便被欢迎的人群和记者们围住了。随后,由乌目山僧领到哈同花园招待午膳。沪军都督府特在宝昌路408号预备一处敞雅安全的住所供孙中山居住。

得知孙中山归国抵沪的消息,已宣告独立的很多省份纷纷来电表示欢迎。江西军政府及全省军、绅、商、学各界的公电说:"大节抵申,赣省军民同为额庆。光复祖国,组织共和,尤感先生是赖,除已派代表在沪欢迎外,特此电贺。"在南京的"各省都督府代表联合会"也派遣马君武(已在上海)、景耀月、王竹怀、王有兰等16人为代表,于12月26日晚专程赴沪欢迎②。

三、南京临时政府成立

武昌起义后不久,随着南北各地的纷纷响应,特别是南方各省的相继独立,成立统一的临时政府便被提上议事日程。

武昌起义后,革命风暴很快蔓延。1911年10月27日,在北京的英国记者莫理循致信伦敦《泰晤士报》对外新闻部主任布拉姆:"我在这里所遇到的每一个人都赞同革命,甚至比较开明的低级满族官吏也反对他们的政府。"③在北京

---

① 曹家俊辑:《孙中山抵沪情形》,刘萍、李学通主编:《辛亥革命资料选编》第四卷上册,社会科学文献出版社2012年版,第282页。
② 王有兰:《辛亥建国回忆》,《辛亥革命史料选辑》下册,湖南人民出版社1981年版,第295页。
③ 窦坤等译著:《〈泰晤士报〉驻华首席记者莫理循直击辛亥革命》,福建教育出版社2011年版,第206页。

的汪荣宝记述,后来有人从上海抵京,"备述南中情形,此次革命几于万众一心,各以死自誓,虽妇孺走卒亦无不踊跃赞成"①。在沪的赵元成则描述:"余来沪旬余,见此邦人士无复发辫垂垂,不禁欢喜赞叹。因亦毅然剪去,脱除烦恼,还我本来,何快如之。"②在被英国占据的香港也群情振奋,1911年11月18日《东京日日新闻》描述武昌首义、各地响应的消息传到香港后当地民众的反应:

> 居住香港的三十五万中国人欣喜若狂,鞭炮声响彻一方,不管大街还是小巷,处处鞭炮声隆隆。市内第一大街的皇后大道上,长挂的爆竹如紫藤花般从鳞次栉比的五、六层楼上垂到地面,各户同时点火,隆隆的爆炸声震撼天地,硝烟滚滚,咫尺难辨。数万群众不分老少,到处围聚成群,在夜风中挥舞彩旗,山呼"万岁",势如大河决堤。③

海外华侨也兴高采烈,日本驻新加坡领事馆的报告描述:

> 随着叛军得势,居留此地之清国革命党员等气焰日高,其机关报即在槟榔屿之《光华日报》,借此次动乱之机创刊。他们利用此地《南侨日报》等报纸,并运用演说、散发传单等方式,大力声援革命。究其由来,居留此地之清国人几乎都是广东、福建省人,由于革命思想是在汉人中滋长,故同情此次叛乱乃是自然之势。革命党成立事务所后,或捐款,或应征当兵,或无偿提供前往清国船票,其热烈之同情令人吃惊。尤其是本月上旬,传来北京陷落之虚报后,此地人心大受刺激,汉人显得喜悦至极,家家悬挂革命之星旗,燃放爆竹,游行,焚烧黄龙旗,宛如支那节日一般。现在,黄龙旗仅在清国领事馆孤零零树立。剪辫者特多,仅在此地,据闻每天数以千计。④

袁世凯集团和立宪派人以及其他政治势力包括旧官僚因时而动,各找对策。其中江苏的光复颇具戏剧性,11月4日上海光复后,沪军都督陈其美即派出起义军官兵50人乘车赴苏州,与驻守苏州城内外的新军联络,策动起义。

---

① 韩策等整理,王晓秋审订:《汪荣宝日记》,中华书局2013年版,第331页。
② 赵元成著,倪春军整理:《赵元成日记(外一种)》,凤凰出版社2015年版,第51页。
③ 赵军:《〈内外时事月函〉折射出来的辛亥革命侧影》,《章开沅先生九秩华诞纪念文集》,华中师范大学出版社2015年版,第345页。
④ 李少军等编译:《晚清日本驻华领事报告编译》第5卷,社会科学文献出版社2016年版,第419—420页。

在形势的催逼下,江苏巡抚程德全权衡得失,与当地绅商商议后,在11月5日宣布反正,摇身一变,成了中华民国江苏都督府首任都督。其角色转换之快,或许连他自己也有点不好意思,手下人便帮他出主意,说是所谓革命无非就是破坏,于是找来一根长竹竿,"挑去了抚衙大堂屋上的几片檐瓦,以示革命必须破坏云"①。身为苏州人的叶圣陶曾这样描述,这场革命"来得这么不声不响,真是出乎全城市民的意料之外,倒马桶的农人依然做他们的倾倒涤荡的工作,小茶馆里依然坐着一壁洗脸一壁打呵欠的茶客"②。包天笑也忆述:"记得江苏宣告独立之日,程雪楼(德全)以巡抚而易为督军的时候,我和《时报》一位同事程君,到苏州去观光一下。但见抚台衙门前只不过飘扬了一面白旗,至于老百姓,还是行所无事,各安其业。"③当时的形势极为复杂,革命党人却缺乏足够的思想准备,缺乏统一的方针和明确的对策,而且内部存在意见分歧,孙中山又远在海外尚未归来,这样,革命派在如何组织全国政权、肩负起领导全国的革命运动以夺取胜利这一重大问题上,不能不陷于极为被动的境地。

武昌起义后,像黎元洪这样的旧军官被革命党人推出来做首义省份的都督,这就使得革命党人在组织和掌握革命政权方面,从一开始就处于被动地位。这件事也清楚地说明革命党人对政权问题的极端重要性,在认识上存在严重弱点。正是由于黎元洪占据了都督这个席位,就给他提供了分化革命党人、扩展并巩固自己势力的十分有利的条件。诚然,革命党的上层领导人中曾有人试图要改变这种状况,如宋教仁为防止黎元洪挟武昌首义的声望对起义省份发号施令进而控制中央政权,曾计划进取南京,建立起一个新的革命中心以取代武汉。但后来由于武汉战事吃紧,又决定由柏文蔚、范鸿仙负责南京光复事宜,宋教仁和黄兴同去武汉指挥战局。黄兴10月28日抵武汉,当夜即赶赴汉口前沿阵地,11月2日因作战失利退回武昌。

11月9日,湖北都督通电各省派代表赴武昌,筹组临时政府。江、浙、沪都督认为上海为交通枢纽,又为列强注视之地,正是筹建临时政府的合适地点。13日,沪军都督陈其美向武昌、长沙、安庆、南昌、苏州、浙江、太原、西安、福州、济南、桂林、云南、贵州等处都督发出通电,请各派代表来沪,议建临时政府。

---

① 钱伟卿:《谈程德全二三事》,《辛亥革命江苏地区史料》,江苏人民出版社1961年版,第125页。
② 叶圣陶:《苏州"光复"》,《叶圣陶集》第5卷,江苏教育出版社1988年版。
③ 包大笑:《钏影楼回忆录》,上海三联书店2014年版,第426页。

15日,浙江、江苏、镇江、福建、山东、湖南、上海七处代表在沪集会,成立"各省都督代表联合会",主张各省原咨议局和都督府各派代表一人常驻上海。这个意见没有为鄂军都督府接受。后来,上海方面接受了湖北的意见,各省代表赴武昌开会,同时各省留一人在沪,以联络声气。11月30日至12月3日,代表们在汉口英租界召开了会议,正式通过《中华民国临时政府组织大纲》。会议结束前一天,即12月2日,南京被江浙联军攻克。这时汉阳已于11月27日失守,武昌也很危急。12月7日,各省代表同船前往南京。

此前,留在上海的各省代表在得悉南京光复的消息后,也同在武汉的代表一样,于12月3日议决以南京为临时政府所在地,并于12月4日投票选举黄兴为暂定大元帅,黎元洪为暂定副元帅兼任鄂军都督,次日又议决由黄兴主持临时政府。黄兴表示自己难以胜任,认为"孙中山先生将回国,可当此任"。各代表强调"方今军务倥偬,时间异常宝贵,孙君诚为数十年来热心革命之大伟人,然对外非常紧急,若无临时政府,一切交涉事宜俱形棘手,况大元帅为一时权宜之计,将来中华底定,自当由全国公选大总统"[①],坚请黄兴不必推让。至此,黄兴才勉强答应暂时担任。

按照原议,留在上海的各省代表只是一个通信机关,没有权利确定临时政府所在地和选举临时政府首脑。留沪代表的这一行动,标志着汉阳陷落南京光复后,江浙方面在筹建临时政府过程中地位的上升。这一行动的策动者是宋教仁、陈其美和张謇、汤寿潜等人。宋教仁和陈其美本不愿黎元洪控制下的武昌成为临时政府所在地;张謇、汤寿潜等人原拟在沪召开各省代表会议,进而控制临时政府的筹建,只是迫于形势才不得不先提出政府设鄂、议会设沪的方案。后来由于武汉方面的反对,连议会设沪的主张也不得不放弃,同意各省代表会议迁武汉举行。汉阳的陷落和南京的光复改变了原来的形势。黄兴又恰好在江浙联军攻克南京的前一天由武汉抵沪,这就为上海方面采取上述举动创造了条件。

黄兴虽勉强接受了大元帅的称号,但他并未能真正着手筹组临时政府。这主要是因为他遭到黎元洪和一部分江浙军人的反对。日本驻沪总领事有吉明在一份报告中写道:

---

① 《民立报》1911年12月6日。

在这些革命党人中,黄兴本是曾经崭露头角、较有声望的人,但尚未居于统率全党的地位,还不能指望由他来制御那些附和于革命党的旧官吏和地方缙绅。质言之,由于缺乏核心人物,就使人们怀疑革命党人作为一个集体的意志究竟何在,从而各持己见、互不协调的现象,屡见不鲜。①

12月12日,各省代表先后由武汉、上海齐集南京。13日,全体代表开会选出汤尔和为议长,王宠惠为副议长,并议决在16日选举临时大总统。此前,代表会议在汉口开会时,为了争取袁世凯反正,曾议决"如袁世凯反正,当公举为临时大总统"。这时,代表会议为了虚位以待袁世凯,又承认上海选出的大元帅和副元帅,并于《临时政府组织大纲》中增加一条:"大总统未举定以前,其职权由大元帅任之。"但是,黄兴因受到黎元洪和一部分江浙军人的反对,并未实际就任大元帅,这时他于12月17日通电力辞暂定大元帅,建议推黎元洪为暂定大元帅。

代表会议接到黄兴的来电后,在当日改选黎元洪为大元帅,驻武昌,黄兴为副元帅,并代行大元帅职权,组织临时政府。但黄兴仍坚不就职。而代表会议的正副议长汤尔和与王宠惠,又分别因病和为南北议和而前往上海。这样,就使各省代表处于非常尴尬的地位。为了摆脱这种局面,代表会议于12月20日另举景耀月代理议长,并备公函请黄兴速来南京组织临时政府。这时,黄兴已获悉孙中山已启程归国即将抵沪的消息,就延缓赴南京,等待迎接孙中山的归来。

孙中山归国,使独立各省有了一位众望所归的领袖人物,也使临时政府筹组的难题迎刃而解。孙中山回国前,围绕着临时政府领袖的人选,各省代表曾各执己见,争论不休。孙中山的到来使这些分歧不复存在,因为孙中山对反清革命的卓越贡献是举世公认的,也是人们久已敬仰的。武昌起义爆发时,虽然孙中山远在美国,不能直接领导起义,但起义者们仍把他看作自己的当然领袖。湖北军政府成立后,就曾以"中华民国军政府大总统孙"的名义,发布重要文告。孙中山的崇高威望,足以使他成为统率全国革命力量和人民群众的最合适的人选。

---

① [日] 有吉明:《关于革命党内部情况的报告》,《日本外交文书选译——关于辛亥革命》,中国社会科学出版社1980年版,第191页。

孙中山抵沪的次日,在寓所接受了上海法文《中法新汇报》总编辑的采访,在回答"你对所建立的那种共和体制有明确方向了吗"的提问时,明确表示:"我个人赞同汲取美利坚合众国和法兰西共和国的各自长处,选择一种间于二者的共和体制。我们很想借鉴其他民族的经验。"[1]当天,他与同盟会在上海的领导人黄兴、陈其美、宋教仁等密商组织统一的中央革命政府,力图建立起以革命党人为主体的新政府。会上决定举孙中山为大总统,"分途向代表示意",并由"马君武言于《民立报》,唤起舆论"。晚间,又在孙中山的住处专门研究组织方案。在讨论政府的组织形式时,发生了一场究竟采用总统制还是内阁制的激烈争论。宋教仁坚持主张实行内阁制,孙中山表示反对。他认为:"内阁制乃平时不使元首当政治之冲,故以总理对国会负责,断非此非常时代所宜。吾人不能对于惟一置信推举之人,而复设防制之法度。余亦不肯徇诸人之意见,自居于神圣赘疣,以误革命之大计。"[2]

当时参加会议的除孙中山、宋教仁之外,还有黄兴、胡汉民、汪精卫、陈其美、张静江、马君武、居正等。孙中山的意见,首先得到张静江的支持,其他参加会议的人,除宋教仁外,也都同意孙中山的意见,于是就决定采用总统制。但宋教仁仍坚持自己的意见。黄兴从中调解说,待到南京与各省代表商酌后再行决定。宋教仁才不再坚持。

会后,宋教仁乘当日夜车去南京。次日黄兴也赴南京,当晚在江苏咨议局召开各省代表会议,提出三项议案:改用阳历;起义时用黄帝纪元,今应改为中华民国纪元;政府组织形式采用总统制。对第一、二项,全体赞成,但因民间习惯已久,在阳历下仍注阴历节候。关于总统制还是内阁制,在讨论时,宋教仁仍主张内阁制。讨论结果,多数赞成总统制,并决定了临时政府组织大纲及次日选举临时大总统。

12月29日,各省代表开会正式选举临时大总统,到会者共17省45人。会议首先将头天晚上的预选结果揭晓,有候选资格者为孙中山、黄兴、黎元洪。选举以每省一票,共17票。按临时政府组织大纲规定,满投票人数的三分之二以上者当选。选举结果,孙中山得16票,黄兴得1票。孙中山以绝对多数票

---

[1] [法]莫耐斯梯埃著,王国铮译:《孙中山采访记》,刘萍、李学通主编:《辛亥革命资料选编》第四卷上册,第286页。
[2] 《胡汉民自传》,丘权政等编:《辛亥革命史料选辑》上册,湖南人民出版社1981年版,第218页。

当选为临时大总统。刚挣脱帝制禁锢的人们,闻听总统选举,十分欣喜,叶圣陶12月29日和30日的日记这样写道:

> 晴光普照,气象宏崇。选举总统一事,为历史所未有,亦民国之光荣。街头巷角,高竖五色之国旗以庆盛典,而各学校亦停课一日焉。
>
> ……
>
> 知临时大总统已公举定孙君文。君久历欧西,一切文明典制定必了然于胸,此时组织临时政府,当能惬我同胞之心也。①

1912年1月1日,这是一个值得纪念的日子。上午10时,孙中山从上海坐专车去南京就任中华民国临时大总统。同行的有各省代表会临时议长汤尔和、副议长王宠惠和孙中山的军事顾问荷马李等数十人,上海各界人士1万多人到上海火车北站送行,"以故车马纷纭,道途为塞,脱帽拍掌,声震耳鼓,五色旗飘扬飞舞,为从来未有之盛举也"②。途经沪宁沿线各地车站,受到许多人的热情迎送。南京城内,更是喜气洋洋。当晚10时,孙中山在庄严的就职典礼上,宣誓就任中华民国临时大总统,时年46岁。他在誓词中庄严地表示:"倾覆满洲专制政府,巩固中华民国,图谋民生幸福,此国民之公意,文实遵之,以忠于国,为众服务。"③他向全世界宣告了中华民国的成立。接着又通电全国,废除皇帝纪年,改用公元纪年。1月3日,孙中山在南京组成包括一部分立宪派人和旧官僚在内的中华民国临时政府,黄兴等同盟会成员担任了重要职务。革命党人掌握了南京临时政府的实际权力。

四、清帝退位

孙中山担任临时大总统后,面临的斗争任务非常艰巨。其中,解决临时政府的财政危机是很紧迫的问题。武昌起义爆发后,帝国主义列强借口保障外债偿付,乘机完全攫夺了中国海关税收,不让有一文钱供临时政府支配,其中

---

① 叶圣陶著,叶至善整理:《叶圣陶日记》上册,商务印书馆2018年版,第59、60页。
② 《民立报》1912年1月2日。
③ 《临时大总统誓词》,《孙中山全集》第2卷,第1页。

包括"关余"。中国海关史上习称的"关余"是指清末民初中国每年的海关税收,在扣除以关税作抵的各项到期应付赔款、外债、公债及海关经费等款后的余款。辛亥革命时期,围绕着能否动用"关余"的问题,各地新生的革命政权曾与外国列强多有交涉乃至抗争,但均落败并直接有碍革命的进程。

辛亥革命前,中国海关税收已被帝国主义强行指定作为偿付外债、赔款的担保,但海关税款则一直由清朝政府掌握。外籍税务司在中国海关的权力主要在关税征收方面。海关税款收入由清朝政府指定的银号收纳。税款的保管和支付由清朝政府委派的海关道或海关监督全权负责。1909年4月起接替赫德担任总税务司的安格联,在他的一份备忘录中承认:"在革命以前,各海关税务司只对他们协征的税款作账,而并不经管凭单缴入代收关税银号的现金";"海关银号并不是在税务司,而是在监督的管辖之下,监督往往是皇帝直接简派的地方官"①。

武昌起义爆发后,帝国主义列强为了维护它们在中国的侵略权益和完全控制中国的海关,立即开始攫夺中国海关税款的活动。10月15日,安格联下令江汉关税务司苏古敦"将税款设法汇入汇丰银行我的账内,等候事态的发展"。他宣称:"让税款跑到革命党的库里去是不行的。"②10月23日,他见到各地革命形势发展迅猛,便向清朝政府税务处帮办大臣胡惟德提出:"采取某种方针确保关税不致为革命党用作军费,并留供偿还外债,现在已经是时候了。"③11月3日,他在致江海关税务司墨贤理的信中又强调:"如果任何邻近上海的口岸加入革命,有关的税务司在紧急的时候向你征求意见时,我们的方针是这样的:关税是外债的担保品,因此税务司应当向有关方面说明,为了避免外国干涉,关税必须以总税务司或领事团名义暂时存储。"④

11月23日,英国驻华公使朱尔典也向英国外交大臣格雷报告:"从中国革命运动的进展所引起的一些附属问题中,一个已经吸引而且继续吸引我密切注意的问题,就是如何处理各口岸所征收的海关岁入,以便保存它不被挪用,

---

① [美]马士著,张汇文等译:《中华帝国对外关系史》第3卷,商务印书馆1960年版,第428页。
② 中国近代经济史资料丛刊编辑委员会主编,中华人民共和国海关总署研究室编译:《中国海关与辛亥革命》(帝国主义与中国海关资料丛编),中华书局1964年版,第8页。
③ 同上书,第330页。
④ 同上书,第153页。

供偿还它所抵押的外债之用。"并称:"在一座已辟为条约口岸的城市,行政管理权一旦由清政府手中转入革命军手中,所征收的税款便听任革命军支配;这些税款有被用来支持起义军政府的军事行动和满足其他紧急需要的危险。"为此,在他的提议下,外国公使团公然要求"把全部海关岁入置于总税务司的控制之下,那些岁入不仅包括清政府已失各口的岁入,而且包括清政府仍然控制的各口岸岁入在内",并决定由外国在上海各银行组织专门机构负责接受这些税款①。

面对帝国主义势力非法劫夺中国海关税款的行为,各地革命党人做出强烈反应和抗争。这种抗争首先发生在湖南长沙。1911年10月22日,革命党人在长沙起义成功的当天,就以湖南军政府的名义照会长沙海关税务司伟克非,宣布自即日起,"所有洋关、邮政局应归本军政府管理,所有徽章旗帜由本军政府即日派人前来更换,务希贵税务司并执事人等,一概仍旧办理,诸事悉听本军政府命令施行"②。但这一照会立即受到帝国主义的抵制。10月26日,安格联命令伟克非通知湖南军政府:"海关税收已指抵外债,为了避免与列强发生纠纷,最好暂时将税款交由总税务司或领事团保管"③,胁迫湖南军政府放弃接管长沙海关的打算。朱尔典也公然出面干涉,致电英国驻长沙领事,指示他同海关税务司合作,"听候海关总税务司或领事团的命令"。声称:"应采用的论据是,该岁入确系各国债券持有人的财产,如果革命军擅自挪用,可能会引起同列强的纠纷。"④在帝国主义的威逼下,革命党人做了让步,先是"建议税款存在大汉银行,军政府和税务司都不得动用",在遭到拒绝后,又"同意将税款存入汇丰银行,但是要用军政府的名义,未经军政府许可,不得擅自动用"⑤。但这样的要求仍被拒绝。为了胁迫革命党人屈服,帝国主义派出军舰驶抵长沙,进行恫吓⑥。最后,湖南军政府终于妥协,"同意将税款以总税务司

---

① 胡滨:《英国蓝皮书有关辛亥革命资料选译》上册,中华书局1984年版,第153—158页。
② 中国近代经济史资料丛刊编辑委员会主编,中华人民共和国海关总署研究室编译:《中国海关与辛亥革命》(帝国主义与中国海关资料丛编),第94—95页。
③ 同上书,第95页。
④ 胡滨:《英国蓝皮书有关辛亥革命资料选译》上册,第154页。
⑤ 中国近代经济史资料丛刊编辑委员会主编,中华人民共和国海关总署研究室编译:《中国海关与辛亥革命》(帝国主义与中国海关资料丛编),第99页。
⑥ 胡滨:《英国蓝皮书有关辛亥革命资料选译》上册,第154页。

名义存入汇丰银行"①。

围绕着"关余"问题的斗争,在爆发革命的其他通商口岸多次发生过。在汉口,革命党人在起义成功后,"任命了他们自己一伙的人为海关监督",试图接管海关,但同样遭到帝国主义的拒绝。当地的海关税务司依仗"当时泊驻在长江的各国强大海军力量的援助",迫使革命党人"终于达成了一项协议。根据该协议,把征收的关税用海关总税务司的名义存入汇丰银行"②。11月7日,即上海光复的第二天,朱尔典就指示英国驻上海领事,"起义军政府不得动用任何款项,如海关税入,它已被指定用来偿还外债"③。

在云南蒙自,围绕着海关税款掌管权,革命党人与帝国主义之间的斗争相当激烈。11月间,蔡锷任云南都督后,要求蒙自海关税务司谭安"把税款解交军政府"。谭安拒不接受这一要求,并扬言:"最好让海关征税并汇往广州的总税务司账款内,备还外债,以免引起外国的干涉。"蔡锷没有退却,指出"云南需要蒙自关的税款",不同意谭安的这种说法。一时双方争持不下。于是,安格联命谭安:"如果云南当局不采取较为合理的态度,那就有必要考虑撤退海关人员并停止收税,但是这样做了,他们就会同法国发生纠纷,因此,还是请他们重新考虑一下吧。"以此逼迫云南军政府妥协④。

正是在这样的胁迫下,武昌起义后,凡爆发革命的各通商口岸的海关税收无一例外地被帝国主义攫取。12月5日,朱尔典向格雷报告:"所有各口的海关岁入现已完全置于海关税务司的控制之下,供偿付对外债和赔款之用。"⑤12月27日,安格联也在一份电报中声称:"各地革命政府都已确认自己的义务,把关税全部汇解总税务司帐内,清政府也把北方各口岸税款交给总税务司管理。"⑥当时"各关所收税款,每星期汇交上海,分存汇丰、德华、道胜三行,为归还洋债赔款之用"⑦。

---

① 中国近代经济史资料丛刊编辑委员会主编,中华人民共和国海关总署研究室编译:《中国海关与辛亥革命》(帝国主义与中国海关资料丛编),第331页。
② 胡滨:《英国蓝皮书有关辛亥革命资料选译》上册,第154页。
③ 同上书,第46页。
④ 中国近代经济史资料丛刊编辑委员会主编,中华人民共和国海关总署研究室编译:《中国海关与辛亥革命》(帝国主义与中国海关资料丛编),第269页。
⑤ 胡滨:《英国蓝皮书有关辛亥革命资料选译》上册,第178、179页。
⑥ 中国近代经济史资料丛刊编辑委员会主编,中华人民共和国海关总署研究室编译:《中国海关与辛亥革命》(帝国主义与中国海关资料丛编),第269页。
⑦ 《南京临时政府公报》第46号,中国社会科学院近代史研究所编:《辛亥革命资料》,中华书局1961年版,第315页。

其数目相当可观,仅1911年11月和12月两个月内,存入在沪外国银行债款专账内的海关税款即达330万两①。

帝国主义对中国海关税款的攫夺,对各地革命党人造成极大的困难。武昌起义后,各地成立的军政府普遍出现财政拮据状况。一方面,旧政府遗留下来的库藏十分有限;另一方面,新政府废除了清朝政府原来征收的许多苛捐杂税,短时期内又难以建立起新的税收体系来替代它,而军需费用和其他日常开支又很巨大和迫切。1911年11月23日,孙中山与法国东方汇理银行经理西蒙会谈时,提出希望改变现有借款的担保品,将要成立的革命政府要求"收回海关的征税权及控制权"的问题,西蒙坚决反对,声称这是"绝对不可能的"②。

在这种情况下,革命党人本可依靠收入较丰的海关税款作为把注,现在这一资金来源也被帝国主义切断,这对各地军政府无疑是一个致命的打击,直接给他们造成严重的财政危机。在四川,军政府无力支付下属部队的饷银,被迫考虑采取一些应急措施来克服困难,"一个计划是发行纸币,不用白银储备而用从俘获的抢劫者手中收回的丝绸和皮毛仓库做担保。官方报纸宣布的另一个计划,是建立接受自愿捐款的机构,以支付军队的费用"③。捉襟见肘的窘态由此可以想见。

在湖南,"新政府的财政需要是极为迫切的",因资金来源极为有限,"军政府正在把水口矿的锌矿石按每吨十八两半现银的价格出卖给各洋行,以尽力满足对现款的需要"。此外,它还宣布"打算请人们认购五百万元的公债,年息六厘,五年以后开始偿还,十年内还清"。但当时就有人认为:"按照这样的条款,几乎不能吸引中国人的资金。"④即使像广东、上海这样经济比较发达的地区,也不免出现入不敷出的困难局面。如广东光复后,军政府"财政竭蹶,军需浩繁,不得不藉募债一途,以资把注"⑤。

当时各地的军政府普遍遭遇严重的财政困难,如日本外务省档案载:"11

---

① 中国近代经济史资料丛刊编辑委员会主编,中华人民共和国海关总署研究室编译:《中国海关与辛亥革命》(帝国主义与中国海关资料丛编),第339页。
② 葛夫平:《法国与清末政局》,《史林》2015年第5期,第108—109页。
③ 胡滨:《英国蓝皮书有关辛亥革命资料选译》上册,第376—377页。
④ 同上书,第394、395页。
⑤ 《广东都督关于粤省募债及筹还情形咨》,中国第二历史档案馆:《中华民国史档案资料汇编》第2辑,江苏人民出版社1981版,第330页。

月初革命军占领苏州前后,富人收拾钱财陆续躲避外地,商铺收缩进货,企业家关闭企业,金融紧缩。"①上海也不例外,陈其美领导的军政府成立后,主要依靠发行公债、军用票和募捐度日。一位当事人忆述:"沪军政府成立初期,军用浩繁,款项无着,因设立一个军饷协济会筹集军饷,总会在上海,外埠都有分会,属于各省各地的军政机关,由分会报告总会,互相联系,进行劝募工作。"② 1911年12月25日孙中山从国外争取贷款未果回到上海后,"确使革命军组织革命中央政府的人选获得迅速的解决,但在仓卒中对于支持该中央政府(指即将成立的南京临时政府——引者)的经费尚无着手的办法"。局面相当困窘,"在中山先生到上海的前后,广东革命政府遣派三千军队到南京。路过上海,时值隆冬下雪。在黄浦码头上岸,身上只穿单夹不等的平民服装,加上一件羊皮背心,这样的服装自然不能御当时的严寒。该军队的长官翌日则到上海广肇公所要求协助制造棉被褥各三千条,限三日交货,以便赶赴南京。公所以无军服制造厂可转托制,且棉花市面缺货,只得做了稻草的被褥各三千条,以应急需。这军队是为巩固南京政府而来,但它所缺的被褥无指定的机关办理,只有向同乡的广肇公所求支援,不能不表现着东南军政府的脆弱环节"③。

  各地革命党人在起义成功后如此急需资金来维持并巩固新生政权的情况下,为什么能忍受帝国主义势力攫取海关税收这项重要的财政收入?主要在于资产阶级革命党人非常害怕帝国主义对中国革命进行干涉。武昌起义爆发后,由于害怕帝国主义的干涉,湖北军政府成立后发布的一份文告曾再三告诫人们不要冒犯洋人,认为"若是害了外人,各国都来与我们为敌,那就不得了呢!"④它在10月13日致各国领事的照会中,明确宣布承认以往清朝政府与各国缔结的条约,并照旧偿付赔款和外债⑤。即使是孙中山,在这个问题上也是

---

① 李少军:《武昌起义爆发后〈通商汇纂〉出版的号外之三》,陈锋主编:《中国经济与社会史评论(2011年卷)》,中国社会科学出版社2012年版,第208页。
② 邱寿铭:《沪军都督府筹饷一、二事》,全国政协文史资料委员会编:《辛亥革命回忆录》第7集,中华书局1961年版,第567页。
③ 唐宗濂:《我所了解的袁世凯》,上海市文史研究馆编:《辛亥革命亲历记》,中西书局2011年版,第260页。
④ 中国近代经济史资料丛刊编辑委员会主编,中华人民共和国海关总署研究室编译:《中国海关与辛亥革命》(帝国主义与中国海关资料丛编),第144页。
⑤ 《松村驻汉口总领事致林外务大臣电》,邹念之译:《日本外交文书选译——关于辛亥革命》,中国社会科学出版社1980年版,第180页。

如此。武昌起义爆发后,尚在海外的孙中山在《通告各国书》中就宣布:"于我军未起事以前,满政府所借之外债,一概承认偿还,决无改议,将来以海关税款抵赔。"①其态度是明确的,即使在南京临时政府成立后也是如此,1912年1月22日他接受美联社采访时表示:"我们控制了除天津和营口之外的所有条约口岸。事实上,民国政府保护了绝大多数外国人和外国财产。中国人民每天都在问,为什么各国不及时承认我们呢?中国人民担心,北京一些外国使节要挑动外国干涉,这一阴影笼罩全国,中外人民都为此感到忧虑。"②因此,当帝国主义以保证赔款和外债的偿付为借口,又施以武力威胁,逼迫他们放弃接管海关的要求,强行夺取中国海关税款时,各地革命党人在稍作抗争后,都相继在帝国主义的威逼面前退却。

各地革命党人这种忍让的态度,并没有换得列强的同情和支持,反而被视为软弱可欺。安格联事后在一份备忘录中这样写道:"在设立(海关税款)管理权的过程中,他们(指各地税务司——引者)没有遭到什么困难,在控制现款以供作战之用最为事关重要的时候而干涉海关税款的试图竟不多见,这充分地说明革命领袖的爱国情绪和他们对国债的责任感。在大多数地方,只要一语解释就够了……在很少的国家里,像这类事情会以这样一种恕道和合情合理的精神来处理。"③

> **知识框**
>
> ### 外蒙古的分离
>
> 1911年,沙皇俄国趁中国发生武昌起义,清朝统治岌岌可危之机,煽动和勾结外蒙古封建王公将外蒙古自中国分离,宣布外蒙古"独立"并成立"大蒙古国",实际上成为俄国的殖民地和保护国。
>
> 还在武昌起义前的1911年7月,以库伦活佛为首的外蒙古僧侣封建

---

① 孙中山:《通告各国书》,中国社会科学院近代史研究所等编:《孙中山全集》第1卷,中华书局1981年版,第545页。
② 郑曦原编:《共和十年:〈纽约时报〉民初观察记(1911—1921)·政治篇》,当代中国出版社2011年版,第44页。
③ [美]马士著,张汇文等译:《中华帝国对外关系史》第3卷,第429页。

> 主在俄国长期煽动和支持下,以会盟为名,在库伦召开四盟王公秘密会议,决定分裂祖国,实行外蒙古"独立",并派人密往圣彼得堡请求俄国政府"庇护"。同年10月,武昌起义爆发。12月1日,外蒙古王公调集各旗蒙兵集合库伦,正式通知清朝政府驻库伦办事大臣三多,他们已将全土自行保护,定名大蒙古国,公推哲布尊丹巴为皇帝,并令三多所属文武官员及兵役三日内撤离蒙境,否则以武力驱逐。三多无奈,于次日避入俄国驻库伦使署请求保护,12月4日离开库伦,经恰克图取道西伯利亚回国。12月28日,哲布尊丹巴登基为帝,号称"日光皇帝",年号"共戴","大蒙古国"粉墨登场。
>
> 此后,中俄就外蒙古"独立"问题多次交涉。按照1915年订立的《中俄蒙协约》,中国除了保留名义上对外蒙古博克多哲布尊丹巴呼图克图汗名号的册封权,和在库伦、乌里雅苏台、科布多及蒙古恰克图象征性地派官和派驻少量卫队的权利外,对外蒙古的主权和其他一切权利已全部丢失。外蒙古获得事实上的独立,却成了俄国的附庸。(详可参阅刘存宽:《中俄关系与外蒙古自中国的分离(1911—1915)》,《历史研究》2004年第4期)

由此,武昌起义后,革命党人失去了原可指望的海关税款这一项比较可观和稳定的财政补充渠道,各地革命政权都遭遇严重的财政困难,随后成立的南京临时政府也从一开始就陷于财政危机的严重困扰之中。各省地方税收为数不多,供应各地军政府尚嫌不够,更谈不上接济中央革命政府了。依靠华侨赠款和国内民众的捐助,数目毕竟有限,不能最终解决问题。所以,临时政府刚成立,就面临了严重的财政危机,不仅难以支付下属10余万部队的军饷,连临时政府本身的日常开支也无法保证,一度竟出现了财政部金库只剩下10元钱的危急局面。严重的财政危机直接威胁着临时政府的生存。为了摆脱困境,孙中山又被迫向西方国家求助。但他的多次呼吁都石沉大海,杳无回音。帝国主义对南京临时政府依然采取拒不承认和不予资助的敌对态度。临时政府只得靠发行公债和募集捐助,勉强度日。严重的财政困难不仅束缚了临时政府的手脚,使它在内政方面很难有所作为,而且还在很大程度上导致了它的中途夭折。

比财政危机更使孙中山难以招架的,是对付来自各方面的要他把总统职位让给袁世凯的强大压力。武昌起义爆发后,清朝政府为了挽救它的灭亡,被迫起用一度解职在家的袁世凯,任命他担任了掌握军、政大权的内阁总理。负责镇压革命的野心勃勃的袁世凯乘机大施诡计。他一方面借革命力量的声势,逼清皇室交出权力;一方面派重兵直逼武汉三镇,同时又放出和谈的空气,压革命派妥协,企图一箭双雕,既夺得清朝政府的最高权力,又迫使革命派屈服。

在袁世凯软硬兼施的进攻面前,又加上立宪派人和一部分旧官僚的鼓动,有些革命党人堕入了迷雾。他们错误地把袁世凯看做是可以争取的力量,同意如袁世凯帮助推翻清皇朝,就推举他担任共和国大总统,以求尽快结束战争,换取革命的早日"成功",并通过了相应的正式决议。黄兴的看法很有代表性:"袁世凯是一个奸黠狡诈、敢作敢为的人,如能满足其欲望,他对清室是无所顾惜的,否则他也可以像曾国藩替清室出力把太平天国搞垮一样来搞垮革命。只要他肯推翻清室,把尚未光复的半壁河山奉还汉族,我们给他一个民选总统,任期不过数年,可使战争早停,人民早过太平日子,岂不甚好。如果不然,他会是我们的敌人,如不能战胜他,我们不仅得不到整个中国,连现在光复的土地还会失去也未可知。"①紧接着,便在上海开始了南北和议。这样,孙中山从欧洲回到国内后,就发现自己被置于一个十分被动的境地,一方面他被各省代表推举为南京临时政府的领袖,另一方面又被作为过渡阶段的政府首脑看待。各省代表原先通过的正式决议依然有效,孙中山暂时只是虚位以待,只要袁世凯反戈倒清,总统职位仍将由袁世凯担任。

孙中山对袁世凯的印象素来不好,认为袁狡猾善变,是一个靠不住的危险人物,他很不赞成将革命政权拱手让给这样一个阴险的家伙。回国之初,他曾明确表示要把革命进行到底,决不中途妥协退让,并且还积极着手组织北伐。但是,当时的客观形势已不是孙中山所能左右了。他所面对的,是拥有强大的武装又有丰富统治经验的袁世凯。早在武昌起义前,袁世凯就已形成了自己

---

① 李书城:《辛亥革命前后黄克强先生的革命活动》,《辛亥革命回忆录》第1册,中华书局1961年版,第200页。

的政治和军事势力,他不仅控制着清朝政府赖以统治的支柱——北洋六镇新军,手下有一批为其效劳的满族贵族和汉族官僚,具有极其狡猾的政治手腕,而且得到帝国主义列强的欣赏。

辛亥革命爆发后,列强看到清朝政府难以再维持下去,便决定采取"换马"的办法,抛弃清朝政府,扶持袁世凯作为它们统治中国的新的代理人。袁世凯就任内阁总理后,英国驻华公使朱尔典不无得意地向英国外交大臣格雷报告:

> 我们对袁世凯怀有很友好的感情和敬意。我们希望看到,作为革命的一个结果,有一个强有力的政府,能够与各国公正交往,并维持内部秩序和有利条件,使在中国建立起来的贸易获得进展。这样一个政府,将得到我们能够提供的一切外交上的支持。①

在这以后,帝国主义不仅在整个南北议和过程中暗中为袁世凯出谋划策,而且公开告诉革命党人,只有让袁世凯当大总统才能得到它们的认可。英国《泰晤士报》驻北京记者莫理循在南北议和的所在地上海告诫革命党人:"任命像孙中山或黎元洪这样的领袖为民国的总统,决不能指望会得到列强的早日承认。"声称"只有袁世凯才能得到列强的信任,因为他已经显示出他的治理国家的才能,比中国当代的任何政治家为高"②。与此同时,资产阶级立宪派见武昌起义后革命的风暴迅猛发展,清朝政府的覆灭已不可挽回。为了阻止革命的深入发展,和革命派争夺权力,也愿意支持袁世凯出来控制局面,以造成有利于自己的形势。

上述情况对资产阶级革命派造成很大的压力,特别是列强对袁世凯的支持,对革命派的压力最大。因为自中日甲午战争以来,帝国主义与中华民族的矛盾一直在发展着。这样,在人们普遍害怕列强干涉中国革命,希望尽快地建立共和政府,并取得列强承认的情况下,列强明白表示只有袁世凯做总统才会得到他们的承认,这就迫使"革命党的领导人向莫理循保证,他们一定推戴袁世凯为首届总统"③。这也造成了孙中山回国后就被置于十分被动境地的局面。胡汉民忆述:"同盟会未尝深植其基础于民众,民众所接受者,仅三民主义

---

① 胡滨:《英国蓝皮书有关辛亥革命资料选译》上册,中华书局1984年版,第58页。
② 《清末民初政情内幕——〈泰晤士报〉驻北京记者、袁世凯政治顾问乔·厄·莫理循书信集》下册,第818页。
③ 胡绳武:《孙中山让位袁世凯的历史环境》,《历史研究》1987年第1期。

中之狭义的民族主义耳。正惟'排满'二字之口号,极简明切要,易于普遍全国,而弱点亦在于此。民众以为清室退位,即天下事大定,所谓'民国共和'则取得从来未有之名义而已。至其实质如何,都非所问。"①

当时同盟会的涣散状态也对孙中山极为不利。武昌起义前夕,由于一连串起义的失败,同盟会的力量损失很大,内部组织也趋于涣散,对武昌起义的爆发,思想准备不足,再加上革命党人对起义后迅速发展的革命形势缺乏应付的经验,没有能够牢牢地掌握住革命的主动权。相反,企图通过让位袁世凯换取革命的廉价胜利的想法,在革命阵营内部占据了上风。"当时南京(临时)政府从中央到地方,从派系到政界,差不多都是坐南向北,认为只有利用袁世凯推翻清朝政府于革命有利。"有人甚至这样逼问孙中山:"你不赞成和议,难道是舍不得总统这个职位吗?"②其实孙中山并无意与袁决裂,他在南京临时政府成立的次日,即1912年1月2日致袁世凯的电文中,明确表示:"文不忍南北战争,生灵涂炭,故于议和之举,并不反对。虽民主、君主不待再计,而君之苦心,自有人谅之。倘由君之力,不劳战争,达国民之志愿,保民族之调合,清室亦得安乐,一举数善,推功让能,自是公论。"③但袁世凯仍担心清帝退位后自己能否当上总统。1月15日,孙中山再次公开表示:"如清帝实行退位,宣布共和,则临时政府决不食言,文即可正式宣布解职,以功以能,首推袁氏。"④与此同时,张謇也致电袁世凯:"甲日满退,乙日拥公,东南诸方,一切通过。"⑤

当时的形势,确实使孙中山除了同意向袁世凯妥协,其他选择的余地很小。况且孙中山本人也在一定程度上存在着害怕帝国主义干涉的恐惧心理。他害怕中国革命会因帝国主义的干涉,而遭受太平天国那样的失败。回国以后,孙中山的这种担心并未解除。武昌起义后,列强确有调兵来华的举动,如1911年12月驻美国犹他州道格拉斯堡的第十五步兵团奉命经菲律宾前往中国,该团第一营于次年1月抵达天津,其他各营也陆续抵达。美国政府声称,

---

① 胡汉民:《胡汉民自传》,中华书局2016年版,第104—105页。
② 胡绳武等:《孙中山》,《中华民族杰出人物传》,中国青年出版社1991年版,第230页。
③ 孙中山:《致袁世凯电》,《孙中山全集》第2卷,第5页。
④ 孙中山:《复伍廷芳电》,《孙中山全集》第2卷,第23页。
⑤ 张謇:《致袁世凯电》,李明勋等主编:《张謇全集》第2册,第309页。

该步兵团的主要任务是保护美国在华利益以及美国侨民和传教士,履行美国与其他列强"共同承担维持中国稳定的义务和承诺"①。

与此同时,孙中山对袁世凯的真实面目当时还缺乏足够的认识。这样,他终于敌不住来自各方面的压力,被迫同意如果清皇室退位和宣布共和,他将把总统职位让给袁世凯。此举虽属无奈,但亦反映了孙中山以大局为重,不计个人权位的气度,甚至一些原先敌视他的人也钦佩"孙固以国家为前提,非必有自居成功之意也"②。而袁世凯尽管表示效忠共和民国,但其秘档显示,他的周围根本没有建立共和制度的氛围,在他被推举为临时大总统前后,其智囊们纷纷上书,谋划新政权的实际内容,但无人提及建立共和制度③。

在得到孙中山的明确承诺后,袁世凯加快了催逼清帝退位的步子。1912年1月16日,他以全体阁员的名义上奏并面呈隆裕太后,要求皇太后和皇上召集皇族,密开果决会议,统筹全局,速定方针。当时在场的幼帝溥仪后来在《我的前半生》中回忆说:

> 我在不知不觉中做皇帝的第三年,又糊里糊涂地退了位。在皇朝最后的惊涛骇浪的日子里发生的事情,保留在我记忆中的有这么一点印象:在养心殿的东暖阁里,隆裕太后坐在靠南窗的炕上,用手绢擦眼,面前地上的红毡子垫上跪着一个粗而胖的老头子,满脸泪痕。我坐在太后的右边,莫名其妙,纳闷他们哭什么,殿里除了我们三人别无他人,安静得很,甚至胖老头抽鼻子的声音我都听见了。他边抽缩鼻子边说话,说的什么我全不懂。后来我才知道,这个胖老头就是袁世凯。这是我看见袁世凯唯一的一次,也是袁世凯最后一次见太后。如果别人没有说错的话,那么,正是在这次,袁世凯向隆裕太后直接提出了皇帝退位的问题。④

隆裕太后接到奏折,即于1月17日、18日接连召开皇族御前会议,讨论退位问题。一些王公亲贵结成的宗社党坚决反对清帝退位。在御前会议上,除

---

① 刘海岩主编:《近代外国人记述的天津》,天津人民出版社2018年版,译者前言,第11、12页。按:该步兵团1938年才撤离天津(同上书,第12页)。
② 汪荣宝著,赵阳阳等整理:《汪荣宝日记》,凤凰出版社2014年版,第259页。
③ 刘路生等编:《辛亥时期袁世凯秘牍:静嘉堂文库藏档》,中华书局2014年版,编者前言,第2页。
④ 爱新觉罗·溥仪:《我的前半生》,群众出版社2007年版,第27页。

奕劻、溥伦等少数人主张接受共和外,良弼、铁良、载沣、载泽、溥伟、善耆等一帮少壮亲贵都极力反对。双方争执不下,没有结果。

1月26日,袁世凯进一步向清廷施加压力,授意段祺瑞领衔以湖北前线46名将领名义致电清廷,要求"明降谕旨,宣示中外,立定共和政体"。河南巡抚齐耀琳、署理直隶总督张镇芳等也纷纷电奏,要求清廷实行共和。也就在这一天,革命党人彭家珍在北京投弹刺杀力主反对退位的宗社党首领、军咨使良弼,彭家珍当场牺牲,良弼重伤,在两天后死去。有知情者记述,此事与袁世凯有关联。当时李石曾、彭家珍等革命党人在京活动,与袁世凯的儿子袁克定有来往,想通过他游说其父帮助革命,"袁即命克定致意说:'他们(指革命党)也要做出一手给满洲新贵们看看,现在这些新贵对革命压力很大,其中也有留学回来的,该在这些人中选择对象做一点事。'且指出:'如良弼等反对革命最烈。'"①良弼遇刺事件震动京城,清皇族大为惊恐,一些反对退位的宗社党人失魂落魄,纷纷逃离北京,避往天津、大连、青岛等地的外国租界。反对退位的势力分崩离析,隆裕太后也慌了神,据袁世凯的亲信梁士诒记述:"良弼被炸之日,京师风云至急,入朝行礼后,隆裕太后掩面泣云:'梁士诒啊!赵秉钧啊!胡惟德啊!我母子二人性命,都在你三人手中,你们回去好好对袁世凯说,务要保全我们母子二人性命。'"②清帝的退位,已成定局。

为催促隆裕太后早作决定,袁世凯还使出行贿一招。时人忆述:"到了宣统年间,人以贿进,公开讲价,不以为怪。一直到袁世凯逼迫隆裕太后禅让,亦是以巨数金钱买通内监张兰德(即小德张),以威胁利诱的手段而告成功。"③据知情者记述:

> 我记得在民国初年,庆亲王奕劻死后,他的三个儿子载振、载摶、载抡请我父亲(指载沣——引者)给他们分家,载摶因嫌分给他的现款太少,就对我父亲说:"辛亥前各方面所送的金银珠宝就不用提了,光是辛亥革命时,因为隆裕太后迟迟不发表《逊位诏书》,袁世凯为了恫吓她迅速发布,就向祖父(应为父亲即奕劻——引者)和总管张兰德每人孝敬了三百万两

---

① 徐永昌:《求己斋回忆录》,中华书局2016年版,第403页。
② 《梁燕孙先生年谱》上卷,第111页。
③ 恽宝惠:《清末贵族之明争暗斗》,全国政协文史和学习委员会编:《回忆晚清宫廷生活》,中国文史出版社2016年版,第56页。

银子,怎么才分配这么一点呢?"①

2月3日,隆裕太后授予袁世凯全权,要他同南京临时政府磋商退位条件。经过南北双方的多次交涉,2月9日议定了清帝退位的优待条件,其中规定清帝退位后,其尊号仍存不变;皇室费用每年400万元,由民国拨给;清帝暂住故宫,日后移居颐和园;其原有私产,由民国负责保护等。已无回旋余地的清廷接受了这些条件,于1912年2月12日宣布退位,颁布了皇帝退位诏书。据当事人披露,这份诏书是由在上海的刘厚生和张謇起草,电稿到京后,由袁世凯、徐世昌交汪荣宝修改定稿,送交隆裕太后过目后颁布②。它标志着统治中国260多年的清皇朝宣告灭亡,也标志着长达2000余年的君主专制制度的终结。中国的历史从此翻开新的一页。

扩展阅读书目

1. 金冲及、胡绳武:《辛亥革命史稿》,上海人民出版社,1991年。集数十年潜心研究之大成,宏观与微观相结合的力作。
2. 全国政协文史资料委员会编:《辛亥革命在各地》,中国文史出版社,1991年。辛亥革命各省响应的集锦,汇成历史洪流的全景。
3. 杨天石:《从帝制走向共和——辛亥前后史事发微》,社会科学文献出版社,2002年。广泛寻觅海内外稀见资料,着力钩沉被湮没或被曲解的史实。
4. 章开沅等主编:《辛亥革命与中国政治发展》,华中师范大学出版社,2005年。专题研究成果的结集,有历史的纵深感。
5. 李志茗:《幕僚与世变:〈赵凤昌藏札〉整理研究初编》,上海人民出版社,2017年。史料扎实,研究细致。
6. 唐海江:《清末政论报刊与民众动员:一种政治文化的视角》,清华大学出版社,2007年。视角和论述有新意。
7. 邱捷:《晚清民国初年广东的士绅与商人》,广西师范大学出版社,2012年。区域社会变迁研究的佳作。

---

① 溥杰:《清宫回忆》,全国政协文史和学习委员会编:《回忆晚清宫廷生活》,第19页。
② 刘厚生述,严服周记:《起草清帝退位诏书的回忆》,《20世纪上海文史资料文库》第1册,上海书店出版社1999年版,第58、59页。

8. 刘小萌：《清代北京旗人社会(修订本)》，中国社会科学出版社，2016年。有新意的专题研究。

9.［日］佐藤铁治郎著，孔祥吉等整理：《一个日本记者笔下的袁世凯》，天津古籍出版社，2006年。当初原书问世，袁世凯大惊，生怕引来杀身之祸，遂重金买断焚毁。现据在日本外务省档案馆沉睡百年的存世孤本整理出版，再度面世。

10.［美］李约翰著，孙瑞芹等译：《清帝逊位与列强(1908—1912)》，江苏教育出版社，2006年。名作重印，披露诸多海外档案资料，揭示少为人知的外交内幕。

相关资料选读

1. 章开沅等主编：《辛亥革命史资料新编》，湖北人民出版社，2006年。中外文献中有关辛亥革命资料的新刊布，多卷本，量大面广。

2. 中山大学历史系等编：《孙中山全集》，中华书局，1981—1986年。研究孙中山的主要资料，贯穿其革命生涯的全过程。其后有增补，即林家有等：《孙中山全集续编》，中华书局，2017年。

3. 尚明轩主编：《孙中山全集》，人民出版社，2015年。与上书可互补。

4. 桑兵主编：《各方致孙中山函电汇编》，社会科学文献出版社，2012年。记录孙中山与各方的互动和应对。

5. 桑兵：《孙中山史事编年》，中华书局，2017年。孙中山生平史事详录。

6. 骆宝善等主编：《袁世凯全集》，河南大学出版社，2013年。清末民初历史名人的文字汇编。

7. 窦坤等译著：《〈泰晤士报〉驻华首席记者莫理循直击辛亥革命》，福建教育出版社，2011年。海外记者的现场记录。

8. 李少军编译：《武昌起义前后在华日本人见闻集》，武汉大学出版社，2011年。涉及面广泛。

余音

覆水难收

北京政变前夕,溥仪的老师、英国人庄士敦与溥仪兄弟在御花园中的合影(左三为润麒)

一、溥仪出宫

清代皇族是一个寄生性贵族集团,不从事士农工商各业,也不当兵披甲,完全依靠领取俸银禄米和各种恩赏银米过活。宗室、觉罗为了多领银米,千方百计多娶妻妾,多生子女,人口不断繁衍。据统计,清初顺治十七年(1660)宗室、觉罗人口约2 000人,清末已近5万人,如将其妻妾计算在内,总数约7万余人①。

清帝宣布退位后,依据当时的优待条款,旧皇室仍旧住在宫中。虽说还未到"树倒猢狲散"的地步,但各人包括太监、宫女在内,都清楚大势已去,朝不保夕,暗自都在盘算退路,甚至心怀鬼胎,乘机偷盗宫中财宝。在这期间,溥仪以赏赐为名,大量盗窃宫中珍稀的书籍、珍宝文物,包括珍贵书籍502函,210部,字画手卷1 285件,珍贵册页68件,稀见印章45颗,皮包14件。这210部书籍包括宋本199部、元本10部、明抄本1部。其中有特别珍贵的御题宋版书5部:《易传》《三礼图》《尚书详节》《班马字类》《唐陆宣公集》②。陪伴溥仪读书的堂弟溥佳回忆:

> 我到宫内伴读以后,常听说四位太妃宫里的珍贵文物被人盗卖,情况相当严重。1920年夏天,太妃们照例要赏给王公大臣扇子,由于缺少好扇骨,太监们建议,把宫里所存的旧扇子,撕去旧扇面,换上新扇面,再叫"如意馆"(掌管宫中书画事务)画上画;就算是太妃们的"御笔"了,即可赏人了。有一个太监从这些被撕下来的大批团扇面中,拿了一个带出宫去,恰

---

① 刘小萌:《爱新觉罗家族史》,中国社会科学出版社2015年版,第302页。
② 向斯:《故宫国宝流传宫外纪实》,百花文艺出版社2014年版,郑欣淼"序言",第6页。

给琉璃厂的古玩商看到,就按废纸的价格,把宫里撕掉的内扇面全部买去。原来这些扇面,都是赵孟頫、倪元璐、仇英、唐寅等历代名画家的作品,使得古玩商大大地发了一笔财。①

他又称:

  自我进宫伴读时起,就常听说太监们有小偷小摸的行为,只是还没有听说有大批丢失的情况。1921年以后,溥仪、溥杰和我有时把宫内收藏的珍本古籍和历代名人的书画偷运出宫,开始我们还自以为做得十分严密,其实太监与护军们早就知道了。那时,太妃们也常把珍贵物品交给心腹太监运出去变卖,或者偷回娘家去;当时北京的各个古玩铺,就不时发现宫内的古物。因此,这就影响到太监们的偷盗之风越来越严重……记得有一次我正下学,就看到护军把一个手拿旧椅子的太监拦住盘问,太监说是拿出去修理,但护军一检查,发现椅座下面还有一层木板,里面藏了几件金器。②

溥仪也承认:

  紫禁城在表面上是一片平静,内里的秩序却是糟乱一团。我不懂事的时候情形怎么样,我不知道,但是从我懂事以后就时常听说宫里发生盗案、火警,以及行凶事件。至于烟赌,更是不用说。到我结婚的时候,偷盗已发展到这种程度:刚行过了婚礼,"皇后"的凤冠上原来的全部珍宝,都被换成了赝品。

  这时我已经从师傅们那里知道,清宫中的财宝早已在世界上闻名。只说古玩字画,那数量和价值就是极其可观的。明清两代几百年帝王搜括来的宝物,除了两次被洋兵弄走的以外,大部分还全存在宫里。这些东西全没有个数目,其中有数目的那部分又没有人检查,所以丢没丢,丢了多少,都没有人知道,只从这一点来说,就给偷盗者大开了方便之门。

  今天想起来,那简直是一场洗劫。参加打劫行径的,可以说是从上而下,人人在内。换言之,是一切有机会偷的人,是无人不偷,而且尽可放胆

---

① 溥佳:《清宫回忆》,全国政协文史资料研究委员会编:《晚清宫廷生活见闻》,文史资料出版社1982年版,第17页。
② 同上书,第18、19页。

地偷。偷盗的方式是各有不同的,有拨门撬锁秘密地偷,也有根据合法手续,明目张胆地偷。太监大都采用前者方式,大臣和官员们则是用办理抵押或标卖,借出鉴赏,以及请求赏赐,等等,即后者合法的方式。至于我和溥杰采用的一赏一受,更是最高级的方式。①

> **知识框**
>
> ## 紫禁城的规模和藏品
>
> 北京故宫(习称紫禁城)的兴建,始于12世纪的金代,历经元、明、清三代的扩建,规模宏大,在世界著名皇宫中,是历史最悠久、建筑面积最大、保存最完整的一座皇宫。
>
> 法国巴黎的卢浮宫原先是一座城堡,自1541年改建成皇宫,历经路易十四、拿破仑,200多年间四次改建,一度成为欧洲政治、文化中心。它和北京故宫相比,建筑面积尚不到后者的四分之一。
>
> 俄罗斯圣彼得堡的冬宫,1764年建成,1837年遭受火灾,当年重建成现在的形状。它的建筑面积约为17 800平方米,相当于紫禁城的九分之一。
>
> 莫斯科的克里姆林宫,号称欧洲最大的宫城,初建时相当于当时莫斯科的四分之一,但和紫禁城比,面积尚不足一半。
>
> 英国的白金汉宫,1703年由白金汉公爵乔治·费尔特兴建,1825年由英王乔治四世扩建。1837年维多利亚女王移居这里后,基本维持现状。它的建筑面积相当于紫禁城的十分之一,宫内最豪华的御座间即英王坐朝的宫殿约600平方米,而紫禁城的太和殿则有1 700平方米。
>
> 日本东京的皇宫,1872年遭受火灾,次年重建,总面积包括御苑约217 000余平方米,不及紫禁城的三分之一。清代紫禁城有9 990多间房屋建筑,额定太监3 300人,侍卫1 700余人,内藏大量珍宝。据2011年1月27日故宫博物院公布,经历时7年的全面清理核对,故宫的藏品总计有1 807 558件,其中有1 684 490件珍贵文物、115 491件一般文物、7 577

---

① 爱新觉罗·溥仪:《我的前半生》,第106—107页。

> 件标本。在此基础上,将编制《故宫博物院文物藏品总目》和《故宫博物院藏品大系》,通过电子本和纸质本两种形式向世人公开。其中,《故宫博物院藏品大系》堪称"纸上故宫",它从故宫博物院的180余万件藏品中,精选了最具典型性和代表性的文物15万件。按照陶瓷、绘画、法书、碑帖、青铜、玉石、珍宝、漆器、珐琅器、雕塑、铭刻、家具、古籍善本、文房用具、帝后玺册、钟表仪器、武备仪仗、宗教文物等分为26编,总计500卷。(详可参阅单士元:《故宫札记》,紫禁城出版社,1990年)

一方面是偷盗成风,一方面是依旧大摆旧日帝王威风。溥佳忆述:

> 溥仪在宫内仍然保持着他的"皇帝尊号"。因此,这个"小朝廷"对外虽不能再发号施令了,可是在紫禁城内,清王朝时代的一切旧制陈规和穷奢极欲的生活方式,并没有丝毫改动,紫禁城内外,照旧驻有大批护军和军队,森严气氛一如往昔。满、蒙王公和旧臣遗老以及活佛们,依旧进进出出,向高踞宫中的溥仪叩头礼拜,把他拱若神明。①

每天进宫,溥佳都必须穿长袍马褂,戴官帽,穿靴子,腰间系上一根黄带子。那时在宫内当差的都留着长辫子,因为他从来就没有留过辫子,他的父亲就去买了一条假辫子挂在儿子的官帽上,害得溥佳老是担心它掉下来。

待在宫中的溥仪,无聊空虚,常以作弄他人为乐。他喜好养狗,养的狗有100多只,每天喂的都是猪肝、大米饭之类,有专人饲养。溥佳目击:"溥仪常拿人取笑,有人从养心殿门口经过,他有时便令佛格(其中的一只大狗——引者)率领群犬向人扑去,用前腿搭在人家的肩上不放,把人吓得要死。有时将人咬伤了,溥仪也不介意,反而很高兴,无非给几个钱了事。"②

总的说来,溥仪的大部分时间不外乎用于吃喝玩乐,如打网球、弹风琴、逗狗、骑自行车,还从上海买来许多玩具以供消遣。在饮食方面仍然大肆铺张,有时甚至比慈禧太后还讲排场③。胡闹之余,溥仪也读些书、看些报。他的堂

---

① 溥佳:《清宫回忆》,《晚清宫廷生活见闻》,第1页。
② 同上书,第57页。
③ 单士元:《从紫禁城到故宫——营建、艺术、史事》,北京出版社2017年版,第224页。

弟溥佳忆述自己1919年12岁时跟随英国人庄士敦读英文。后来庄士敦进宫教溥仪英文,带上他伴读。当时,溥仪还下了一道"谕旨",派他"毓庆宫行走,伴读英文,紫禁城内骑马"。每天上午,陈宝琛、朱益藩教溥仪读汉文,由毓崇、溥杰伴读,下午则由庄士敦教溥仪英文①。

庄士敦是时任北京大学教授胡适的朋友,曾向溥仪提起过胡适,于是便有胡适进宫见溥仪之事。当时宫中刚安了电话,溥仪很好奇,四处给人打电话玩。后来想起胡适,便拨通了胡适的电话,自称"我是宣统"。胡适大为吃惊:"宣统……是皇上?"溥仪大为得意:"对啦,我是皇上。你说话我听见了,我还不知道你是什么样儿。你有空到宫里来叫我瞅瞅吧。"②胡适欣然答应。

过了几天即1922年5月30日,溥仪派人用车去接胡适进宫。胡适在当天的日记中写道:

> 太监们掀起帘子,我进去。清帝已起立,我对他行鞠躬礼,他先在面前放了一张蓝缎垫子的大凳子,请我坐。我称他"皇上",他称我"先生"。他的样子很清秀,但单薄的很;他虽只十七岁,但眼睛的近视比我还利害;穿蓝袍子,玄色背心……他说他也赞成白话。他谈及他出洋留学的事,他说"我们做错了许多事,到这个地位,还要靡费民国许多钱,我心里很不安。我本想谋独立生活,故曾要办皇室财产清理处。但许多老辈的人反对我,因为我一独立,他们就没有依靠了。"他说有许多新书找不着。我请他以后如有找不着的书,可以告诉我。我谈了二十分钟,就出来了。③

庄士敦对这件事也印象深刻,他记述说当时因为怕内务府的反对,"召见是通过电话转达的。因而,当他(指胡适——引者)出现在神武门前的时候,卫兵自然拒绝让他进入。他等了很长时间,直到皇上传令让卫兵放行"。几天后,胡适写信告诉庄士敦:

> 在我拜访皇上的时候,他非常友好,谦逊有礼。我们谈了新诗,写新诗的青年作家们,以及有关文学的其他话题。大门口的耽搁使我浪费了本来可以在宫里多停留一些的时间。因此,我没有待很长时间,大约二十

---

① 全国政协文史和学习委员会编:《回忆溥仪》,中国文史出版社2017年版,第4—5页。
② 爱新觉罗·溥仪:《我的前半生》,第102页。
③ 曹伯言整理:《胡适日记全编》第3册,安徽教育出版社2001年版,第680页。

分钟后就向陛下告辞,赶赴另外一个重要约会……我必须承认,我被这件小事深深地感动了。就在这里,我面对的是我国最后一位皇帝,我面对的是历史上无数位伟大君主的最后一位代表!①

民国初年,紫禁城外政局风云变幻,先后经历了袁世凯称帝、张勋复辟等闹剧,躲在宫中的旧皇室也不闲着,想方设法与当政者和有权势者拉关系,套近乎。袁世凯筹划称帝时,前清农工商部大臣溥伦曾代表皇室和八旗王公向袁世凯献媚,上劝进表;载沣和内务府大臣为了保住"皇室优待条件",和袁世凯密谈,商定让袁世凯的女儿嫁给溥仪,袁世凯则答应优待条件永远有效。袁世凯倒台后,他们又去讨好徐世昌,送给徐世昌票面总值360万元的公债券。载沣等人和奉系军阀的交往也很密切,载沣曾将两件珍宝和一对乾隆题款的瓷瓶送给张作霖,他的大管家张文治和奉系军副总司令张景惠拜了把兄弟②。

1917年5月,张勋带兵入京,拥戴溥仪复辟。一群辫发遗老大官进宫跪呼万岁。溥仪任命张勋为内阁议政大臣,康有为任弼德院副院长。弼德院就设在紧邻御花园的坤宁门内东边北朝房。这场复辟丑剧几天就垮台了。此后,溥仪与康有为、庄士敦密谋再复辟。1924年11月溥仪被逐出宫后,接收清宫的清室善后委员会在点查清宫物品时,在溥仪住处养心殿发现康有为等人密谋再次复辟的一批信件③。溥仪的母亲瓜尔佳氏是荣禄的女儿,清帝退位后一直耿耿于怀,梦想复辟。溥仪的弟弟溥杰回忆,他的母亲"始终不甘心于清朝统治势力的失败,例如她在张勋复辟阴谋失败后,听到无稽的谣言便眉飞色舞,甚至对天磕头祈求张勋的无恙;并一度打算让我和张勋的女儿结婚,由于算命的属相不合才作罢论"④。几经挫败,1921年瓜尔佳氏自尽身亡⑤。

虽然机关算尽,溥仪到头来仍被驱逐出宫。1924年10月23日,冯玉祥发动"北京政变",软禁时任大总统曹锟,接着又决定将参与张勋复辟的旧皇室赶出紫禁城,同时筹组清室善后委员会,以处理溥仪出宫后的一切事宜。11月4日,黄郛摄政内阁会议通过修改清室优待条件,其中规定:

---

① [英]庄士敦著,陈时伟等译:《紫禁城的黄昏》,山东画报出版社2007年版,第209页。
② 杨学琛等:《清代八旗王公贵族兴衰史》,辽宁人民出版社1986年版,第371页。
③ 单士元:《从紫禁城到故宫——营建、艺术、史事》,第228、230页。
④ 溥杰:《回忆醇亲王府的生活》,《晚清宫廷生活见闻》,第219页。
⑤ 张海荣:《政治联姻的背后:载沣娶妻与荣禄嫁女》,《近代史研究》2017年第3期,第61页。

"永远废除皇帝尊号,与中华民国国民在法律上享有同等一切权利";"每年补助清室家用五十万元";"清室按照原优待条件,即日移出禁宫,以后得自由选择居住,但民国政府仍负保护责任"。之后便由北京警备总司令鹿钟麟、警察总监张璧会同社会知名人士李煜瀛负责执行。

11月5日清晨,鹿、张、李率人直奔紫禁城,先将通往宫中的电话线切断,每入一重宫门,就分置军警监视原值岗卫兵,不许走动。时值旧皇室正开"御前"会议,闻讯由内务府大臣绍英匆忙出迎,被告知溥仪必须立即迁出宫外。绍英先是争辩,后见难以挽回,不得已乃入告溥仪,但往返数次,仍希有所让步。鹿钟麟见事不宜迟,故意大声对随从说:"快去告诉外边,时间虽然到了,事情还可商量,先不要开炮放火,再延长二十分钟。"溥仪闻而大惊,马上答应迁出宫外,随即交出印玺,收拾细软,在鹿、张、李一行的监视和保护下离开紫禁城,暂居其父亲载沣的醇亲王府。宫内的太监和宫女等均准其自由离去①。

溥仪出宫,本来是1912年制定的清室优待条件规定的。其中第三款曰:"大清皇帝辞位之后,暂居宫禁,日后移居颐和园。侍卫人等,照常留用。"民国初年,清室曾经有过按优待条件搬往颐和园的准备,但因感到袁世凯无相逼之意,就在紫禁城里住下来了。此后,社会上不断有人呼吁废除溥仪尊号,令其出宫,但历届北洋政府均意在优容,使得溥仪能够躲在紫禁城里继续做他的小皇帝。如1912年至1924年,徐世昌同时兼具清室遗臣和民国政要的双重身份。其间,他不断接受来自清室的赏赐,参与清室的各项重大活动,尽力维持清室优待条件;在自身出处问题上,无论是出任民国政府总理还是大总统,均一再征求清室的意见,反映了其既想入仕民国又不愿冒犯清室的复杂心理。直到溥仪被驱逐出宫、贬为平民后,"皇上""主位"才从徐世昌的现实生活和精神世界中淡出②。

废除溥仪尊号、令其出宫一事,得到社会舆论的普遍赞扬。章太炎致电黄郛等人,誉为"第一功"。孙中山也致电冯玉祥,认为"复辟祸根既除,共和基础自固"。钱玄同撰文祝贺溥仪恢复"固有的人格和人权","超升为现代的平

---

① 吴锡祺:《记溥仪出宫》,《晚清宫廷生活见闻》,第114—116页。
② 林辉锋:《从〈韬养斋日记〉看徐世昌与逊清皇室》,《中山大学学报》2015年第1期,第83、95页。

民",并且希望他"好好地补习",把自己造就为一个"知识丰富"的人。即使是溥仪本人,虽然满肚子不高兴,也不得不在对记者谈话时表示:"余极愿为一自由之人,长此困守深宫,胥为礼法束缚,余甚难堪。此次出宫,为余夙愿,今始克偿,故并无其他不便之感。"

出人意料的是,胡适却于11月5日致函外交总长王正廷抗议,认为这是"欺人之弱",不是绅士的行为。所谓"欺人之弱",意指溥仪为弱者。他还赶往溥仪暂住的醇亲王府表示慰问,称"这在欧美国家看来,全是东方的野蛮"。胡适的言行,除了溥仪的英文老师、英国人庄士敦表示赞许外,进步人士纷纷予以指责,包括胡适的一些朋友如周作人、李书华、李宗侗等人也都撰文批评①。

二、遗老遗少

清皇朝的倒台,如惊雷狂飙,令那些旧皇朝的既得利益者惊惧惶恐。辜鸿铭回忆,清皇室宣布退位时,他和友人正在上海的友人沈子培家聚餐,"仆人拿进来一份从街上买到的晚报号外,那上面登着退位诏书已经颁布的消息",众人如丧考妣,"全体来宾一起站起来,然后面朝北方跪下痛哭流涕地磕起头来……后来当我在夜色中向沈子培告辞时,我对他说:'大难临头,何以为之?'他含着眼泪又一次抓住我的双手,用一种我永远也难以忘记的声音说:'世受国恩,死生系之。'"②1911年农历除夕,曾任史馆总纂的缪荃孙在日记中叹息:"武昌乱,蔓及天下。金陵于十月失陷。予家窜至上海已及四月,予亦已乞假来。现闻上已逊位,清国遂亡。自此以后,偷息人间,与已死何异!而乱事不知何日止也。"③

上海、青岛、天津、大连等地的外国租界成了不少仇视革命、梦想清朝复辟的遗老遗少的栖身地。时人描述:"武昌革命起事,亲贵纷纷出都,天津、上海、青岛、大连湾等外人之租界地,踪迹殆满,屋租为之骤昂。好事者为书一联于

---

① 杨天石:《哲人与文士》,中国人民大学出版社2007年版,第566、587—590页。
② 《华北正报》1922年11月29日,转见《紫禁城的黄昏》,第55页。
③ 祁龙威:《龙威读书录》,广陵书社2010年版,第105页。

某之门曰:'君在,臣何敢死;寇至,我则先逃。'"①有学者统计,当时流寓上海、天津、青岛三地的遗老,当不下于二三百人。这些遗老先前在任时,多有积蓄,因此到了租界,多能购房置业,过上比较舒适的日子。更为重要的是,他们可以继续拖着长辫子,用清朝纪年。后来成为伪满洲国大汉奸的郑孝胥,当时不光不剪辫子,记日记使用的纪年方式也是"宣统皇帝退位后第一年""宣统皇帝退位后第二年"。

遗老在租界的安全是有所保障的。那时的保安即巡捕是可以雇用的,只要出了一定的钱,巡捕就可担负保护之责。上海光复以后,郑孝胥不时收到革命党人的恐吓信,扬言要杀死他,也有的咒骂他为什么不去自杀。他把这些信交给巡捕房,巡捕房便加强了保安措施。

遗老在租界的生活较悠闲。他们或莳花种树,或写字鬻画,或吟诗唱和。郑孝胥等人在上海组织了一个读经会,从1912年7月开始,到1913年7月,约每周一次,没有间断。参加者除了郑孝胥,还有陈介庵、王仁东、刘宣甫、杨小宋、何鉴泉、沈瑜庆、刘葆良等,所读经书有《孟子》《礼记》等,起初轮流在各人家中举行,后来基本上固定在郑孝胥的寓所。

租界为遗老提供了生存空间,也为他们复辟清廷提供了活动空间。1917年张勋复辟时,其文武班底如康有为、周馥、李经羲、赵尔巽、章梫、劳乃宣、沈曾植、朱家宝等,都是生活在租界的遗老②。青岛也聚集了一批前清权贵,有溥伟(前恭亲王)、吴郁生(前军机大臣)、张人骏(前两江总督)、吕海寰(前兵部尚书)、于式枚(前邮传部侍郎)、刘廷琛(前北京大学堂监督)、周馥(前两江总督)、李经羲(前云贵总督)等③。此外,还有"余则达山东巡抚、周馥两江督、赵尔巽东三省督、李家驹、周学熙、李经迈云贵督、李经义、李德顺(李莲英之甥,前津浦线北段总办,私吞官款数百万,来此地殖利)、洪述祖、徐世昌军机、胡建枢(前山东巡抚)、朱镇琪(前奉天布政使)、萧应椿(前奉天劝业道)、徐世光(东海关道)"④。辜鸿铭也从上海来到青岛,据熟悉他的人回忆:"他拖着大辫子,

---

① 熊月之主编:《稀见上海史志资料丛书》第1册,上海书店出版社2012年版,第335页。
② 熊月之:《辛亥鼎革与租界遗老》,《学术月刊》2001年第9期。
③ [日]宗方小太郎:《在青岛居住的宗社党主要人物》,章伯锋等编:《北洋军阀》,武汉出版社1991年版,第3卷,第197页。
④ [日]宗方小太郎著,甘慧杰译:《宗方小太郎日记(未刊稿)》,上海人民出版社2016年版,第951页。

以遗老自居,反对革命,大谈其保全清室的大道理,有人斥他为'宗社党'。"①

宗社党的成员是企图武装复辟清廷的死硬分子。如原肃亲王善耆逃至旅顺后,1912年与川岛浪速签订誓言书,将东北铁路、矿产,以及外交、军事、行政诸权力让与日本,以换取日本援助,实现清朝的复辟。在东北,以善耆为首的宗社党人,以"大清帝国勤王军总司令部"名义,在满铁沿线长春、公主岭、铁岭、开原、昌图、辽阳、本溪、海城等处招兵买马,鼓吹"剿灭革党,恢复社稷"。同时,日本又策动善耆妹夫喀喇沁王和巴林王在内蒙古起兵叛乱。这些活动均告失败②。溥仪亦忆述,在宗社党成员中,"最活跃的是善耆,他任民政部尚书时聘用的警政顾问日本人川岛浪速,一直跟他在一起,给他跑合拉纤。日本财主大仓喜八郎男爵给他拿出活动费一百万日元。日本军人青森、土井等人给他招募满蒙武装,编练军队,居然有了好几千人。袁世凯一死,就闹起来了。其中有一支由蒙古贵族巴布扎布率的队伍,一度逼近了张家口,气势十分猖獗。后来,巴布扎布在兵变中被部下刺杀,才告终结"③。此外,民国初年,溥伟、升允等宗社党人频繁制造事端,企图以武力复辟帝制。溥儒作为溥伟的二弟、升允的女婿,以"旧王孙"的身份泼墨丹青、醉心书艺,似乎远离政治。但中国国家博物馆藏1917年张勋复辟失败后,他给升允信的字里行间,无不流露出对其参与复辟的钦佩和鼓励。④

善耆几经失败并不甘心,又把复辟的希望寄托在子女身上。他不许子女作中国的官,也不许为中国的民。躲在大连的他,把子女都送进日本人开办的学校,接受奴化教育。1922年他死后,他的一些子女与日本侵略者勾结,卖国求荣。伪满洲国时,他的第七子金璧东曾任伪铁道守备队中将司令、伪黑龙江省长、伪长春市特别市长;他的女儿金璧辉过继给川岛浪速,改名川岛芳子,充当作恶多端的日本间谍⑤。

一些旧皇室后裔依旧挥霍无度,终至窘困潦倒。奕劻的儿子载振,清末就以贪婪、好色遭人抨击。民国以后,旧习不改,依然花天酒地,寻欢作乐,眼见

---

① 沈来秋:《回忆输出东方文化的辜鸿铭》,全国政协文史委员会编:《文史资料存稿选编精选》,中国文史出版社2006年版,第9册,第297页。
② 刘小萌:《爱新觉罗家族史》,中国社会科学出版社2015年版,第379页。
③ 爱新觉罗·溥仪:《我的前半生》,第67页。
④ 林硕:《溥儒与民初宗社党》,《文献》2018年第3期,第150页。
⑤ 宪均:《肃亲王善耆的复辟活动》,《晚清宫廷生活见闻》,第308—315页。

坐吃山空,家境败落,他不禁叹息:"人生如梦,往事如烟,花残易落,别易见难。循环有数,了却夙愿,天空地阔,渺渺茫茫。"他的子女不准出家门接受新式教育,他的儿子溥铨回忆,1930年"我已七岁,他不让我去学校读书,只和姐姐、侄女们在家塾里念《三字经》、《千字文》;上学见了老师要作揖,下学见了父亲也要作揖,总之是极力避免我们和外界接触。"①

尽管那些遗老遗少依旧梦想有朝一日卷土重来,无情的现实却是"沉舟侧畔千帆过",历史已翻开新的一页。但要真正清除君主专制长久以来对人们思想的束缚,并非易事,即使要剪掉一根所谓"顺民"象征的辫子,也并不容易。夏衍曾回忆辛亥年他和母亲住在浙江德清县城的舅父家,传来浙江、江苏宣布独立的消息:

> 这样,地处江浙之间的德清这个小县城里也热闹起来了,绅商头面人物在"明伦堂"开会,胆小的有钱人则把细软转移到乡下,谣言很多,青年人就跟着起哄,这时候,就发生了我的剪辫子事件。有一天,我表兄徐景韩逗我说"杭州开始剪辫子了,你敢不敢?"我负气地说"敢"。于是他就拿出一把大剪刀,剪了我的辫子。可是当我高兴地拿了尺把长的辫子给母亲看的时候,意想不到地引起她的暴怒。当时杭州虽已独立,但是连当了都督的汤寿潜也没有剪辫,因此抢先剪掉辫子,分明是很危险的事了。她拉着我向我舅父"告状",舅父是"场面上人",家里出了这种事,对他当然是不利的,于是除了将景韩痛骂一顿,罚我下跪向我母亲请罪之外,还命令我从今以后不准出门;后来又找出一顶瓜皮帽来,把剪下来的辫子缝在帽子里面,逼我戴上,装作没有剪掉的样子。

他还追忆,当时"老百姓是不敢——或者说是不愿剪辫子的。大概是民国元年的元宵节,听说城里在剪辫子,我就跑到庆春门去看热闹,果然有四五个臂上挂着白布条的警察,有两个手里拿着大剪刀,堵在城门口(当时杭州还有很厚的城墙),农民出城,就被强迫剪掉辫子,那情景十分动人,路旁的一只大竹筐里,已放着十来条剪下的辫子。我赶到城墙边的时候,一个老年农民正跪在地上哀求,但是一个警察按住他的脖子,另一个警察很快地剪下了他花白的

---

① 溥铨:《我的家庭"庆亲王府"片断》,《晚清宫廷生活见闻》,第281、283—284页。

辫子,老农放声大哭,而一群小孩子则围在警察身边起哄。这次剪辫风潮闹了十来天,后来农民索性不进城了,市场上买不到蔬菜,于是强迫剪辫的办法才告停止"①。有亲历者描述:"辛亥革命后,倡导剪辫子,当时有哭者,有逃避者,推行亦不易,直至民国十余年,乡下还有不少留辫子者。"②

1923年,王国维曾应召就任溥仪的五品"南书房行走"。后出宫居京城,清华决定筹建国学研究院后,拟聘他任教。他没有马上应允,而是于1925年1月间专程前去征求已从北京迁居天津的溥仪的意见,在"面奉谕旨命就清华研究院之聘"后,方于次月接任清华国学研究院的教职③。有清华学生忆述:"我在清华园看到他(指王国维——引者)时,他还拖着一条小辫子在瓜皮帽下面。"④也是在1923年,沈从文去北京大学旁听。在课堂上,学生都笑站在讲台上的辜鸿铭身穿长衫马褂,后脑勺还拖了个辫子。辜鸿铭却仿佛对学生们的讪笑充耳不闻,一本正经地告诫台下的人:"你们不要笑我这小小尾巴,我留下这并不重要,剪下它极其容易;至于你们精神上那根辫子,依我看,想去掉可很不容易。"⑤提起这段往事,晚年的沈从文不胜感慨。

扩展阅读书目

1. 杨学琛等:《清代八旗王公贵族兴衰史》,辽宁人民出版社,1986年。记述历史的沧桑巨变,引人思索回味。

2. 陈旭麓:《近代中国社会的新陈代谢》(《陈旭麓文集》之一),上海教育出版社,2018年。名家名著,富于思辨,感染力强。

3. 桑兵:《旭日残阳:清帝退位与接收清朝》,广西师范大学出版社,2018年。具体论述了共和取代帝制的历史进程。

4. 张宪文等:《共和肇始:南京临时政府研究》,南京大学出版社,2012年。共和制度起步的专题研究。

---

① 夏衍:《懒寻旧梦录》(增补本),生活·读书·新知三联书店2006年版,第12—13页。
② 全国政协文史和学习委员会编:《风雨漫漫四十年:张钫回忆录》,中国文史出版社2018年版,第89页。
③ 《老清华》编辑组编:《老清华》,中国文史出版社2016年版,第142页。
④ 徐铸成:《民国记事:徐铸成回忆录》,广西人民出版社2015年版,第55页。
⑤ 温儒敏等:《沈从文与北大》,《社会科学报》2003年2月12日。

5. 樊学庆：《辫服风云：剪发易服与清季社会变革》,生活·读书·新知三联书店,2014年。以小见大的专题研究。

6. 严昌洪：《20世纪中国社会生活变迁史》,人民出版社,2007年。侧重物质生活层面的描述,涉及面广,具体反映帝制终结后社会习俗风尚的演变。

7. 秦国经：《逊清皇室秘闻》,故宫出版社,2014年。资深档案编研者笔下的逊清皇室。

8. 吴十洲：《紫禁涅槃：从皇宫到故宫博物院》,社会科学文献出版社,2018年。从帝制到共和的生动体现。

9. [美]路康乐著,王琴等译,李恭忠审校：《满与汉：清末民初的族群关系与政治权力(1861—1928)》,中国人民大学出版社,2010年。海外学者的专题论述。

10. [美]魏斐德著,梅静译：《中华帝国的衰落》,民主与建设出版社,2017年。海外学者的宏观论述。

相关资料选读

1. 全国政协文史资料研究委员会编：《晚清宫廷生活见闻》,文史资料出版社,1982年。多为亲历者的追忆,史料价值无可替代。

2. 爱新觉罗·溥仪：《我的前半生》,群众出版社,2011年。末代皇帝的自传,时代变迁的缩影。

3. [英]庄士敦著,陈时伟等译：《紫禁城的黄昏》,山东画报出版社,2007年。溥仪的英文教师,记述民国初年在故宫陪伴溥仪的所见所闻。

4. 爱新觉罗·载沣：《醇亲王载沣日记》,群众出版社,2014年。

5. 中国第二历史档案馆：《南京临时政府遗存珍档》,凤凰出版社,2011年。以上两书的史料价值不言而喻。

6. [英]杜格尔德·克里斯蒂著,[英]伊泽·英格利斯编,张士尊等译：《奉天三十年(1883—1913)——杜格尔德·克里斯蒂的经历与回忆》,湖北人民出版社,2007年。折射晚清民初的中国东北。

7. 方激编译：《龙蛇北洋：〈泰晤士报〉民初政局观察记》,重庆出版社,2017年。

8. 郑曦原编：《共和十年：〈纽约时报〉民初观察记》,当代中国出版社,2018年。以上两书记录英美两国报界各自的视角和评论。

附录一 清代官制简述

一、中央

宗人府：宗令，掌皇族属籍，由宗室、王公为之。下有左右宗正，左右宗人。

三公：太师、太傅、太保，正一品；三孤：少师、少傅、少保，从一品。均无职掌，无员额，皆虚衔。

内阁：殿阁大学士（保和殿、文华殿、武英殿、文渊阁、东阁、体仁阁），掌赞理庶政，正一品，满汉各一人，有相国之称。下有协办大学士，正一品，满汉各一人；学士兼礼部侍郎、侍读学士、侍读中书。

军机处：军机大臣，掌军国大政，以赞军务，无定员，由满汉大学士及尚书、侍郎奉特旨召入。下有军机章京，分掌满汉文书。

六部：吏部、礼部、户部、兵部、刑部、工部均有尚书满汉各一人，从一品，下有左右侍郎，正二品。清末又增加总理各国事务衙门（后改外务部）、学部、商部（农工商部）、巡警部等。

此外，还有：

翰林院，掌国史、图籍、制诰、文章之事；

詹事府，掌经史文章之事；

理藩院，掌内外蒙古、回部及诸番部事宜；

都察院，掌察核官常，整饬纲纪；

通政使司，掌受天下章奏，审其程式，校阅送阅；

大理寺，掌平反重辟，以贰邦刑；

太常寺，掌典守坛庙，岁时祭祀；

光禄寺，掌大内膳馐及祭祀、朝会、燕飨酒醴之事；

太仆寺，掌两翼牧马场之政令；

鸿胪寺,掌朝会宾客、祭祀、燕飨之仪;

国子监,掌成均之法,以教国子及俊选之士;

钦天监,掌测候推步之法;

太医院,掌宫廷医疗之事。

内务府,掌宫廷事务;

武官从略。

另有盛京百官,还有坛庙官、陵寝官、僧道录司官、宫官、王府官、朝廷特设的漕运官、河道官和上驷院、武备院、奉宸苑官员,以及宦官等。

二、地方

省总督辖区:总督,从一品或正二品,世称制台、总制、督军、制军。

抚院:巡抚,从二品,世称抚台、抚军、抚院。掌一省事务,与总督并称封疆大吏。

学院:提督学政,世称督学、学台、大宗师,清末改设提学使司提学使。

承宣布政使司(藩司):布政使,掌一省财政、民政,世称藩台、外台。

提刑按察使司(臬司):按察使,掌一省司法、监察之事,世称臬台、外台,清末改为提法使,旋废。

道:道员,因事、因地建置,各掌一事、一地事务,世称道台。晚清设巡警道、劝业道。

京府:顺天府尹、奉天府尹,各有府丞为辅。

府:知府,下有同知、通判。

州:知州、州同、州判。

县:知县、主簿。

武官有各省驻防将军、各地提督、各地驻防大臣。

回部、藩属、土司各官略。

还有各地巡检、驿丞、库仓、税课、河泊各官、番部僧官等。

官制在不同时期会有少量变动,以上所列供参考。

(资料来源:严昌洪:《中国近代史史料学》(增订本),北京大学出版社2018年版,第378—383页)

附录二　清代年号与公元纪年对照表

在位皇帝	年号名称	起止年号	起止公元纪年
世祖福临	顺治	顺治元年至十八年	1644—1661年
圣祖玄烨	康熙	康熙元年至六十一年	1662—1722年
世宗胤禛	雍正	雍正元年至十三年	1723—1735年
高宗弘历	乾隆	乾隆元年至六十年	1736—1795年
仁宗颙琰	嘉庆	嘉庆元年至二十五年	1796—1820年
宣宗旻宁	道光	道光元年至三十年	1821—1850年
文宗奕詝	咸丰	咸丰元年至十一年	1851—1861年
穆宗载淳	同治	同治元年至十三年	1862—1874年
德宗载湉	光绪	光绪元年至三十四年	1875—1908年
溥仪	宣统	宣统元年至三年	1909—1911年

资料来源：《中国历史年代简表》，文物出版社1973年版。

图书在版编目(CIP)数据

晚清史/戴鞍钢著. —上海：复旦大学出版社，2020.1（2020.10 重印）
ISBN 978-7-309-14663-9

Ⅰ.①晚… Ⅱ.①戴… Ⅲ.①中国历史-清后期 Ⅳ.①K252

中国版本图书馆 CIP 数据核字(2019)第 221265 号

晚清史
戴鞍钢　著
责任编辑/史立丽

复旦大学出版社有限公司出版发行
上海市国权路 579 号　邮编：200433
网址：fupnet@fudanpress.com　http://www.fudanpress.com
门市零售：86-21-65102580　团体订购：86-21-65104505
外埠邮购：86-21-65642846　出版部电话：86-21-65642845
浙江新华数码印务有限公司

开本 787×1092　1/16　印张 33　字数 497 千
2020 年 10 月第 1 版第 2 次印刷

ISBN 978-7-309-14663-9/K·710
定价：98.00 元

如有印装质量问题,请向复旦大学出版社有限公司出版部调换。
版权所有　　侵权必究